失衡与重塑

百年变局下的中国与世界经济

曹远征◎著

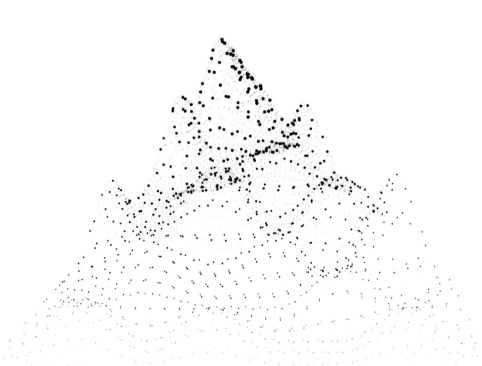

中国人民大学出版社

·北京·

图书在版编目（CIP）数据

失衡与重塑：百年变局下的中国与世界经济／曹远
征著．--北京：中国人民大学出版社，2024.9.
ISBN 978-7-300-33072-3

Ⅰ．F124；F112

中国国家版本馆 CIP 数据核字第 202431GK97 号

失衡与重塑——百年变局下的中国与世界经济

曹远征　著

Shiheng yu Chongsu ——Bainian Bianju xia de Zhongguo yu Shijie Jingji

出版发行	中国人民大学出版社			
社　　址	北京中关村大街 31 号		**邮政编码**	100080
电　　话	010 - 62511242（总编室）		010 - 62511770（质管部）	
	010 - 82501766（邮购部）		010 - 62514148（门市部）	
	010 - 62515195（发行公司）		010 - 62515275（盗版举报）	
网　　址	http://www.crup.com.cn			
经　　销	新华书店			
印　　刷	涿州市星河印刷有限公司			
开　　本	720 mm×1000 mm　1/16		**版　　次**	2024 年 9 月第 1 版
印　　张	35.5 插页 2		**印　　次**	2025 年 2 月第 2 次印刷
字　　数	589 000		**定　　价**	118.00 元

序 言 | Preface

　　"当前，世界之变、时代之变、历史之变正以前所未有的方式展开。"中国共产党第二十次全国代表大会之所以做出这一论断，是因为要直面去全球化浪潮的猛烈冲击。近年来，尤其是自 2022 年 3 月以来，俄乌冲突双方及其背后的国家，以国际经贸规则、规制、标准及管理为武器进行制裁和反制裁，使世界经济陷入体系性动荡之中，加之新冠疫情的反复肆虐，人类社会面临前所未有的挑战。世界又一次站在历史的十字路口，何去何从取决于各国人民的选择。经济全球化抑或经济碎片化，乃至经济冷战，因之成为全球的焦虑。

　　对中国来讲，这一焦虑尤为深切。40 多年前，中国终于结束了"以阶级斗争为纲"的十年浩劫，通过"拨乱反正"彻底否定了"文化大革命"，踏上了以经济建设为中心的改革开放之路。在义无反顾地进行市场导向性经济体制改革的同时，勇敢投身于经济全球化的世界洪流。中国推动了先是以恢复关贸总协定缔约方地位为目标、后是以加入 WTO 为目标的谈判，面向世界，以"拿来主义"的态度，与国际惯例接轨。改革推动了开放，开放促进了改革，46 年的凤凰涅槃，造就了"中国经济奇迹"。1978 年中国人均 GDP 只有 156 美元，2023 年已达到 1.26 万美元，由一个低收入国家快速成长为站在高收入门槛前的国家，与之相对应，中国也由当时国民经济濒临崩溃边缘的落后经济体成长为世界第二大经济体和第一大贸易体。

46 年的经验表明，改革开放是决定中国命运的关键一招，而和平稳定的世界环境则构成了中国改革开放的必要条件。特别是冷战结束后，世界绝大多数国家都采用了市场经济体制，两种体制的对立消除了，两个市场的平行终结了，以投资贸易自由化为代表的生产要素全球自由流动的局面得以形成，经济全球化蔚然成势。这种气象使人们日益相信，整个世界正在变好，一个"超级全球化"的世界正在向我们招手。对中国来讲，由于世界是平的，走向世界的道路正由过去的崎岖坎坷变得日益平坦光明，而且明天会更好。中国可以通过自身的努力从容地融入经济全球化，平稳且几乎无摩擦地加入世界经济体系。而加入 WTO 后，中国经济的高速增长似乎又印证了这一点，在中国进出口贸易快速增长的同时，受到经济全球化鼓舞的各国资本也蜂拥投向中国。当时国际资本市场流行这样一句话："为什么资本要到中国去？数数上海浦东的塔吊就明白了。"弦外之音便是，中国的市场是未开垦的处女地、是投资的洼地，在经济全球化的今天，贸易是自由的，投资是无障碍的，当然要到经济增长最快，从而盈利前景最好的中国去。依此逻辑，投资贸易自由化使世界变平，因为世界是平的，所以未来的道路会更加平坦。即使现在走起来仍有点颠簸，那也是局部的、暂时的，是出现彩虹之前的降雨，是可以通过现有的国际治理，例如 WTO 争端解决机制加以处理的。由此，世界经济将进入一维的线性增长过程，历史正在终结。

经济全球化奠定了中国经济快速增长的坚实基础。它也使得在以经济建设为中心氛围下养成的不尚空谈的中国经济学界，进一步树立了务实求真的学风，很少从多学科交叉的宏大叙事的政治经济学视角来审视中国与世界的体系性关系，取而代之的是更倾向于从纯经济技术的角度进行工程性的操作安排与分析及讨论。包括中国在内的整个世界相信世界是美好的，明天会更美好，即使有摩擦也是无伤大雅的，是可以解决的，构成福山"历史终结论"弥漫的温床，从而对全球格局的结构性变动和体系性变化缺乏足够的理论和心理准备。于是，当世界经济体系因中国的努力融入而产生不适时，摩擦、不满、抱怨随之而起。世界，尤其是中国自然感到茫然和委屈。进入 21 世纪，特别是 2008 年国际金融危机爆发后，这种国际抱怨不再针对具体问题进行指责式的批评，而是开始理论化、系统化，并形成了所谓"华盛顿共识"与"北京共识"的争辩，并分野为不同的流派。在海外华人中，尤其是中国问题研究界，掀起讨论所谓"中国模式"的热潮，且一浪高过一浪。其中，"中国威胁论"和"中国崩溃论"这两种互相矛盾的论调甚嚣尘上，互不相让。相反，处于问题中心的中国经济学界面对这场国际辩论并被迫卷入时，却是一头雾水，而在明白原委后，仍是不以为然。在崇尚务实的中国经济学界的眼中，这些言论和推理全然站不住脚，都是虚无缥缈的猜测，不值一驳，只能一笑置之。

真正引起中国经济学界警惕的是 2013 年前后西方国家开始质疑中国的市场经济地位。按照 2001 年《中国加入 WTO 议定书》第十五条，中国的市场经济地位在 15 年过渡期结束后，于 2016 年生效。但西方国家不仅质疑这一条款，欧盟甚至提出立法对此要重新审议，致使今日中国虽然是 WTO 的主要成员，但仍未取得市场经济地位。由此，中国经济学界开始担心去全球化邪风会对世界经济造成损害，尤其是在美国提出在亚太地区建立《跨太平洋伙伴关系协定》（TPP）并将中国排除在外后，这种担心开始加重。但是"怕什么来什么"，特朗普政府上台后，去全球化由思潮变为建制化的安排，而中国则首当其冲。起初，中美两国之间还只是发生贸易争执，但这种争执很快就演变为贸易战，出现了惩罚性的关税和经济制裁。在新冠疫情发生后，中美摩擦又蔓延到非经贸领域，特朗普甚至在声誉上污蔑中国，将新冠病毒称为"中国病毒"，在大加指责的同时，要求中国赔偿道歉。拜登政府上台后，上述态势并未得到缓解，甚至在俄乌冲突的背景下有变本加厉之势。美国将长期形成的国际规则作为制裁武器，与此同时，开始了以科技脱钩、全球产业链重组以及国际治理准则重塑为核心的"小院高墙"构筑，以期减弱对中国经济的系统性依赖，即所谓的去风险进程。这种将所谓的安全凌驾于发展之上的地缘政治经济考虑，正在颠覆经济全球化的底层逻辑。越来越明显的迹象表明，时代主题也开始由"和平与发展"转向"安全与发展"。于是，与追求经济效益的经济全球化不同，价值观开始至上，"同谁做生意比做生意本身更重要"，中美之间的竞争进而上升为世界范围内涉及价值观的战略竞争。美国认为中国的崛起是对其普适价值观，进而本国利益和全球领导力的"体系性挑战"。美国还认为中国要么是新的体系性领导者，要么成长为自带体系的大国的催化剂，企图恢复明清时期的"朝贡体制"。因此，美国对中国的战略竞争是"体系性竞争"，既包括完备的竞争策略——"该对抗时对抗，该竞争时竞争，该合作时合作"，又包括培育强劲的竞争力。不同于冷战时期内政服务于外交，也不同于经济全球化时期内政外交相对分离，美国认为应将内政与外交统一起来，形成一切为了使"美国再次伟大"的合力。与此同时，美国认为这种战略竞争也应包括建设全球性的竞争体系，使中国承受的战略对抗、竞争合作的压力不只来自美国，更来自国际体系。

毋庸置疑，美国这种价值观至上的国际经贸规则和治理方式，分裂着世界经济，使其团伙化。更为重要的是，价值观至上的冷战思维使去全球化变成了去中国化，类似于冷战时期那种两个平行市场的阴影再次笼罩世界，并迫使发展中国家选边站队。世界经济正在政治化，甚至意识形态化。凡此种种使发展中国家，尤其是中国大为错愕。"我们把你们想得太好了！"2021年3月，在美国阿拉斯加中美对话中，中央外事工作委员会办公室主任杨洁篪代表中国所说的开场白，正是对这种情形的愤慨。这一表达不但充满了对美国行为的失望和遗憾，更透露出对世界前景的焦虑和担忧。于是，"世界怎么了？"成为普遍的疑问。"抬头看路比埋头拉车"更重要成为共识。这一共识表明，时代需要方向感。

对方向感的需要，在中国显得尤为迫切。中国是一个文明不曾中断的大国，曾一度领先，其GDP在康乾盛世时期就为全球的1/3。然而，这是农耕文明的盛世，在世界现代化总进程中，随着工业文明的崛起，中国日渐成为落伍者。自1840年鸦片战争以来，对外作战屡战屡败，国力每况愈下，积弱积贫成为常态。怀着对民族复兴的热切期望，中国的仁人志士开始了对现代化道路的不屈不挠的探索。经过近百年的流血奋斗，终于实现了民族独立，建立了新中国，奠定了实现现代化的基础，而46年来坚持不懈的改革开放，将中国的现代化进程推上新高度，使当前的中国比历史上任何一个时期都更接近中华民族伟大复兴这一目标。在这一历史关头，面对世界百年未有之大变局，中国当然为之焦虑，当然迫切需要方向感。这不仅事关中华民族的前程，也反映出中华民族作为世界历史民族的责任担当。

从中国经济发展的角度出发，所谓百年未有之大变局是指世界经济正经历着前所未有的深刻调整。一方面，全球正处于技术革命的间歇期，第三次技术革命已进入尾声，而新的技术革命尚未开启。黎明前的黑暗使世界经济表现低迷，增长乏力，因此诱发并强化保护主义倾向，形成了去全球化的世界氛围。另一方面，冷战结束后，在经济全球化中，发展中国家崛起改变了既存的"中心-外围"的传统世界格局。在这一"中心-外围"格局中，南北问题既是国际治理的基础，又是国际治理的对象。但是，目前就GDP而言，发展中国家的GDP已占世界的一半以上，不仅超过发达国家而且还在增加中。这自然会冲击国际治理体系，也预示着世界经济金融治理的变革。上述两方面的变化加之如全球气候变化等人类面对的共同命运问题，使中国的经济航船驶入了一片未经探明的水域，充满着不确定性。因此，在国内外经济学界广为流传这么一句话："在当今不确定的世界，唯一可确定的就是不确定性。"然而，时间不会倒流，航行必须继续，中国还要发展。中华民族的现代化奋斗史告诉我们，面对未来的不确定性，不能听天由命、随波逐流，而是要从历史中寻找未来发展的线索，以期扼住命运的喉咙，这是因为"历史尽管不重复，却总是押着韵脚"。梳理历史，在世界现代化总进程中理解中国式现代化道路，明白我们从哪里来，了解我们现在在哪里，才能找到走向未来的时代方位。对社会的发展如此，对经济航船更应如此。

于是，"让历史告诉未来"就成为时代赋予中国经济学家的新任务。好在工作习惯使我们这些一线职业经济研究者在时刻追踪并不时讨论经济形势的同时，不断形成工作备忘和会议记录。职业要求我们在及时分析数据并向市场提供预测的同时，撰写理性的研究报告。久而久之，形成了有言在先、有据可查的研究资料积累。尽管这些积累起来的研究资料不足以支撑宏大的历史叙事，但在新形势面前，重新检阅这些记录和报告至少可以从微观历史的角度还原当时的场景。在还原的过程中反思其中的含义，在回溯的航程中寻找其中的逻辑。简言之，用历史的必然性来应对未来的不确定性或许可以廓清前行的道路。本人曾是中银国际和中国银行的首席经济学家，因此有抵近市场的自身观察与研究，并且作为博源基金会一线经济学家例行座谈会的主持人，负责总结来自国际市场各个前沿的观察与思考并形成纪要，同时作为中国宏观经济学会副会长和中国经济 50 人论坛的成员，可以经常接触到经济政策制定者的想法及思路。如果以这些研究积累为基础，重述当时研究的背景，梳理当时讨论的线索，厘清当时问题提出的含义，是否有助于明了当前的形势，前瞻未来的航程呢？

正是基于这样的考虑，在同行的督促下，以时间顺序为主线，以形成可供回溯的路标为前提，将自己自 2008 年国际金融危机以来所公开发表的文章及研究报告重新整理。内容和文字仍基本维持原样，除做出一定的删减外，不做大的调整。与此同时，为了使问题更加聚焦，使线索更加清晰，在形成章节的同时，每章第一节类似于引言，说明当时情景下问题提出时的所思所想。通过重现过去，期望体会今日之处境，建立事关前程展望的讨论基础。

展望未来，中国经济正进入高质量发展的新时期，中华民族正走近世界舞台的中央，承担起世界历史民族的责任。在此之际，我们这一代在改革开放中成长起来的中国经济学工作者，也即将告别历史舞台。离别之际，以自己亲身感悟所形成的研究心得作为小小的路标留给后来者，唯望节省气力，助其前行，既是心愿，也是责任。感谢中国人民大学出版社使这一心愿得以实现，责任得以践行。

目　录 | C o n t e n t s

第一章

全球经济不平衡与金融危机

一、全球经济不平衡

　　如果回望过去，翻阅一下近年来的中国经济文献，可以看到，早在 21 世纪初，中国经济学界就已经隐约感到不安。随着中国成功加入 WTO，中国经济摆脱了 1997 年亚洲金融危机的阴影，再次踏上了高速增长之路。与之相对应，中国宏观经济的内部和外部不平衡问题也日趋显现：表现为在经济快速增长中，中国国际收支对外部世界持续的双顺差。

　　在中国的国际收支中经常项目和资本项目同时长期保持顺差，虽然罕见，但成因却十分清晰。在以投资贸易自由化为代表的生产要素全球自由流动的条件下，中国可以在全球进行资源配置，通过将成本低廉的农村剩余劳动力纳入经济全球化，从而更大规模地再现了东亚地区出口导向型经济发展模式，经常项目顺差因货物出口的快速增长而不断提高，与此同时，为中国低成本劳动力特别是其在出口产业所形成的竞争优势所吸引，外资纷纷涌入中国，并重点投资出口产业，使中国常年成为全球直接投资的主要目的地，资本项目顺差也因此持续增长。更令人吃惊的是，中国的双顺差规模如此之大，增长速度如此之快。20 世纪末中国还苦于外汇短缺，鼓励创汇产业发展一直是各级政府的重要工作。记得在 20 世纪 90 年代初，笔者还在中国国家经济体制改革委员会工作期间曾奉命就创汇产业发展进行调研，分配到的课题是云南花卉产业创汇问题。当时这虽然是一个不起眼的小产业，但也需要就其体制改革及创新做专门安排，其中就涉及斗南花卉市场的拍卖机制政策制定。可见，当时全国上下为创汇消费可谓费尽心力。然而，2001 年中国加入 WTO，废除了 2 000 多个管制条例，与国际惯例接轨，不仅使出口爆发性增长，而且外资大幅涌入，中国外汇储备先是超过 1 万亿美元，进而又持续增长到 2 万亿、3 万亿美元，高峰时甚至超过 4 万亿美元，迅速跃居世界首位。

中国国际收支不断增长的双顺差，虽然原因不难理解，但带来的挑战却十分深刻，它日益明显地反映出中国经济与世界经济的双重不平衡性：

就中国经济而言，伴随着中国国际收支双顺差增长的是经济过热现象的出现。2007 年中国经常项目顺差占 GDP 的比重就高达 9.8％，此时出口带动的中国 GDP 增速也创历史纪录，达到 13.4％。随着以经济过热为代表的宏观经济不稳定现象日趋严重，"宏观调控"这一经济学术语成为常见的政策与媒体语言，自 2005 年起，频繁出现在红头文件及报刊电视中，既成为经济政策的官方宣示，也成为街头巷尾的民间谈资。更使人忧虑的是，中国经济发展的不可持续性也初现端倪。在出口导向的引领下，中国的经济结构日益外倾化。进出口规模占 GDP 的比重一度高达 70％，在世界大国中绝无仅有。对外需日益扩大的依赖，以居民消费为核心的内需持续不足，两者并存，不仅扭曲经济结构，导致宏观经济波动加剧，也使经济的脆弱性不断提高，给金融稳定、生态环境和可持续性经济社会发展带来日益加大的压力，最直观的表现就是人人可以感觉到雾霾天气不断增多，并大范围出现。由此，"坚持以人为本，树立全面、协调、可持续的发展观，促进经济社会和人的全面发展"的"科学发展观"应运而生，成为中国政府统筹城乡、人与自然、区域经济社会、国内发展和对外开放方针政策制定的理论依据。

就世界经济而言，伴随着中国国际收支双顺差的增长，世界经济的不平衡性也日益明显。中国这一巨大的经济体，以能源原材料和销售市场两头在外的方式与世界连接，以出口导向模式加入世界市场，是史无前例的。规模之巨大，融入之快速，世界经济因此出现了体系性的不适。以中美贸易为例，双方既是世界最大的两个贸易体，又互为贸易顺逆差的最大发生国。中国对美国的货物贸易顺差曾长期占中国全部货物贸易顺差的大头，而美国对中国的货物贸易逆差也曾长期占美国全部货物贸易逆差的大头。这种格局显然会引发经济贸易摩擦，并产生全球性影响。2007 年，伴随着包括石油在内的大宗原材料的暴涨，国际金融市场不稳定的迹象开始显露，西方舆论宣称这是由中国经济快速增长造成的，认为中国对能源原材料的巨大需求以及中国廉价商品出口的持续增长成为威胁世界经济平衡的最新最大因素。随后爆发的 2008 年全球金融危机似乎又印证了全球经济不平衡的危害，"中国威胁论"便由此开始在全世界传播。

需要指出的是，在现行世界经济体系下，一国的国际收支能够长期持续保持双顺差，不啻为一件新鲜事。国际经济学一般认为，世界经济体系应具有国际收支顺逆差自我调节功能，从而一国的宏观经济应该是内部和外部同时均衡，表现为国际收支的总平衡。换言之，即使在期限上当年的国际收支不平衡，或者在结构上国际收支某一科目出现顺逆差，也会因世界经济体系的这种自我调节功能而很快实现平衡。之所以如此，原因就在于现行的世界经济是建立在市场经济基础之上的，而市场经济理论上是可以自动实现均衡的。特别是 20 世纪 90 年代初冷战结束后，世界绝大多数国家都采用了市场经济体制，体制的一致性使全球制度性交易成本大大降低，推动先前以减少关税壁垒为主的关贸总协定发展成为促进投资贸易自由化的 WTO。在 WTO 框架下，体制的一致性首先表现为汇率制度的一致性，WTO 成员普遍实行浮动汇率制。从经济学理论上讲，在浮动汇率下，一国顺差增加预示着本币具有升值倾向，从而起到抑制出口、促进进口的作用，致使经常项目顺差减少直至消失，反之亦然。与此同时，在市场经济条件下，汇率与利率是平价关系，在价格具有充分弹性时，本币的升值倾向意味着自然利率，即维克塞尔利率的升高。这会使投资成本升高并摊薄利润，而预期回报的减少会弱化投资冲动，致使外资流入减缓，进而资本项目顺差减少乃至消失，反之亦然。

然而，事情却是如此吊诡。现实情况表明，尽管浮动汇率制可以发挥国际收支调节功能，但对中国的作用却十分有限。自中国加入 WTO 以来，随着出口不断扩大，外资大幅流入，顺差因此快速增长，中国经济出现了内外的不均衡。为纠正这一局面，中国启动了新一轮外汇体制改革。2005 年 7 月 21 日，人民币对美元的汇率在一次升值 2％的基础上，改为以市场供求为基础，参考一篮子货币进行调节的有管理的浮动汇率制。浮动幅度由日加减 0.3％扩大到日加减 0.5％。在此后三年间，也就是从 2005 年 7 月到全球金融危机爆发时的 2008 年 7 月，人民币对美元的汇率由 8.28 元兑 1 美元升值至 6.8 元兑 1 美元，升值幅度接近 20％，幅度不可谓不大。并且，在进行汇率机制改革的同时，还推进了利率市场化改革，建立了利率做市商制度，目的是使利率更具有弹性，相应地提高利率和汇率之间的敏感度。然而，双顺差并未因这些措施而得到扭转，反而呈扩大之势。到 2007 年中国已经连续 15 年出现经常项目顺差，当年的经常项目顺差达到 4 206 亿美元，占 GDP 的比重达到 9.8%。与此同时，中国作为外商投资的主要目的地，也出现连续 10 年的资本项目顺差。于是，在中国经济现实面前，理论与实际出现了极大的反差。

把中国作为一个单独的个案来看，双顺差所带来的国际收支平衡的理论与现实的反差或许显得突兀，甚至吊诡。但是，放眼全球，就会发现这不是中国的个别现象，而是经济全球化时代的普遍性存在。不同于冷战年代，20 世纪 90 年代后，发展中国家经常项目顺差占 GDP 的比重普遍持续升高，与此相对应，发达国家经常项目逆差占 GDP 的比重普遍持续升高。两者呈现为对称的镜像关系，形成了全球经济的不平衡。全球经济不平衡既是经济全球化的伴生物，也是经济全球化的机制性表现：经济全球化是美国主导的世界经济治理体系。在这一体系中，因冷战的结束，投资贸易自由化的发展使发展中国家与发达国家的经贸交流变得更加便捷，合作更加密切，而包括投资在内的国际贸易条件改变使发达国家逆差和发展中国家顺差，两者的发展表现为对称性存在。这表明世界经济是一个日益紧密的各方相互依存的整体。国别意义上的不平衡形成了全球意义上的相互依存的平衡成为经济全球化的基础。与此同时，国别意义上的不平衡发展又引发了前所未见的全球性新问题，例如气候变化、金融稳定、经济危机等非一国所能解决的外部性问题。这要求世界各国团结起来共同面对，破旧立新，创新全球经济金融治理机制，推动经济全球化向高层次迈进，正是这一全球经济平衡又不平衡的大背景，说明了中国问题不是孤立的，而是经济全球化系统性特征的缩影。由此，中国经济问题既是中国的，又是世界的，不能再拘泥于国别框架，而应将其置于经济全球化的历史进程中加以理解和讨论。

此前，在冷战年代，世界经济的基本矛盾呈现为东西南北问题。所谓东西问题，是两种对立的体制以及由此产生的两个平行的市场，是意识形态中谁战胜谁的问题；所谓南北问题，是在世界经济体系中心与外围的结构中发达与不发达的关系，是现代化的实现及其道路选择问题。在冷战年代，"东西问题"主导着"南北问题"，因世界呈现为对立的两个阵营，从而不存在统一完整的世界经济。但尽管如此，发展中国家的不发达状态毕竟是需要面对的客观存在，并因此构成了"南北问题"的底色。按照"中心-外围"理论的提出者劳尔·普雷维什的看法，世界经济被分为两个部分：一个部分是"大的工业中心"，另一个部分则是

"为大的工业中心生产粮食和原材料的外围"。在这种中心与外围的结构中，工业品与初级产品之间的分工并不像古典或新古典经济学所描述的那样是互利的，恰恰相反，由于技术进步及其传播机制在中心和外围之间的不同表现，这两个部分的关系是不对称的，并系统地表现为发展中国家贸易条件的持续恶化，从而使发展中国家的国际收支始终处于逆差状态，成为外围区对中心区依附性发展的典型表现。从这个意义来看，发展中国家的不发达状态是由发达国家经济发达造成的，呈现为产业结构单一化、市场高度集中化的出口依赖性畸形经济，在这样一个由发达国家经济主导的畸形经济发展中，自然会孕育出发展中国家经济民族主义思潮。正是在这一背景下，20 世纪六七十年代，沃勒斯坦、阿明、弗兰克、阿瑞吉等人将普雷维什的中心-外围论进行了政治经济学的发展，将世界经济体系中的发达与不发达现象解释为"一枚硬币的两面"，认定为当代世界经济体系的系统性特征。其逻辑结论是不打破这一体系，不建立新的体系，就不能挣脱依附性发展桎梏，就不能实现发展中国家的经济现代化。这不仅成为发展中国家20 世纪 70 年代争取世界经济新秩序运动的重要思想资源，而且随着这一思想的进一步理论化、系统化，其本身也日益意识形态化，成为东西方冷战中反帝、反殖民的民族解放运动的重要思想动员工具。

区别于冷战年代，经济全球化是在东西方政治军事对峙瓦解、市场经济体制全球普遍采用的条件下出现的，由于冷战的结束，谁战胜谁的问题被取消了，意识形态的争执被淡化了。与此同时，"南北问题"不再从属于"东西问题"，成为单纯的发达与不发达问题，甚至经常被理解为时间维度上的现代化进程中的逻辑问题，在这一背景下投资贸易自由化，既意味着发达国家跨国公司的全球生产力布局，也意味着发展中国家可以将自身的资源禀赋和竞争优势充分地纳入其中。显然，两者结合，相得益彰，将会极大地促进发展中国家的工业化发展，改善乃至改变南北差距。事实上，在世界可贸易程度不断提高的经济全球化时代，资本开始大幅流入发展中国家，全球产业出现了自西向东、向发展中国家尤其是向亚洲地区转移的态势，从而相应地改变世界经济格局，形成了不同于以往的三个板块：

首先是亚洲新兴经济体板块，以中国和印度最为典型。冷战的结束使它们将自身的工业化进程纳入经济全球化，实现了资源配置的国际大循环。国际资本与本地廉价劳动力相结合，改变了以往资源配置中劳动力资源丰富而其他资源，尤其是资本严重匮乏的局面。亚洲地区的工业化因此得到格外的加速，成为提供物美价廉商品的世界工厂，不仅加快了全球经济增长，而且降低了世界通货膨胀率。从而亚洲地区在支持经济全球化的同时，也分享了经济全球化的红利，体现为巨额的贸易顺差和外汇储备不断增加。

其次是资源出口国板块，以石油输出国组织最为典型。随着亚洲地区成长为可以与西欧和北美等发达地区比肩的世界制造业中心，它也成为初级产品的强劲需求者，加入了国际市场的竞争。这使处于外围区的资源出口国可以不再全然依附于传统欧美市场，大宗商品市场集中度反而因买方市场的分散而降低，由此打破了传统单一买方价格垄断，使其国际贸易条件得到显著改善。仅石油价格每桶由 20 世纪 90 年代的 20 美元左右上升到 2007 年的 154 美元左右，10 年内上升近 7 倍。初级产品价格的上升，不仅使资源出口国出现了贸易顺差，而且鼓励全球资本投资矿产资源及相关基础设施，工业化因此加速。于是，这些资源出口国在初级产品供给上支持经济全球化的同时，也使自身的国际收支状况不断改善，形成了巨额的外汇储备。

最后是传统发达国家板块，以美国最为典型。随着冷战结束和经济全球化开启，各国的竞争优势开始在国际舞台上充分展现。因劳动力成本高，美欧的制造业处于竞争劣势，但其服务业，特别是金融服务业，却具有明显的竞争优势。经济全球化使其服务业，尤其是金融服务业也全球化，从而改善了全球，尤其是发展中国家的资金供应，降低了融资成本。发达国家在通过金融支持经济全球化的同时，也成为全球物质产品的消费中心，表现为进口额远大于出口额，出现常年的经常项目逆差。

由上，相对于冷战年代的平行市场格局，经济全球化是一种结构变化。结构决定状态，上述三个板块构成了不同以往的新的世界经济结构，产生了不同以往的发展中国家与发达国家国际收支顺逆差新的状态，表现为两者经常项目顺逆差占 GDP 的比重同步持续升高的镜像关系。如前所述，从全球的角度来看，这种镜像关系是对称的，从而意味着全球资产负债表意义上的平衡。然而，更进一步来看，在这一对称性全球平衡的背后却是投资与消费在全球不同类型国家分布的不平衡。发展中国家国际收支经常项目顺差占 GDP 的比重持续升高，表明它的经济是投资驱动的出口导向型经济，出口带动投资，投资拉动出口。背后的经济学含义不仅在于它们具有动员国内外储蓄进而投资的能力，而且意味着本身人均国民收入低，消费薄弱，内需不足，呈现出投资过多而消费过少的结构性特征。与此同时，发达国家国际收支经常项目逆差占 GDP 的比重持续升高，则表明它的经济是消费驱动的进口导向型经济。消费是收入的函数，消费带动进口，既预示着人均国民收入高，更意味着有发达的金融帮助居民透支未来收入，通过负债的方式支持当期消费。背后的经济学含义是负债消费及其产生的债务累积，从而呈现出消费过度而投资不足的结构性特征。

更为重要的是，当代世界经济体系中的上述三个板块虽然因结构性特征不同而相对独立，但更是相互依存的：首先，在实体经济意义上，这种相互依存是全球产业链所形成的全球供应链。这表现为亚非拉资源出口到亚洲加工制造，再到美西方进行产品销售。其次，在虚拟经济意义上，这种相互依存则是全球单一方向的资金流动。这表现为资源出口国和亚洲制造业中心积累的外汇顺差，持续不断地流向以美国为代表的西方金融市场。最后，由上，这种相互依存是一个全球性的商品与资金的相逆运动的双循环。传统发达国家板块以贸易逆差为代表的消费市场扩张，使其他两个板块实现以美元为代表的经常项目顺差，支持了发展中国家由投资驱动的出口导向型经济的发展。与此同时，其他两个板块的经常项目顺差又返流发达国家金融市场，构成了发达国家的资本项目顺差，既支持了其金融服务业的发展，又压低了其市场利率，使其居民更愿意负债，消费更容易扩大。由此，发展中国家的投资和发达国家的消费、发展中国家的经常项目顺差与发达国家的资本项目顺差被有机地联结在一起，两者水乳交融式的结构性相互依存，造就了全球一体化的商品市场和金融市场，构成经济全球化运行的底层逻辑。

面对这一底层逻辑，产生了两种不同的态度和主张。如果从民族国家的角度看，经济全球化所带来的表现为两个不平衡：一是以发展中国家经常项目顺差持续升高为代表的全球性投资和消费的不平衡；二是发达国家居民实际收入不足，而依靠透支未来收入来支持消费的资产和负债的不平衡。这两个不平衡都在增大世界经济的运行风险。无论是在供给端处于投资中心的发展中国家的产业链条受阻，还是在需求端处于消费中心的发达国家的金融杠杆维持困难，都会使前所述及的世界经济循环淤塞或中断，导致全球性的经济或金融危机。为防范危机，世界经济必须主动实现再平衡。与此相对应，如果从经济全球化的角度看，上述两个不平衡本身就是经济全球化"一枚硬币的两面"，是当代世界经济体系运行的结果，全球性的经济或金融危机是这一体系内在矛盾的外化。如果将不平衡视为一种偏差而认为需要纠正的话，那么纠正的办法只能从全球发展入手，超越狭隘民族主义的视野，解开国别经济的羁绊，在超级全球化的高度上推动全球经济金融治理体系跃上新层次，在实现人类共同利益最大化的进程中化解不平衡，建立新平衡。由于中美两国是利益攸关者，可由中美两国率先相向而行，形成战略合作，改善全球治理。正是基于这一认识，在学术界，哈佛大学经济学教授弗格森和柏林自由大学教授史里克共同创造了"Chimerica"，即"中美国"这一新词，意指人类历史上前所未有的新现象，美国作为世界消费大国，中国作为世界储蓄大国，两者相互依存，中美已进入"共生时代"，客观要求"中美共治"，走向超级全球化。也是在这个形势下，中美两国政府开始建立战略对话机制，2005 年 8 月，首次中美战略对话在北京举行。随后，2006 年 9 月中美双方又发表了《中美关于启动两国战略经济对话机制的共同声明》。2006 年 12 月，主题为"中国的发展道路和中国经济发展战略"的首次中美战略经济对话在北京举行。

当人们还在对世界经济前途进行紧张讨论时，灾难却发生了。更使人猝不及防的是，与先前流行的普遍认知不同，灾难是以全球金融危机的形式肇始的。2008 年，发达国家尤其是美国居民负债消费的杠杆难以维持所引发的系统性崩溃，使整个世界经济陷入金融海啸。它的发生不在供给端，而在需求端，不在实体经济，而在金融，实属意料之外。无论是发达国家还是发展中国家，无论是实体经济还是虚拟经济，因此，皆无幸免。于是就有了下面的一幕：2008 年 11 月，在金融危机发生后不久，英国女王访问伦敦政治经济学院时向在场的经济学家发问，"这么大的危机，为什么你们这些经济学家都没能预测出？"在随后的 2009 年 6 月，英国皇家学会召开了专家学者的特别座谈会，讨论如何回答女王的问题。会后专门起草了一封给女王的回信，信中说道："没能预测出危机到来的时间、幅度和严重性，是许多智慧人士的集体失误。无论国内还是国际学者，虽然对许多具体的金融产品有详细的分析和评估，但失去了对整体经济系统的一种宏观把握，未能将系统性风险看作一个整体，成为人们一厢情愿和傲慢自大的一个最佳例证。"

所谓金融危机是一种新型危机。区别于以往在世界经济史中多次出现过的、以生产过剩为特点的经济危机，金融危机的表征是资产负债表的快速衰退。在现代市场经济中，由于单项资本的积累远远不能满足经济发展的需要，资本的集聚转变为资本的集中，借入资本经营，即负债经营成为通行的经营方式。由此，整个社会出现了不断扩张的 4 张相互关联的资产负债表：首先是企业的。当企业自有资本积累满足不了经营规模的需要时，负债经营就是必然的。其次是金融机构的。实体经济是金融生成与发展的基础，金融机构的资产负债表因此与企业的资产负债表相辅相成，企业的负债就是金融机构的资产。当企业借入资本经营时，其资产负债表需求促进金融机构及其产品的发展，决定后者的发展方向。再次是政府的。在现代市场经济中，政府不仅要维持其传统功能的财政收支活动，更重要的是，因承担宏观经济管理职责，频繁使用财政、货币政策工具，其资产负债表功能日趋多样、结构日趋复杂和规模日趋庞大。最后是住户部门的，即家庭资产负债表。在现代社会，核心家庭成为基本单位，其资产负债活动却有增无减，成为现代市场经济的重要参与者。经验表明，在这 4 张资产负债表中，因某种原因，其中任何一张出现了去杠杆，均会连带其他几张相继出现资产负债表衰退。如果衰退速度快且规模大，将会形成表现为宏观经济严重不稳定的金融危机。

2008 年全球金融危机，就是这种形式的危机。肇始于美国住户部门即家庭资产负债表的衰退，资产价格泡沫尤其是房地产价格泡沫破裂导致恐慌性的去杠杆。但追究资产价格泡沫的形成，会发现助纣为虐的是美联储为刺激经济繁荣而长期奉行的低利率政策和支持房地产发展的宽松监管安排。早在冷战结束前，支撑美国经济的三大支柱——钢铁业、汽车业和建筑业的竞争优势，已在日本、德国的竞争下，三去其二。钢铁业和汽车业在日本的强劲竞争下，日益沦落为夕阳产业，美国为此曾惊呼"日本世界第一"。国际竞争压力迫使美国的产业结构调整步伐加快，涌现出以互联网等电子信息技术为代表的高技术产业。在这些新型产业的带动下，在 20 世纪 90 年代，美国经济出现了长达 106 个月的战后最长繁荣期，被冠以"新经济"的称谓。然而，在 2000 年新经济终于为高科技泡沫破裂所拖累，美国经济出现了衰退，雪上加霜的是 2001 年的"9·11"事件更使美国经济步履维艰。为防止经济深度衰退，美国从两方面加大了对经济的刺激：第一，大幅使用传统的反周期手段。美联储从 2001 年 1 月到 2003 年 6 月连续 31次降低联邦基金利率，从 6.5％降到历史性的低点 1％。第二，动用非传统手段支持房地产的发展。2002 年 6 月，小布什总统发布了《美国住房挑战》白皮书，号召房地产商和金融机构共同努力，在 2010 年前至少增加面向 550 万户少数族裔家庭的住房。2003 年 12 月，《美国梦：首付款法案》获国会通过，美国政府就首套住房向低收入家庭提供补助以降低支付额，同时允许将住房抵押贷款利息进行税收抵扣。利率的降低和政府的补贴刺激了房地产业的发展，住房价格也因此一路上扬。结果是在美国家庭住房拥有率达到历史高位 69.2% 的同时，美国 GDP 的增长也在加速。

房地产需求和价格的上升，吸引金融机构投身于此。一方面，住房价格的上升使住房抵押贷款及其衍生的证券化产品收益水平比国债高，信用评级不断上升。另一方面，住房需求增长和低违约率刺激金融机构放宽信贷条件、刺激住房抵押贷款迅速发展，并衍生出大量结构越来越复杂的证券化产品，吸引全球大量的资金投入，催生并迅速壮大以大规模使用高杠杆方式负债融资的对冲基金。更有甚者，连一向谨慎的商业银行和创设衍生工具的投资银行也经不住诱惑，大举投资并深陷其中。由此，形成了一个怪圈：房地产的需求和价格上升吸引大量的金融投资，而大量的金融投资又进一步推高房地产的需求和价格，泡沫越吹越大。

然而，泡沫终究是要破裂的。2004 年 6 月后，美国联邦基金利率开始上升，与以往的房地产周期相同，利率上升，月供额增加，购房意愿下降，需求减少，房地产价格就会下跌，抵押贷款违约率上升，以抵押贷款为基础资产的证券价格下跌。与以往的房地产周期不同，由于创设发行担保债务凭证（CDO）的金融机构无法通过再融资发行新的 CDO，泡沫便无法为更大的泡沫所覆盖。无法偿还 CDO 投资者的资金，杠杆融资从放大盈利转变为放大亏损，尤其是在"市场对价"和"资本风险权重"的会计准则下，资产减记会以超调的方式在更大程度上放大亏损，顷刻吞噬各金融机构的资本金，金融机构像多米诺骨牌一样一家连着一家倒闭。其中一些大的金融机构，例如雷曼兄弟因拥有清算支付网络而具有清算功能，从而具有系统的重要性。它的倒闭产生了爆炸性的连锁反应，清算中心的坍塌招致与其相关联的金融和工商业机构集体陨落。预计到这种前景，投资者像躲避瘟疫一样，恐慌性的出逃在所难免，出现了一致性抛售而无市场接盘者，金融市场由此出现了系统性崩溃。

在历史上，这种资产负债表衰退曾是生产过剩危机的伴生物。当总需求严重不足而出现实体经济衰退时，企业因销售困难而收入锐减，致使其现金流不能覆盖债务利息，造成金融机构原来匹配的资产期限与负债期限发生了不匹配，债权债务链条因此不能维持而崩溃。但是，2008 年的全球金融危机却不一样，它不是由实体经济衰退，即经济周期性变化引起的，而是金融市场过度扩张所导致的自身崩塌，出现了恐慌性的去杠杆。在引起金融机构资产负债表快速衰退的同时，也造成实体经济的衰退。需要指出的是，这种由金融原因引发的经济危机是历史罕见的。虽然在 20 世纪 90 年代的日本发生过，但那是一国的。此次金融危机却是全面的、世界范围的，不仅涉及所有国家的金融市场，而且是金融危机的三种形式，即银行危机、债务市场危机和货币危机并发，不仅成为英国女王发问的原因，更使许多银行同时面临挤兑而不得不大面积违约，资本市场上发生了有价证券一致性抛售而无交易对手接盘的极端情形，外汇市场上出现天量交易而迫使一些国家的货币大幅贬值或价值重估。这三种危机同时发生引发了一个共同的症状——市场流动性枯竭，不是本币流动性枯竭就是外币流动性枯竭。这种全球性的流动性枯竭使整个世界经济的运转陷入严重的困难。因流动性枯竭，国际债权债务难以维持，并迅速传染；因流动性枯竭，国际贸易难以支付使生产活动快速萎缩。结果是，在发达国家表现为资产负债表衰退式金融危机，在发展中国家则表现为外需严重不足的产能过剩式经济危机。

经济全球化以金融危机的形式顽强地表现着自身，使"环球同此凉热"。它表明，世界经济是一个整体，"覆巢之下，安有完卵"。国际金融危机成为世界各国共同面对的挑战，自然需要世界各国共同努力应对。由此，催生出发达国家和发展中国家共同合作的 G20 峰会。2009 年，G20 峰会在伦敦召开，发达国家和发展中国家首次一致表示要协调各国的宏观经济政策，共同应对金融危机的挑战，促进世界经济强劲、平衡、可持续地增长，在这个背景下，中国也出台了号称"四万亿"的大规模经济刺激计划。一时间，国际社会勠力同心、通力合作，蔚然成势。

二、全球金融危机的肇始[①]

2007 年初，以次级住房抵押贷款违约率上升为契机，触发个别金融机构的危机（2007 年初到 2007 年 7 月）。在不到两年的时间内发展成为资本市场的全面

---

① 源自张继伟、徐可主编，2009 年由中信出版社出版的《谁葬送了华尔街：2007—2008 年金融危机通鉴》一书中笔者的文章《经济全球化与金融危机》。

流动性紧张（2007 年 8 月到 2008 年 3 月），再由资本市场传导到信贷市场，使市场利率高企不下，信贷全面紧缩（2008 年 3—9 月），导致货币市场全面困难，进而演变为全面的金融危机，并蔓延到全球，演变速度之快、来势之凶猛为历史所罕见。

在危机发生的整个过程中，人们始终在问三个问题：这场危机注定要发生吗？这场危机注定要演变为今日的严重态势吗？这场危机带给我们的教训是什么？

2005 年 6 月，时任美联储主席的格林斯潘被一种奇特的经济现象所迷惑。当时美联储已连续 8 次提高联邦基金利率（基准利率），由 46 年来的最低点 1% 提升到 3%，但长期利率却不升反降。作为标准的 10 年期国债，其收益率较一年前升息时的 4.8% 降为 3.95%。这种存贷款时间越长利息越低的反常现象，引起了广泛的关注，被称为"格林斯潘之谜"。格林斯潘本人试图给出答案，他给出了四个解释，其中第四个解释是：在经济全球化过程中金融市场的一体化意味着中国、印度等发展中国家加入全球化过程，使更多的世界储蓄可以跨国使用，进行低成本的投资。

如果说，2005 年格林斯潘的这个解释还是四个解释中的一个，还带有猜测的成分，那么时至今日（2008 年），这个猜测幸或不幸被言中了。

20 世纪 90 年代初冷战结束后，出现了真正意义上的经济全球化过程。这一过程既是市场经济体制扩展到全球的过程，也是工业化的发展方式（全球生产力布局）扩展到全球的过程。由于体制模式和发展方式的全球一致性，使各国经济相互依存的自由贸易体制向深度发展。而贸易和投资的自由化造就了金融的一体化，全球成为统一的金融市场，在这种经济全球化的过程中，一方面全球经济的交易成本陡然下降，另一方面以资源禀赋为基础的国际分工优势充分展现。这两方面都使全球经济的规模效益提升，出现了经济全球化的红利，并直接表现为全球经济增长的改善。2002—2007 年，全球经济平均增长率为 4.3%，远远高于过去 30 年 3.3% 的平均增长率，经历了一个第二次世界大战以来罕见的繁荣时期。

在经济全球化的过程中，逐渐分化形成前所述及的以中国、印度为代表的亚洲新兴经济体板块、以石油输出国组织为代表的资源出口国板块以及以美国为代表的传统发达国家板块，也快速形成了这三个板块相互之间新的依存关系，孕育并产生了新的结构。以中美两国的国际收支为例，美国的负债消费为中国的制造业提供了市场，形成了中国的经常项目顺差，而中国的经常项目顺差又回流美国，形成了美国的资本项目顺差，降低了美国的利率水平，进而支撑并扩大了美国的负债消费。由此，中美两国宏观经济的外部不均衡所表现出的国际收支失衡是互为因果、互为条件的。国别之间的不均衡在经济全球化的条件下形成了两国互补的新均衡。正是在这种全球化条件下，中美两国的互补性形成了中美两国战略经济对话的基础。

把上述过程放大了看，根据 2006 年 IMF 的统计，2005 年，发展中国家人口约占全球的 85%，外汇储备占近 70%，按购买力平价（PPP）计算的 GDP 约占 50%，出口占 40%，按名义汇率计算的 GDP 约占 25%，资本市场约占 18%。这些数字至少揭示了两个问题：一是按购买力平价计算和按名义汇率计算的 GDP 之差表明，发展中国家整体具有低估汇率的倾向，而出口和外汇储备的较大份额则表明发展中国家具有促进出口与增加外汇储备的倾向；二是发展中国家与发达国家的主要差距表现在金融业上，尤其是在资本市场上。在一定程度上，资本市场体系的差距表明了发展中国家市场经济体系尚不成熟。出于防止本币升值损害出口和获得资本收益等多重考虑，发展中国家将外汇储备注入发达国家的金融体系，构成自 1995 年以来美国联邦基金利率可维持长达 10 年的低水平而通货膨胀率仅在 2.5% 左右的重要条件。

新兴经济体和发达经济体互补关系所形成的新均衡的核心在于低成本。低成本的制造业降低了物价水平，低成本的资金降低了利率，这些都相应地扩大了包括负债消费在内的购买力，引致了经济快速增长。更为重要的是由于低物价水平带来低通货膨胀率，世界经济出现了高增长、低通胀的黄金组合。

理论上，如果低成本可持续，经济全球化的红利就可持续。但在现实中，这一条件是难以满足的。其一，在新兴经济体中，制造业的产能扩大意味着对能源原材料的消耗急速上升。以中国为例，石油产量在持续提高，但石油消费量提高得更快，很快就改变了中国的石油进出口局面。1993 年中国转变为石油净进口国，到 2007 年，中国消费的石油 50% 依赖进口。其二，在自然资源有限性的约束下，亚洲新兴经济体工业化快速进行的需求拉动，引致能源原材料价格的快速上升，因此，即使其他生产要素成本不变，生产成本也会升高。其三，低成本的资金自然压低了以美国为代表的发达国家的长期利率水平，促进了负债消费的增长。但是，由于 1998 年后石油价格带动大宗原材料价格上涨的新周期，美国国际收支的经常性赤字明显扩大，占 GDP 的比重很快超出 37%。在资本项目的盈余未同步上升的情况下，美元被迫贬值并持续向下，进一步诱发了以美元计价的石油及大宗原材料的价格更快上升，造成美国的通货膨胀压力加大，提高利率又势在必行。2004—2006 年，美联储被迫 17 次提高利率，于是以能源为代表的基础产品价格上升，现实地改变着生产成本和资金成本，侵蚀着低成本优势，威胁着上述相互依存关系的顺畅循环，最终触发了以次贷危机为先导的金融危机。从这个意义来讲，金融危机的爆发既意味着这一轮经济全球化红利的终结，同时也意味着由经济全球化开启的国别经济的外部失衡的调整。

在经济全球化过程中出现的国别经济外部失衡构成了调整的必然性，但以次贷危机引发金融危机这种形式来进行调整，原因却在于以美国为代表的发达经济体内部。

如前所述，随着房地产需求的增长，尤其是价格的上升，吸引了金融机构投身于此，引发了地方泡沫。与此同时，并不是所有人都无视美国房地产泡沫化的加速。事实上，自 2004 年 6 月起美国提高联邦基金利率达 17 次之多的事实本身就隐含了这一担心。然而，直到 2007 年美国也未能止住房地产泡沫化的势头，一个重要原因就在于衍生品风险定价的迷失。

金融的核心问题是风险。作为风险处置机构的金融机构对风险进行定价是其第一要务，不能定价的风险不构成金融产品。从风险定价的角度来看，风险是未来的不确定性，而不确定性是服从概率分布的，所谓风险定价，是在对概率分布进行估计基础上的补偿。从这个意义来讲，金融产品实际上是一项风险合约。因不同的投资者风险承担能力不同，根据他们不同的风险偏好，找出风险等级不同的资产，以满足不同投资者的需要；或者是根据资产的风险特征设计出风险等级不同的产品，销售给风险偏好不同的投资者。在风险定价过程中，形成种类繁多的金融产品，出现低风险、低收益、高风险、高收益的不同组合。

从风险的角度来看住房抵押贷款，可以看到首付和未来收入调查文件的意义。当存在首付时，如果房产下跌额不超过首付，一旦违约（断供），借款人的损失成本大，自愿性违约风险就会较小。这时如果还有违约发生，则可能不是自愿的，即个人未来收入出现困难，造成对银行还款来源的枯竭。那么银行有必要在放贷前对个人未来收入做尽职调查，以保证对银行的还款来源。在上述两道防线的基础上，银行要求以住房作为抵押就构成最后一道防线。其作用在于一旦上述两道防线失守，银行可将抵押的房产出售变现，以覆盖风险。"零首付""零文件"的次级住房抵押贷款风险大，就在于它只有最后一道防线。一旦住房价格下降，不仅违约率会上升，而且抵押品有可能不足以覆盖风险。

按照金融学的风险处置原则，较高的风险对应较高的溢价，次级住房抵押贷款的利率高于标准住房抵押贷款的利率，由此次级住房抵押贷款支持证券（RMBS）的收益率自然高于标准住房抵押贷款支持证券。尽管前者较高的收益率对投资者有吸引力，但毕竟有较大的风险。为了增大市场的流通性，投资银行将两者与住房抵押贷款相关的债券放在一个资产池中，重新组合出 CDO 进行出售。如果后者占的比重大，则风险相对小，其评级相对高，反之亦然。依此推演，还可将 CDO 进行诸如按偿还顺序等其他方式的再组合。这里需要特别注意的是，在 RMBS 向 CDO 转化的过程中，采用的是风险分散技术。而在风险被平均化的同时，却出现了风险定价的迷失：作为基础资产的住房抵押贷款的风险特征被改变，至少被模糊了。更为甚者，作为对冲风险的工具，信用违约掉期（CDS）的广泛采用进一步加深了风险定价的迷失：风险实际上被担保，意味着基础资产的风险特征彻底消失。

其实，在风险定价迷失前，包括评级公司在内的金融机构已经面临怪诞的困惑：有支付能力的优质住房抵押贷款和无支付能力的次级住房抵押贷款的借款人都买了相同地段、相同质量的房产，出现了基础资产同质而信用不同的定价难题。换言之，基础资产（房产）同是优质资产，按照评级应为 A 级，但是信用不同，次级住房抵押贷款信用差，则风险溢价高，也就是其证券化产品收益率高。对投资而言，同样的资产，不同的收益率，有何理由不选择投资收益率较高的呢？投资者的踊跃参与，推动了金融衍生品市场的大发展。以 CDO 为例，它作为一种避险工具面世于 1987 年，一直无人问津，1996 年后却以每年 150％的高速增长，到 2006 年累计发行了 55 万亿美元。与此同时，2007 年底，CDS 的市场规模也膨胀到 62 万亿美元之多。在投资者的热捧下，定价的迷失已无人深究，房地产泡沫化的势头不减，大幅抵消了美联储加息的努力。

从金融学的角度来看，在这里我们至少得到以下三点启示：

首先，不确定性的本质就在于不确定。风险固然可以分散、转移，但不会消失，当局部的风险被转移到外部时局部风险消失了，但外部的风险却在累积，出现了"1＋1＞2"的现象，成为系统风险。

其次，金融机构的核心功能是风险处置，但在处置风险的过程中出现了定价迷失的怪圈，CDO 和 CDS 在将风险平均化的过程中有意无意地改变了基础资产的风险特征，使全球衍生品远远背离了实体经济。

最后，金融衍生品在致力于对冲不确定性的同时，却使信息的不对称性大大加剧，从次级住房抵押贷款到 CDS 再到次级房屋贷款债券价格综合指数（ABX），如此长的产品链条，使人们很难了解基础资产的风险状况，并造成监管当局的迟钝，贻误了处理危机的最佳时机。

三、全球金融危机的类型

随着全球经济一体化的发展，世界各国的文化、政治、经济联系日趋紧密，其中金融体系最为突出。美国次贷危机引发的全球金融海啸、欧洲债务危机、日本平成危机等在全球和地区间形成重大影响，波及范围广泛，影响程度深远，给人们带来了深刻的启迪和反思。货币当局监管力度与国家经济发展策略如何变化，文化、政治与经济如何协同进步，引发人们深思。

（一） 美国次贷危机的形成、传导及救助[①]

2007 年 8 月，美国次级住房抵押贷款出现还款困难，进而引发以其为基础资产的证券化产品——次级债风波，并波及世界金融市场，迫使各国央行向金融市场紧急补充流动性。

何为住房抵押贷款次级债？住房抵押贷款是指住房消费者（借款人）以其住房为抵押向商业银行（贷款人）申请一次性满足住房需求而实行的分期付款财务安排。这种财务安排由于需求者众多，从而成为商业银行抵押贷款业务中一种重要的业务品种而通行世界，在我国被称为"按揭贷款"。次级住房抵押贷款属于非标准住房抵押贷款的类别，是指住房抵押贷款市场上信用等级较低的借款人申请获得的贷款。优质抵押贷款指借款人的 FICO 信用积分达到 620 以上、DTI 比例低于 55％、LTV 比例在 85％以下的贷款；低于此标准的抵押贷款可称为次级抵押贷款。

---

① 曹远征. 美国住房抵押贷款次级债风波的分析与启示. 国际金融研究，2007（11）：4-11.

依据不同的风险等级，市场又将次级抵押贷款分为不同的类别，形成 A、B、C、D 四种。其中 A 类风险最低，依次类推。美国住房抵押贷款存量达到 10.9 万亿美元，相当于 GDP 的 82.3%，其中次级住房抵押贷款存量约为 1.4 万亿美元，约占住房抵押贷款存量的 12.8%。但从增量上看，次级住房抵押贷款发展较快。在次级住房抵押贷款存量中，风险最低的 A 类约为 1.05 万亿美元，占 75%；风险较高的其他类别约为 3 500 亿美元，占 25%。不同的风险类别具有不同的风险溢价水平，C 类和 D 类的次级住房抵押贷款的利率水平均高出优质住房抵押贷款利率 4 个百分点。

从商业银行的角度来看，住房抵押贷款具有借短还长的特点，进而影响商业银行资产与负债在结构和久期上的匹配。为了实现更好的流动性安排，商业银行通常愿意部分或全部出售其住房抵押贷款，而发达的资本市场则为这种出售行为提供了有利条件。住房抵押贷款证券化便应运而生。所谓住房抵押贷款证券化，是指商业银行将其住房抵押贷款收益权打包出售给一个具有风险隔离功能的特殊目的机构（SPV），并由这一机构公开发行以住房抵押贷款为基础资产的偏债性的证券，发行募集的资金用于支付购买住房抵押贷款的价款，而投资者相应获得主要由住房抵押贷款利息构成的收益权。以住房抵押贷款利息为收益来源的证券，由于规模大且标准化，日益发展成为资产支持证券（ABS）市场的主要产品。相应地，由于打包资产质量不一，收益水平不同，风险定价也不同。在通常情况下，标准住房抵押贷款因标准统一、信用风险较低而较易打包出售，构成了抵押贷款支持证券（MBS）的主体；而非标准住房抵押贷款则因信用等级低、风险较高，要打包出售就要提高风险溢价水平。这种有别于 MBS 主体债的 MBS 成为今天人们所熟悉的次级债。

为了便于发行，次级债一般需要进行信用增级。信用增级分为外部信用增级和内部信用增级，外部信用增级一般通过第三方提供一定额度（比如抵押资产金额的 15%）的第一手损失保护方式来进行。常见的形式有：公司保证（corporate guarantee）、信用函（letter of credit）、资产池保险（pool insurance）和债券保险（bond insurance）。内部信用增级常用的方法有储备基金（reserve fund）、超值抵押（over collateralization）和优次分层结构（senior/subordinated structure）。储备基金分为现金储备基金（cash reserve fund）和服务差价剩额账户（excess servicing spread account）。现金储备基金一般与外部信用增级连用，是指设立专门的账户，直接将信用保险收益中的一部分存入该账户并投资于低风险借款人的 FICO 信用积分。FICO 信用积分是由费埃哲（FICO）提供的衡量消费者信用能力的积分。服务差价剩额账户是指基础资产收益现金流扣除对证券投资者的收益现金流支付、中介服务费和税收之后，将剩余部分存入专门账户，投资于低风险资产，用于未来基础资产债务人违约时的偿付。超值抵押是指所发行证券的面值低于基础资产池中的抵押贷款价值，在这种情况下基础资产池会是正的净权益，这部分净权益可以为投资者提供风险保护。内部信用增级方法中最常用、最重要的是优次分层结构，它通过债务偿付优次分层改变了风险在不同投资者中的分布状况。

美国法律规定，由私人机构发行的住房抵押贷款支持证券必须在美国证券交易委员会注册，履行相关披露义务，并经信用评级机构评级。不同评级的住房抵押贷款支持证券，其风险等级也是不同的。以由惠誉评级的次级债为例，共有 15 个反映不同风险的等级，不同等级的风险可以用发生违约需要基础资产损失多少的平衡点值来衡量。

从惠誉给出的次级债信用等级的分布来看，80% 以上的次级债被评为 BBB 级以上，近一半的评级在 AA 级以上。可以看到，住房抵押贷款是现代商业银行的主要业务之一。随着经济社会的发展、居民收入的提高，此项业务在商业银行金融业务中的地位日益上升。为满足这一业务发展的需要，商业银行愿意将其住房抵押贷款进行证券化，而发达的资本市场为此提供了基础条件；在证券化过程中，因信用情况不同，进而风险不一，形成了主体债和次级债之别。而在次级债中又依风险大小不同形成不同利率，其中信用情况较好的 A 类（包括 Alt-A 类）占比为 73.2%，风险较大的类别占比相对较小；与此同时，如同主体债，次级债也代表着住房抵押贷款收益权，其收益直接体现为住房抵押贷款的还款现金流，其风险状态也取决于作为基础资产的住房抵押贷款的风险状态。而居民的还款能力又受制于收入变动、利率变动、房地产价格变动等市场变动情况，从而间接受制于失业水平、通货膨胀率和经济增长率等宏观经济变动情况。

次级债以住房抵押贷款为基础资产，按理说，只要不出现大的意外，住房抵押贷款的违约率就不会有大幅度的上升，次级债市场就会相对稳定。即使次级债市场出现问题，由于其在整个资本市场中的占比小，也不至于撼动整个金融市场。但是，当美国经济还处于歌舞升平中时，区区次级债却影响了整个金融市场，并波及世界，原因何在？根源就在于次级债对金融衍生品的传导机制。

冷战结束后，经济全球化进程大大加速，并直接表现为全球金融一体化程度的提高。无论是金融市场的交易量还是金融产品的创新都以前所未有的速度发展，其中最突出的特征就是金融衍生品市场的迅速崛起。以非股权流动性金融资产为例，据不完全统计，截至 2006 年底，全球包括 M2 在内的货币资产为全球 GDP 的 1.3 倍，占非股权流动性金融资产的 12％。全球包括债券和各种固定收益产品在内的证券化债权为全球 GDP 的 1.4 倍，占非股权流动性金融资产的 13％。不过这些与金融衍生品相比，不仅比重低，而且比重在进一步下降。各种金融衍生品资产已达到全球 GDP 的 8 倍，占非股权流动性金融资产的 75％。随着金融衍生品成为金融市场上的主要产品，金融交易日益具有衍生化的特点。各种以此为业的金融机构，如对冲基金，层出不穷，成为令人瞩目的"明星"或"大鳄"。在这种情况下，次级债与金融衍生品挂上了钩，反过来又促使次级债发行规模加大、发行频率加快。

从金融衍生品市场的角度来看，住房抵押贷款次级债的交易分为三层：一是初级证券化产品，即次级债本身的交易。二是将次级债作为过手证券（pass-through securities），化整为零后进行再包装、再组合的 CMO 交易。换言之，是将含有成分不同次级债的证券组合成新的资产池，在此基础上再发行新的权益凭证的交易。三是在上述基础上进一步衍生化的 CDO，以进行对冲交易。CDO 的交易又可以衍生出两种对冲交易形式，即本金对冲和利率对冲，利率对冲尤其受到青睐。与次级债相联系的对冲交易，从广义上讲是将房地产市场变动，尤其是房价变动与次级债收益变动联系起来进行对冲。其作用机理大致为：借款人利用住房抵押形式获得贷款并购得住房，如果房价上升，房产增值部分不但意味着借款人还款能力上升，而且可以依此为抵押获得更多的贷款，购买新的住房。反映在次级债市场上，还款能力的上升表明资信程度提高，违约风险下降，意味着债券收益率上升，反之亦然。显然，在房价与次级债之间存在着套利空间，如果对冲安排得当，衍生品交易是可获利的。尤其需要指出的是，在次级债市场上，利率对冲的套利空间更大。对于资信差的借款人而言，其购买的住房质量与价格与资信优的借款人无异，即资产同质。但由于资信差，其抵押贷款利率要高很多。这种标准抵押贷款与非标准抵押贷款的利率差异反映在以它们为基础资产的证券化产品上，便出现了收益率的差异，不仅产生了主体债和次级债之分，而且两者收益率悬殊。面对同一资产，借款人资信不同却造成了不同的利率，当同一资产的价格变动时，无异于放大了利率对冲的获利空间，使得次级债利率对冲交易变得更为诱人。次级债利率衍生品因而备受重视，次级债发行规模因而不断扩大，对冲交易持续走红，吸引了众多的投资者。无疑，房价与次级债之间存在着对冲套利的机会，但空间十分狭小。若想在狭小的空间获得大的利润，只有靠对冲规模，对冲基金必然会利用财务杠杆来扩大对冲规模，从而获利。于是，对冲基金一方面搜罗人才，发展金融工程技术，进行精确计算，精准设计金融衍生品；另一方面千方百计提高利用财务杠杆的效率。据不完全统计，能力较强的对冲基金利用财务杠杆的能力在 30 倍以上，而那些极端的甚至可以利用到 40 倍。例如，当年在俄罗斯债券市场上垮台的美国长期资本管理公司甚至以发现期权定价公式的诺贝尔经济学奖获得者为顾问，其对冲操作的财务杠杆一般在 40 倍左右。

利用财务杠杆进行金融衍生品对冲交易操作，在微观上提升了对冲基金的获利能力，在宏观上扩大了信用规模，促使信用膨胀，加大了对应的抵押贷款金额及其占比。一旦市场条件变化或对冲操作失误，风险即刻显现。对冲基金难以归还信用放款，进而引起金融市场的连锁反应。一个最直观的表现就是金融市场上的流动性出现短缺。在利率升高的同时，各金融机构为了归还贷款或保住收益而竞相出售有价证券，促使包括股票、债券和金融衍生品在内的各种有价证券大幅下跌，使得流动性进一步紧缺，引发资本市场灾难并波及货币市场，造成金融危机，正可谓"千里之堤，溃于蚁穴"。于是，要避免灾难性后果出现，首先要避免债务链的断裂。货币当局紧急补充流动性成为当务之急，通过向市场注入流动性来避免有价证券的恐慌性抛售。

亚马孙的蝴蝶扇动翅膀会导致暴风雨。区区美国次级债竟引起全球金融市场剧烈波动恰恰体现了这一蝴蝶效应。如前所述，这一蝴蝶效应的传导机制与美国金融管制的放松和金融衍生品的发展密切相关。

在金融管制方面，美国 1977 年通过的《社区再投资法案》鼓励贷款人向低收入者放款；1980 年通过的《存款机构放松管制与货币控制法案》使得贷款人可以通过收取更高的利息来扩大对低信用等级的借款人的放款；1982 年通过的《另类抵押贷款交易平价法案》则允许使用灵活利率（固定利率与浮动利率相结合）贷款和"气球"式还款方式；1986 年通过的《税收改革法案》虽然废除了消费贷款利息税前扣除的规定，但抵押贷款利息支出仍可以税前扣除。

多年来，上述法案的实施与完善，刺激了次级抵押贷款的扩大和发展。在金融衍生品方面，随着资本市场的深化，与住房抵押贷款次级债相关的证券化产品迅猛发展。2006 年住房抵押贷款证券化额达到 2.1 万亿美元，证券化率达到 70% 左右。其中联邦国民抵押贷款协会（房利美）和联邦住房贷款抵押公司（房地美）发行的抵押贷款支持证券规模为 8 547 亿美元，占 2006 年抵押贷款支持证券发行总额的 40.7%；政府国民抵押贷款协会（吉利美）发行额为 830 亿美元，占比为 4%；私人机构发行的抵押贷款支持证券占比不断提高，2006 年发行额达到 1.1 万亿美元，占比为 50%。从私人机构发行的基础资产池含有次级债的抵押贷款支持证券的结构来看，次级抵押贷款支持证券的占比不断提高，在 2004 年超过优质抵押贷款支持证券，2006 年发行额达到 4 490 亿美元，占比为 39%；Alt-A 类抵押贷款支持证券发行额为 3 657 亿美元，占比为 32%；优质抵押贷款（其中大部分是巨型抵押贷款）支持证券发行额为 2 171 亿美元，占比为 19%。

无疑，金融管制的放松与金融产品的创新是金融发展的大趋势。但与此同时，放松管制和金融创新也使得风险加大，必须时刻警惕。反思这次的美国次级债风波，可以得到以下几点启示：

（1）金融市场的运行规律日趋复杂，金融危机的发生机理也在变化。但是，与实体经济的联系依然是最本质的关系。21 世纪初，在高科技泡沫破裂之后，美联储为刺激经济，在多次降息的同时放松金融管制。一方面，降低信用标准，鼓励商业银行向信用等级低的借款人放款；另一方面，允许金融机构以低成本的借贷投资于高风险资产，允许投资银行为扩大利润来源不断设计出结构复杂、高杠杆的衍生品并提供给客户，对冲基金大量涌现。结果是，信用衍生品交易规模飞速扩张，逐渐与实体经济相脱节。长期以来，美国的房价与人均收入之比保持在 4 倍左右。但 2005 年后，该比值却大幅攀升，房价与房租之比也大幅提高。房价开始脱离居民现实收入和未来收入能力的支撑。从这个意义来讲，金融市场难以脱离实体经济而单独发展，经济的基本面仍然是决定性因素。

（2）金融市场的过度反应和预期自我实现，会加剧金融波动，甚至会导致危机。市场信心已成为货币和监管当局管理的重要内容。1997 年的亚洲金融危机表明，在宏观经济没有恶化到无以复加的地步时，投资者恐慌情绪的蔓延导致了各国外汇市场和股票市场的剧烈动荡。同样，此次在宏观经济尚佳的情况下，市场的过度反应使得次级债陷入恶性循环。对冲基金在次级债衍生品上的损失导致投资者信心动摇,他们开始纷纷赎回,这迫使基金在超低价位平仓套现,给市场带来了进一步的抛售压力。更有甚者,使投资者预期发生改变,资金对债券(国债除外)的需求降低。不仅次级抵押贷款及其衍生品无人问津,其他证券(包括一些平时热门的证券)也变得有价无市,基金无法在市场上套现以应对赎回,市场流动性全面紧张。

市场恐慌甚至导致了与此关联不大的资产价格下跌,例如,2007 年 8 月 1 日,虽然德意志银行公布的业绩出色,且表示次级抵押贷款危机并未殃及自身,但投资者的大举抛售导致其在法兰克福证交所上市的股票下跌 2% 以上。由此可见,在衍生品市场日益发达、各个金融市场联系日趋紧密的情况下,市场的过度反应、投资者信心的动摇会波及金融市场全局。从这个意义来讲,各国货币和监管当局吸取亚洲金融危机的经验教训,联手救市,及时向市场补充流动性以稳定信心可圈可点。

(3)衍生品市场的发展是一柄"双刃剑",相关产品虽然可以对冲风险,但不能消灭风险。加强对衍生品市场的风险控制和监管是核心。衍生品是提供流动性和分散风险的重要工具。在 MBS 出现之前银行发放抵押贷款的能力完全取决于吸纳存款的多少,该产品的出现极大地提升了银行发放抵押贷款的能力;同时衍生品也给投资者提供了杠杆,放大了投资者购买资产的能力。然而,衍生品也使得各类金融机构以流动性为链条,捆绑在一起。风险虽然可以对冲,但不会消失,特别是如果大量机构参与此类产品的投机,衍生品的风险将加剧。一旦链条中的某个环节出现问题,便会引发连锁反应。此次次级债风波表明:借款人的抵押贷款被打包成 MBS,而 MBS 又和其他债券一起被打包发售,甚至 CDO 会被进一步打包成更复杂的衍生品。复杂的数学模型和产品结构使得投资者与初始借款人之间信息不对称,难以准确估计违约情况;而衍生品的高杠杆性使得实体经济的问题被加倍放大成为可能。加上很多衍生品缺乏公开、透明的交易市场,投资者需要自己评估价值,不同估价方法得出的结果差异很大。例如,此次发生问题的次级债规模和损失较易确定,而与此相关的信用衍生品的规模和损失却难以统计。一旦发生问题,这类产品可能会有价无市,对冲基金将难以为继,引发相关机构的连锁反应。更为重要的是,这会给各国准确地预计危机程度和采取相应措施带来很大的困难。从这个意义来讲,除金融机构本身提高风险管理水平外,货币和监管当局也应加强对衍生品市场的管理。

（4）在国际金融一体化的条件下，金融市场运行环境更加错综复杂，各国金融机构及各国政府的及时协调和应对至关重要，国际金融合作将成为发展趋势。此次次级债风波使人们看到了经济全球化的新图景。区区一个始于美国次级抵押贷款市场的产品问题，却很快扩散开来。债券市场面临恐慌性抛售，赫赫有名的投资银行高盛的债券居然卖到垃圾债券的价格。受潜在的流动性收紧预期的影响，大宗商品市场的商品期货价格也纷纷下跌。而英、法等欧洲国家的金融机构因投资于美国次级债及相关衍生品，不但引发了恐慌，而且造成了这些国家股市的动荡。日、韩等亚洲国家虽然在次级债领域涉足不深，但在全球投资者已是"惊弓之鸟"的状态下，资本市场也出现了暴跌。这说明世界各国金融市场之间的联系日益紧密，局部市场的问题可能会引发其他市场的连锁反应，产品危机会引发金融危机。而随着全球经济一体化进程的不断深入，各国金融市场互相渗透，危机极易在各国之间相互"传染"。

正是在这一新背景下，各国央行和监管当局充分认识到国际金融合作的重要性。联手通过公开市场操作和"最后贷款人"的角色向市场注入流动性，并果断快速启用了诸如降息等货币政策工具来干预市场，缓解了金融结构的流动性风险，避免了次级债风波的扩散，从而避免了更大金融危机的爆发。这种新局面与1997年亚洲金融危机中那种隔岸观火甚至以邻为壑的货币政策形成鲜明对照。从这个意义来讲，建立和巩固国际金融合作机制，发展和扩大国际金融合作平台意义重大。

痛定思痛，对中国来讲，一个重要的启示就是：在世界各国金融市场联系日趋紧密的情况下，摈弃那种被动防守、因噎废食的心态，以开放的姿态，在提高本土市场各类主体的抗风险能力的同时，积极参与国际金融市场的竞争与合作。

（二）欧债危机的成因及应对[①]

2009年初，从波罗的海的什切青到亚得里亚海的的里雅斯特，坐落在这条线上的中东欧古国都城——华沙、柏林、布拉格、维也纳、布达佩斯、贝尔格莱德、布加勒斯特和索菲亚，无一不陷入经济寒流之中。2009年2月17日，国际

[①] 原文详见笔者历年在清华大学 FMBA 课堂上所用的材料《金融前沿与实践探索》，此处基于原文对文字和表述进行了调整。

评级机构穆迪的一份报告更是向东欧扣动了扳机。该报告称，东欧形势不断恶化引发了该地区市场的动荡，并将波及西欧乃至纽约，2010 年初以希腊、西班牙、葡萄牙、爱尔兰、英国为代表的欧洲国家又一次陷入国家债务危机，一时间，经济寒流再次大范围袭击乍暖还寒的世界经济。二战后，吸取战争的教训，欧洲走上了一条一体化的道路。由德、法两国为主导，1952 年成立了欧洲煤钢共同体，成为欧盟的前身。1957 年，德、法、意、荷、比、卢六国签订《罗马条约》，决定成立欧洲经济共同体和欧洲原子能共同体。1965 年，六国签订《布鲁塞尔条约》，决定将上述三个共同体合并，统称欧洲共同体，简称欧共体。1973 年，欧共体不断扩大。1991 年，欧共体成员国首脑通过了以建立欧洲经济货币联盟和欧洲政治联盟为目标的《马斯特里赫特条约》，并于 1993 年 11 月 1 日生效，欧盟正式诞生。此后，欧盟多次扩张，现今已有 27 个成员国。

欧盟被视为不同的社会、国家和经济体跨越了现存的国家、宪政和经济边界，以和平和自愿的方式所形成的联合体，代表了当代世界区域一体化的最高水平。欧盟不是一个联邦，在治理模式上采用超国家治理，即由某个独立于成员国又受成员国共同控制的超国家机制所实施的治理，设置了相对独立于成员国的较为完整的立法、行政和司法机构。

在欧洲经济和政治一体化的同时，欧洲货币一体化进程也相应地开启了。1950 年欧洲支付同盟成立，其本质是一个清算同盟，主要目的是对各国间的债权实行多边抵消，提高成员国间货币的自由兑换性，促进欧洲国家贸易的自由化。1958 年，欧共体成员国签署了欧洲货币协议以取代欧洲支付同盟，促进了欧洲国家货币自由兑换的发展。1971 年，欧共体部长理事会签署《维尔纳报告》，决定正式实施货币联盟计划，在欧共体内实行可调整的中心汇率制度，对外则实行联合汇率制度，建立欧洲货币合作基金和欧洲清算单位。1979 年，欧洲货币体系成立，除继续实行联合汇率制度和欧洲货币合作基金外，还创立了欧洲货币单位欧元。1989 年，欧洲理事会批准了《欧洲共同体经济与货币联盟的报告》，建议欧共体迈向单一的货币。1991 年，成员国签署《马斯特里赫特条约》，条约规定在 1994—1998 年建立欧洲货币机构，在 1991 年 1 月 1 日开始采用单一的货币政策。1998 年欧洲中央银行成立，2002 年 1 月欧元正式流通。

欧盟的治理机制是超主权的，而欧元的货币机制则更加充分地体现了这一点。但也因为欧元的超主权性质，产生了一些特殊的问题。一是统一的货币政策使得一些国家的经济波动加剧。最优货币区内生理论曾经认为，即使是不完全符合最优货币区标准的国家，加入最优货币区后，随着生产要素充分流动、跨产业内分工逐渐深化，它们的经济周期会逐渐趋同，最终也会逐渐符合最优货币区标准，但事实表明欧元区内的经济周期并没有实现一致。二是稳定经济与成员国违反财政赤字上限规定出现矛盾。统一的货币政策与德国、法国等大国的经济走势相一致，与一些小国如希腊、爱尔兰、西班牙的偏离度较大，从而这些小国不得不通过财政政策调节经济，财政赤字违规成为常态。三是欧洲中央银行的调整缺乏灵活性。欧洲中央银行的行为只受欧元条约的约束，以保持币值稳定为目标，并独立于成员国财政，从而调节机制僵化，尤其是在危机时刻难以及时应对。由上，欧洲经验事实表明，最优货币区理论假设尚在验证中。由此造成了货币政策统一而财政政策不统一的矛盾，成为欧债危机爆发的直接原因。

当前爆发的欧债危机是欧洲主权债务危机，具有明显的区域特征，主要集中在南欧及爱尔兰，俗称"欧猪五国"（PIGS）。这些国家除社会福利高和其他一些历史传统因素外，共同的特点是经济发展水平低，经济结构落后，从而内生增长动力不足。因经济增长率相对较低，从而对财政收入的贡献能力弱，却对财政支出的依赖程度高。从形成原因看，分两种类型：希腊型，即因社会福利开支居高不下等原因，财政支出持续扩大，财政债务融资日渐成为财政收入的重要来源，引发主权债务危机；爱尔兰型，即因私人债务不可持续，金融机构的资产负债表衰退，为遏制银行危机，政府助力私人债务赤字化，引发主权债务危机。

欧洲主权债务危机是美国次贷危机肇始的连锁反应。2008 年，在全球金融危机的冲击下，欧盟一方面为应对危机使财政开支进一步加大，另一方面因经济下行使财政收入进一步萎缩，欧元的内在缺陷开始充分暴露。2009 年 11 月，主权债务危机首先在希腊爆发，随后蔓延至其他欧洲国家，主要包括葡萄牙、西班牙、意大利、爱尔兰。这五国的债务负担占欧元区债务负担的近二分之一。为防止主权债务危机进一步蔓延，欧元区成立了欧洲金融稳定机制（EFSM），期望通过实施救助，在舒缓债务压力的条件下增强内生增长动力，培育偿债能力，以时间换增长。但是一年多来的情况表明，预期没有达到。不仅财政开支难以压缩，而且未出现经济增长的前景。欧洲主权债务危机仍在深化之中。不得已，2011 年 9 月，欧盟峰会同意在 G20 财长与央行行长会议上的提议，制订了全面的应对方案，并且该方案在随后 11 月召开的 G20 戛纳峰会得到认可。这个方案由三项相互联系的内容组成：一是希腊削债。由于希腊债务缠身，削减债务成为无奈之举。峰会决定削减50％。二是银行增资。希腊债务的持有者多为银行，一旦削债，银行风险将加大，为抵御银行风险，要求银行增资，资本充足率由5％提高到9％。三是扩大救助金额并相应改善救助机制。由于无论是主权债务舒缓还是银行增资都需要资本金，因此，EFSM提供的救助资金由4 400亿欧元增加到1万亿欧元以上。与此同时，探讨用欧盟债取代主权债的途径，并探讨欧洲中央银行在其中的新作用。

2011年9月的欧盟峰会预示着若想解决欧债危机必须加强欧元区财政一体化建设，为此于2011年12月再次召开欧盟峰会，欧盟及其成员国领导人希望通过修改《里斯本条约》来加快欧盟财政一体化进程，但是由于英国人反对，经过10个小时的艰苦谈判，最终未能达成修改条约的目的，只好另立新约，除英国外的欧盟26国就加强财政纪律达成重要共识。这一方面保住了欧盟，同时为解决欧债危机而进行深层次改革迈出关键一步，标志着欧洲通过深化一体化解决债务危机的努力进入了一个新阶段。除英国与捷克外，欧盟其他25个成员国同意在2012年3月签署欧盟财政巩固协议，俗称"财政协议"。协议规定：欧盟有权对违反欧盟财政纪律的成员国实施半自动制裁，并要求把平衡预算纳入各国立法。德、法两国一致同意在2012年3月底之前决定防火墙规模，并决定欧洲稳定机制（ESM）在2012年7月就位并开始运作。欧洲央行采用第二轮长期再融资操作（LTRO），即欧洲央行无限制地为金融机构提供再贷款，利率为1％，鼓励欧洲金融机构购买欧债。第二轮LTRO再贷款规模在1万亿欧元左右。在此基础上，欧盟将建立永久性救助基金，基金总额达5 000亿欧元，并向欧盟成员国注资820亿欧元，以提振就业率和经济增长率。协议要求：

（1）25国在2012年3月欧盟春季峰会上正式签署草案，随后启动批准程序。一旦得到17个欧元区成员国中的12国批准，草案便可付诸实施。

（2）于2012年7月提前一年启动欧元区永久性救助机制即欧洲稳定机制（ESM）。

（3）在2012年3月欧盟春季峰会上评估临时性救助机制即欧洲金融稳定工具（EFSF）和永久性救助机制即欧洲稳定机制的资金规模是否充足。

（4）敦促希腊政府尽快完成与私人投资者的债务减记谈判，并尽快签署相关协议，以便在2012年2月中旬前生效。希腊国会2月18日终于通过决议，为减少财政赤字将工资下调 22%，同时裁减 1.5 万名公务员，并紧缩其他方面的开支，以此为条件开始和私人投资者进行债务减记谈判，预计减记将达到 70% 左右。

换言之，欧元区国家以及其他愿意加入的欧盟成员国将接受更严格的财政纪律监督，违反财政纪律的国家将自动受罚。根据"财政契约"中的自动惩罚规定，欧盟最高司法机构欧洲法院将有权对结构性赤字超过国内生产总值 0.5% 的国家进行处罚，最高金额不超过该国国内生产总值的 0.1%。

特别需要指出的是，为了更加有效地应对危机，德、法、意、西决定联手刺激经济。2012 年 6 月，德国、法国、意大利和西班牙四国首脑在罗马举行会议，同意用总额达 1 300 亿欧元的一揽子计划刺激经济增长，并将提交到欧盟峰会上讨论。事实上，自欧债危机以来，欧洲就不断强化区内财政一体化改革，但由于政治、经济结构等固有的矛盾，执行情况欠佳。希腊、葡萄牙等接受外部救助的欧元区成员国因必须实施严格的财政紧缩政策而陷入经济衰退，进而形成了财政紧缩、经济低迷、财政收入锐减、财政赤字难消的循环圈。这表明，单纯依靠财政改革无法彻底解决债务问题。摆在欧洲面前的现实是，各国必须在财政紧缩与经济增长之间加以权衡，在减赤的同时要积极实施结构性改革，使经济早日步入增长轨道。四国联手刺激经济的举措表明，欧盟领导人不再一味强调财政紧缩和财政整顿，而是同步关注经济增长和刺激就业，以确保财政收入来源，从而最终实现财政整顿的目标。

欧盟，尤其是欧元区提出财政整顿的任务是基于这样的事实，即欧元有两大支柱，包括：一是各国财政赤字不能超过 GDP 的 3%；二是各国国债不能超过 GDP 的 60%。然而，目前许多欧盟成员国都超过了这两个规定指标，不仅引致欧元汇率的波动，也使欧元的国际地位受到挑战。特别是考虑到欧洲人口老龄化的加剧以及贸易不平衡的持续，包括主权债务在内的债务负担仍在上升中。目前意大利和希腊的主权债务占 GDP 的比重已超过 100%，而德国、法国和英国也在 70%～80%。

从短期看，当务之急是阻止主权债务危机的传染。一方面，欧洲主权债务多由银行持有，在主权债券市值下降的过程中，欧洲银行的资产质量正在下降，银行流动性风险日益暴露。政府需尽快拿出有效的方案向银行注资并隔离风险，从而阻止风险蔓延。另一方面，要加大力度刺激经济增长，巩固和增加财政收入，防止主权债务危机的深化。从长期看，欧洲主权债务危机是货币一体化的产物，因此，财政整顿的核心任务是推动欧洲经济，尤其是财政一体化进程。否则，欧洲主权债务危机便会成为慢性病，为欧元和欧盟的前景蒙上阴影。

欧洲一体化是解决欧元区问题的重要手段。欧元区不是单一主权国家，政策协调困难，但受制于危机扩散的后果，德、法两国被迫施以援手。众多国家大选在即，各国和国内政党之间讨价还价过程复杂，欧债问题无法彻底解决。但政府债务多由银行持有，在主权债券市值下降的过程中，欧洲银行的资产质量下降，银行流动性风险产生，需尽快拿出有效的方案向银行注资和隔离风险，以免政府债务危机进一步演变为全面的金融危机。欧洲一体化以及欧元诞生的历史进程表明，欧债危机已经成为慢性病，同时会时刻发作。要解决欧元区问题，各成员国应就如何实现经济金融一体化达成共识。欧债危机的解决必将推动欧元区更大程度的一体化，但要经历较大的阵痛。欧元区一体化的路线图出现之日便是欧元区问题解决路径清晰之时。

四、全球金融监管[①]

肇始于次贷危机的全球金融危机，演变之迅速、来势之凶猛，颇似"泰山崩于前"，至今仍令人心惊。在应对危机、挽救金融机构的同时，人们始终在反思金融体系究竟出了什么问题。重建与经济发展相适应的金融秩序以及实现此所必需的金融监管改革成为热点。一方面，在国际层面，在金融危机中诞生的 G20 峰会每次必强调金融监管改革的重要性，并成立了相应的协调机构——金融稳定理事会，制定了全球统一的监管标准。另一方面，在国家层面，在金融危机得到暂时平复的情况下，金融监管改革被更紧迫地提上各国的重要议程。2010 年 7 月，美国率先颁布新的金融监管改革法案，旨在对金融市场进行全面监管，以清除导致当下危机的各种"系统性风险"，从而避免发生类似的金融危机。国际社会和各国政府的共同努力，拉开了全球金融监管改革的序幕。

对金融危机发生史的勾勒仅仅描述了金融危机的现象形态。更为重要的是对

---

① 源自博源基金会编、2010 年由社会科学文献出版社出版的《国际金融监管：问题·改革》一书中笔者所撰写的前言《金融危机与金融监管》。

金融危机发生逻辑的追索探寻，即为什么会发生金融危机、如何防范金融危机。

经济学研究表明，在市场经济条件下，产生金融危机的原因主要是市场失灵。一般而言，这种市场失灵是由两种可能性导致的。一是市场不完全，某些市场缺失；二是市场不完善，市场存在摩擦。

就第一种可能性而言，如果市场可以出清，也就是说在经济活动中所有的交易行为，无论现期还是远期均可在当期发生，每种商品，无论现贷还是期贷均有一个相应的市场及对应价格，市场是完全的。这就是阿罗-德布鲁定理所描述的将资源配置推到极致的理想的完全市场。在这一理想的完全市场中，生产者可自动找到消费者，消费者可自动找到投资品。反映到金融市场上便是阿罗证券状态，风险可由市场参与者有效分担，从而并不需要金融机构存在。但是这一理想的完全市场状态因为需要由无限个市场构成，从而只在理论意义上存在。在现实经济中市场是不完全的，突出表现在经济外部性上。换言之，经济外部性的存在表明需要新的市场予以内部化。它既预示着市场无限发展的可能性，同时也表明现实市场是不完全的。由于现实市场的这种不完全性，市场参与者不可能有效分担风险，从而决定了专门处置风险的金融机构具有存在的意义。事实上，金融机构正是力图通过包括存款在内的各种金融产品合约的完全性来对冲市场的不完全性。

就第二种可能性而言，如果满足以下条件，那么市场是无摩擦的：（1）所有个体可自由交易且无须支付任何成本；（2）无论个体交易多少单位资产均不存在交易成本；（3）个体间不存在信息的不对称；（4）不存在政府税收及其他，例如做空约束。然而，常识告诉我们，这种无摩擦的市场也只在理论意义上存在。在现实经济中，使所有市场均无摩擦是不可能的，因为成本无限高。市场的摩擦性决定了专门利用其特殊技能以降低摩擦性的金融机构存在的意义。事实上，金融机构一般都属人力资本密集型产业，通过专门的知识和技能至少可以在某个方面发挥作用，例如可以缓解信息不对称的程度，从而降低交易成本。这种专门化构成了金融机构可分为商业银行和投资银行等不同功能组织的基础。

按照经济学的理解，如果市场是完全的且无摩擦，则市场处于帕累托最优均衡状态。同理，在帕累托最优均衡有效的情况下，金融市场是无危机发生的。然而，由于在现实经济中市场是不完全的且存在摩擦，市场发生失灵，尽管金融机构力图通过产品合约的完全性，即达到符合自然状态的产品合约，来对冲市场的不完全性，尽管金融机构力图通过自身的专门知识和技能来克服市场的摩擦性，但毕竟只能对冲或克服一部分。市场失灵因此是客观自然的。同理，金融市场并不是完全有效的。从理论上讲，虽然市场失灵及其导致的金融市场的不完全有效性并不必然导致金融危机，但引致金融危机的可能性则毋庸置疑地客观存在着。金融危机由此产生。

金融危机会导致社会经济的混乱甚至灾难。因此，预防并克服金融危机成为重要的经济社会问题。解决思路是，如果金融危机是市场失灵造成的，那么就需要市场的外部力量即政府来纠正。解决方法是政府直接控制金融机构或通过制定规则进行监管。从这个角度看，金融危机的产生引发金融监管，而金融危机的演变又推动金融监管的深化和细化。

经济史表明，随着金融危机频现于经济生活，包括运行规则在内的金融制度设计和建设开始展开。首先是中央银行制度的萌生。所谓中央银行制度，一方面，中央银行作为最后贷款人的角色使高度分散的金融活动形成一个体系，中央银行的功能实际上是采用了保险学原理，即将分散的孤立发生的流动性风险集中起来并承诺用最终的流动性贷款为市场流动性提供保险，从而避免个别金融机构的无序活动所导致的偶发性银行危机；另一方面，作为最后贷款人的角色使中央银行肩负起稳定金融体系的责任，同时使中央银行具备了向各金融机构索取信息的权力，以及审查并决定发放再贷款的权力，而这些都构成了金融监管的基础要件。

1688 年，世界上第一家中央银行——瑞典中央银行问世。随后，中央银行制度在世界范围内普及，奠定了现代金融体系的基础。而当时英国的经济最发达，其中央银行——英格兰银行在 18—19 世纪出台的稳定金融的有效政策构成了现代金融监管的基本手段。这主要有两方面的内容：一是对银行资本进行管制，即通过对银行资本充足率的管制影响银行资产负债比，控制银行杠杆的高低；二是对银行流动性进行管制，即通过再贴现率、准备金率等调整市场流动性。研究表明，在中央银行制度下，个别金融机构的无序活动所导致的银行业恐慌发生率大大降低。1870—1933 年，欧洲很少发生银行危机。金德尔伯格认为这是英格兰银行的中央银行业务经营及有效调整贴现率的能力所致，并且伦敦金融中心的稳定造就了欧洲大陆的金融稳定。

19 世纪末 20 世纪初的第二次科技革命进一步推动了金融发展，资本市场开始兴起。这次科技革命不仅是技术的突破，而且是工业中心的转移，美国逐渐取代英国成为世界科技和工业中心，因而美国的资本市场发展最为突出。这时，金融市场不再仅仅是信贷市场，从而银行危机和资本市场危机往往密切联系在一起。然而，在当时的美国，中央银行制度尚未完全建立，从而也没有相适应的监管措施。根据美国在1863年出台并在1864年修订的《国家银行法案》，虽然建立了一个全国性的银行体系，但该法案给予的权力有限。尤其是1864年的修订，银行被限制在单一地理位置上，期望通过地域分割来阻断金融风险的传递。从比较经济的角度来看，在很大程度上是因为中央银行制度不完善，在欧洲银行危机发生率降低的同时，美国却在1873年、1884年、1893年和1907年爆发了银行危机，而且都伴随着资本市场的崩盘。后来，威尔逊等人1990年的研究回顾了这段历史，发现在当时缺少监管的情况下，信贷市场与资本市场有很好的联通性，表现为股票、债权和商业票据的回报率在银行危机时期很低，其波动率峰值出现在恐慌发生后的2～7个月内。

在危机面前，美国不得不在1914年引入中央银行制度，建立联邦储备体系。但是，美联储的最初组织方式同英格兰银行等传统的中央银行不同，它采用的是一个地区性的组织架构，决策权力分散在地区性机构中，其中纽约联储权力最大。这种组织架构因过于分散而很难形成集中决策，从而也难以防范"系统性风险"。事实上，1929—1933年的大萧条充分暴露了美联储组织架构的缺陷以及由此形成的监管缺失。痛定思痛，对金融监管进行改革势在必行。1933年美国出台《格拉斯-斯蒂格尔法案》，引入了存款保险制度，开始了商业银行和投资银行的分业经营，形成了信贷市场与资本市场的分立，并为切断两者间的联通性而采用分业监管的体制。这是第一次将金融监管权力从中央银行分离出来，开创了以规范和标准为基础的第三方独立金融监管体制。与此相适应，1935年的银行法则扩大了美联储的权力并改变了其运作方式，使其成为主要负责货币政策的专门机构。由此，在大萧条背景下出台的两个法案共同塑造了美国分业经营、分业监管的金融体系，并且货币政策制定与金融监管的政府职能是分离的，构成了当代政府管理金融的基本框架，形成了美国金融模式。这种模式有别于当时欧洲集货币政策制定和金融监管于一身，金融机构可以混业经营的传统金融模式。

美国金融模式问世后，就开始了欧美各自模式孰优孰劣的争论。反对者称市场机制具有自动调节的功能，从而金融市场亦有风险配置的功能。美国模式人为地割裂了金融市场，限制了混业经营，不仅降低了规模效益，更重要的是妨碍了市场机制的运转，损失了市场效率，不利于经济活力的发挥；赞成者称金融危机的根源是市场失灵，是市场失灵造成金融风险的系统性累积，而纠正市场失灵从而避免金融危机的手段只能是政府的外部干预。如果金融监管当局不能像"上帝"那样无所不知，即不能及时准确地识别风险，那么最好的办法就是切断各个市场之间的联系，从而阻断风险在不同市场之间的传递。从这个意义上讲，分业经营、分业监管虽然会降低规模效益、损失市场效率而不是最优的选择，但却是面对现实不得不为之的无奈之举。

几十年来，关于分业经营还是混业经营以及与之相适应的监管模式的讨论一直不绝于耳，形成的文献浩如烟海。但仔细观察会发现万变不离其宗，争论的焦点仍集中于金融机构能否识别风险并有效控制，即金融市场是否为有效的。特别是在当代条件下，随着电子技术尤其是计算机技术的广泛应用，实时的风险监控可以实现，从而能够有力地克服识别风险的困难，而金融工程技术的日臻完善又使风险控制水平大幅提高，放松监管、鼓励金融创新的呼声日益高涨。理由是在金融机构自身风险管理能力大大提高，亦即市场有效性提高的条件下，已无必要强调政府的外部干预。放松监管成为新的潮流。

正是在这一潮流的推动下，美国于 1999 年出台《金融服务现代化法案》，即《格雷姆-里奇-比利雷法案》，放宽了对混业经营的管制。还于 2000 年出台了《商品期货现代化法案》，指出场外衍生品交易不需要监管。于是，美国各大金融机构纷纷开始业务的合并重组，金融控股公司陆续出现，并且跨越国界经营，成为全能、全方位、全球的金融巨无霸，成为当下金融危机的始作俑者。

历史总是惊人的相似。市场尽管在进步，但依然存在失灵，只不过失灵出现在别处。于是，监管者为监管放松所误。痛定再思痛，改革金融监管又成为全球的新潮流。

金融危机推动金融监管改革。"百年未遇"的国际金融危机则催生前所未有的金融监管改革。

与以往发生的金融危机相比，2008 年金融危机具有新的特征：

第一，在 2008 年金融危机期间，脱离实体经济发展需要的金融杠杆被无以复加地使用，并穿透各个市场。风险在各个市场间传递的同时不断放大，风险的累积导致了"系统性崩溃"。这集中体现在次级住房抵押贷款这一基础金融产品的衍生化过程中。

住房抵押贷款是 1929—1933 年大萧条后大规模涌现的金融产品。其经济学意义在于为了提高当期"有效需求"，需要透支未来消费能力。换言之，通过寅吃卯粮，扩大家庭负债来支持当期消费，从而避免生产过剩式经济危机。从金融学的角度来看，住房抵押贷款拉长了资产负债的期限，从而使两者不匹配的风险加大。为了防范风险，金融机构通常使用三种手段：其一是首付。其意义是防范自愿性违约风险，首付款比例越高，自愿性违约概率越低，反之亦然。其二是收入确认。其意义是防范非自愿性违约风险，金融机构通过尽职调查，确认借款人的未来收入能力，以此来确保还款来源。其三是房产抵押。其意义是当首付和收入确认两道防线仍不能避免违约时，无论是自愿性的还是非自愿性的，通过没收作为抵押品的房产来覆盖风险。次级住房抵押贷款是 20 世纪末出现的金融创新产品。与传统的住房抵押贷款相比，其鲜明的特点是不需要支付首付，不需要进行收入确认，即"零首付""零文件"。这意味着这种产品自动放弃了防止自愿性和非自愿性违约这两道防线，从而埋下了一粒只要有风吹草动便会扰乱金融机构既定的资产负债期限的种子，使两者不匹配的风险加大。

如前所述，金融机构资产负债期限不匹配的突出表现是流动性短缺。为了缓解这一问题，金融机构既可通过同业拆借，也可通过再贴现等手段向中央银行申请流动性。但如果流动性长期偏紧而又欲回避中央银行，可利用一种新的补充流动性的金融创新——资产证券化。在住房抵押贷款领域，通过将住房抵押贷款打包并于资本市场出售，住房抵押贷款能提前变现，从而回收流动性并支持新一轮住房抵押贷款。住房抵押贷款支持证券的投资者又因丰厚的住房抵押贷款利息收入而获得稳定的回报。两相情愿使资产证券化市场迅速扩大，其中住房抵押贷款证券化占较大比重。次级住房抵押贷款支持证券也因此有机会加入这一市场。

在风险可以转移、担保且基础资产风险特征消失的情况下，次级住房抵押贷款成为无风险的高收益金融产品，激发了各类投资者首先是金融机构投资者的购买热情。这就使得另一种金融创新——包括结构性投资载体（SIV）在内的各种特殊目的机构（SPV）被广泛使用。SPV 使金融机构尤其是商业银行能够进行资产负债表外的业务经营，而不受资本充足率的约束。表外业务大行其道，金融杠杆进一步提高，于是进入一个恶性循环，资金追逐资产，利润的驱动力推动了金融创新，金融创新又扩大了盈利空间，雪球越滚越大，金融创新逐渐脱离实体经济的需要，成为一种自我实现、自我循环的虚拟经济。

这里，从金融监管的角度来看，我们可以得到如下启示：

（1）金融风险源于未来的不确定性。金融风险虽然可以转移、分散，但不确定就是不确定，风险是不会被消灭的。提高的金融杠杆虽然有助于金融风险的转移和分散，但只是在金融体系内转移和分散，并因此积累成为系统性风险，并可能触发系统性的大崩溃。为避免灾难性的系统性崩溃，降低杠杆使其远离临界状态成为现实的选择。

（2）与此同时，为遏制风险在不同市场之间的传递，需要对各个市场进行必要的隔离，重申分业原则的严肃性，即"沃尔克法则"的实施是有必要的。

（3）某些金融创新成为金融杠杆提高的必要条件。其中主要有三方面：资产证券化，CDO 和 CDS，包括 SIV 在内的 SPV。它们构成特别的风险点，从而成为监管的重点。

（4）某些貌似非金融机构的组织，例如金融控股公司、养老基金、私募基金、对冲基金，乃至个人投资者，是传统监管的盲点。但它们从事的金融活动又构成金融杠杆提高的充分条件。因此，应将所有的金融活动纳入监管范围。

（5）某些金融产品，如以次级住房抵押贷款为基础资产的衍生工具杠杆过高，并在杠杆提高的过程中模糊甚至扭曲了其风险特征，应将其纳入监管范围并加以限制。

第二，2008 年的金融危机是资产价格泡沫，尤其是房地产价格泡沫破裂所导致的恐慌性去杠杆。而美联储为刺激经济繁荣所长期奉行的低利率政策及宽松的房地产政策则是助纣为虐。

这里，从金融监管的角度来看，我们可以得到如下启示：

（1）金融市场存在着"羊群效应"，即多重自我验证均衡。在多重自我验证中，有可能存在两种截然不同的均衡：合意均衡和不合意均衡。合意均衡是指如果每个人都相信不存在挤兑，他们也就不急于变现，也就不会出现高流动性冲击所引发的金融危机。不合意均衡则是指如果每个人都相信存在挤兑，就会出现恐慌性变现，则金融危机必然发生。于是，对预期即信心的管理十分重要。在平时要强化强制性信息披露，力图使市场透明；一旦发生危机，必须全力救助，拖延只会造成更大的灾祸。

（2）经济是包含实体经济和虚拟经济的大系统，经济政策不可以偏概全。如果一味地用低利率政策来助力经济盲目增长，则会使金融资产泡沫变大。同理，金融资产泡沫破灭后，为拯救金融机构而一味地向市场补充流动性的量化宽松货币政策也是不可持续的。反映在金融监管上，定位应是"宏观审慎监管"。

（3）为了达到有效的"宏观审慎监管"，中央银行应承担更大的责任。换言之，作为最后贷款人的中央银行，只有在监管的基础上才能获得信息，只有在掌握信息的基础上，宏观经济政策才能做到审慎。这不仅需要重新梳理货币当局与监管当局的功能并重新分工，更为重要的是要设法把资产价格变动纳入货币政策的考虑范畴。

（4）大的金融机构特别是具有清算支付功能的金融机构因在金融体系中占据重要地位，它的倒闭会引发连锁反应，出现"大而不能倒"的问题，对此需要特别留意。一方面应将场外交易全部纳入中央登记系统，使其透明化，从而削弱金融体系对这些机构清算支付功能的依赖；另一方面应针对大的金融机构制定特别的监管标准并认真实施。

第三，2008年的金融危机是在经济全球化背景下发生的，与国际金融市场一体化紧密相关，与全球经济失衡密切相关。

冷战结束后的这一轮经济全球化，既是市场经济体制扩展到全球的过程，也是工业化的发展方式（全球生产力布局）扩展到全球的过程。由于体制模式和发展方式的全球一致性，使各国经济相互依存的自由贸易体制向深度发展，而贸易和投资的自由化又造就了金融的一体化。从更深层次来看，经济全球化的过程也是以资源禀赋为基础的国际分工优势充分展现的过程，全球经济亦逐渐分化为三个板块。

理论上，在国际资本流动出现新变化的经济全球化时代，需要一整套反映这一现实世界经济变化的全球治理框架和机制。但遗憾的是跨国金融监管的缺失以及由此导致的各国监管标准的不一致性，使金融机构的跨国跨市场套利活动变得肆无忌惮，在加速泡沫形成和发展的同时，将金融风险传播于全世界，并最终演变为全球金融危机。

这里，从金融监管的角度来看，我们可以得到如下启示：

（1）为防止跨国套利活动的危害，跨国监管实属有必要。这不仅需要制定全球统一的金融机构行为准则、会计标准，而且需要实现金融监管指引标准的全球一致性。应首先就重要者，如资本充足率、分业还是混业、衍生工具的使用等达成共识、形成标准。各国加强协调并切实加以执行。

（2）改革全球治理机制，首先是改造传统的全球治理机构。传统的全球治理机构，如 IMF 等都是以二战后初期形成的世界经济格局为基础，并未反映世界经济格局中发展中国家发展壮大的现实，其治理框架和机制是不健全的，并因此使其无力应对金融危机。只有尊重世界经济格局的变化，充分反映发展中国家的利益和诉求，全球治理机构才能改善其功能，增强其协调能力。

金融监管是操作。不仅需要具体的规范和实施细则，而且需要功能强大和执行有力的监管机构。唯此，才能将金融监管改革落到实处。金融危机爆发后，金融监管改革在国际和国家两个层次上同时展开：

在国际层次，改革主要集中于监管标准的统一和国际监管协调机制的建设。金融危机缔造了 G20 峰会。2008 年 11 月 G20 在华盛顿召开首次峰会，提出了金融监管改革的任务。随后，在不到两年的时间内又相继召开了四次峰会，分别就国际金融监管改革的原则、监管组织的调整、监管的具体手段展开了讨论，形成了一系列国际共识，并以宣言的形式公布于世。这些宣言构成了国际金融监管改革的纲领性文件。

2008 年 11 月的华盛顿峰会认为导致金融危机的原因同时包括：在宏观层面上，各国缺乏协调，结构改革不充分导致全球经济失衡；在微观层面上，市场参与者过度追逐高收益，缺乏风险评估和未能履行相应责任。加上不健全的风险管理行为和日益复杂且不透明的金融产品，共同导致了金融体系的脆弱性。峰会要求，要实现全球金融有效监管，监管者和被监管者都需要改革。

2009 年 4 月的伦敦峰会重组了国际金融监管机构。将金融稳定论坛改造成金融稳定理事会，成员包括 G20 及部分其他国家的央行行长和财长，世界银行、IMF、国际清算银行、欧洲央行等国际或区域性组织，以及巴塞尔委员会、国际会计准则委员会等国际标准制定者。这样，金融稳定理事会成为推动全球金融监管改革的协调机构。

2009 年 9 月的匹兹堡峰会提出了金融监管改革的具体方向，并为各项改革设立了大致的时间表。要求各国监管机构在 2010 年底前就银行监管规则的制定达成共识。根据峰会要求，2010 年 1 月金融稳定理事会发布了《金融稳定理事会关于强化国际标准遵守的框架》。在此框架下，各国承诺在实施国际标准的同时，接受 IMF 和世界银行每五年一次的金融行业评估，参与金融稳定理事会的主体性评估及同行评估，并公布这些评估报告。

2010 年 6 月的多伦多峰会回顾了金融监管改革的发展，再次明确了金融监管改革的基本方向以及实施改革的四大支柱：

第一，强有力的监管框架。峰会肯定了巴塞尔委员会 2009 年 12 月以《增强银行体系稳健性（征求意见稿）》为名的改革方案。在该改革方案中，要求提高资本基础的质量、一致性和透明度。其中，一级资本的主要形式必须是普通股和留存收益。要求扩大风险覆盖范围，提高对交易账户和复杂资产证券化的风险暴露的资本标准。提高杠杆率与风险资本补充要求，提高反周期超额资本要求，从而在为金融机构杠杆率累计值确定底线的同时控制最低资本要求的周期性波动。方案还提出了两个全球流动性比率标准，即覆盖 30 天的流动性比率和长期的结构性比率。与此同时，征求意见稿提出了推进改革的时间表：2010 年上半年进行影响评估，2010 年下半年在评估的基础上审议最低资本水平。标准的校准工作要于 2010 年底前完成，但考虑到全球经济复苏情况设定实施过渡期为两年，即在 2012 年底前开始实施。

第二，高效的监管。峰会同意通过增加透明度措施并对对冲基金、评级机构和衍生品场外交易进行国际协调监管。峰会强调达成单一的全球会计标准的重要性，要求强化金融市场基础设施建设。在金融衍生品方面，2010 年 4 月，金融稳定理事会成立一个由支付清算委员会、国际证监会组织和欧盟委员会共同参与的工作组，计划在 2012 年底前将场外衍生品交易场内化，即必须通过交易所或电子交易平台交易，并通过中央清算系统进行清算。与此同时，峰会授权金融稳定理事会在 IMF 的支持下就如何加强金融监管，特别是在监管机构的权限、职能和资源方面提出建议，并在 2010 年 10 月 G20 首尔峰会上汇报。

第三，清算陷入危机的金融机构。峰会提出要设计出一揽子措施来重组或清算陷入危机的金融机构，而不必由纳税人来承担费用。峰会认为，金融机构应当为政府的救助行动做出公平的贡献。峰会要求金融稳定理事会提出可行的改革建议，并在 2010 年 10 月 G20 首尔峰会上汇报。

第四，全球评估和同行审查。峰会强调支持 IMF 和世界银行对金融行业的评估计划，承诺支持在金融稳定理事会监管下的强有力而透明的同行审查。与此同时，通过对避税天堂的全面透明评估来解决不合作国家和地区的监管盲点问题。

国际金融监管改革不断深化。对具有系统重要性的金融机构的监管是重点方向，例如一些针对性的附加审慎性监管要求，如追加资本和流动性、限制机构规模和业务范围。事实上，IMF 在 2010 年提出了针对跨境金融机构加强国际协调的框架，并在 G20 首尔峰会上报告。此外，金融机构的薪酬机制改革也在加速。2010 年 10 月底，巴塞尔委员会提出风险与业绩相挂钩的薪酬方案报告。从未来发展趋势来看，宏观审慎监管框架和工具成为重点。当时，可用于宏观审慎监管的工具已在广泛的讨论中。其中主要有：关于周期性资本缓存和系统重要性机构追加资本和流动性要求的讨论；关于降低杠杆率及可供监管机构用于衡量系统性风险手段的讨论；关于改善宏观审慎性分析信息基础的讨论。这些讨论会影响监管制度的框架，从而影响监管机构职能的调整和重组。

在国家层次，改革主要集中于对引发金融危机的各种系统性风险的梳理和清除。其中美国是金融危机的发源地，痛楚最深，因而改革进行得最快。2009 年 6 月，美国财政部就提出了关于金融监管改革的提案。在一年多的时间内，先后经历了提案、众议院立法、参议院立法、参众两院协调等四个阶段，最终于 2010 年 7 月由奥巴马总统颁布实施。该法案号称反映了美国从政府到国会、从经济界到法律界对当下金融危机的全面反思，从而成为 1929—1933 年大萧条以来改革力度最大、影响最深远的金融监管改革法案。这也是各国出台最早的金融监管改革法案。意图除尽早推动美国国内金融监管改革外，还试图引领各国金融监管改革的方向，因而具有某种预示意义，颇受关注。

该法案名为《多德-弗兰克华尔街改革和消费者保护法案》，共有 14 章、2 000 多页，内容十分广泛。该金融监管改革法案事无巨细，大到金融机构的运作，小到抵押贷款的发放，各种衍生品的交易和信用评级都被纳入监管范围。尤其是在建立金融消费者保护机制、对场外衍生品交易实施监管、限制金融机构自营业务和解决金融机构"大而不能倒"问题上力度颇大。在制定监管规范的同时，监管机构的功能也做了调整。美联储被赋予了更大的监管权限：（1）美联储的监管范围扩大到所有可能对金融稳定造成威胁的企业。除银行控股公司外，对冲基金、保险公司等非银行金融机构也被纳入美联储的监管范围。（2）取消美联储与美国证券交易委员会（SEC）的联合监管，改由美联储独立行使对投资银行控股公司的监管。（3）进一步扩大美联储在加强系统性支付、交易和清算上的能力和权力。（4）修订美联储紧急放贷的权限，以增强其应对危机的能力。

美国的金融监管改革法案对金融机构产生了重大影响，最甚者莫过于以分业经营著称的"沃尔克法则"的运用。长期以来，美国的金融机构无不跨市场经营。以投资银行为例，高盛、摩根士丹利、美林等大金融机构的固定收益和货币产品部门净收入通常占全部净收入的 60% 以上。如果全面且迅速地贯彻"沃尔克法则"，打击将是十分沉重的。这也是招致金融机构反对的原因。虽然最终经过妥协，在自营业务方面，允许银行对对冲和私募基金进行投资，但对对冲和私募基金的投资不能超过一只基金总资本的 3%，且银行对对冲和私募基金的投资不能超过自身一级资本的 3%，并允许有宽限期以有利于银行逐步退出，从而部分缓解了冲突。接下来，金融机构业务结构的调整是巨大的。而随着这一调整的进行，分业经营的市场格局再现在当时是可预期的。

五、国际金融体系再造①

发生在美国的次债产品危机迅速传递到全世界，并愈演愈烈，成为全球性的金融危机，这是人们始料未及的。从直接原因来看，它是由金融产品风险定价的迷失引起的。雷曼兄弟倒台，其总裁富尔德在国会做证时称，他在整个过程中的决策都是正确的，而且美国相关的监管机构也是知晓的，没人认为是有问题的。然而，如前所述，每一环节、每一局部的操作得当并不意味着不会出现系统性错误。系统性错误是"1+1>2"的结果。而要纠正这一错误，就一定要改善系统。换言之，系统性错误由系统的性质所决定。依此由属次货的个别产品危机扩展成为整个世界的金融体系危机，这一事实表明世界金融体系存在系统性缺陷，这突出体现在以下两个方面：第一，在金融活动日益全球化的情况下，缺少跨国乃至全球性的系统性金融监管；第二，在经济活动日益全球化的情况下，以美元为中心的国际货币体系不能反映经济格局变化的现实。

现行的国际金融体系源于第二次世界大战后国际政治经济和金融秩序的新安排。这一安排反映了美国崛起的新事实：表现在政治方面，是以《雅尔塔协定》为基础的联合国体制；表现在经济方面，是以关贸总协定及其随后演变成的

---

① 源自张继伟、徐可主编，2009 年由中信出版社出版的《谁葬送了华尔街：2007—2008 年金融危机通鉴》一书中笔者的文章《经济全球化与金融危机》。

WTO 为基础的自由贸易体制；表现在金融方面，是以布雷顿森林体系为基础的国际金融体制。

　　就布雷顿森林体系而言，它包括相互联系的三方面内容：美元同黄金挂钩，各国货币同美元挂钩，固定汇率制。其核心是以美元为中心，这体现为两个方面：第一，美元是全球的结算和支付货币，美元进入各国外汇储备，美联储因此具有全球中央银行的地位，各国中央银行因此是从属性的，即成为维护美元稳定的美联储的执行机构；第二，各国货币通过与美元挂钩，使金融监管事实上处于美国监管政策的统一协调之下，各国金融监管当局成为以美元为轴心的被动监管者。显然，在这一体系中，美元的稳定是基础。为了稳定美元，在体系的最初安排中，美元同黄金挂钩，1 盎司黄金等于 35 美元，也就是期望通过黄金供给量的自然增长稳定美元的价值，期望通过黄金内在平衡机制约束金融机构的行为，实现被动监管，通过上述期望来保障整个体系的安全。

　　然而，自设立的那一天起布雷顿森林体系内在就存在一个不可能的矛盾——"特里芬难题"：当美元成为世界储备货币，美国就必须持续地保持国际收支逆差，至少保持国际收支中经常项目或资本项目的某一项逆差，因为只有逆差全球才有美元用于结算和支付，但是美国国际收支或国际收支中某一项的长期持续逆差将不可避免地导致美元持续贬值，因此美元就不会稳定。

　　自第二次世界大战以来，国际金融体系的演变史就是"特里芬难题"的演变史。20 世纪四五十年代，基于美元作为全球结算、支付货币的地位，美国国际收支的资本项目开始出现逆差，但由于其经常项目仍然有较大的顺差，整个国际收支仍处于顺差状态。进入 60 年代，美国国际收支的经常项目开始出现逆差，使整个国际收支出现逆差。美元价值的稳定开始出现问题，境外美元开始向美联储要求兑换黄金，爆发了美元危机。起初美联储尚能满足兑换需求，久而久之，随着兑换压力越来越大，美元更依赖布雷顿森林体系所规定的各国央行共同稳定美元的责任，即各国央行通过抛出本币买入美元来干预汇市。经过 10 次大的美元危机后，因"特里芬难题"的内在规律性，美元难以稳定，各国也难堪重任。1971 年，美国尼克松政府宣布美元开始浮动，美元开始与黄金脱钩，并于 1976 年以《牙买加协议》的形式正式确认了这一事实。

　　布雷顿森林体系瓦解，世界金融体系丧失了稳定机制。一方面，美元与黄金脱钩使美元丧失了稳定的内在基础，使过去强制性但统一的国际货币政策开始向国别自主但分散的货币政策转变；另一方面，浮动汇率制的实行使汇率波动的风险出现，在凸显对这些风险进行定价的金融机构的监管必要性的同时，却丧失了跨国系统性监管的基础。

美元与黄金脱钩，世界进入后布雷顿森林时代，全球金融决策由集中走向分散。这在增强国际经济的竞争性、提高经济活力的同时，也种下了国与国之间无序性的种子，人们呼唤新的国际金融秩序，其中发展中国家的呼声尤其大。但是，发达国家出于对自身既定利益保护的短见而不以为意。美元尽管不是全球唯一的结算、支付货币，但仍然独大，于是故事以自身的逻辑逐步但顽强地展开了。

布雷顿森林体系的崩溃，浮动汇率制的流行，使汇率风险加大，为进行正常的国际贸易，锁定汇率风险变得有必要。这时出现了最早的衍生避险工具之一远期汇率买卖，而汇率的波动与各国的利率变动息息相关，于是出现了货币掉期，进而在此基础上一步步发展出复杂的基于利率、汇率及各种波动率的衍生工具。衍生工具的盛行不仅为贸易提供了避险工具，而且由于具有盈利的可能性也为投资者提供了投资工具。各类投资机构，尤其是以养老基金为代表的大型投资机构开始涉足这一市场，推动了资本的跨国流动，迫使美英等发达国家放松资本管制。这反过来又推动了一大批以此为生的投资机构的涌现，各种对冲基金层出不穷。在市场竞争压力下，美国和英国相继放松包括经纪商佣金在内的各种金融管制措施。在英国出现了1986年"金融大爆炸"的激进性改革，在美国1999年则出台了《金融服务现代化法案》。由于竞争的压力和高额利润的诱惑以及监管的放松，原来以提供中介服务面目出现、以手续费为生的投资银行逐步放弃其传统营生，向对冲基金转化；原来以美元为主的商业银行也加入其中，开始依靠其资本和网点优势发展起中间业务并成为资本市场上的中坚力量。在20世纪30年代大萧条后所建立起来的分业经营界限逐渐开始模糊。

在利润的驱动下，人们致力于衍生工具的研究，逐渐形成了以布莱克-斯科尔斯定价模型为代表的风险定价体系（该定价模型的创立者之一斯科尔斯也因此获得了诺贝尔经济学奖，布莱克由于因病去世而憾未获奖），使其成为被全球金融机构遵循的普遍准则。人们以此为基础发展出复杂的金融工程技术，使风险定价向概率事件延伸，金融衍生工具大行其道，成为推波助澜的新动力。其中有三项不能不提。第一，资产证券化。由于包括住房贷款、信用卡贷款、汽车贷款、公司贷款、学生贷款在内的各种基础资产都可以证券化，壮大了投资品市场。更为重要的是，资产证券化是建立在信托责任基础之上的，而信托中的"破产隔离制度"使利益相关方"不因他人过失而受到损害"，从而备受投资者青睐。第二，包括结构性投资载体（SIV）在内的各种特殊目的机构（SPV）的创设。由于特殊目的机构的广泛采用，金融机构尤其是商业银行可进行资产负债表外的业务经营，而不受资本充足率的约束。这种表外经营是以进入信托状态的证券化资产为基础的融资活动。融资所得不进入资产负债表，而经营所得却进入利润表，从而备受金融机构的青睐。第三，债务抵押债券尤其是信用违约掉期的流行。进入信托状态的证券化资产与利益相关方的资信状态无关，是相对于"整体信用"的"结构信用"，即结构金融。而担保债务凭证和信用违约掉期又模糊并改变了基础资产本来就不完善的结构风险的特性，使监管者、金融机构和投资者都陷入风险定价的迷失之中。于是，出现了这样一种循环：利润的驱动推动了金融创新，金融创新又增大了盈利的空间。雪球越滚越大，金融创新逐渐脱离了实体经济的需要，成为一种自我满足、自我循环的虚拟经济。反映在美国资本市场上，就是金融股的比重陡然上升，由 1980 年的 5.2% 上升至 2007 年的 23.5%，从一个侧面反映出经济虚拟化程度的快速提高。与此同时，为了满足金融不断自我膨胀的需要，发达国家不得不不断向发展中国家施加压力，要求发展中国家放松资本管制，在 21 世纪全球都卷入了金融一体化的浪潮之中。

在这个故事展开的过程中，失去黄金约束的美元要求美联储更加谨慎地履行作为全球中央银行的职责，更加努力地维护美元价值的稳定。然而，欧元的诞生挑战了美元的霸权，从根本上动摇了当代国际货币体系中世界货币的统一性。当美国国内长期财政赤字和居民低储蓄造成经常项目的逆差时，美元大量流出，刺激了境外美元资产的膨胀，并导致美元汇率的持续下跌，也使欧元汇率不断上升。结果是，欧元取代美元成为国际债券和票据市场发行量增长最快的币种，截至 2007 年 12 月欧元在国际债券和货币市场的份额已达 49%，欧元占世界官方外汇储备的比例也从 1999 年的 18% 上升到 26.5%。于是，在两大国际货币共存的情况下，一种主要货币的扩张导致另一种主要货币的扩张。而美联储却有意无意地利用黄金约束的放松，肆意用扩张性货币政策来刺激美国经济，致使美元一贬再贬，美元与黄金的比价由当年的 1 盎司黄金可兑 35 美元贬值为接近 1 盎司黄金可兑 1 000 美元，40 年间贬值了近 30 倍。这反过来也必然会导致欧元的贬值。

由上可知，失去约束的弱势美元与失去监管的金融膨胀相互交织、相互激荡，使故事快速展开，国际贸易的增长速度快于全球 GDP 的增长速度，而国际金融市场的增长速度又快于国际贸易的增长速度、国际金融一体化快于实体经济全球化。表现在国际金融市场上，2002—2007 年，各国货币当局的外汇储备大幅飙升，从 2.4 万亿美元膨胀到 6.4 万亿美元，5 年内扩张了 1.67 倍；国际债券和票据市场规模从 9.3 万亿美元膨胀到 22.8 万亿美元，5 年内扩张了 1.45 倍；全球对冲基金规模从不到 1 万亿美元膨胀到 1.9 万亿美元，5 年内扩张了 0.9 倍。整个世界进入一个金融资产泛滥的境地，而故事的终篇便是全球所共同面对的金融危机。而在金融危机中，以 IMF 为代表的国际组织那种无力无为、令人失望的表现，又进一步增添了故事的悲剧色彩。

痛定思痛，金融危机使人们猛然醒悟，全球系统性金融风险预示着必须改革全球整个金融体系，几点共识逐步形成。

第一，全球性金融危机以及由此可能导致的全球性经济危机，需要全球的共同行动。覆巢之下，安有完卵，只有包括积极的财政政策和宽松的货币政策在内的全球联手的共同救助行动，才能阻止危机的深化和蔓延。

第二，在全球化情形下，跨国金融监管实属有必要。这不仅需要制定全球统一的金融机构行为准则、会计标准及监管指引标准等，而且需要改造现有的全球治理机构，改善其功能，提高其协调能力。

第三，进行国际金融体系的改革，必须遵守一条重要的原则，即必须尊重国际经济格局，并反映这一格局的变化，其中重点在于充分体现众多发展中国家的利益和诉求。

第四，金融紧急救助与市场原教旨主义。2008 年 9 月是戏剧化的一个月。次贷危机在 14 个月后终于演变成全面的金融灾难。9 月 7 日两房被美国政府接管，9 月 15 日美国第四大投资银行雷曼兄弟宣布破产、第三大投资银行美林被收购，9 月 16 日美国第一大保险公司美国国际集团被政府接管……如同瘟疫蔓延，陷入恐慌的投资者避之不及、纷纷逃离。资金市场借贷利率基准，即伦敦市场隔夜拆借利率急速飙升到历史高点，接近 70%，虽然如此，由于缺乏相互信任，银行间的短期拆借几乎停滞。由于整个经济体系不能获得正常运转必需的资金，实体经济开始面临严重衰退。无奈之下，美国财政部只用三页纸就抛出了达 7 000 亿美元的救助计划，即《问题资产救助计划》（Troubled Asset Relief Program)，请求国会批准。

然而，接下来发生的事情更具有戏剧性。在金融危机火烧眉毛之际，问题资产救助计划却在美国国会引起了轩然大波。各种尖锐对立的意见纷至沓来。计划书也由最初的三页加长到一百多页，标题也由《问题资产救助计划》变成《紧急经济稳定法案》，可还是于 9 月 29 日被美国国会否决。举步维艰的华尔街再次经历了恐怖的一天，道琼斯指数下跌 77.68 点，标准普尔 500 指数下跌 8.77%。这是 1987 年以来的最大单日跌幅。市场的崩溃最终逼出了共识。10 月 3 日该法案终于获得通过。但法案增加了不少的限制性条款，美国财政部首期可动用的资金也从 7 000 亿美元减为 2 500 亿美元。

抛开美国国会两党政治争斗及其他技术细节不谈，《紧急经济稳定法案》难产的症结在于是否符合自由市场经济的原则。来自肯塔基州的美国共和党参议员邦宁（Tim Bunning）在银行委员会的听证会上这样讲："这个法案等于美国老老少少每个人都要贡献 2 300 美元的税金去拯救华尔街，是把华尔街的痛楚散布给普通纳税人。这样的行为是金融社会主义，十分不美国。"

在 20 世纪 70 年代，布雷顿森林体系的瓦解和石油危机的冲击使美国经济陷入滞胀的泥沼。人们开始反思美国的经济发展历程，认为滞胀是第二次世界大战后长期奉行凯恩斯主义即政府干预经济的恶果。欲拔出泥沼，必先放弃凯恩斯主义，取而代之的是新自由主义的兴起。在新自由主义思潮的支配下，英国的撒切尔政府和美国的里根政府调整了宏观经济政策的方向，相继出台了一系列政策，通过削减社会福利等办法缩减政府开支，限制政府对经济的干预，放任并鼓励市场的发展。基于市场可以自动平衡、自我修复的共识，形成了一整套以里根经济学命名的自由主义经济政策。

在 20 世纪 90 年代，随着苏联解体、东欧剧变，市场经济体制扩展到全世界。在有些人看来，这既意味着"历史的终结"，也意味着世界可以按照纯粹的市场经济原则重建。在学术界出现了市场原教旨主义化的倾向。按照已故的法国著名社会学家皮埃尔·布尔迪厄 1998 年《无止境剥削的乌托邦：新自由主义的本质》一文的分析：新自由主义是一整套话语逻辑，在当代世界已居支配地位，而其本质是"一个旨在破坏一切妨碍纯粹市场机制运行的群体性组织的工程"。这种话语体系认为，经济世界是纯粹的、完美的世界，要实现一个纯粹和完美的市场，才能建立起这样一个世界。任何可能对纯粹市场法则形成障碍的集体结构都要摧毁。而金融市场是市场体系中最精致、最脆弱的机器，它体现了市场经济的最高理念，值得精心维护。依此，解除金融管制不过是建立市场体系整套行动中的一步，而且是关键的一步。在金融危机肆虐的当时，2008年10月，1992年诺贝尔经济学奖的获得者加里·贝克尔在《华尔街日报》上发表文章《我们没有走向衰退》，认为当时的危机绝非经济大萧条。政府不应该救市，那些没有市场的金融产品应该在市场运行中自我消亡。贸然救市会造成道德风险，应该相信多年来金融市场的自我调节能力。换言之，由于金融市场的精致与脆弱，因而金融市场最值得捍卫，即使是在政府原计划颁布后。

那么，金融市场就真的天衣无缝地有效运转，其自我调节能力就真的可靠吗？2008年7月，2001年诺贝尔经济学奖的获得者约瑟夫·斯蒂格利茨在曼彻斯特大学举行的经济政策创新讨论会上发表了《2007/2008金融危机以及微观经济学后果》一文，并于9月在美国《新共和》杂志发表了题为《溃败：没有制造业，没有新观念，我们的经济以什么为基础？》的文章。他认为："金融市场被比作经济的大脑，它应该分配资本，同时也应管理风险。""金融体系的最新创新是用于设计获利机制，这种获利机制大部分是异常不透明的，但是这种获利机制却允许产生与社会利益不相称的大量收益——这些都是所谓的私人报酬。按照经济学原理，市场竞争使利润趋向于零，但在通常情况下，这一原理却显得并不可靠：这是因为信息的不完全（源自不透明）带来的不完全竞争。当年复一年，一家家银行获得的金钱如此之丰厚，人们就应该怀疑某些事情出错了。"

什么事情出错了？市场经济在运行中必然伴随着未来的不确定性和信息的不对称性。如果未来的不确定性尚可用对冲的形式加以防范，成为金融市场衍生品发展的理由，那么信息的不对称性靠什么来纠正呢？斯蒂格利茨在微观层次上再次揭示了一个几乎被市场原教旨主义者所忽视的问题：在市场经济中个人利益最大化的自利行为并不必然导致社会利益的最大化。所谓"金融体系的最新创新是用于设计获利机制"，本身就表明在信息不对称的情况下存在这样的机会，使"这些狂热的赌徒不只在用他们自己的钱赌博，他们也在用别人的钱赌博。他们让整个金融体系处于险境——事实上，是让整个美国的经济体系处于险境"。换言之，个人利益最大化的自利倾向不仅不会导致整个社会利益的最大化，若放任自流，个人利益的最大化往往会建立在社会利益被蚕食的基础之上。从一定意义上讲，金融危机的爆发实际上标志着这种蚕食难以为继。

依照上述分析，我们可以还原美国金融救助计划的争论要点。它大致可分为相互平行但又相互交织的三个层次。

第一个层次，从财务角度审视救助计划的财务安排合理性。作为财务专家，美国财政部和美联储深知靠救市或托市是无法化解当时的金融危机的。要深入金融机构内部，从清理其资产负债表入手，尽快建立将不良资产剥离的机制，以金融机构健康的资产负债表来重建市场信心。救助计划期望通过运用"远期模拟市场交易"模型将政府救市成本延展到远期，从而可在即期收购金融机构的不良资产，救助金融体系，重建市场信心。显然，在以财政部为代表的纳税人远期利益最大化和以金融机构为代表的即期市场信心的恢复之间的平衡成为关键。财政部认为，由于市场的过度恐慌，金融资产的价格可能已经超跌，而一旦金融市场运转正常，资产将会显著升值。在此预期基础上，财政部的操作也会相对简便，救助资金不进入当期财政拨款，不列入当期财政赤字，等远期卖出后，再用买卖轧差来冲销救助成本。如果不足，则不足部分进入财政赤字；如果超出，则超出部分表现为财政盈余。由此，美国财政部最初三页纸的《问题资产救助计划》的落脚点实质上类似于投资银行的债务重组计划，在技术层面是可行的。

第二个层次，从宏观经济角度审视救助计划的经济政策合理性。自20世纪70年代末以来，美国逐渐放弃了凯恩斯主义，反映在宏观经济政策上：一是不再以促进经济增长为目标，因而熨平经济周期也不再是政策基点，即扩张性宏观经济政策不再长期化；二是与上述相关联，财政政策不再一味扩张，平衡财政成为新的出发点。与之相适应，宏观经济政策更多地表现为货币政策，美联储开始扮演主要角色。上述变化便是人们所熟知的货币主义取代凯恩斯主义（主要是希克斯的凯恩斯主义动态化过程）。然而，宏观经济政策毕竟是政策，是可以调整的，更何况，不反周期并不意味着不反危机。从这个意义上讲，凯恩斯主义并不是消失了，而是暂时被冷藏了起来。与此同时，人们看到，如果政府财政介入，帮助金融机构解决不良资产，会使这些不良资产形成一条价格底线，从而提高这些资产的流动性，让市场重新运转，而健康的新的资产负债表在恢复投资者信心的同时，可以再度融资和放贷，稳定实体经济。由此，短期宏观经济政策的改变是可以理解的，凯恩斯主义的回潮亦可以接受。

第三个层次，从机制的角度审视市场失灵。这是一个更为深刻且带有哲学色彩甚至被意识形态化的命题。如前所述，市场是会失灵的，其失灵的核心在于每个人在谋求自我利益最大化的过程中并不必然导致整个社会利益的最大化。如果又缺乏外部监管，信息的不对称性往往会导致"搭便车"式的损人利己的机会主义行为。在这个意义上讲，理性取向的经济并不等于现实的经济。理论的市场经济是经济学的逻辑，纯粹的市场经济是经济学的分析框架，完美的市场经济是经济学家追求的目标，而现实的市场经济则是受一系列现实条件所制约的真实经济。现实条件的变化自然会影响市场经济运行方式。换言之，真实的市场经济既不是纯粹的，也不是完美的，一味地坚持纯粹和完美的市场经济只会成为激进主义者，而与现实无关，于事无补。从现实出发，通过外部监管来克服市场失灵也就成为或许具有实用主义色彩的现实选择。从哲学意义上讲，此次金融危机凸显了一个深刻的矛盾：一种建立在竞争和效率基础上的经济法则与服从于正义原则的社会法则的对立。在这样一个深刻冲突面前，实用主义的选择立场只能是：在现实的世界中，对这种对立的协调只能依赖对市场的外部监管，即在金融自由化的过程中寻找金融创新与金融监管的平衡点。

由上，关于金融救助的争论似乎可以做一个简单的总结。争论尽管扑朔迷离，但实质不在于财务安排是否可行，也不在于凯恩斯主义是否回潮，而在于市场是否可以纠正乃至避免自身的失灵。如果不能，就需要从外部帮助市场克服自身的失灵。从这个意义上讲，金融危机后的包括监管在内的金融市场基础设施建设更为重要。

这也给我们带来了一个重要的启示。市场经济有利于改善资源配置，但也存在缺陷。在坚持市场经济的同时，也应警惕市场原教旨主义。依次类推，作为市场经济体制的全球扩展，经济全球化也是历史的必然，各国经济相互依存的自由贸易体制是注定要发展的。在这个经济区域一体化的世界里，我们需要做的就只是完善市场经济条件下的监管，尤其是完善全球监管，以克服市场的失灵。我们需要防止的既有放任自流的金融自由化，又有以邻为壑的贸易保护主义。

第二章

改革开放再深化

一、启动改革开放新议程

2008 年，金融危机突如其来，前所未有地冲击世界经济，也使中国宏观经济出现了"过山车"般的急剧变化。在这一年年初，中国经济过热进入新状态，通胀问题不再是孤立事件，而是和全球通胀有机地联系在一起。以美元计价的能源原材料价格不断上涨，持续推动国内的生产成本上升。CPI 和 PPI 在上升的同时，也推升了资产价格，尤其是房地产价格。通胀成为当年宏观经济稳定的最大威胁，并因此成为宏观经济政策的基本着力点。然而，话音未落，形势就急转直下。2008 年 9 月 15 日，以雷曼兄弟倒闭为开端，发酵已久的国际金融危机开始爆发并肆虐全球，"中国也不能独善其身"。在这一年年底，国务院召开经济形势专家座谈会，笔者应邀参加。记得在会上，总理用沉重的语调指出："金融危机的冲击使出口快速下滑，许多企业订单不足开始关门，沿海地区预计有两千万以上的农民工会失业回乡。因此，保增长就是保就业，必须全力以赴。"中国经济急速下滑，迫使宏观经济政策迅速切换，由控过热到防过冷。中国出台了号称"四万亿"的大规模经济刺激计划。短短一年内，风云突变，冰火两重天，至今令人唏嘘。

面对全球金融危机，当挽狂澜于既倒，不免要追问狂澜因何而起，当扶大厦之将倾，当然不应再立危墙之下。在积极应对全球金融危机的同时，中国经济学界开始反思其背后全球经济不平衡的含义。"在过去 10 年中，美国低储蓄、高消费、大进口和中国高储蓄、低消费、大出口形成镜像对称关系，这意味着一旦美国的负债消费模式难以为继，中国依靠出口拉动的粗放型经济增长方式也将不可持续。在这个意义上讲，此次金融危机引发的经济衰退不再是周期性的，而是具有深刻的结构变动意义，正在重新塑造世界经济格局。其中，改革国际货币体系，再造全球监管体制，以及世界经济再平衡已是不能再回避的严肃问题。鉴于此，从全球视角出发，重新审视中国的发展模式，也成为题中应有之义。"

当从全球化的角度重新审视中国经济发展成为时代的需要时，中国最国际化的银行——中国银行开始设立首席经济学家岗位，统筹全球全辖的研究。笔者有幸成为第一任首席经济学家。此外，笔者还担任中国宏观经济学会副会长职务以及兼任民间智库——博源基金会理事兼首席经济学家。这些身份使笔者可以在自身研究的基础上，组织业内市场人士及一线经济学家进行研讨。这种研讨会一般以博源基金会的名义召开，以经济学家圆桌会议的形式进行，通常由笔者主持。会议在全面分析全球经济形势的基础上，展望中国经济并提出建议，以纪要形式提交有关决策部门参考。

通过上述研究活动，从全球视角观察中国经济，我们达成了以下共识：

当代中国经济的高速增长是在经济全球化背景下，因改革开放所形成的一组条件，使潜藏于中国内部的经济活力释放的结果。概括起来，中国是发展中国家，一如其他发展中国家，农业与工业进而农村与城市的二元结构是中国经济社会的基本特征。正是因为这一二元结构，通过工业化实现现代化成为中华民族的基本追求，也正是因为这一二元结构，中国具备了实现工业化的初始条件，从而推动传统的以农业、农村为主的二元经济社会向一元的现代经济社会转变。而与此同时正在进行的改革开放又是这一转变的推进剂，使这一进程得到格外的加速。所谓改革，就是将过去由计划主导的国家工业化转变为由市场主导的全民工业化。由于参与工业化的主体更多，在市场导向的激励和竞争的强化下，会迸发出更大的经济活力。所谓开放，就是有意识地将民族工业化进程纳入经济全球化进程。通过进口替代、出口导向，层层递进式的交互推进，加速产业升级，使产业结构快速高度化，即通过空间结构上的产业快速升级推动时间维度上的经济高速增长。

国际经验表明，工业化是通向现代化的必由之路，而工业因其技术经济性质有基本规律。遵循这一基本规律就使各国的工业化进而现代化具有了共同特征。其中之一就是经济高速增长。坦率地说，经济高速增长的经验并非中国独有，在亚洲的工业化进程中，日本、韩国等许多国家都有类似的经历。它们都是在二元经济条件下，受劳动力无限供给的工业化规律支配的结果。所谓中国特色，只是指中国以大经济体的样式在更大体量上重现了"亚洲增长奇迹"，或者更准确地说，由于中国是大国，具有更大的经济规模、更大的经济范围、更加复杂的内部经济结构，从而产生了超大经济体特有的经济问题，并因此使共同的亚洲增长奇迹呈现出不同于小经济体样式的"中国特色"。

所谓更大的经济规模，首先体现为人口规模巨大。中国人口占世界人口近1/5，本身就是一个巨大的市场，尤其是随着人均收入的持续提高，中国将会从中低收入社会走向高收入社会，日益成为世界市场的主要组成部分；中国消费模式及偏好开始影响甚至引领世界。所谓更大的经济范围，突出表现为幅员辽阔、地理构成多样，造成了东、中、西部区域生产要素禀赋的差异。在这一差异的基础上，形成了生产要素的组合密集程度不同的产业区域分布，呈现为自西向东的劳动密集—资本密集—技术密集的产业分布连续状态。所谓更加复杂的内部经济结构，是指在巨大规模的需求与供给的共同作用下，中国成为一个从手工生产到高科技产品制造的产业门类齐全的唯一国家，并由此预示着，在经济全球化的竞争中，中国经济可以通过从手工生产到高科技之间的相互渗透并加速迭代，形成新的产品，产生新的技术，发展新的行业。例如，现代信息技术渗透到传统农业的无人机田间管理，以及现代信息技术渗透到传统金融业的非现金手机支付等。正是中国这一超大经济体的上述特点，产生了中国经济发展的特有路径及相关问题。这突出表现为亚洲中小经济体可以充分通过外向型经济将工业化绑定在全球化上，用全球化带动现代化，但对中国来说，重走亚洲中小经济体完全外向型工业化的道路，起步阶段尚可，中期则显得艰难，后期几乎行不通，从而需要走中国式现代化道路。事实上，区别于亚洲中小经济体，21世纪以来全球经济失衡以及需要再平衡的呼声本身就是中国这头大象进入游泳池的折射，而作为这一失衡产物的2008年全球金融危机则是此路不通的标志。

从中国自身发展的角度瞻望前程，我们看到了以下挑战：

国际市场尤其是发达国家市场需求有机地嵌于以工业化为代表的中国经济发展之中，构成中国经济高速增长的重要条件，同时也使中国呈现出出口导向型经济特征。表现在宏观经济上，当把投资、出口叠加在一起观察，可以发现，投资并非拉动经济增长的独立自变量，而是依附于外需的因变量。当出口增长时，出口带动了非国有部门的投资，当出口下降时，为拉动经济增长和应对产能过剩，国有部门就必须投资。长期形成的出口导向型经济结构，决定了短期宏观经济运行的出口引领特征，并日渐形成了宏观经济政策的路径依赖。宏观经济政策被迫锁定在出口波动上，以刺激或控制投资作为应对出口波动的手段，而使用的工具主要是依靠国有部门投资的进退。这意味着，如果不加快结构转变，不把经济增长的基础放在国内消费上，就难以摆脱宏观经济政策由出口引领的路径依赖，宏观调控始终处于被动状态。

我们注意到，在去杠杆的作用下，世界经济已经进入衰退，由于此次衰退的主要原因是过去逐渐形成的经济全球化结构和格局的调整，涉及因素广泛而深刻，而不能以传统的经济周期或商业循环的角度来看待，这种情况下不排除衰退后出现长期萧条的可能性。金融危机以及由此引起的全球经济衰退，对中国经济的影响开始全面显现，它不仅使长期以来依靠投入的粗放型经济增长方式的不可持续性暴露无遗，而且外需的下降或消失造成中国经济突然下滑，中国经济以这种方式将其与全球经济的水乳交融般的联系，突然展现在人们面前，此次金融危机也构成中国经济新一轮波动的起点。其含义是出口拉动投资、投资推动出口的传统模式难以为继，在中国为全世界准备的产能出现过剩的同时，全球经济再平衡将因此在中国展开。

第一，在出口导向型经济发展模式下，中国的产能是为全世界准备的。一旦全球需求不足，一旦全球需求持续低迷，中国的产能过剩就是长期的，表现在出口上就是出口增速的下行。事实上，全球协力联手应对金融危机使中国出口有了暂时性的恢复，但 2010 年便开始持续下行。

第二，中国之所以能发展出口导向型经济，一个极其重要的原因是中国有丰富但质量相对较高的低成本劳动力。改革开放使中国将这个竞争优势纳入经济全球化，大量的农村剩余劳动力向工业，尤其是向沿海出口加工业的转移，推动了出口导向型经济的形成、价格低廉却质量不错的大规模制成品生产，由此成为中国经济崛起的奥秘。然而，21 世纪以来，这个竞争优势正在减弱。随着改革开放以来工业化和城市化的加速，2008 年全球金融危机后，农村劳动力已有 50% 以上离开农村进入城市，预示着农村剩余劳动力过了拐点，而不再充沛，结果就是各地最低工资水平不断上升，平均每年的涨幅都在 10% 以上，并且几乎不存在中西部和东部沿海的最低工资水平的涨幅差别。

第三，中国经济增长是投资驱动型的。其中一个重要背景是中国人口年轻，因抚养比低而储蓄率高，加之儒家文化所具有的较高的储蓄倾向，奠定了较高投资率的基础。然而，中国开始进入老龄社会，抚养比再次提高，而且趋势是越来越高。这意味着储蓄率低，进而投资能力会持续下降，势必影响经济增长。如果要保持经济增长势头，就要透支未来以维持较高的投资强度，从而必然使整个社会的宏观杠杆率加大。

第四，中国的自然禀赋畸高畸低。改革开放前，人力资源十分丰富并有过剩之嫌，而石油、铁矿石、淡水以及土地等却十分匮乏。中国经济融入全球化，变在国内配置资源为在全球配置资源，既发挥了人力资源竞争优势，又缓解了资源瓶颈制约。但是，中国成为"世界工厂"，在成就工业化奇迹的同时，也导致了资源、能源的大规模消耗。随着经济的增长，包括生态环境在内的可持续性堪忧。2008年全球金融危机后，其严峻性开始显现，中国曾日趋加重的大面积雾霾天气就是例证。

在全球金融危机肆虐前后的日子里，笔者曾多次受邀参加国务院召开的经济形势专家座谈会，面对面地将我们在国际市场一线的观察与思考直接汇报给最高决策层。我们认为，中国政府及时出台以"四万亿"计划为代表的应对金融危机的安排是有力有效的。自2009年下半年以来，随着中国经济受金融危机冲击最大的时点过去，中国经济度过了最艰难的时刻，从长计议提上日程。换言之，维持高强度投资的必要性和迫切性正在下降，后危机时代的宏观经济政策应着眼于长期。诸如高投资率、消费不足、产能过剩和国际收支双顺差等长期因素，在未来10年内均有可能发生变化。我们建议，应"根据这些长期因素的变化趋势、各自的变化速度以及相互关系，因势利导。这一组合不是简单及刹车式的反危机政策的推出，而是有目标的调整，即宏观经济政策在总体上呈现出不是一个转大弯的态势，并在实质上进行重心转移"。

需要说明的是，全球金融危机平复时期又恰好是中国第十二个五年规划准备时期。参与国家五年规划准备是中国宏观经济学会例行的重要工作。在组织有关方面的专家和学者认真讨论和详细论证后，关于"十二五"规划的一致思路逐渐成形：中国经济要面向未来，只有通过深化改革、转变经济增长方式，在调整产业结构的同时，将出口导向型转向内需扩大型。转变经济增长方式的核心有两个：一是调整产业结构。第一、二、三产业共同发展，但重点是发展服务业。采取有力措施，继续维持服务业增长快于GDP增长两个百分点。二是扩大内需。

扩大内需的重心是扩大消费，而扩大消费的主要途径是增加居民收入。在"十二五"规划中，特别设立了两个约束性的收入增长指标，简称"两个提高，两个同步"，即在初次分配中提高劳动报酬的比重，劳动报酬增长与劳动生产率提高同步；在国民收入分配中提高居民收入的比重，居民收入增长与经济发展同步。

对"十二五"规划所确定的产业结构调整和扩大内需的经济转型战略，中国经济学界在抱有信心的同时，认为改革必须深化。之所以抱有信心，是因为工业化进程就是劳动生产率持续提高，从而推动经济快速增长的过程。在二元经济结构中，边际劳动生产率趋于零的农村剩余劳动力，受工业较高劳动生产率而产生较高报酬的吸引，自愿卷入工业化。相应地，工业的壮大，工业在国民经济中的比重提高，就意味着全社会劳动生产率的提高。亚洲工业化成功国家的经验表明，工业化也就是城市化，只要农村剩余劳动力未被工业吸收殆尽，亦即城市化率未超过75%～80%，工业化和城市化就仍在进行中，经济的快速增长不仅是可期的，而且是可维持的。2010年中国的城市化率只有50%，与日本20世纪五六十年代的情况相似，当时的日本在这一城市化水平上提出了"国民收入倍增计划"，在10年内，GDP和人均国民收入翻一番，成就了日本经济的黄金年代。相较于当时的日本，中国的人口更多，内需潜力更大，更为重要的是在当时50%的城市化率中尚有1/3左右是农民工。换言之，当时中国的城市化仍不是完全意义上的城市化。这意味着中国的城市化远未完结，国民经济仍有潜力，较好的经济表现仍有可能。之所以必须深化改革，是因为中国经济的现实表现令人深思。金融危机后，中国经济就开始了下行。虽然低迷的外需致使中国经济不会回到此前的高增长状态，但城市化的增长潜力还在，现实的经济表现也不至于就像成功实现工业化、城市化后的其他亚洲国家，例如日本和韩国经济所出现的持续性下行现象。20世纪80年代后的日本和20世纪90年代后的韩国，随着工业化和城市化的完成，经济结束了起飞，经济增长速度由两位数回落到一位数。从这个角度来看，对中国这种具有增长潜力但增长潜力又未能转化为现实的增长表现的唯一解释只能是制度的束缚。只有深化改革，才能释放增长潜力。

国际经验表明，工业的聚集地是城市，城市化与工业化相伴而生，在这个意义上，工业化就是城市化。但中国的情形却不大一样，工业化虽然也带来了城市化，但两者却是不同步的。工业化带来了"地的城市化"，但却不完全是"人的城市化"，并集中体现为一个极具中国特色的劳动力群体——农民工的存在。数亿农民进城务工，工作在工厂，但身份还是农民，收入在城市，消费却在农村，城市只是暂时的栖息地，永久的居住地仍在农村。农民工这种身份的二元性，不仅造成了工业化与城市化的相对分离，影响了经济的成长，更为重要的是阻碍了现代社会的发育，形成了中国特有的"农业、农村、农民"的三农问题，造成了新的发展困境。面对这一困境，在中国经济的新阶段，改革的指向就是实现工业化和城市化的共同发展，改革的关键就是农民工的市民化，改革的目标就是建立支撑工业化和城市化的体制依托。显然，这一改革的诉求不单纯是经济体制，也包含政治、社会、文化、生态体制的改革，是全方位地全面深化改革。

面对这一巨大的改革工程，顶层设计是必需的，要认真梳理改革的重点领域和重要环节，妥善安排改革顺序，协调整合，循序推进。为此，中国经济体制改革以往的成就及不足、经验及教训需要认真总结：

1978 年以来，中国经济体制改革是市场取向的，但有别于其他曾采用中央计划经济体制的国家的改革进程，它是以渐进的方式进行的。中国经济的发展成就和存在的问题均与经济体制这种特殊的改革方式及其演进路径相关，而双轨制及双轨并轨是这一改革方式的鲜明特征，其演进路径可以这样描述：在传统的高度集中的计划经济中，政府逐步放松行政管制，市场力量开始自发生长。起初发生在农村，进而延伸到城市，逐渐形成了与国有国营"计划轨"相对相伴的民营经济"市场轨"，出现了双轨并存，其中最活跃的市场轨在经济活动中起边际引导作用。由于这一引导，在市场轨扩展的同时，自然地将计划轨纳入并消化，从而呈现出一轨变两轨、两轨并一轨的渐进市场化特殊路径。这种渐进式改革的优点在于立足实际，使经济体制改革既不至于落后于经济发展的要求，阻碍经济发展，也不至于过度超前脱离经济发展的客观需要，丧失合理性。由此，经济体制随经济发展而不断滚动演进，从时间上看是渐进的，从空间上看是过渡的。改革任务在任何时候都是问题导向的，从而是有限目标的。随着新问题的出现，形成新的改革目标，目标与目标的前后衔接，使改革小步快走，不断逼近市场经济体制的理想目标。在这一过程中，每一时点或阶段上的体制安排都是过渡性的，其合理性不仅取决于是否支持了经济发展，而且取决于对未来的体制改革是否构成障碍。经验表明，这种摸着石头过河的渐进的改革方式，虽然不是理论上的最优模式，但却是实践上的平稳安排。相对于其他实施中央计划经济的国家激进的改革方式，中国的 GDP 是持续增长的，社会是持续发展的，老百姓是获得实惠的。

结果是，因改革的收益始终覆盖改革的成本，改革为进一步改革创造了条件，使改革始终在深化的路上，不断地向理想模式逼近。

但与此同时，不能不指出的是，这种双轨渐进并轨改革模式的缺陷也是明显的。双轨的价差，就是权力的价格。在渐进式改革中维持双轨并存，前提条件是官员的政治忠诚和道德操守，而不是体系性的制度约束。一旦官员经不住双轨价差的诱惑，权力介入市场，腐败便会发生。特别是在唯 GDP 的政绩导向下，各级政府自身就是投资主体，在挤占资源的同时，以权力涉租、寻租现象频繁发生，并且日益规则化，滋生腐败。在 20 世纪 80 年代，双轨主要发生在商品领域，倒卖电视机、钢材成为腐败的突出表现。在 20 世纪 90 年代，随着商品领域双轨并轨的完成，双轨延伸到生产要素领域，倒贷款倒外汇随之产生，金融领域的秩序混乱直接造成海南房地产泡沫的破灭。进入 21 世纪，随着汇率的并轨和利率的逐步市场化，双轨更多地出现在征地收费及各种审批上。更为严重的是，长期以来官员缺乏纪律约束的松弛权力有了更深地介入市场的倾向，开始与资本结合，形成特殊的利益集团，不仅延缓了改革的深化，阻碍了经济潜力的发挥，而且成为社会不稳定的重要诱因。从这个意义上讲，经济增长方式的不可持续性的关键是权力尚未被关进笼子里，本质是市场尚未对资源配置发挥基础性、决定性作用。完善社会主义市场经济体制的改革和建设由此成为时代的需要，成为推进中华民族伟大复兴、实现中国式现代化的关键一招。

基于上述理解，进一步深化改革的社会共识开始广泛形成，改革目标分为长期目标和中期目标两个层面：长期目标是提高经济发展的可持续性和社会发展的稳定性。中期目标则包括相辅相成的两个方面：一方面是完善并充分发挥市场配置资源的基础性作用。重点是在生产要素市场上建立以供求关系为基础的价格形成机制及相应的财税体系，以减少经济结构的扭曲和提高经济发展的质量和效益；另一方面是建立一个以公共服务均等化为目标的政府配置财政资源的体制。保护产权，提供公平公正的创业就业的投资机会，完善社会保障和收入分配体系，创造良好的生态环境，改善经济、社会和环境发展中的均衡性。无疑，长期目标的实现取决于中期目标的达成，而中期目标达成的关键则取决于明晰政府与市场各自的功能并界定两者的边界。

2013 年 11 月，党的十八届三中全会召开，全会审议通过了《中共中央关于全面深化改革若干重大问题的决定》，开启了全面深化经济、政治、文化、社会和生态文明五位一体的改革。在经济体制方面，改革的关键是如何处理好政府和市场的关系。全会提出使市场在资源配置中起决定性作用和更好发挥政府作用的改革任务，并规划了 60 个方面、336 项的改革事项，要求"到 2020 年在重要领域和关键环节改革上取得决定性成果"。这是一次凝聚改革共识和决心的大会，指明了改革方向，规划了改革路线，确定了改革时间表，鼓舞了改革士气。中国改革开放由此进入新阶段，踏上了国家治理体系和治理能力现代化建设的新征程。

二、凝聚改革开放新共识[①]

从 1978 年开始，中国经济高速增长持续了 40 多年。促成这一高速增长的基础性原因有四个：第一，工业化和城镇化本身所代表的潜在增长能力。一如许多其他发展中国家，从传统农业经济转向现代工业经济，伴随着这一转变，呈现出经济起飞，经济增长速度会快于其他阶段。第二，市场经济取向的经济体制改革使工业化和城镇化的潜在增长能力变为现实。改革前，中国虽有经济增长的潜力，但囿于高度集中的传统计划经济体制，潜力未得到充分发挥。而改革解放了生产力，潜在的增长能力变为现实的增长表现。第三，对外开放使中国经济融入世界经济，分享了世界经济增长的红利。特别是 20 世纪 90 年代后，随着经济全球化的进程，世界经济持续以较快的速度增长，为中国经济提供了更大的外部需求，使中国工业化的供给能力得以及时快速地实现。第四，人口红利的充分释放。过去 40 多年，我国劳动力扩张了近两亿人口，几乎无限的劳动力供给大大降低了抚养比，加速了人均产出的增长；也使得工资增长远低于名义 GDP 增长，为我国出口产品在全球市场上获得竞争力提供了巨大优势。

在上述四个原因中，经济体制改革是最为根本的原因。由于改革，工业化和城镇化的潜力得以发挥；由于改革，经济体制开始与世界经济接轨，使中国的工业化和城镇化得以在经济全球化过程中加速实现。中国既成为世界经济第二大经济体，也成为世界范围内经济开放程度最高的大国之一。

2008 年爆发的全球金融危机不是通常意义上的周期性衰退，而是世界经济

---

① 改编自笔者撰写的博源基金会研究报告。

深刻的结构调整。中国尽管不是危机的重灾区，但作为经济开放程度最高的大国之一，也难以独善其身。从 20 世纪 90 年代开始，出口成为中国经济高速增长的重要支柱，占 GDP 的比重一度达到 35％。全球金融危机后中国出口增速不断下滑，并呈加速趋势。而全球金融危机的长期化以及随之而来的全球经济"再平衡"，既意味着国际需求的相对缩小，更意味着中国出口将受到买方经济体和卖方经济体国际收支双向平衡的制约。中国出口再难呈现高速增长的局面。事实上，2008 年底和 2009 年初的经济大幅下行主要肇始于出口下滑，从 2011 年起的又一轮下行也与出口再次减速相关。

在世界经济发生重大变化的同时，长期以来支撑中国经济增长的内部动力也开始明显弱化，表现为：

一是中国的工业化进入中后期。20 世纪 90 年代中期后，中国经济进入重化工业阶段，并一再呈加速态势，不仅第二产业在 GDP 中的比重持续上升，而且主要工业产能位居世界前列。这主要得益于经济全球化，使中国低成本工业尤其是制造业的优势被纳入全球纵向分工的产业链。而世界经济低迷的长期化，意味着这种以世界需求为市场、依赖廉价要素投入、以规模效应取胜并不断增加产能的出口导向型增长方式走到了尽头，许多相关行业开始出现大规模的产能过剩。

二是中国社会老龄化悄然来临，长期以来经济发展享受的"人口红利"开始耗竭。中国劳动人口增长到 2015 年迎来了拐点，之后转为负增长；中国 65 岁以上老年人占总人口的比重已接近 10％，抚养比开始上升，而储蓄率已开始下降，从长期看投资能力已持续弱化。这不仅意味着依靠投资来消化过剩产能难以为继，而且意味着投资驱动型增长方式开始终结。

三是资源和环境的瓶颈约束更为凸显。1993 年中国变为石油净进口国，18 年后的 2011 年中国石油进口达到石油消耗量的 56％。与此同时，中国的水污染、空气污染仍未有好转的趋势，环境容量日益缩小。根据世界银行《世界发展指标 2011》的数据，以 PM_{10} 为指标衡量空气污染程度，在全世界所有大城市（按照人口衡量）污染最重的 20 个城市中有 12 个是中国城市。这意味着这种资源耗费型、环境破坏型增长方式难以持续。

以上这些基础性因素的重大变化，对中国经济的供给面和需求面都产生了深刻的影响。从供给面看，高储蓄提供的充裕廉价资本、农民工提供的充沛低成本劳动力、廉价的自然资源等均已达到极限。从需求面看，发达国家的财政紧缩、

"国际收支平衡"、家庭"去杠杆化"等世界经济再平衡的持续，使中国经济面对的外需相对缩小；由中国社会老龄化带来的对房地产等投资需求的弱化也逐步体现为内需的减速。

中国现行经济增长方式所面临的困境，除了体现为以上所述的导致增长减速的因素，更令人担心的是由结构失衡、公平性缺少导致的不可持续性。

一是在经济方面，增长质量低且结构失衡。增长主要依赖要素投入而不是全要素生产率（TFP）的提高。能耗、材耗过高，环境使用过度。经济增长过度依赖投资和出口而居民消费严重不足（仅占 GDP 的 35%）。农业落后，服务业发展缓慢。国际收支持续"双顺差"，造成货币供给过剩，并加大通货膨胀压力。城乡和地区发展不平衡。历史和其他国家的经验表明，这些结构性的失调如果持续恶化下去，有可能会造成环境危机、产能过剩危机、银行资产质量危机、汇率危机和宏观经济的大幅波动。

造成经济增长质量低和结构失衡的主要原因是价、财、税方面的体制弊端导致的对价格信号的扭曲。比如，政府将资源和环境价格压得过低，导致对资源和环境的过度消耗；政府通过管制将利率压得过低，导致投资过度和产能过剩；由于汇率缺乏弹性和资本项目受管制，汇率低于均衡水平，导致经济过度依赖出口；以生产性企业的增值税为主而个税占很小比重的税收体制使得地方政府过度追求生产性投资；国有企业基本不向财政或社保上缴股息红利的体制也纵容了企业的过度投资；地方政府财政不透明，使得一些地方政府选择通过融资平台等方式不计成本和长期后果地进行大规模投资。

二是居民收入差距不断拉大，社会公平、公正存在一定程度的缺失。以投资为主的经济结构决定了初次分配更偏向于资本而不利于劳动。在企业利润快速上升的同时，工资上升缓慢，资本与劳动的收入差距持续扩大；与此同时，在财政支出（包括基金预算在内）中投资比重过大，而医疗、社保、教育等民生开支不足，税收调节机制很弱，致使二次分配调节收入差距的功能未充分发挥。而为支持这种投资型财政开支，地方政府又不得不用税外设费、批租土地等手段来获取额外收入，进一步加重了社会公平和公正的缺失。腐败和垄断等许多与社会政治体制相关的因素则在更深层次上导致了机会不均等，使仅仅利用二次分配调节机制的效果相当有限。这些公平、公正缺失的问题，如果不能通过改革得到有效解决，将成为社会稳定的最大威胁。没有社会稳定，经济发展的可持续性就更无从谈起。

当下关于中国经济发展是否进入了一个"新时期"在学界存在争议。一些学者将争议聚焦于经济增长速度。他们认为工业化、城镇化和全球经济一体化的进程，中国的劳动力成本比较优势、后发优势，以及中国政府对产业升级的特殊功能可以使中国在未来二十年或更长时期保持相对高的增长速度。这些观点所隐含的是，现行的经济增长方式仍然可以维持，而不必进行实质性调整。如果需要改革，也是修补性的、微调式的。

我们认为，维持较高的经济增长速度固然重要，但更重要的是经济增长的质量、可持续性和包容性。现行的经济增长方式不仅因要素投入巨大、资源环境消耗严重、经济结构扭曲而代价沉重，更为严重的是，因分配不公而威胁社会稳定，使其丧失了可持续的社会条件。退一万步来讲，即使现行增长方式可以维持GDP的增长速度，但如果不能显著地改善民众的福利及福利分配的公正性，也就丧失了经济增长的根本意义。

更应该看到，如果不改革，经济结构的扭曲和收入分配的恶化有自我强化的趋势。造成资源过度消耗和经济结构扭曲的重要原因是政府对各种要素（包括土地、资金、自然资源、各种许可）的价格管制和低价要素的分配权，而要素价格过低（低于市场均衡价格）必然导致寻租和腐败。寻租和腐败的机会导致利益集团的形成，而利益集团又反过来以各种冠冕堂皇的借口和理由（如保护国家利益、保护消费者利益等）要求强化对经济的管制和对资源的分配权。另外，腐败的利益集团对低价资源的控制成为收入分配恶化的重要原因之一，也是老百姓最为痛恨的原因。

关于"新时期"速度或制度的争论反映出在改革的必要性、改革的目的上需要凝聚更广泛的社会共识。我们认为共识的要点是：

第一，改革、开放的内在逻辑和终极指向是建立一个现代社会。市场机制是现代社会的一个重要组成部分，它的基本特征是市场供求决定价格，从而引导资源配置。但建立市场价格体系需要解除一系列不必要的价格管制，需要法制、产权保护、信息公开透明，需要政府与市场边界的明确划分。

第二，现行的政府管制并主导经济发展的体制安排是渐进式改革中的过渡性安排，其弊端已经逐渐显现。这一安排在启动市场化改革、推动工业化进程中曾发挥过积极的作用。但随着市场化的深入发展，这种安排对价格及交易的管制扭曲了资源配置、导致了一系列结构失衡、抑制了市场活力，而政府投资挤占了资源并妨碍了创新。权力介入市场，成为中国政治、经济、社会、环境领域诸多弊端的根源，并威胁社会稳定。

第三，传统经济增长方式的不可持续性预示着中国经济发展进入了一个"新时期"，需要通过改革挖掘新的增长动力、转换增长方式。为此，在"新时期"应把质量、均衡、绿色、公平作为体制建设有效性的标准。

第四，新一轮经济体制改革的核心是界定政府与市场的功能，重点是转变政府的职能，即从一个管制、主导经济活动的建设型政府转变为一个向社会提供公共产品（包括有形的和无形的）的服务型政府。政府职能转变应从（要素）价格、财政、税收的改革入手，因为价、财、税是政府管理的主要公共资源，也是政府调整经济结构、调节社会收入分配的主要政策工具，是界定政府与市场功能的关键所在。

第五，改革不仅是理念问题，也是利益格局的调整。现代社会是一个多元的利益结构，改革的成果应使大多数人获利，兼顾少数人的利益，使改革的成本可承受、改革的风险可控。对于深化经济体制改革目标而言，社会精英的责任和民众的呼声是必要的，他们可以凝聚起话语的力量，但政治家的改革意愿和决心在转型的关键时期更为重要。

第六，改革需要总体设计并组织实施。应该由一个充分理解改革的战略意义、超越部门利益的"改革委员会"来负责改革的总体设计和监督执行，直接对最高决策者负责。相关政府部门只参与讨论，但不作为提出方案的主体。这样才能客观地辨明改革的好处和成本，排除行政阻力，实质性地推进改革。

三、中国经济增长方式的转型[①]

从1978年起，中国经济经历了自19世纪以来的高速增长过程，成为经济学界关注的热点之一，并被称为"中国奇迹"。一般看来，这一奇迹由以下五个特点组成：一是经济增长速度快。在这一增长过程中，GDP年均增速为9%。近年来，虽然中国经济增速已有所放缓，但中国经济对世界经济增长的平均贡献率仍

---

① 曹远征. 我国经济增长方式的转型. 国际金融，2012（1）：6-11.

然超过了 30％。二是持续时间长。经济高速增长持续了 40 多年，其长度超过包括日本、韩国在内的亚洲国家的高速增长时期。三是就业水平高。在这一增长过程中，不包括农民在内的城镇登记失业率保持在 5％以下。四是通货膨胀水平低。在这一增长过程中，通货膨胀率平均在 2％左右。五是经济增长质量高。尤其是进入 20 世纪 90 年代，宏观经济波动明显变缓，不仅 GDP 增速始终保持在 8％以上，而且波峰和波谷明显收窄。

中国经济之所以出现持续的高速增长，与初始条件密切相关。1949 年，新中国成立，发展经济成为民族振兴的头等大事。一如其他发展中国家，在落后的农业经济基础上发展工业，即走工业化道路成为历史的必然。然而，又不同于其他发展中国家，刚成立的新中国选择了"国家工业化方式"，期望借用国家的行政力量来加速工业化，采用的措施是：在农业方面，为了最大限度地利用"农业剩余"，国家确定了农产品的统一收购和统一销售，通过控制农产品价格来控制原料价格和劳动力价格。国家采取了户口制度并辅以人民公社，通过控制农村人口的流动来降低劳动力的机会成本。在工业方面，为了最大限度地实现以投资带动投资的"大推动"，国家采取了重化工业优先战略，并通过国家的直接投资来实现这一诉求，从而形成了在工业部门国有制占绝对主导地位的格局。在金融方面，为压低投资成本，国家采取了资本便宜化安排，不仅有存贷利差控制，而且有按产业政策的贷款配给安排，并为了使这一产业优先顺序下的金融资源得到最大限度的动员和有效的使用，国家采用了直接占有形式，不仅金融机构为国家所有，而且日益财政化。与此同时，为使这些措施的效果得到有效发挥，必须使经济活动封闭化，与国外经济的联系需要压缩到最低限度。

从比较经济体制的角度来看，这是有意无意地模仿苏联的体制，形成了具有中国特色的高度集中的计划经济体制。从共同点方面来看，这两种体制具有相同的运行特征，即企业为国家所有，成为政府行政的工具；竞争性的价格为国家的指令性计划所取代，市场不再发挥配置资源的作用；体现在宏观经济上，则是政府财政的主导。从不同点方面来看，苏联的体制是在工业化较发达的基础上建立并运行的，苏联不存在突出的二元经济结构特征。而中国的体制则是在落后的农业基础上建立并运行的，二元经济结构不仅使这一体制更依赖于国家行政力量，而且使其运行出现变异。一个重要的差异就是中国农村并没有像苏联国营农场或集体农庄那样高度组织化和高度依赖农业机械。中国农村虽然有人民公社这种政社合一的基层组织，但实质是以家庭为单位的自然经济，"人民公社仅是装家庭马铃薯的麻袋"。

中国经济体制与苏联的异同，既反映出高度集中的计划经济体制下市场化取向改革的必然性，同时也孕育了不同计划经济国家向市场经济体制转轨的不同道路。就中国的情况而言，高度集中的计划经济体制不仅由于激励机制和资源配置的内在缺陷而使经济僵化、效率损失，而且人为的城乡分割、工农分割必然使二元经济结构加深乃至断裂，进而与工业化和现代化背道而驰。一个明显的证据就是1978年中国工业产值占整个经济的70%以上，而中国70%以上的劳动力仍在农村，国民经济走到了崩溃的边缘。这表明传统的高度集中的计划经济体制已基本失效，改革成为历史必然。与此同时，由于传统的高度集中的计划经济体制难以完全有效地覆盖农村，农村成为最易突破束缚的薄弱环节。于是中国的经济体制改革首先从农村开始，进而向其他领域扩展，呈现出渐进式的特点，并因此有别于苏联那种全面的激进式的改革。

中国渐进式的市场化改革过程可以归结为"一轨变两轨，两轨并一轨"的过程。改革始于农村，农民自发地以家庭为单位的土地承包制逐步取代以人民公社为单位的土地集体经营，并由此突破了农产品国家统一收购、统一销售的传统体制，以自由贸易为特征的农产品市场机制开始形成。随着农民收入尤其是货币收入的提高，农村出现了与其他亚洲国家类似的"农村工业化"过程，农民投资工业，产生了以民营资本为主的乡镇企业，并因此形成与传统国有国营工业相对照的"双轨制"。"双轨制"从企业微观运行机制开始，延伸到商品市场，进而是要素市场，并随着代表市场力量的民营企业壮大，使整个经济运行机制出现了"两轨并一轨"的过程。自此，中国的由国家力量驱动的"国家工业化"终为由市场力量驱动的、以"农村工业化"为特征的典型工业化所取代。

在这一过程中，一如其他亚洲国家，对外开放被纳入工业化战略，利用国际资源、国际市场来实现进口替代和出口导向的不断转换，实现经济结构的快速转变，并通过这一转变实现经济一维性的高速增长。

由上，可以认为，从1978年起的中国工业化过程是由非典型的工业化模式向典型的工业化模式转换的过程。它深刻体现为大规模的农村劳动力转移到非农部门，亦即二元经济结构不再以固化、深化的形式存在，并受工业化规模的支配，经济对外开放成为其有机组成部分。一如其他亚洲国家，中国因经济结构的快速转变出现了经济总量的高速增长。从这个意义上讲，过去 40 多年中国经济增长的故事是亚洲经济增长模式的再现，并呈现出与其他亚洲国家经济高速增长时期一样的结构特点，即制造业为整个经济的基础部门，而且制造业是以出口为导向的。

自 1978 年改革开放以来，中国经济持续处于高速增长状态，被国际社会誉为"中国奇迹"。大量的国内外研究表明，中国经济奇迹与以亚洲四小龙为代表的亚洲经济奇迹相比，增长方式的共同点都在于"劳动力无限供给"。但是各种迹象表明，劳动力无限供给状态正趋于终结，并由此使中国经济增长开始呈现减速趋势。

第一，由于人口规模还在增大，对商品和劳务的社会总需求仍在上升，但劳动力供给有下降趋势，人口增长和劳动力增长出现背离，从而供给方面的增长率低于需求方面的增长率，差距会导致物价上涨的趋势长期化。尤其是 35 岁以下的劳动人口的持续回落，会使低端劳动力工资增长速度快于平均工资增长速度，致使劳动密集型低端制造业和低端服务业的物价上涨速度快于平均物价上涨速度，从而会对中低收入阶层的生活成本造成更大的影响。由此，人口变化对通货膨胀的含义是，物价总水平有可能持续上涨，而农产品、低端制造业和低端服务业价格上涨幅度更大，未来的情况是蔬菜比鸡肉贵。这就需要宏观经济政策的定位从支持经济高增长转变为控制通货膨胀。

第二，劳动力供给的下降同时意味着老龄化社会的到来，人口抚养比将再次上升。由于全社会用于社会保障的开支加大，储蓄率将呈下降趋势。而储蓄是投资的来源，储蓄率下降意味着投资驱动型经济增长将难以为继，不仅会导致经济增长的减速趋势，更重要的是，一方面工资上升导致出口成本上升，出口竞争力下降，另一方面工资上升和人口老龄化均会推高消费，拉动进口，从而使贸易顺差较快下降。由此，从这个意义上讲，人口变化将直接影响国际收支变化，这就需要宏观经济政策密切关注国际收支，协调内部均衡与外部均衡的关系。

第三，在上述情况下，劳动力供给的下降和人口老龄化的加速，既意味着创造财富的人口减少，也意味着需要抚养的人口上升，从而人均财富有下降的可能。根据中国以往的经验测算，人口抚养比每下降 1 个百分点，人均 GDP 将增长 0.115 个百分点。更为重要的是人口老龄化抚养比的上升与人口年轻化抚养比的上升有截然不同的含义。对于 14 岁以下人口抚养比的上升，一方面，抚养成本低于人口老龄化抚养成本，据测算，人口老龄化的抚养成本为人口年轻化的抚养成本的2倍以上，而且会有瞬时峰值冲击，例如平均每人的医疗费开支的80%发生在个体死亡前两年。另一方面，人口年轻化抚养比上升意味着未来进入劳动力队伍的人口增加，抚养成本可以偿还，并且还有结余，而人口老龄化的抚养成本是净支出，偿还基本无望。由此，对于人口变化所带来的社会保障开支，偿还来源片面，不仅会使当期社会运行成本上升，而且会对包括家庭、企业和财政在内的全社会层面的国家资产负债表产生意义深远的冲击，其中对财政的可持续性威胁最大。这就需要从长远着眼、从现实着手立即开始规划构架，关注包括家庭、企业和财政在内的稳定、健康、可持续的国家资产负债表。

基于上述分析，我们得出以下几个结论：

第一，过去中国经济高速增长的基本原因是由非典型的工业化模式向典型的亚洲工业化模式转变。由于从传统的高度集中的计划经济体制转向市场经济体制，激励机制和资源配置机制均发生了重大变化，使全要素生产率大幅提高；由于从封闭经济转向开放经济，进口替代和出口导向可以顺利转换，依照产业结构升级的速度，综合结果是工业化加速并且质量有所提高。

第二，中国工业化已进入中后期。受亚洲典型工业化模式内在规律的制约，有利的增长因素正趋于消失，其中最为重要的是劳动力无限供给条件开始动摇，这不仅导致高速增长阶段接近完结，而且推动经济增长方式转型。

第三，由于中国是规模巨大的经济体，这一方面意味着经济持续增长对增进人均意义的福利十分重要，另一方面意味着有强大的内需潜力可以动员。而中国的历史经验表明，经济增长阶段的变化催生改革，改革推动发展。正是基于这样的考虑，中国制定了一系列改革措施来提高居民收入以扩大内需，这不仅构成中国经济可持续增长的前提，也为世界经济的再平衡创造有利条件。

国际经验表明，当先行的亚洲经济体告别高速增长阶段时，其人均GDP已处于较高水平。2010年，中国经济总量超过日本，成为全球第二大经济体和第一大出口国，但人均GDP仅为4 000美元左右，刚刚脱离中等偏下收入国家行列。2025年，中国经济总量有望超过美国，但人均GDP仍然位于世界后列。与此同时，根据其他发展中国家尤其是拉丁美洲国家的经验，在迈向高收入国家的阶段，极易出现"中等收入陷阱"，经济会长期停滞不前。于是，中国经济持续增长的要求与中国经济增长的现实约束出现冲突。寻找经济长期可持续增长模式就成为急迫的问题，而首要任务是跨越"中等收入陷阱"。

关于"中等收入陷阱"的解释众多，有政治学、社会学等方面。从经济学的角度来考察，收入差距过大、中等收入阶层过小可能是主要问题。从拉丁美洲的教训看，收入差距过大，居民消费能力有限，内需不足。若想加快工业化发展，必须依靠外需，久而久之形成出口导向型工业结构，而一旦外需发生不利的变化，必然出现经济困难。这不仅会使宏观经济发生波动，更重要的是出现结构性危机。因此，经济学的逻辑结论是：中国要顺利跨越"中等收入陷阱"，途径在于提高居民收入，扩大居民消费能力，从而扩大国内市场，使经济发展不完全依赖于外需。

上述分析表明，欲实现中国经济可持续增长，提高居民收入、扩大内需是关键。这就意味着，中国当前经济政策已不能满足经济发展的要求，需要进行系统性调整，即从供给推动的角度转向需求培育的角度。相应地，经济结构将由以第二产业为主转向以第三产业为主，核心是消费成为带动经济增长的发动机。与此同时，由于中国人口老龄化的加速，人口抚养比再次上升，储蓄率有下降的趋势。这意味着投资驱动的"一级火箭"开始减速，启动消费的"二级火箭"的迫切性日益突出。

四、政府经济管理职能改革①

市场经济是需求主导型经济。从产品消费方式来看，社会产品可分为三种类型：（1）竞争性和排他性的私人产品，即一个人消费某一单一物品就会排除他人来消费同一单一物品，同时也意味着一个人消费某一单一物品就会减少他人对这种物品的消费量；（2）非竞争性和非排他性的公共产品，即这种产品一旦被生产出来，可以同时被一个以上的人联合消费，无论个人是否对这种产品支付了价格，都不可能排除他人消费，同时一个人对公共产品的消费不减少或不影响他人对这种产品的消费；（3）仅具有公共产品某一种特征的准公共产品。如果一种产品具有非竞争性，但又具有排他性，则是俱乐部产品；如果一种产品具有竞争性，但不具有排他性，则是拥挤性公共产品。

---

① 曹远征．公共产品提供与政府经济管理职能改革研究．财政研究，2013（3）：29-32.

从产品提供方式来看，上述三种类型的社会产品提供方式不尽相同。竞争性和排他性的私人产品，由多个竞争者提供，通常能满足需求、提高效率，因而由竞争性企业提供最佳。非竞争性和非排他性的公共产品，因全社会共享而具有极大的外部性，使企业不愿或不能提供，因而只能由政府部门提供。公共产品的提供通常不是效率导向的，其数量的多寡及质量的高低取决于税收。问题在于如何界定那些仅具有公共产品某一种特征的准公共产品的提供者，即是由政府提供还是由企业提供。从技术的角度来看，难度充分表现在准公共性上。由于具有某种公共性，极易出现"搭便车"行为。由企业提供，收益难以覆盖成本，由政府提供，极易造成滥用财政资源。从这个意义上讲，界定准公共产品的提供者在很大程度上决定了市场经济条件下一国经济活动中政府和企业的边界。

改革开放前，中国所有的产品都由政府部门提供，形成了人、财、物高度隶属国家财政，且产供销高度依赖政府计划的产品提供体系。在这一体系中，因工厂是附属于政府的生产单位，从而不是独立决策、自负盈亏、能承担民事责任的法人实体——企业。随着改革开放的深入，社会产品中具有竞争性和排他性的私人产品逐渐由企业提供，主要是由民营企业提供。即使由国有企业提供私人产品，这些国有企业也不同于传统计划经济条件下的生产单位，政府只拥有股权而不干预经营，国有非国营，并由市场决定价格，优质优价。除此之外，公共产品和准公共产品的边界却十分模糊，甚至尚未界定。社会反映强烈的问题，如就医、上学、国有企业垄断乃至政府腐败问题多与此有关。更为严重的是，因这些产品的短缺或质次，政府有强化行政控制的倾向，并使这一倾向蔓延到由民营企业提供私人产品的领域。因此，厘清政府提供什么样的公共产品并如何履行公共管理职能及正确地履行，就成为下一步改革的主要方向之一。

准公共产品是除纯公共产品外其他类型的公共产品。这包括俱乐部产品、拥挤性公共产品以及既具有私人性质又具有公共性质的混合产品。从这个角度来看，除国防、司法外的几乎所有公共产品都属于这一领域，主要分布于电力、水利、天然气、通信、邮政、有线电视、交通等产业。从市场的技术特征来看，这些产品具有"竞争性市场模型明显不能描述甚至无从描述"的技术特点，主要体现在：

一是自然垄断性。原因在于规模经济和范围经济。规模经济主要取决于固定成本，在固定成本不变的情况下，平均成本随产出的扩大而下降；范围经济主要取决于提供者的数量。在特定的产业中，如通信只有在有限企业数量条件下才能实现较低的成本。由此，决定了自然垄断性质，其成本特征是高固定成本和低边际成本，巨大的初始成本导致进入壁垒。与此同时，如果进入的企业数量过多，会出现规模不经济，即多个竞争者不能提高效率，反而会导致社会资源的浪费。

二是资产专用性。专用性是指为支持某种特殊交易而进行的耐久性投资，如网管的投资。如果初始交易失败，其残值转移到其他领域的代价很高。在资产专用性程度低时，产业间的可替代性较高，竞争性的市场治理具有优势；相反，在资产专用性程度高时，由于转换成本高，由市场配置资源就会出现不经济，有必要进行外部监管。

准公共产品的自然垄断性和资产专用性造成了这些产品提供的特殊问题，主要集中在：（1）准入制度。自然垄断性决定这些产品的提供者有限，需要有特许安排，从而区别于可自由进出入的市场经济。（2）价格监管。由于自然垄断，极易出现价格与产品质量的不一致，从而需要外部的价格监管，从而区别于自由定价的市场经济原则。（3）普遍服务义务。由于是准公共产品，提供者有义务广泛而公平地提供不间断服务，但普遍服务又会使成本升高，造成亏损，政府有责任提供包括补贴在内的各种弥补成本的政策支持，从而区别于自负盈亏的市场经济原则。

长期以来，受准公共产品性质的制约，许多国家政府径直以提供纯公共产品的办法来提供准公共产品，形成了国有国营的体制，并认为这是国家的责任。理由是不仅因为其投资门槛高、周期长、收益低、企业（尤其是民间投资）无力负担或不愿负担，更为重要的是存在"市场失灵"，由私人部门经营有损于公共利益。在自由经济学家眼中，国有国营使激励机制雷同于政府行政而与市场机制迥然不同，因而效率低下，但自然垄断的性质又是反垄断法所不能覆盖的。因此，国有国营尽管是次优的，但却是唯一可行的制度安排。这也在许多市场经济国家仍存在国有经济并集中于自然垄断行业的原因之一。

然而，随着经济社会的发展，这种准公共产品提供制度日显力不从心。首先，它造成了财政的巨大负担。在中国，尤其是地方政府投资的重点是基础设施，占总投资的50%以上。为了支持投资，地方政府不得不高价出售土地，土地财政成为普遍现象。其次，这种制度不仅浪费严重，而且由于政府行政代替技术监管，极易形成设租、寻租等权力介入市场的腐败现象。在中国，此种腐败现象并不少见。上述两方面均表明准公共产品提供制度——国有国营的不可持续性。

事实上，也正是由于上述原因，对准公共产品提供制度的改革发端于 20 世纪 80 年代的西方发达国家，进而在 21 世纪蔚然于全世界。这种悄然兴起的制度变迁，虽形式各异，但本质都是充分发挥公共部门（政府）和私人部门（企业）的各种禀赋优势，相互进行合作的制度安排，即公私合作制（PPP）。

PPP 是多方参与、结构复杂并在第三方监管下进行准公共产品生产的商业化运营的制度安排。公私部门签订特定合同，明确双方的权利和义务。具体来说，包括承包合同（如运营维护协议）租赁、持续经营（如 BOO、BOT）等不同形式。这些形式，既可以单独采用，也可以进行组合，形成一个具有广泛适用性的谱系。由于 PPP 的广泛使用，在实践上而不是理论上、在微观层面上而不是宏观层面上界定了政府和市场的边界，从而有很大的提高，更主要的是遏制了权力寻租，并使财政开支目标单一化，从而使财政负担减轻。受到鼓舞，在一些被传统认为是纯公共产品的领域也开始了 PPP 的安排，最主要的形式是政府采购。如在英国，监狱管理服务是由政府采购的；在美国，境外保卫服务是由政府采购的。对中国而言，可通过 PPP 的使用，首先减轻政府尤其是地方政府投资基础设施的负担，进而使财政开支目标单一化，转向纯公共产品的提供，从而为建设型政府转向公共服务型政府创造条件，并在这一基础上重塑政府的经济管理职能。

政府的经济管理职能可以简单地表述为：在纯公共产品领域承担提供责任，在准公共产品领域承担监管责任，在私人产品领域承担秩序维护责任。其中，在准公共产品领域进行改革是突破口，因为在公共产品提供方面分离准公共产品可以带动一系列制度安排的变化。而分离的核心是建立独立于政府行政部门的第三方监管机制。

独立于政府行政部门的第三方监管机制起源于准公共产品的特殊性质。这种特殊性质造成了"市场失灵"。但是"市场失灵"并不能用行政手段简单加以纠正（权力介入市场），也不能通过国有国营的办法予以处理（国有经济的效率一般较低），而是以公共利益（第三方）为出发点，依据准公共产品的技术经济特征做出细致的、专业性的多样化制度安排。换言之，根据行业特点，在准入制度、价格监督和普遍服务义务方面做出不同的安排。而在资本提供、运营服务方面则可以完全放开，没有所有制歧视，唯效率是图。具体而言，大致可以有以下几种制度安排：

（1）具有规模经济性的自然垄断产业。其技术经济特征是，成本构成中固定成本较大和变动成本较小。这样的产业又可分为两类：一类是资产专用性不强的行业或产品服务替代性强的行业，如石油、航空、水运等可以放松准入条件（如牌照），加强竞争，改善效率。另一类是资产专用性强或产品服务替代性弱的行业，如铁路、电信、电网等，则可实行网运分离的办法，在运营方面，通过准入安排，鼓励竞争，而在网络方面则可以专营，但可构筑金融工具，使民间投资有加入资本提供行列的梯子。

（2）具有范围经济性的全程全网产业。其技术经济特征是高度依赖网络提供全程服务，但网络由一个提供者建设并维护比由多个提供者建设并维护的成本之和要低。自来水、天然气、城市轨道交通、有线电视、供电行业尤为突出。一般来说，这类行业在一定范围内（如一个城市）只能有一个提供者，监管的重心是价格和普遍服务义务。价格监管视条件不同和监管能力不同，可分别采用最高限价、成本加成的办法，普遍服务义务可以采用"交叉补贴"或"普遍服务基金"。

（3）根据行业需求特点进行价格监管。无论是具有规模经济性的产业还是具有范围经济性的产业，其需求通常都具有两部制特征。一方面是必需品，需求价格弹性小，在这个意义上具有公共性，但在消费超过一定数量后，需求价格弹性变大，是非必需品。根据这一需求特点制定的不同价格即两部制阶梯累进价有利于提高效率。

（4）根据产业链条的物理特点鼓励结构性竞争。无论是具有规模经济性的产业还是具有范围经济性的产业，通常都可以在其上游和下游引入竞争。例如，在自来水行业，水厂可以引入竞争；在电信和铁路，销售环节可以引入竞争；在电力行业，上游厂网可以分开，下游网供可以分开。通过鼓励结构性竞争，缩小自然垄断范围，提高效率。

（5）根据行业技术特征，尽可能采用政府采购的方式。一些公共事业，如垃圾处理、园林绿化、环境保护等，因不具有太高的技术门槛，可在由政府制定标准的同时进行公开的采购，以节省成本，提高效率。

上述改革安排的宗旨在于建立符合市场经济规律的第三方监管体系，使政府的直接管理转变为间接管理，即建立相应的法律法规，在赋予被监管企业（无论

是国有企业还是非国有企业）相等相应权利或保证被监管企业（无论是国有企业
还是非国有企业）拥有相等相应权利的同时，要求这些企业履行规定的义务，而
独立的监管部门则依法进行监管。监管核心体现在市场准入、价格形成和公共服
务方面，并因此有别于通过国有国营形成的依赖政府行政力量的传统模式，上述
改革安排的重点是监管主体的再造。监管主体必须具有独立性，是改革的要义。

需要说明的是，上述改革安排并不是新思路。事实上，自 20 世纪以来，相
关的思路和改革安排已经形成，并因此成立了相应的监管机构。除金融领域外，
最为突出的就是成立了国家电力监管委员会。这些机构被定义为准政府机构，而
不是拥有行政责任的政府部门。但是由于监管权力配置一直没有得到制度性的细
化，政府部门与监管机构的分工协作界限不清，监管机构因此出现行政化倾向。
一个重要的表现就是仍期望通过国有股权的管理来完成专业化才可实现的监管。
下一步的改革仍应延续 20 世纪末所设计的路线，除进一步完善细节、切实推进
外，尚需将监管体制扩展到包括公共事业领域在内的所有自然垄断行业，其中建
立地方性的监管体系又是重点。

如果准公共产品的提供可以从公共产品中相对分离，政府管理经济的方式就
会发生重要变化，并相应推动政府经济管理职能的重塑。其目标模式是：

（1）从产品提供来看，政府仅提供包括军事工业在内的纯公共产品，视经济
社会发展阶段的变化决定所提供的纯公共产品种类、范围和水平，并视财政的负
担能力做相应的调整。

（2）除纯公共产品外，其他产品原则上能由市场提供则不必由政府提供，应
鼓励民营经济涉足准公共产品提供领域，当务之急是创新金融机制，为民间资本
进入提供梯子。在准公共产品领域尽可能推行 PPP。

（3）即使由于某种原因准公共产品仍需由国有企业提供，政府对国有企业也
仅仅有作为出资人的责任，而运营仍应遵守 PPP 原则。政府作为出资人，应鼓
励合资、参股，并作为股东之一参与治理，其目标也应是利润最大化。

（4）对于社会弱势群体对准公共产品的必要需求，政府应采取需求方补助等
货币化手段提供财务支持，尽量避免采取价格行政控制等手段。

（5）在界定政府准公共产品提供责任的基础上，政府相应地要退出竞争性私
人产品的提供。即使一时难以退出，也应以财务投资者的形式保留股东地位。

（6）当政府除纯公共产品外不再以提供者的身份提供其他产品时，政府的一般

经济管理职能将得到体现。除促进公平竞争外，对具有外部性的私人产品进行以质量标准为核心的必要监管，如医药及食品安全、教育等质量要求，以及相应的惩戒。

（7）通过上述努力，促使政府由建设型政府向公共服务型政府转变，相应的行政体制和财税体制改革是必需的。

（8）上述安排，不排除在紧急情况下，如战争、自然灾害，政府征用或管制包括私人产品在内的社会产品的必要性。

五、供给侧结构性改革①

自 2010 年以来，随着中国经济的下行，中国产能过剩问题开始出现，尤其是金属、建材等基础产业的产能过剩问题日渐突出。其中钢铁的产能利用率由 2008 年的 80％下降到 2015 年的不足 70％，同期电解铝的产能利用率由 80％下降到 75％，玻璃的产能利用率由 87％下降到 75％左右。由于开工不足，对大宗原材料的需求萎缩，并成为国际市场大宗商品价格下跌的重要原因。中国基础产业产能过剩不仅困扰中国经济，也开始困扰世界经济。中国基础产业为什么会出现产能过剩？今后的发展趋势如何？怎样才能实现可持续发展？这些问题也成为世界和市场所关注的焦点。

基础产业是国民经济的基础工业部门。自新中国成立以来，基础产业的发展备受重视。早在 20 世纪 50 年代中期，借助计划经济体制，中国政府明确地提出经济发展"以钢为纲"的战略，这成为第二个五年计划的核心。随后，这一单兵突进的举措虽有所淡化，但指导思想依然如故。因为以生产资料为内容的"第一部类"优先增长既是计划经济体制投入产出的编制方法，也是计划经济体制的本质属性。与此相联系，基础产业的基本格局是国有国营。作为这一指令性计划的产物，基础产业的增长速度远快于其他产业，并因此呈现出重工业过重、轻工业过轻的比例失调现象。经济效益日趋低下，国民经济难以为继，成为改革开放的直接动因之一。

改革开放后，随着市场经济体制的发展，"第一部类"优先增长的指令性计

---

① 曹远征. 供给侧结构性改革与中国基础产业发展. 国际金融，2016（9）：3-12.

划以及该指令安排的微观基础——国有国营都发生了深刻变化。基础产业不再由国家垄断，而是面向市场，自负盈亏、自我发展。在基础产业的增长经历一段时间的低迷后，受中国经济强劲增长的影响，市场需求不断扩大，在盈利前景的鼓舞下，生产要素开始流入基础产业，基础产业增速开始加快，产能持续扩大。到20世纪90年代中期，以钢铁产量在1996年达到1亿吨为标志，中国基础产业增速再次超过其他产业，呈现出重工业化趋势。

以钢铁为例，在20世纪90年代，中国钢铁产量每年仅增长数百万吨，但进入21世纪，中国钢铁产量每年平均增长3 000万吨，数倍于过去。值得强调的是，这时基础产业的投资已不受国家指令的安排，投资者也不再仅是国有资本，民间资本日益成为投资主力。换言之，市场需求的扩大、价格的上升、利润的增长是民间资本投资基础产业的基本驱动因素，民营基础产业的产能边际增长率远高于国有部门，成为基础产业新增产能的主要贡献者。至此，中国基础产业的一个新局面开始展现，区别于传统的计划经济，现阶段基础产业的资源配置是市场导向的，产能增长是需求增长所致。民营企业逐渐成为产能增长的主体。

在20世纪90年代，以苏联解体、东欧剧变为标志，冷战结束了，相应地，计划经济体制与市场经济体制的对立也结束了。世界绝大多数国家选择市场经济体制。体制的一致性使交易成本大为降低，国际贸易的增长速度开始远快于GDP的增长速度。与此相适应，产业配置也不再局限于传统的国际垂直分工或水平分工，而是横卧在世界各国之间，出现了产业环节的国际外包，形成全球供应链。而此时，随着邓小平到南方视察，中国加大了改革开放力度，计划经济体制向市场经济体制的过渡加快，再加上中国以低成本劳动力为代表的生产要素相对便宜，一方面使全球产业加快向中国转移，另一方面使中国因廉价制造而形成出口竞争优势，中国因此成为"世界工厂"，走出口导向型经济发展道路。一如其他亚洲国家，中国的出口导向型经济呈现出典型的加工贸易形态：一方面，中国的出口结构向工业制成品方向加速升级；另一方面，中国的进口结构向初级产品方向快速靠拢。中国基础产业的产能快速扩张正是在这个背景下发生的。出口结构向工业制成品方向的快速升级不断扩大对基础产业的产品需求，而低廉的制造成本又不断吸引国内外生产要素向基础产业集聚，使黑色和有色矿产资源匮乏的中国不断扩大原料进口，以满足基础产业发展的需求。尤其是2001年加入WTO后，中国出口的快速扩张导致基础产业产能的更快速扩张。从这个意义上讲，中国基础产业的产能快速提升是经济全球化的结果，中国基础产业产能扩张趋势与中国出口扩张趋势高度一致。

换言之，中国基础产业的产能是为全球准备的，只要经济全球化趋势依然强劲，全球总需求持续扩张，中国出口就会持续增长，相应地，中国基础产业的产能扩大也会持续。这既由中国基础产业的低廉成本所致，也是市场配置资源的结果，是符合市场经济基本规律的。这可以从过去产能调控的经验教训中得到验证。

2004 年是中国基础产业发展标志性的一年。在这一年，基础产业的代表性行业——钢铁行业第一次出现了净出口。这意味着，钢铁行业的产能除满足国内需求外还有剩余，需要出口。钢铁产能过剩因此开始露出苗头，处理基础产业产能过剩的问题也随之被提上政策议程。2003 年 12 月，国务院发文，把钢铁、电解铝、水泥行业列入产能过剩名单，给各地分配了压缩指标，国务院分别与各省市签订"责任状"。两年后，2006 年 3 月，国务院再发"通知"将钢铁、电解铝、电力等十个行业列入产能过剩或潜在过剩名单，要求压缩。三年后，2009 年 9 月，国务院批转抑制部分行业产能过剩的文件，2010 年 4 月，国务院发文，再次要求"加快淘汰落后产能"。2013 年国务院再次下发了化解产能过剩矛盾的指导意见。

调控过剩产能除用经济手段外，还倚重行政手段。最为突出的案例就是 2005 年的铁本事件，江苏的民营资本投资钢铁行业，被强令下马。但即使如此，在进行产能调控期间，钢铁产量增长了 2.7 倍，电解铝产量增长了 7.8 倍，水泥产量增长了 1.9 倍。基础产业的产能在调控中逆流而上。这表明，只要市场有需求，生产有利润，就有资本进入基础产业，产能就在扩张之中，无论用什么手段都难以遏制其增长升温之势。

转折终于出现在全球金融危机之后。在 2010 年中国出口增速达到 30% 后，中国出口增速开始逐年回落，到 2015 年已呈负增长。随之，基础产业的产能扩张势头变慢，基础产业投资增速尤其是民间投资增速出现下滑。更为重要的是，受世界经济不景气、中国出口下滑的拖累，基础产业的产量也开始呈负增长，产能过剩问题也因此严重化。政府、业界和市场开始共同面对一个不争的事实：产能利用率持续走低，利润持续下滑，甚至出现了全行业亏损，不仅无力投资新增产能，连既有的产能也因高负债而难以维持。

更严峻的考验似乎还在后面。自 2008 年全球金融危机以来，各国政府竭尽全力，使用积极的财政政策和宽松的货币政策来提振经济。但事实却是，金融危机后的 8 年来，世界经济增长裹足不前，即使是负利率这种极度宽松的货币政策也无济于事，增长预期逐年调低。在冷战结束后的 20 多年间，经济全球化使全球经济增长加快，而国际贸易增长速度快于全球经济增长速度数倍，国际金融增长速度又快于国际贸易增长速度数倍。而金融危机后的 8 年来，这一趋势出现逆转，全球经济减速，而国际贸易减速更严重。国际贸易增长速度已经连续 5 年低于全球经济增长速度，2015 年的国际贸易增长速度成为冷战结束后的最低点。相应地，以全球经济增长和国际贸易为支撑的国际金融自然陷入动荡之中。全球经济进入一个与经济全球化不同的新时代，开启了一个以长期低迷为特点的新的长周期。在这一新时代的长周期中，全球经济以低增长、低通胀并辅以宽松货币政策带来的低利率为基本特征。

为全球经济发展准备的中国基础工业产能出现了绝对过剩，不再是因包括中国在内的世界经济的短期波动而呈现的相对过剩，因此，应对短期波动的暂时停工停产式的去产能已不能解决问题，而是需要在面对世界经济长期低迷时进行实质性的去产能。

2015 年 12 月，中国政府召开了中央经济工作会议。会议认为"认识新常态、适应新常态、引领新常态，是当前和今后一个时期我国经济发展的大逻辑，这是我们综合分析世界经济长周期和我国发展阶段性特征及其相互作用作出的重大判断"，将供给侧结构性改革提升到了事关中国经济长期可持续发展的纲举目张的战略高度，并决定在中国第十三个五年规划的开启之年即 2016 年，供给侧结构性改革以"去产能、去库存、去杠杆、降成本、补短板"开局。

中国经济是世界经济的组成部分。从一定意义上讲，供给侧结构性改革是各国应对当前世界经济趋势性发展的共同选择。2008 年全球金融危机后，全球的生产率都处于下降状态。根据世界大型企业联合会的数据，2014 年全球全要素生产率（TFP）已经连续三年在零左右徘徊。全球全要素生产率从 1996—2006年的 1％下降到 2007—2012 年的 0.5％。全要素生产率下降不限于发达经济体，也蔓延到发展中经济体。其中，巴西、墨西哥都是负增长，印度勉强为正，俄罗斯、中亚、东南欧、拉美都处于下降状态。从长周期的角度看，当时世界经济正处于新一轮科技革命的前夜。全球经济将会陷入低迷，甚至不排除如美国前财政部长萨默斯所言的"长期停滞"。与此同时，自2008年危机以来，各国常规或非常规的货币扩张政策使各国央行资产负债表扩张数倍，利率下降至历史低位，甚至出现负利率，但总需求仍处于萎缩状态。总需求不足导致全球性的产能过剩，致使价格持续下行，全球出现了通缩阴影。全球通胀水平由进入21世纪后的两位数回落到2016年的接近于零，即使是扣除食品和能源的核心通胀率也不足2%。在这个状态面前，不仅总需求扩张政策已几无使用空间，而且意味着总需求扩张政策只能防止更大的衰退，而不能有效地促进经济增长。唯有改弦更张，从供给侧为技术革命和技术进步创造适宜的土壤和条件，通过创新，重振全要素生产率，提升经济潜在增长率并克服通缩。因此，进行结构性改革是必然的。

就中国的情况来看，供给侧结构性改革尤为必要。2008年全球金融危机爆发时，中国出口出现了连续五个季度的负增长。在当时的经济结构与人口结构条件下，一旦经济增长速度低于8%，预计会出现2 000万人失业。为保就业需要保增长，中国政府启动了所谓的"四万亿"的大规模经济刺激计划。投资占GDP的比重一度达到47%～48%，在全部投资中，基础设施投资和房地产投资各占约25%。如此高强度的投资，尤其是向基础设施与房地产领域倾斜的投资，虽然满足了对基础产业已有产能的利用，但由此诱使的产能增加使不可持续性日益明显。以电解铝行业为例。在2012—2015年的4年间，产能增加约46%，年均复合增长率高达13.6%，达到全球行业产能的55%，而同期国内需求年均复合增长率仅为11%，到2015年电解铝产能超过国内需求近30%，产能利用率因此也由80%左右下降到75%以下。

由于市场需求的扩张赶不上产能的扩张，电解铝行业陷入两难的纠结之中：若提高产能利用率、增加产量，则价格下跌，利润率降低；若降低产能利用率、降低产量，虽价格稳定，但可期的利润会诱使富余产能随即开工，价格再次下跌。如此反反复复，使电解铝行业产量始终在产能增长和需求增长之间摇摆，其年均复合增长率为12.1%，高于需求的增长率，但低于产能的增长率，致使从2011年开始价格不断下行，2013年行业利润变为负数，总资产回报率也在－1%左右徘徊。钢铁行业的情况也类似。2015年钢铁产能约为12亿吨，产量约为8亿吨，产能利用率约为67%。至此，钢铁价格开始企稳，并于2016年第一季度开始回升。受此诱惑，富余产能迅速投入生产。2016年第二季度，在钢铁产能利用率略有提高的同时，价格应声回落，钢铁行业陷入亏损之中。

面对基础产业的上述窘况，业界仍希望这是短周期性波动。即使外部需求不振，但因国内人均收入持续提高，国内需求尤其是对房地产的需求还会不断高涨。而 1998 年以来房地产行业突飞猛进的经验也似乎验证了这一点。但事实上，作为基础产业产品最重要的需求者之一的房地产行业开始迎来历史拐点。2014 年中国户均住宅达到一套以上，人均住宅面积超过 30 平方米，之后住房需求开始发生深刻变化，住房市场销售面积和销售价格出现量价齐跌，致使 2015 年房地产投资持续下滑。到 2015 年 12 月房地产投资增速仅为 0.9％。尽管 2016 年第一季度 70 个大城市的房地产销售价格有所回升，但进入第二季度又出现量缩价滞的现象，而三、四线城市的房地产则始终面临需求不足的严重局面。即使出台了一些刺激房地产需求的政策，对于此局面也只是杯水车薪。全国房地产行业整体仍处于去库存状态。我们预计，房地产投资会在 2016 年下半年再度回落。这将使基础产业的产能过剩问题更难以缓解，甚至更趋严重。而房地产去库存的压力，从一个侧面表明需求刺激并不必然导致基础产业产能的彻底消化。

更为重要的是，"四万亿"的大规模经济刺激计划的投资多以债务融资的方式进行。大规模投资伴随着负债率的高企。2000—2010 年，债务占 GDP 的比重（杠杆率）年均上升 3 个百分点，2010—2015 年则年均上升 8～10 个百分点。其中，企业的负债率上升得最快，根据国家金融与发展实验室的估算，2008—2014 年非金融企业部门债务占 GDP 的比重由 98％上升到 149.1％。比 OECD 国家非金融企业杠杆率阈值 90％高出约 60 个百分点，处于国际较高水平。而基础产业由于是资本密集型产业，其负债率上升速度更快。从上市公司年报来看，2014 年原材料部门资产负债率平均为 74.3％，高于其他产业，而在基础产业集中的东北、西南地区，资产负债率约为 90％，高于其他地区。

在企业盈利不佳甚至亏损的情况下，高负债率所引发的高杠杆问题是严重的。企业利润下降，甚至现金流负增长，致使企业还本付息日显困难，进而导致银行的不良贷款率上升。统计显示，银行业不良资产率在 2015 年末已达 1.67％，2016 年还在快速上升之中。与此同时，在债券市场上企业信用债的违约事件也频频发生，案例之一就是东北特钢信用债的违约引起全体持债人的集体抗议。市场担心，一旦银行的不良贷款率持续上升，以及债券市场的违约不断，会导致系统性金融风险。

由上，金融危机后 8 年来的事实表明，在全球需求长期不振、经济持续低迷的情况下，单靠中国大规模的经济刺激收效有限，而且难以持续。国内外政策界、金融界以及实业界都深刻认识到，以总需求管理为核心的宏观经济政策已接近极限，实现经济可持续发展的着眼点必须转向以体制机制创新、技术创新、金融创新为主线，并以增加有效供给为目的的结构性改革。而中国政府则更强调这样的创新对中国经济长期可持续发展的重要意义，在"结构性改革"的前面加上"供给侧"三个字表明中国政府深刻认识到，"树长得再高也长不到天上去"，以刺激总需求尤其是投资扩张为核心的宏观经济政策虽奏效一时，但不能持久。今后政策的重心是从需求侧管理转向供给侧创新。通过改革开放，加快体制机制的转变，为技术进步创造有利的环境和条件，以此来培育中国经济增长新动能，实现经济增长和社会发展长期可持续。这构成了"十三五"规划的基调，并相应地提出了"创新、协调、绿色、开放、共享"五大发展理念。这五大发展理念既是目标导向的，也是问题导向的。即通过创新发展来解决经济社会的发展动力问题，通过协调发展来解决结构的发展不平衡问题，通过绿色发展来解决人与自然的矛盾，通过开放发展来解决中国与世界的关系，通过共享发展来解决社会中的公平公正问题。而在作为"十三五"规划开局之年的 2016 年，妥善处理去产能、去库存、去杠杆、降成本、补短板就成为问题导向的务实之举，并以此来开启供给侧结构性改革的新局面。

从经济学意义上讲，经济增长可分为长期潜在增长和短期增长表现两类问题。为了便于处理，经济学家往往分别冠以这两类问题结构性改革和宏观需求管理（调控）。两者的区别是凡无法用宏观经济政策解决的潜在增长问题，归为结构性改革，反之则是宏观调控。但现实的经济增长使短期与长期之间的联系难以割断，常常因短期经济表现不好、长期潜在增长失去基础而无从谈起。同理，若潜在增长率持续下降，短期经济表现再好也是昙花一现。这导致了在现实政策选择中难以清晰划定结构性改革与宏观调控之间的界限。事实上，在既定的经济环境中，两者是相辅相成、互为条件的。由此，在实践中，有必要分析旨在提高长期增长潜力引领下的短期宏观经济政策安排问题，亦即供给侧结构性改革的展开路径问题。

如果说"十三五"开局之年的"去产能、去库存、去杠杆、降成本、补短板"五大任务可归结为"供给侧结构性改革"的话，那么，这实际上是结构性改革（降成本，补短板）和总需求管理政策（去库存，尤其是去房地产库存）相结合，而诸如去产能、去杠杆又是两者的融合。即使是同一个任务，在不同的经济背景下，政策强调的侧重点也不尽一致。以房地产为例，2015 年房地产价格下行，销量下跌，成为中国经济下行压力加大的边际因素。这推动了一系列房地产去库存需求刺激政策的出台：放松首套房认定标准，下调房款首付比例，放松外国投资者买房限制并扩大房地产交易税收优惠以及降息等。这些政策加快了房地产去库存的进度，使房地产投资回升，并间接推动了 2016 年第一季度新增贷款和社会融资规模创历史新高。但随着房地产销量和价格的上涨，房地产去库存政策又偏向供给侧，强调住房不能偏离居住属性，要通过"人的城镇化"去库存，而不应通过加杠杆"去库存"，去掉一些不合时宜的行政手段是有必要的，但假如搞大力度刺激，必然制造泡沫。

从宏观经济表现的走向来看，2016 年上半年 PPI 降幅开始收窄，预示着企业销售开始好转，使得企业利润结束了连续 14 个月的负增长，这表明宏观经济表现虽然仍有下行的压力，但总体来说基本接近底部而开始企稳，预示着不必再出台更加宽松的总需求管理政策。政策的走向更偏向于供给侧结构性改革。2016年 7 月，中共中央政治局召开会议，分析研究了当前的经济形势，部署了下半年的工作。对上述五大重点任务的表述是"要采取正确方略和有效方法推进五大重点任务，去产能和去杠杆的关键是深化国有企业和金融部门的基础性改革，去库存和补短板的指向要同有序引导城镇化进程和农民工市民化有机结合起来，降成本的重点是增加劳动力市场灵活性，抑制资产泡沫和降低宏观税负"。相应地，对总需求管理政策提出了新要求，"要坚持适度扩大总需求，继续实施积极的财政政策和稳健的货币政策，注意相机、灵活调控，把握好重点、节奏、力度，为供给侧结构性改革营造良好宏观环境"。这意味着，中国的短期宏观经济总需求管理政策要服从、服务于旨在实现长期可持续增长的供给侧结构性改革。按照2016 年 5 月权威人士的表述："不能也没有必要用加杠杆的办法硬推经济增长，避免用'大水漫灌'的扩张方法给经济打强心针，彻底抛弃试图通过宽松货币加码来加快经济增长、做大分母降杠杆的幻想。"中国基础产业实质性的去产能在2016 年下半年展开。

一个回避不了的问题是，如何处理去产能与去杠杆之间的关系。中国的基础产业是高负债产业，一旦去产能，杠杆便无法维持，而去产能与去杠杆的相互循环不仅会使宏观经济表现恶化，而且会引发系统性金融风险，伤害金融稳定。为防止上述问题的产生，未来供给侧结构性改革的可能路径是：在基础产业，鼓励兼并收购式的破产重组，以大企业为龙头，提高产业集中度；在金融部门，暂时维持高杠杆，在防止抽贷的基础上，对重点行业尤其是煤炭、钢铁等集中使用坏账准备金，加大不良资产核销力度，并辅以诸如债转股等措施帮助龙头企业渡过难关；在政府职能方面，持续深化"放（权）、（监）管、服（务）"改革，配合以重点的就业援助、完善社会保障等措施帮助产业部门减负并增效；在制度建设方面，通过完善环保标准、改革司法体制、加强审计监管等，加快淘汰落后产能。形成这一路径政策组合的宏观经济逻辑是：先由金融部门把杠杆稳住（不抽贷、不逼贷），在此基础上加快去产能（主要通过收购兼并）。通过去产能改善基础产业的盈利状况，使其具有还本付息能力，进而为全面去杠杆创造条件。

事实上，上述路径的可行性已在中国水泥行业得到了验证。截至2015年，中国水泥行业共发生19起并购交易，企业交易价值超过100亿元。所涉及的企业一半为民营企业，致使前十大生产商的产业集中度提高了6%，达到了57.7%。2016年5月国务院下发的《关于促进建材工业稳增长调结构增效益的指导意见》，要求到2020年水泥行业前十大生产商的生产集中度达到60%。实际上，随着2016年4月北京金隅集团同意以30亿元收购唐山国资委所持有的冀东发展集团51%的股份，该指标已基本实现。与此同时，从这一文件中也可以窥视出未来基础产业去产能的政策走向。还是以水泥行业为例，该文件规定：2020年底前，严禁备案和新建扩大产能的水泥熟料项目；2017年底前，暂停实际控制人不同的企业间的水泥熟料产能置换（扩建产能）。关闭不符合排放标准的产能，对不符合要求的水泥厂设定按日连续处罚标准。产能利用率必须回到合理水平，不合要求者将成为收购兼并对象。对化解产能过剩、实施兼并重组以及有前景、有效益的建材企业，按照风险可控、商业可持续原则加大信贷支持力度。对违规新增水泥熟料产能的企业停止贷款。通过提供并购贷款、并购票据等方式拓展融资渠道，支持各类社会资本参与建材企业并购重组；探索由大型骨干水泥企业按照谁受益、谁付费的原则，联合设立产业结构调整专项资金，专门用于奖补主动退出的产能等。水泥行业去产能的路径，成为其他基础产业去产能的参考。

2016 年下半年中国基础产业按照上述路径去产能，中国基础产业可持续发展的前景显现。仍以钢铁行业为例。2015 年中国钢铁产能约为 12 亿吨，当产能利用率降到约 67%，亦即钢铁产量达到 8 亿吨左右时，价格就不再下降，企业的销售收入企稳，利润开始出现。2016 年出现的问题是价格企稳后已停产的富余产能迅速恢复生产而重蹈覆辙。于是，问题的症结在于停工停产式的表面上去产能不能避免过剩产能的死灰复燃，只有转变为以去僵尸企业为重心的资产负债表重组式的实质性去产能才能奏效。一旦钢铁行业僵尸企业通过破产重组实质性去产能 1.5 亿吨以上，则价格可长期保持稳定，剩余优良企业的销售收入以及利润可长期持续。而当销售收入和利润稳定持续，钢铁企业就具有还本付息的来源，杠杆就会稳固，从而为全社会的去杠杆创造从容的环境。由此推演到其他行业，中国宏观经济表现会进入良性循环。

从长期可持续增长的角度来看，一旦良性循环局面出现，中国基础产业仍具有稳定的发展前景。依然以钢铁行业为例。根据国际经验，自 19 世纪 60 年代炼钢技术实现突破性进展到 2014 年，美国钢铁累计产量达到 84.4 亿吨，即使是资源匮乏的日本，钢铁累计产量也达到 53.8 亿吨。中国钢铁行业经过多年的快速发展，到 2016 年的累计产量为 88.2 亿吨，但人均产量与主要发达国家的差距依然十分巨大。截至 2014 年底，美国、英国的人均钢铁拥有量为 26～28 吨，工业化晚一些的日本人均钢铁拥有量为 41.4 吨，而中国的人均钢铁拥有量只有 6.4 吨。但中国人口是美国和日本人口总和的三倍，仍处于工业化、城镇化的进程之中，钢铁内需具有稳定且快速增长的前景。2016 年中国的城镇化率只有 57%，若按每年平均增长 1 个百分点估计，钢铁内需快速增长可维持 10～15 年。如果要达到美国、英国人均钢铁拥有量的 1/2，则需要累计新增钢铁产量 100 亿吨左右，将超过一百多年来中国的累计钢铁产量。换言之，现有 8 亿吨左右的钢铁产量可维持 10 年以上。与此同时，除生铁外，中国其他钢铁品种的生产成本都处于世界较低水平，具有较强的市场竞争力。这也决定了中国钢铁行业在较高的产能下利润的长期可持续性。在这方面，国际上也有先例。全球第二大钢铁生产国——日本就提供了一个很好的佐证。日本在 20 世纪 70 年代中期的钢铁产量就超过 1 亿吨，在那以后该水平维持了 40 年仍未见衰竭。以此类推，其他基础行业如果及时进行改革创新，展开以去僵尸企业为核心的实质性去产能，其发展前景也不可小觑。这构成我们对中国基础产业长期可持续发展抱有信心的理由。

六、中国改革开放是自生长的"可持续生命过程"[①]

2017 年 11 月，美国《时代》杂志亚洲版以中文和英文在封面上写着"中国赢了"（Chinawon），这是在全球具有重大影响力的杂志首次在封面上同时呈现两种文字。这篇封面报道认为，"今天中国的政治和经济制度比第二次世界大战结束后主导国际体系的美国模式更为完备，甚至更可持续"。

毫无疑问，这个封面立刻风靡全球，引起了世界对中国奇迹的新一轮关注与思考。到今天，中国的改革开放已经走过 40 多年。改革究竟蕴藏着怎样的力量，能在 40 多年的时间内让一个东方古国成长为世界第二大经济体？著名经济学家弗里德曼说，谁能解释中国经济，谁就能获得诺贝尔经济学奖。由此，如何理解中国改革所带来的经济活力，成为一个世界级的智力课题。

中国是世界的有机组成部分。当世界进入工业化的历史阶段，面对在社会化大生产条件下构建经济激励机制和资源配置方式这一挑战，人类创造了市场经济体制和计划经济体制两种不同的经济体制，以及与之相适应的政治社会制度安排。迄今为止，针对同样的问题，由于制度安排的原则和进入路线不同，两种体制运行的绩效因此迥异。百余年的历史经验表明，计划经济对运行条件要求苛刻繁复，难以及时同时满足，运行效果不如运行条件相对简单明了的市场经济。这构成了计划经济向市场经济转变的内在倾向，并成为改革的动因。终于，在 20 世纪 70 年代末，以中国改革开放为代表，形成全球性的计划经济体制向市场经济体制转轨的历史大潮。

按照人们积累的经济社会知识既定模式，如果改革是体制转轨，自然既是既往历史的停止，也是新历史的开启。中断意味着跳跃，它是一次性跨越历史的壕沟。事实上，苏联、东欧国家的经济社会政治转型遵循了这一逻辑，以"休克疗法"纵身一跃。且不论是否到达彼岸，仅从过程来看，代价是经济社会秩序的混乱，表现为 GDP 的一度大幅下滑，人民生活质量的急剧恶化。同理，按照人们

---

① 源自笔者为李拯著的、2018 年由中信出版社出版的《中国的改革哲学》所作的序。

积累的经济社会知识既定模式，如果改革仅是对原有体制的改良，则意味着是对既往历史的延续，不仅难以脱胎换骨，而且由于原有体制的惯性，往往使改革陷入行政性放权的逻辑，呈现出"一放就乱，一乱就收，一收就死"的无出路运动。事实上，在 20 世纪 70 年代以前，许多中央计划经济国家，尤其以苏联、东欧国家为代表，屡次发动改革，但屡次半途而废，并未明显改善经济社会发展状况，这不仅是这类情形的写照，而且往往引申为"计划经济体制不可改、改不好"的理由和抱怨。

自 1978 年开始的中国改革，则超越了人类积累的经济社会知识既定模式。相对于 20 世纪 80 年代末苏联采取的激进式改革，中国的改革是渐进的，呈现出路径依赖式的"连续性"，并因连续性而使 GDP 呈现出不断增长过程，同时也使经济社会秩序呈现出持续稳定有序状态。相对于 20 世纪 80 年代苏联采取仅在体制内的"改革的尝试"，中国的改革又是"革命性"的，其目标模式具有明确的市场指向，具有超越传统仅在体制内收放循环的能力。由于这一超越能力，中国与既有计划经济体制渐行渐远，与市场经济体制渐行渐近。改革进程由此呈现为否定之否定的螺旋式上升的历史过程。

这种极具特色的改革路线，不仅使改革具有了特定的形式，更重要的是使改革成为一个不间断的演化过程。每一步的改革是有限的，但却为下一步的改革创造了条件，每一步的改革是上一步改革的自然结果，又是下一步改革的过渡基础。由此，步步衔接，首尾相贯。改革在改革的过程中获得目标的同时获得动力，并由于改革有限目标的连续实现，体制在蜕变的过程中获得新生。这些构成了中国改革成功的奥秘。

理解中国改革奥秘的钥匙在于中国改革的哲学以及由此产生的改革推进方式。从经济学理论意义上讲，制度变革是有收益的，否则就不会变革，同时制度变革是有成本的，否则变革就会无关痛痒。换言之，由于变革成本巨大，不到变革收益能覆盖变革成本之时，变革就不会成功，这让"变革是间断的"成为人们既定的认知模式和刻板印象。

然而，这仅是世界多样性中的一种模式。变革的成本是预付的，变革的收益是预期的，当收益不能时时处处覆盖成本时，变革就会间断。如果变革的收益能时时处处覆盖变革的成本，变革便可称为一个自维持的过程；如果变革的收益不仅能时时处处覆盖变革的成本，而且还有剩余，变革就会成为一个自生长的过程，成为多样世界的另一种模式。中国改革的哲学就是要让老百姓获得实惠，亦即在理论意义上变革收益时时处处覆盖成本并有剩余。由于改革使老百姓获得实惠，改革就获得支持，由于实惠逐步扩大，改革就会加速。改革由此具有了内生动力，并因此决定了改革推进方式不是外在推动，而是内在驱动，呈现为滚雪球式的自生长的演化过程，而有别于传统的间断性变革模式。

真理是简单的，其简单性就在于历史的进程与逻辑的进程是一致的。囿于中国当时的历史条件，在 1978 年改革开放初始时，中国是一个具有二元经济特征的发展中经济体，农村与城市、农业与工业、农民与市民等二元特征，被高度集中的计划包裹在一起。换言之，行政性的强制像麻袋一样装入一堆马铃薯，而马铃薯之间甚少联系。其中最薄弱的环节又在农村、农业和农民。用当时的语言表达，"小农具有自发的资本主义倾向"，用现在的语言表达就是，个体农户具有"穷则思变"的动力。中国改革先在农村突破，承认农民的利益并允许农民去追求这一利益，鼓励农民寻找最适合自身发展的经济组织形式，具有中国特色的以农户为基础的"家庭联产承包责任制"应运而生并蔚然成势，冲击并瓦解了原有的非自然的"一大二公"的人民公社体制，进而导致了基层行政体制的变革，使基层组织具有经济导向性。伴随着农民生产积极性的提高、农产品产出的上升，农民的货币收入快速增长。受工业化规律的支配，农民投资工业，形成中国式的农村工业化组织形式——乡镇企业。

乡镇企业的异军突起强力冲击以国营工业为基础的计划经济，诱导国有企业行为方式的变化。国有企业不再是附属于政府的生产单位，而开始具有营利动机。相应地，在新形势下巩固政府的公信力，地方政府的治理目标与方式也在悄然变化，经济绩效成为重要的考核目标。乡镇企业进城、对外开放扩大，各种经济成分加入到中国工业化进程中，在中国的沿海地区形成了极具目标竞争力的加工制造业，改变了城市原有单一的经济格局，尤其是当农民从土地上解放出来，并以农民工的身份加入到这一新型城市化的进程中时，中国出现了前所未有的人口流动，而且是底层向上流动。由此出现的迁徙自由、择业自由，改变的不仅是经济结构，也包括社会结构。一系列前所未有的称谓被创造出来：种田能手，万元户，农民工，乡镇企业家，星期日工程师，北漂一族，下海经商，停薪留职……这些新名词充分体现了市场经济对社会结构的引领作用，就像著名经济学家科斯所言："中国经济改革的故事是坚强的民营企业家的故事，是勇敢的零星社会试验的故事，也是谦逊又刚毅的中国人民为了美好生活奋斗的故事。"

当改革使老百姓得到实惠、尝到甜头，有了获得感，人们的精神面貌也在发生变化。向往改革成为集体意识，投身改革成为集体行动，不墨守成规、勇于改革创新成为社会风气，中华民族从未如此自信、开朗，对未来充满信心。改革在改革过程中不断汲取动力，改革具有了不可逆转之势。中国改革因此成为自生长过程，不断地在边际上引领整个体制的转轨，市场经济指向在滚雪球式的改革过程中日益强化。改革由此逐渐从自发转变为自觉，成为一个自为的过程。它表明改革不仅可持续，更重要的是，改革本身就是一种可扩展的秩序安排。从这个意义来讲，中国改革是一个不断创新的有机生命过程。

从有机生命过程的角度来看，中国改革是可解释的：第一，改革是问题导向的。每一步改革的发动是针对当前最为紧迫的经济社会问题。换言之，危机引发改革，改革是逼出来的。第二，解决问题的办法本身就蕴含在问题中，它们一同产生，并一同消失。换言之，实事求是，以调查研究发现真问题就能找到解决问题的办法。第三，老问题的解决会在新层次上产生新问题，又会带来新的改革诉求，又需要解决新问题，依次循环上升不断地用改革解决问题。换言之，改革是一种梯次向前滚动推进的过程。第四，这一改革过程实质上是沿着帕累托最优改进路线进行的。在初始阶段，在不改变既定利益格局的前提下，尽量扩大增量，在增量扩大的过程中不断吸纳存量，最终实现"市场轨"取代"计划轨"。换言之，通过增量改革在边际上引导存量改革，使改革过程呈现为"一轨变两轨，两轨并一轨"的特点。由上，"双轨"是理解中国改革过程的核心。

需要说明的是，"双轨"虽然是改革发生的土壤，但它也是一种"混沌"状态，而"混沌"意味着无序、意味着混乱。使混沌状态有序化，成为真正的发育，是以"双轨制"为基础的渐进式改革推进的关键。这不能不提及政府在其中的作用。理论上，改革不是不承认既定利益格局的"推倒重来式的革命"，也不是肯定既得利益格局的"温情脉脉的改良"。改革是在既定利益格局的基础上不承认既定利益永久性的变革，介于上面提到的"革命"与"改良"之间。其中，度的把握是至关重要的，而政府就是掌管这一阀门的操作员。它要求政府既有目光长远的前瞻性，又有脚踏实地的可操作性。

就中国改革经验而言，就是处理好改革、发展、稳定三者之间的关系。稳定是基础，改革是动力，发展是目的。政府需要密切关注进展、顺应形势，及时应对、协调好三者之间的关系，原则是"不以善小而不为，不以急功失大局"。中国把这种积40年改革之经验称为"使市场在资源配置中起决定性作用和更好发挥政府作用"。尽管当代中国政府的上述作为尚未有政治学学理意义上的满意解释，但日益引发各国的关注及反思，"世界向东看"成为新的全球潮流，越来越多的国家开始认同，中国的成功使世界现代化发展道路更具多样性，"给其他发展中经济体提供了一个全新的发展路径和可能性"。

在市场自发倾向的双轨、混沌中，政府诱导市场经济发育，市场与政府在包容与互补下相互试错、相互协调，改革不但在改革过程中实现目标，而且修正目标；目标与目标相衔接，在目标不断滚动过程中，无限逼近初衷。改革因此成为一种不断自我生长的"可持续过程"，构成新的改革任务以及改革契机，在这一过程中不断展现出新的可能性空间。它构成了理解中国40年改革故事基本脉络的钥匙。

由上，中国改革的最大魅力，就在于改革的可持续性。它既不是机械相加的"物理反应"，也不只是产生新事物的"化学反应"，它是"生物学反应"的生命过程。改革是通过自我扬弃式的新陈代谢，不断汲取"负熵"，让多重元素并存的混沌状态不断地走向以市场经济为核心的有序化，改革是通过体制创新不断克服无序化的"熵"，使整个体系充满活力，不断向上。在这一生命过程中，静态的目标模式已经不再重要，中国改革展现出的正是不断应对挑战、解决问题从而适应外界变化的能力，这本身就意味着"历史终结论"的终结。用官方的话来说就是，"改革开放只有进行时，没有完成时"。

作为一个"生命过程"，要义是包容性，中国文化则展现出极大的包容性，把周边不同的民族都卷入到中国历史叙事中，并使中华文明延续5 000年，成为世界上唯一未曾断代的文明体系。可见，包容性支撑了可持续发展能力，是中华文明的生长方式。在今天的语境中，改革的过程同样需要通过兼收并蓄的包容方式产生适应性变迁，解决不断涌现的新问题。"包容"这个关键词把中国传统文化与中国改革开放联系起来，尝试着"以中国为方法"来解释中国改革、讲好中国故事。事实上，当用"包容性"这个极具东方智慧的词语来解释中国改革时，人们会看到，它是多维展开并相互融合的"非驴非马"的过程，是一个真实存在并继续生长的过程。

以经济学基础性的元概念产权为例。中国农村土地"家庭联产承包责任制"，既不是传统计划的"一大二公"，也不是典型西方市场经济的"纯私有"，农地的所有权依然是集体的，但使用权却是农户的。这种独具中国特色的产权界定，是中国创造的产权安排形式，不合乎既有市场经济理论的规范形式，但它却是有效的。不仅因为它的激励性扩大了当时的产出，而且因为它还可以演进、分解，衍生出使用权的流转、收益权的重新组合等新的演进形式，成为一个持续生长的过程。或许，我们现在还没有能力将这一过程提炼为"骡子"的概念，但"包容"却是跳出司空见惯的"西方中心主义"的一个起点，因为它孕育了演化的种子，蕴含着演进的意义。

自生长能力的表征是包容，包容的内涵是演进，它体现了生命过程的可持续发展。可以说，是否具有包容性的可持续发展的生命力，是衡量一个制度体系是否有效率的根本标准，也是衡量一个国家、一个民族是否兴旺发达的根本标准。由此观之，在40年的时间节点上，中国的改革可以分为两个阶段：一个阶段是过去40年获得了可持续发展能力；下一个阶段是未来如何维持可持续发展能力。经过40年的发展，中国社会的可持续发展能力正从"自在"阶段进入"自觉"阶段，人们对美好生活的诉求也在发生深刻变化，不仅对物质文化生活提出了更高要求，而且在民主、法治、公平、正义、安全、环境等方面的要求日益增长。这就要求我们的改革及时跟上人民诉求变化的步伐，不仅在经济领域，而且在政治、社会、民生、文化等领域进行更加综合性的改革，用一种更加包容的方式顺应变化、维持可持续发展能力。

当前的中国正处于历史交汇期。投资拉动、资源环境、人口红利……40年来，这些中国高速增长的驱动力正在减弱，中国经济正由高速增长转向高质量发展。在这样一个历史节点上，回顾已往的改革，我们强烈地感受到培育和维持可持续发展能力的重要性。何以解忧，唯有改革。而中国已往40年的改革经验告诉我们，改革的方式、改革的进程是无法坐在办公室里空想出来的，但一定可以在改革过程中找到答案。因为中国改革的哲学是相信每个普通人都具有改善生活的持久动力。国家要富强，要实现现代化，就要充分发挥每个社会成员和所有基层组织的积极性。他们会找出合意的组织方式并推动其演进。

40年兼收并蓄包容式的改革是一个生命过程。而生命过程具有无限生长的可能性。

七、迈上服务业开放的新台阶

（一）中国（上海）自由贸易试验区是服务业开放的新试验[①]

中国（上海）自由贸易试验区具有两层含义：（1）中国的自由贸易区；（2）自由贸易试验区。主要新措施包括：（1）负面清单管理，非禁止的经济活动就可从事；（2）准入前国民待遇，除国民待遇外不设前置条件。意义包括：（1）以开放促改革；（2）以服务贸易开放来加快经济结构调整；（3）以自由贸易区试验向更高标准的开放靠拢。

中国经济体制的基本矛盾是政府与市场的关系，因此，党的十八大提出要理顺政府与市场的关系。这一"理顺"或者说界定在于两个方面：

一是政府对要素价格的控制。这一控制不仅反映在对价格水平的干预上，而且反映在对价格形成机制的参与上。特别突出的是对资金价格的控制，从而利率市场化、汇率自由化是改革的要点。这也构成中国（上海）自由贸易区试验的主要内容。

二是政府对准入的审批。在理论上，市场经济是自由竞争经济，企业可以自由进入或退出市场。目前，企业尤其是民营企业进入或退出市场需要政府审批，即使是准入的领域也有"玻璃门"。转变政府职能、减少审批是改革的重点，而中国（上海）自由贸易试验区的负面清单管理是这一改革的体现。

中国经济结构有两个突出的特点：

第一，产业发展不全面。目前中国的产业结构以工业为主，服务业落后。这虽然是工业化发展的必然阶段，但也反映出产业结构亟待升级。因为这既不适应消费扩大的要求，也难以满足城市化的需要。

第二，工业具有出口导向性。由于出口导向，投资率过高，消费率过低。这不仅反映出中国短期宏观经济对国际经济形势高度敏感，宏观经济稳定程度低，

[①] 源自笔者编写的中银国际研究有限公司研究报告。

更重要的是投资与消费比例失调不利于经济的可持续发展。

上述两点综合指向发展服务业的重要性，而这是中国（上海）自由贸易试验区的重点。

区别于制造业，服务业开放的核心是标准。我们注意到，随着美国经济的复苏，由美国主导的《跨太平洋伙伴关系协定》（TPP）和《跨大西洋贸易与投资伙伴关系协定》（TTIP）全面启动。抛开政治含义，就经济意义而言，这是更高的开放标准。与WTO相比，WTO只限于贸易体边境开放，仅涉及关税、非关税壁垒等市场开放举措，TPP和TTIP则涉及贸易体境内的经济制度安排，如竞争中立（对各类企业一视同仁）、劳工权利保护（自由工会）、清洁贸易（碳排放）等。面对这一形势，中国（上海）自由贸易试验区通过负面清单和准入前国民待遇的试验，向更高标准的开放靠拢，从而是中国的第二次"入世"。

负面清单管理。目前中国政府管理经济活动的方式皆为正面清单管理，即许可制度。在这种管理下，所有经济活动均需批准。而负面清单只设禁止类，凡不禁止的即可从事。2013年中国（上海）自由贸易试验区负面清单为190余项，2014年则缩减约1/3，为135项。

国民待遇。已注册的企业可享受国民待遇，但企业设立却有前置条件，即准入前非国民待遇。如外商投资需先经项目审批后方可注册，内资注册也有诸如资本金等准入要求。2013年中国（上海）自由贸易试验区则废止了上述前置条件，并开始推向全国。

根据中国（上海）自由贸易试验区方案，上海经验可复制、可推广。依此，一旦上海将上述措施付诸实施，将成为示范，进而推广到全国。更为重要的是，上海是中国的金融中心。在上海进行自由贸易试验区安排有利于加快上海向国际金融中心转型。事实上，2009年7月，跨境贸易人民币结算安排的第一单就是在上海完成的。跨境贸易人民币结算安排无论是上海方式还是港澳方式都取得了重大进展，但总的来看，港澳方式始终处于主导地位。截至2014年3月末，人民币国际支付内地占3%，香港占71%，其他地区占26%。由人民币国际支付地域分布上的差异可见，内地（在岸市场）处于下降态势，而香港和其他地区（离岸市场）处于上升态势。为什么同时以贸易起步、同时推出的跨境贸易人民币结算在上海和香港两地出现了不同的态势？其中重要的原因在于两种方式的不同。港澳方式是清算安排，人民币可以由经常项目出境并经资本项目回境，并因这一环流机制而有利息产生。相形之下，上海方式是结算安排，人民币只能经经常项目进出境，从而不能产生利息。这意味着境外贸易商对华出口所获得的人民币必须从中国进口产品，否则就会形成没有利息的资金闲置。而在港澳模式的清算安排下，因有利息产生，不担心资金闲置，不仅鼓励在跨境贸易中使用人民币，而且因人民币的沉淀，形成了跨境离岸人民币市场，使人民币的国际使用始于贸易但又不终于贸易，推动了人民币国际化的深化。

由上，香港离岸人民币市场发展的经验表明，在保持对外币的管制不变的情况下，资本项目可对人民币开放。正是香港这一成功经验使原来严格管制的资本项目行为主体科目出现了意义深远的积极变化。例如，如果外商以人民币投资，审批条件宽于外币，与此同时中国企业目前也可以人民币形式对外投资。再如，目前中国居民尚不能自由以外币对外负债，但可以人民币对外负债。这既包括中国企业在香港发行人民币债券（点心债），也包括跨境人民币贷款〔深圳前海、中国（上海）自由贸易试验区、江苏昆山地区、苏州新加坡工业园区和中新天津生态城〕；另外，中国资本市场在保持对外币合格境外机构投资者（QFII）的管理下，鼓励外资以人民币 QFII 的形式投资，同时对三类外资机构开放人民币债券市场（银行间市场）。2014 年 10 月开设以人民币为交易币种的上海与香港股票市场交易互联互通机制（沪港通）。

香港离岸人民币市场的发展，倒逼在岸人民币市场发展，要求作为本币中心的上海成为全球人民币产品创新、交易、定价、结算中心，构成了中国（上海）自由贸易试验区自由贸易账户体系及中国（上海）自由贸易试验区"金改 40 条"出台的背景。根据"金改 40 条"可以看到，包括推动人民币进入跨国企业的资产组合、启动跨境人民币贸易再融资市场、积极研究准备合格境内个人投资者（QDII2）境外投资的试点和合格私募人民币基金境外证券投资业务（RQDLP）等正在酝酿或启动之中。

从长远看，加快金融市场对外开放，推动上海形成境内外投资者共同参与、功能完善的多层次金融市场体系是中国（上海）自由贸易试验区的试验方向。因此，要推动债券发行市场双向开放，鼓励更多符合条件的国际开发机构发行境内人民币债券，扩大国际开发机构在银行间债券市场上人民币债券的发行规模；允许符合条件且信用等级较高的境外商业性机构在我国发行人民币债券。要扩大货币市场参与范围，继续支持外资商业银行及其分行、外资非银行金融机构进入银行间同业拆借市场和银行间外汇市场，扩大外资机构数量，并在核定的额度内扩大货币市场交易规模。要在风险可控的情况下，支持境外人民币参加行和其他银行直接参与银行间同业拆借市场和银行间外汇市场交易，促进境内外人民币市场联动发展。要拓展外汇市场的深度和广度，在港澳人民币清算行等的基础上，适时推进其他人民币清算行、参加行等境外机构进入银行间外汇市场，增强境内人民币汇率对境外人民币汇率的引导作用。要在人民币对美元、日元、澳大利亚元直接交易的基础上，建立人民币对更多货币的双边直接汇率形成机制，推动人民币对新兴经济体和周边国家货币汇率在银行间外汇市场挂牌。与此同时，可以预见，会进一步加强国际金融交流与合作，深化沪港、沪台金融合作，扩大上海金融中心国际作用。尤其是要发展沪港金融的互补、互助、互动关系，完善沪港金融合作机制，加强沪港在金融市场、机构、产品、业务、人才等方面的交流合作，支持沪港金融市场产品和金融基础设施互联。要积极推动沪台金融交流合作，研究建立合作机制，拓展合作空间和领域。

（二） 中国金融服务业开放的条件已经成熟[①]

一般认为，金融开放涉及相互关联的两个方面，一是金融服务业开放，二是资本项目开放，二者的指向是资本自由流动。按照"蒙代尔-克鲁格曼不可能三角"的理解，在资本自由流动条件下，若保持货币政策的独立性，则汇率不稳定；若保持汇率稳定，则需要放弃货币政策独立性。这意味着在该三角关系中，资本自由流动与货币政策独立性具有内在冲突，并深刻体现为宏观经济政策如何使内部与外部同时均衡的困难。

这一具有内在冲突的两个角的协调，在小的经济体内较易处理。通常的办法是经济金融全面开放，使本经济体的货币政策锚定国际货币体系中的主导货币，随其变动。最为极端的案例就是中国香港地区，其实行的是"货币局"制度，通过联系汇率，将货币政策锚定于美元，自身没有独立的货币政策。相形之下，对于大型尤其是超大型经济体而言，情况则十分复杂。一方面，大型经济体体量巨大，内部经济结构复杂并且各地区发展程度不一，客观需要并形成了适应本经济

---

① 曹远征. 大国模型下的金融开放及主权货币国际化的思考. 国际经济评论, 2021 (1)：76-86+5.

体实际的包括货币政策在内的宏观经济政策体系，使其不能像小经济体那样一味
锚定国际货币体系中主要主权货币的政策安排；另一方面，大型经济体是世界经
济体系的主要组成部分，出于对国际货币体系稳定性的考虑，不允许利用完全基
于自身经济考虑的货币政策来影响或主导国际货币体系，除非是经实践检验并得
到公认的对全球经济稳定发展负责的真正的全球中央银行。

正是在这种情况下，大型经济体的金融开放成为一个特殊的问题，而不能全
然从一般意义上尤其是按照小经济体模型进行讨论。其中重要的一点是涉及庞大
的本地金融市场进而国际金融市场上本币资源的动员和运用。鉴此，笔者从中国
本币金融市场的发展状况与趋势，亦即人民币国际化的角度，梳理了中国的金融
开放相关问题，并企图相应地廓清人民币国际化在现行国际货币体系框架中遇到
的挑战及其应对。

大型经济体的内部市场是本币主导的，天然具有形成深度本币金融市场的潜
力，其发展的关键在于本币资源的动员和运用能力。

40 多年前，囿于计划经济体制的本质规定性，中国经济是财政主导的。金
融既无存在的体制依据，也无存在的现实需要。即使有某种金融活动，也仅是从
属于财政的技术性安排，充其量是财政活动的补充。既然市场经济是金融主导型
经济，那么市场取向性的经济体制改革就为中国金融的发展开辟了可能性空间，
在宏观层面表现为独立于财政的金融体系开始形成，在微观层面表现为各类金融
机构开始成长。这些都构成中国金融支持经济发展的有利因素，进而成为中国加
入 WTO 的先决条件。

在改革开放的进程中，毕竟金融体系有一个发育的过程，况且受传统计划经
济体制的理念束缚及现实影响，仍然十分幼稚且脆弱。反映在本币金融市场上，
产品单一，基本以信贷为主；因间接融资占统治地位，金融市场的深度和广度都
不足。反映在金融机构上，治理结构及业务流程都不是商业化导向的。久而久之
便是资本金不足，坏账率高成为常态，一些负债类金融机构甚至处于技术性破产
状态。

加入 WTO 后，在金融开放时间表的倒逼下，中国从 2004 年开始对负债类
金融机构进行全面深刻、脱胎换骨式的改革。这体现在三个方面：一是通过剥离
坏账和重注资本，在使资产负债表健康化的同时，界定了国家与银行的有限责任
关系，在制度上打破了预算软约束的父子关系。二是治理结构改革和流程的商业

化再造，并通过上市尤其是海外上市，借助国际资本市场纪律来强化对负债类金融机构行为的约束，不仅从根本上杜绝了将资产负债表健康化努力变成新的"免费午餐"，而且使负债类金融机构保持商业化经营。三是建立独立于行政权力的第三方专业监管体制。以中国银监会的成立为标志，金融监管由传统的行政监管转变为以资产负债率为主的专业监管。

对负债类金融机构这一脱胎换骨式的改革，从 2004 年中国银行始，到 2012 年光大银行终，历时八年。改革取得了巨大的成果，中国金融体系的脆弱性明显改观，其鲜明标志就是中国金融体系经受住了 2008 年全球金融危机的考验。截至 2021 年，中国金融体系日臻完善：表现在金融市场上，金融产品不断涌现，货币市场、信贷市场和资本市场联通性加强，金融市场不断深化；表现在金融机构上，尤其是负债类金融机构的市场竞争力不断提高，利润稳步提高。这既反映了因治理结构改善，利润最大化成为目标，也反映了在商业化条件下负债类金融机构风险定价及管理能力的提升。中国金融市场的发展以及金融机构资金运用能力的长足进步，促使中国的金融体系和监管体系走向现代化。不仅监管体制加速向综合监管、功能监管和行为监管的方向转变，而且初步形成货币政策与宏观审慎管理的双支柱调控机制。凡此种种，奠定了中国金融服务业开放的基本条件。

近年来，在包括银行和保险的负债类金融机构中，随着中资金融机构市场竞争力的加强，外资基本采取了守势，外资不仅进入减少，而且有撤出的迹象。即使是在海外上市的中资金融机构，战略性外资投资者也在退出。这种现象产生的一个重要原因在于：随着中资金融机构市场竞争力的加强，本币资源的运用效率提升，而中国经济的发展又使本币资源的使用意愿加强和使用范围扩大。相比之下，外资金融机构动员本币资源的能力相对下降，市场份额因此收缩。这种现象从一个侧面凸显了我们过去不太关注的问题：在大型经济体中，因巨大的本币市场存在，本币资源的动员能力对促进金融深化、提升金融机构竞争力十分关键。从负债类金融机构的角度来看，获取本币资源的一个重要手段是网点铺设。网点接触的零售客户成为存款来源的主渠道。只有广设网点才能将无数零售客户的分散的本币资源集中起来，变成贷款的能力。国际经验表明，在争取零售客户方面，任何外资银行都竞争不过本土银行。就像中国银行在英国伦敦经营了 100 年，也还是小银行。其中一个重要原因就是没有密布的网点，从而没有大量的零售客户，导致本币资源匮乏。同理，外资金融机构面对中国巨大的金融市场所需的庞大网点投资不仅数额大，而且沉没成本高，从而畏缩不前。网点少意味着动员本币资源的能力弱，即使有诸如贷款等其他竞争优势也难以充分发挥。从这个意义上讲，允许负债类金融机构进入不仅无伤大局，反而有利于竞争、提高效率。原来对中资金融机构竞争力不强的忧虑已成为历史。也是从这个角度来看，既然允许风险最高的负债类金融机构进入系统性稳定并无大忧，那么允许非负债类金融机构进入风险就更小，只要监管到位，就可以防范风险。

需要指出的是，也正是基于中国金融市场的实践所产生的上述认识，早在2015年前后，在中美双边投资协定（BIT）谈判的负面清单准备中，中方就考虑放开外资进入中国金融服务业的股比限制及经营领域限制。它构成了今日中国金融服务业开放新格局的基础共识。

第三章

世界经济新常态 （2009—2017 年）

◆◆

一、世界经济进入新常态

当发达和发展中国家通力合作、共同应对国际金融危机时，吊诡的事情再次发生。人们吃惊地发现，区别于过往的经济危机，金融危机所引发的经济衰退使长期以来所惯用的"反危机""反周期"的宏观经济政策失灵了。抛开财政政策不谈，仅就货币政策而言，在企业借入资本经营的情况下，利息构成的财务成本是影响企业投资决策的重要变量。如果货币供应量增加，利率将会下降，企业融资的财务成本也将随之下降。在利润最大化目标的引导下，企业会尽早扩大负债，提前投资，从而扩大社会总需求。同理，在居民负债消费的情况下，利率下降也会使负债成本降低，鼓励居民扩大负债，提前消费，从而扩大社会总需求。由此可以看到，旨在扩大社会总需求的宽松货币政策与企业和居民杠杆率之间是同向变动的，这既是货币政策的传导机制，也是其实施基础。如果资产负债表出现衰退，则意味着宽松货币政策与企业和居民杠杆率之间不再同向变动，至少不再同步变动，预示着货币政策的实施基础发生了变化，从而货币政策的传导机制出现了阻滞，政策效果便大打折扣。国际金融危机后的经验事实上也明确地显示出这一点：各国共同的反危机行动，充满一致性的极度扩张的宏观经济政策，充其量也只是防止了资产负债表的进一步衰退，避免了世界经济发生更大的危机，但并未有效地提振总需求。全球经济增长的现实表现一直低于预期，在发达经济体中甚至出现了令人十分困惑的"无就业增长的复苏"。

起初，国内外经济学界认为，这种情形是金融危机后的惯性使然，是其滞后效应，资产负债表迟早会得到修复。在这一暂时性的震后余震中，只要持续坚持宽松的货币政策，随着资产负债表的修复，经济就会恢复到正常状态。因此，即使政策利率下降到零，也应咬紧牙关用扩大中央银行资产负债表的方式，持续向市场补充流动性，保持货币政策的持续宽松。由此就有了 QE1、QE2 以及 QE3 等有别于传统货币政策的操作。

但是，随着时间的推移，经济并未发生恢复常态的预期变化。现实经济增长与潜在经济增长之间的缺口一直维持，并呈现出短期难以改善的迹象。在世界经济持续低迷的同时，国际贸易增速又出现区别于以往高于世界经济增速的状况，持续低于世界经济增速，而国际金融则始终处于动荡之中。世界经济出现了低增长、低贸易、低通胀、低利率、高杠杆的新特点。人们终于认识到世界经济进入了不同于以往的新常态。

世界经济新常态形成的原因是深刻的：

首先，进入 21 世纪以来，整个世界，无论是发达国家还是发展中国家的全要素生产率都处于持续放缓状态。金融危机后到 2020 年，处于技术进步前列的 OECD 国家的劳动生产率也在下降之中。这些都预示着上一轮科技革命所带来的全要素生产率，尤其是劳动生产率提高进入了尾声，而对于新一轮科技革命，虽然听到楼梯脚步声，但未见到人下来。简言之，当前的世界经济还处于科技革命的间歇期。众所周知，技术进步是经济增长的主要推动力。截至目前，已发生三轮科技革命，每一轮均带来技术变迁，形成新的主流工业技术，并产生一组主导产业，从而带动经济的强劲增长。在这个意义上，科技革命的间歇期实际上与经济学康德拉季耶夫大周期的交替期是重合的，构成了黎明前的黑暗。在黎明到来之前，经济会出现一段时间的"低迷"，甚至会出现美国著名经济学家萨默斯曾预言的"长期停滞"。

其次，与以往科技革命的间歇期相比，目前的间歇期又有了前所未有的新特点——高杠杆。二战后，为应对传统市场经济中的生产过剩式经济危机，凯恩斯提高有效需求的宏观经济管理理念被各国所普遍接受，形成了包括财政货币政策在内的宏观经济管理。起初，扩张性财政货币政策还只是用来反危机，但随后人们发现，只有在反周期中才能反危机。换言之，只要经济持续增长，周期就没有存在的基础，危机自然也就不会出现。于是，扩张性财政货币政策渐渐常态化，凯恩斯的总需求管理政策变成了刺激总需求提高、维持经济不断增长的政策。在这种情况下，常态化的刺激企业负债投资、常态化的刺激居民负债消费的政策既是持续扩大总需求的政策，也是持续加杠杆的政策。因此，常态化的扩张性财政货币政策和社会成员杠杆率的持续提高是相辅相成的，是"一枚硬币的两面"。硬币的一面是经济周期，另一面是以杠杆的扩张与收缩为标志的金融周期。当社会成员的杠杆率扩张到无以复加的地步，以内部现金流断裂为标志的去杠杆过程就开始了。反映在金融方面，社会成员现金流断裂意味着付息能力的丧失，使建立在期限错配基础上的金融机构的资产负债表出现严重的流动性困难，去杠杆的加速以金融危机的形式呈现于世人面前。为了应对金融危机，政府只能通过自身加杠杆来顶住其他社会成员的去杠杆，表现为央行资产负债表的持续扩大。在这种情况下，由于其他社会成员在原有高杠杆情况下负债不会增加，只会减少，政府资产负债表的扩张与其他社会成员的资产负债表收缩两相抵消，总需求至多保持不变，从而并不能提振总需求，出现了"无就业增长的复苏"，并导致了全球性的"产能过剩"长期化，反映在大宗商品市场上是大宗商品价格在经济持续低迷中波动，与此同时，政府加杠杆的能力却接近极限。于是，以量化宽松（QE）为代表的加杠杆"加"也不是，以加息缩表为代表的去杠杆"去"也不是，宏观经济政策始终处于两难之中。

更为深刻的挑战是，世界经济新常态冲击着传统经济学的观念与政策逻辑。经济学常识告诉我们，经济表现是由供给和需求共同决定的。其中，供给侧的技术进步是推动经济长期增长的动力。但技术进步是随机现象，何时、何地、何种发生具有极大的不确定性，从而很难构成经济政策的操作对象。相反，在市场经济条件下，由于供给会自动响应需求，因此需求变动会引导供给的变化。依此逻辑，经济政策的重心应放在需求侧，研究评估现实需求状况，制定影响需求的宏观经济政策。在这个意义上，总需求可以影响、可以调控是政策制定的出发点。如果现实的总需求不受影响，那就会出现意外。

金融危机后的经济现实就是这样残酷：量化宽松的货币政策使利率降到零，甚至变为负利率，总需求仍不能得到有效提振。不得已使用扩大央行资产负债表的办法，以直接购买债务的方式来刺激经济，但效果仍然不彰。将总需求管理措施用到极致仍不奏效时就预示着一味侧重于需求侧的总需求管理逻辑撞到了南墙。宏观经济政策的逻辑不得不另寻他途，开始转向供给侧，着眼于长期的结构性改革就被提上了各国的议程。于是，在世界经济经过几年痛苦的挣扎后，终于在 2016 年 G20 杭州峰会上，各国领导人艰难地达成共识：若要使世界经济强劲，

平衡可持续，包容增长，必须将发展问题置于经济政策的中心位置。结构性改革
议程与财政货币政策一同成为各国宏观经济政策的协调内容，并为此制定了相关
指标体系和做出了协调安排。直面世界经济的结构性问题，推进世界经济体系的
结构性改革，由此堂而皇之地走到经济政策前台。而中国经济再次被置于前台聚
光灯下，成为世界的中心议题。

当中国经济以"两头在外"的方式与世界相连接时，就注定了它与世界经济
"同呼吸，共命运""环球同此凉热"的境遇。世界经济进入低增长却高杠杆、低
贸易却高风险的新常态，对中国来讲具有十分深远的影响。改革开放尤其是加入
WTO 以来，中国与国际惯例接轨，深度融入世界经济，广阔的国际市场为中国
的产业打开了成长的空间，中国迅速发展成为全球产业门类最全、产业规模最
大、产品最丰富的"世界工厂"。按照联合国的产业分类，目前中国拥有全部工
业门类。其中，钢铁工业，水泥工业，煤电设备工业，水电、风电、光伏、核电
设备工业，石化工业，石油钻采设备工业等产业规模为世界最大。钢铁、水泥、
主要有色金属的年产量甚至超过世界其他国家年产量的总和。而世界经济进入新
常态，一方面意味着世界经济的现实表现始终不及其潜在增长能力，预示着有效
需求的全球性不足，另一方面意味着国际金融在高杠杆下始终存在去杠杆风险。
"低增长、低通胀并存成为全球经济的新常态，通缩变成经济的新隐忧。作为新
兴经济体的代表——中国，在世界经济新常态下，也不能独善其身，也将进入具
有中国特色的新常态。其标志是进入增长速度的换挡期、经济结构调整的阵痛期
和前期刺激政策的消化期三期叠加，使各种矛盾和问题相互交织，表现为经济下
行压力在持续加大中。"换言之，当世界经济进入低增长和高杠杆的新常态时，
中国经济也就进入了告别高速增长并要相应地去杠杆的新阶段。

然而，告别是漫长的，并且是令人痛苦的。经济下行压力持续加大，关于宏
观经济政策的争论随之而起：是更大力度地使用扩张性财政货币政策来提升总需
求，从而维持现有经济结构下的高速增长，还是另择他途，从供给侧入手，通过
结构性改革来寻求高质量发展的解决之道？

答案是清晰的。既然中国的产能是为全球准备的，当全球需求不足并陷入
"长期停滞"时，中国的产能过剩就是绝对的。在这种情况下，任何用于反危机、
反周期的扩张性财政货币政策，虽然能提升总需求，但却只是总需求的短期扩
张，并不能持久地维持经济的亢奋表现。对于经济真实持续的增长，供给侧的技

术进步及产业升级才是真正的推动力。供给侧结构性改革由此登堂入室，"去产能、去库存、去杠杆"就成为必然的选择，相应地，"降成本、补短板"就成为新的目标。

"去产能"是世界经济新常态在中国的折射。以钢铁工业为例，金融危机后，中国的钢铁产能常年占全球的 60% 以上，达到 11.5 亿～12 亿吨，实际产量维持在 10 亿吨左右。但是，国内常年实际需求一般在 8 亿吨左右，对外常年出口在仅 1 亿吨左右，产能过剩十分明显。2015 年产能利用率仅为 67%，更为严重的是，当年产能在 100 万吨以上的钢铁企业就有 305 家，平均一个省有 10 家左右，产能严重分散，也为世界之最。于是形成了产能过剩式的恶性循环，一旦市场回暖，价格上升，过剩产能便开工投入生产，激烈的市场竞争使价格快速下跌，生产得越多，产量越大，价格越低，亏损越严重，钢铁企业不得不减产保价。当产能退出市场，价格又开始上行，开启新的循环，周而复始。钢铁企业在激烈的竞争中疲于奔命，微利甚至亏损成为常态，不仅无力投资于环保和技术进步，更突出的是，负债率持续攀升。2015 年，钢铁企业负债总额达到 4.38 万亿元，负债率高达 66.7%。甚至央企债务违约的迹象也开始显现，只能借新债还旧债。于是，结论十分简明：只有下决心去掉过剩产能，才能结束恶性循环，走向高质量发展。以此类推，中国有近百种工业产品，尤其是资本密集型重化工业基础产品产能居世界首位，都存在类似的"去产能"问题。

"去库存"是中国特色的房地产问题。在 1998 年中国实行货币化房改后，房地产作为一个新兴产业，快速成长为支柱产业，不仅本身在 GDP 的比重不断提高，而且由于前后关联四五十个产业，对国民经济的影响不断扩大。然而，2015 年后，中国房地产发展遇到新问题，在许多地方，尤其是三、四线城市出现销售困难，房地产开始积压，需要"去库存"。究其原因是中国人口结构及中国人对房地产的需求发生了变化。一方面，根据 2015 年的人口抽样调查数据，当年中国城镇家庭人均住宅面积为 35.3 平方米，户均住宅超过一套。另一方面，统计表明，2012 年后中国新进入市场的劳动力就开始下降，每年下降 200 万～300 万人，预示着未来新组成家庭每年少 100 万户以上。在中国文化体系背景下，为结婚所准备的婚房是刚需中的刚需。一旦新组成家庭户数下降，则意味着"刚需不刚"，房价的涨幅放缓，房价甚至不涨。而房地产投资者的行为是"买涨不买跌"。房价不涨，投资疲软，相应地影响到住房需要改善者的行为，既然房价不涨，今后还有下跌可能，那么为什么要急着改善呢？可以再等一等。在这种市场逻辑下，三、四线城市的房地产由畅销转为积压，"去库存"就成为必然需要面对的现实。

"去杠杆"既是世界经济新常态的影响，又具有中国特色。中国是一个发展中的社会主义国家，中国作为一个发展中国家资本匮乏是基本特征，这特别明显地表现在民营经济的发展上。改革开放初期受工业化规律的支配，农村开始工业化，在自由资本不足的情况下，亦如其他亚洲新兴经济体，除引进外资外，只有借入资本经营，农民集资办的乡镇企业在中国开始崛起。乡镇企业具有中国特色，不仅"离土不离乡"，而且其"集资"也有别于常见的股本与债务的区分，除具有还本付息的债务特点外，还同时具有股本的特点，是可以分红的。这在奠定风行一时的具有中国特色的股份合作制的基础的同时，也推高了乡镇企业的负债率，并成为后来不得不进行股份制改造的一个重要原因。特别是进入 20 世纪 90 年代，尤其是加入 WTO 以后，民营经济成为出口的主力部门，但却因资本金少而发展受限。为鼓励民营经济的发展，必须克服这一瓶颈。中国金融机构大胆创新，形成了"既要看资产负债表，又要看水电表，还要报关表"的"三表"和"既看押品，又看产品，还看人品"的"三品"贸易融资流程。在这种情况下，企业的杠杆自然随外贸订单的多寡而伸缩，形成了宏观层面上前所未有的投资随出口波动而波动的微观基础。换言之，当世界经济进入新常态，外需不足而使出口长期不振，就意味着微观层面上企业的去杠杆，并且具有长期化趋势。

与此同时，中国作为一个社会主义国家，一如苏联、东欧国家，曾采用高度集中的计划经济体制。中国的工业化曾一度是计划经济体制下的国家工业化，国有国营企业是骨干。与计划经济体制相一致，国有国营企业"产供销，人财物"都是按计划调配的，相应地其经营活动的财务结果也是统一纳入财政的，利润上交财政，资金由财政下拨，从而国有国营企业仅是服从计划安排的附属于政府的生产单位，是工厂、是车间，而不是现代意义上的企业。也正是这个原因，一如其他实施计划经济体制的国家，需要进行经济体制改革。1984 年，随着企业改革的展开，中国的财政体制也进行了相应的调整，利改税、拨改贷，在中国境内所有企业都必须依法纳税。对国有国营企业而言，不仅利润中相当一部分成为税金而缴纳，而且财政也不再无偿地拨付资金，先前所有的拨款改为与银行的借贷关系，致使许多生产单位出现了高负债率，并遗留至今。特别是那些资本密集型重化工业企业，因投资大、负债多、周期长而利润低，资产负债率长期居高不下，有的甚至资产负债率超过百分之百，意味着所有的资产都是负债，所有损益都是金融机构的。

除此之外，更加独特的是，不同于其他国家，中国的地方政府是建设型政府，兴办企业，尤其是兴建基础设施，支持经济发展是其责任。为此，以土地出让收入为担保，融资建设基础设施就成为各地政府通行的做法，形成了以地方融资平台为代表的一整套土地财政安排。由上，工业"去产能"、房地产"去库存"就一定预示着宏观层面的资产负债表"去杠杆"。

需要强调的是，在中国经济由高速增长转向高质量发展的过程中，"去产能""去库存""去杠杆"的过程控制比"去"本身更重要。这是因为快速"去杠杆"就是金融危机，尽管引发快速"去杠杆"的原因多种多样，但无疑"去产能"和"去库存"也是诱因。于是，渐进且有成效的分寸把握、平滑但有质量的火候掌控成为关键，稳中求进态势至关重要。在这方面，中国进行积极的探索，取得了实质性的进展：

在"去产能"方面，不再重复以往用行政手段强制"下马"的做法，取而代之的是分类指导，多管齐下，多种措施鼓励提高产业集中度，其中企业的收购兼并是主要途径。换言之，通过政策鼓励，使行业前十大企业能集中本行业 60％以上的产能。事实证明，在这方面，既创出改革的新鲜经验，也取得良好的经济效益。例如，钢铁行业是国有企业占比较高的行业，可借助国家的力量整合国有资本。于是，就有了国资委主持的"宝钢"和"武钢"的合并，以及"鞍钢"与"本钢"的合并。通过合并，进行了债务重组，不仅淘汰了落后产能，也使"僵尸企业"退出了市场。再如水泥行业，这是一个市场分散、经营企业居多、高度竞争的行业。中国水泥协会发挥行业协会的作用，通过召开大型水泥企业领导人圆桌会议（C12＋3 峰会）协商进行市场化去产能。对那些产能小、技术落后、濒临亏损的小企业，用购买配额的方式帮助它们退出市场。凡此种种，使产业集中度迅速提高，既避免了恶性竞争，又通过"去产能"稳定了价格，在改善绩效的同时稳住了杠杆，使负债率明显下降，由此奠定了企业长远发展的基础。

在"去库存"方面，针对房地产出现的新形势，各地政府出台了一系列以"房住不炒"为核心的政策措施，除人们耳熟能详的在供给端扩大供给并改进供给方式、在需求端限购并提高炒房成本外，更值一提的是"货币化棚改"。如前所述，作为一个存在明显二元经济结构的发展中国家，无限供给的农村剩余劳动力具有强烈的加入工业化的愿望，从而推动城市化的快速发展，使房地产成为支柱产业。2015年后，尽管这一趋势仍在维持，但结构却在发生变化。随着农村剩余劳动力大部分进城，新进入市场的青壮年劳动力更愿意前往有更多就业机会和更好发展前景的一、二线大城市。相形之下，中小城市因人口流出而出现房地产的滞销，成为"去库存"的重点。出于众多原因，为维持当地城市化的势头，地方政府在以货币方式支付城市中心老旧区域危房拆迁费用的同时，指定或帮助拆迁户购买新房。这种"货币化棚改"既改善了民生，提升了城市功能，又消化了房产的库存。即使是在新冠疫情后中国的房地产出现持续下行时，各级政府也与金融机构密切合作，以"保交楼"等多种手段，维持了房地产企业以及地方融资平台的债权债务链条的稳定。

在"去杠杆"方面，中国地方政府的负债问题是最突出的，不仅在于负债率高，而且在于负债的特别方式。中国的地方政府是建设型政府，为发展经济而"招商引资"，需要建设基础设施。由此，发展出一整套极具中国特色的基础设施建设融资安排，即前所述及的"地方融资平台方式"的"土地财政"。区别于西方发达国家地方政府常见的"财政赤字融资"的债务，中国地方政府的债务，不仅因融资平台的存在而是或有的，更为重要的是债务都有实物形式。换言之，不是吃了、喝了、挥霍了，而是有真实资产、有实际项目，经过相应的财务重整，杠杆是可以维持并能逐渐降低的。事实也是如此，一方面，许多地方政府深化财政体制改革，在理顺本级与下级财政事权和支出责任关系的同时，将地方融资平台企业化，脱离财政，使其成为自负盈亏的国有企业。另一方面，国家发改委和财政部也出台政策，鼓励将地方融资平台中的基础设施项目PPP化，通过政府和社会资本合作的方式，用本项目的未来收入覆盖本项目的债务，用本项目的现金流覆盖本项目的利息。正是由于采取了这些改革措施，时至今日，才守住了不发生地方债务系统性风险的底线。

由上可以看到，通过稳妥平滑地"去产能"和"去库存"，实现了"以稳杠杆的方式去杠杆"。中国企业的资产负债率有了一定程度的下降，尤其是原来资产负债率较高的重化工业及基础设施企业，平均资产负债率已回落至65%以下的安全线内。中国的房地产也并未出现按揭断供等重大金融风险，反而通过诸如"货币化棚改"等措施实现了"去库存"。中国的地方政府债务也因采取前所未有的改革措施，使透明度显著提高，从而使风险可辨识，进而可控制、可处置、可化解。凡此种种，使中国经济避免了先前人们所担心的在世界经济新常态冲击下的"断崖式"下跌，也为以预调、微调为代表的新型宏观调控方式的实施奠定了基础。自此，中国宏观经济调控开始了"走廊式"管理，形成了调控的上下限，上限是通货膨胀，下限是经济下行压力。当经济表现维持在合理区间、宏观经济政策保持稳定，需密切关注经济形势变化，一旦形势出现不合预期的变化，就及早进行干预，但力度不要太大，用微调来避免超调，从而使宏观调控细腻化、操作化，不再大起大落。事实表明，"三去一降一补"的供给侧结构性改革措施的实施以及在此基础上宏观调控的改善，中国的 PPI 经过 54 个月的负增长后转正，不仅使宏观经济下行态势得到遏制，而且 GDP 与总负债之比构成的宏观杠杆率趋于稳定从而可持续。

二、世界经济新常态的前奏[①]

2008 年中国经济的热点是通货膨胀及其预期。自然，对通货膨胀风险的辨识就成为第一要务，尽管对通货膨胀产生的根源存有异议，但值得注意的是，大都认为此轮通货膨胀是在经济全球化背景下产生的。"如果说中国物价上涨是一种货币现象，它不完全是人民币问题，而更重要的是美元问题，由于美国持续宽松的货币政策导致美元疲软，形成全球通货膨胀，具体的表现是全球通货膨胀所带来的进口商品，尤其是石油、铁矿砂等能源原材料价格高企。从这个角度观察，目前中国的物价上涨基本是成本推进性的。"在这种情况下，货币政策对管理通货膨胀预期是有意义的，但对控制物价上涨却作用不大。"鉴此，对 CPI 而言，货币政策似无进一步从紧的必要。"经济学家当时的预测是因"世界经济增长放缓，出口大幅度增长的难度加大"，同时 2008 年下半年通货膨胀已有走低的趋势，"可在第四季度适当放松货币政策，缓解中小企业资金紧张局面"。

进入 2008 年下半年，世界经济呈现出动荡的态势，导火索是金融问题。当时，美国的次贷危机发展趋势如何、会引发什么样的问题尚在猜测之中。美国布

---

① 源自博源基金会编、2009 年由社会科学文献出版社出版的《国际金融危机与中国经济发展》一书中笔者所撰写的前言。

鲁金斯学会主席、高盛前总裁约翰·桑顿表示，"现在在危机的什么阶段？最糟糕的时候是否已经过去？现在无人知道确切答案"。经济学家回顾了次贷危机发生的过程，认为它已开始引致美国经济进入衰退。以次贷危机为标志的"金融危机的根源是美国经济中居高不下的债务负担"。"此次金融危机是对美国过分透支未来的自然调整，是对过去积累的风险的集中释放，而由于债务对 GDP 的比率如此之高，其调整的幅度自然变大。"预测"此次周期可能下降幅度较大，调整时间较长，一般估计此次周期将呈现 L 形或 U 形，乐观估计为 W 形，但在 W 的前半段将持续相当长的时间"。同时，这一危机"将有可能威胁美元作为国际货币体系中主导货币的地位，这不仅会恶化美国金融形势，而且美国的金融危机会演化为国际货币体系的危机"。对中国而言，"实业发展仍有较大的潜在空间。如果内需扩大，将会将这些潜在的空间变为现实的可能。也正是在这个意义上，市场普遍认为中国经济有可能与西方经济的周期脱节"。

2008 年 9 月 15 日，以雷曼兄弟倒闭为标志，爆发了全球性的金融危机。危机来势汹汹，势如海啸，四处肆虐，"覆巢之下，安有完卵"。面对金融危机的挑战，判别其成因、走向以及应对之策刻不容缓。值得注意的是讨论并未局限于对金融危机过程的描述，也集中于金融危机产生的背景——经济全球化以及因此形成的以中美两国为代表的全球经济失衡。在过去十年中，美国的低储蓄、高消费、大进口和中国的高储蓄、低消费、大出口形成了镜像对称关系。这意味着一旦美国的负债消费模式难以为继，中国依靠出口拉动的粗放型经济增长方式也将不可持续。在这个意义上，此次金融危机引发的经济衰退不再是周期性的，而是具有深刻的结构变动含义，需要重塑新的世界经济格局，其中改革国际货币体系、重塑全球监管体制以及世界经济"再平衡"变成不能再回避的严肃问题。鉴此，从全球的视角出发，重新审视中国的发展模式也成为题中应有之义。

"从全球情况看，尽管资本市场包括投资银行和投资者在内的去杠杆化已步入后期，但信贷市场的去杠杆化才进入高潮，而消费者以储蓄率提高为特征的去杠杆化才开始显现。""在去杠杆化的作用下，世界经济已经进入衰退。由于此次衰退的主要原因是过去渐已形成的经济全球化的结构和格局调整，涉及的因素广泛而深刻，从而不能从传统的经济周期或商业循环的角度加以解释，特别是在当前西方国家居民储蓄与消费行为急剧改变的情况下，不排除衰退后出现长期萧条的可能性。"经济学家认为"金融危机以及由此引起的全球经济衰退，对中国经济的影响开始全面显现。它不仅使长期以来的依靠投入的粗放型经济增长方式的不可持续性暴露无遗，而且外需的下降或消失，造成中国经济突然下滑"。中国经济以这种方式将其与全球经济的水乳交融般的联系突然展现在人们面前，"此次金融危机也构成了中国经济新一轮波动的起点"，"在未来两年间，中国宏观经济很可能会像 1998 年和 1999 年那样，出现 W 形波动"。"克服通缩将成为宏观经济政策重心"，"而国内最终需求的提升是主要方向，其中提高居民收入，尤其是提高包括农民在内的低收入阶层的收入应是政策重心"。

经济学家对全球经济失衡的程度和再平衡的时间做出了估计，认为"全球重新恢复平衡的关键还是需要观察美国储蓄率的变化及其影响"。"如果美国储蓄率恢复到 8%，大概就是美国 17 年之前的水平。"从消费者的角度看，相当于减少超过 6 000 亿美元的支出，"对中国来说，这意味着 2009 年全球贸易萎缩可能已成定局，出口行业的压力在这种国际环境下会一直持续"。在"全球金融市场还可能出现一些概率较小但是对市场冲击较大的金融事件的同时，美元会阶段性走强"。对中国经济而言，全年实现保 8%增长的目标，"从政策的优先次序看，保稳定、保就业应当优先于保增长"。其中地方政府的投资迅速弥补外需下降和房地产调整所带来的增长缺口是关键。

在此次金融危机中，中国政府以前所未有的积极财政政策和适度宽松的货币政策刺激经济，出台了规模达"四万亿"的一揽子计划。经济学家讨论了中国反危机政策的效果，认为金融危机第二波出现的可能性不大而中国政府的应对及时有力，已初见成效，经历 2009 年第一季度的大幅下跌后，"中国经济最坏的时点已过"。从环比的角度来看，第二季度将会出现大幅反弹。但问题的关键是，这一反弹是用再杠杆化手段实现的。而银行贷款增速很快，这会引发潜在通货膨胀率升高、产能过剩和资产泡沫化的风险。在这个意义上，从 2008 年 12 月到 2009 年 3 月，"过去四个月的贷款增速无法持续，也不应允许其持续"。政策导向应从刺激经济短期回升转向支持经济的可持续增长，从而要及早考虑政策体系由危机模式转向正常模式。经济学家建议"稳定现有政策，不再出台新的经济刺激措施，既保持政策的连续性，又保持政策的可持续性"。

进入 2009 年下半年，全球范围内的"去杠杆化"已趋稳定，全球经济因此进入"可预见"衰退。经济学家开始把一些中长期因素纳入视野。大家的共识是"此次全球经济危机是结构性的，而不是周期性的"，"世界经济将不会重现

2002—2007 年低通胀、高增长的局面"，并且"全球已经进入通货膨胀时代，但通货膨胀率在两年内不会过分高企"。由于"全球经济结构调整使出口导向经济不可持续"，因此要"从产能过剩的角度出发，考虑和调整经济刺激政策组合"，并"着眼于长期，使经济刺激政策组合立足点转移到民生方面"。2009 年 7 月后，经济学家进一步认为，"中国经济率先恢复增长已成定局"；经济增长中新的风险因素开始显现，"应提前考虑反危机的宏观经济政策向正常状态的过渡"。并特别提出"资产价格上涨和国际收支顺差增长是 2009 年宏观经济政策关注的热点"，其中"处理国际收支顺差扩大问题需从长计议，全面考虑"。"在汇价水平调整和汇率形成机制的选择顺序上，后者，即汇率形成机制应处于优先考虑位置"。在讨论中，经济学家特别关注短期反危机政策和长期增长政策的衔接问题，认为从长期来看增加基础设施投资既是给定的，也是有意义的。但从短期来看"这一投资带动的增长路线是否可持续主要取决于通货膨胀的水平"。结论是"在今年底明年初是反危机宏观经济政策淡出的时机。为保证反危机政策顺利淡出，应做好相应的政策准备"。

专家们认为"世界经济衰退已经触底，并出现了复苏迹象"，但"世界经济失衡的格局仍在"。"预计美国经济走势将呈现出前高后低的局面。"就中国经济而言，随着世界经济的好转，出口对中国经济的负贡献将转变为正贡献，并且贡献率加大。由此，经济下行风险基本解除，但上行风险开始显现，主要体现为通货膨胀、资产价格上涨和产能过剩。其中，后两者对 2010 年中国经济的威胁最大。在这种情况下，中国经济维持高强度投资的必要性和迫切性正在下降。后危机时代的宏观经济政策应着眼于长期。诸如高投资率、消费不足、产能过剩和国际收支双顺差等长期因素在未来十年间均有可能发生变化，"根据这些长期因素的变化趋势、各自的变化速度以及相互关系因势利导，以调整结构推进改革为重心，分阶段进行政策新组合。这一组合不是简单急刹车式的反危机政策'退出'，而是有目标的调整，即宏观经济政策在总体上呈现一个转大弯的态势，又在实质上进行重心的转移"。

2009 年末，随着世界各国经济陆续复苏，一个问题自然而然地产生：是否应对金融危机的非常政策可以退出，亦即反危机的宏观经济政策是否应该回归常态？对中国经济而言，自 2009 年第二季度起，经济开始强劲回升，那么经济早复苏是否意味着政策退出也要早？保增长不再是主要矛盾，取而代之的是中国经济复苏较欧美早 6～9 个月，如果反危机的宏观经济政策退出过晚，中国"有可能在拉动欧美经济的同时陷入经济过热，从长期看会出现产能过剩，从短期看，房地产泡沫令人担忧。为了避免这一局面的出现，货币政策的收紧已十分有必要"。其中包括利率、汇率在内的资金价格的上调是重要手段，而这又牵涉整个生产要素价格体系的市场化改革。于是，在宏观经济开始复苏的背景下，启动改革议程至为关键，并应将改革的任务和顺序放在未来十年中国经济面对的重大问题的框架中予以明确。在未来十年中，中国经济至少面临以下几个重大挑战：第一，人口结构的变动即人口老龄化所带来的人口红利的消退；第二，农村剩余劳动力基本转移完毕所带来的劳动成本的上升；第三，城市化的加速发展所带来的城市形态变化及农民工市民化；第四，全球经济失衡而使中国扩大内需不可避免并由此导致居民收入需要持续提高的压力；第五，中国经济发展而不得不面对国际收支资本项目开放的挑战；第六，全球产业向低碳方向升级以及由此形成的清洁贸易机制的中国追赶问题。对中国经济而言，研究这些新因素并制定长远的战略安排已十分迫切。

三、世界经济复苏分化

（一） 2010 年[①]

就 2010 年而言，看法是：在总体上控制投资规模，尤其是在控制贷款规模的前提下，可使财政政策与货币政策调控方向适度分离。亦即在维持现有财政政策方向不变的同时，将货币政策向中性方向调整；在总体控制通货膨胀预期的前提下，把握通货膨胀仍温和的时机，着手进行以能源资源为中心的价格改革，并重点防范资产价格过快上涨；在总体规划并推进人民币在资本项下可兑换的前提下，鼓励企业、居民对外投资，严管外资尤其是游资的流入，保持人民币汇率基本稳定。

如果说 2009 年是世界经济陷入国际金融危机冲击的困难境地，那么 2010 年则是世界经济踏上了复苏之路。然而，与 2009 年相比，2010 年的世界经济形势

---

① 源自博源基金会编、2011 年由社会科学文献出版社出版的《国际经济复苏与中国经济持续增长：博源经济观察报告（2010）》一书中笔者所撰写的前言。

却更复杂。2009 年，金融危机带来的全球经济衰退是主要威胁。尽管形势严峻，但目标明确，各国全力应对危机促进经济增长成为唯一选择。2010 年世界各国经济相继复苏，但复苏的进程却出现了分化。在新兴经济体中，经济复苏是以就业增长为标志的实质性复苏，而在发达经济体中却出现了"无就业增长的复苏"。世界各国经济复苏进程的分化导致了各国复苏管理政策的不一致性，并由此为不平衡的世界经济带来了新的不平衡因素，世界经济呈现出扑朔迷离的复杂局面。随着世界经济的复苏，外需逐步扩大，中国的出口加速。进入 2010 年，中国出口已摆脱负增长局面，对 GDP 的贡献开始变为正，并日趋加大。在中国经济结构具有出口导向性质的情况下，中国经济对世界经济的复苏高度敏感。当世界经济高涨，中国出口加快，中国经济有可能走向过热，反之则有过冷之嫌。中国经济今后的走势成为人们关注的焦点。回顾出口变化对中国经济的影响后发现，当把投资和出口叠加在一起观察，可以发现，投资并非拉动经济增长的独立自变量，而是依附于外需的因变量。当出口增长时，出口带动了非国有部门的投资；当出口下降时，为拉动经济增长和应对产能过剩，国有部门就必须投资。长期形成的出口导向型经济结构，决定了短期宏观经济运行的出口引领特征，并日渐形成了宏观经济政策的路径依赖，呈现出宏观经济政策被迫锁定在出口波动上，以刺激或控制投资作为应对出口波动的手段，而使用的工具主要依靠国有部门投资的进退。这意味着，如果不加快结构转变，不把经济增长的基础放在国内消费上，就难以摆脱宏观经济政策由出口引领的路径依赖。在世界经济已开始复苏的情况下，摆脱宏观经济政策出口引领的路径依赖日显迫切。从短期看，2010 年，如果出口快速恢复，经济将呈现 2005 年后的经济过热局面；如果出口依然低迷，经济将面临 2010 年后较低增长和较高通胀的"滞胀"局面。而"这两种局面的共同点是通货膨胀水平开始逐步高企。为防范未来通货膨胀显性化的风险，降低整个经济的'杠杆率'已成为政策选择的方向。从长期看，如欲将这一政策选择方向付诸实施，则有必要突破目前这种等待出口变化的被动政策状态，将政策基点转到主动调整结构上。退一步讲，即使出口增长或下降，也只是影响短期的宏观总量平衡，至多影响 GDP 可容忍限度内的波动。而一旦长期政策为这一波动所牵制，就会损害政策的持续稳定性"。所以，2010 年的财政政策应向中性方向转变，财政赤字不应再扩大而应有所消减。在此前提下，货币政策应加速向中性方向转变，再次提高准备金率，特别是提高利率应纳入考虑范围。为了对冲利率上升因此热钱流动的风险，汇率的浮动是必要的。然而，由于人民币与美元在事实上挂钩，利率工具与汇率焊接在一起，不松动汇率，利率工具则难以启用。这在很大程度上限制了利率工具的灵活性，降低了货币政策的有效性。从这个角度来看，为使货币政策灵活起来，并向中性方向转变，汇率机制的改革实属必要。更为重要的是，汇率机制改革也释放出一个信号，对国际社会而言，中国正在试图实现世界经济的"再平衡"，对国内而言，中国正在启动以消费为中心的经济结构调整，并开始打破出口引领的被动宏观经济政策循环。

新兴经济体就业改善迅速，复苏强劲，但发达经济体却是"无就业增长的复苏"。如何评估这一形势成为人们关注的热点。"无就业增长的复苏"表明经济复苏主要体现在金融市场上，实体经济尚未完全走出衰退。全球经济复苏格局的分化使各国不再恪守一致化行动，而是根据自身情况制定"退出"策略。各国退出时机、退出力度不尽一致，出现政策的分野。总的来看，全面复苏态势不明朗是构成西方发达国家在刺激政策"退出"上犹豫不决的主要原因。与此同时，在发达经济体中，欧洲主权债务危机更是加剧了宏观经济政策的分野。欧洲主权债务危机的深层次原因是为应对以次贷为代表的个人债务危机引发的金融机构"去杠杆化"性质的资产负债表衰退，国家财政采取了"再杠杆化"措施，虽然修复了金融机构的资产负债表，但却是以国家债务换取个人债务。"尽管以希腊债务问题为代表的主权债务问题尚不会构成第二波金融海啸，但由此衍生的各国财政刺激政策的可持续性问题浮出水面，受此影响，西方发达国家，尤其是欧洲国家的经济复苏步伐将远慢于预期。全球经济复苏格局的分化，给中国出口带来了一定的影响。但是，新兴经济体经济增长强劲，在西方发达国家中，美国经济复苏较快，总体上讲，中国出口的大环境明显好于 2009 年，当时预计今年出口增速将超过 20%。受出口拉动的影响，中国制造业产能利用率开始大幅度回升"，经济上行风险进一步加大。鉴此，当时建议加大刺激性政策向中性或稳健方向转变的力度。在货币政策方面，除现有的流动性控制政策外，应加大对通货膨胀预期的控制，时刻保持实际利率为正是必要的。在财政政策方面，应着手降低赤字水平，特别是防止地方政府债务水平的进一步高企。

随着欧洲主权债务危机的演进，欧元是否会解体并由此产生第二波金融海啸以及对中国经济的冲击成为普遍担心。经济学家当时认为欧元不会解体，欧洲主权债务危机不会导致第二波金融海啸，其最大的风险是欧元贬值。但这却为世界经济的复苏蒙上了阴影。大体来看，在未来几年，新兴经济体将取经济高速增长和通货膨胀之势，而发达经济体则取经济低速增长和通货紧缩之势。反映在国际金融格局上，新兴经济体货币有升值之势，而发达经济体货币有贬值之势，其中欧元将长期贬值。世界经济"再平衡"不完全是新兴经济体对发达经济体的"再平衡"，也包括发达经济体内部的"再平衡"。世界经济分化态势更趋复杂。在这种局面下，国际资本出现短期化倾向并频繁流动，使国际货币体系改革和金融市场监管变得日益紧迫起来，其中克服货币锚漂移和控制金融投机炒作成为重心。这将构成未来几年重建国际经济和金融秩序的基调。

随着世界经济形势的新变化，对中国经济而言，人们担心以下几个风险：（1）经济的二次探底；（2）通货膨胀；（3）资产价格的泡沫；（4）国际资本的冲击。净出口变化对 2010 年及今后一段时间 GDP 的增速变化至为关键。根据测算，2010 年，出口将恢复至 2008 年的水平。换言之，与 2009 年不同，净出口对GDP 的贡献将呈现为正，中国经济已全面高涨，同时"以通货膨胀显性化为特征的经济过热已有迹象。尽管全年 CPI 上涨不会超过 4％，但 CPI 上涨态势已经显现。防止 CPI 过快上涨的重心应放在 PPI 向 CPI 的传导上，即防范工业品成本推动型通货膨胀。目前，资产价格上涨已成为威胁中国宏观经济的主要因素，而这与流动性过剩有密切关系。而资本成本过低并引起通货膨胀预期和资产价格泡沫预期。从这个意义上讲，加息并且是对称性加息，以纠正实际利率为负的状况，对控制通货膨胀及资产价格泡沫预期实属必要并迫在眉睫"。相应地，利率调整应和汇率调整相配合，国际经验表明，浮动利率将会有效地缓解这一冲击。鉴此，人民币应及时走向有管理的浮动汇率制，人民币汇率机制弹性化至关重要。在欧洲主权债务危机的背景下，在人民币升值的外部压力有所缓解的情况下，目前是人民币汇率机制弹性化的最好时机。

进入 2010 年下半年，世界经济复苏的势头放缓更加明显，中国经济的月度同比增长率也在回落，对中国经济会出现"二次探底"的担心加剧，甚至有呼声要求再次加大对经济的刺激力度，当时认为世界经济仍然处于复苏进程中，中国经济不会出现"二次探底"。之所以有这样相对乐观的预测是因为中国经济仍然处于工业化和城镇化的进程中，经济增长中的一些趋势性因素虽在发生变化，但尚未发生本质性的变化。在供给侧劳动和资本仍然充裕的条件下，只有内外需求侧不出现大的意外，供给能力才会转化为现实的经济增长。统计分析表明，这些潜在的供给能力所构成的趋势性增长因素，将可在未来几年支撑中国 GDP 8％ 以上的增长率，这表明在未来几年中国经济不会有 2009 年那样的"二次探底"。目前中国经济正在自然回落到合意增长区间，从改革开放三十余年的经济发展历程来看，中国经济存在着一个客观区间，即 GDP 增长率维持在 7％ 以上，而以 CPI 衡量的通货膨胀率维持在 5％ 以下。一旦 GDP 增长率超过 10％，则以 CPI 衡量的通货膨胀率超过 5％ 的风险加大，经济有过热之嫌；一旦 GDP 增长率低于 7％，则财政收入、企业利润及居民收入都有可能难以维持。中国经济之所以形成这样一个客观区间，是由中国经济特定历史发展阶段所形成的特定历史结构所决定的。换言之，只要这一结构不发生重大改变，这一区间的存在就是客观的。宏观经济政策的意义就在于使低于或超出这一区间的，经调控回归这一区间。2010 年中国的 GDP 增长率将会达到 9％～10％，而以 CPI 衡量的通货膨胀率仍会在 4％ 以下，这意味着中国的宏观经济政策目前不需要做方向性的调整。亦即没有必要再次加大对经济的刺激力度，但有针对性地稳定市场的政策微调因此显得必要。就经济增长波动而言，目前市场主要是房地产调控、地方融资平台治理和节能减排措施等多项措施、多项政策的叠加效应所引起的 GDP 不正常回落，建议以上三项措施可在力度和时间上做些调整。就通货膨胀而言，主要体现为工资大幅上涨和农产品涨价预期以及由此引起市场利率水平的上升。为稳定通货膨胀预期，建议制定工资增长规划并建立工资正常增长机制，遏制借农产品减产而搭车涨价；做好加息的准备；"另外，如有必要，2011 年起，可适当将通货膨胀控制目标放宽到 4％ 左右，以增加宏观调控的政策弹性"。笔者当时认为"为使中国经济保持可持续的增长，不仅需要在供给上将经济增长的基础更多地放在技术进步上，而且需要在需求上将经济增长的基础更多地放在国内消费上，而'十二五'时期将是实现这一转变的关键时期。结构调整必须未雨绸缪，及早安排"。

2010 年夏季之后，关于"十二五"规划的讨论日益活跃。在回顾短期经济形势的基础上，将注意力转向"十二五"期间中国经济面临的中长期问题。笔者当时认为：就短期经济增长而言，GDP 从环比情况来看 2010 年第三季度应当是底部，因为多种紧缩性政策举措陆续会在第三季度产生效果。从政策层面来讲，不必对这个回落产生过度的反应，因为经济增长的一些上升力量会使经济增长在 2010 年第四季度到 2011 年第二季度之间逐步恢复。从物价的情况来看，预计全年物价高点会适当延后到 9—10 月，高点会突破 4％。经济形势仍然在合意区间内。但是要研究未来 5～10 年中国的潜在经济增长水平变化，若从需求方考察增长潜力，需要考虑出口、房地产和城镇化的增速：一是出口增速下滑趋势比较明确，出口持续高速增长的状况可以说今后无法复制。二是房地产需求是否持续旺盛存疑。三是中国城镇化速度是否放缓值得关注。若从供给方考察增长潜力，需要考虑劳动力、技术进步和利率水平的状况：一是人口红利因素对经济增长的贡献率是否会大幅下降。二是全要素生产率的增长速度是否会显著下降，遭遇"拉美陷阱"。三是利率将逐步提高，从而提高投资成本。基于以上考虑，在"十二五"规划中，当时建议：（1）将 GDP 增长目标定在 7％，提高对稍低增长的容忍度。只有将 GDP 增长目标定得低一些，才有利于推动经济结构转型。（2）深入研究改革对增长潜力的影响。"改革对增长的影响非常复杂，不同的改革在不同的时点对经济增长有正面或负面的影响，所以，有必要深入研究，尤其是量化各种改革方案对增长潜力的影响"。（3）考虑忍受相对较高水平的通胀率，如果要下决心让各类要素价格市场化，就必须做好准备在一段时间内忍受通胀率处于相对较高水平，同时未来全球农产品价格依然会出现上涨。当 30 亿的中国人、印度人、印度尼西亚人开始脱离农地，全世界将会遭遇一次比工业品更为强劲的农产品价格上涨，这会给中国今后的经济发展和社会稳定带来一系列冲击，必须未雨绸缪。（4）注意未来几年国际环境的变化。一是流动性过剩常态化。二是全球经济增长格局将出现重大改变。三是新兴经济体的城镇化进程影响深远。与此同时，在"十二五"期间要注意两大风险。一是国债风险，现在美国、欧洲国家、日本的 2 年期国债收益率都在 1％以下，根本无法体现其负债状况蕴含的重大风险。二是汇率走向。美元、欧元、日元目前都是弱势货币，未来汇率变动可能持续不断地导致金融市场发生振荡。

2010 年 9 月后，世界各国经济的复苏差异终于使各国复苏管理政策出现了方向性的分歧。发达经济体尤其是美国经济复苏乏力，宏观经济始终面临着因为高失业率而恶化的风险，即"二次探底"的风险。由于这种担忧，美国开始通过加大实施宽松货币政策的力度来刺激经济进一步向好，即 QE2。面对世界经济的这种新变化，复苏政策的不平衡是当前全球的主要矛盾。由于美元是现行国际货币体系中的主要锚货币，量化宽松的货币政策意味着美元持续加大供给、流动性泛滥和美元持续贬值，相应地使各国货币相对于美元大幅升值，进而不得不采用汇率干预措施。从长期来看，全球各经济体复苏进程不一致导致的复苏政策差异和分化，会使各国利率和汇率的差异化更加明显。增长的差异、利率的差异和汇率的差异诱导国际资本频繁流动，汇率的波动将变成常态，贸易摩擦、汇率摩擦将经常化。这表明，世界经济的不平衡在原有基础上又添加了复苏政策不平衡的新因素，并可能随着不平衡状况的存在而持续。就中国经济而言，从短期来看，经济下行风险降低，但通胀风险上升；从长期来看，与过去 30 年相比，中国经济的增长条件正在发生变化。一是"出口导向型经济将难以持续"；二是"劳动力无限供给状态将结束，以劳动力便宜为代表的中国制造的低成本竞争优势将受到削弱"；三是"中国经济开始步入老龄化时代"，"投资驱动型经济增长模式将面临挑战"；四是"资源耗费型和环境不友好型经济增长方式将难以为继"。在未来 10 年间增长条件的变化，既意味着经济结构调整开始具有外在的压力和内在的动力，同时也意味着中国经济总量增长将呈衰减之势。按现有的趋势估计，如果中国经济增长完全建立在国内消费的基础上，经济增长速度将不会超过 6%。因此，在极端意义上，中国经济正呈由目前 10% 左右的增长率向 6% 的增长率收敛之势。宏观经济政策的基调就是避免这一收敛速度过快、收敛幅度过大，并以此为基础为缓慢进行的结构调整创造稳定和宽松的环境条件。因此，熨平投资周期应成为今后几年宏观经济政策的重心。2011 年，宏观经济政策的定位应是中性并适当偏紧。在货币政策方面，当时建议定位为稳健的货币政策，在财政政策方面，建议仍维持积极的财政政策，但财政赤字水平不宜再提高，当时建议将人民币汇率形成机制改革列入"十二五"规划，作为重要改革任务予以完成。

回顾 2010 年的世界经济发展历程，世界各国经济复苏进程具有不对称性，但总体复苏仍在持续，并且通货膨胀态势明显化。预计 2011 年全球经济增长速度略低于 2010 年，达到 4% 左右，而复苏进程的不对称性导致复苏政策的不一致性，并构成 2011 年世界经济的新风险。一是在发达经济体尤其是美国，金融机构"去杠杆化"结束和工商企业"再杠杆化"尚未开启，两者之间的差距构成金融市场极大的流动性，而美联储的第二轮量化宽松货币政策则使流动性过剩更趋严重，全球资产价格将呈明显上涨趋势，尤其是以美元定价的大宗商品金融化趋向会更加显著。与此同时，在各国经济增长率、利率及汇率存在差异的情况下，流动性在各国游荡，各国金融市场有可能呈现巨幅波动的动荡局面。二是发达经济体金融市场复苏步伐不一致。在美国金融市场基本恢复从而缓解债务危机的同时，欧元区仍在债务危机中挣扎，只不过由私人债务危机转化为国家债务危机。

2011 年三四月份，葡萄牙和西班牙将有大量债务到期，财政需要融资成为考验国际金融市场的关口。三是在上述原因的影响下，各国汇率波动将不一，并且有可能丧失方向。结论是，新兴经济体因实质性复苏，通货膨胀态势出现，其经济政策向偏紧方向转变，而发达经济体尚未出现实质性复苏，仍然处于通货紧缩之中，其经济政策仍呈宽松状态。两类政策的差距、博弈与变动将影响世界经济走势。其中，由于美元作为国际货币和主要储备资产，美联储的货币政策走向会影响国际金融市场，进而影响世界经济。世界经济复苏曲折凸显了世界经济再平衡的重要性，孕育着实质性的调整。对中国而言，要将经济结构调整纳入世界经济再平衡的视野，有步骤、有重点地推进改革。其一，要通过国有企业分红制度的建立，打破垄断并完善国有资产管理体制；其二，理顺资源价格体系、推进利率市场化和从支出责任入手启动财税体制改革应成为改革优先选项。

（二） 2011 年[①]

2011 年是世界经济悲喜交加的一年。上半年，发达经济体出现了积极复苏的势头，与已在 2010 年开始实质性增长的新兴经济体交相衬托，一道形成了令人憧憬的态势。然而，下半年风云骤变，8 月美国财政的可持续性问题凸显，两党为提高国债上限争吵不已；9 月，希腊主权债务再次恶化，欧洲主权债务危机开始向核心区蔓延，意大利主权债务成为新的热点。与此同时，新兴经济体增长势头也开始疲软。人们担心世界经济会出现"二次衰退"。

一年内，世界经济呈现出"冰火两重天"式的跌宕起伏，使人们首尾不能相顾。扼腕之际，人们不禁要问：世界经济到底怎么了？为什么变得如此不确定？难道真的进入了一片未曾探测的水域？

2011 年世界经济是以结束"双速增长"开局的。此前，世界经济态势的基本格局是新兴经济体以就业增长为代表的实质性复苏和发达经济体"无就业增长复苏"并存。"双速增长"不仅使各经济体的增长率出现差异，而且使各经济体应对经济形势的宏观经济政策大相径庭，并因此引发了人们对美联储 2010 年 10 月一意孤行开始的第二轮量化宽松货币政策后果的担忧。随着美国失业率的下

---

① 源自博源基金会编、2012 年由社会科学文献出版社出版的《国际经济波动与中国经济调整：博源经济观察报告（2011）》一书中笔者所撰写的前言。

降，美国实体经济的复苏步伐加快，人们开始变得乐观，普遍认为 2011 年美国经济增长速度将超过 4%，并因此不再拖累世界经济，反而会推动世界经济加速增长。

在肯定世界经济尤其是美国经济积极因素的同时，必须指出新风险因素开始孕育，并威胁世界尤其是新兴经济体的经济增长前景。一方面，日欧经济复苏仍有不少曲折，其中最为突出的就是财政的可持续性问题，欧盟各国财政需要紧缩开支、增加收入。但是，自 2010 年以来的紧缩开支政策效果并不是十分明显，如果减少财政开支、增加财政收入得不到落实的话，欧盟各国财政的可持续性问题将悬而未决。届时，因再融资困难，将需要进行主权债务的重大重组，甚至有可能导致欧元的分崩离析。另一方面，中东局势动荡、全球气候异常等因素，加大了全球尤其是新兴经济体价格上涨的压力，特别是美国货币政策的走向会影响全球资金的流向。如果美联储的货币政策发生转向，则全球资金的流向将会改变，由目前主要流向新兴经济体改为回流美国。这会对新兴经济体的资产价格、汇率等产生重大影响，有可能导致新兴经济体金融市场的动荡。这些风险因素，有些是内在的，有些是外在的。如果交织在一起，有可能打断目前的世界经济复苏势头，并使经济陷入"滞胀"局面。

对中国经济而言，必须面对 2011 年的世界经济形势，尤其是"去杠杆化"导致的"去全球化"势力的抬头。经济全球化有利于中国的经济发展，符合中国的国家利益。中国应该旗帜鲜明地坚持经济全球化立场，并从这一立场出发有理有节地应对世界经济的变化和挑战，为实现世界经济再平衡做出新贡献。

2011 年，物价上涨是中国经济的主要矛盾。在一定意义上，为避免成本推动和需求拉动形成循环，应保持货币政策紧缩的方向，强化货币政策的连续性和一致性。其中，要客观看待社会融资总量指标，促进金融结构转型。如果更多地关注社会融资总量，则在央行的政策工具选择中，就应当逐步转向利率等价格工具，下一步发展趋势就是将银行的存款转化为各种形式的金融资产，这是一个金融资产形成过程。这一过程必然表现为融资多样化，在这一过程中货币政策不应去约束资产多样化和金融资产的形成，而是适应多样化趋势。

日本地震事件引发了人们对世界经济，尤其是对中国经济增长前景的担忧。日本地震事件对经济的影响短期取决于电力恢复情况，长期体现为财政约束压力，预计日本经济会在 2011 年第二季度出现明显下滑，但是会在下半年出现比较强劲的反弹，2011 年的增长速度预计也会上升。而就中国经济而言，日本地震事件对中国经济影响不大，虽然宏观紧缩政策对中国经济增长的抑制效应开始显现，但无须过分担心下行风险，并不存在"硬着陆"风险。理由是，从投资方面来看，如果 2011 年新建 1 000 万套保障房的计划顺利推进，可以部分抵消房地产市场调控所带来的房地产开发投资下行及其负面影响；从消费方面来看，虽然税收优惠和补贴政策的取消造成 2011 年汽车销售的下滑，但居民的服务消费呈现旺盛态势；从净出口方面来看，美国和欧洲的经济复苏较为旺盛。政策的基调以稳定性、连续性为主，并相应做出一定程度的结构性调整，例如针对当前中小企业普遍出现的融资难，对融资成本大幅提升的局面做出审慎灵活的改进。其中，社会融资总量监测目标的运用需要更完整的政策工具来配套。

进入 2011 年下半年，中国经济的减速态势更加明显。如何看待这一减速成为新的热点，从世界经济来看，发达国家继续依赖债务扩张支撑的经济增长不可持续。由于超宽松的货币政策更多的是推高通货膨胀预期而非提高真实需求，外部需求约束使新兴市场国家难以过度依赖出口和投资。这表明过去全球一致采取的财政、货币扩张政策开始丧失效力，它们只是防止了出现更大的衰退，但由于是在既有的不平衡结构下的简单扩张，进一步加剧了不平衡性，从而难以持续地推动经济增长。由此，结构调整更显必要，全球经济再平衡的积极进展令人期待。在这种情况下，中国的经济结构调整有积极的进展：一方面，随着居民收入的实质性增长，消费保持稳定增长的势头；另一方面，随着进口扩大战略的实施，在出口增长相对稳定的同时，进口增速加快，致使贸易顺差有收紧趋势。这预示着 2011 年中国经济结构的两个明显特征，即消费产业过弱和工业出口导向，都开始发生变化，结构转变正在进行中，受这一转变的影响，经济会出现减速。从长期来看，中国经济由两位数的增长向一位数的增长收敛。国内外经济学家当时普遍预计，到 2020 年中国经济潜在增长能力在 7％左右。如果上述估计正确，则意味着在未来 10 年间，中国经济的合理增长率在 7％以上。换言之，凡处于 7％以上的经济增长都是理想的增长，而不必过度反应。当前一些超预期风险因素不会导致经济"硬着陆"，需要警惕的是物价上涨的长期化趋势并保持货币政策的稳定。流动性过剩和流动性偏紧并存的现象说明目前信贷是紧的，而货币还是相对松的，暴露出货币政策目标和货币政策手段之间的矛盾，凸显了宏观调控体制的缺陷。现行的调控手段仍拘泥于信贷市场，而缺乏覆盖全部金融市场的工具。而存款理财产品化和贷款债券化表明利率市场化事实上正在发生，宏观调控体制应顺应这一变化，实施相应的调整与改革。

2011 年 8 月，世界经济风云突变，发达国家主权债务的不可持续性急剧凸显，欧美面临的下行风险在加大。中国应该密切观察，做好研判，提高宏观政策的灵活性和前瞻性。欧债问题在今后一段时间继续恶化的风险在加大。由此引发的金融市场动荡将会持续，并可能导致欧美经济再次陷入衰退。与欧洲相比，美国没有原本意义上的债务危机，因为美联储作为一个主权国家的央行，可以通过不断印钞来还债。对美国来说，真正的危险在于经济是否可能陷入长期低迷。从这个意义上讲，欧债危机恶化风险似在持续，从而加大了全球经济"二次探底"可能性。而美国经济维持弱势增长，但长期看走出低迷的希望仍存。欧美经济"二次探底"可能冲击中国经济，但与 2008 年危机相比差异较大。这是因为：第一，与 2008 年危机爆发时相比，中国经济增长对外部市场的依赖程度有了明显降低；第二，中国经济转型进程的启动也为应对外部经济环境的可能恶化，以及正在出现的温和的"二次探底"提供了支持力量；第三，与 2008 年危机爆发时相比，2011 年房地产市场即使在严峻的紧缩调控下依然保持较为强劲的表现，这既是保障房建设对冲力量所致，也有市场运行的惯性，这就为当前的经济紧缩政策赢得了回旋余地。在这种情况下，宏观政策应该注意提高灵活性和前瞻性。如果中国经济受到较大冲击，增速下滑到 7% 以下，确实应该采用一定的政策手段来稳定经济，但是政策的规模和内容应该与上一轮有很大的不同。要把握好政策的方向和力度，避免导致又一轮通胀、泡沫和不良资产。政策的主角应该是财政政策而非货币政策，着力点应该是提升消费而非刺激投资，中国年度 GDP 增长目标应该定在 7% 而非 8%。

2011 年 10 月，欧洲主权债务危机进一步发酵。危机开始向诸如意大利、西班牙等核心区蔓延，向金融机构蔓延，同时向非欧元区蔓延。世界经济前景蒙上新的金融危机的阴影。判明形势、积极应对成了当务之急。欧元区陷入衰退基本已成定局。虽然美国经济未必"二次探底"，但增速将十分缓慢。就中国经济而言，（经季度调整后的）年化环比 GDP 增速很可能会从 2011 年第二季度的 9% 左右下滑到 2012 年第一季度的 6%～7%。导致这一减速的原因主要有以下几个：第一，出口将明显放缓。第二，房地产销售大幅下降将导致开发商投资意愿下降，从而引起一系列负面的连锁反应。第三，全球大宗商品价格的下降可能导致原材料行业的新一轮去库存，从而进一步减弱短期需求。第四，民间借贷市场由于违约风险上升可能出现普遍惜贷，从而构成对小型企业资金链的新的压力。虽然到目前为止的经济增长减速是健康的且与宏观调控的目标是一致的，但经济增长下行风险在增大。为了避免中国经济再次出现大起大落，宏观政策应及时体现灵活性。当时的具体建议是：第一，在 2011 年结束前略微增加信贷投放；第二，加速推进地方政府直接发债；第三，加大结构性减税的力度，降低宏观税负水平。

我们对 2011 年的世界经济形势做总结，并对 2012 年的世界经济形势做展望时认为，2012 年欧洲经济依然动荡，但美国经济有望企稳复苏。当时我们的判断是：欧洲经济 2011 年增长 1.2％左右，2012 年的增长率可能变为负值，约为－0.5％。同时，金融市场依然面临与 2011 年类似的动荡情形。主要风险因素体现在以下几个方面：第一，财政再融资困难依然存在，尤其是在 2012 年 2 月到 4 月期间。意大利、西班牙的政府和银行到期债券规模每个月均在 600 亿～800 亿欧元，如果不能持续获得再融资就会增加违约风险。第二，一旦意大利和西班牙出现明显违约风险，目前的救助机制则难以完全覆盖，要求有新的更加具体的救助机制，在这一机制出现前后，动荡将加剧。第三，如果希腊之外的一些国家出现违约风险，不排除采取"希腊方式"，要求私营部门对其债权进行减值。正是由于这些风险，市场担心欧债危机会因包括银行在内的私营部门的金融危机而深重化。比较来看，美国虽然依旧面临房地产、财政继续紧缩的局面，但经济增长的积极因素开始集聚，2012 年经济增长速度预计会达到 2％的水平。

（三）　2012 年[①]

2012 年一开年，世界经济就遇到了一个几乎超出常识的挑战。欧债危机持续发酵，演化成欧元存亡问题，而金砖国家中数国经济的快速下滑也使它们是否堪任世界经济的火车头成为疑问。对旧秩序的失望和对新希望的迷茫共同交织在一起，致使包括大宗原材料在内的国际金融市场动荡不已。市场上弥漫着悲观情绪，人们担心世界经济会再次陷入衰退。

针对这种悲观情绪，需要在肯定世界经济充满不确定性的同时，指出实际经

[①]　源自博源基金会编、2013 年由社会科学文献出版社出版的《国际经济挑战与中国经济转型：博源经济观察报告（2012）》一书中笔者所撰写的前言。

济运行走势略好于预期。在欧洲，尽管由欧债危机"去杠杆化"导致的经济衰退仍在持续，南欧负债国的经济甚至有进一步衰退的风险，但欧元区"财政协议"的签署会提升欧盟整体信心，欧洲央行的长期再融资操作为银行提供了流动性，缓和了欧债危机，起到稳定金融市场的效果，欧元不会崩溃。在美国，虽然房地产投资持续低迷，经济复苏仍然乏力，美联储是否推出 QE3 还存在较大不确定性，但美国失业率连续 5 个月下降，降到了 2012 年 1 月的 8.3%，消费者"去杠杆化"已基本结束，需求开始反弹，企业投资开始恢复。

就中国经济而言，在世界经济低迷的情况下，出口增速虽没有想象的那么悲观，但仍有大幅下降，估计出口同比增速会从 2011 年第四季度的 14% 降到 2012 年第一季度的 8% 左右，与此同时，住宅地产销售和投资的大幅下降仍然主要是中国经济在短期内面临的下行风险。如果全部地产投资每下降 10 个百分点，就会降低 GDP 增速约 1 个百分点，而钢铁企业最近的盈利预警也表明，地产下行的压力已经明显地传导到了相关行业。预计在 2012 年第一季度，中国的 GDP 同比增速会降到 8%～8.5%；第二季度 GDP 同比增速可能降到 8% 以下，CPI 同比增速估计会在今后 3 个季度持续回落到 3% 以下。基于上述对增长和通胀的判断，货币政策在今后两个季度内应该保持微调和预调的趋势，以保证经济的稳定增长，财政政策应该考虑比 2011 年略微增加财政赤字的总量，主要用于增加地方债券的发行额度（以缓解地方融资平台的融资压力和减少银行的不良资产风险），加大对保障性住房的投入。应该抓住通胀下行的难得机遇及时改革资源的定价机制，同时，应该加大对中小企业和服务业的减税力度，及时将上海营业税改增值税的试点推广到更多的省市。

2012 年第一季度后，中国经济下行趋势并未发生预期的改变，认为中国季度 GDP 增速将在上半年触底，但对第二季度走势存有分歧。当时较乐观的观点是无论是环比增速还是同比增速均已在第一季度见底，不需要进一步明显的政策放松，反弹将从第二季度开始；比较谨慎的经济学家当时认为环比增速低点已现，但同比增速低位将出现在第二季度，并有破八的可能，为稳定经济增长仍需进一步放松政策。虽然对政策是否应该放松存在争议，尤其是对货币政策短期内稳定经济的作用各持己见，但经济学家当时普遍同意短期内经济的适度放慢有利于避免新的结构扭曲和未来增长的可持续性，应该抓住时机推出结构性改革措施，以提高经济增长质量。如果没有改革，则容易重蹈周期性政策过度放松的覆辙。这就是"有改革的放慢与没有改革的放慢"的根本区别，为此，在结构改革方面建立一个指标体系，据此衡量结构调整所取得的进展。

截至 2012 年第一季度，中国经济增速已连续 5 个季度下滑，4 月仍继续下滑，5 月仍无改变下滑趋势的迹象。而研究中国经济周期的传统方法似乎都在失效，出现了中国经济周期的新困惑。中国 4 月经济数据出现了意料之外的大幅下滑，存在一定程度的客观因素，但也表明中国经济在 2012 年依然面临较大下行压力。消费、投资与出口"三驾马车"的促增长动力同时衰减，有周期性短期因素的影响，但从长期供给和需求的角度看，是过去支持经济增长的基础性因素已悄然发生变化。这种变化表明中国经济下滑不仅是传统的周期性问题，而且蕴含着结构的变化，预示着中国经济目前正在告别两位数的高速增长环境。而短期宏观经济政策并不足以阻止这种变化的发生，故短期宏观经济政策不宜发生方向性的改变。短期宏观经济政策的基调是"积极的财政政策和稳健的货币政策，在此基础上加强政策的灵活性，适时进行预调和微调"，不存在过大规模刺激的必要性。对中国经济未来走势进行预测，一方面，希腊退出欧元区可能性不大，欧洲收缩趋势明显，美国回升势头显著，巴西等新兴经济体有所反复，全球包括新兴经济体在内的主要经济体货币政策由紧转松，有助于需求的改善，从而有助于中国出口的稳定，有助于制造业投资的企稳，另一方面，国内基建投资的加大将使房地产投资在平稳中得到调控，有效控制价格上涨风险。对此应该利用压力较大、改革共识容易达成的时机，抓紧进行财政、税收和价格改革的方案设计，为中国新一轮经济增长、体制转轨和增长模式转型打好基础。

2012 年 7 月，时间已过半，有必要对国内国际经济形势进行梳理。由于欧元区内的政治协调十分困难，通过建立银行和财政联盟来走出危机恐怕需要许多年。而对于美国，年底大选前后"财政悬崖"带来财政政策的不确定性将是最大的问题。新兴经济体面临着外部需求减弱、货币大幅贬值、资本外逃、通货膨胀、宏观政策调整空间有限等许多问题，有着较大的周期性下行压力。

中国第二季度的经济增速明显低于第一季度，短期内没有回升迹象，经济增长减速的原因主要是投资减速，并非一些人认为的人口老龄化导致的劳动力成本上升等结构性因素。如果增长维持在现有水平，就业压力可能在不久后显现。因此，有必要继续预调、微调宏观政策，适度放松银行监管政策，对冲贷款需求不足的风险，财政政策应该与金融政策配合，尽可能将有限的公共投资财力用于补充现有融资平台的资本金和提高其还款能力，从而降低平台的不良资产风险和增强银行对优质平台的放贷意愿。

2012年9月，世界经济增速下行趋势仍未结束，美联储开始执行第三轮量化宽松（QE3）政策，中国经济增速仍处于较低水平。美国方面，除了有助于降低短期内小概率事件风险，QE3并不能有效地推动经济复苏，而且美国经济目前面临的最大风险——"财政悬崖"问题并不能够通过QE3得到很好的解决。欧盟方面，欧洲央行的直接货币交易（OMT）虽然也是意图压低利率，但是与QE3有很大不同，其执行也存在不确定性，对于欧盟国家的经济困难只是从经济政策角度提供了最大便利，但政治上的风险仍然无法避免。对于中国经济，除了外需不振，内生动力也不足，企业投资信心不足，贷款需求偏弱，"稳增长"政策的调整力度有限，整体经济仍未现明显回暖，就业形势恶化风险加剧。这既有外需、政策等方面因素的影响，也有在经济转型过程中所看到的结构性因素的作用。有必要推出逆周期政策调整并顺势启动结构性改革，以提振信心，防止短期增速下滑带来的就业和社会稳定方面的风险。

笔者等对2012年世界经济形势做评估，并据此对2013年的世界经济形势做展望时认为，欧元区再度出现大规模危机的可能性已经显著降低，2013年经济增长将略有复苏，美国经济增速2013年可以达到2％左右，"财政悬崖"是美国在短期内面临的最大的不确定因素。就中国而言，最近国内宏观和监管政策的逆周期调控取得了较好的效果，资金链过紧导致经济下行的风险得到缓解，经济增速可能已经在第三季度见底，在第四季度应该有所回升。2013年上半年，中国的经济增速很可能会恢复到接近8％的水平，CPI的同比增速接近3％，汇率基本接近均衡水平。当时建议应该充分利用这个良好的宏观环境，及时启动资源价格改革、加大利率改革和资本项目开放的力度。

（四）　2013年[①]

2013年成为世界经济史上重要的一年。在这一年世界经济初步摆脱了历时数年的金融危机打击，痛定思痛，人们开始面对产生金融危机的结构性症结——

[①]　源自博源基金会编、2014年由社会科学文献出版社出版的《经济结构调整与全面启动改革：博源经济观察报告（2013）》一书中笔者所撰写的前言。

世界经济再平衡。在美国，一味扩大总需求的量化宽松政策酝酿着退出，在欧洲，欧盟一体化政策又重新谈起。更引人注目的是党的十八届三中全会推出了全面深化改革的路线图。这一路线图以扩大内需为导向，以城镇化为脉络，通过经济、政治、文化、社会、生态文明"五位一体"的全面改革来加速结构调整。这不仅有利于中国经济的可持续增长，同时也为实现世界经济再平衡做出了新的贡献。

但是，病去如抽丝。世界经济仍然充满着不确定性。在新兴经济体，因发达经济体量化宽松政策退出所引致的资金外流，本币对外币出现大幅贬值。人们担心 1997 年的亚洲金融危机会重演。在发达经济体，长久积累下来的痼疾似乎难以好转。日本仍用大剂量的量化宽松政策刺激经济，人们担心如果不奏效，日本经济将重陷衰退，甚至会引发"日债危机"。

2013 年以世界经济向好的氛围开年。经过长达五年的"去杠杆"，发达经济体资产负债表的不少指标有了相当程度的改善。企业投资有所恢复，消费信心也有所上升。在美国一个最明显的表现就是房地产触底反弹，在欧洲一个最明显的表现就是希腊退出欧元区的风险大幅降低。在日本，安倍经济学的刺激作用开始显现。在新兴经济体，2012 年的经济增长也令人欣慰，尤其是中国，2012 年下半年特别是第四季度投资的增长，使中国经济增长前景看好。多数经济学家预计 2013 年的世界经济增速会达 3.3%～3.5%，而中国经济增速超过 8% 是大概率事件。然而，在乐观的同时，隐忧也存在，特别需要关注两点：一是美国提早退出 QE，或市场对退出 QE 的预期突然增强，冲击美国经济增长和全球"风险资产"；二是中国的影子银行问题。2012 年以来，信托贷款和各种债券融资增长过快，明显加大了企业和整体经济的杠杆率。期限错配的加剧，加上一些融资主体（如地方政府）在财务上极不透明，将导致严重的宏观和金融风险。

如果说在 2012 年末对上述两点隐忧还存在分歧，那么到 2013 年初形势逐渐明朗，在发达经济体，经济复苏的态势更加明确。与之相应，美国 QE 退出的市场预期开始形成。在中国，虽然经济有上升势头，但由于世界经济并不会强劲复苏，而中国潜在增长率已经随人口结构变化及其他因素下降，因此经济上升势头并不强劲。在这样的大背景下，应该认识到宏观调控政策在推动经济增长方面的局限性，认识到增长实现比以往高的水平就会受到过热、通胀的制约，而经济增速比以往低不一定出现明显的就业压力。如果宏观调控政策不适时而为，仍然依靠提高杠杆率、积累地方债务、延迟企业重组，那么经济增长可能保持较高速度一段时间，但几年后所需的调整可能会重大得多。而经济金融风险主要集中在以下两个方面：一是影子银行的信贷扩张加剧未来产能进一步过剩的情形正在悄然发生；二是流动性收缩及金融市场波动的风险仍有可能发生。如果地方政府继续积累新的各种债务，会加大金融风险，致使金融市场不稳定。结论是通过种种迹象判断，以往形成的传统经济增长方式已难以为继，不迅速启动改革的话，积累的问题会加大未来的调整难度。社会各界对启动改革已达成广泛的共识。在金融方面，加速利率市场化，出台以发展固定收益产品为代表的金融改革措施十分迫切。从国际环境方面来说，金融改革的时间窗口可能也就是未来两年。否则，QE 退出、全球利率提高、资本从新兴经济体回流欧美，将使中国所需的调整更为严峻。

多数经济学家当时认为 2013 年经济增长比 2012 年略有放缓，估计 GDP 增速在 7.5%～7.7%。要释放新的增长动力，关键是推进改革，切实加快减少政府审批事项，允许社会资本进入垄断行业，重构一个更加市场化、更有活力的实体经济。

2013 年 6—7 月，因美国 QE 退出的预期加强，资金开始流出新兴经济体，致使一些国家，如印度、印度尼西亚、马来西亚等汇率大幅下挫，金融市场开始动荡。东南亚国家的基本面较 1997—1998 年要好很多，但是发生货币危机的概率仍然不容忽视。有迹象表明，国际资本对基本面好于 1997 年的事实并不完全"买账"，预期悲观导致新兴经济体货币持续贬值的压力仍然较大，中国应该在避免新兴经济体货币贬值中起到更大的作用。而"中国经济本身的健康增长、持续推进的改革是支持全球投资者对整体新兴市场信心的重要因素"。中国应该争取加入 TPP，而中国（上海）自由贸易试验区应该为中国加入 TPP 提供全方位的试点和经验。"这将在很大程度上提升投资者对中国长期经济增长的信心。""从贸易角度来看，加入 TPP 可以使中国获得比作为 WTO 成员更大的市场；从改革角度来看，加入 TPP 可以为推动国内面临较大阻力的改革提供新的动力。"

2013 年 11 月，中国共产党召开了划时代的第十八届三中全会。国际社会给予《中共中央关于全面深化改革若干重大问题的决定》高度的评价，当时认为这是一个问题导向、全面推动改革的方略，表明了中国政府全力推动经济政策贯彻落实的决心，这是对国民以及国际社会的郑重承诺。国际投资者对中国中长期经济形势看好，改变了 2013 年以来一直看空的局面，做空的对冲基金很快平仓，长线资金开始返回大中国区。出于调结构的压力，不少人认为中短期的经济增长仍有较大压力，为实现改革长远目标，应忍受短期经济增长放缓的现实。改革应坚持开放的姿态，加快融入国际社会，争取加入高标准的国际贸易协定，由此推动国内的改革和结构调整。

四、世界经济新常态的表现

（一） 2014 年[①]

2014 年，是世界经济表现"平庸"的一年。经济在这一年既不像过去几年在金融海啸中风雨飘摇，也不同于 21 世纪初在经济全球化的红利中艳阳高照。阴沉、灰暗成为世界经济的底色。在发达经济体，欧洲经济仍在"去杠杆"的泥潭中挣扎，日本经济的安倍经济学强心针也功效锐减，即使是经济有亮色的美国，似乎也患上了量化宽松的依赖症。在量化宽松的刺激下，2014 年第三季度美国经济增速达到了 5% 的季度新高，但 10 月量化宽松退出后，在第四季度经济增长的前景又开始模糊。新兴经济体一改前几年快速增长的局面，无论是资源出口国还是产品出口国，无一例外地出现经济增速下滑，其中一些国家如俄罗斯等甚至有再次爆发金融危机之忧。低增长、低通胀并存成为世界经济的新常态，通缩变成经济运行的新隐忧。

作为新兴经济体的代表——中国，在世界经济常态下也不能独善其身，也进入具有中国特色的新常态。中国经济进入新常态的标志是进入增长速度的换挡期、经济结构调整的阵痛期和前期刺激政策的消化期，三期叠加使各种矛盾和问题相互交织，表现为经济下行压力在持续加大。

对于包括中国经济在内的世界经济上述表现，人们用一个新词——"新常态"（new norm）加以概括。它是人们对全球金融危机以来的世界经济发展格局的概括性描述。它是与金融危机发生前的世界经济"旧常态"相对的。事实上，如果对 20 世纪 80 年代以来，尤其是冷战结束后的世界经济进行比较分析，可以

---

① 源自博源基金会编、2015 年由社会科学文献出版社出版的《中国经济调整与改革深化》一书中笔者所撰写的前言。

明显地看到存在系统性差别的两种不同状态构成两个不同的时期。就外在表现而言，两个时期的经济增长率有高低之别，自然与之内含的宏观经济变量，诸如就业、物价、利率、汇率、国际收支、财政收支及货币供应，均呈现出显著的差异；就内在根源而言，支持经济长期发展的基础，诸如科技创新及产业化水平、人口结构、要素的供给效率、储蓄与投资的关系等，均表现出不同的性状。与之相应，在世界经济两个不同的时期，各国的经济表现、宏观经济政策也迥异，并因此影响国际经济关系，冲击全球现有治理体系。一个明显的证据就是，地缘政治因素开始发挥越来越大的作用，全球协调的无力感日益凸显。

新常态既是对原有经济发展格局的挑战，更是对原有格局下惯有思维的挑战。对我们这一代在"旧常态"下成长起来的经济学家而言，挑战甚巨。我们不但要更聚精会神地辨识经济活动的蛛丝马迹，更为重要的是在辨识中学习，摒弃传统思维，构建新的逻辑体系，形成新的解决方案。按照习近平的表述，我们要"从当前我国经济发展的阶段性特征出发，适应新常态，保持战略上的平常心态"。为此，更深入冷静地探讨，更广泛有效地交流，描绘轨迹，刻画性状，揭示本质，以凝聚共识。

2014年，中国经济是在对改革的憧憬中起步的。2013年召开的党的十八届三中全会做出了具有里程碑意义的全面深化改革的决定。会议提出改革的全面深化，不仅是经济、政治、文化、社会、生态文明五位一体的改革推进，而且是涉及国防和党的建设的改革，目标是国际治理体系和治理能力的现代化建设。在经济方面，会议提出了四个基本原则：一是在政府与市场的关系上，市场起决定性作用，政府的职能应从建设型政府转向公共服务型政府；二是这个市场是一个体系，而不是碎片化的，改革需要配套推进，尤其是宏观调控的体制改革和机制建设至关重要；三是中国市场体系的改革和建设是面向全世界的，而不是封闭的，因此，以开放的姿态，以新的标准重塑涉外经济体制成为题中应有之义，中国（上海）自由贸易试验区正在进行这方面的探索；四是市场经济也是法治经济，包括独立审判在内的司法体制改革是必需的。

于是，当时许多人预期随着改革的展开、红利的释放，2014年中国经济将呈现快速增长。然而，中国短期宏观经济却没有如人们预期的那样乐观，反而在下行。一时间，方向感迷失，猜测纷起，悲观者甚至以为中国经济会出现"硬着陆"，导致经济崩溃。

为什么 2014 年中国经济开局呈现出与预期不一致甚至相反的变化？从长期来看是中国经济进入新阶段，与过去 35 年的经济增长相比，至少有四个方面的增长条件发生了重大变化：一是世界经济低增长、低通胀乃至通缩的新常态，预示着中国出口导向型经济难以维持；二是要素成本尤其是劳动力成本不断上升，意味着中国的制造业不再长期具有低成本的竞争优势；三是人口老龄化加速显现，人口红利趋于消失，储蓄率因此下降，投资驱动型经济增长的动力减弱；四是中国的产能已接近或达到自然承载的极限，而节能减排、绿色发展又成为世界性趋势，表明资源耗费型、环境污染型经济增长模式必须转型。由于这些增长条件的变化，中国经济历史性地告别两位数增长而下了一个台阶，潜在增长率开始下降。

就短期宏观经济表现而言，在中国潜在经济增长率下降的同时，2014 年下台阶的压力之所以如此大，则是由于中国经济周期的变形。长期以来，中国经济周期的基本决定因素是投资，呈现出典型的投资驱动型增长的特征。在 2008 年金融危机前，是出口的高涨带动了民间投资的高涨。在金融危机后，出口低迷导致民间投资低迷，迫使政府扩大投资，用投资来带动投资。党的十八届三中全会提出，在政府与市场的关系中，市场起决定性作用，这就遏制了政府尤其是地方政府的投资意愿，限制了其投资能力，从而投资对经济的驱动能力明显减弱，导致经济下行压力加大。一个明显的证据就是，长期以来，中国的投资增长率一般在 20％以上，而 2014 年大幅下滑到 16％以下。

2014 年 4 月，多数一线经济学家明确指出了这一态势，当时认为全年经济增速不会超过 7.5％，短期经济下行风险将继续存在，而政策调整要兼顾短期预期管理和长期结构调整。中国经济已经从超高速增长进入常态增长。在经济常态增长时期需要对短期下滑进行干预。因为如果投资者不知道下滑到什么程度，就无法定价进行交易，市场就会等待，等待又会蔓延，直至最后影响经济的复苏。当时建议政府提出可容忍的底线为短期不能再持续下滑，市场由此变得相对稳定。但强调这个底线并不意味着必须推出大规模的刺激措施。在政策取向上要区分短期政策和长期政策，短期看预期，长期看结构。

2014 年第二季度后，中国面临的经济下行压力进一步加大，除制造业投资下滑外，以房地产投资为代表的民间投资下滑更快。房地产行业在中国经济中占有特殊地位，一方面，房地产行业上下游关联 40～50 个行业，上自钢材、水泥，下至家具、家电，房地产投资下滑将会使这些行业的产能过剩问题变得更加严重，同时也会影响就业的稳定；另一方面，房地产行业的发展状况与金融风险高度相关，不仅关系到商业银行不良贷款增加影子银行违约的可能性，而且涉及政府尤其是地方政府债务的可持续性。于是，随着以房地产投资为代表的投资下行压力加大，一种忧虑开始在市场蔓延——中国经济会"硬着陆"吗？核心是两个问题：一是随着投资下行、经济下行，失业问题会严重化吗？二是随着投资下行，尤其是房地产投资的下行，中国经济以债务可否持续为代表的金融风险会加大吗？中国经济的宏观调控政策的重心因此也需要围绕这两个问题重新建构，而房地产发展趋势又成为宏观调控力度把握的关键变量。

在回顾 2014 年上半年经济形势的基础上，参加讨论的经济学家当时认为"中央一系列经济微刺激政策发挥了支撑作用"。经济短期持续下滑态势得到一定程度的遏制，第三季度经济增速环比会高于第二季度，虽然第四季度的增长势头可能有所减弱，2014 年实现 7.5% 左右（7.3%～7.4%）的增长目标问题不大。由于经济增长能达到预期目标，失业问题不会严重化。事实上，从劳动力市场来看，人才市场的供求比和中央公布的调查失业率都反映出劳动力市场状况并不差，而且工资上涨压力仍然比较大。虽然对短期增长并不担心，但目前经济中存在的结构问题仍然严重，并且有加强的态势，对影子银行可能带来的金融风险以及房地产行业下滑相当担心，当时经济学家认为 2015 年的经济增长有较大的不确定性。由此，宏观经济调控的重心主要是防范这些风险，尤其是确保不出现区域性或系统性金融风险。就上述政策组合所需的经济增长而言，如果杠杆（债务）问题能够得到有效控制，结构问题有所减轻，经济增长的质量好，那么 7% 左右的增长就够了。大部分经济学家当时认为，7% 左右的 GDP 增长目标是一个合理的水平，是"保底线"和"新常态"的结合。既能保证就业的稳定增长，实现"十二五"规划的目标，使得经济不过快失速带来许多问题，又考虑到了经济下行的压力和改革的成本。

中国经济步入新常态，增长将更注重质量而非数量，以建立更可持续的增长模式。经济发展方式将更加以人为本、关注环保，但也需防范陷入经济衰退、通货紧缩或改革乏力等多个陷阱。为此，根据全球经验，实施合理的支持性政策是平稳而高效地再平衡经济的必要条件。在新常态下，2015 年除短期宏观经济政策继续坚持区间调整、防范经济下行风险、以稳投资来稳增长外，长期经济政策更注重以改革来加速结构调整，并在下述四个方面呈现新的亮点：第一，财税体制改革将加速。在 2014 年拉开财政预算体制改革序幕的基础上，以政府支出责任改革为重心来遏制地方政府债务的无序增长，建立更加平衡和透明的政府支出结构，并为固定资产投资更可持续的融资渠道开辟前景。第二，以产能合作为基础，以对外投资为途径，以"一带一路"为核心，在全球范围内寻找实现中国的优势产能和富余产能配置的国际合作，相应地改善国际经济秩序和治理机制。第三，以加快人民币国际化为重心，将中国（上海）自由贸易试验区的建设成果进一步推广到其他省份，加快国际收支资本项目的开放，尤其是以深港通为代表的资本市场开放。第四，通过混合所有制等资产管理体制的改革，并辅以包括鼓励技术进步、推动战略性新兴产业发展的一系列政策，加快制造业的升级换代。同时，通过政府行政体制改革，开放服务领域，鼓励小微企业发展以提升经济活力。

如果把眼光放得更长远些，从更长的时间序列考察中国经济，会发现上述亮点的积累使中国经济结构日益发生深刻的变化。对此可以从"十一五"期间经济结构与"十二五"期间经济结构的对比变化看出端倪。在"十一五"期间 22 项指标中，有 3 项涉及服务业的指标没有完成。它凸显出当时的中国经济结构是以制造业为主，并且这样的制造业是高度外向的、出口导向型的。于是，经济结构调整方向自然变为：第一、二、三产业全面发展，重点是发展服务业；内外需共同提高，重点是扩大内需，核心是扩大消费，途径是增加居民收入。过去五年间，上述结构转变进展迅速，表现在：第一，服务业的增加值增速一直超过制造业，到 2013 年，服务业终于成为第一大产业部门，并且增长保持领先。与此相关，医疗、教育、金融、物流、互联网蓬勃发展，蔚然成势。第二，居民收入增长与 GDP 增长基本保持同步，而农民收入增速快于 GDP 增速，达两位数。与此相适应，消费已成为 GDP 的主要贡献力量。目前尽管产能过剩，但与居民消费尤其是农村居民消费相关的行业，如通信器材、汽车、冰箱、彩电、洗衣机等耐用消费品行业并未出现明显的产能过剩。第三，研发经费投入保持增长态势，于 2013 年第一次达到"十一五"规划提出的占 GDP 2％的要求。而投入的主体是企业，占总投入的 78％。这表明以创新为代表的技术进步在加速中，从而给经济增长带来新动力。以汽车行业为例，新车型发布与世界同步，而车价在不断降低，表明由技术进步带来的劳动生产率提高在持续之中。第四，东、中部经济差距明显缩小，中西部经济增速明显高于东部。新兴产业开始在中西部兴起，这也为"丝绸之路经济带"和"海上丝绸之路"的建设提供了经济基础。

凡此种种结构变化，孕育出与之相关的一批"嫩芽"产业。正是在这个意义上，目前以微调、预调为特点的稳增长的宏观经济政策是有意义的。因为它是在给正在成长的"嫩芽"产业提供适宜的温度，避免经济大幅波动带来的暴冷暴热。一旦这些"嫩芽"成长为参天大树，中国将在一个新的台阶上领跑，并持续发展。

中国经济正处于从旧常态向新常态过渡之中，正在迈向新的阶段，这是2014年宏观经济运行带给我们的启示。

（二） 2015 年[①]

与人们的惯性预期不同，2015 年的世界经济似乎拐了个弯。自 2008 年国际金融危机以来，发达经济体的经济低迷和发展中经济体的经济高涨几乎成为常态，而在 2015 年却是发达经济体的好转与发展中经济体的艰难并存，突出表现在全球第一大经济体美国和全球第二大经济体中国的宏观经济表现差异上。与此相对应，全球能源和大宗原材料价格急剧下挫，发展中经济体经济增长步履维艰，金融风险迅速上扬，全球经济又面临新一轮深度调整，并孕育新的地缘政治危机。人们惊呼相对于过去发展中经济体对发达经济体"脱钩"，现在"脱钩"从相反的方向进行，发达经济体对发展中经济体"脱钩"。世界经济诡异的表现的确令人措手不及。

发达经济体与发展中经济体真的"脱钩"了吗？回答既是肯定的，也是否定的。从短期经济表现看，发达经济体和发展中经济体的宏观经济指标屡屡出现不同步性。冷战结束后，一方面，随着苏联、东欧集团的崩溃，计划经济体制与市场经济体制的对立消失，市场取向性经济体制成为唯一的体制选择。经济体制的一致性使交易成本大大降低，国际贸易的发展速度开始远远快于各国经济的增长速度。另一方面，由于体制障碍的消除，各国间的相互投资大大发展，不仅使国际金融的发展速度超过国际贸易的发展速度，而且推动了全球生产力布局的深化、

---

① 源自博源基金会编、2016 年由社会科学文献出版社出版的《新常态下的中国经济与人民币国际化：博源经济观察报告（2015）》一书笔者所撰写的前言。

跨国公司的兴起，改变了国际分工格局。由此，全球三个相互区别的经济板块，以消费为主导的发达经济体、以制造业为主导的亚洲出口导向型经济体和以资源出口为主的资源经济体相互连接在一起，使世界经济在供应链上成为一个整体。经济全球化形成了一损俱损、一荣俱荣的同步经济周期。相对于这个周期，无论是发展中经济体对发达经济体"脱钩"还是发达经济体对发展中经济体"脱钩"都是现实的。但是，从更长远的角度来看，"脱钩"只是相对于已然的传统的经济全球化周期而言，如果周期变形，则"脱钩"的依据将不复存在。在金融危机前，发达经济体庞大的消费能力刺激了亚洲经济体制造业的出口，而亚洲制造业的快速发展又刺激了资源出口国的出口，亚洲经济体与资源出口国通过出口都形成了巨额的国际收支顺差，并一致将此顺差投放于发达经济体的金融市场，支撑了发达经济体国际收支的逆差。所谓金融危机，是发达经济体金融市场出现塌陷，是国际经济循环中断所引起的全球性全面危机。由于全面危机使经济全球化所形成的宏观经济周期丧失了基础，传统周期变形乃至消失。而金融危机后，七年来各国致力于稳定和提升总需求的反危机政策虽奏效，但终难一时恢复传统周期，致使"脱钩"时而这样、时而那样。这种情况表明，全球的经济现实表现不再是周而复始的周期波动，而是正处于深刻的结构调整之中的自然产物。如果说还有周期的话，那么这种周期不再是传统的总需求变动的短周期，而是因供给结构变动所开启的新的长周期。简言之，世界正处于新的科技革命的前夜。

正在发生的世界经济结构的深刻变革，预示着世界经济航船驶入了一片未经探测的水域，这带给一线经济学家的挑战是前所未有的。这些瞭望手不仅要注视水面上的波澜起伏，还要用心留意水面下的急流涌动，更要提防暗礁险滩。2015年，他们就是这样在诚惶诚恐中度过的。残酷的现实使他们意识到，只有放眼长远，深刻体会全球经济结构变动的深层隐含趋势，才能把握中国短期的宏观经济波动表现，只有细致观察经济水面上的微澜，才能捕捉深海蛟龙活动的身影。月晕而风，见微而知著，因此成为他们的研究风格。

中国是最早意识到经济结构需要调整的国家。2013 年党的十八届三中全会做出了全面深化改革的决定，期望通过深化改革，加快结构调整的步伐，实现经济增长的可持续。一如其他国家，当刺激总需求的政策退出，结构开始调整，不仅意味着经济增速的某种下滑，更意味着原有结构的弊端水落石出，带来新的风险。这构成 2015 年人们所关注的问题。2015 年一开年，短期经济下行风险继续存在，房地产投资持续放缓是下行压力的重要来源。与此同时，财政政策的收紧也会给经济带来冲击。因此，房地产和财政问题值得关注。但由于发达经济体的经济复苏，国外经济形势较为乐观，尤其是油价可能持续在低水平徘徊，这些都有利于中国经济。加之市场一致预期中国全年物价水平不会大幅攀升，这给政府放松政策提供了空间。因此，国际市场对中国经济短期内"硬着陆"风险的担心有所下降，对政策放松的预期较高。但是对经济中长期所面临的结构性问题和风险，国际投资者依然比较担心。人们对中国 2015 年全年经济增速的预测在6.8%~7.2%。

一个季度过去了。中国经济的现实表现既没有市场预计的那样乐观，也未出现"硬着陆"。新的困惑便油然而生。过去若干年经济学家一直在预警，认为中国经济面临着"硬着陆"的风险，中国将出现大规模失业和中国式金融危机。但这些问题并没有出现。现在的困惑是，这些问题被夸大了还是由特殊的中国国情积累起来。如果是后者，那么 2015 年中国经济增速下降是否会击穿增长底线？如果增长底线被击穿是否会激发这些问题？中国经济增长引擎失速在于传统工业、采掘业和建筑业，原因在于出口和投资的增长动力不足，消费需求难以在短时间内提升，总需求不足，使产能过剩问题恶化，企业不仅失去了定价权，而且销售困难，订单减少，现金流萎缩甚至缺乏，这将导致企业无力偿还到期的各种债务。这可能产生如同 1996—1998 年时企业"三角债"的连锁反应。尽管现在企业吸收了当时的经验教训，"三角债"问题可能不太严重，但"联保联贷"是一个普遍现象，债务违约的传递效应是一个令人十分担心的问题。另外一个可能产生并趋恶化的问题是结构性失业。到目前为止，稳增长的政策效果已大不如前。中国经济 2015 年、2016 年的增长低于期望值可能是大概率事件。最大的挑战是控制宏观和金融风险，尤其是在高杠杆加通缩压力的情况下，债务问题可能集中爆发。

正是基于上述困惑和担心，一线经济学家开始从长期着眼，寻找解决问题的钥匙，讨论中国经济在新常态下宏观供求关系的动态调整过程，跨越"中等收入陷阱"所面临的诸多挑战，全面持续地提高全要素生产率的紧迫性，以及短期内宏观金融风险等重要问题。当时形成的初步共识是：要充分认识中国经济总需求的趋势性变化以及其对中国经济中长期可持续增长速度的影响，应更加积极主动地进行供给侧调整，唯有如此才能实现有效益、可持续的经济增长；不能低估中国这样一个拥有众多人口的大国实现跨越"中等收入陷阱"所面临的巨大挑战，唯有在制度和技术（尤其是前者）创新上实现不断的突破，从而全面持续地提高全要素生产率，才有可能实现这一跨越；短期内，中国经济面临的最大挑战是化解由高杠杆和高债务带来的系统性风险。稳增长的主要目的应是稳债务。股市在短期内的飙升和泡沫化现象没有减少反而是增加了中国经济和金融系统性风险。

上述担忧不幸被言中。仲夏之际，中国股市急剧的动荡解开了人们心中的困惑。在短短 4 周之内，上证指数的跌幅达 25％，而深证指数的跌幅则高达 38％。去杠杆由股市开始，为避免股市巨幅下跌引发系统性金融风险，中国政府被迫救市。中国救市可以说是非常时期的非常做法，在场外资金规模和杠杆构成状况实际上处于"黑箱"状态时，如果放任市场在短期内踩踏式地去杠杆，确实可能导致风险的蔓延和局部风险的失控。在信息不完备的情况下，不存在完美的救市政策组合，因此对救市过程的评价也不能太理想化。总体上看，救市政策大致上防止了短期内过于激烈地去杠杆可能导致的风险传染，特别是如果去杠杆风险传导至银行理财产品，可能会导致银行理财产品刚性兑付被无序打破，进而对整个银行体系形成风险冲击。但是这一次大规模救市已经并且会继续对中国金融体系产生十分深远的影响，有些影响可能目前来看不是很明显，但是未来可能会逐步显露出来。为此，需要新的金融改革顶层设计，而监管协调统一和信息共享、公开透明、权威有信成为必须实现的目标。

有时屋漏偏逢连夜雨。在中国股市喘息未定之际，中国汇市又出现动荡，在 2015 年 8 月 11 日中国人民银行宣布进行人民币汇率中间价报价机制改革后的两日内，人民币汇率跌幅竟近 4％。这次中间价报价机制改革提高了汇率市场化程度，是逐步增强汇率弹性的正确举措。由于是突然调整，所以会对有大额人民币借贷的企业、未做出对冲的进出口贸易商、国债投资者造成一定的影响，一些原来有结汇意愿的市场参与者开始迟疑，一些市场人士认为中国需要开始靠大幅贬值来支持出口，所以汇率贬值预期有所强化。为此，中国人民银行主动强化了与市场的沟通，在 8 月 13 日的记者会上重申了稳定市场的态度，使市场信心有所恢复。这表明预期管理是十分重要的。但是在当时资本流出压力大、实体经济下行压力大、出口形势严峻的背景下，想进行市场化改革，又想把市场的反应控制在一定的水平是艰难的。而上次股市动荡和维稳影响了全球资本市场对中国坚持市场化改革和政府调控能力的信心，最近市场又开始对中国是否需要通过竞争性贬值来刺激出口表示担心。这种担心可能导致大量资金重新往美元资产配置，当时建议按照当年日元加入特别提款权（SDR）的路线图，在操作层面和政治层面两方面考虑。

2015年末，一线经济学家开始盘点一年的经济表现，展望新一年的经济趋势。此时酸甜苦辣一起涌上心头。与年初相比，宏观经济表现基本符合预期，中国经济虽未出现"硬着陆"，但仍在缓慢下滑，全年的经济增速不超过7%。主要原因是投资下跌，除工业投资下滑外，房地产投资以及与政府财政开支相关的基建投资也都出现了较快的下跌。全年的投资增长率回落到个位数附近。这预示着2016年经济增速仍会延续这一态势，经济下行压力仍然较大，预计2016年经济增速将在6.5%左右。与此同时，在金融方面，经济学家虽然意识到去产能、去库存会带来去杠杆，会使金融风险加大，但却未料到会由股市和汇市动荡肇始，而不是大规模的债务违约。这促使经济学家反思，实体经济的去产能、去库存与金融的去杠杆究竟是怎样相互作用的。如果去产能、去库存与去杠杆相互缠绕怎么办？这些问题构成了对2016年中国经济的最大担忧，一个可能的解决方案是将杠杆暂时支住，既避免相互缠绕带来更大的风险，又能为去产能和去库存创造环境。如此，宏观经济政策的着力点应放在防范系统性金融风险上。除货币政策要相对宽松外，金融基础设施的建设、金融市场的有序发展及金融监管能力的改善便成为重要任务。其中，金融监管体制的改革和金融监管能力的提升又成为重中之重。中国金融业正从分业经营逐步转向混业经营，混业经营对监管的要求更高，而中国不同监管机构之间本位主义严重，需要更强大的协调能力和机制，以避免各项政策相互抵触。"为实现这些目标，重要的是要赋予央行在操作层面制定和实施货币政策的独立性，减少其他方面对货币政策的干扰，增强央行进行市场沟通的能力，强化央行在统筹宏观审慎和金融稳定方面的职能。"

回顾2015年的全球经济表现，一线经济学家当时基本达成以下共识：冷战结束后，以经济全球化为标志的世界经济总需求扩张周期已基本结束。目前正在开启以经济结构深度调整为代表的世界经济总需求相对萎靡的新周期。相应地，这一新周期将以低增长、低通胀、低利率为主要宏观经济表征。这预示着全球通货膨胀时代的过去和通货紧缩时代的到来，世界经济的强劲、可持续增长依赖于新的技术进步。这也意味着以总需求管理为重心的传统短期宏观经济政策在全球范围内普遍失去魅力，取而代之的应是致力于推动供给侧结构性改革的新的、长期的经济政策。

对中国经济而言，世界经济结构的上述深度调整的影响是前所未有的。2015 年中国出口经过多年高速增长后第一次出现负增长，同比下降 6.8%，但进口下降速度更快，达 13.2%，贸易顺差反而扩大了 56.7%，呈现出进口衰退性顺差；与此同时，资本项目继 2014 年首次出现逆差，逆差持续扩大，尤其是金融账户逆差达到了 5 044 亿美元，致使外汇储备余额较 2014 年末减少了 5 127 亿美元。中国的国际收支改变了长期以来的"双顺差"局面。这是具有深远意义的变化。一方面，出口下降意味着长期形成的出口导向型经济增长不仅不可持续，而且是现实地不可维持，而中国的产能是面向全世界的，出口下降将使中国的产能绝对过剩。贸易顺差虽然增长，但进口刚性却依然存在。就石油而言，2015 年全球新增产量约 100 万桶，其中 50% 由中国消费。贸易顺差的增长主要是由能源大宗原材料价格下跌所致，一旦价格回升，顺差将迅速收窄。另一方面，资本项目尤其是金融账户逆差意味着中国金融迅速融入世界市场，全球经济的风吹草动不仅会影响中国的金融市场，而且会使汇率进而利率波动不一，金融风险加大，使去产能、去库存和去杠杆的环境更不容乐观。

2015 年中国国际收支的方向性变化为中国经济新常态增添了新的注脚。它表明，所谓"新常态"，如中国政府所表述的，"是党的十八大以来党中央综合分析世界经济长周期和我国发展阶段性特征及其相互作用作出的重大战略判断"。而过去的"双顺差"转变为"一顺一逆"也正是上述相互作用的结果。于是，从战略高度把握这一相互作用，从长计议，从容应对，是认识新常态、适应新常态、把握新常态的题中应有之义。

从世界经济长周期与中国发展阶段性特征及其相互作用的角度来看中国经济，以 2015 年 11 月 30 日人民币加入 SDR 为标志，人民币成为国际货币，这意味着中国实体经济连同金融活动全面融入世界经济，中国因此开始成为一个具有典型意义的开放经济体。中国经济也因此开始面临内部均衡与外部均衡同时实现的新挑战。

就短期宏观经济政策而言，在充分就业、物价稳定、经济增长和国际收支平衡这四大宏观调控目标中，过去政策框架是不含国际收支的。换言之，是不考虑外部均衡的，仅以内部均衡为目标。但是，在成为典型开放经济体的条件下，国际收支变动成为宏观经济的内生变量，从而不得不在政策框架内予以考虑。而国际收支平衡这一目标的纳入，表明只有内部和外部同时达到均衡，宏观经济才能稳定。四大宏观调控目标，无论是在顺序上还是在权重上都需要重新安排，同时要求宏观调控手段和机制的改革创新。这不仅要求在调控思想上由数量调控转向价格调控，而且要求在金融市场和金融产品发展上予以配合，这样才能使央行具备手段来实现价格调控。试举一例，人民币国际化的巨大进展表明资本项目实际上已对人民币开放（尽管还不可兑换），人民币利率和人民币汇率开始具有真正意义上的平价关系，利率的变动会引起汇率的变动，在这种情况下，利率常常成为自变量，而汇率则常常成为因变量。调控人民币利率就能调控人民币汇率。这就要求内地在岸人民币市场，尤其是固定收益产品及其衍生工具市场加快发展，以形成完整的市场收益率曲线，成为央行调控的对象。与此同时，为使央行形成利率基准，就要健全期限不同、规模庞大的国债市场，进而形成交易活跃、有影响力的无风险收益率曲线。财政赤字因此成为货币政策实施的重要保障。其操作一如典型国家（如美国）的宏观调控操作，央行以国债作为公开市场业务的操作工具，通过买卖国债来影响利率，而金融机构通过买卖国债来获取流动性，流动性成本的高低使近端利率沿着金融机构资产负债表向远端延伸，以价格调控为特征的宏观调控作用由此显现。而由于利率与汇率存在平价关系，利率水平影响汇率水平。

人民币因内在的汇率稳定才能在市场中显现出来。相应地，调控利率就能调控汇率，由市场情绪导致的人民币汇率过冲现象才有可靠的手段予以纠正，而不仅单纯依赖外汇储备。就长期经济发展政策而言，之所以出现内部均衡、外部不均衡，与中国长期形成的出口导向型经济增长模式相关，出口带动了投资，投资促进了出口。出口和投资不仅成为中国经济增长的驱动力，而且形成了以制造业为主的经济结构特征，中国成为"世界工厂"。国际金融危机后，世界总需求的长期萎靡使出口和投资的驱动模式难以为继，经济结构调整自然出现。由此，中国经济内部和外部同时均衡既是世界经济再平衡使然，也是这种再平衡的表现。从这个意义上讲，中国经济内部与外部同时均衡要求经济增长模式改弦更张，经济驱动力更多地转向消费，经济结构调整更倚重服务业。而为了加快这一转变，供给侧结构性改革就是必须迈过的坎。其中，深化改革又是核心。

既然新常态是对我们所处时代的概括，是一个大逻辑，那么就要"莫为浮云遮望眼"，而是需要"风物长宜放眼量"。从更长程的历史中寻找逻辑，从广阔的空间中衡量坐标。也正是从历史的长河中观察新常态，我们注意到一个具有 5 000 年文明历史和 13 亿多人口的世界第二大经济体正在进行深刻的转型，注定对世界经济、对国际治理、对人类社会产生深刻的影响。

（三） 2016 年[①]

2016 年注定要被载入世界历史。在这一年，一些被认为会确定发生的事并没有发生，而一些被认为不会发生的事却确定地发生了。[②] 不确定性以这样的方式走进当今世界并改变着世界。这令人错愕，更使人担忧：这个世界是否还是我们过去所理解的世界？换言之，过去世界的主题是以经济全球化为基础的和平与发展，未来的世界还会是这个主题吗？如果不是，会不会是以去全球化为代表的竞争与冲突？我们正处于世界历史的十字路口，该何去何从？这使人们不由地想起狄更斯那句著名的话，"这是最好的时代，这是最坏的时代"。狄更斯的这句话描述了机器工业为世界带来的变化，成为寓意深远的小说《双城记》的开篇词。而瞻望今日之世界，似乎又可以用这句话作为 2016 年的开篇。

最好的时代与最坏的时代同时叠加，相互重叠、交互影响，"黑天鹅"事件层出不穷，意味着世界经济航船驶入了一片未知的水域。如果说，在过去已探明的水域，瞭望手的职责是提示既定航线的险滩急流、暗礁风浪，那么在未知的水域，有可能是火山爆发、冰川断裂、洋流翻滚，因未知而不确定，因不确定而恐惧。在过去的经验已不足以应对的情况下，客观现实要求作为瞭望手的经济学家关注不确定性，提示风险，更为重要的是发掘不确定性事件背后的逻辑，唯此才能预测局势，显然，这对经济学家来说是重大的挑战。现实要求经济学家摈弃那种囿于传统历史经验的、简单趋势外推的惯性思维，建立面向未来的新的分析框架。中国是世界第二大经济体，与当今世界经济密不可分。"世界好，中国才会好，中国好，世界会更好。"刻画世界经济变化的趋势，剖析中国经济在新阶段面临的挑战，尤其是研究这两者之间的交互影响，对中国经济的可持续发展十分重要。

---

① 源自博源基金会编、2017 年由社会科学文献出版社出版的《国际经济调整与中国金融改革：博源经济观察报告（2016）》一书笔者所撰写的前言。

② 2016 年 6 月，英国全民公投决定是否"脱欧"，这既出乎英国政府的意料，也出乎国际社会的意料。

2015 年底，美国开始退出 QE，并首次加息，而此时的欧洲、日本因经济不景气，利率一降再降，变成负利率。发达经济体经济周期的不同步，进而货币政策的不同步，利率、汇率波动的加剧，导致国际短期资本的无序流动更盛，并开始影响新兴经济体，使其金融风险加大，人们甚至担心会出现类似于 1997 年亚洲金融危机的金融风险。而中国经济的下行又在加重这一担心。2016 年 2 月，笔者在法兰克福参加欧洲央行的会议。会议的主持人提出了全球经济金融风险的四大因素，并让与会者投票看哪个因素影响最大。这四个因素分别是：美联储加息，欧洲难民问题使欧洲经济不确定性加大，大宗商品价格波动使发展中国家出现金融困难，中国经济下行。使人甚感诧异的是，53% 的与会者选了第四项，即中国经济下行。理由是中国是世界第二大经济体、第一大贸易体，中国经济的表现将牵动全世界。

随着研究的深入，问题的梳理需要从历史的角度追根溯源，并从国际经济的角度予以比较，由表及里，对症下药。所谓中国经济的风险，集中到一点就是金融风险。2016 年上半年，在中国经济面临下行压力的情况下，市场要求放松财政货币政策，以刺激宏观经济表现的呼声不绝于耳。但是总需求扩张政策真的有用吗？尤其是在国际金融危机后以"四万亿"为代表的大规模经济刺激计划所形成的高杠杆后遗症显现的情况下，还有多大的余地使用刺激政策？但若不使用总需求扩张政策，去产能、去库存与去杠杆交织，会使杠杆的稳定性更加脆弱，会使金融风险陡然上升。这成为国际社会高度关注的问题。尤其是在 2016 年 5 月"权威人士"发表讲话前后，市场弥漫着焦虑气氛，并集中于对中国金融风险的估计和应对。2016 年的实际情况表明中国的金融风险并没有像当初想象的那样可怕，但是这些分析却集中于问题的症结，从预警的角度来看颇值得深思。

2016 年下半年，中国经济企稳的信号逐渐明显起来。除了季度 GDP 走势平稳外，值得注意的是与微观经济主体——企业相关的两个指标的积极变化：一是 PPI 经过 54 个月后转正，意味着企业销售收入的增长，现金流转好，反映在金融上就是企业的付息能力提高；二是工业企业利润，无论是国有企业还是民营企业，经过 14 个月的下降后开始转入正增长，反映在金融上就是还本能力提高。这意味着企业杠杆开始企稳，由快速去杠杆带来的金融风险开始缓解。市场捕捉到这一积极的信号，中国经济下行所带来的焦虑有所淡化。然而，两件预测之外的事却又开始搅动全局：一是英国"脱欧"，二是中国一线城市的房地产价格再次快速上升。英国"脱欧"是 2016 年一连串"黑天鹅"事件的第一只黑天鹅。在人们习以为常的世界中投下了巨大的阴影。时至今日，我们还不能充分理解英国"脱欧"对世界影响的全部意义，何况当时那种震惊、不知所措而又不得不应对的窘态。

2014 年，中国的房地产达到历史峰值。自那以后，房地产需求陡然下降，成了供给侧结构性改革中去库存的核心内容。相应地，房地产投资也开始迅速下降。到 2015 年 12 月，房地产投资增速下降到历史低点，增速只有 0.9%，成为中国经济下滑的主要成因之一。然而，2016 年，冰火两重天。一方面，房地产去库存尚未全面展开，三、四线城市积压严重，量价齐跌，成为银行不良资产上升和影子银行违约的主要风险源。另一方面，一、二线城市购销两旺，房价迅速上升，甚至在年中的几个月按揭贷款成为银行放贷的主要甚至绝对组成部分，房地产泡沫又再次困扰中国金融。中国房地产市场究竟怎么了？回答这一问题，是一线经济学家的职责所在。

2016 年，多种经济指标预示中国经济经过 20 余个季度的下行后终于触底。就今后的宏观经济表现而言，虽然不会有较大的反转，但似乎也不会进一步下滑。市场长舒一口气，安然渡过 2016 年初那种被认为确定发生的中国经济金融风险。惊魂甫定，人们开始从可持续发展的角度关注中国经济。从金融来看，就是如何化解金融风险，如何平稳地降杠杆；从财政来看，就是如何改革财税体制，为企业提供更好的发展环境。特别需要指出的是，在中国经济新的发展阶段，中国提出了"一带一路"倡议，这既是中国对国际治理的新理念，也是中国在国际社会的新姿态。它不仅影响世界经济格局，同时也改变中国经济模式，不能不高度关注。其中，在"一带一路"中香港的地位与作用，关系到香港繁荣稳定的前途，更需要认真探讨。

2016 年，中国经济的平稳"软着陆"似乎表明，在既定的航线中，中国经济航船驶出了风浪区。然而，一波刚平一波又起。中国经济航船驶出的只是传统的风浪区，却驶入了一片未知的水域。世界经济、政治格局正在发生深刻的调整，出现了二战以来未有之变动。以英国"脱欧"、美国大选等一系列事件为标志，原来习以为常的经济全球化的世界出现了强劲的去全球化、反全球化的逆风。对中国经济而言，是逆风千里行船，还是随波逐流，这成为不得不面临的重大选择。

（四） 2017 年[①]

当黑天鹅第一次出现时，人们在震惊之余更倾向于认为这是个例外。当黑天鹅接连不断出现时，人们就不得不反思原因。在英国"脱欧"、意大利公投、奥地利大选、美国大选之后，2017 年，荷兰大选、法国大选、德国大选似乎又会成为"黑天鹅"事件，世界几乎变成了黑天鹅湖。概率在发生系统性倾斜，过去认为的不确定性事件似乎变成确定性事件，市场开始见怪不怪，预期开始发生适应性调整。

16 世纪，地理大发现造就了第一次经济全球化。随着新航线的开辟，西方列强的廉价商品伴随着坚船利炮轰开了东方的自然经济大门，全球卷入资本主义生产体系，形成了宗主国与殖民地之间的中心与外围的世界经济结构。然而，与二战后的世界经济体系相比，这仅是世界经济全球化的初级形态，集中体现在多中心上。一个宗主国拥有一片殖民地，并与其他宗主国竞争，后起的宗主国为了争夺殖民地，从而争夺市场，不惜采用阴谋诡计，甚至武力相向，团团伙伙，合纵连横。核心国与同盟国时刻处于动荡与重组之中，实力均衡与不均衡的结果是战端频起、战乱不止。世界版图的决定和再决定是由宗主国及其同盟的实力所决定的，并由此构成以民族国家为基础的威斯特伐利亚体系。"帝国主义就是战争"，西方列强的聚焦地——欧洲成为战争的策源地，两次世界大战皆由此地爆发。

二战后，在吸取战争惨痛教训的基础上，世界开始重构，希冀在多主体民族国家的基础上，建立起超国家的协调机制，建立起全球治理体系。这一体系由三大支柱组成：第一支柱，以《雅尔塔协定》为基础的联合国体制，这是政治制度安排；第二支柱，以关贸总协定（GATT）为起点，随后演变为 WTO 的自由贸易体制，这是全球经济制度安排；第三支柱，以布雷顿森林体系为基础的货币体制，这是金融制度安排。三大支柱相辅相成，加之配套的制度与措施，构成第二

---

① 源自博源基金会编、2017 年经济观察报告合集（未出版）笔者撰写的前言。

次全球化的基本框架。

二战后，在上述框架下展开的全球化，在 20 世纪最后的 25 年得到加速。首先，全球治理的机制化，随着专业性的、区域性的协调机制不断涌现并深化，世界治理的有效性提高。最为成功的案例就是欧洲一体化的进程。从共同市场走向经济一体化，从经济一体化走向政治一体化。欧洲一体化成功缓解了或基本消除了欧洲传统的德法矛盾，奠定了欧洲 70 年的和平。其次，全球化的覆盖面前所未有。中国实行改革开放，占世界人口 1/5 的中国加入全球化进程，不仅使全球化的地理含义扩大到全世界，更重要的是加入全球化进程的中国经济的快速发展，使全球的贫困现象大幅消除。最后，随着全球体制一致化，柏林墙的倒塌，冷战的结束，两个对立的阵营消失，全球绝大多数国家采用市场经济体制。体制的一致性使交易成本大幅降低，可贸易性大幅提高，各国经济的关联日趋紧密。

进入 21 世纪，经济全球化达到了前所未有的高度，并深刻改变世界格局，集中体现为两个特征：第一，由于交易成本的降低，可贸易性的提高，世界经济增长加快，而国际贸易和投资的增长速度又快于世界经济的增长速度。世界经济与国际贸易和投资快速增长的集中表现，就是国际金融的发展速度更快。第二，可贸易性的提高，不仅反映在传统的商品贸易上，更重要的是体现在全球生产要素的交易上，随着资本、技术、劳动力的自由流动，出现了生产力的全球配置，即生产要素沿着最有利的方向聚集。产业配置不再拘泥于传统的垂直分工或水平分工，而是横卧于世界各国之间，形成了全球供应链。

20 世纪 80 年代，中国经济加入全球化进程，并以 21 世纪初中国加入 WTO 为标志，中国经济与世界经济融为一体，使经济全球化的上述两个特征在中国反映得更为突出。中国是世界第二大经济体，却是世界第一大贸易体；中国经济的快速成长集中表现为沿海地区出口导向型经济的发展，亦即"两头在外"的加工制造业的发展。在产业链条中，原材料在外，市场在外，仅加工制造在中国。中国是全球产业链条的一个环节。这是中国将自身最具竞争力的生产要素——低成本劳动力加入全球化进程的结果。也正因如此，中国成为世界工厂，中国分享到了全球化的红利。

全球化令人眩目的发展，使人亢奋，也使人忧虑。使人亢奋的是，以市场经济为底色的体制一致性极大地提高了全球的资源配置效率，主流工业技术不断快速地向全球外溢，加快了发展中国家的工业化进程，从而大幅提升了发展中国家的生活水准。一个明显的例子就是大规模的饥荒不再频繁发生,人均寿命由战后的 40 岁提高到 70 岁。使人忧虑的是,体制的一致性又似乎意味着"历史的终结"。难道历史不再有新意,而仅仅是时间一维性的延续?2008 年的国际金融危机终于推翻了这一担忧。历史不会简单重复,不会无意义延续,更不会是"任人打扮的小姑娘",它会以自身的逻辑顽强地开辟自身的道路。国际金融危机使世界走到一个转折点。

与历史上传统的生产过剩危机不同,金融危机是资产负债表危机,它是以快速去杠杆为标志的资产负债表衰退所导致的全面性经济危机。传统的生产过剩危机产生的原因是市场的扩张赶不上生产的扩张。生产过剩、销售困难固然也会招致资产负债表的衰退,但那多半是局部的,主要集中于生产领域,而金融危机则是在高杠杆的情况下由某种扰动引发资产负债表的崩溃。它是全面的,从而深刻并具有巨大的破坏力。

从金融危机的表征来看,资产仓皇变现为上,流动性严重短缺,致使杠杆急剧降低导致资产负债能力崩塌。应急措施是快速向市场补充流动性,以维持债权债务链条。反映在宏观经济政策上,就是极度宽松的货币政策。

初看起来,这一政策与传统宽松的货币政策并无区别,是一致的。但传统宽松的货币政策旨在提高有效需求,是总需求管理政策,而现行的宽松货币政策则旨在补充流动性,维持债权债务链条,是金融稳定政策。于是,问题出现了,在快速去杠杆的状态下,通过补充流动性来维持杠杆只是防止了更大的资产负债表衰退,但因为杠杆不再提高,社会消费和投资不会明显增长,总需求的扩大并不明显,经济并不能得到有效提振。国际金融危机爆发至今已近九年,九年的全球经济表现事实似乎都在证明这一点。

九年来,全球经济增长率低于潜在增长率,使二战后形成的经济全球化框架面临深刻的挑战。

第一,在经济体内各部门资产负债结构不同、行为不同的情况下,政府的加杠杆行为并不必然导致其他部门资产负债表的同向变动。而政府一味加杠杆又使政府的资产负债表处于危险之中。截至 2016 年,日本政府的杠杆率(政府债务占 GDP 的比重)超过 250%,美国的超过 100%,即使是最稳健的德国也达到 80% 以上。政府进一步加杠杆已几无余地。二战后各国央行以投放货币为代表的旨在管理总需求的现代宏观经济政策由此走进了死胡同。需要说明的是,这不仅是对现有宏观经济政策的挑战，也是对二战以来所形成的主流经济思想的挑战。

第二，2008 年金融危机后，世界经济表现与危机前有很大的不同。过去全球经济增长是快的，而国际贸易和投资的增长速度又快于全球经济的增长速度。现在全球经济增长低迷而国际贸易与投资增长速度又连续五年低于全球经济增长速度。在总需求政策不能提振经济的情况下，全球经济增长可能会陷入长期停滞，这意味着产能过剩不仅成为世界性现象，而且会持久化。为了拓展市场并保护国内就业，贸易保护主义抬头便成为自然的事情，民粹主义开始流行并日益盛行。在民粹主义的背景下，以邻为壑、相互竞争有可能成为经济政策的常态。这将极大地伤害二战以来建立起的全球贸易投资自由化氛围，引发贸易战或货币战，进而引发经济"冷战"。

第三，民粹主义集中体现在"本国优先"的政治诉求上，形成"各人自扫门前雪，莫管他人瓦上霜"的政策出发点。2017 年 1 月美国宣布退出 TPP，法国总统候选人之一勒庞提出退出欧盟，经济全球化处于停滞、退化、收缩的境地。这种局面若长期持续，将会消融长久以来形成的国际治理架构，瓦解二战后所建立的国际多边机制和国际秩序。人们有理由担心，那种在两次世界大战前拉帮结派、互相对立的威斯特伐利亚时代将重现于世界。

如果说，2008 年国际金融危机以来，经济低迷、产能过剩、就业困难等仅是逆全球化思潮的经济根源的话，那么以特朗普当选美国总统为标志的去全球化的建制化安排，则有更深刻的社会根源。

如前所述，经济全球化是全球经济体制安排取向的一致性——市场经济体制。"两个平行市场"对立的消失，不仅促进了商品贸易，更重要的是使生产要素的可贸易性大大提升，其交易成本大大降低。从制度经济学的角度来看，交易成本的降低将改变企业与市场的边界。事实上，随着全球化的发展，出现了生产力的全球配置，从而使企业的规模及组织形式都发生了深刻的变化。一方面，过去所崇尚的一国内部企业上下游纵向一体化组织形式开始式微，产业开始横卧于世界各国之间，形成了众多的合同外包安排，出现了大批的以提供外包服务为主的中小型企业，并主要集中于生产性服务业。主企业资产轻量化，企业管理扁平化，并更侧重于产业链的价值管理。另一方面，这些外包企业，尤其是生产性服务企业又被产业链紧紧捆绑在一起，形成全球供应链，并由此构成一荣俱荣、一损俱损的相互依存的格局。在上述变化下，无论是原先的主企业还是服务此产业链的外包企业，细分市场的专业化都使企业规模变小，员工趋于减少；与此同时，由于全球化，生产环节向劳动力成本低的发展中国家迁移，发达国家更倾向于发展高附加值的生产性服务业，就业结构急剧变化，出现了经济全球化下发展中国家劳动力成本低所带来的廉价制造快速发展、就业及工资收入增长，而发达国家传统制造业衰退、就业及工资收入停滞的局面，这成为美国把所谓"锈带"产生归结于全球化的重要口实。

按照经济学的理解，当交易成本降为零，企业将不复存在，市场将取代一切。此时，一般均衡的理想状态将会成立，即市场是无限扩展的且是平滑的，供给和需求是自动平衡的。而为了使市场平滑扩展无障碍，除保证信息对称性以外，克服未来的不确定性是关键，从而在现实世界中以处理这类问题为己任的金融市场就成为核心。经济的全球化尤其体现为市场的一体化，而市场的一体化首先体现为金融市场的一体化。这既是理论的逻辑，也是现实的逻辑。冷战结束以来，全球金融市场的发展令人瞠目结舌。

金融的核心功能是处置风险。风险是由未来的不确定性引起的，而不确定性是服从概率分布的，于是应对不确定性的各种金融工具层出不穷，应对大概率事件的是基础金融工具，而应对小概率事件的则是衍生金融工具，金融创新由此蔚然成风。从理论上讲，高风险、高收益，能处置风险将获得风险收益，而不能处置或处置能力弱，只能获得无风险收益，从收入上看，这将产生收入分配的极化现象，出现所谓的"1：99"问题，即金融市场及其成员获取了大部分收益，而其他社会成员则获利甚少，占领华尔街便由此而生。当经济全球化首先表现为金融市场一体化时，人们自然地将收入极化现象与经济全球化联系在一起，并逐渐成为弥漫在服务业比重较高经济体即发达经济体中的一种普遍社会情绪。

在经济全球化背景下，随着传统工业向要素成本最低的经济体迁移，发达经济体传统工业的就业开始趋减，工资性收入开始下滑。但随着生产性服务的发展，尤其是金融市场的扩展，发达经济体居民的财产性收入趋于上升。两者相较，居民总收入似在上升，生活水平也在提升。经济全球化对收入的负面效应尚未显现。但金融危机的爆发打断了这一过程。在工资性收入难有提高的情况下，财产性收入的下降使居民总收入下降，传统的"中产阶级"受威胁。更何况金融危机后九年来的种种努力并未使经济表现有实质性的提振，经济仍处于艰难的复苏之中，财产性收入不能指望，而就业参与率较低，从而工资性收入水平难以维持。渺茫的前景使作为社会稳定阶层的传统"中产阶级"也失去了耐心，他们开始激进化，成为当今发达国家民粹主义的政治基础，并把问题归咎于全球化，去全球化成为当今发达国家民粹主义的政治诉求，最终导致以特朗普当选为标志的去全球化的建制化安排。事实上，从英国"脱欧"、意大利公投及特朗普当选的选票构成来看，多是传统工业从业人员以及与此相关的传统"中产阶级"，并由此造成了发达国家内部的社会撕裂。

由上可以看到，"经济全球化是一把双刃剑"。一方面，经济全球化为世界经济增长提供了强劲动力，促进了商品和资本流动、科技和文明的进步、各国人民的交往。一个明显的事实就是，随着一大批发展中国家的经济因工业化而快速成长，占世界人口绝大多数的发展中国家人民生活水平有了大幅提升。另一方面，"全球化确实带来了新问题"。尤其是"当世界经济处于下行期的时候，全球经济蛋糕不容易做大，甚至变小了，增长和分配、资本和劳动、效率和公平的矛盾会更加突出。发达国家和发展中国家都会感到压力和冲击"。

从二战结束尤其是冷战结束以来的全球化利弊来看，总体上讲，利大于弊。因此"面对经济全球化这把双刃剑，我们不能就此将经济全球化一棒子打死，而是要适应和引导好经济全球化，消除经济全球化的负面影响，让它更好地惠及每个国家、每个民族"。其中的关键在于做大蛋糕。

从做大蛋糕的角度来看，全球经济增长乏力的症结在于全要素生产率的下降，是技术进步缓慢所致。问题发生在供给侧，结构性改革应是未来世界经济发展的核心议题。为此，在 2016 年 G20 杭州峰会上，G20 领导人达成共识，将发展问题置于核心位置，并共同签署了《二十国集团深化结构性改革议程》，提出一整套指标体系量化框架以检测和评估各方的进展。这主要集中在九个优先领域：促进贸易和投资开放；推进劳动力市场改革及获取教育和技能；鼓励创新；改善基础设施；促进财政改革；促进竞争并改善商业环境；改善并强化金融体系；增强环境的可持续性；促进包容性增长。G20 领导人一致认为结构性改革政策应与财政政策和货币政策一道成为 G20 宏观政策协调的重要方面。事实上，如果发达国家发挥其人力资本密集的优势，加大新技术、新产品的研发，推动新产业的形成，并加强对传统产业就业人员新技能的培训，将会阻止并扭转全要素生产率下降的局面，相应地稳定并扩大就业和提升收入水平。而随着新技术、新产品以及新产业向发展中国家转移，相应地也会提高这些国家的全要素生产率，持续提高这些国家的居民收入水平。如此，细流涓涓，经济全球化将达到新高度，共建、共享、共赢的世界经济会使人类成为一个命运共同体。我们当时认为这是努力的方向。

改革开放以来，中国加入经济全球化进程，使中国经济社会发生了翻天覆地的变化，中国成为全球经济增长最快的国家，跻身全球第二大经济体，从某种意义上讲，中国经济的可持续增长已成为全球问题。中国经济发展得益于经济全球化，而作为全球第二大经济体，中国经济也有必要并有能力贡献于经济全球化，这不仅是中国经济进一步发展的需要，也是人类发展的需要。在去全球化逆风当口，中国除了旗帜鲜明地捍卫经济全球化以外，还须为经济全球化做出扎扎实实的贡献，其中，深入推进供给侧结构性改革，奠定中国经济具有长期可持续发展的基础至关重要。唯此，才能为世界经济提供一个稳定增长的市场，才能为世界经济的新秩序提供一个可靠的依托。

五、世界经济新常态的发展趋势[①]

所谓"新常态"，最早由美国太平洋投资管理公司总裁埃里安于 2009 年 5 月提出，由美国前财政部长、著名经济学家萨默斯 2013 年底在世界银行年会上予以发挥，进而被市场和经济学界广泛接受，并由形容词"new normal"演变为名词"new norm"。在中国，经济学界虽然用这一概念讨论经济问题也有了一段时间，但官方第一次使用是在 2014 年 5 月，是习近平在河南考察时提出的。从新常态的概念演变来看，它在不同的国家、不同的时期有着不同的理解。埃里安使用新常态的概念来描述金融危机爆发后经济缓慢而痛苦的复苏过程。他认为，一个经济体在经历一段时间的过度经营、过度负债、随意冒险和信贷扩张后，需要很多年才能恢复。而货币政策和财政政策的空间和效果又因去杠杆化而日渐逼仄，政策回应无力而总需求持续不足，加剧了经济和就业增长的艰难程度，经济活动会处于缓慢性萧条、失业率居高的状态，而不会出现迅速回升，即 V 形反转。萨默斯将这一描述中短期现象的概念扩展为"长期停滞"。在他看来，此次

---

① 原文详见笔者历年在清华大学 FMBA 课堂所用的材料《金融前沿与实践探索》，此处基于原文对文字和表述进行了调整。

危机标志着以美国为首的发达经济体的实体经济将进入一个长期停滞的时期。概括而言，其论据主要有三：

第一，技术进步缓慢。根据 Gordon（2014）的研究，美国全要素生产率（TFP）在持续下降。1980 年至今，TFP 的年均增速仅为 0.5％，为 1930—1980 年增速的 1/3。这一时期的技术进步主要是互联网和电子设备的创新。然而这些创新对产出效率的提升作用不仅远远小于一个世纪前电力和内燃机的发明应用，而且在 2001 年美国互联网泡沫破灭后，对产出效率的提升作用进一步下降。与此同时，全球众多研究机构的研究分析也表明，在此次金融危机后，发达经济体劳动生产率增速下降而需求疲软，进一步伤害了企业的创新动力，创新可能正处于停滞之中。

第二，劳动参与率下降。根据 Gordon（2014）的研究，1972—1996 年，美国劳动参与率年均增长 0.4 个百分点，而在 2007—2014 年，该指标年均下降 0.8 个百分点。仅此一项，就导致美国人均 GDP 增速下降 1.2 个百分点。与此同时，与衰退相关联的失业并不会随着经济复苏而完全恢复。不仅失业率维持在较高水平，而且就业不足，使得劳动参与率维持在低水平。这意味着，某些人力资本将在失业中永久地失去。由于要素供给减少，危机后经济即使有所增长，也难以回到危机前的长期增长路径。

第三，维克塞尔利率即充分就业实际利率呈下降趋势，甚至会处于负值水平。所谓维克塞尔利率，是指实体经济存在着一个由储蓄和投资决定的真实利率水平。根据维克塞尔累积反应，该利率水平取决于三类因素：一是储蓄供给函数，即可贷资金供给；二是投资需求函数，即可贷资金需求；三是相对于风险资产的对安全资产的需求强度，即风险偏好。三类因素均衡产生的实际利率是充分就业实际利率。但是，这一充分就业实际利率并非总是正的，一旦储蓄供给大于投资需求，且安全资产的供给难以将超出的储蓄完全吸收，则充分就业实际利率可能落在负值区间。根据萨默斯等人的研究，在 20 世纪 90 年代初以及 2001—2005 年，美国的实际利率曾降到零以下，远低于当时的名义利率。在这种情况下，名义利率虽一降再降，但仍高于充分就业实际利率，不足以刺激投资和拉动经济，为降低名义利率而加大货币供应量导致了资产价格泡沫，为金融危机埋下了导火索。2008 年危机爆发后，尽管名义利率在零左右，但美国充分就业实际利率一直保持在 −1％～2％ 的水平。于是，投资不足、产出低于潜在水平和就业不充分等经济停滞局面开始出现。顺便指出，这也是欧元区实行名义利率为负的货币政策的原因之一。

以上这三个变化都出现在实体经济，并且都是供给端的问题。这使以调控总需求为目标的宏观经济政策陷入两难境地。一方面，为提振经济，发达经济体的货币当局不得不长期将名义利率压低到接近于零的水平。但即使这样，相对于充分就业实际利率，名义利率仍然过高，因而对经济的提振作用有限。另一方面，将名义利率压低至接近于零的水平，意味着货币政策的极度宽松，在刺激实体经济有限的情况下，却导致了资产泡沫的出现，并趋向严重化。反过来，又阻碍了经济复苏的进程。于是，在充分就业实际利率为零甚至为负值的情况下，充分就业、经济合理增长和金融稳定三项宏观目标难以同时达成，宏观经济政策不得不在低迷的经济增长和膨胀的资产泡沫之间来回摇摆、痛苦抉择。这便是当下发达经济体宏观当局苦无良策的原因。

从这个角度来考察当代发达经济体，理论和实践都表明，若要走出可能陷入长期停滞的泥沼，不能依赖着眼于提高总需求的短期货币政策，而须仰仗能够直接影响总供给及其结构的财政政策。经济学家当时一致认为，大胆推行全面改革势在必行。改革的重心在于供给端，鼓励创新创业、促进教育发展、提升人力资本、增强劳动力市场弹性、提高退休年龄、改革社会保障制度和移民政策、完善企业税制等都是题中应有之义。

在中国，区别于发达经济体，新常态具有自己的特色。2014 年 11 月，在 APEC 北京峰会上，中国政府向世界阐释了对中国经济新常态的理解：经济增长转向中高速，经济结构转向优化和经济增长动力转向创新，并由此，经济开始面临众多挑战。随后，12 月召开的中央经济工作会议将中国经济新常态表现刻画为九个特征：在消费需求方面，模仿型排浪式消费阶段基本结束，个性化、多样化消费渐成主流；在投资需求方面，传统产业相对饱和，但基础设施互联互通和一些新技术、新产品、新业态、新商业模式的投资机会大量涌现；在出口和国际收支方面，全球总需求不振，同时我国出口竞争优势依然存在，高水平引进来、大规模走出去正在同步发生；在生产能力和产业组织方式方面，新兴产业、服务业、小微企业作用更加凸显，生产小型化、智能化、专业化将成为产业组织新特征；在生产要素相对优势方面，人口老龄化日趋发展，农业富余劳动力减少，要素的规模驱动力减弱，经济增长将更多依靠人力资本质量和技术进步；在市场竞争特点方面，逐步转向质量型、差异化为主的竞争，统一全国市场、提高资源配置效率是经济发展的内在性需求；在资源环境约束方面，环境承载能力已达到或接近上限，必须顺应人民群众对良好生态环境的期待，推动形成绿色低碳循环发展新方式；在经济风险积累和化解方面，各类隐性风险逐步显性化，风险总体可控，但化解以高杠杆和泡沫化为主要特征的各类风险将持续一段时间，必须标本兼顾，对症下药；在资源配置模式和宏观调控方式方面，全面刺激政策的边际效果明显递减，既要全面化解产能过剩，也要通过发挥市场机制作用探索未来产业发展方向，必须全面把握总供求关系新变化，科学进行宏观调控。

由上，同样是"新常态"，在不同的经济体、不同的时期所表达的现象和根源具有不一致性，区别在于：在发达经济体是发展成熟后的新常态，而在发展中经济体尤其是在中国，则是发育新阶段展现出的新常态。但与此同时，更为重要的是新常态在概括当代世界经济方面是一个具有历史穿透力的概念，它表明无论是发达经济体还是发展中经济体都在脱离以为恒久不变的惯性轨道，并且不会再回到原有轨道。从而未来的经济轨迹不再是传统的周期轨迹，而是深刻的结构变化带来的前所未有的新轨迹。

在历史转弯的关键时期，"认识新常态，适应新常态，引领新常态"，比任何时候都更显重要。其中，建立在短期基础上的侧重于需求端管理的传统经济学逻辑需要扬弃，相应地，基于长期的促进供给端调整的新经济学思维需要构建。正是在这个意义上，作为瞭望手的一线经济学家不仅要记录航迹，而且要透过现象看本质，总结、归纳在航迹中出现的异象，更新思维，抽象理论，寻找历史潮流的方位。

我们当时认为 2014 年世界经济的一个基本特征是"去杠杆"和"加杠杆"的两难状况仍在延续。2008 年的金融危机是长期以来各类经济主体负债率过高引起的，"去杠杆"则导致资产负债表快速衰退危机。降低负债率，即去杠杆是避免危机重演的根本之策，但是杠杆又不能去得太快，否则将深陷危机之中不能自拔。于是，发达经济体的政策取向是，在政府财政加杠杆的情况下缓慢地去杠杆。然而这构成了一个新的两难困境：一方面，去杠杆作为恢复经济的主要路径，修复资产负债表是必然的。在这一过程中，各类经济主体一旦新获得资金，优先选择就是将其用于充实资本、减少债务，而不是用于消费、投资等"正常"经济活动。这种修复资产负债表的行为使企业在相当长一个时期内的经营目标由

"利润最大化"转向"负债最小化",从而整个社会就会形成不事生产和投资、专事还债的局面,并由此导致消费低迷、投资停滞、信贷收缩、经济衰退。另一方面,为避免这种情况发生和蔓延,政府不得不加杠杆,不仅长期使用宽松的货币政策,而且用货币直接定向购买政府国债,以支持政府开支,刺激经济,结果是政府债台高筑。这两方面相互缠绕,构成了恶性循环,形成了一个悖论:危机的治愈取决于去杠杆的成功,但去杠杆却导致经济收缩,迫使政府不得不加杠杆,而加杠杆又不能使经济健康化,反而预示着政府债务的不可持续性,埋下了再次快速去杠杆的隐患。

需要指出的是,在以往的世界经济史中已经有这种恶性循环的案例。国际经验表明,日本经济之所以在世纪之交"失去了二十年",就是由这个悖论造成的。在过去二十年中,日本企业致力于去杠杆和修复资产负债表,投资裹足不前,消费萎靡不振,银行坏账严重。为了提振经济,历届日本政府不断地加杠杆,并无所不用其极,量化宽松政策就是由日本于 2001—2006 年间率先采用的,但尽管向经济注入巨额资金,效果始终不佳,并不得不中止。安倍政府上台后,不仅重拾牙慧,而且变本加厉,将量化宽松的货币政策与通货膨胀率 2% 挂钩,使日本政府债务几乎达到 GDP 的 250%。如果届时通货膨胀率达到 2%,即使日本国债的实际利率为零,其名义利率也将达到 2%,这意味着日本国债名义利息偿还额度将达到名义 GDP 的 5%。安倍经济学真有如此强大的威力,能将日本 GDP 增速提升到 5% 以上?如不能,日本国债的偿还将出现困难。人们开始担心日本是否会重蹈欧债危机的覆辙。

事实上,2014 年的世界经济状况令人担心。美国政府债务上限不断上移,促使美国货币政策开始退出资产购买计划,但宽松依旧,加息还是不加息始终是个问题,很大原因在于美国似乎患上了宽松货币政策依赖症。一旦宽松货币政策退出,经济是否还会强劲?而 2014 年第三、第四季度美国的经济表现似乎印证了这一点。反观欧洲,宽松货币政策不存在退出的问题,反而需要进一步加码,乃至要采用匪夷所思的负利率货币政策,致使欧债危机再次爆发的概率大大提高。在新兴经济体,因发达经济体尤其是美国为克服金融危机而向经济注入巨额资金的特殊时期已过,由量化宽松货币政策源源不断注入资本的条件也不如从前,靠廉价资本刺激起来的经济增长自然回落。更为严重的是,国际资本流向改变,新兴经济体通货膨胀高企,国际收支恶化,汇率急剧动荡,成了"新常态",

人们甚至担心1997年亚洲经济危机有重演的可能，而俄罗斯卢布的遭遇则加剧了这一忧虑。

在世界经济仍处于"去杠杆"这一新常态下，若干经济表现是可预测的：

第一，经济增长将长期呈现低水平波动。不仅潜在增长率有下移的倾向，而且实际增长率低于潜在增长率出现增长缺口将成为常态。

第二，各经济体经济周期不同步，导致各经济体政策分野。由于发达经济体处在危机后的不同阶段，也由于新兴经济体处在不同的发展阶段，各经济体经济政策重心不同。在经济全球化的当代，这种政策的分野不仅使政策实施方难以达到预期的宏观经济目标，而且会触发国际上"以邻为壑"的恶性竞争。一个例证就是美英酝酿退出量化宽松，而欧洲、日本却在积极挺进，导致国际资本频繁流动，孕育出新的金融风险。

第三，在上述情况下，贸易保护主义不断抬头，经济全球化出现了某种程度的退潮。在金融危机前，在经济全球化的全盛时代，全球贸易增长率持续高于全球经济增长率，但金融危机爆发以来这一现象出现逆转。2012年全球GDP增长3.4%，同期贸易增长2.3%，2013年全球GDP增长3.3%，同期贸易增长2.5%，预计2014年仍延续这种趋势。事实上，各种排他性、区域性的贸易协定的快速形成正说明了形势的严峻性。

第四，全球治理出现真空。第二次世界大战以来，国际社会几乎在所有领域都建立了专业治理机构，制定了专业化的治理规划，形成了完备的治理机制，并且一直运转有效。但是，这一治理的基础是建立在南北差距上的，是基于发达与不发达的世界经济结构。由于南北差距的显著缩小，发达经济体和新兴经济体的GDP几乎各占世界经济的一半，发达和不发达的世界经济结构出现了本质的变化，使传统的全球治理机制陷入失灵状态。一个明显的例证就是原有的旨在调节国际收支顺逆差的国际货币体系是建立在逆差国调节的基础之上，而此次金融危机却率先发生在具有国际流动性补充义务的顺差国——美国身上，致使调节无从下手，调节能力荡然无存。从一定意义上讲，现行的全球治理机制既不能有效应对传统挑战，更无法应对日趋复杂的非传统挑战。在全球经济新常态下，各国除了致力于全球经济再平衡外，还应致力于重塑全球治理机制。

种种迹象表明，世界经济的"新常态"是一个历史分水岭。然而，截至2014年，新常态还是"结束的开始"，而不是"开始的结束"。它告别了"旧常态"，但尚未稳定展现自身的特质，对"旧常态"的路径依赖使其仍陷入云雾缭绕之中。要识"庐山真面目"，还需从人类经济社会发展长河中寻找答案。

首先，就此次金融危机的深度和广度而言，堪比 20 世纪 30 年代的大危机。1929—1933 年的大萧条导致世界经济长期萧条，其间各种矛盾相互交织、各种思潮纷纷涌现，世界动荡不安，最终引发了第二次世界大战。目前，各种恐怖主义盛行，地缘政治危机频现，不能不使人牢记历史教训，倍加努力地维护世界和平，而中国经济学家也责无旁贷。

其次，从更大的历史跨度来看，市场经济出现 300 年以来，人类的一个基本问题尚未得到有效解决，那就是资本和劳动的关系以及由此引发的收入分配问题。世界经济新常态所导致的经济低迷，有可能导致收入分配问题进一步恶化。2014 年法国经济学家皮凯蒂的学术分析广泛流行，一个重要的原因就是顺应了新常态下人们对此的担忧。收入分配问题是涉及现代人类社会发展的重大问题，影响着世界新常态的形状，也决定着各国未来政策的走向。

最后，历史经验告诉我们，人类经济社会发展是螺旋式上升的。尽管新问题、新挑战层出不穷，但办法总比问题多。在当今世界，以互联网、物联网为代表的科技进步，带来经济组织方式和社会组织形式的变革与变化新方向。不仅当下中国社会热议互联网经济、互联网社会，全世界也日益关注，技术进步催生了"分享社会"的苗头。2014 年，里夫金的著作热销就是一例。对此，中国的经济学家也须睁大眼睛，仔细观察，认真思考。

中国经济与世界经济水乳交融的局面必然会产生相互激荡的现象，而 2008 年国际金融危机的爆发更强化了这一认识。国际金融危机是一种新的经济现象，人们对金融危机形成机制、危害程度以及传播规模几乎一片茫然。

经过在市场一线经济学家的密集讨论，国际金融危机的内在机理和外在轮廓开始清晰化。所谓国际金融危机，是经济全球化背景下的新型金融危机，表现为以快速被动去杠杆为基本特征的资产负债表衰退。二战结束以来，为应对传统市场经济中的以产能过剩为标志的"生产过剩"式经济危机，基本手段是扩张性财政和货币政策。起初，这种扩大总需求的财政和货币政策还只是用来"反危机"，但随后发现只有在"反周期"中才能"反危机"。换言之，只要经济保持增长，周期就不会出现，危机自然就不会出现。由此，扩张性财政和货币政策渐渐常态化。凯恩斯需求管理政策变成了刺激总需求来维持经济增长的政策。抛开财政政策不谈，仅从货币政策的角度来看，在企业借入资本经营的情况下，利息构成的财务成本是影响企业投资的重要变量。货币供应量增加，利率随之下降，使财务成本降低，会刺激企业的负债投资意愿，从而扩大总需求。同理，居民在负债消费的情况下，利率下降也会刺激居民的负债消费意愿，从而也会扩大总需求。由此，持续宽松的货币政策会使企业和居民的负债率持续上升。换言之，常态化的扩张性财政和货币政策与社会成员杠杆率的持续升高是"一枚硬币的两面"，两者相辅相成。如果说硬币的一面是经济周期，那么硬币的另一面就是以杠杆的扩张与收缩为标志的金融周期。亦即当社会成员的杠杆扩张到无以复加的地步时，以内部现金流断裂为标志的去杠杆过程就开始了。反映在金融方面，社会成员现金流断裂意味着付息能力的丧失，使建立在期限错配基础上的金融机构的资产负债表出现严重的流动性危机，去杠杆的加速便以金融崩溃的形式呈现于世人面前。

与此同时，冷战结束后，世界经济进入全球化的新时代。一方面，随着两个对立阵营的消失，全球绝大多数国家采用市场经济体制。经济体制的一致性使制度性交易成本大大降低，整个世界的贸易程度提高，世界经济增长变快，国际贸易增长更快，而作为两者推动的产物——国际金融的发展速度又快于两者，从这个意义上讲，经济全球化首先表现为国际金融的一体化。另一方面，整个世界的贸易程度提高不仅反映在商品与服务贸易的深化上，更重要的是反映在生产要素贸易的扩展与深化上，主要体现为资本的跨国流动、资本的自由化。这构成了1994年关贸总协定转变为WTO的动力和背景。伴随着这一转变，出现了以跨国公司为代表的全球生产力布局。国际分工也不再拘泥于传统的垂直分工和水平分工，而是以产业链的形式横卧在世界各国之间，各国成为国际产业链进而价值链上的一个节点，国际金融活动也因此成为全球供应链金融。其中，最为典型的就是中国。改革开放以来，中国沿海地区的经济发展带动了整体经济发展，而沿海地区的经济发展呈现为"两头在外"的产业链条，原材料供应在外，市场在外，仅加工制造在中国。从金融方面来看，是国际资本与中国廉价劳动力相结合，中国成为世界工厂。

由于中国在加工贸易上的崛起，亚洲各国逐渐演变为以出口导向为特征的新兴经济体，亚洲制造业以欧美为出口目的地，并因此积累了以美元为代表的贸易顺差，同时亚洲各国的进口需求又带动了包括石油输出国组织在内的原材料出口国的出口，使这些国家也开始积累以美元为代表的巨额顺差。于是，经济全球化在空间结构上表现为三个相互依赖但又相对独立的经济板块。欧美尽管制造业较弱，但服务业尤其是金融服务业发达，从全世界尤其是亚洲进口制成品的同时，又将自身服务业的竞争优势纳入全球化之中，在成为全球物质产品消费中心的同时，又成为金融服务中心；亚洲尽管制造业发展迅速，但服务业尤其是金融服务业薄弱；其他地区尽管农矿产业发展迅速，但制造业和服务业不发达。结果是后两个板块积累的贸易顺差不得不回流欧美，投资于欧美金融市场。从金融方面看，这三个板块形成了国际资金的环形循环，欧美发达国家以贸易主要是货物贸易逆差的形式使其他两个板块获得了以美元为代表的经常项目顺差，而这两个板块因投资欧美金融市场，又使这一经常项目顺差回流欧美，使欧美获得资本项目的顺差，并因此压低了欧美的利率，使其居民更容易负债消费。从这个意义上讲，以亚洲等发展中国家对以欧美为代表的发达国家的经常项目顺差为代表的全球贸易不平衡和以欧美为代表的发达国家的负债消费式的杠杆率升高又是一枚硬币的两面。当发达国家尤其是美国负债消费式的杠杆难以维持并崩溃时，金融危机迅速波及整个世界。在发达国家表现为资产负债表的快速衰退，在发展中国家则表现为出口难以为继的产能全面过剩，金融危机以全面危机的形式使全球经济陷入灾难之中，无论是发达国家还是发展中国家，都难以独善其身，无一例外。简言之，经济全球化以金融危机的形式顽强地展现出世界经济是一个整体，经济全球化首先是全球金融一体化。

既然 2008 年国际金融危机是经济全球化的产物，那么应对金融危机自然需要世界各国的共同努力，因此催生了发达国家和发展中国家共同协力的 G20。2009 年，G20 峰会在伦敦召开，发达国家和发展中国家第一次一致表示要协调各国的宏观经济政策以共同应对金融危机，促进世界经济的强劲、平衡、可持续增长。在这个背景下，中国也出台了号称"四万亿"的大规模经济刺激计划。

然而，对于各国一致扩张的宏观经济政策效果，从后来全球经济的表现来看，只是防止了更大的衰退，并未有效提振总需求，全球经济增长的现实表现持续低于预期，出现了现实增长率与潜在增长率之间的缺口，并呈现出短期难以改善的迹象。不仅如此，国际贸易的增长速度又连续多年低于全球经济增长速度，致使国际金融始终处于动荡之中。世界经济出现了低增长、低贸易、低通胀、高杠杆的新常态。

这一新常态带给中国经济的挑战是巨大的。世界经济的现实表现始终不及潜在增长，这意味着全球性的产能过剩。而出口导向型经济模式下的中国产能是为全世界准备的，从而中国的产能过剩就是绝对的。国际贸易的增长速度连续多年低于世界经济增长速度，这意味着任何一国国际贸易的快速增长均是对其他国家份额的争夺，贸易摩擦从而增加，贸易条件因此恶化，中国作为世界第一贸易体首当其冲。由此，世界经济新常态的出现意味着中国必须调整结构，改变经济增长模式，由出口导向型转为内需扩大型。

也正是在这样一个世界经济新常态的背景下，中国提出了"去产能、去库存、去杠杆、降成本、补短板"。从改革举措的逻辑来看，通过工业去产能使剩余产能可盈利，从而在商业上可维持。通过房地产去库存，避免房地产行业大起大落及其对经济带来的影响，使房地产行业可持续。通过去杠杆，防范更大的系统性金融风险发生。换言之，在世界经济前景不明的情况下，以此来稳住阵脚。与此同时，通过降成本，夯实微观经济基础，巩固阵地。更为重要的是补短板，尤其是技术进步的短板。通过探索和尝试，寻找前进的方向，形成新的经济增长点。概言之，这是在不确定条件下摸索性的政策组合，它既反映出现实经济中大规模刺激的不可持续性，也反映出为突破传统总需求管理政策局限的新努力，更预示着宏观经济政策的定位点开始由需求侧转向供给侧。其中，既然世界经济新常态根源于全要素生产率的下降，那么创新引领、推动科技进步就是必然的；既然世界经济新常态体现为高杠杆，那么通过控制杠杆率防范金融风险就是必然的。它标志着世界经济新常态下中国应对的开始。

总体来看，2008 年雷曼兄弟危机后，发达国家的主权债务危机此起彼伏，很可能是未来世界格局发生剧变的前奏。这些变化既有正面的，也有负面的，关键是全球治理机制与安全形势能否得到有效维护。以下是可能出现的问题和趋势：

第一，可能出现"去全球化"浪潮。由于债务的不可持续，经济增长又缺乏亮点，在一些发达国家保护主义情绪抬头。原因主要是，要实现经济发展，必须重新提高国内的就业率，而来自新兴市场的激烈的产品竞争威胁着这些国家的产业发展。为了保护国内产业，很可能出现更多的关税壁垒、贸易惩罚与救济、货币战争等保护主义措施。

第二，可能导致恐怖主义势力猖獗。为了维护自身的债务与经济安全，美国很可能开始实施"战略性撤退"，从伊拉克、阿富汗撤军，退守本土，不再主动充当"世界警察"的角色。失去美国军事力量的威慑和保护，中东与西亚的恐怖主义势力可能进一步抬头，给地区安全带来新的威胁。

第三，新兴市场可能涌现新的动荡风险。在政府财政无计可施之际，为了刺激经济与减轻债务负担，发达国家很可能走上无限制印钞的道路。依靠中央银行持续零利率和量化宽松的货币政策，推动通货膨胀和货币贬值，导致石油、农矿产品等大宗商品价格暴涨，危及新兴市场社会的稳定和经济的可持续发展。

第四，亚太地区可能成为全球经济增长的发动机、世界政局稳定的关键点。目前，基于近几十年来的经济持续快速增长、庞大的人口规模以及相对落后的发展起点，亚太国家在财政实力、经济发展潜力、金融市场容量等方面具有替代发达国家、拉动全球经济增长的可能性。未来世界格局最大的变化将可能是：全球地缘政治、经济与金融中心逐步向亚太地区转移；由此，亚太地区大国将进一步发挥稳定全球政治格局的关键作用。

六、建立中国宏观经济调控新框架[①]

国际金融危机后的中国经济表现为在波动中不断下行，并且波峰与波谷的差异明显变小，使经济下行具有了平滑性。显然这是符合客观事实的。根据统计，在过去 20 年，中国 GDP 增速由两位数逐渐波动下滑到 2014 年的 6% 多一点，而且过去热议的经济周期也基本不再显现，至少是出现了变形。

这一观察引发了两个值得讨论的问题：第一是波动。经济无疑是具有波动性的，并因连续的波动形成可以观测到波幅和波长基本稳定的周期。但现在的问题是这一波动似乎不再是原有周期的重复，出现了变形。那么，变形是出现在波幅

---

① 原文详见中银国际控股有限公司刊物《全球观察》2015 年第 1 期，此处基于原文对文字和表述进行了调整。

上还是出现在波长上？抑或兼而有之？原因是什么？第二是趋势。经济增长无疑是有趋势的。这一趋势的形成是由经济内部结构性原因所致。但现在的问题是中国经济增长似乎不再沿着以往的轨道前行，增长不再加速或持平，而是开始持续性下行。那么，造成这种新趋势的结构性变化是什么？原因何在？十分明显，对这两个问题的回答构成预判未来的关键，成为潮汐需要洞察的理由。

早在 2013 年，笔者就发现了两者之间的矛盾，并试图建立两者之间的对立统一关系。笔者认为，从短期看，"拉动中国经济增长的'三驾马车'步伐放缓，同时，侧重于需求管理的宏观经济政策的边际效用递减，导致中国经济波动性加大"。从这个意义上讲，"保增长"是必要的。但是，从长期看，中国经济的下行并不能完全归结为周期性波动。周期性波动的基本原因是总需求的波动，尽管2014 年中国经济的下行有"三驾马车"同步放缓的因素，但还有深藏于供给侧的结构性原因。笔者当时指出，"从供给侧结构看，我国正处于工业化发展的中后期，第二产业对经济的贡献超过一半"。"由于产业结构不合理，特别是 2008年以来为应对次贷危机冲击而实施的经济刺激政策，很多产业盲目扩张加剧了产能过剩。"这意味着，供给和需求的结构不对称是经济波动加大并持续下行的基本原因。于是，就经济政策而言，寻求对称性成为问题的重心，而结构调整成为努力的方向，目标在短期上表现为应对经济下滑幅度过大的引领保增长的宏观经济政策，在长期上表现为引领结构变化的制度性安排。其中深化体制改革十分重要。笔者认为"继续采取传统的财政和货币政策工具刺激短期需求已经难以同时解决经济增长中的近忧和远虑问题。必须进行财政和金融体制改革，形成新的制度红利，才能彻底解决当前困难和长远发展的平衡"。

需要说明的是，笔者从供需对称性入手，通过改革来寻找平衡的分析框架是有理论解释力的。经济学认为，供给结构变动是由技术进步引起的，从而是一个长期缓慢的变动过程。在供给结构短期稳定的情况下，经济的波动是由需求的变动引起的。因有效需求不足而出现以产品过剩为代表的产能过剩，并周而复始，呈现出波峰与波谷之间各阶段特征明显且波长基本一致的周期律，并可观测。稳定的周期因此成为分析宏观经济表现的基础，进而发展成为趋势外推的成熟预测方法。但是如果出现持续性的产能过剩，则意味着供给结构长期不能响应需求的变化，致使经济周期出现了变形，波峰与波谷之间的各阶段特征模糊且波长与以往明显不一致。这时旨在提升总需求的需求侧宏观经济政策的边际效用开始递减，至多能稳定增长，使波峰尤其是波谷得以熨平，而不能改变趋势。换言之，若要改变趋势则需要供给侧的结构调整。由于结构变动是由技术进步引起的，而技术进步又是随机的，从而难以把握技术进步的方向。这也构成经济学为什么很少讨论供给侧的原因。历史上所形成的供给侧结构调整政策，例如产业政策都是建立在大规模主流工业技术基础之上的。因主流而可预期，因大规模而实用。由此，在技术进步方向尚不可预期的情况下，最好的方法就是通过改革改善供给对需求的响应机制即结构性改革。核心是在改善供需对称性的前提下，重塑引领经济增长的动力机制。

换言之，深化供给侧结构性改革，需要充分发挥市场在资源配置中的决定性作用。在这一基础上，才能更好地发挥政府的作用。单纯依赖政府干预的产业政策或行政手段来进行结构调整并不是有效的选择。

这一有别于传统的基于周期的趋势外推的分析框架，在解释过往经济变化的同时，也增强了对未来的预测能力。事实上，自 2013 年起，中国的经济及经济政策发生了符合该分析框架的预期变化。

首先，在对短期宏观经济的调控中，由于总需求波动是经济周期的原因，需要在总需求管理上熨平波动，但由于客观存在的菲利普斯曲线，这一管理是在充分就业和通货膨胀之间进行权衡并相机处理。中国的宏观总需求管理政策体现了这一原则，但其操作目标和方式却有了创新，不仅反映为需求侧的"保增长"，而且建立了调控区间。这一区间的上限是通货膨胀，下限是充分就业所需的最低经济增长速度。尽管官方文件未明示这一区间的上下限，但从实践来看，其上限是以 CPI 衡量的通货膨胀率不高于 5%，其下限是以调查失业率衡量的失业率不高于 5%。其操作目标是在不发生严重通货膨胀，即 CPI 指标不超过 5% 的情况下，盯住经济下滑的态势，避免滑出下限，即调查失业率不高于 5%；其操作方式是采用预调、微调的办法，提前预判，小剂量提供，频繁从事。这种政策的指向显然不同于一味促进经济增长的刺激性财政与货币政策，而是在尊重结构性变化趋势基础上的稳定短期宏观经济的安排，既熨平了波动，又不僵化，根据结构性变化趋势使调控区间缓慢下移。从长期来看，其效果是明显的。从 2012 年开始，中国新进入市场的劳动力就开始下降，每年下降约 300 万人。与此同时，随着产业结构的调整，2013 年服务业增加值开始首次超过工业，而服务业有更大的就业吸纳能力。这两个结构性变化共同预示着充分就业压力的减轻，表现为劳动力市场上求人倍率的下降。因此，在使宏观调控区间的下限自然下移的同时不出现就业困难。

其次，在需求侧"保增长"是宏观经济表现稳定的条件下，加大了供给侧结构调整的力度。2015 年中国政府提出了"三去一降一补"。它包括"去"和"补"两个方面。在"去"中又把"去产能"置于优先位置。当时产能过剩主要集中于冶金、煤炭、水泥、化工等领域。这些都属于大规模生产的主流工业技术，其调整方向有成熟的国内外经验可资借鉴，因此可通过产业政策乃至行政手段去产能。在钢铁领域是宝钢和武钢的合并，用行政手段去产能；在水泥和有色金属及煤炭领域，则是在产业政策的指导下利用市场机制去产能。所谓产业政策，是明确产业集中度，通常要求产业前十名集中市场份额的 60％ 以上，并在规定时间内完成。企业之间的合并重组则遵循市场原则。在"补"中又把包括技术创新、商业模式创新等在内的创新置于优先位置。一方面，通过"营改增"，降低了小微企业尤其是服务性企业的经营成本，激发了"万众创业"的热情，使包括生产性服务业在内的各种服务业态如雨后春笋般大量涌现；另一方面，通过诸如信用贷款、知识产权抵押贷款等金融产品的创新，支持了高新技术企业的发展。两方面综合的结果是服务业无论增加值还是占 GDP 的比重都快速上升，2019 年已占 GDP 的 53.9％。服务业成为中国经济的第一大产业，中国的经济结构也因此发生深刻转变。

最后，供给侧结构调整的核心是改革。只有通过改革重塑经济增长动力机制，才能提高供给对需求的响应程度与速度。这一改革指向必然是建立和完善适应现代经济体系的社会主义市场经济体制。为此，党的十八届三中全会通过的《中共中央关于全面深化改革若干重大问题的决定》明确提出要使市场在资源配置中起决定性作用和更好发挥政府作用。政府启动了 60 条、300 多项改革措施，不仅力度前所未有，而且涵盖经济、政治、文化、社会、生态文明各领域。随着"五位一体"的全面改革的推进，中国经济由过去的高速增长转向以全要素生产率提高为目标的高质量发展初见端倪。

第四章

中国金融体制改革

一、转轨中的中国金融体制改革进程

以 1978 年党的十一届三中全会为标志，中国踏上了改革开放的新征程，至 2018 年已有 40 年。回首 40 年的历程，中国特色的渐进式改革道路，不仅开启了计划经济体制向市场经济体制的不可逆转的转轨，取得了举世瞩目的成就，而且开创了一种有别于苏联、东欧激进式改革的新模式，从而具有特别的理论价值。其中，中国金融体制改革在整体经济体制改革战略中的安排，无论是步骤还是内容都别具特点。探讨这一安排的内在联系，总结其中的经验教训，对认识中国经济体制的演化过程，把握其未来的发展趋势具有重要的意义。

经济体制是以经济增长为目标而经济活力得以不断释放的制度性框架。托马斯 1973 年关于经济史的研究表明，有效经济体制或制度是促进并保障经济增长的关键。有效率的制度在经济发展中的作用，主要是为经济组织（个人）的行为选择提供明确的结果预期，使其行为是个人理性与社会理性的统一，使社会发展沿着有序轨道进行。

制度对经济发展的促进和保障作用体现在两点：

第一，经济增长动力机制，其中最基本的是产权结构。阿尔钦和德姆塞茨于 1972 年指出，有效率的产权结构能提供有效的激励，从而促使经济增长。在制度中激励作用的发挥要求经济主体的权利和责任明确，并且是相互对称的，亦即产权清晰。一个有效率的制度，只能是最大限度地使个人努力及个人收益和个人责任具有正相关性，从而使个人既拥有足够的激励去从事创造性的生产活动，又有足够的约束尽可能地避免错误。

第二，资源配置机制，其中最基本的是交易费用。科斯于 1973 年指出，在社会经济活动中必然产生交易费用，有效界定生产交易边界，进而能降低交易费用的制度能够保障经济增长的持续性。亦即制度虽然不能消除交易费用，但有效的制度能够降低市场中的不确定性、抑制人的机会主义行为倾向，从而降低交易费用。

在工业化的历史条件下，人类社会现实运行的经济体制只有两类：计划经济体制和市场经济体制。从逻辑上讲，这两种体制的初衷都是实现经济增长的平稳性和可持续性，但是，不同体制对经济增长动力机制和资源配置机制的制度安排迥然不同，使其为工业化中或工业化后的经济活动提供的制度有效性不尽一样，经济活动的结果也因此相去甚远。

就计划经济体制而言，在经济增长动力机制上，它强调经济活动参与者的利益高度一致。基于这种一致性，产权制度安排必然是"一大二公"，全社会只能有一种产权安排方式，即使存在其他形式的产权安排，也应创造条件向同一产权安排形式过渡。在同一产权结构下，对经济活动参与者的激励只能是巩固和提高利益一致性的精神激励，并以此来克服"偷懒者"和"搭便车者"的道德风险。在资源配置机制上，既然经济活动参与者的利益高度一致，如果信息完全对称，在资源稀缺的条件下，使用计划这只"看得见的手"来进行资源配置，其效率可能会优于由市场配置资源。换言之，社会交易费用将会是最低的。

基于这样的制度安排框架，计划经济的基本体制形式是高度集中的命令经济体系，即产业是附属于政府行政的生产单位，资源是通过行政手段配置的，价格只是作为核算工具，经济活动高度行政化，一切依据计划指令行事，结果是经济运行呈现出财政主导性特征。由此决定不存在典型意义的金融活动，所谓金融机构是从属于财政体系的，根据指令拨付资金，履行结算支付义务。

经验表明，在特定的历史条件下，计划经济赖以运行的条件是可以达成的。以中国为例，1949 年新中国成立，空前高涨的政治热情使人们长远共同利益的一致性暂时模糊或抑制了短期个人利益之间的差异。而在工业化初期阶段，经济结构尚不复杂，信息的采集和处理相对简单。

然而，特定的历史条件毕竟不是常态：首先，计划经济在经济增长动力机制上存在严重的激励不兼容问题。经济增长动力本质上是经济主体的利益问题，经济主体的利益决定他的行为目标。在计划经济条件下，产权结构的单一性制度安排假定不存在利益差异，但这是不切实际的，计划当局的目标函数、经理人的目标函数和职工的目标函数存在重大差异。利益的差异不仅会导致经理人和职工为了自身利益的最大化而损害整个集体利益的情况，而且可能导致计划当局过分注重近期目标函数而损害长远利益的情况。

其次，计划经济在资源配置机制上存在着严重的信息不完全问题。在计划经济体制下，信息传递采取纵向方式，信息收集只见政府部门的积极性而不见企业的积极性，导致信息收集不完全和信息失真问题的出现，加之不存在价格竞争，价格关系就成为纯粹的数量关系，失去了传递信息的功能。结果是，计划经济下的决策需要建立庞大的统计系统，信息传递和计划执行的特点决定了获取信息的高成本。

计划经济体制的上述弊端随着特定历史条件的结束开始显现。早在 20 世纪 50 年代，实行计划经济体制的国家就开始尝试在不突破计划经济体制框架下的改良型"改革"。这一"改革"的努力，因国情不同而认识不同，途径也不尽相同。在苏联、东欧地区，以 1952 年斯大林的《苏联社会主义经济问题》为契机，开始了改革的努力，努力方向主要是通过完善计划方法，克服信息不对称，从而改善"看得见的手"配置资源的效率。在中国，以 1956 年毛泽东的《论十大关系》为契机，也开始了改善激励机制的"改革努力"。毛泽东强调管理权限下放，在讲话中提出"给地方更多的独立性，让地方办更多的事情。这对我们建设强大的社会主义国家比较有利"，"有中央和地方两个积极性，比只有一个积极性好得多"，还特别告诫说"我们不能像苏联那样，把什么都集中到中央，把地方卡得死死的，一点机动权也没有"。在这一思想指导下，在 20 世纪 60—70 年代前后两次把部分中央企业下放到地方管理，期望通过行政性分权，调动中央和地方的积极性，克服增长动力衰减。

需要指出的是，自 20 世纪 50 年代初期开始的旨在完善计划经济体制的改革努力，虽持续进行，但结果却是计划经济体制的弊端更加凸显。这是因为，计划调节是事后调节，而对事前发生的经济活动进行事后调节很难奏效。更为重要的是，一味强调计划的严密性必然会窒息经济活力，僵死和无效率成为必然结果。与此同时，受计划经济体制框架内产权结构的约束，行政性分权并不能改善体系内在既定的激励机制，反而招致混乱，结果形成了一种恶性循环，即"一放就乱，一乱就收，一收就死"，最终只得回到侧重于精神激励的老路。而脱离物质利益的一味的精神激励不仅不能克服增长动力衰减，反而极易使增长动力政治化，导致社会动荡。正反两方面事实告诫人们，在计划经济体制框架内进行改良是一种无出路的运动，市场经济体制取代计划经济体制成为历史的必然。

一旦对计划经济体制进行市场取向性的改革，反映在金融领域，就需要在宏观和微观两个层面上实现重大的变革：首先，在宏观层面上，金融的功能应从财政体系中分离出来，形成适应市场经济需要的独立的金融体系。其次，在微观层面上，金融机构不应再是政府附属的行政单位，而应成为自负盈亏、自担风险的金融企业。独立于财政的金融体系再造和对传统金融机构的企业化改造构成了金融体制改革的两大基本任务，并因此成为市场取向性经济体制改革的重要组成部分。

所谓市场取向性经济体制改革，是指根本改变原有体制的经济增长动力机制和资源配置机制。然而，这一调整和转变却面临着一个重大的挑战，即经济的平稳有序运行。如果短期内支撑经济活动的制度性框架调整和转变幅度过大，则不利于经济的稳定，并与改革目标相悖。如果调整和转变的幅度过小，则不足以影响体制框架，而于事无补，这也与改革初衷相违。于是，从促进经济增长和宏观经济稳定等多角度出发，寻求最佳的改革路径就成为改革战略选择的要义。

从制度经济学的角度来看，建立新制度的收益要超过维持旧制度的成本，那么制度变迁才会发生。新制度预期收益越大，则制度变迁的速度越快。与此同时，制度变迁同样具有成本，在制度变迁的预期收益一定的情况下，制度变迁的进程就取决于成本的大小。这种制度变迁的成本主要由实施成本和摩擦成本构成。实施成本是指在实际改革中，人们需要重新签约、学习新知识、进行新体制的设计以及承担制度转变费用。实施成本可以看成改革激进程度的递减函数，改革速度越快，时间越短，人们对新制度很快要建立的预期越强，改革过程的信号扭曲越小，从而越有利于降低成本。从这个角度来看，激进式改革具有明显的优点。但从摩擦成本的角度来看，问题表现为另一种情形。摩擦成本是指为克服阻力付出的代价，通常认为它是改革激进程度的增函数。改革越激进，招致的反对越多，改革阻力就越大，成本就越大。这时，激进式改革的缺点显现出来。

从改革的成本-收益角度来看，当改革的预期收益大，而改革预付的成本一定，激进式改革是最佳路径。从这个意义上讲，激进式改革是制度变迁收益最大化取向的改革。但是，事实上，改革收益是预期的，而改革成本是预付的，预期与预付之间有一个时间差，因此存在着极大的不确定性，从而存在着风险。而对于风险，在改革收益不确定的情况下，控制改革成本就成为首要任务。此时，渐进式改革因有利于成本的控制而成为最佳路径，从这个意义上讲，渐进式改革是制度变迁成本最小化取向的改革。

国际经验表明，在苏联、东欧地区，经济体制的转轨与政治体制的变革紧密联系在一起，认为政治规则根本性改变是转轨的核心，而经济体制的改革是促使政治规则改变的重要工具及组成部分。在这种前提下，以快速的私有化和行政管制系统的全面放开为主旨的自由化，是加速形成理想政治规则的经济制度基础的最佳形式，并因此成为经济体制改革的主要目标，相应地，宏观经济的稳定只是兼顾目标并且是外在的。换言之，宏观经济的稳定虽然重要，但相对于建立新政治规则的迫切性而言，毕竟是从属的，同时，由于这种新政治规则的某种外部认同性，使其有可能获得外部经济的支持和援助，以此来满足宏观经济的某些稳定条件。在中国、越南等国家，改革以经济增长为目标，并不寻求政治规则的大幅变革，宏观经济稳定不仅必要，而且是内在的，由此成为改革战略考虑的重要组成部分。在以经济建设为中心的前提下，逐渐推进经济体制改革应具有稳定形式，路径是价格逐步放开、国有企业逐步转变经营机制来形成市场的主体和环境。

就中国而言，采取以双轨制为代表的渐进式改革方式是由特定的国情所决定的。首先，中国是一个发展中国家，尚处于工业化的进程中，工业化、城市化程度远不如苏联、东欧地区。若将 1978 年的中国和 1990 年处于转轨初期的苏联做比较，可以看到：在城市化方面，中国农村人口比重远高于苏联，中国为 82％，苏联为 26％。在工业化方面，中国农业劳动力占全部劳动力的比重也远高于苏联，中国为 71％，苏联为 13％，在这种情况下，对中国来讲"发展是硬道理"。通过加速工业化来促进经济的高速增长，既是改革的出发点，又是改革的目标，同时也是衡量改革成败的标准。改革的推进只能以"摸着石头过河"这种试错形式展开，成本最小化的改革策略就成为自然而然的选择。其次，中国经济当时尚处于封闭状态，宏观经济的稳定不能指望外来的帮助，而必须是内在的、自满足的。"稳定压倒一切"成为社会的普遍共识。在这种情况下，改革每一步所产生的收益都必须时时处处覆盖改革的成本，即改革必须给人民群众带来实惠。而小幅度的渐进式改革就能满足这一要求。

在加速工业化和保持宏观经济稳定的约束下，中国金融体制改革也呈现出政府主导下的渐进式特点，这集中体现在以下几个方面：

一是服从整体改革战略的需要，金融体制改革的两项基本任务，即在宏观层面上建立独立于财政体系的金融体系和在微观层面上对金融机构进行企业化改造，被相对分离出来，逐一进行。方式是当整体改革的重心在工业部门这一微观层面（企业改革）时，金融体制改革则在宏观层面予以配合；当整体改革的重心在宏观层面时，金融体制改革则在以金融机构的企业化改造为中心的微观层面予以配合。

二是根据加速工业化、促进经济增长及稳定宏观经济条件的需要，在配合整体改革战略的同时，金融体制每一层面的改革都不是一步到位的，视改革的进展调整推进的速度和力度。例如在金融体制宏观层面的改革中，尤其是在改革的早期，考虑到资本便宜化对促进资本形成的重要性，利率及汇率控制是必要的，信贷规模、利差控制和外汇管制等行政手段依然可以保留。在金融体制微观层面的改革中，包括外资在内的非国有成分，无论是在股权比例上还是在机构准入上都有严格的限制。

三是出于同样的考虑，参照其他部门的改革经验，采用"双轨"的办法推进金融体制改革，即在稳定推进国有银行体系改革的同时，适时放开并鼓励以资本市场为代表的非银行金融市场及机构的发展。

由上，中国金融体制改革与整体改革相辅相成的内在联系性形成了一个有机体，造就了中国改革帕累托最优改进的稳定形式，但在总体渐进的同时不排除某一局部的激进性。

如前所述，在整体改革战略的指导下，中国金融体制改革是分阶段进行的。在改革的早期，基于加速工业化和促进经济增长的需要，经济体制改革的重心是建立工业部门的现代企业制度，首先是从国有企业的分配制度入手，放权让利，进而承包，最终建立以产权纽带为中心的股份制企业。与之相适应，在这一阶段，金融部门的改革是旨在建立独立于财政体系的市场取向性的金融体系，目的在于创造与企业改革相适应的外部环境。在改革的后期，当工业部门的现代企业制度基本建立，改革的重心逐渐转移到建立并完善财税、社保、医疗、教育及政府行政体制方面，不仅对金融机构的企业化改造提出了要求，同时也为其缔造了外部环境，以国有商业银行为代表、以股份制改造为中心的金融机构企业化改造便不可逆转。以此为线索，从时间上看，中国金融体制改革大致可分为两个阶段：1978—2003 年，金融体制宏观层面改革阶段；2003 年后，金融体制微观层面改革阶段。

第一阶段（1978—2003 年），建立独立于财政体系的市场取向性的金融体系。

1978 年以前，我国实行高度集中的计划经济体制，在这一体制下，金融活动从属于财政，中国人民银行附属于财政，金融活动与财政活动合为一体，金融业务与金融机构高度一元化，中国人民银行既承担国家职能，也从事日常经营性金融业务，具有政府机关和企业的双重性质，而随着市场取向性经济体制改革的展开和深化，原有的高度一体化的财政金融体制开始出现革命性的变化：

一是典型的中央银行和商业银行的双层银行体系开始形成并确立。1984 年 1 月，中国人民银行的经营性业务被分离出来并组建中国工商银行，中国工商银行与恢复或新建的中国银行、中国建设银行和中国农业银行一同开始形成中国专业银行体系，更为重要的是，从此中国人民银行开始具备中央银行的功能，成为银行的银行。与此相适应，财政不再对国有企业拨款，改为由银行贷款（拨改贷），至此，金融的功能与财政的功能初步分离，独立于财政体系的金融体系初见端倪。

二是分业经营、分业监管的金融体系开始形成并确立。在建立双层银行体系的基础上，20 世纪 80 年代中期，在发展和壮大四大国有专业银行的同时，借鉴其他部门"双轨"的改革经验，一方面允许国有法人股份制或地方性银行的发展，另一方面采取试验的办法，鼓励诸如信托、保险、证券等非银行金融机构的发展。这不仅丰富了传统银行的层次，而且因非银行金融机构的出现和发展，初步形成了金融体系。由于这一体系的形成，中国人民银行开始具有监管的职能。1990 年上海、深圳证券交易所建立，中国人民银行正式颁布《证券公司管理暂行办法》，明确提出证券公司是专门经营证券业务的金融机构，金融业分业经营的雏形开始形成。随着非银行金融机构数量的增多、规模的扩大，监管的重要性日益凸显。为了控制多层次金融体各业态之间的风险传递，分业监管作为原则被明确写入国务院的有关文件，随后相继成立中国证监会和中国保监会，而 2003 年中国银监会的成立标志着作为中央银行的中国人民银行不再承担监管的职能，而是负责金融宏观调控、实施货币政策和维护金融稳定。此时，中国分业经营、分业监管的金融体制最终确立。

三是金融市场开始发育并丰富化。随着银行和非银行金融机构的发展，金融市场开始发育。但是观察表明，以 20 世纪 90 年代为分界线，中国金融市场发育出现了质的飞跃。90 年代前，金融市场基本处于自发状态，不仅市场分制严重，而且交易极不规范，90 年代后，以上海、深圳证券交易所成立为标志，自发的区域性市场开始发展成为规范统一的全国性市场，并日益丰富化，包括证券、期货、外汇资金和贵金属等在内的专业市场不断发展。

第二阶段（2003 年至今），以国有专业银行股份制改造为代表的金融机构微观机制再造。

进入 21 世纪，中国金融体系的基本成形，标志着金融体制改革的第一项任务，即建立独立于财政体系的市场取向性的金融体系基本完成。但金融体系的微观基础总体上依然是非市场化或半市场化的，明显的特点就是金融机构还不是经营货币的企业。在此前的改革中，以国有银行为代表的金融机构虽也做出过改革的努力，例如多级法人制改为一级法人制、"一逾两呆"改为五级分类，成立了专门针对银行呆坏账的不良资产管理公司，同时也相应地进行了坏账剥离和资本金注入，但是相对于其他部门而言，其微观基础再造还是明显滞后，最突出的一点就是没有建立以产权为纽带的现代企业制度，治理结构依然雷同于政府机构，经营理念仍是传统计划的而不是基于市场竞争，由此决定了金融机构没有自担风险的机制，无法自负盈亏。这突出地反映在四大国有商业银行上，主要表现为：一是不良贷款率过高。2003 年底，四大国有商业银行的不良贷款率达 20.4%。二是资本金不足。如 2003 年底，中国工商银行的资本充足率为 5.52%，而中国农业银行的资本充足率估计仅为 4%。三是经营效率低下。中国银行业的成本收入比远远高于国际平均水平，员工和分支机构的创利能力差。四是风险审核系统和风险管理系统技术落后。这制约了银行开拓高回报业务的渠道。五是信息科技落后，主要表现为数据处理中心互不兼容，不同银行间不能有效处理及共享信息资源。

金融体系微观基础再造之所以滞后，除金融机构内部因素外，更重要的原因是中国经济体制渐进式改革的特点。在改革的早期，国有工业企业是改革的重心，为支持这一改革，金融机构承担了外部稳定器的职责，主要发挥融资渠道的功能，风险管理功能则被漠视。因此，金融体系承担了整体改革的相当大的成本，支持和援助改革的进行。据 2002 年国有专业银行清产核资时的初步统计，80％的不良贷款形成的原因在于国有企业或国家政策，只有 20％的不良贷款是由银行本身的原因造成的。在金融体系发挥支持和援助整体经济体制改革作用的前提下，金融机构既无动力也无必要进行企业化改造。

然而，进入 21 世纪，金融体系非市场化或半市场化的微观基础已难以维持。一方面，高不良贷款率和低资本充足率使银行陷入资不抵债的境地。从极端意义上讲，中国的四大专业银行已在技术上破产，更遑论持续经营了。另一方面，中国金融业面临着加入 WTO 后竞争趋于激烈的挑战。根据入世协议，中国将在 5 年内向外国商业银行全面开放市场。

面对国内金融机构的窘境和加入 WTO 后外资金融机构的竞争威胁，必须对金融机构进行企业化改造，力图使之尽快成为真正的市场主体。中国金融体制改革进入微观基础再造即金融机构企业化改造的新阶段。

以中央汇金公司成立并向中国银行和中国建设银行各注资 225 亿美元为标志，拉开了专业银行企业化改造的大幕。与过去的改革相比，此次改革是从产权结构调整入手，重塑银行内部流程，再造机制，把银行真正办成经营货币的企业。在这一总目标的统领下，有三个相对独立又相互关联的分目标。

一是以清理银行资产负债表为契机，重塑国家与银行的关系。其核心环节是建立有限责任机制，国家通过中央汇金公司行使出资人权利，并以出资额为限承担有限责任。从此，国家不再对银行的经营好坏承担无限责任，银行的经营业绩由银行负责，自担风险。鉴于国有专业银行资不抵债的状况，并考虑到形成这一局面的政策原因，这一有限责任关系的建立是通过国家向商业银行注资并承担剥离坏账职责进行的。

二是以股份制改造为契机形成良好的公司治理结构。通过剥离国有银行坏账，向银行注资建立符合商业银行经营要求的健康的资产负债表，不仅厘清了国家与银行的关系，而且使银行有了可供商业化经营的基础。但这并不能保证注资和剥离坏账就是最后的晚餐，因为尚未形成自担风险、自负盈亏的机制。为此就要从调整产权结构入手，进行股份制改造，以建立良好的公司治理结构。具体的措施是引进国内外战略投资者，建立董事会并由董事会聘任管理层，并通过在海内外市场的公开上市，加强市场纪律的约束，保证银行沿着商业化轨道谨慎运营。

三是以中国银监会的成立为契机，实现行政与监管的分离，建立独立于政府行政的第三方专业监管，强化外部监管。长期以来，国有专业银行作为政府行政的附属机构，对金融业务的监管自然由行政代为从事。监管质量不高一直是中国金融体系的一大弊端。中国银监会强化以资产负债表为主要内容的专业监管，有助于银行风险管理水平的提高，相应地提高了银行资产的安全程度。

由上，金融体制改革的两项基本任务——建立独立的金融体系和金融机构企业化改造相对分离、分别进行，本身也呈现出了渐进的特点。这一独特的金融体制改革安排既满足了整体改革平稳推进的需要，同时也创造了满足自身改革需要的条件。随着金融体制改革的持续推进，适应中国经济运行和发展的完整的金融体制开始显现。

在政府层面，表现为中国人民银行目标。这个层面主要由中国人民银行发挥中央银行的职能，目标是确保人民币稳定，使用包括货币供应量、利率、汇率等在内的货币政策工具，促进经济健康持续发展。

在监管层面，表现为金融监管机构目标。这个层面主要由中国银监会、中国证监会、中国保监会发挥分业监管的职能，目标是按照金融机构的类型进行功能监管，运用包括金融许可证、高级管理人员任职资格及其他专业监管措施在内的工具保证金融机构的合理、合法运营。

在金融机构层面，表现为金融企业目标。这个层面由银行、证券公司、保险公司、财务公司、信托公司、基金公司等金融机构组成，目标是成为股东利益最大化的营利机构，使用的工具就是以风险控制为中心的商业化运营体系。

综上所述，与典型市场经济的金融体系相比，中国金融体系已基本健全，不仅有较完善的货币政策和监管体系，而且有类型各异、扮演不同角色的银行或非银行金融机构。更为重要的是，随着这些机构初步走上市场化的运营轨道，市场机制开始在生产要素配置方面发挥基础性作用，中国金融由此翻开新的一页。

二、高度关注金融稳定意义上的流动性风险[①]

2013 年 6 月 24 日，中国股市创下自 2009 年 8 月 31 日以来、近四年中的最

---

① 曹远征. 高度关注金融稳定意义上的流动性风险. 国际金融，2013（8）：41－43.

大单日跌幅。截至收盘，沪指收报 1 963.24 点，下跌 109.86 点，跌幅达 5.3%；深成指收报 7 598.52 点，下跌 547.53 点，跌幅达 6.73%。以银行、保险、券商为首的金融板块及地产、环保等板块领跌两市，近 200 只个股跌停。其中引人注目的是股份制银行，诸如平安银行、兴业银行、民生银行跌停。

此次中国股市大幅下跌与金融市场的流动性紧张直接有关，而与宏观经济走势等基本面因素的关系相对不紧密。理由如下：

（1）此次下跌是从 2013 年 5 月 29 日 2 324 点开始的，此后一路下滑。而 6 月下旬，金融市场的流动性开始偏紧，银行间市场利率开始上升，两者之间的传导十分紧密。6 月 20 日，银行间市场隔夜回购和 7 天回购加权平均利率突破两位数，分别达到 11.74% 和 11.67%，其中高点达到 30% 和 28%。6 月 21 日，股市应声大跌，利率有所回落，但仍居高位。6 月 24 日，银行间市场隔夜回购和 7 天回购加权平均利率仍分别处于 6.64% 和 7.53% 的水平。

（2）银行间市场利率尤其是隔夜利率高企反映的是流动性紧张。市场担心会冲击票据市场，部分银行不仅盈利能力减弱，而且可能面临违约风险，这是金融板块尤其是流动性较为紧张的中小股份制银行领跌两市的直接根源。

由上，中国股市与金融市场流动性密切相关。如果流动性紧张局面得不到改善，中国股市还有进一步下跌的可能性。

大致看来，有三个因素共同作用，从而导致流动性紧张：

（1）宏观经济因素。2013 年以来，尽管经济企稳，但回升乏力，仍存在下行压力。这特别突出表现在出口上。5 月，出口同比增速由 14.7% 降到 1%。外汇供给下降使央行外汇占款下降，致使央行通过购汇进而补充流动性的传统机制受阻。

（2）季节性因素。根据以往的经验，每个季度末是流动性偏紧的时期。2013 年 6 月是企业上缴税款、分红减息，以及银行补缴存款准备金及理财产品集中到期的时期，对流动性的需求加大。

（3）监管因素。为防止国际短期资金流出入以及金融风险，金融监管当局自 2013 年第二季度以来加强监管，除加强外汇监管外，最为突出的就是禁止理财账户和自营账户的关联交易和要求银行将表外非标准资产转为表内同业资产。前者使季度末理财续接难度加大，金融机构需要提前准备头寸，后者使银行直接挤压同业拆借额度。两者共同造成金融机构对流动性的需求瞬时加大。

在上述三个因素中，宏观经济因素和季节性因素属常规因素，尽管也有变化，但不出预料。监管因素是新增因素，它使金融机构的行为发生调整，在某种意义上出乎金融机构的预料，成为流动性突然紧张、利率高企的边际原因。

在这种情况下，按照惯例，央行似乎应补充流动性。但一方面央行补充流动性的传统机制受阻，又没有新的工具，另一方面为严肃市场纪律，央行没必要放松银根、补充流动性，从而使金融机构惯性预期失效，形成某种程度的恐慌，纷纷在市场上获取流动性。这成为利率反复波动并一再高企的原因。市场预计上述叠加因素将会持续至 2013 年 7 月中旬，在此之前中国金融市场的流动性紧张情况不会缓解。

流动性紧张是在中国经济结构调整的关键时期发生的。从宏观经济政策的角度来看，它是由两类性质不同但又相互关联的问题交织在一起所引发的。

所谓性质不同，简言之，区别是：

第一类问题是由经济结构调整所引致的宏观经济总量增长下行，是否需要使用宽松的货币政策来刺激经济。

第二类问题是利率高企、流动性紧张可能引发的债权债务链条断裂，为防止诱发系统性金融风险，从而需要使用包括对个别金融机构进行救助在内的金融稳定性措施。

所谓相互关联，简言之，一方面，在事前判定上，很难分清两者之间的因果关系及诱发过程；另一方面，在事后应对操作上，共同表现为央行放松银根、补充流动性。

从目前的情况来看，第一类问题并不严重，而第二类问题需要高度关注，理由是：长期以来，中国宏观经济总量增长是由出口和投资推动的，并且这两者相辅相成。由于加入 WTO，中国直接分享到了经济全球化的红利，表现为强劲外需传导到国内，形成出口高速增长，进而拉动了为满足出口能力增长需要的投资增长，中国经济结构呈现出高度的出口导向性。由于国际金融危机，外需不足，出口受阻，使长期形成的出口生产能力过剩，进而有利可图的工业投资机会减少，社会投资意愿低迷，出口和投资的经济引擎减速，这是结构原因导致的减速。相应地，产能过剩也使企业销售困难，销售回款速度放缓，现金流压力加大，使金融市场流动性减弱。

在这种情况下，只有调整经济结构才能予以缓解。长期来看，反映在需求上，要内外需均衡发展，当务之急是扩大内需，重点是扩大消费；反映在供给上，要第一、二、三产业均衡发展，重点是发展服务业。在这一结构调整的过程中，旨在进行总量调节的短期货币政策的作用是有限的。国际经验表明，持续稳健的中性货币政策反而有助于结构调整的平稳进行。在这一结构调整过程中，只有短期总需求出现失衡，从而使失业问题严重化，货币政策才有可能向宽松方向变化，因为充分就业是短期宏观调控的目标。

中国的就业市场尽管存在结构性问题（大学生就业困难），但就总量而言，就业是充分的。就业市场的求人倍率（市场提供的就业机会与寻找工作的人数之比）仍高达110%，表明就短期经济增长而言，稳健的货币政策不宜发生方向性改变。

但是，与此同时，防范系统性金融风险、维持金融系统的稳定不容忽视。国际经验表明，金融市场流动性紧张、利率的大起大落极易引起预期的改变，使信心不稳，进而诱发"羊群效应"，出现社会性恐慌，致使金融系统稳定性受到伤害，导致金融危机。由于在这一过程中社会心理因素扮演重要角色，不确定性增大而很难把控，故各国都以事前防范为主要对策。从这个意义上讲，当前不宜使包括隔夜回购和7天回购的货币市场利率大幅波动，从而央行适当适时补充流动性、稳定预期是必要的。

如果上述分析成立，鉴于央行在前几次操作中已成功改变市场预期、严肃市场纪律，在此情况下，当时建议：

（1）分清情况，区别对待。尽管从应对策略看都以央行补充流动性为手段，但目标不同导致操作不同。不需要全面补充流动性，因为宏观货币政策仍需稳健，而是要有针对性地补充流动性，主要是针对那些有可能引发风险的金融机构定向补充流动性。例如，利用区别情况的差别准备金率等手段，对流动性极端困难的中小股份制银行定向操作。但与此同时，由于流动性紧张的根源是金融机构的风险容忍度太高，片面追求利润，导致资产与负债的期限错配。因此，央行在补充流动性的同时，需要坚持存量调整的原则，严肃市场纪律。获得央行流动性的金融机构需要承担代价，如高管承担责任、事后罚息等。

（2）密切关注社会舆情，控制舆论导向，防止引起社会恐慌。对流动性风险新闻不炒作，必要时由权威机构正面引导，同时建立应急预案和协调机制。

（3）出现流动性紧张问题也暴露了宏观调控机制的不健全性。央行通过公开市场业务补充流动性的手段主要是央票，而央票的发行与外汇供应的数量从而与外汇占款的数量高度相关。由于外汇供应的不确定性导致央票回购和逆回购的变动极大，因此妨碍了金融市场获得流动性。从长期看，应适时将央行公开市场业务的操作手段由央票改为国债。这是因为赤字的规模可以控制，国债的供应量短期不会发生重大波动。因此，可考虑发行短期国债，并相应地降低银行存款准备金率，即将银行存款准备金置换成短期国债，既使央行有稳定的公开市场业务操作工具，又使金融机构通过变现国债获得流动性方便化。这不仅会使宏观调控细致化，也会使沉淀于央行的资金的使用效率提高，从而使流动性补充机制健全而长治久安。

三、构建人民币汇率的运行机制[①]

当前世界经济正处于深刻调整之中。一方面，自 2008 年国际金融危机以来，各国经济复苏的艰难与不同步，致使各国宏观经济政策尤其是货币政策存在巨大的分歧。利率进而汇率无论是在水平上还是在变化方向上都存在着重大差异，诱使国际资本频繁流动，并且方向不定。另一方面，以特朗普当选为标志，去全球化由一种思潮变成建制化的安排，世界经济的不确定性大大提高，避险情绪充斥市场，致使国际资本流动的规模和频率进一步提高。上述两方面的综合结果是各国汇率出现大幅波动，构成 2017 年世界经济引人注目的热点问题，使各国宏观经济管理当局不得不认真应对。市场担心，一旦这种波动加剧，不排除新兴经济体会出现类似于 1997 年亚洲金融危机的情况，即国际资本的大规模流出导致本币对外币大幅贬值，使宏观经济管理失控，导致经济崩溃。

从理论上讲，一国汇率的变动取决于两个方面：一是本币内在价值发生重大变动，二是本币对外币的相对价格发生变化。就人民币而言，目前尚不存在人民币内在价值发生重大变动的明显证据。理由是：

第一，从长期看，一国货币的内在价值取决于劳动生产率提高的速度，即"巴拉萨-萨缪尔森效应"。2016 年，由于中国经济转型，服务业成为第一大经济部门。由于服务业的劳动生产率相对于制造业较低，中国劳动生产率提高的速度

---

① 源自笔者编写的中银国际研究有限公司研究报告。

有减缓的迹象，从而人民币升值倾向较弱。但毕竟中国的劳动生产率还在提高中。据测算，劳动生产率增速由过去的 4% 左右下降到 2016 年的 3% 左右，由此推定，人民币并无实际性贬值基础。

第二，从中期看，由于中国经济仍有较高的增长速度，同时劳动生产率还在稳步增长，中国的资产回报率仍高于国际平均水平，集中体现为中国的利率水平明显高于发达国家。受此吸引，中国仍是发展中国家中外商投资的主要目的地。尽管自 2014 年以来中国对外直接投资大于外商对华投资，国际收支资本项目形成逆差，但资本流入仍维持相当规模，同时国际收支经常项目仍处于顺差状态，这与一些经常项目逆差、资本项目依赖外债的发展中国家国际收支状态形成鲜明的对照。相应地，这也使人民币无大幅贬值的诱因。

第三，从短期看，尽管 PPI 和 CPI 都转入正增长，中国经济解除了通缩的威胁，但受产能过剩的影响，预计通胀的威胁并不严重。这表明，人民币的购买力，尤其是与老百姓生活相关的大众消费品的购买力不会受到显著影响，购买力平价的稳定也决定了人民币无大幅贬值的压力。

由上，2016 年人民币对美元汇率的向下波动主要成因在于美元相对于人民币升值，使相对价格出现了变化。自 2015 年以来，美国经济呈现实质性的复苏，在宏观层面，经济增长率、失业率等宏观经济指标都出现了显著改善。在微观层面，企业与居民部门的去杠杆也告一段落，企业的融资需求以及居民的负债意愿都有所提高。美国实施多年的量化宽松政策也开始酝酿退出，继 2014 年 10 月美联储宣布结束第三轮量化宽松后，2015 年末美联储完成了金融危机后的首次加息，市场看好美国经济，美元指数开始走高。特别是 2016 年 11 月特朗普当选美国新一届总统后，受市场避险情绪影响，资金回流美国，美元指数陡升，在短短一个月内，由不到 100 点上升到 103 点。各国货币相对于美元都出现了大幅贬值。相形之下，人民币贬值幅度还是比较小的。从另一个角度来看，这意味着相对于其他货币，美元和人民币都在升值，但人民币升值速度没有美元快，从而呈现出人民币对其他货币升值而对美元贬值的局面。这从一个侧面反映出人民币内在价值相对稳定但由于美元走强从而使人民币与美元相对价格向下波动的情况。从这个意义上讲，在今后一个时期，人民币对美元的汇率不仅取决于人民币自身，主要还是取决于美元的走势。由于美国经济开始向好，再加上美国新政府"美国至上"政策的推波助澜，市场预计美元会进入持续加息状态，尽管每次加息幅度不大，但预计 2017 年会有 2～3 次加息。2018—2019 年，美元加息还是大概率事件，美元指数有望呈现趋势性的走强态势，并维持相当长的一段时间。在这种情况下，人民币对美元的汇率仍有较大的进一步向下波动的压力。

人民币内在价值相对稳定但由于美元走强从而使人民币与美元相对价格出现变化的格局奠定了目前人民币汇率政策的基础思路，并集中体现在中间价的设计上。人民币汇率中间价由两个部分组成，即当日市场美元的收盘价＋24 小时一篮子货币稳定。第一部分（当日收盘价）体现的是包括预期在内的市场外汇，主要是美元的供求情况，第二部分（一篮子货币）反映的是人民币内在价值的外在表现。如果第一部分受预期的影响而波动，第二部分的作用则类似于"压舱石"——对冲这一波动。两者综合的结果是人民币汇率尽管有波动，但仍维持在均衡区间之内。

这一设计思路较好地反映了人民币的内在价值相对稳定而与美元的相对价格波动的基本格局，并且在实践中有较好的效果。但随着时间的推移、情况的变化，这一设计的局限性也开始显现，表现为以下三点：

第一，中间价的作用范围主要集中在在岸市场，而对离岸市场的作用相对有限，更多的是起到预期引导作用。然而，自 2009 年 7 月人民币开始用于跨境贸易结算以来，人民币国际化发展迅速。不仅涉及货物贸易，而且逐渐覆盖服务贸易；不仅涉及经常项目，而且延伸到资本项目；不仅是投融资工具，而且储备货币开始广泛进入非居民的资产负债表。在这种情况下，人民币离岸市场异军突起，有人民币清算行安排的正规离岸市场达 21 个，遍布世界主要金融中心。离岸市场也有长足的发展，除人民币基础金融产品外，人民币衍生工具不断丰富。与此同时，除香港仍是人民币主要离岸市场外，伦敦离岸市场快速成长，甚至有超越香港之势。人民币离岸市场日趋多元的同时发展迅速，自然出现了离岸市场人民币汇率。需要强调的是离岸市场人民币汇率的形成机制是纯粹市场化的。人民币在境外实际上是可兑换货币，可以自由买卖。这一行为与境内强制结汇条件下的外汇买卖行为完全不同，由此决定了在强制结汇条件下中间价无法直接影响外汇买卖行为，只是通过影响预期间接影响外汇买卖行为。而 2015 年 8 月 11 日以来的情况表明，离岸市场的规模不可小觑，离岸市场人民币汇率可以引导在岸市场人民币汇率的变化。在这个意义上，中间价因不能覆盖离岸市场，常常处于被动应对的状态，难以超前引导，进而造成具有本币优势的在岸市场人民币汇率常常难以发挥引导作用，反而被不具有本币优势的离岸市场人民币汇率所引导。

第二，中间价中一篮子货币的组成较少，一篮子货币在中间价形成机制中的权重较低，作为"压舱石"的分量不够，不足以对冲人民币对美元波动的风险。中国人民银行2016年第一季度货币政策执行报告所给出的人民币汇率中间价报价公式为：当日中间价＝前一日中间价＋〔（前一日收盘价－前一日中间价）＋（24小时货币篮子稳定的中间价－前一日中间价）〕/2。这一报价公式相对透明，目的在于引导市场预期。但由于中间价中的第一部分即美元的供求情况和第二部分即一篮子货币稳定的权重几乎是平均分配的，这便难以充分应对第一部分的波动，尤其是向下波动。自2015年下半年以来，因美元指数走高，市场对美元看好的预期加大，美元出现单边升值态势，使得在第一部分中人民币向下波动的频率加大。理论上，若想稳定人民币汇率，需加大第二部分的权重，但实际上因权重太小，"压舱石"的功能难以发挥，呈现出2016年人民币相对于美元易贬难升的局面。例如，在2016年2—4月，当参考一篮子货币人民币应该升值的时候，在该报价机制下，人民币升值幅度较小。而2016年10月以后，当美元走强时，在该报价机制下，若参考一篮子货币，人民币不应有对美元的大幅贬值。尤其需要说明的是，由于"压舱石"偏轻，现有中间价报价机制的第一部分具有自我强化的功能，亦即在一篮子货币相对稳定的情况下，当前一日收盘价走低，而前一日中间价难以做出反应时，当日开盘的中间价是走低的，形成前一日中间价跌、当日中间价跌，同时也预示着明日中间价还会跌的正反馈效应，进而在2016年下半年逐渐形成了美元强、人民币必然弱的预期，而不顾其他货币对美元的汇率变化。与此同时，正是这一报价机制所带来的人民币易贬难升的结果，市场可能将此理解为政策制定者有意为之，进一步强化人民币的贬值预期。

第三，目前，参与人民币汇率形成的因素多种多样，不仅包括人民币与美元的即期供求变化，还包括美元、人民币甚至港币等各种货币的即期和远期利率变化，使得单靠中间价难以抵挡引起波动的多方面成因。由于人民币国际化带来的离岸市场发展，人民币利率尤其是离岸市场人民币短期拆借利率已深深地参与到人民币汇率的形成之中。在国际金融市场上，外汇市场操作通常借助杠杆，人民币离岸市场也不例外。当预期美元走强、人民币走弱时，标准操作是借入人民币购入美元，当美元升值幅度超过人民币融资成本时，即获得套汇收入。当市场多数人都有此预期时，同向操作就会出现过多的人民币追求过少的美元，在预期自我实现的情形下人民币汇率下行。当预期人民币利率走高时，标准操作是借入外币，投资人民币资产，当人民币利率升高程度大于外币融资成本时，即获得套利收入。当市场多数人都有此预期时，同向操作就会出现过多的外币追逐过少的人民币，人民币汇率上升。这表明，在人民币国际化的条件下，至少在离岸市场上，利率与汇率的平价关系开始显现，利率即是汇率，汇率即是利率。单靠控制汇率的效果是"按下了葫芦浮起了瓢"，难以全面奏效。

一年多来，人民币汇率中间价的运行暴露了当前汇率形成机制的局限性，因而需要改革完善。与此同时，人民币尤其是离岸市场人民币利率与汇率平价关系的出现和稳定化趋势又预示了改革完善的方向。

从 2015 年 8 月 11 日以来人民币汇率运行的轨迹来看，当离岸市场人民币利率上升时，离岸市场人民币汇率便上升，当离岸市场人民币汇率上升时，在岸市场人民币汇率也随即上升。明显的例证有二：一是 2016 年上半年当央行控制人民币跨境流出速度、要求人民币跨境零净流出时，离岸市场人民币流动性紧张而使短端尤其是隔夜利率飙升，人民币汇率企稳回升；二是 2017 年开年当严肃资本流出管制措施、对资本流出真实背景进行审查时，离岸市场人民币流动性再次紧张，利率上升，人民币汇率再次上升。由此，我们当时认为应把握人民币利率与人民币汇率已经形成平价关系这条主线，重新梳理有关人民币汇率形成的政策措施，以利率市场化为抓手，构建人民币汇率形成机制的新框架，并在这一框架下相机运用新手段实施汇率调控。当时的具体建议如下：

第一，从短期看，在不具备对中间价形成机制做大幅调整条件的情况下，可以利用利率杠杆来引导对人民币汇率的预期。具体来说，在离岸市场，各清算行代行中国人民银行功能，可将这一功能系统化，即有意识地运用人民币的吞吐影响离岸市场人民币利率，从而影响离岸市场人民币汇率。在在岸市场，利率政策制定应加大对汇率稳定的考虑。中国宏观经济基本触底，稳增长工作的重要性已经下降，货币政策转向稳健中性，为人民币利率的上扬创造了条件。从 2016 年以来的市场情况看，离岸市场人民币融资成本平均在 7% 左右，如果做套汇套利安排，意味着人民币对美元的汇率突破 7.3 才有利可图。而 2017 年初，人民币融资成本上升，短端尤其是隔夜利率的飙升使投机者已无望实现预期，只能卖出美元，偿还人民币。从这个意义上讲，利用利率来进行汇率调控操作是有效的。当然，这一操作应有理有节，避免"汇率操纵"之嫌。

第二，从中期看，人民币汇率中间价报价有必要向一篮子货币稳定方向过渡。为应对国际金融危机，2010 年 6 月 19 日中国人民银行宣布实施人民币钉住美元的汇率安排。尽管 2012 年 11 月 9 日退出了这一安排，人民币汇率重新恢复了弹性，但这一惯性思维毕竟还存在，即使是在 2015 年末开始形成的人民币汇率中间价中也存在这一影子，使一篮子货币作为"压舱石"的分量不够。中国人民银行已认识到这一点，将一篮子货币由过去的 13 种增加到 24 种，新增加了 11 种货币，这将有利于 2017 年人民币汇率稳定性的提高。下一步，可考虑进一步扩大一篮子货币在中间价形成中的比重，使中间价报价由"当日收盘价＋一篮子货币汇率"改为"一篮子货币汇率＋当日收盘价"。若美元对人民币的汇率向上波动持续加大，甚至出现极端事件，不妨将人民币汇率中间价报价机制彻底改为一篮子货币汇率。以此，彻底消除钉住美元的阴影，使人民币内在价值不被扭曲地表达出来。

第三，从长期看，人民币汇率定价应向人民币利率定价靠拢。2016 年人民币汇率的形成与走势已表明人民币利率和人民币汇率的相关性日益增强。2016 年随着人民币市场利率的走高加上中国银行间债券市场对境外金融机构开放，具有较高回报率的人民币资产不仅吸引力增强，而且交易限制大大减轻，资金出现回流。2016 年第二、第三季度，国际收支资本项目金融科目资本流出压力出现缓解。这在一定意义上表明，尽管有加强资本管制的呼声，但仅靠资本管制而不发挥价格的作用，效果也是打折扣的，更何况加强资本管制方向与改革开放、发挥中国作为第二大世界经济体的国际作用方向是不一致的。

鉴此，可以利用人民币国际化已经形成的离岸、在岸两个市场，资本项目已基本实现的本币开放成果，进一步打通离岸与在岸人民币资产的渠道，吸引境外资金以人民币投资境内金融市场，进而逐渐使人民币汇率问题转化为人民币利率问题，奠定使中国人民银行的货币政策能覆盖全球人民币市场的基础。从目前的情况看，条件正日臻成熟。2016 年 10 月 1 日人民币被正式纳入 SDR，成为储备货币，各国金融机构尤其是各国央行开始积极着手配置人民币资产，仅熊猫债一项累计发行规模达 4 000 亿元。随着人民币国际使用范围的扩展和加深，预计这一趋势还会加强。

因此，我们当时建议推进金融体制改革，坚持资本项目向本币开放的原则，加快利率市场化进程，而形成品种丰富、期限结构合理的固定收益产品及衍生品市场至为关键。中国（上海）自由贸易试验区"金改 40 条"伺机开启可作为改革抓手。如果上述思路可行，按照党的十八届三中全会指出的健全反映市场供求关系的国债收益率曲线这一方向，现在可展开一些基础性工作。

中国经济已进入一个新阶段，反映在对外经济方面表现为由商品输出转向资本输出。自 2014 年开始，中国对外投资就超过外商对华投资，国际收支资本项目开始呈现逆差，结束了"双顺差"状态。与此同时，由于世界经济仍在调整之中，出口困难加大，自 2015 年开始出口增速进入负增长状态。此外，随着小康社会的建设、居民收入的提高，用汇需求也在扩张之中。上述种种使国际收支顺差减少已成趋势，并增大了货币政策操控难度。此前，在"双顺差"情况下，因强制结汇，中国人民银行必须购汇，外汇占款持续上升，并由此产生流动性宽松甚至过剩的局面。为应对这一局面，中国人民银行除用央票进行对冲外，还持续提高存款准备金率以冻结流动性。而央票的回购和逆回购成为中国人民银行公开市场业务的操作工具，其利率构成货币市场实际上的短端基准利率。但是，随着国际收支顺差的减少，中国人民银行这一操作的基础正在削弱。2016 年来债券市场的跳水与此高度相关。

在具体操作上，我们建议用短期国债取代央票作为中国人民银行公开市场业务的操作工具。通过大规模国债尤其是短期国债的发行置换商业银行的准备金，使商业银行资产中国债的比重提高，中国人民银行可通过吞吐国债来影响利率，而商业银行可通过买卖国债来获取流动性，从而在短端利率上形成国债收益率曲线，并向长端延伸。在这一过程中，市场将会自发形成围绕国债收益率曲线的市场收益率产品，且品种多样，供境内外投资者选择。这样，一方面可支持积极的财政政策，通过财政加杠杆的办法来抵消经济去杠杆的痛苦。大量收益率稳定、流动性良好的国债供应给境内外投资者，在岸市场利率引导甚至主导在岸市场汇率的局面就有望形成。更为重要的是，另一方面这将奠定宏观调控的新框架，使财政政策、货币政策联动起来，形成类似于发达国家的典型宏观调控体制。反映在人民币汇率形成机制上，就是用利率取代汇率。换言之，着力使中国人民银行的货币政策覆盖全球人民币市场。

我们以为，随着全球经济不确定性的提高，金融风险将逐渐加大，甚至不排除在新兴经济体中出现类似于 1997 年亚洲金融危机的情况。鉴于人民币已在某种程度上成为国际上的"锚货币"，人民币汇率的稳定对世界经济的稳定十分重要。未雨绸缪，从利率与汇率平价关系的视角重新审视人民币汇率问题，并以此建立宏观调控新体制是十分有必要且迫切的。

四、利率市场化、金融脱媒[①]

2018 年 3 月的政府工作报告提出要防范金融领域的风险，同时提出要加快金融体制改革。进行金融体制改革、让金融更好地服务实体经济的发展是中国面临的重大课题，同时，做好金融体制改革工作也是防范金融风险的关键。

40 年前，中国的主要矛盾是人民日益增长的物质文化需要同落后的社会生产之间的矛盾。在经过 40 年的改革开放之后，我们的生产力不再落后，反而有些过剩，收入在提高，人们的生活需要不再局限于物质文化方面，还有对美好生活向往的需要。党的十九大提出了"两个一百年"奋斗目标两个阶段的安排：第一阶段，从 2020 年到 2035 年，基本实现社会主义现代化，这比改革开放初期提出的"到 21 世纪中叶，基本实现现代化"的目标提前了 15 年；第二阶段，从 2035 年到 21 世纪中叶，把我国建成富强民主文明和谐美丽的社会主义现代化强国。从党的十九大到党的二十大，是"两个一百年"奋斗目标的历史交汇期，是全面建立新体制的一个前期的铺垫期。我国经济已由高速增长转向高质量发展，正处在转变发展方式、优化经济结构、转换增长动力的攻关期。攻关期有三项重大任务——防范化解重大风险、精准脱贫、污染防治，其中防范化解重大风险是战略任务。

所谓高质量发展，党的十九大报告用三句话对其含义做了描述。第一，必须坚持质量第一、效益优先，以供给侧结构性改革为主线，推动经济发展质量变革、效率变革、动力变革，提高全要素生产率。2017 年政府工作报告多次提到了创新，提高全要素生产率将成为今后整个国家努力的方向。第二，着力加快建设实体经济、科技创新、现代金融、人力资源协同发展的产业体系。创新就要建立新的协同发展的产业体系，这个产业体系是现代化体系，有四个要素——实体经济、科技创新、现代金融和人力资源。人力资源包括教育，因此，教育就变成

---

① 源自上财金融家俱乐部编、2020 年由上海财经大学出版社出版的《破局·观势：中国经济新常态》一书金融改革篇笔者所撰写文章，此处仅对措辞、语句等进行了修改。

了一个很重要的要素进入经济循环之中，不是外在于经济，而是内化于经济。第三，着力构建市场机制有效、微观主体有活力、宏观调控有度的经济体制，不断增强我国经济创新力和竞争力。

党的十九大召开前的第五次全国金融工作会议明确了金融工作的方针，有三项任务：服务实体经济，防控金融风险，深化金融改革。同时，会议明确了四项原则：第一，回归本源，服从服务于经济社会发展；第二，优化结构，完善金融市场、金融机构、金融产品体系；第三，强化监管，提高防范化解风险的能力；第四，市场导向，发挥市场在金融资源配置中的决定性作用。在三项任务中，防控金融风险处于第一位。

党的十八届三中全会确定了经济、政治、文化、社会、生态文明五位一体的改革，在金融体制改革中最主要的一句话是"健全反映市场供求关系的国债收益率曲线"，这是利率市场化的全部含义。党的十九大又重申经济体制改革必须以完善产权制度和要素市场化配置为重点，实现产权有效激励、要素自由流动、价格反应灵活、竞争公平有序、企业优胜劣汰。

市场经济的基本表现是竞争性的市场价格，在微观方面是自负盈亏的企业自主定价，反映在金融企业上是金融企业可以自主决定金融产品的利率；在宏观方面是竞争性市场的形成，反映在金融市场上是各类不同风格的金融企业竞争性地提供金融产品。由上，在金融市场中，竞争性价格的形成过程是各类金融企业根据自身的实际情况，竞争性地提供价格不同的金融产品，并且通过产品的竞争形成市场基准。该过程既是利率市场化的过程，又是市场发育完善的过程。在这个过程中，中国的金融机构独木难支、完成有困难，所以要开放金融服务业。2018年博鳌亚洲论坛最重要的共识是放宽市场准入、开放金融服务业、放开对外资金融机构在中国的经营范围和合作领域管控，同时实现准入前国民待遇加负面清单的管理。其中，中国（上海）自由贸易试验区成为最耀眼的一点，我们当时认为上海是国际金融中心，中国金融服务业的开放就在上海。

中国的金融体制改革经过了复杂的历程。1978年以前，中国采取的是高度集中的计划经济体制，经济活力由财政主导，几乎不存在典型意义上的金融活动。中国当时只有中国人民银行这么一家银行，隶属于财政部，充当财政核算的工具。如果要实现市场经济，必须解决两个问题：第一，金融要从财政中独立出来，建立市场导向的、完善的金融体系；第二，金融体系中的各个金融机构应自负盈亏、自担风险，成为商业性金融活动的主体。由于金融机构自负盈亏，国家的行政权力不能介入其中，因此要有专业性的第三方来监管金融活动。

1984 年，中国第一次形成了银行体系，中国人民银行的商业银行业务分离出来，成立了中国工商银行，由此中国形成了中央银行与专业银行的双层银行体系。随着专业银行的发展，其金融业务延伸到非银行金融领域，因而对金融业进行监管的必要性日渐突出。以 1992 年中国证监会的成立为标志，金融监管职能从中国人民银行的各项职能中分离出来，而以 2003 年中国银监会的成立为标志，中国金融业分业经营、分业监管的体制最终完成。随着这样一个金融体系的发展，包括业务和产品在内的金融体系基本完善，金融机构的商业化经营成为改革的重心。以 2004 年中国银行和中国建设银行的股份制改造开局，以 2013 年中国光大银行境外上市收官，中国的银行业基本完成了公司化改造，成为上市公司，而且都在境外上市，增加国际市场对其的纪律约束。如果中国的市场纪律不够强大，那么我们就通过国际市场来加强纪律方面的约束。中国的金融机构也建立了符合市场经济的法人治理结构，改革的重心由此转向利率和汇率市场化。

回顾金融体制改革的这段历史，利率的市场化变成了一个重要的课题。利率市场化早在 1993 年党的十四届三中全会就被提出了，我们可以将其理解为建立以市场资金供求为基础，以中央银行基准利率为调控核心，由市场资金供求关系决定各种利率水平的市场利率管理体系。其中，第一个关键词是"由市场资金供求关系决定各种利率水平"，即利率是一个体系，不是单一的。第二个关键词是"管理体系"，即利率体系是被管理的，与其他企业自由竞争的价格体系是不一样的，它是宏观调控的工具。2013 年党的十八届三中全会进一步明确了这个目标，提出了"完善人民币汇率市场化形成机制，加快推进利率市场化，健全反映市场供求关系的国债收益率曲线。推动资本市场双向开放，有序提高跨境资本和金融交易可兑换程度，建立健全宏观审慎管理框架下的外债和资本流动管理体系，加快实现人民币资本项目可兑换"。这个国债收益率是跨货币市场、信贷市场和资本市场的，是无风险收益率。只有在无风险收益率跨市场当中才能形成长期的收益率曲线。各种金融产品是围绕这个无风险收益率提供的，是有风险的，因此才能够形成波动。央行管理的是基准利率，基准利率应该是无风险的，财政体制改革也由此被提出来。将来的利率是由国债决定的，国债的发行主体是财政部。国债发行频率、发行额度和发行期限的安排构成利率很重要的基准，尤其是短端利率和短期国债，在金融市场中交易的时候越来越明显。党的十九大进一步强化利率市场化目标，提出了"深化利率和汇率市场化改革"。

中国利率市场化改革的总体思路是"先外币、后本币，先贷款、后存款；先长期、大额，后短期、小额"。遵循的推进原则是"放得开，形得成，调得了"，利率放开是第一步，"放得开"不是目的，"放得开"是要"形得成"竞争性的价格体系，但只"形得成"还不够，还要"调得了"，即进行货币调控。

从当时情形来看，我们说中国利率已经放开，但是"形得成"还在半中间，"调得了"才刚刚开始。这是 2012 年末我国利率市场化的概况，中国银行业的公司化改造奠定了利率放开的"最后一公里"，自主定价是它的旋律，利率必然放开。2011 年的时候可以看到，对利率的管制只是人民币存贷利率管上限及同业存款（市场化定价），三个市场的利率都是放开的，无论是货币市场还是资本市场，即使是在中端的信贷市场，也只有国家正规银行的存款利率和贷款利率是被管制的，其他利率都放开了。

自此以后，利率市场化开始加速，到 2015 年的时候，贷款利率已全面放开，存款利率没有管制。2015 年 5 月 1 日正式施行存款保险制度，存贷利率放开。2015 年 10 月 24 日，以央行对商业银行和农村合作金融机构等不再设置存款利率浮动上限为标志，中国利率市场化的第一步完成了。利率是放开了，但没有"形得成"。从国债收益率曲线来看，短端和长端的中间都存在断口，没有形成一条完整的曲线，它是不连续的。这说明除了金融市场的发育程度低，尚未形成首尾相连、期限结构合理丰富的金融产品体系之外，市场的割裂也是重要原因，进行金融监管体制改革十分有必要。与此同时，我们看到国债收益率曲线并不平滑，而国债收益率曲线是宏观调控的基准，是政策利率制定的依据，这说明对利率的宏观管理仍不完善。

以上就构成了中国金融体制两个最基本的问题。在现实中金融机构的经营混业了，跨市场了，但在监管中是分业的，收益率曲线是不连续的。大家所关注的互联网金融如支付宝或者余额宝的发展为什么如此迅速？支付宝是一个支付系统，作为支付中介一定有沉淀资金，沉淀资金要做一个安排，支付宝与银行谈判，这个钱存到银行可否提供利率优惠，这叫作协议存款利率。支付宝又把这个协议存款利率返给客户，客户就获得了比银行存款利率更高的回报，于是客户把余额宝当成一个金融工具来使用，形成了沉淀资金。存款有一定的期限，但在支付市场上随时都可能要用钱。比如个人突然要用钱，客户大规模提现，银行不稳定甚至发生挤兑，这就造成对支付系统提出 5 000 元限额的要求。它提醒我们两件事：其一，金融市场的分割导致这种现象；其二，要改变这种分割，一定要发挥金融机构自身的积极性。支付宝发展了，银行意识到这是跨市场经营的，也在货币市场上发行各种各样的"宝"。我们发现银行的活期存款利率开始变得连续，因为两个市场开始连在一起。再回顾一下 2015 年的股市动荡。信贷市场融资在资本市场做交易，客观意义上是要通的。中国证监会是监管资本市场的，发现问题后，它力图控制股价，一控制股价就会出现衰退，信贷市场就会出现问题，导致最后的"踩踏事件"，形成股市动荡，这是由资本市场与信贷市场分割导致的。

由此，我们要正视这种现象，要考虑全市场的监管、全市场链条的形成。坦率地说，中国金融业实际上已经穿透各个市场，只不过在监管上不允许互相穿透，结果就形成了影子银行。从监管的角度看，影子银行是一种不纳入监管体系的金融业务。从学术上看，就是出了资产负债表但又没有彻底出资产负债表的金融业务。从风险防范的角度看，应对风险无外乎两种方式：一种方式是回到资产负债表中，这就是中国银监会的行为，充分对资本实施监管，靠资本来覆盖风险；另一种方式是证券化，分散风险。从银行的角度来看，最大的影子银行就是银行理财产品，一级市场完成了发行，二级市场不让转让，风险无法在市场进行交易，回到银行，但是出了资产负债表，又不在资本充足率的覆盖范围之内。逻辑很简单，非标准资产回表，标准资产一定要出表，资产证券化由此成为中国金融体制改革的方向，也是利率市场化改革必要的组成部分，金融监管体制改革与此相关。2017 年的财政改革也很重要。央行是负责货币政策的。金融市场发展后，当存贷款基准利率不能作为利率标准时，利率操作的标的怎么选？此时中国人民银行的操作标的是央票，通过央票的买卖影响利率。央票的发行基础是什么？是外汇储备，也就是我们经常说的外汇占款。在顺差持续扩大的情况下，外汇占款在持续扩大，这时候流动性偏多，慢慢就需要对冲。除了提高存款准备金率以外，就是发行央票把流动性收回来，央票是外汇占款的重要对冲工具。

但是中国经济进入新阶段，而且在未来中国对国际社会要承担更大的责任，贸易顺差不能这么持续下去，中美贸易战也说明了这个问题，这就意味着外汇占款会持续减少，央票的发行基础由此就会受到削弱。如果央行要进行利率的调控，那么标的是什么？全球标准操作（即美国的操作）是国债。可以看一下美联储所谓宽松的货币政策。应对金融危机的极度宽松的货币政策，很重要的就是印钞票来买国债。国债由此成为央行的操作工具。如果各个金融机构的资产端有大量的国债，金融机构通过买卖国债影响流动性，央行通过买卖国债影响利率，利率影响金融机构的资产负债表，从短端向长端，利率调控就能实现。中国当时最大的问题就在这里。我们建议一定要有短端国债，财政体制构建的一个重大的变化就是财政不是一个融资问题，赤字成为金融调控中的一个重要安排。通过发新债还旧债，不断滚动发行，意义不仅仅是为财政平衡提供一种手段，更重要的是为金融市场稳定和利率操作提供一个标的，这构成了中国金融体制改革的下一个要点。

现在利率放开了，但市场利率尚未"形得成"，加之国债收益率曲线尚不完整，利率还未完全"调得了"。而利率传导机制不畅，货币政策尚未从数量调控完全转变为价格调控，各种补充性调控工具便因此产生，常备借贷便利、中期借贷便利等便是例证。然而，短期借贷便利、中期借贷便利、常备借贷便利等借贷便利影响的是流动性，而不是利率。央行的双支柱调控——货币政策和金融稳定政策是不一样的，金融稳定政策涉及流动性管理问题，利率政策是货币政策，与总需求相关。不能把流动性管理工具当成利率工具来使用。利率是可以预测的，如是上升趋势还是下降趋势，但是流动性无法预测，不要把货币政策与金融稳定政策混为一谈。在上述情况下，尤其是在去杠杆的当下，所有的利率变化及调控都发生在短端货币市场，这不利于经济的长远发展。所有的供给调控是在短端发生的，迫使企业关注短端问题而不是把目光放在长远的发展问题上。融资难、融资贵的问题其实又是发生在长端，债券市场利率是最重要的。与此同时，在人民币国际化的条件下，人民币已经在全球经营，人民币利率覆盖全球。人民币汇率就变成全球性的问题，人民币利率和人民币汇率的平价关系更为直接。对外开放要求利率市场化，换言之，如果要吸引外国金融机构参与中国市场，让它们使用人民币，它们使用的利率就是人民币利率。我们在2017年就注意到了汇率和利率的平价关系，2016年人民币稳定，人民币利率高于美元利率。如果外国资金受到利率影响进入中国市场，那么资金会回流中国，中国的国际收支就会变成顺差，在这种情况下，人民币汇率会升高，需要通过扩流入来稳汇率。怎么扩流入呢？第一，开放银行间市场，允许外资进入中国银行间债券市场。第二，债券通。中国的债券市场是一级托管的，境外是多级托管的。通过债券通转换开关，债券通最重要的是多级托管的个人客户对华的投资意愿，通过这个通道进入中国的债券市场。外国人享受到中国利差高于美国利差的好处，资金就开始净流入，货币就会稳定，这是典型的人民币汇率和人民币利率平价关系的显现。如果中国的金融业还要进一步对外开放，利率市场化将由此更加凸显、更加重要。

党的十九大提出宏观调控的经济体制，就是深化利率和汇率市场化改革。换言之，市场利率是竞争性金融市场的结果，放开利率管制为竞争性金融市场的形成创造了条件，而竞争性金融市场的发展取决于金融机构本身的创新能力。由于汇率和利率存在平价关系，因此利率市场化不仅取决于人民币市场利率的形成，而且取决于人民币汇率的市场化，从而人民币资本项目可兑换是必需的。与其他要素的价格不同，利率本身也是宏观调控的中间目标，因此市场利率需要被管理和可调控，这要求形成和健全反映市场供求关系的国债收益率曲线。以下几条成为下一步利率改革的方向。比如，金融市场的发展取决于金融机构本身的创新能力。如果中国金融机构的创新能力不够，是不是要借助当年改革开放的经验，邀请外资同台竞争？笔者认为这是改革开放的深刻道理。在 20 世纪 80 年代，深圳在开放后引进了什么呢？箱包厂、制衣厂、玩具厂，深圳当时排在第一的高新科技企业是深圳中华自行车厂。经过 40 年的改革开放，唯有深圳一个城市成功转向高质量发展，其他都还在半路上，包括上海。深圳没有多少国有企业，税收在不断增长，也没有很多好的科研机构和院校，但在中国，深圳的高科技发展是最好的，深圳这个地方没有老的企业，但诞生了华为和中兴，代表着一个新的发展。

如果说对中国而言金融业还是一块短板，金融业服务质量不是很高，那么能否通过开放促进中国金融业的全球化？笔者认为这是一个大胆的决定，而且是富有远见的决定，中国能做到。回想起中国加入 WTO 的时候，我们很担心中国的工业可能会垮掉，对金融业是毁灭性的打击。但是加入 WTO 以后，结果却大出所料。对金融业来说，当年上市的时候中国十大银行的前十大股东中都有外资，现在没有几家了。在中国市场中外资营业额所占的比重持续下降，保险公司中的外资都几乎退光了。这时我们发现中国的金融业有竞争力，其实道理很简单。如果你从事本土业务，特别是与零售客户相关的业务，相对而言本土银行更有竞争力，外国银行往往是竞争不过的。就拿中国银行来说，中国银行伦敦分行虽然快有 100 年的历史了，但仍是一个小行，本地客户抓不住，能做的就是与中国企业有关的业务。同样，汇丰银行当年在上海建立之后，选择到汇丰银行办业务的人也不多。然而，我们跟外国金融机构还有一定的差距，能不能通过开放竞争、同台竞技来缩小差距？深圳经验会不会在这上面得以重现？特别是人民币国际化。如果人民币国际化了，上海金融中心就是国际金融中心，中国的金融机构就是国际的金融机构，那么这时候天时、地利都具备了，有没有内在的发展能力？国际金融中心又需要全世界的共同参与，金融服务业的对外开放是必然的。几年前在上海设立自由贸易试验区考虑的就是这点，只不过后来条件不太允许，特别是从2015年开始，又是股市动荡，又是人民币汇率急剧波动，就被耽搁了。现在新的开放可能会成为出发点，我们注意到，一方面是金融服务业的准入，另一方面是中国（上海）自由贸易试验区的建设。从这个意义上说，上海是中国金融服务业开放再出发的起点。

任何金融市场都由短端的货币市场、中端的信贷市场和长端的资本市场组成。笔者更想强调，通过不同市场上金融产品的创新，打通各个市场形成首尾衔接、完整平滑的收益率曲线，利率曲线才能从短端向长端延伸。利率市场化不是一个点，而是一条连续的曲线，这条曲线靠各项金融产品相互衔接而成。因此，利率市场化就是金融深化，就是金融市场丰富化、金融产品丰富化、金融市场不断深化的过程。

利率市场化对中国意味着什么？大家经常讨论融资成本，那是利率的时间价值，期限固然是其中的应有之义，但这不是利率市场化的全部问题。过去利率水平是由期限规模决定的。现在利率水平是由期限规模决定的基准利率加上风险溢价（这个溢价关乎市场风险和信用风险）再加上公司的运营成本构成的利率决定的。利率市场化的核心是风险的释放，金融机构经营的核心是自主定价权。中国金融机构比外资金融机构要弱，是对风险的定价能力不行造成的。因此，如果说利率市场化的核心是风险的释放，那么对金融机构来说更重要的是对风险的定价，如定价工具是什么。金融产品的设计是金融创新。中国金融机构能力弱就在于此。

如果利率实现了市场化，金融的本质就会发生变化。过去我们经常说金融是投资者和被投资者之间的价值桥梁。为什么是价值桥梁呢？这是因为投资是面向未来的投资，未来是不确定的，不确定性是风险。要架起这座桥梁，就要就不确定的未来提供给投资者一个相对确定的前景，这是中介的功能。能给予一个相当确定的前景的工具就是合约，就是金融产品。每项金融产品就是一个合约。因此，每项金融产品就是一个有关风险定价的合约。从这个意义上说，金融机构在利率市场化中能够安身立命的原因不在于做了多少项目，而在于有没有风险定价能力，这是金融的本质。金融机构是处置风险的机构，特别是在直接融资的情况下。按照经济学中的阿罗-德布鲁模型，金融市场是一般均衡的，需求可以找到供给，供给可以找到需求，因此不需要中介。为什么有中介的存在？因为信息是不对称的。金融市场的中介就是金融机构，金融机构的功能就是要进行风险定价，就是要消除不确定性和信息不对称，反映在合约中，合约就是金融产品。在货币市场上，短端市场合约就是货币市场产品；在中端市场上，信贷合约就是信贷产品；在资本市场上就是各种各样的基础工具，如股票、债券本身就是合约。每一个合约就是一种风险定价工具，丰富的金融产品形成利率市场体系。

金融机构是如何定价的呢？过去、现在、未来都是时空。未来的不确定性因此也是时空的不确定性。由于处理不确定性（即配置风险）只能沿着时间轴和空间轴进行，因此可以从以下两种办法中择一而行。其一，跨时配置风险，通过积累良好的流动性资产，化解风险或将风险推向未来。于是对商业银行来说，流动性是最重要的。在 2002 年的时候中国绝大多数商业银行破产，资不抵债，当时资本充足率不足 4%，其中中国银行的坏账率超过 20%，但是中国银行没有破产，这是由于居民因信任而存款，使得流动性充沛，所以中国银行可以把该风险无限推向未来。这是后来构成中国银行 2004 年开始改革的原因。商业银行的风险管理要点就是期限错配。中国的地方债务问题并没有多大、多严重，但一个很致命的问题是期限错配基本都发生在 2008 年"四万亿"计划实施的时候，借的都是短期限的贷款，但却用于修铁路和建桥梁，还没建设好就要还钱，当然拿不出来。鉴此，政府发行长期债券，尽管债务负担没有下降，但是期限错配问题大大缓解。2017 年是从 2015 年开始的为期 3 年的地方政府存量债务置换的最后一年，因此，2017 年后期限错配问题会有很大的缓解。但是，笔者想强调的是债务负担并没有减小。其二，时点对冲风险，即通过金融产品的交易，将风险在市场参与者之间分散。投资银行的核心功能是产品设计，产品设计的核心是时点对冲风险。如果做不到跨时配置，在时点上就要对冲掉风险，投资银行就要不管能不能互相买单，都一定要卖掉，卖掉能使风险分散。要不断地交易、不断地卖出，从而风险会不断分散。风险是服从概率分布的，金融产品的大概率事件就是金融基础产品股票、债券；小概率事件就是衍生工具；更小的概率事件，即衍生再衍生（行内话叫"杠上开花"），无限地进行买卖对冲。当然也是有极限的，因为"1＋1＞2"。美国的金融危机就是因为无限衍生，突然整个垮掉了。金融监管很重要的就是杠杆不能无限往上加，控制杠杆率是核心要义。

利率的本质是对风险的定价和风险配置的表现形式。金融机构从间接融资向直接融资转变，风险定价多样使利率体系随之丰满。因此，一个完善的金融市场是一个开放的市场，资本项目开放从而使资金自由流动以满足供求成为利率市场化的充分条件之一。人民币国际化的核心是强调人民币的使用范围覆盖整个世界。美元是没有汇率的，美元的定价是美元 10 年期国债利率。美元利率的涉及范围覆盖整个世界。如果选择另外一种货币，该货币与美元有一个兑换价格，这就变成了汇率。从人民币国际化的极端意义来说，如果人民币的使用范围覆盖整个世界的话，人民币是没有汇率的。如果要达成这个目标，利率市场化就十分重要。如果要实现利率市场化，央行的操作就变得非常重要，而最重要的标的是国债，因此国债收益率曲线的形成就非常重要，而这需要通过财政体制改革来实现。对美国来说，美联储的责任是维持有秩序的公债市场，这才叫作宏观调控一体化。可惜的是我国当时的财政部门还是一个会计和出纳部门，财政体制改革还在进行中。财政部门的出纳和会计核算功能是计划经济体制遗留下来的，但真正的财政部门应该是宏观调控的重要部门之一。

与中国经济进入新阶段联系在一起，经济下滑不是一个短期的周期性态势，而是一个趋势性变化。从 2010 年第二季度开始，中国经济开始持续下行。2017 年中国经济之所以变好，不是需求有多少增长，而是供给和过剩产能减少了，剩余的企业赚钱了，然后出现了所谓的转好，但周期是由需求波动引发的，供给方面的不算。这种态势表明，此轮下滑不仅仅是周期性波动，更是深藏着结构的变动。通过改革开放 40 多年的发展，中国的经济结构已经发生重大变化。第一，世界经济增长持续低速，预示着出口导向型经济已经走到尽头。第二，中国过去出口导向型经济最重要的是全球化，全球化是西方廉价资本和中国廉价劳动力结合在一起，形成了中国的出口导向型工业，即沿海发展战略，市场和原料在外，只不过加工在国内。其中劳动力成本低是很重要的因素。现在劳动力成本上升，而上升最快的是西部。所以现在制造业转移到劳动力更便宜的地方——东南亚国家，包括老挝、缅甸、柬埔寨。由此也导致东南亚成为实现人民币国际化的一个重要区域。第三，中国人口正在老龄化，这是不争的事实，而且是快速老龄化，从而导致储蓄率下降。银行近年来的理财产品很受欢迎，可以说是人们的风险偏好发生了变化，也可以说是居民有钱了，能承担更高的风险了，因而希望获得更高的回报，但是不能否认中国的储蓄率在下降。中国储蓄率下降与中国投资下降是高度吻合的，都发生在 2011 年。储蓄是投资的来源，因此，在储蓄率下降的情况下若硬要增加投资会导致杠杆升高。中国过去的经济增长是投资驱动型的，储蓄率下降意味着投资驱动型增长难以持续。第四，资源和能源的约束日紧，资源耗费型经济增长必须转变。中国过去的经济增长是环境污染型和资源耗费型的。中国对过剩产能的定义标准有两个：第一个是不赚钱，第二个是赚钱但环境不能支撑。河北钢铁业符合第二个，很赚钱，但是污染比较严重，地条钢就是如此。地条钢是将废钢铁收购过来熔化并做成建材，很赚钱但被禁止，因为污染问题严重。与过去相比，新阶段将呈现以下特征：经济增长的重心将从供给推动转为需求拉动，产业结构将由以工业为主转向以第三产业为主。

在这个过程中，要注意两个现象：第一，企业在变大。这是工业化中后期全球普遍的现象。到工业化中后期企业变大，企业资产负债表的巩固要求显现，出现债权融资替代贷款的现象，它的发展战略与资本结构战略一致。银行业只能提供中短期资金，都是流动性贷款，以一年期为准。而企业更多的是要靠长期的债券市场来获得建设资金。中国金融业很大的问题就是借短贷长，把银行借款的短期资金用在长期建设项目上。基建则时间更长，需要几十年的安排，因此需要建立新的银行，例如亚洲基础设施投资银行。第二，我国已进入中等收入社会，2017 年人均 GDP 超过 9 000 美元，到 2020 年，中国很可能跨过中等收入陷阱，人均 GDP 将超过 1 万美元。跨过中等收入陷阱之后，居民的风险偏好会出现变化，投资需求会显现，需要承担风险的高收益金融产品会热销，例如理财产品。因为人们有闲钱，又觉得损失点没关系，并且希望得到更高的回报，所以风险偏好发生了变化。商业银行的创新能力不能小看。过去几年，中国银行业提供了 4 万种理财产品，但中国资本市场上的理财产品种类不多。当然也是银行迫于无奈，要黏住客户，就要提供具有更高回报的产品。我们会发现资金供求两端都要求资本市场进一步发展，都要求向长端走，这就构成了中国金融业发展的内在逻辑，即间接融资向直接融资的方向转变。这当然也是中国金融业面临的最大挑战（从技术上说是短板），国外有竞争力的也就是这种业务，即被我们称为公司融资的业务。

现在的情况是，存款余额增速逐年下降，理财产品的发行数量和募集资金逐年上升，社会融资规模逐步扩大，贷款以外的主要融资成本也在不断上升，债券市场托管量持续增长，债券品种相对齐全，银行成为债券市场上的主力且开始经营直接融资业务，银行是债券的最大持有者和债券市场最大的参与者。银行间市场在债券交易方面占据绝对的统治地位，占比为95.01%，交易所只占3.5%。中国将来的债券市场主要是银行间市场，其中银行发行的是存款、贷款的替代产品，叫信用债，占1/4。那么，中国债券市场的希望在哪里？目前按揭贷款占中国银行业资产的20%左右。如果这些按揭贷款能够证券化的话，那么中国的债券市场就会变成很大的市场，而不再是一个独大的市场。银行持有六成以上的债券，贷款不再是占比最大的资产，银行的资产结构发生了重大变化，债券是占比很大的资产。到2016年12月末的时候，债券托管量为58.14万亿元，增长速度很快。

由此，不再需要金融中介，而是直接到市场融资，这就是脱媒。金融脱媒既是经济发展到一定阶段的产物，也是利率市场化的必然结果。脱媒同时也给中国金融机构带来了压力，即必须作为另外一种金融机构来提供服务，而不是作为负债类金融机构来提供中介服务。两类金融机构——商业银行和投资银行很重要的区别是，商业银行是资产负债型金融机构，即靠吸收存款来发放贷款；投资银行是不负债的，资产负债表规模很小，是管理型的，主要靠人力资本为金融市场提供解决方案，其核心功能是企业估值和定价，如基金公司的资本金规模很小，但管理很多钱。现在中国出台了大资管条例，顺应了金融脱媒这个趋势，使资管行业有了统一标准。在这种情况下，由于金融脱媒，金融产品变得多元化、风险定价手段变得丰富化，从而拓宽了企业的融资渠道，完善了企业的资产负债表。从这个意义上说，金融发展要支持实体经济的发展，同时实体经济的发展也对金融发展提出了很高的要求，即风险管理和处置。中国金融机构与外国金融机构的差距也就在于此。未来，金融发展将伴随着金融脱媒和利率市场化进程加速。

五、中国金融监管体制改革①

融资分为直接融资和间接融资两种。间接融资就是有资产负债表，对间接融

---

① 源自上财金融家俱乐部编、2020年由上海财经大学出版社出版的《破局·观势：中国经济新常态》一书金融改革篇笔者所撰写的文章，此处仅对措辞、语句等进行了修改。

资的监管是对资产负债表的监管，即有资本充足率的要求，至少 8％，系统重要性机构的资本充足率要求更高。负债类金融机构还可以细分，吸收公众存款因为牵扯到外部性的社会利益，所以监管就会更严，由此，对间接融资的监管又可以分为负债类金融机构监管和存款类金融机构监管。存款类金融机构监管标准是最严的。在海外，如果是存款类金融机构，就是全牌照机构；如果仅仅是贷款类金融机构，就是有限银行机构。中国的小额贷款公司具有有限银行牌照，可以放贷但是不能吸储。为什么要对互联网金融加强监管呢？因为余额宝后来发展成为可以吸储。余额宝也可以变成金融机构，但要满足对金融机构的监管要求，即必须有存款准备金，但是如果这样，相比传统银行它的竞争优势将不复存在。直接融资没有庞大的资产负债表，不吸储也不贷款，而是依靠自身的能力提供顾问、撮合业务。对直接融资也需要监管，但与对间接融资的监管完全不一样，不是对资本充足率的监管，而是对信息披露的监管。金融中介的责任是帮客户把风险全部披露出来，监管原则叫作透明化原则（即风险披露）。以上是两类监管。

间接融资走向直接融资，直接融资规模日益增大，因此需要加以监管。在金融脱媒的过程中，如果融资安排出了负债类金融机构的资产负债表，但未能在透明的资本市场进行证券化安排，换言之，既不能用资本充足率来覆盖风险，又不能在资本市场上对冲风险，就会产生影子银行及其特有的风险，又称委外业务及其风险，主要体现为存款性公司对金融机构的债权。影子银行是金融危机后人们认为最重要的风险问题，《巴塞尔协议Ⅱ》也是为此而制定的。影子银行业务是出资产负债表又未彻底出资产负债表的业务。影子银行看不见、摸不着。如果从银行资产负债表来看，可以说，存贷业务以外的业务都是影子银行业务。从字面来看，除了成熟的股票、债券业务，其他业务都是影子银行业务。我国影子银行的资产在 2015 年底超过了 53 万亿元，在我国银行贷款和资产中的占比分别达到 58％和 28％。它不受监管或者少受监管，少受监管的是社会融资规模中除受监管以外的所有金融业务。于是中国影子银行的规模大小便引发争议，争议的结果就是全覆盖，即金融机构、监管机构全部覆盖。曾经有一个折中，即 2013 年发布的《关于加强影子银行监管有关问题的通知》对影子银行业务进行了分类，非金融机构从事的金融业务、金融机构从事的非监管业务、各类机构从事的少受监管的业务都叫作影子银行业务。请注意，这次金融监管体制调整的主要内容，不再是机构监管，而是进行功能监管。功能监管的核心是产品，是行为监管，而不是机构监管,这就构成了此次金融准入对外资开放很重要的内容。易纲先生说要与中国"金融开放程度与金融监管能力相匹配",如果是指功能监管和行为监管,那么地域限制和业务限制就不再重要。

这几年所谓的金融风险问题可分为两类:第一类是银行理财在非标和权益类资产投资中的占比持续提高;第二类是广义信贷增速明显高于贷款增速,以理财为主的表外资产占表内资产的比重由 2014 年底的 6.5% 上升到 2016 年的 16.5%,这被认为是中国金融风险最重要的一个表征。同业存单是导致第二类风险问题产生的一个重要因素。同业存单是在同业市场上发放的存单,将同业存单募集到的资金用于他途,例如转到房地产投资信托基金,就构成了房地产发展的资金来源,而银行业给房地产开发提供贷款是被禁止的。在我国经营较好的银行表内贷款中,房地产开发贷款的比重非常低,房地产贷款中最主要的是按揭贷款,但是房地产发展得如此之快,其开发资金主要通过同业存单从银行转出来并层层嵌套。同业存单的发行方多是中小型金融机构,其资金来源有限,但是对资金的需求比较高,于是这些金融机构就在市场上通过同业存单筹措资金,然后再转投到它认为产生高回报的行业(比如房地产投资信托基金等)。发行的同业存单越来越多,从 2016 年第四季度开始同业存单利率飙升,且同业存单规模持续扩张,这构成金融风险最重要的一个表现。从 2016 年 3 月开始,监管方面受关注的核心就是同业存单的违规违章问题。

发行同业存单,那银行的钱从哪里来呢?由于银行存款在下降,因此银行就发行理财产品。由此,理财产品余额不断增长,同业理财规模超过私行客户资产规模,资金来源与资产不再一一对应。比如,资金投向房地产信托企业,通过同业存单变成理财产品并卖给银行客户,客户持有的应该是房地产信托。经过层层嵌套后发现不对应,出了风险以后,如果反映不到这里,那家银行就承担了刚兑的责任。如果利率市场化是风险定价,是风险的释放,那么就应该打破刚兑,打破刚兑最重要的方法就是使资产与资金来源一一对应。一一对应最好的形式就是证券化。中小银行和农村金融机构就变成了主力,它们的理财产品规模同比增速比较高,一方面是在市场上发行理财产品,另一方面是融资后再加上大银行发行同业存单募集到的资金投向房地产信托,该过程就叫作层层嵌套,因为银行面临监管方面的要求,不可能直接操作,因此就借助证券公司各种各样的通道业务来实现,进而就出现了资产管理。资产管理通过各种载体形成资管行业的多层业态，形成资金获取、投资管理和通道三层资管结构，最终流向各类标准化和非标金融资产。所谓的股市动荡，就发生于证券公司提供的通道。因为能跟交易所发生关系的只有证券公司，证券公司有交易通道。绝大多数资金是借助证券公司进入通道的，在这样的买卖中有杠杆，一旦资产价格下跌、证券下跌，马上就得卖，否则债就还不上。这样就越卖越跌、越跌越卖，最后形成了"踩踏事件"。

除了正规金融，非正规金融也加入这个市场，开始出现委外市场，即互联网金融的发展。在这种情况下，如果股市下跌，就会有赎回，一赎回就会产生金融危机。快速去杠杆就会加速进行。金融危机是资产负债表衰退的危机，就是快速去杠杆。只不过金融机构的杠杆最长，去得最明显，于是就把这种危机称为金融危机。

我们为什么要防范金融风险？首要的风险点是我们根本不知道影子银行有多大，所以首先要使它透明化。要进行监管，就要搞清楚它是怎么一回事。为什么说人不怕老虎？因为老虎尽管很凶猛，但是你知道老虎的秉性，你可以把它关到动物园里。那么为什么人怕鬼呢？因为鬼不可名状。影子银行就是鬼。那么对影子银行进行监管的重点是什么呢？不是看影子银行的债务负担有什么变化，而是要使"鬼"透明化，把"鬼"变成"老虎"。老虎尽管很凶猛，但是你知道怎么对付它。但是鬼的话，那真的不知道该怎么办了，这便是金融监管核心的含义。

各类资管计划和信托计划的资金流向难以追踪，这是金融监管体制要调整的很重要的原因。中国的金融监管体制是分业经营、分业监管。随着经济和金融的发展，货币、信贷、资本市场逐渐连通，金融机构通过金融产品进行混业或者综合经营，但金融监管体制还是"铁路警察，各管一段"，各个市场的接口处出现监管空白，并由此引致监管套利。2015年股市动荡的原因就在于中国证监会只能管资本市场，中国银监会只能管信贷市场，从而在中国银监会监管范围和中国证监会监管范围接口处出现了问题。在目前的情况下，由于实行分业经营、分业监管，因此资产负债表业务不能证券化，从而不能通过资本市场进行风险对冲，同时又不透明，从而无法辨识风险，因而风险防范难度极大，而一旦出现问题，危害又极大。这就是必须调整的原因，调整的方向就是由分业监管迈向综合监管。

那么，金融机构为什么要接受监管呢？当年笔者在美国华尔街的卫生间看到一个小贴士，上面写着"小偷和银行家都需要接受监管，因为他们都在用别人的钱"。这说明监管的实质是解决外部性问题。不同于其他企业，银行是利用存款来实现经营的，涉及第三方，具有外部性并且存在信息不对称，因此必须有第三方监管。金融机构强调保护存款者和投资者的利益。金融监管的要义是控制风险。

从全球来看，为什么有分业监管和综合监管的区分？因为金融风险可以传递，如果监管能力不行，最好把金融风险传递链切断，从而进行分业监管；如果监管能力行就不必进行区分，这样可以节省成本，因为交叉销售和混业经营能提高效率。金融监管体制诞生于1929—1933年大萧条之后。1929—1933年大萧条首先由资本市场肇始，股市大跌。但由于股市资金由贷款进行杠杆融资而来，因此股灾迅速演变为金融全面快速去杠杆，并导致实体经济的衰退，形成全面深刻的金融经济危机。由于监管能力不行，因此就要切断风险传递链，分业经营、分业监管由此出现。随着经济的发展，我们发现外部监管是风险问题，但风险问题在某种意义上是可以内部化的；也就是说，如果金融机构内部能力提高，那么风险问题可在内部处理。后来，随着计算机数字技术的发展，风险可以监控。与此同时，随着金融工程技术的发展，金融机构化解风险的能力也在加强，在微观金融风险相对可控的条件下，由于混业经营、交叉销售能够提高金融市场的效率，分业经营、分业监管的必要性在下降。金融监管体制开始走向混业经营、综合监管。但一条路走过头也会有很大的问题，这次美国金融危机就是例证。随着金融工程不断发展，最后金融已经不知道为谁服务，开始自我循环。自我循环变成了自己的头咬自己的尾巴，形成了一个闭环。一旦这个闭环出现，风险就会发生。所以我们说回归本源是最重要的，金融风险管理的最重要一条就是，有实体经济的增长才有金融的发展。如果说在金融产品里循环，这就是无源之水，总有一天要沉下去。

以上是金融监管的国际经验，随着金融技术的发展，全球金融监管向综合监管方向发展。1992年中国证监会成立，2003年中国银监会成立，分业监管趋于成熟。在分业经营、分业监管的体制下，分业监管是重心，机构监管是重点。各类金融机构严格分业，"井水不犯河水"，严格划清界限是监管的目的。随着经济的发展，人们突然发现形成了金融控股的形式，多业并举，模糊了分业的界限，尤其是产业资本型金融控股公司脱离了监管机构的视野，现在很多非金融机构开始投资金融机构。非金融机构的股东行为怎么监管？这变成一个很大的问题。在这种情况下，2015年股市动荡，分业监管不能实现无缝衔接的缺陷促使金融监管向全覆盖方向转变。必须有机制性的变化，就是我们现在看到的监管框架。在这个框架中，首先是设立国务院金融稳定发展委员会，强化中国人民银行的宏观审慎管理和系统性风险防范职责，地方政府要在坚持金融管理主要是中央事权的前提下，按照中央的统一规则，强化属地风险处置的责任。金融管理部门要努力培育恪尽职守、严于监管、精于监管、严格问责的精神，没有及时发现风险就是失职，发现风险没有及时提示和处置就是渎职，都要严肃处理，这就叫强监管。它是功能监管，功能监管区别于以往的机构监管，监管对象是产品，不管股东是谁，不管机构是什么形式，只有金融产品全链条的监管才能做到全覆盖，这对监管能力提出了很高的要求。

为什么在此次金融监管体制调整中，银、证、保没有合并呢？中国银监会、中国证监会和中国保监会的监管理念不一样，技术要求不一样，合并可能无法做到更好。保险公司和银行都是负债类金融机构，因此监管理念、监管原则基本一致，可先将中国银监会、中国保监会合并。中国的证券业实行的还不是纯粹的市场化发行，发行体制改革是非常重要的。证券业在两年以后将实行注册制，检查披露是否真实等工作是交易所可以完成的，不一定需要放在中国证监会。所以有人说这叫"两个半改"，还有半个是中国证监会的行为监管。行为监管的核心是合规。无论是产品发行还是交易都需要依法合规。只有监管当局提高诸如法律和会计等专业水平，才能洞察合规性，才能履行第三方监管责任。中国的监管机构在更大程度上是权力机构和审批机构，其实监管机构应该是专业机构。当年我们在设计这种监管机构的时候，中国银监会、中国证监会、中国保监会都是准政府机构，是国务院委托授权的机构，不是中央政府成员，后来越来越复杂。只有在行为监管、功能监管发展的基础上才能形成综合监管，也就是说才能使监管覆盖整个市场，即货币市场、信贷市场一直到资本市场，然后才能及早发现和处置金融风险问题。中国是一个大国，金融市场是分层的，仅靠中央政府的监管是不够的，因此需要分层和强化属地风险的处置责任，应及时将风险控制在萌芽状态，地方金融工作办公室将来会履行地方金融监管职责，这就要完善宏观审慎和微观审慎相结合的监管框架。

货币政策是1929—1933年大萧条后才出现的。人们发现在负债经营的情况下，无论是对于家庭还是对于企业，财务成本都是一个很高的成本。凯恩斯的理论是通过货币供应量的增加和减少来影响财务成本，影响企业和居民是否会提前负债或者扩大负债的决策。企业提前负债或扩大负债，就是提前投资或扩大投资，居民提前负债、扩大负债可以扩大消费，从而把过剩产能消化掉。由此就创设了一种新的产品——按揭贷款，这就是提前消费。此前央行不是凭空产生的。当银行没钱了，有人要提款了，银行的第一反应是向别人借钱，这就是同业拆借。同业拆借是一种资金来源，同业拆借最重要的是提供流动性。尽管同业资金很贵，但是银行也忍了，至少能活下去。如果在这个市场上大家都没钱了呢？这就会发生金融问题。其中有一家金融机构向市场提供最后的流动性，就称它为最后贷款人，这就是央行。后来央行法定化，就是央行掌握了印钞权力，可以通过无限的流动性来缓解债务，这叫金融稳定措施。核心是管理流动性，是应对金融危机。央行最早的职责是充当最后贷款人，是金融稳定职责。只不过后来发现掌握印钞权力还能控制利率，也能扩大总需求。

中国的金融政策经常把货币政策和流动性问题混为一谈，其实这完全是两个不同的概念。金融稳定是天然的。第二次世界大战结束以后，为了扩大总需求和刺激经济，货币政策宽松常态化，是通过银行的资产负债表进行的，杠杆在持续加长。从那以后就出现了两个周期：第一个是传统的经济周期，第二个是金融周期。两个周期的性质是不一样的，时间长短也不一样。以生产过剩危机为代表的经济周期，是库存变化（基准周期）到固定资产更新的组合，呈现出有规律的周而复始的周期波动，通常为 1～8 年。为应对这一周期，需要旨在提高总需求的扩张性货币政策。金融周期在金融市场的表现是通过金融加杠杆来实现的，因此它是跨经济周期的，从而金融周期长于经济周期。金融周期通常为 10～20 年，金融活动是顺周期的，而加杠杆的扩张性货币政策又加大了顺周期性，使金融周期的波动性大于经济周期的波动性，从而对经济生活的破坏性更大。最典型的例子就是房地产，呈现为经济高涨—房价上涨—抵押物升值—贷款增加—杠杆增长—经济下行—房价下降—抵押物贬值—停止放贷并收回贷款。这是中国经济令我们比较担心的方面。中国的房价有泡沫，这是不争的事实，要控制杠杆。但是该如何控制呢？高不得也低不得。房地产问题不是一个经济问题，而是一个金融周期问题。

宏观审慎的核心是金融问题，既然金融是顺周期的，那么宏观审慎的操作原则应该是逆周期的。金融在刺激杠杆，那么所有的监管操作应该是去杠杆，控制杠杆就成为宏观审慎政策的核心。但这样的管理又是逆周期的，在逆周期中又需要考虑新的问题。逆周期就是当经济好转时，不必加那么多的杠杆，当经济不好时，要通过加杠杆来刺激经济回升。逆周期在监管中也有所反映，在《巴塞尔协议》中，缓释资本就是逆周期操作。那怎么判断这个周期？什么叫逆周期调整？当金融周期在上升阶段，市场流动性是充沛的；当金融周期在下降阶段，市场流动性是短缺的。为避免金融危机，中央银行需要发挥作为最后贷款人的金融稳定责任，适时向金融市场补充适当的流动性。尽管现在是去杠杆的时代，但是也必须补充流动性以避免快速去杠杆。从这个意义上讲，美国极度宽松的货币政策就是补充流动性的政策，以此对抗实体经济去杠杆速度过快的态势，这就叫流动性管理。在金融困难之时，一定要提供流动性。我们为什么对中国经济抱有信心？很简单，就在于供给侧结构性改革。供给侧结构性改革不是在宏观上发生变化，而是在微观上发生变化。2016 年 9 月，中国的 PPI 第一次结束了 54 个月的负增长，变为正增长，到现在还是正增长。这意味着企业的销售收入增长，企业的现金流转好，那么企业的抗风险能力提高，杠杆有可能稳住。从 2016 年下半年开始，中国工业企业利润都有大幅上升，意味着企业资本增强，企业还本能力提高，杠杆有可能下降。2017 年中国企业杠杆率下降两个百分点，银行不良贷款率开始稳定。四大国有银行的 2016 年财报显示出坏账，这提供了一个启示：在未来的宏观审慎监管中去杠杆固然是重要的，但稳住杠杆才是第一位的。

　　为什么宏观审慎管理的主体是央行？为什么央行转向双支柱体系？因为宏观审慎管理的手段与货币政策的手段是一致的。经济周期和金融周期由于调控对象不同，操作中心也不同，反映在术语上，货币政策约等于货币供应量，宏观审慎政策约等于流动性，尽管两者会同向变动，但目的不同。例如，当前中国经济已趋于稳定，货币政策中性化，但因为去杠杆，需要央行补充流动性。这并不意味着货币政策的放松，反之亦然。中国的货币政策不需要放松，由于去杠杆，流动性紧张，必须补足。由于操作工具是一个工具，因此很容易把补充流动性的工具视为货币政策转向的工具。从 2017 年开始，双支柱体系正在建立之中，运行效果拭目以待。

　　2018 年 3 月备受瞩目的金融监管体制改革尘埃落定，形成了"一委一行两会"的新监管格局。人们开始解读新时代的新架构，有从理论层面的引经据典，有从国外实践的旁征博引，也有基于反思和总结的探讨，更有面向未来的展望和证明，可谓众说纷纭。监管理念的整合重塑非一日之功，肩负重担的中国金融监管将走向何方？

六、积极推动自贸港金融制度集成创新^①

　　海南建设中国特色自由贸易港，是习近平总书记亲自谋划、亲自部署、亲自推动的改革开放重大举措。习近平总书记多次指出，海南自由贸易港建设"要把制度集成创新摆在突出位置"。《海南自由贸易港建设总体方案》在金融领域提出了跨境资金流动自由便利、分阶段开放资本项目等一系列目标任务。当前，海南全岛封关运作准备工作已经全面展开，海南金融业需要在《海南自由贸易港建设总体方案》颁布之后取得的诸多成果的基础上，准确把握新国际形势下的历史机遇，深刻理解海南金融业的开放使命，努力提高金融制度集成创新能级，以更高水平的金融开放推动贸易和投资自由便利，在加快建设具有世界影响力的中国特色自由贸易港中凸显海南金融业的担当和特色。

　　海南始终站在历史的潮头，本身就是改革开放的产物。曾经的海南是隶属于广东省的一个边陲之地，改革开放使海南不但成为一个省，而且成为中国最大的经济特区，为社会主义市场经济建设探索新鲜经验。建省以来，海南在加快自身发展的同时，见证了中国经济社会现代化的巨大进展。中国已是全球第二大经济体、最大的货物贸易国和最大的外资投资目的地。中国经济社会发展进入新的历史时期。社会主要矛盾转变为人民日益增长的美好生活需要和不平衡不充分的发展之间的矛盾，经济也由高速增长转向高质量发展，发展方式、经济结构以及增长动力都在转换中。立足于新发展阶段的新发展要求，构建以国内大循环为主体、国内国际双循环相互促进的新发展格局已成为历史的必然。这构成在海南建设中国特色自由贸易港的新的历史背景。

　　与此同时，在世界百年未有之大变局下，建设海南自由贸易港既是新的历史时期中国经济社会发展的需要，也具有世界意义。2008年国际金融危机后，经济全球化就遭遇逆风，而美国特朗普政府的上台又使这一去全球化的思潮转变为美国优先的建制化安排。通过对中国发动贸易战，随之延伸到金融、科技及产业

---

　　① 曹远征 . 积极推动自贸港金融制度集成创新 . 海南金融，2022（11）：32－38.

链供应链，致使全球两个最大的经济体"脱钩"的现象日趋明显，令人担忧。当前仍在持续的俄乌冲突及相关的以国际规则和惯例为武器的制裁，冲击着二战后建立起来的以规则为基础的国际多边治理体系，以价值观来划线的"小院高墙"式的地缘政治经济安排大行其道，伤害着经济全球化的前景，在我们所处的区域，典型代表就是《区域全面经济伙伴关系协定》（RCEP）和"印太经济框架"（IPEF）的分野。于是，在"团团伙伙"动摇经济全球化的时候，以鲜明的态度主张经济全球化，以务实的行动巩固经济全球化就具有特别重要的意义。海南地处 RCEP 和 IPEF 的核心圈，以自由贸易港形式进行规则等制度型开放，通过创立新的更高水平的开放标准来捍卫经济全球化的制度根基，就成为中国的必然选择。因此，在新的历史时期，面对世界政治经济格局的深刻调整，提出在海南建设中国特色自由贸易港是一个历史性的重大战略决策。

中国人常讲"天时地利人和"，海南自由贸易港建设的"天时"在于：人民对美好生活的向往成为新时代的主流，推动着中国经济结构由以工业为主转向以服务业为主；中国日益走近世界舞台的中央，推动着中国向高水平开放迈进；绿色发展成为世界的主题，要求缔造生态文明新体制。"地利"则体现在：海南属离岛经济，有利于从全域的角度进行体制机制的改革试验，探索均衡推进现代化的经验；海南陆地面积虽小，但却是中国最大的海洋省份，处于全球经济最活跃的东南亚核心圈，有利于建设面向未来的更高开放标准。在"人和"方面：海南自建省以来，反贫困一直走在全国的前列，其中旅游业功不可没。海南是全国全域旅游省区之一，海南的旅游业具有世界性的口碑。2010 年后，服务业成为海南的第一大产业，在此基础上深化拓展，有利于在高起点上建设生态文明新体制的同时，形成以医疗康养、教育及生命工程为代表的服务产业新优势。特别地，海南是中国唯一的省级行政区、经济特区、自由贸易试验区"三区合一"的省份，有利于整体规划，统筹安排，调动资源，滚动实施，使"自由贸易港"这张蓝图可以持续画到底。《海南自由贸易港建设总体方案》明确了建设目标，即把海南打造成"我国深度融入全球经济体系的前沿地带"，其中，建设更高水平开放型经济新体制又是核心。以此，海南直面世界经济格局的深刻调整，在打造改革开放新标杆的同时，给出中国答案。

国际经验表明，自由贸易港是最高的开放标准，由一整套的规则制度组成，各自相互支撑，形成体系。在海南建设中国特色自由贸易港，虽然没有先例可循，需要立足中国国情、海南特色，"大胆试，大胆闯，自主改"，但就本质而言，仍然是制度体系建设，只不过需要更加突出制度创新。尤其是在以规则为基础的国际多边治理体系受冲击、经济全球化制度根基受到动摇的当下，涉及金融、税收、法治等基础性、深层次领域的制度集成创新就更为重要。因此，习近平总书记多次强调海南自由贸易港建设"要把制度集成创新摆在突出位置"。

从全国的情况看，经过四十多年的改革开放，中国的工业化已经进入中后期，许多工业产品的产量位于世界前列，正面临着制造业向服务业转型。与此同时，随着居民收入的持续增长，服务性消费快速增长。由此，无论是生产性服务业还是生活性服务业，既是经济发展的趋势所在，也是瓶颈所在。这集中体现为设计、研发、品牌建设能力不足，全球物流配送服务、金融服务等集成性世界营销网络薄弱，以及教育、医疗等涉及人力资本的高品质服务业难以满足需要，结果是，表现在中国的对外贸易上，虽然货物贸易常年顺差，但服务贸易却常年逆差并持续扩大。

既然服务业是产业升级的方向，又是瓶颈所在，那就是改革开放的重点领域和重要环节。2018年发布的《关于支持海南全面深化改革开放的指导意见》明确提出海南自由贸易港建设"不以转口贸易和加工制造为重点，而以发展旅游业、现代服务业和高新技术产业为主导"。《海南自由贸易港建设总体方案》进一步明确了开放指向，"减少跨境服务贸易限制。在重点领域率先规范影响服务贸易自由便利的国内规制"。

毋庸置疑，与过去以实体开放为主相比，服务业是新的开放领域，需要建立新的开放标准。如在进行实业开放时，由产业的物理性质所决定，通常在现行国家政策中做出"豁免"规定就可以起到作用，如税收"三减两免"，土地批租优惠，以及基础设施建设政府投入或补助等，但这些帮助实业开放的"豁免"措施对服务业的作用甚微。服务业营业收入高，但利润较薄，产业链条短，税收优惠因此吸引力小，并且对土地和水电气等设施要求相对不高，使相关的"硬"基础设施政策的效应不佳。服务业需要的是高标准的"软"基础设施，这不仅包括高质量的政策法规体系，而且包括有力的执行体系和规范的监督体系。简言之，这一"软"基础设施是符合国际惯例的、高标准的，从而形成以法治为中心的良好的社会治理环境。

国际经验表明，建立满足服务业发展要求的高标准的"软"基础设施是高难度任务，这也是在全球仅有少数几个自由贸易港的原因。然而，通过开放促改革，通过改革创新体制机制是过去四十多年中国经济成功的经验所在。深圳开放的目的包括"引进技术，引进管理经验"。开放推动了深圳改革的不断深化和制度的持续创新，使深圳成为中国工业尤其是高新技术企业的聚集地，引领着中国工业的升级。上海浦东的开放带动了外贸外资体制的改革，促进了外向型经济的发展。以洋山港为代表的上海港口群一跃成为全球最大的物流枢纽，占全球货物吞吐量的 3.2%。从这个意义上讲，今天的海南也应如此，率先实现服务业领域的制度性开放，在对标最高标准开放的过程中，推动"软"基础设施建设的制度集成创新。我们认为，这是海南"全面深化改革开放试验区"战略的含义所指，也是进行高水平开放压力测试的要义所在。换言之，海南自由贸易港只有以服务业开放为引领，成为新时代全面深化改革开放的新标杆，才能建立面向未来的新体制，实现经济社会高质量发展；只有形成更高层次的改革开放新格局，才能与国际接轨，成为我国深度融入全球经济体系的前沿地带。

金融开放涉及两个相辅相成、互相依存的方面：一是金融服务的开放，意味着外资金融机构被视为本地金融机构，经营本币业务并公平地在本地金融市场上竞争；二是国际收支资本项目开放，实现本币与外币不受特别管制的自由兑换。如果资本项目不开放，本币与外币不可以自由兑换，外资金融机构将难以获得本币资源，无力在本地开展业务，也就没有意愿或能力进入本地金融市场，金融服务开放也因此落空，反之亦然。

基于同样的原因，金融开放也是服务业开放的难点。对于发展中国家而言尤其如此，它是一个艰巨的两难选择：不开放金融，发展中国家难以高效地融入世界经济，产业不能升级并被困在产业链和价值链的低端；开放金融，则要求资本项目开放并可兑换，从而难以防止资本频繁而大幅跨境流动所引起的宏观经济不稳定。中国作为最大的发展中国家，对于这一两难选择有深刻的体会。早在1996 年，中国在实现了国际收支经常项目可兑换后曾提出到 2000 年实现人民币全面可兑换。但因 1997 年亚洲金融危机，这一进程大大延迟了，而 2008 年的国际金融危机又使这一路线图发生了变化。正是在这个意义上，克服这一两难问题就成为海南作为"全面深化改革开放试验区"的题中应有之义，稳步推进金融开放就成为海南自由贸易港建设的重要任务。

需要指出的是，1997 年亚洲金融危机后，中国深刻反思、认真总结，在加入 WTO 的基础上，深化金融体制改革，重塑金融体系，突出体现在以下三个方面：一是通过包括政府注资在内的多种手段，不仅使金融机构的资产负债表健康化，而且建立了政府作为出资人、以出资额为限的有限责任机制，从而在制度上断绝了父爱主义的预算软约束；二是进行了公司化改造，建立以股东会、董事会、管理层为代表的现代企业制度，并且为使这一法人治理机制长期有效，采用在资本市场尤其是海外上市的方式强化市场纪律约束；三是建立第三方监管机制，中国银保监会以国际通行的《巴塞尔协议》为基础的专业监管取代传统的行政干预，使监管规范化、法治化。这一改革自 2004 年中国银行和中国建设银行始，到 2012 年中国光大银行终，前后历时八年，使中国金融业有了脱胎换骨的改造，不仅顶住了 2008 年国际金融危机的冲击，而且在金融开放上创造了独特的经验，为海南自由贸易港建设提供经验的同时，奠定了新的起点。

总结这一独特经验，可以看到两个方面的要点：反映在资本项目开放上，首先是资本项目对本币开放，在人民币跨境自由流动的基础上，分产品、分类型逐项、逐科目探索资本项目的可兑换，即先实现本币流动，之后再开放；反映在金融服务业开放上，与资本项目对本币开放的进程相一致，开放外资金融业人民币服务，并不断扩展所提供的产品及服务类型，不断扩大准入、准营范围。

过去十年中国金融开放的进展表明，从经常项目货物贸易入手，进而是服务贸易，再拓展到资本项目。换言之，这表明在资本项目先实现本币的流动，然后才考虑逐项、逐科目的可兑换的路线图是稳妥有效的。这一金融渐进式开放实际上也是中国改革开放的基本经验的再现——摸着石头过河，它使海南自由贸易港可以在过去十年中国金融开放的基础上，沿着这一路径进一步深化。事实上，正因为有了过去十年循序渐进的金融开放实践，目标更加聚焦，"石头"也更加踏实。清晰的目标，踏实的"石头"，会使海南自由贸易港金融开放呈现出围绕着人民币国际化"小步快跑"的状态。

人民币国际化始于 2009 年 7 月的跨境贸易人民币结算，当时仅涉及 5 个城市的 365 家企业，结算范围面向东盟及港澳台。跨境贸易人民币结算到 2012 年就扩展到中国所有的省份、所有的企业，不仅涉及货物贸易，而且涉及服务贸易。更为重要的是自 2012 年起，人民币跨境使用不仅覆盖整个世界，而且开始涉及外商对华直接投资。人民币跨境使用范围和领域的不断扩大，催生了境外离岸人民币市场并呈现出蓬勃发展的局面，多种多样的跨境人民币金融产品竞相涌现。最为突出的是跨境人民币债券产品，相继出现了香港市场的"点心债"，新加坡市场的"狮城债"，以及台湾市场的"宝岛债"。目前人民币债券已遍布全球各大金融市场，发行人不仅有国内外企业，还有国内外政府机构和中央银行。由于国际金融市场上人民币债券品种的增多、规模的扩大，交投日益增长，反过来又推动了人民币债券跨境流动的自由化和便利化。而随着中国经济持续向好，境外资金投资人民币债券市场的热情高涨，其自由化和便利化因此也成为海南自由贸易港金融深化的重点产品与领域。

《海南自由贸易港建设总体方案》明确了2035年前"允许符合一定条件的非金融企业，根据实际融资需要自主借用外债，最终实现海南自由贸易港非金融企业外债项下完全可兑换"。这意味着，海南将成为连接离岸人民币市场和在岸人民币市场的桥梁和枢纽。

需要指出的是，在2035年前实现海南自由贸易港非金融企业外债项下完全可兑换的目标下，建立海南自由贸易港区域性的人民币债券市场具有重要的指向意义。第一，人民币债券是跨期安排的主要品种，由此使利率和汇率具有平价关系，而因债券的期限在逻辑上可以无限延长，利率引领着汇率变化。以利率为锚可以实现金融市场的深化和货币可兑换之间的协调。第二，人民币债券具有可兑换性。在RCEP中，东盟成员国货币与人民币的兑换是通过美元进行的。如果人民币债券市场恢复了可兑换性，则意味着其直兑机制在逐步实现，这样既降低了成本，也避免了非成员国货币对RCEP的干扰。第三，人民币债券是人民币。在RCEP中，中国是其他成员国的主要出口目的地，是最重要的资金来源地，形成中国对其他成员国的逆差以及人民币支付的需要。如果人民币债券具有可兑换性，人民币就能更好地发挥清迈倡议多边化机制作用，维护成员国金融稳定，促进各自经济发展。

综上，海南自由贸易港金融开放试验的基本路径应是在过去十多年所创的人民币国际化经验基础上，在防范金融风险的同时，以金融产品创新为抓手，逐步实现资本项目可兑换，进而推进人民币全面可兑换的目标。

第五章

提升国家资产负债表可持续能力

一、资产负债表可持续能力研究的缘起

以资产负债表衰退为代表的国际金融危机，以及此后以经济低迷为标志的世界经济新常态，在相继冲击中国经济的同时，也在理论上震撼了中国经济学界。

经济会有周期性的波动，这为长期以来的经验事实所证明。但是人们通常会把周期视为生产过剩的定期发作，并以固定资产投资更新周期为起始。周期形成的原因是在市场经济条件下，现代工业化生产的无限扩大化趋势与社会有支付能力的需求相对缩小的矛盾，即由市场的扩展赶不上生产的扩张所致。这种生产过剩周而复始带来经济危机，并使企业、金融机构以及家庭的资产负债率出现维持困难，甚至发生严重的衰退，导致整个经济陷入"流动性陷阱"。通常认为，这一对现金极度渴求的"流动性陷阱"，尽管是一种资产负债表衰退的表现，但毕竟是生产过剩经济危机产生的后果，不会成为孤立的事件而独立存在。正是在这一逻辑下，一旦经济陷入"流动性陷阱"，可以不再局限于利率效应而采用加大货币供应量的办法，使经济脱离"流动性陷阱"，从而使这种数量型货币政策操作成为从属于旨在提高"有效需求"的手段，尽管其效果是解除了去杠杆的压力。然而，如前所述，在现代市场经济条件下，总需求的扩张与资产负债表的扩张是同向变动的，以"反周期"为目标的持续刺激总需求扩张的货币政策，必然导致企业和家庭的资产负债率持续升高，从而孕育资产负债表衰退风险。由此，快速去杠杆导致的资产负债表衰退就不再仅作为经济危机的后果存在，而是成为一个独立的过程，开始有自己的成因并导致特定的结果，形成自身的周期，即杠杆的伸缩周期。由于金融机构是用杠杆经营的，从而当这一杠杆的伸缩周期特别

明显地反映在金融活动上时，则这一周期被称为"金融周期"。金融周期需要专门的系统性政策安排予以应对，形成逆金融周期亦即逆资产负债表衰退周期调节的宏观审慎管理政策体系。过去对这一宏观审慎管理的有意无意忽略是造成英国女王发问的原因，也正如英国皇家学会在给女王的回信中所坦承的，"未能将系统性风险看作一个整体，成为人们一厢情愿和傲慢自大的一个最佳例证"。

笔者是中国经济学界最早从事中国资产负债表能力可持续性研究的研究者之一。在 2007 年夏秋之际，美国次级贷款大规模违约事件开始发酵。因在国际金融市场一线长期从事研究工作，有关方面要求笔者提供一份全面评价分析这一事件的报告，笔者如期完成了。除提交有关方面参考外，此文后来发表在 2007 年 12 月国内核心期刊《国际金融研究》上。专家的评审意见认为该文详细剖析了次贷产品特性及危机形成机制，并对危机的后果做出了预测，因此入选该刊年度优秀论文。然而，令人十分汗颜的是，这项研究尽管描述了次贷危机的形成机制，但因认为次贷是孤立的金融产品而忽视了整个金融市场的连通性，并由此失去了对整体经济系统的一种宏观把握，认为次贷危机只是一场局部危机，而不会影响全局。为了使读者更清晰地了解当时对经济学的所思所想，笔者将这篇论文做了以下摘录，以供反思：

> 与次级债联系在一起的金融衍生品交易，其基础资产是住房抵押贷款的收益权，其风险状态取决于住房抵押贷款的风险状态。一旦住房抵押贷款市场出现违约率上升，整个链条就会产生问题。不幸的是，自 2005 年以来，美国住房抵押贷款违约率开始上升。截至 2007 年第一季度，次级债的违约率上升了约 2 个百分点，次级债风波便由此而发作。好在 8 月 10 日问题刚一露头，包括美联储、欧洲央行、日本央行在内的各国货币当局紧急向市场注入流动性，稳住债务链条，维护正常支付秩序，避免次级债风波波及整个金融市场。

> 至此，人们要问，这次次级债问题的范围有多大？各国货币当局的措施有效吗？下一步的发展趋势如何？如果上述分析成立，至少可以得到以下几点判断：

> （1）虽然次级住房抵押贷款与商业银行有关，但次级债却与商业银行业务无直接关系。因为商业银行住房抵押贷款的收益权已经出售，它只与住房抵押贷款支持证券的发行者和投资者有关。

（2）在住房抵押贷款支持证券市场上，住房抵押贷款支持证券中的主体债目前的违约率不高，尚未出现大的问题，违约主要发生在以次级住房抵押贷款为基础资产的次级债上，因次级债的占比较小，相应地，在一般理性投资者的投资组合中所占的比重也较小。同时一般理性投资者的投资组合中信用等级较高的次级债应占较大比重，这部分次级债尚属稳定。目前出现问题的主要是那些专注于次级债衍生品的对冲基金，例如澳大利亚阿尔法基金等，换言之，这些基金的发行者和投资者将损失惨重。

（3）次级债的最大风险在于通过对冲基金的衍生品杠杆操作使得风险敞口增大，在流动性紧缺情况下通过债务链条传导而引起金融市场波动。各国货币当局及时对金融市场进行了大规模的流动性补充，维护了支付秩序，稳定了市场环境。目前看来，至少短期内不太可能爆发金融危机。

由上可见，既然次级债与商业银行业务无直接关系，那么，在各国货币当局不提高利率乃至降低利率，以及大规模补充流动性的情况下，次级债向其他方面的传导渠道也被封闭。次级债的问题在目前已被基本孤立，不太可能引发连锁反应。如果说是危机，也只是产品危机。

那么作为相对孤立事件的次级债，其发展趋势怎样？

首先，这与次级债本身的性质有关。根据惠誉的研究，次级债违约一般发生在债务期的第7个月，在第28～42个月达到高峰，随之下降，在第120个月大概结束。美国住房抵押贷款次级债产品是在20世纪90年代中期开始大规模出现的，2001年后加速发展，2004年后呈现出高潮。如果惠誉的研究正确，那么20世纪90年代发行的次级债违约风险已经结束，2001年左右发行的次级债违约风险高峰期已过，目前违约风险主要集中于近几年发行的次级债。但需要指出的是，为了吸引客户，近几年美国的住房抵押贷款采用了利率累进的办法，即前几年（一般为5年）贷款利率低，还款负担相对轻，后半段贷款利率陡然升高，还款压力急剧增大。因此，市场估计，2007年10月是还款压力较大的时期，一旦过了2007年，情况将有所缓解。

其次，这与美国经济景气周期中的宏观经济政策有关。自2001年底起，美国经济增长加快，开始了新一轮宏观经济景气周期。随着经济增长，美国的通货膨胀压力也开始抬头。为了防止经济过热，美联储曾16次提高基准利率，而基准利率的提高相应地推高了住房抵押贷款利率，加大了借款人的偿付成本，使一些低收入者逐渐出现还款困难。特别是在住房价格上涨赶不上利率上涨的地区，出现了虽有还款能力但不还款的"自愿性"违约。上述因素都导致了违约率上升。据统计，自 1998 年以来，次级住房抵押贷款的违约率一般高于优质贷款 10 个百分点左右，其平均水平为 12%。次级住房抵押贷款违约率最高水平出现在 2001 年经济衰退时期，达到 15% 左右。截止到 2007 年第一季度，该违约率已近 14%，而浮动利率次级住房抵押贷款的违约率则接近 16%。

在经济景气时，违约率上升引起货币当局的警惕。正是有鉴于此，美联储在补充流动性的同时调低了再贴现率，这相应地减轻了借款人的利息负担，有利于控制甚至降低违约率。市场预计，不仅美联储的加息通道已经结束，而且其他发达国家不太可能加息，甚至不排除降息的可能性。

最后，这与美国经济基本面因素有关。自 20 世纪 90 年代以来，美国的产业结构加速升级，高技术产业发展迅速，使其产业竞争力不断改善。尽管在 21 世纪初，在资本市场上高技术泡沫破裂，但毕竟未伤其筋骨，经济增长仍然有力，预计 GDP 长期增长率仍将维持在 2%～2.5%。特别是目前美国还处于经济周期的上升阶段。与此相关，美国失业率不断下降，2007 年仅为 4.6% 左右，工资增长较快，居民收入也保持着增长势头。而这一态势直接导致了住房市场的扩大，住房价格虽然下滑，但市场仍然乐观。由于经济依然景气，住房市场还在扩大中，加上失业率不高和居民预期收入提高，住房抵押贷款的还款能力总体上未受到伤害，预计违约率不会大幅攀升。从这个意义上讲，目前次级债风波不会大幅蔓延至整个金融市场。事实上，正是由于这样的看法，市场上的一些投资者还打算利用此次风波，趁机逢低买入次级债，以谋长期获利。

由上，可以认为，目前美国次级债的问题主要集中在 2004 年后的住房抵押贷款违约风险上，而美联储降息缓解了借款人的利息负担，有助于降低借款人的违约风险。与此同时，美国经济表现尚好，这一方面意味着居民收入能力进而还款能力不受伤害，另一方面意味着住房市场的稳定，预计住房价格不会大幅下滑。而这也有助于稳定持有住房的借款人，尤其是投资性质的借款人的还款预期。从长期看，美国次级债仍然具有相当大的投资价值。

一年后，由次贷危机演变而成的全面金融危机不期而至，但笔者对它的传染速度及传播规模仍心存侥幸。2009年8月底，笔者应邀到旨在培养央企高管的中国大连高级经理学院授课，分析世界经济形势，重点讨论了这场国际金融危机。在座听课的大多是国有金融机构的高管，课堂氛围热烈。讨论虽然透出忧虑，但基本上是隔岸观火式的忧虑，认为金融危机不会严重波及中国经济金融。然而，当天晚上，笔者刚回到北京，就听到了自己所服务的中国银行海外资产风险敞口持续扩大，需要采取措施紧急止损的消息。这时，笔者才深刻体会到什么叫"环球同此凉热"。坦率地说，由次贷危机到全面金融危机，由美国金融问题演变成全球性的灾难，对这一过程严重性的估计不足是笔者学术生涯中的重大遗憾，至今提起，依然追悔莫及。

正是由于2008年国际金融危机的教训使人们刻骨铭心，笔者深刻认识到资产负债表衰退危机是不同于传统经济危机的另类危机，并对经济社会危害极大，为了避免此类危机的重演，必须了解资产负债表衰退危机的机理、传导及应对的紧迫性。为此，构建国家资产负债表就成为一项基础性的工作，以此打造一项既具有望远镜功能又具有显微镜功能的经济分析工具。这一经济分析工具是借助财务会计常用的资产负债表概念，对社会各部门的资产负债分门别类、分别编表，在此基础上进行合并，形成统一的国家资产负债表。如前所述，这些分别编表的部门有四个，即政府、非金融企业、金融企业和家庭。如果加上国际收支，则共有五张资产负债表。在编表的基础上，分析它们之间的相互关系及其发展趋势，就是国家资产负债表可持续能力研究。2008年全国有三个团队最早从事这项研究，一是由笔者牵头的中国银行研究团队，二是由马骏牵头的复旦大学研究团队，三是由李扬牵头的中国社会科学院研究团队。这三个研究团队分别投入了大量的研究资源进行数据采集、报表编制及趋势分析。其研究区别在于：前两个研究团队所界定的资产范围是狭义的，是有现实价格的资产，因此可交易、可变现，不仅具有金融上流动性的意义，而且可以作为现实经济中的宏观调控手段，后一个研究团队所界定的资产范围是广义的。除上述资产之外，还包括山川河流、地下资源等尚不具备价格，从而不可变现的资产。这种编表方法的好处在于包括所有资产，明晰了家底。从方法论上看，还具有延展性，使资产负债表编制可延伸到生态、气候、外层空间等人类经济活动所涉及的各个领域，从而覆盖经济发展的未来可能性。但与此同时，因不强调变现性，从而作为宏观调控的手段相对薄弱。正是由于前两个研究团队的资产负债表研究范围相近，在博源基金会的协调组织下，分别从流量和存量的角度对中国国家资产负债表进行测算和研究。由笔者牵头的中国银行研究团队，负责从流量角度编表，由马骏牵头的复旦大学研究团队，负责从存量角度编表。需要说明的是，在经济学界，对同一个问题从不同角度进行分析研究还是比较少见的。之所以这样组织研究，是因为从流量角度编表具有时间的连续性，可以看到趋势。与此同时，这种流量方法虽具有望远镜的功能，但却因包括资产价格在内的价格变动等因素而看不清共时性结构。相反，从存量角度编表，因含有价格变动而不连续，虽不能望远，但可以显微，有助于分析当年社会各部门资产负债表的变动及相互影响。如果这两种编表结果相互对比、相互校验，则兼备望远与显微功能，因而可同时窥见中国国家资产负债表的全貌。

经过将近一年的紧张工作，两个研究团体独立编制出 2012 年中国国家资产负债表。这是自中国统计方法及指标改为国民经济账户以来的第一份包含四部门资产负债的统一资产负债表。经过相互对比，可以看到，双方得出的结论基本相同：从趋势看，中国各部门的杠杆率是持续升高的。从结构看，中国家庭部门的资产负债表可持续能力最好，次之是中国政府。中央政府的资产负债表可持续能力较强，相形之下，地方政府较差，突出表现在地方政府对融资平台的或有债务上。与此同时，中国企业的资产负债表可持续能力是最弱的，其杠杆率位于世界前列。从问题看，中国国家资产负债表可持续能力的最大隐患是"未富先老"，即人均收入尚未达到发达国家的平均水平，人口老龄化程度已堪比甚至超越发达国家，形成了国民财富积累尚不足与养老负担持续加重之间的矛盾。从长期看，"未富先老"意味着中国国家资产负债表的脆弱性会与日俱增。反映在时间表上，中国国家资产负债表可持续能力的转折指向 2035 年左右。根据 2012 年的测算，按当时的养老金给付水平，2035 年养老金体系的资产负债缺口将会达 18.3 万亿元，占整个 GDP 的比重接近 10%。从这个角度来看，2035 年之前，利用国家资产负债表可持续能力尚足的时机，中国经济建设应趋势而上加大投资，加快发展，在基本实现现代化的同时，为此后养老金缺口弥补"攒下家底"。值得高兴的是，我们关于国家资产负债表可持续能力的研究受到决策层的关注。党的十八届三中全会通过的《中共中央关于全面深化改革若干重大问题的决定》特别指出要"加快建立国家统一的经济核算制度，编制全国和地方资产负债表"，并进一步提出了"探索编制自然资源资产负债表"的要求。国家资产负债表可持续性由此登堂入室，成为经济体制改革与经济社会建设的重要依据。

二、国家资产负债表的编制①

2008 年金融危机及后续问题均源自国家资产负债表的不牢固，不牢固表现为结构错配、货币错配和期限错配。在经济全球化的条件下，各国资产负债表具有高度的关联性，于是危机相互传染。危机根源在于以美元为中心的国际货币体系。要高度关注国家资产负债表所揭示的风险，提升国家资产负债表可持续能力。

（一） 国际上对国家资产负债表的研究

"国家资产负债表"（national balance sheet）是将一个经济体视为与企业类似的实体，将该经济体中所有经济部门的资产（有形的和无形的）以及负债分别加总，得到反映该经济体总量（存量）的报表。其中，各经济部门的资产负债表为"部门资产负债表"（sector balance sheet）。不少国家的政府非常关注其中的"政府资产负债表"和"公共部门资产负债表"，用来判断政府和公共部门的净资产状况，协助制定可持续的财政政策。

2010 年初，政府债务危机开始在欧元区蔓延，希腊、爱尔兰、西班牙、葡萄牙、意大利等国纷纷沦陷。在陆续推出两轮量化宽松政策后，美国的政府债务风险也开始抬头，联邦政府债务占 GDP 的比重从 2007 年的 63.7％激增至 2011 年的 101％，总额高达 14.79 万亿美元，不仅财政再融资相当困难，而且引起了国会上的辩论。进入 2012 年，欧洲主权债务危机愈演愈烈，全球金融市场随之动荡，世界经济和金融稳定笼罩在危机的巨大阴影之下。政府债务及与之相关的包括居民和企业在内的国家资产负债表可持续性问题浮出水面，而这又是传统经济学很少涉及的问题，于是争论不休。它警醒世人必须高度关注国家资产负债表的可持续性。

从资产负债的角度来看，此次金融危机及后续问题均源自不牢固的国家资产负债表。所谓国家资产负债表，是指包括政府、家庭、非金融企业、金融企业等所有经济部门在内的资产负债信息。它反映了整个国民经济在某一特定时点上的

---

① 曹远征，马骏. 警惕国家资产负债表揭示的风险. 财经，2012（15）：64-69.

资产和负债的总量规模、分布、结构和国民财富及总体经济实力的状况和水平。国家资产负债表不牢固表现为结构错配、货币错配和期限错配。

首先是结构错配。在这次百年不遇的金融危机中，家庭、金融企业和政府三大部门都出现了不同程度的结构错配，并且这种错配还在部门之间相互传染。以美国为例，在家庭部门"寅吃卯粮"式的负债消费模式下，住房抵押贷款和消费信贷不断提升，其资产负债结构严重失衡。随着房价泡沫破裂和次贷危机发生，家庭开始降低消费，修复自身的资产负债结构。而金融企业为降低自身的杠杆率也开始收缩信贷。二者共同作用导致实体经济受到严重冲击，经济出现衰退。政府为应对衰退，通过一系列的经济刺激计划，扩大政府投资，提高杠杆水平，这就使得结构错配传染到政府部门，放大了政府债务风险。私人部门的债务危机最终演变为政府债务危机。

其次是货币错配。典型表现就是资金来源与使用的币种不一致。国内金融企业以外币借入资金，却以本币形式投放国内，甚至还出现国内企业以外币为其国内业务融资，家庭以外币进行存款等现象。在此次金融危机中，以波罗的海三国为代表的中东欧所谓"里加流感"充分说明了货币错配对经济的伤害。以拉脱维亚为例，该国曾是东欧经济明星，经济增长一度长期维持在9％左右，被视为经济转轨的典型。但是由于在经济转轨中金融体系几乎全部为外资所取代，国内的金融活动几乎全部以外币进行，货币严重错配。而在金融危机中，外资银行为帮助母行脱离困境，抽回资金，使这些明星国家迅速陷入困境。金融危机的外部冲击导致了国内金融与经济的全面危机。

最后是期限错配。在此次金融危机中，新兴国家难以独善其身，受伤程度与包括家庭在内的外债期限错配程度相关。那些短期外债占比较高的国家极易因国际流动性不足而出现清偿能力不足。当债权人得知该国缺乏足够的清偿能力时，就有可能发起抛售冲击，最终沿着"期限错配—流动性不足—融资受限—抛售冲击—危机爆发"的链条，使金融危机进一步深化，发展成为货币危机。

由上，此次金融危机的导火索是次贷，使金融企业资产负债表的千里大堤溃于"蚁穴"。而金融企业的资产负债表衰退，不仅使私人部门的资产负债表出现危机，而且在经济全球化的条件下，因为各国的资产负债表具有高度的关联性，于是危机相互传染并相互激荡。恰如多米诺骨牌，各国接连倒下，全球经济出现严重衰退。为防止危机的进一步蔓延和深化，各国政府一致采取抢救性的财政、货币扩张政策。结果是，政府债务负担加重，使政府的资产负债表难以为继。国家资产负债表的问题导致金融危机，金融危机又使国家资产负债表难以持续。这种进退维谷、左右为难的局面凸显了建立代际可持续的健康的国家资产负债表的必要性和重要性，其中管理国家资产负债的能力建设至关重要。

（二） 研究中国国家资产负债表的意义

我们当时认为，结合中国的实际情况，深入研究中国的国家资产负债表至少存在以下几个方面的重要政策意义：

（1）摸清国家的家底，提高"国家财富"管理的透明度。有了国家资产负债表，就可以了解国家和各个部门的资产、负债和净资产情况。如果有国家净资产的公开数据，就可以判断国家的"富裕程度"及其变化趋势。政府对出现负（净）资产的部门应予以重点关注，及时采取措施防止风险扩大和扩散。资产负债表将同时帮助政府了解哪些部门有可出售或划拨的（正）净资产，在适当的时候可以用来解决其他部门的负（净）资产问题。

（2）将中短期经济政策的长期成本显性化。许多政策可以带来短期利益，可以刺激经济和缓解社会压力（"花钱买稳定"），但却导致了当前难以识别的长期成本。由于目前缺乏分析工具和公开的信息渠道，这些长期成本有多大、应该由谁买单、何时发生等关键问题均不得而知，在事实上鼓励和纵容了政府的许多短期行为。这类短视政策主要包括：1）地方融资平台的过度举债；2）政府对养老金替代率的过度承诺将导致的财政成本；3）环境污染导致的长期财政成本。在国家资产负债表的基础上，我们建立的"政府显性债务的可持续模型"可以通过分析这些政策对今后政府中长期债务的影响，来反映政策的长期成本。

（3）将结构性因素变化导致的长期成本显性化。例如，人口快速老龄化和劳动力人口快速下降是中国今后政府债务可持续性面临的最大挑战。在国家资产负债表基础上建立的"政府显性债务的可持续模型"也可以用来预测这些因素导致的养老金缺口、对财政的压力规模及其将发生的时点。

（4）帮助规划国有企业和养老金体系的配套改革。许多重大改革将涉及部门间资产和负债的重新配置。比如，我们需要清晰地了解养老金体系的未来缺口的大小和发生时点，才能判断在何时需要将多大规模的国有资产划拨到社保系统。

同时，只有摸清国有企业资产、负债、净资产和上市股份的"家底"和隶属关系，才能规划国有企业下一步的"资本化"改革。

（5）帮助规划地方融资平台问题的解决方案、提高地方财政透明度。地方财政在今后几年内面临的主要挑战是地方融资平台的不良债务。综合的解决方案必然要考虑各种具体措施，如从地方资产的存量中拿出一部分来变现、增加地方政府直接发债及中央转移支付等。规划这些措施的前提是编制地方政府的资产负债表，"盘点"每个有平台的地方政府有多少资产，哪些是目前可以变现的（如上市企业股份），哪些是未来通过金融操作（如证券化）可以变现的，哪些地方政府有支付能力因而可以发更多的地方债来为平台提供再融资，等等。

（6）帮助判断人民币国际化和资本项目开放对中国对外资产负债表的影响。通过对中国对外投资头寸表（即对外资产负债表）的分析，可以识别出中国目前对外资产负债结构的一些缺陷，如对外资产的收益率过低、对外支付的收益较高、货币错配导致的风险较高等。比较已经实现本币国际化的其他国家的对外资产负债表，可以预测人民币国际化将能明显改善中国对外资产负债结构。另一个亟须判断的问题，即中国资本项目开放是否会导致大规模的资本净流入或净流出，从而导致国内金融市场、汇率和实体经济受到冲击，也可以在基于对外资产负债表的研究框架中得到有用的分析结果。

（三） 对中国国家资产负债表的估算

"国家资产负债表"并非一个新的经济概念，在一些国家它已经成为国民经济核算体系的重要组成部分。20 世纪 60 年代，以研究金融结构和金融发展著称的美国经济学家、耶鲁大学教授雷蒙德·戈德史密斯即开始研究国家资产负债表。70—80 年代，英国、美国、加拿大、瑞典、澳大利亚、捷克斯洛伐克等国的经济学家开始编制本国的国家资产负债表。目前部分发达国家的官方统计部门定期公布本国的国家资产负债表，如加拿大和英国。

目前，我国各个部门——财政部、中央银行、企业、商业银行和其他金融机构等——分别编制各自的资产负债表。国家统计局国民经济核算司编著的《中国资产负债表编制方法》（2007）以《中国国民经济核算体系（2002）》中对资产负债核算新的修订为依据，阐述了资产负债核算及其指标、资产负债表及其编制方法等内容。该书对国家资产负债核算的基本概念、国家资产负债核算原则、国家资产负债表等式结构、国家资产负债表基本编制方法、国家资产估价方法等进行了讨论，并对非金融企业部门、金融企业部门、政府部门、家庭部门和国外部门资产负债表的编制方法和并表方法进行了讨论，还编制了中央政府和若干地方政府 2004 年和之前的一些资产负债表。除此之外，还有一些学者从概念和方法的层面对中国国家资产负债表进行讨论。

尽管我国在研究国家资产负债表方面有了显著的进展，但是我国国家资产负债表的编制和研究还存在着不足：第一，虽然有方法的讨论，但多数研究没有实际编制和定期发表结果；第二，国家统计局在 2007 年曾发表 2004 年和之前中央政府和地方政府的资产负债表，但这项工作此后没有继续下去；第三，多数研究还主要停留在统计方法和数据层面，缺乏对政策含义的分析；第四，各部门的资产负债表尚无法反映隐性和或有负债，因此缺乏前瞻性的判断力。

研究国家资产负债表所衍生出来的一个重要问题，那就是如何管理国有资产以应对国家将面临的短期、中期和长期偿债需求。这些债务有些是显性的，更多的是隐性的和或有的。从国内来看，这些隐性的和或有的债务至少包括：（1）养老金空账的巨大缺口；（2）人口老龄化带来的养老、医疗支出的上升；（3）地方融资平台的债务；（4）几十年来对环境破坏的治理成本。

这些债务基本上都无法用今后当年的财政收入来支付，因为财政收入必须主要用于支持现有的社会服务和基础设施的投资和维护，因此，只有通过管理现有的国有资产的存量，才能在需要时变现这些存量，保证国家不对老百姓违约或避免财政陷入巨大的赤字。

需要研究的问题是：（1）中国今后国有资产需要用来应对多大的国家债务；（2）是否应该和如何将部分国有资产划拨到社保系统，此后如何管理和分配这些国有资产；（3）是否应该尽可能利用上市等手段使国有资产处于随时可变现的状态；（4）如何使国有资产保持升值；（5）是否应该和如何将国有资产纳入统一的大财政的国家预算，提高透明度。

中国国家资产负债表的编制方法是基本依据国家统计局已经定义并规范的分类框架，分别采用推测法和估值法，并相互校正，以保证分析结果和政策建议的可靠性。所谓推测法，是将国家统计局已发布的数据作为存量基础，加上每年的流量变化，逐年累计。这种方法的优点在于会出现国家资产负债表的时间序列，从而能够反映趋势变化，但缺陷在于不能将价格尤其是资产价格变动因素完全纳入其中。当年的国家资产负债表会与实际情况存在误差。所谓估值法，则是在充分考虑价格尤其是资产价格变动因素的基础上，对资产价格逐项进行估计。这种方法的优点在于能缩小当年的国家资产负债表与实际情况之间的误差，缺陷在于历年国家资产负债表有可能波动过大。总的结论是，我国政府部门的债务负担正处于显著上升态势，应该警惕政府债务负担进一步严重化，目前就应从远处着眼、从近处着手制定相应的战略性对策。

为了方便叙述，我们以在理论上与实际情况存在较小误差的估值法为例。

从我们以估值法编制的国家资产负债表中可以看到，2010 年（均指年底，下同）国家总资产为 358 万亿元，而 2002 年时仅为 95 万亿元。其中，非金融资产从 2002 年的 45 万亿元上升到 2010 年的 151 万亿元，金融资产从 2002 年的 50 万亿元上升到 2010 年的 207 万亿元。2010 年，国家总负债为 156 万亿元，而 2002 年时仅为 42 万亿元。在 2002—2010 年间，国家资产负债率在 36％和 45％之间波动，并呈现波浪形变化趋势。造成这一现象的主要原因是股票市值大幅波动，使得金融资产相对于非金融资产和金融负债出现了不均衡的增长或下跌。

2010 年，中国国家净资产（财富）为 202 万亿元，净金融资产为 51 万亿元。但净金融资产波动较大，2002 年仅为 9 万亿元，然后持续上升到 2007 年的 52 万亿元，2008 年又急剧下跌至 30 万亿元，最后又上升到 2010 年的 51 万亿元。家庭的净资产和净金融资产均是最高的，2010 年分别为 123 万亿元和 37 万亿元，而且变化趋势是最平稳的。企业的净资产相对较高，仅次于家庭，但其净金融资产波动较为剧烈。中央政府和地方政府的净资产也在持续上升，中央政府的净金融资产在 2006 年转为正数，2010 年接近 6.6 万亿元，而地方政府的净金融资产却一直为负数，2010 年约为－6.8 万亿元。

在界定政府狭义债务（包括国债和四大资产管理公司债务）和政府广义债务（还包括地方、铁路债务）的基础上，我们推算出 2010 年的政府狭义负债率为 20.1％，而政府广义负债率则高达 51.5％。我们进一步发现，政府狭义负债率在 2003 年达到 28.2％的高点后出现了下降趋势，尤其是 2008 年以来稳定在 21％左右，并且在 2010 年出现了些许下降。政府广义负债率自 2002 年以来始终在 40％以上，而且从 2009 年开始急剧上升。政府广义负债率从 2008 年的 41.6％上升到 2010 年的 51.5％，突然上升 10 个百分点左右。

结论是：政府债务负担已经显著上升，并似乎处于上升态势，政府债务负担的进一步恶化需要高度关注。

（四）　一个新的宏观调控体系的建设

经济政策有长短之分：短期的目标是通过宏观调控实现经济的稳定；长期的目标则是着眼于长期经济增长、财政政策的可持续和经济结构的优化。从长期着眼来调控短期宏观经济，从而实现长短期的动态平衡是经济政策所要追求的方向。

国家资产负债表恰恰是可以连接长期和短期的最有效工具。它揭示了部门间资产负债表之间的内在联系，从而可以考察财政、金融风险在不同部门乃至国家之间的传导途径。

部门间资产负债可能发生转化。从部门间资产负债相互转化的角度来看，存在着"家庭→政府""非金融企业→金融企业→政府"的传导链条。首先，家庭部门资产负债情况的变化，特别是随着人口老龄化到来引起家庭部门储蓄率下降、负债率上升，意味着原有的家庭养老模式可能无法支撑日益增多的老年人口，从而需要向社会养老模式转变，进而增加政府对社会养老支出、医疗保险支出等隐性债务负担，家庭部门负债率的上升将直接导致政府部门负债率的上升。其次，家庭、企业部门的结构错配以及国外部门的货币错配将导致金融机构（银行或中央银行）的错配，进而演变为政府债务。例如，通过房地产价格变动对住房抵押贷款质量产生影响，家庭部门的家庭错配传导至银行部门；企业部门资金的周转困难和流动性紧张局面将使银行不良贷款上升，进而导致银行部门结构错配；国外部门在外币方面的期限错配会导致展期风险，而本国经济部门中以外币计值的资产和负债不匹配可能导致资本流动的逆转，从而导致中央银行储备资产的损失（这在新兴市场货币危机中尤为普遍）。当政府为解决银行的结构错配或货币错配而对银行进行国有化时，也意味着政府支出的大幅上升，潜藏着银行债务危机向政府债务危机转化的风险。

国家资产负债表管理将对宏观经济、社会政治产生影响。从国家资产负债表管理的角度出发，我们对政府债务的考察就不能仅看政府本身，而应将家庭、企业、金融企业、国外部门等所有经济部门纳入一个统一的框架来加以考虑。理解这一点对宏观经济管理乃至社会政治体制具有深刻的意义。例如，人口再生产模式从传统型（高出生率-高死亡率）向现代型（低出生率-低死亡率）转变，人口老龄化成为人类社会发展的常态时，将对宏观经济、社会、文化与政治领域产生深远的影响。在经济领域，人口老龄化会对储蓄、税收、投资与消费、社会福利体系、劳动力市场和产业结构形成冲击；在社会层面，人口老龄化将对卫生与医疗保障体系提出新的要求，并影响家庭结构、代际关系、住房与迁徙等；在文化与政治方面，人口老龄化不仅会改变人们的传统观念和生活方式，而且将直接或间接影响不同社会群体之间的关系甚至政治力量格局。因此，作为应对人口老龄化的公共政策不仅涉及宏观经济领域的各项措施，还涉及社会、文化与政治领域的变革，从而不仅对家庭部门产生深刻影响，还将影响企业投资行为、银行资产负债结构乃至政府债务水平。

由上，要实现国家资产负债表的持续管理，第一步要弄清楚以下问题：各经济部门的负债（包括隐性的、或有的）有哪些？规模有多大？每个部门拥有哪些资产？规模有多大？能不能覆盖自身的债务？为此，需要建立一个符合我国国情的、能全面反映各经济部门信息的、具有连续性的国家资产负债表。

通过国家资产负债表，可以监测某一时点上各经济部门详细的资产负债情况，评估每个部门的偿债能力、举债筹资能力，并且发现各部门之间是否存在结构错配、货币错配以及期限错配，了解国家内部经济运行情况及在对外经济关系中所处的债权或债务地位，发挥"显微镜"式的监测功能。不仅如此，还可以在资产负债表存量基础上引入流量冲击（例如地方融资平台偿债要求、人口老龄化可能造成的额外财政负担），估算出未来的政府负债规模变化趋势，找出负债超过资产承受范围的临界点，从而揭示未来可能存在的风险点及其规模，发挥"望远镜"式的预测功能。

目前，世界经济仍处于动荡之中，以结构调整为中心的全球经济再平衡正在进行，中国难以独善其身。与此同时，与过去 40 多年相比，中国经济的内部增长条件也正在发生变化。通过观测未来风险来制定今日之政策，通过国家资产负债表的可持续性来保证经济社会发展的可持续性日显重要。因此，有必要将国家资产负债表及其管理能力纳入我国宏观调控体系建设，把宏观审慎管理放在坚实的基础之上。

三、社会保障体制建设与国有企业改革①

（一） 中央政府直接隐性债务： 养老金缺口

我国从 1997 年开始实行社会统筹账户和个人账户相结合（即"统账结合"）的部分积累制的养老保险制度。但由于养老金支付规模远远大于养老金积累规模，个人账户尚未做实，养老保险基金缺口日益增大，形成政府对养老保险的隐性债务。

国家统计局发布的《中华人民共和国 2011 年国民经济和社会发展统计公报》显示，2011 年年末全国（不包括港澳台地区）60 岁及以上老年人口已达 1.849 9 亿，占总人口的比重达 13.7%。人口老龄化将带来一系列人口和社会经济问题，对社会养老保险制度的运行形成巨大的挑战和压力。

第一，老年抚养比（即每百名劳动年龄人口负担的 65 岁以上老年人口数量）大幅提高。第六次全国人口普查数据显示，我国老年抚养比呈现先缓慢下降后逐步上升的趋势，2011 年末已上升至 12.23%。有关部门测算，2015 年中国劳动人口将开始下降，2035 年 65 岁以上人口约有 2.9 亿，劳动年龄人口约有 8.1 亿，减去接受高等教育、失业和低收入劳动人口，将出现不足 2 个纳税人供养 1 个养老金领取者的局面。

第二，养老保险支出大幅增加。由于人口老龄化的影响，退休人员数量越来越多，退休人员领取退休金的时间越来越长，导致国家的养老保险支出越来越庞大。1989—2010 年，全国基本养老保险支出总额逐年攀升，1989 年总支出为 118.8 亿元，1996 年突破 1 000 亿元，2000 年突破 2 000 亿元，2003 年突破 3 000 亿元，2010 年已达到 9 429 亿元。基本养老保险支出总额的增速不断加快，占当年 GDP 的比例也逐年递增，1989 年仅为 0.7%，1990 年突破 1%，1999 年突破 2%，2010 年已达 2.35%。

参加城镇基本养老保险的居民依法领取养老金的权益是国家财政的必然支出，本质上是国家的一项负债。由于这种负债不像国债那样有明确的数额，在习

---

① 源自名为《重塑国家资产负债能力》的研究报告，课题组成员有：曹远征，钟红，廖淑萍，叶蓁。

惯上称其为隐性负债。由于我国从 1997 年开始从现收现付的养老保险制度向社会统筹和个人账户相结合的部分积累制的养老保险制度转变，国家需要向一部分实际上是空账的个人账户支付养老金，形成了转轨成本。此前的许多相关研究对隐性负债、转轨成本的定义不同，用法无统一标准，鉴于这种情况，此处将国家养老保险负债定义为养老金权益净责任（net pension benefit obligation，NPBO），研究现行养老保险制度下未来国家养老保险负债的变化情况。

与其他资产负债表上的负债项一样，养老金权益净责任在某一时点上的规模是一个存量的概念，其数值等于居民未来领取的养老金精算现值与未来缴纳的养老金精算现值之差，注意这里已经考虑未来缴纳养老金的现金流入，因此称为净责任。居民养老金由社保基金中的养老保险基金来支付，当养老保险基金在某一时点上的累积额（fund balance，FB）小于养老金权益净责任时，就会出现养老金缺口（fund gap，FG），给国家财政带来额外负担，可用公式表示为：

$$养老金缺口＝养老保险基金累积额－养老金权益净责任$$

即

$$FG＝FB－NPBO$$

这里，养老保险基金累积额为养老保险基金从起始测算时点（取 2009 年）起，将其投资收益率累积到未来测算时点的余额。注意，这里的累积是指以投资收益率累积，并不考虑未来缴纳养老金给养老保险基金带来的增加额，因为未来缴纳的养老金精算现值已在计算养老金权益净责任时扣减。

度量缺口的关键在于对养老金权益净责任的测算，基于 2005 年发布的《关于完善企业职工基本养老保险制度的决定》，将参与养老保险的居民分为三类：2005 年以前退休的职工定义为"老人"，2005 年以前参加工作但未退休的职工定义为"中人"，2005 年以后参加工作的职工定义为"新人"。

（1）老人养老金权益净责任。由于新的养老金计发办法规定 2005 年之前退休的职工要发基础养老金和个人账户养老金，但实际上这部分人并没有缴纳个人账户养老金或者个人账户实际上被挪用于统筹账户的支付，因此在新制度下这部分责任便显性化为转轨成本。老人的养老金权益净责任为：

$$NPBO_{老人}＝统筹部分的权益＋转轨成本$$

（2）中人养老金权益净责任。中人在2005年以前参加工作时缴纳的养老金并不包含个人账户养老金或者个人账户实际上被挪用于统筹账户的支付，但新制度规定这部分权益视同缴费，所以也形成了转轨成本。另外，中人在未来还会缴纳养老金，所以计算时还要将未来缴纳的养老金精算现值考虑进来。中人的养老金权益净责任为：

$$NPBO_{中人}＝统筹部分的权益＋转轨成本－养老金收入现值$$

（3）新人养老金权益净责任。新人由于在2005年以后参加工作，个人账户养老金完全由个人缴纳，不构成国家财政的责任，国家财政只需要支付统筹部分的权益。新人的养老金权益净责任为：

$$NPBO_{新人}＝统筹部分的权益－养老金收入现值$$

养老金权益净责任的总和为：

$$NPBO＝NPBO_{老人}＋NPBO_{中人}＋NPBO_{新人}$$

需要注意的是涉及的现值计算均为精算现值，即考虑了死亡率的贴现方法。

1. 假设条件

（1）精算假设。过去几十年来由于生活条件的改善，人的平均寿命在逐渐提高，但考虑到随着逐渐接近人类先天决定的极限寿命，未来几十年内死亡率应该不会有太大变化，故选用2000—2003年的寿险业生命表并假设其在未来数十年内不会发生变化。贴现率是养老保险基金要求的回报率，由于社保基金大部分投资于国债，因此将10年期国债收益率作为贴现率。另外，虽然养老金的缴纳和领取都是按月执行的，但由于二者计算结果差别很小，出于简便考虑，以年度来进行计算。

（2）人口假设。第一，测算需要细化到按年龄和性别的人口数据，由于计算是基于参加城镇居民养老保险的居民，而所能得到的具体到每一岁的年龄结构数据是来自全国人口的抽样调查，因此假设二者的年龄和性别结构相同。第二，假设所有参加城镇居民养老保险的男性和女性都是20岁开始参加工作，男性于60岁退休，女性于55岁退休，且足额缴纳并领取养老金。

（3）制度假设。根据《关于完善企业职工基本养老保险制度的决定》，假设每年缴纳的养老金进入社会统筹账户的金额为前一年城镇在岗职工平均工资的

20%，从统筹账户领取的养老金占工资的比例（养老金替代率）为 20%。2005年以后缴纳且进入个人账户的养老金未来的权益由个人账户承担，不构成国家财政负担，不予考虑。2005 年以前参加工作的居民视同缴纳个人账户养老金，退休后从个人账户领取前一年城镇在岗职工平均工资的 8%。假设前十年的年工资增长率为 8%，之后的年工资增长率为 4%，养老金的调整幅度为年工资增长率乘以一定的比率，假设为 0.7。

2. 测算结果

根据我们的测算，在 2010 年，我国的养老金缺口将达到 16.48 万亿元，在目前养老保险制度不变的情况下，往后的年份缺口逐年增大。假设 GDP 年增长率为 6%，到 2033 年时养老金缺口将达到 68.2 万亿元，占当年 GDP 的 38.7%。当然，由于测算期限长，上述模型中的利率、死亡率、工资增长率等关键参数也会发生变化，影响测算结果的绝对数值。但根据情景分析的结果，如果现行养老保险制度不变，养老金缺口增大会对财政造成巨大负担这一总体趋势是确定的。

（二） 划拨国有企业股份到社保系统

用划拨国有企业股份来"倒逼"国有企业改革。我们在进行中国国家资产负债表研究时提出，应该逐步将 80% 的政府持有的上市国有企业股份划拨到社保系统，以防止养老金缺口导致长期政府债务危机。我们当时认为，在 2012 年之后的三年内，应该启动这项改革的试点，可考虑先将 25% 左右（约 3 万亿元市值）的上市国有企业股份划拨过去，取得经验之后可在更大范围内进行。我们建议及早启动国有企业股份划拨社保系统的改革。三年内可以考虑先将 20%～30% 的中央政府持有的上市国有企业股份划拨到全国社会保障基金理事会。将国有企业股份划拨给社保系统，从长期来看，可以避免日后爆发政府债务危机、提高社保系统的可持续性。这项改革的另一个重要意义是，在划拨的同时，国有企业的治理结构和机制改革也会随之启动。唯此才能保证这些企业长期保持较好的盈利增长和向股东（社保系统）提供持续稳定的分红。

这项改革虽然不属于狭义的财政改革范围，但却是防止养老金缺口导致长期政府债务危机的最重要改革。将国有企业股份划拨到社保系统后，这些股份所带来的股息红利就会成为社保系统的可持续收入来源之一，可以增加养老金体系的节余，有助于提高居民对今后养老金支付能力的信心，减少"强制性储蓄"，提升消费意愿；同时将减少国有企业的过度投资，有利于改善经济结构。从长期来看，可以避免日后爆发政府债务危机、提高社保系统的可持续性。

如前所述，在划拨的同时，必须改革国有企业的治理结构和激励机制来保证这些企业长期保持较好的盈利增长和向股东（社保系统）提供持续稳定的分红。社保系统可以考虑委托专业资产管理机构来管理这些股份，并代表大股东向企业派出董事会成员。目前由中组部任命国有大企业主要领导的体制不能继续。

另外，社保系统在接受划拨的国有企业股份之后，需要套现一些增长潜力较弱的企业的股份，然后用套现的收入投资其他更有升值潜力的企业股份或其他资产。套现的具体操作方法，除了在交易所市场上出售，还可以通过 OTC 市场定向拍卖、通过各种衍生工具（比如可转换债券）来实施转让。另外，还可以考虑以 ETF（类似于香港的盈富基金）的形式将持有的部分国有资产打包挂牌上市，以提升市场的流动性。

上述改革，将会给国有企业的治理结构和机制改革带来前所未有的动力和压力。如果国有企业的治理机制依旧，业绩便不能持续，就会面临被新股东（社保系统委托的资产管理公司）"买掉"的压力，管理层也会面临被董事会撤换的风险。即使今后三年启动的是仅仅 20% 的国有企业股份的划拨和相应的治理结构和机制改革，由于其撬动了整个国有企业体制的改革，影响也将是十分深远的。

四、城市化与地方政府债务①

自改革开放尤其是进入 21 世纪以来，中国出现了快速城市化。横向比较"金砖国家"（巴西、俄罗斯、印度、中国，简称"BRIC"），中国的城市化道路独树一帜，尤其是明显区别于巴西、印度等发展中人口大国的城市化路径。更令世界瞩目的是，这一中国特色城市化道路出色的表现堪称史无前例。以高速公路为例，中国的高速公路在 1989 年仅通车 271 公里，到 1998 年当年就新增 1 741 公里，通车总里程达 8 733 公里，居世界第六；2001 年底，通车总里程达到 1.9 万公里，跃居世界第二；十年后的 2011 年底，通车总里程达 8.5 万公里，跃居

---

① 源自黄镝著、2015 年由格致出版社出版的《中央与地方事权分配机制：历史、现状及法治化路径》一书中笔者撰写的总序。

世界第一；2012 年底，通车总里程达 9.56 万公里，超过 10 万公里已经没有任何悬念。

同样的现象也发生在铁路、城市道路与桥梁、机场、水电煤、电信、仓储等基础设施上，更体现在设计前卫、体量庞大的城市建筑中，如超高大楼、星级酒店、城市综合体、新建住宅等，与此同时，汽车、家电等涉及居民衣食住行的设施与服务增速也十分迅猛。这些基础设施与商业、生活配套设施，支持了中国经济的快速工业化。

进入 21 世纪，中国成为"世界工厂"已是不争的事实。"中国制造"遍布世界各个角落。中国不仅成为世界第一大贸易体，而且进出口总额一度达到 GDP 的 70% 以上。这是大国以及世界经济史上前所未有的情况。

城市化和工业化的交相辉映，成功地创造了就业机会。数亿农村人口到城市就业、定居，使得用城市常住人口衡量的中国城市化率快速提高，到 2012 年已达 52.6%。快速的城市化不仅使城市的面貌日新月异，而且深刻改变着中国的社会结构，并由此影响人们的价值观和消费偏好。中国庞大的人口规模在城市化的进程中逐渐显现出消费的巨大威力，似乎 150 多年前英国商人所期望的"只要中国人每年用一顶棉织睡帽，英格兰现有工厂就会供不应求"并不遥远，幻想正在变成现实。

正是因为这种憧憬，国际学术界对中国的城市化道路以及与此相应的经济高速成长经验十分着迷，进而建构了"中国模式"。在这一模式中，通常认为发展主义政府尤其是以经济发展为取向的地方政府作用至关重要，是"中国模式"的基石。此前由于政府以经济发展为目标，其在各种政治和社会事务中均以 GDP 为检验标准，而不带其他偏好，因此这种"中性政府"是推进城市化，进而促进经济成长的关键。

至少从浅层次来看上述观察是真实的。国际经验表明，城市化不是凭空而来的，如果靠自发演化，不仅耗时过长，而且会因缺少规划而阻碍城市的进一步发展。更为严重的是，放任自流的发展极易引发诸如就业机会不足、贫民窟、社会秩序混乱等城市病，进而出现"城市漂移"（urban drifting）现象。于是，在城市发展中如何发挥政府的作用就成了一门学问，在各国的大学中普遍设有城市规划专业便是一个例证。而中国的城市化经验恰恰从一个角度映射出一个有为政府是可以防止上述城市病的。

但是，如果从深层次追究，一些疑问也会随之产生。首先，是什么原因使政府有如此巨大的热情去推动城市化而不受其他偏好的影响？其次，是什么机制保证政府在推动城市化时资源的持续供给，尤其是资金的充沛来源？最后，这种由政府推动的城市化是否可持续？显然，不弄清这些问题，就无法客观全面地把握中国城市化的全貌，进而也无法将"中国模式"理论建立在可靠的理论基础之上。

中国政府在城市化中所扮演的重要角色可追溯到 1949 年。此前，一如其他发展中国家，中国的城市化并没有政府的强力干预，呈现出自然而然的过程。新中国成立后，中国实行了类似苏联的高度集中的计划经济体制：反映在宏观方面，是用指令性计划取代竞争性价格机制来配置资源；反映在微观层面，是用行政性生产单位取代优胜劣汰的自由企业制度。从制度经济学的角度来看，在这一体制下信息是自下而上汇总的，决策即指令则是自上而下贯彻的。中央计划部门是最高甚至是唯一的决策者，地方政府仅是甚至是唯一的执行者。由此使整个经济活动，无论是人财物还是产供销均为计划所控制。需要指出的是，这一体制是一个严密的体系，为保证经济计划的顺利进行，需要在社会体制、政治体制等方面做出相应的安排。除在城市维持各种附属于行政权力的"单位"外，在农村表现为用行政权力人为地维持城乡分割。

十分明显，上述高度集中的计划经济体制的运行结果表现在财务安排上便呈现出财政主导性特征，一切经济活动皆为国家经济活动。所谓财政，是一半财、一半政。它是国家治理的基础和支柱，高度服从于国家的战略目标。新中国成立后，囿于当时的历史条件，发展工业尤其是与国防安全相关的重工业是当务之急。为了发展工业，必须扩大投资，这就要求抑制消费、动员储蓄、控制成本。而高度集中的计划经济体制及与其相适应的社会、政治体制安排恰恰可以满足这一要求。

具体来看，上述诉求的实现机制是：在农村，通过农产品的统购统销人为地压低农产品价格，抬高工业品价格，用"剪刀差"动员农村储蓄投入工业，并相应地压低工资成本；通过人民公社制度将农村人口束缚在土地上，人为地增加了人口流动的机会成本，借此不仅使低工资成本长期保持，而且相应地使工业资本积累能力可持续。在城市，通过兴办具有行政附属性的国营工厂来保证资本集中投向国家最需要的工业部门，通过票证配给制度人为地抑制消费，并通过附属于财政的国有银行垄断性安排将消费剩余不断动员成工业投资。在这种情况下，服从于国家战略目标的财政安排自然决定了财力安排顺序：先建设、后生活。集中力量发展工业，而城市发展落后则被视为发展工业必须付出的代价，城市发展成为从属性的目标。于是，当时中国的城市就呈现出这样一番景象：在马路一边是高大的厂房，在马路另一边则是"干打垒"的职工宿舍，居住条件差，生活配套设施不足，城市基础设施及公共事业严重短缺。这种现象在新兴工业基地中的典型代表是大庆，在老工业基地中的典型代表是沈阳铁西区。

高度集中的计划经济体制在带来经济发展的同时，也带来严重的弊端。一方面，在 20 世纪 70 年代末，中国的工业体系已初步形成，工业生产总值占全社会总产值的 70％以上；另一方面，城市化却严重滞后，70％以上的人口仍然是农民，二元经济分割倾向不仅在固化、深化，而且尖锐对立并有断裂之忧。用当时的话来说就是，农轻重比例严重失调，城乡差距不断扩大，国民经济走到崩溃的边缘，其根源在于"斯大林模式"，即高度集中的计划经济体制决策失误，浪费严重，效率低下。也正是由于这个原因，改革成为历史的必然，而改革的目标取向自然是构建市场经济体制。

回顾 35 年中国改革的经验，可以看到，中国采取的是市场取向的渐进式改革方式。这一方式奠定了中国现有城市化模式的基因并因路径依赖而显著化。改革起步于高度集中的计划经济体制。改革的逻辑和实践起点首先就是降低集中度，表现为行政权力尤其是决策权力的下放：在中央与地方的关系上体现为简政放权，让地方政府有更大的决策权；在政府与企业的关系上体现为放权让利，不仅让企业有经营自主权，而且还有利润留成；在企业与职工的关系上引入奖金制度，允许干好干坏不一样；在国家和农民的关系上体现为废除了粮食的统购统销，取消了人民公社制度，实行家庭联产承包责任制，在给农民经营自由的基础上，鼓励农民多劳多得。

这一系列制度性的放权安排，使中国的城市化道路开始摆脱传统模式，表现在三个方面：

首先，在以家庭联产承包责任制为基础的农村经济体制改革中农民可以自主投资、自主经营，使中国的工业化不再是国家主导的工业化，而呈现出典型的亚洲工业化特点，即有了货币收入的农民受工业化规律的支配投资工业，乡镇企业蓬勃发展，其聚集发展改变了原有的城市布局，小城镇开始涌现。与此同时，城镇建设资金也不依赖于财政拨款而多采用集资、入股等所谓自筹资金的方式安排。从某种意义上讲，这是中国最早出现的 PPP 形式。

其次，原有的城市是国有企业的聚集地，在以乡镇企业为代表的非国有企业的激烈竞争下，国有企业业绩普遍不佳，甚至亏损严重。这不仅极大地影响地方财政收入，而且因工人下岗、就业形势严重化迫使地方政府招商引资。为吸引投资者，"三通一平"的基础设施就成为基本条件，而进行老城区改造的成本较大，于是多采用在老城区旁建新城的办法，开发区模式由此大行其道。

最后，简政放权为上述城市化发展提供了充分的条件。20 世纪 80 年代，随着家庭联产承包责任制的广泛发展，从农村动员经济剩余的途径遇堵，与此同时，随着对国有工业企业的放权让利，以利润为基础的财政收入呈下降趋势。前后夹击，动摇了原有的财政基础，财政体制不得不改弦更张。1984 年后，一方面在财政收入上开始推行"利改税"，另一方面在财政支出上开始推行"拨改贷"，与此同时，在政府间关系上开始推行"分灶吃饭"，即中央和地方各自承担本级财政支出。财政体制的这一变动，为地方政府满足本级财政支出而组织财政收入奠定了前提条件。长期在高度集中的计划经济体制下所形成的工业化和城市化脱节，造成城市化欠账，再加上农村剩余劳动力转移就业的压力巨大，迫使地方政府以极大的努力去组织收入来满足支出。预算外收入由此产生，而且增长迅速，并日益成为城市建设的主要资金来源。

制度经济学研究表明，制度变迁有"路径依赖"特点。一旦初始条件给定，制度演进会沿着初始条件所规定的发展可能性空间展开，并在展开的过程中不断强化路径依赖倾向。在中国的城市化中，20 世纪 80 年代由决策权高度集中到决策权分散这一放权安排，改变了初始条件并引致上述三方面的变化，而这些变化都暗含了一条共同的路径：可以不用正规的财政资源（由税收构成的一般性财政收入）来实现城市发展的资金安排。另外，随着时间的推移，在各地方的相互竞争和模仿下，这一路径日渐清晰起来，这就是土地批租制度，即通过生地变熟地来使土地增值，进而通过变现来筹措资金。除用于基础设施建设外，还可以以地养地，滚动开发。"土地财政"的基因由此奠定。

由于包括土地在内的各种资源多集中于地方政府，故其筹措财政收入尤其是预算外财政收入的能力远高于中央政府。从 1980 年到 1993 年，地方财政收入占全国财政收入的比重平均高达 68％。一些经济发展快、资源价格尤其是土地价格上涨快的省份，其财政收入增速远高于全国平均水平。相比之下，地方政府的支出责任却并未发生较大变化，尤其是在一些经济发达省份，支出增长小于收入增长。从 1980 年到 1993 年，地方财政支出占全国财政支出的比重平均为 49%，呈现出财权大事权小的格局。

中央财政收入占全国财政收入的比重持续下降，甚至到了中央财政支出难以维持的地步，终于触发了 1994 年的财政体制改革。囿于当时的条件，这一改革并未对各级政府支出责任做大的调整，而是集中力量用于筹措财政收入，尤其是中央政府的财政收入，其目标是有限的，主要是提高两个比重，即提高财政收入占整个国民收入的比重，提高中央财政收入占整个财政收入的比重，俗称分税制改革。

就当初设定的优先目标而言，分税制改革取得了巨大的成功。除财政收入占整个国民收入的比重提高外，中央财政收入的比重也持续提高。到 2008 年，地方财政收入仅占全国财政收入的 47%，较 1994 年下降 21 个百分点。但与此同时，地方政府的支出责任并未相应减小，支出不断上升，结果是到 2008 年地方财政支出已占全国财政支出的 79%，较 1994 年上升 20 个百分点。地方政府的财政收支缺口越来越大，为满足城市建设的资金需求，地方政府必须进一步拓展资金来源。结果是以土地作为融资中介的城市化投融资模式逐渐兴起，成为 21 世纪以来主导城市化投融资的主要模式，同时也成为当今中国地方政府"土地财政"的完备形式。

1998 年，国家开发银行与芜湖市人民政府在国内首创了城市基础设施贷款领域的"芜湖模式"，即把若干个单一的城建项目打包，由市政府指定的融资平台作为统借统还借款法人，由市政府建立"偿还准备金"作为还款保证。在随后的 2000 年，国家开发银行与苏州工业园区的合作进一步发展了这一模式，创造出一种崭新的制度安排，即政府出资设立商业性法人机构作为基础设施建设的借款机构，使得借款人获得土地出让项目的收益权，培育借款人的"内部现金流"；同时通过财政的补偿机制，将土地出让收入等财政型基金转化为借款人的"外部现金流"。两者共同发挥作用，使政府信用有效地转化为还款现金流，这就是人们熟知的"地方融资平台模式"。

2000 年以后，越来越多的地方政府和商业银行参与到这一模式中。特别是在 2008 年，为抵抗全球金融危机带来的经济衰退，中国启动了"四万亿"的大规模经济刺激计划，新建在建的基础设施项目大幅增加。除财政投资外，更多地方政府采用了负债投资的办法，地方融资平台模式备受青睐。与此同时，金融系统对城市基础设施投资的信贷约束大大放松，也为负债投资提供了便利条件。数千家政府性公司的资产负债表迅速膨胀，负债规模急速上升。

根据审计署 2011 年的审计结果，2010 年地方政府性债务余额中的 48.85％是 2008 年后发生的，并且地方政府性债务是全国范围的。2010 年年底，全国 2 779 个县中只有 54 个县级政府没有举借政府性债务。除此之外，所有的省级政府、市级政府和县级政府都举借了债务。更为突出的是，地方政府性债务还呈加速发展之势。根据审计署 2013 年的审计结果，包括负有偿还责任、担保责任和其他相应责任在内的全部地方政府性债务由 2010 年的 10.7 万亿元上升到 2013 年 6 月的 17.99 万亿元，平均增长近 20％。其中，县级政府性债务增长最快，为 26.59％；市级次之，为 17.36％；省级为 14.41％。

以地方融资平台为基本骨干的"土地财政"成为中国快速城市化的主要动力。无疑，这对加速城市基础设施建设、改善居民生活条件、吸引产业集群、促进经济社会发展发挥了重要作用，并充分体现在城市化率的快速提高上。在 1989 年到 1999 年的 10 年间，中国的城市化率只增长了 4％，而在 2001 年到 2012 年的 11 年间，中国的城市化率由 38％增长到 52.6％。这意味着每年有 1 600 万农民进城务工，成为工业化的主力军。更为重要的是，中国的贫困人口规模迅速缩小，城乡对立大幅缓解，向现代社会转型不断加快。

但与此同时，不断增加的地方融资平台以及不断攀升的地方债务规模也令人担忧。面对不断到期的地方应付债务，国内外金融市场均十分警惕。尽管地方政府屡屡承诺履行还债义务，并在监管当局默许下采许诺如成立资产管理公司、发债替换、做展期处理等"腾挪成本"方式进行风险缓释，但违约风险仍在上升，金融市场疑虑仍在加重。在信息相对透明的债券市场，以地方政府控制的城投公司为负债主体的城投债借新还旧发行成本达 7％以上，但仍频现支付危机，如出现了"上海申虹""云南城投""黑色七月"等事件。

更大的问题在于，现有的城市化融资模式基于一个基本的假设：在中国快速、持续的城市化进程中，城市土地价值将在相当长的一段时间内处于上涨趋势。在这种情况下，地方政府的债务融资可以依赖土地储备作为抵押品，并以土地升值为还款来源，从而进一步强化路径依赖。地方政府自觉或不自觉地存在维持或者推动房价、地价上涨并鼓励房地产发展的政策冲动，就是一个充分的体现。

基于先天禀赋的差异，一些三、四线城市过多的土地供给和超前的基础设施建设，导致出现了"空城""鬼城"。这些地方政府进一步融资的能力受限，城市化的质量与前景也令人生疑。而大型一、二线城市则限制土地供给，房价畸高，拥有住房成为形成财富差距的主要因素，阻碍了社会阶层流动，公众舆论对此批评不断。这些都对现有的城市化模式构成了严重的挑战。尤其需要指出的是，随着中国人口老龄化程度的加深，房地产刚性需求将呈下降之势，房地产价格还会持续上涨吗？这一系列现象给中国未来的可持续发展蒙上了一层阴影。

今天，我们面临这样的一个问题：未来的城市化如何又快又好地持续下去？解决这一问题面临两个挑战：第一，现有的城市化模式还能持续吗？如果不能持续，如何化解其带来的债务风险？第二，构建新型城市化模式，这不仅需要我们寻找长效的、稳定的建设资金来源，更需要重新审视和定位地方政府功能。

在这里，我们需要回溯一下关于中国地方政府在经济发展中地位和作用的争论。

主流经济学界认为，在过去的 30 年里，中国经济增长之所以有"奇迹"（年均 10% 左右的 GDP 增速），就是因为中国经济体制改革是市场取向性的，是符合新古典经济学的基本原则的。这包括放松管制、经济开放、市场竞争、保护产权，以及与政府减少干预相适应的谨慎的财政政策。中国经济体制改革尤其强调政府退出具体的经济活动，停止对要素市场的价格干预，保持国有企业中性角色等，因而更被视为主流经济学及其衍生政策的成功范例。

在这一认识下，城市化的发展应该遵循市场原则，政府之手不应该伸得太长，大规模的造城运动、政绩工程违背了市场规律，一般来说都是缺乏效率、品质低劣的项目，因为好的项目会赢得市场的认可并获得融资，而不需要政府插手。如果按照这一原则行事，中国大多数的"铁公基"项目可能都不会面世，自然也就没有规模庞大的地方政府性债务。根据这一原则，让地方政府及其控制的融资平台直接向资本市场融资，即以发行债券、风险自担的方式为城市化融资也是一个不错的选项，美国"西进运动"中的基础设施建设就是一个生动的案例。

但是，即使是主流经济学也无法回避中国地方政府在经济增长中的功能。制度经济学的"鼻祖"科斯在与王宁合著的《变革中国：市场经济的中国之路》中也承认，包括苏州工业园区、昆山高新技术产业开发区在内的 90 多个国家级经济技术开发区以及数目巨大的省、市、县级工业园对中国的经济增长起到了重要的作用。

鉴于中国地方政府在经济发展中所扮演的积极角色，有不少学者倾向于挖掘政府在城市化乃至经济增长中独特的、举足轻重的作用并重新予以定义。有人归结为中国政府的远见卓识，有人归结为"政治上的贤能体制"，并得出结论：一个致力于经济增长的中性政府有利于现代化建设，这是发展中国家现代化潮流的新鲜经验，并可加以推广。但是，这种逻辑的不自洽性也显而易见。债务的不可持续、生态的恶化、收入差距的扩大以及腐败的大范围发生，使这种看法很难被接受。

目前，上述两种看法及其所代表的学术思潮仍在激烈交锋中。孰对孰错暂且不论，但这两种意见的分野造成公共舆论在如何为城市化融资上出现分歧，并影响决策，造成一系列政策的决策存在障碍。例如，发展大城市还是主推中小城镇，全面推进利率市场化还是保留开发性政策金融的利率优势，不同的观点和看法形成两条截然不同的轨道，各说各话。

问题的关键在哪里？以往的学术讨论过多地聚焦于理论层面的探讨，基于对现代化、规范化的政府治理的诉求，从理念出发，试图给政府之手戴上手铐。这一思路忽视了路径依赖的约束，而各个国家的政府事权与政府间财政关系的形成一般都有特定的历史原因。跳过这一历史现实，直接以国外经验作为参照系，可能符合中国未来的发展方向，但过于空泛，缺乏可操作的现实基础，进而被束之高阁。而离开了学术与理论的支撑，政府就完全是摸着石头过河，当然有可能会摸到靠谱、先进的经验依据，但误入深沟、偏离改革彼岸的情况也难免会发生，这不可避免地会贻误政策时机、降低改革的效率。

我们尝试从大范围、多个角度来回答政府在城市化进而在经济发展中的作用得失，有以下主要研究发现：

在过去 35 年中，中国至少做对了两件事：第一，政府主动而非被动展开的基础设施建设减少了中国整体上的投资错配，降低了因此带来的潜在 GDP 损失；第二，在金融市场不发达的背景下，以土地为主的政府融资中介为中国创造了安全资产，整体上提高了融资市场的效率。这两者都改善了中国城市化和经济增长的绩效。

地方政府推动的基础设施投资客观上改善了中国整体上的投资错配，促进了经济增长、人口城市化的宏观目标，但其本意可能只是增加地方政府收入、提高本地 GDP 增速。地方政府性债务规模上升并出现潜在的系统性金融风险，也可能是中央政府有意放松金融管制的副产品，因为通过地方政府的负债投资来拉动整体的经济增长，中央政府是乐见其成的。

由上，"如何为城市化融资"的课题的核心是"明确谁来为城市化融资"。它体现在两个方面，分别为"政府事权与支出责任划分"和"政府间事权与支出责任划分"，简言之，即"政府与市场"与"中央与地方（及其他各级政府）"事权和支出责任的界限划分。

自 1994 年分税制改革以来，20 年间，政府事权界定及政府间事权与支出责任划分问题一直被提起，但始终未得到解决，在改革的议程上被长期虚置。一个很重要的原因是在计划经济向市场经济的转型中，政府应承担的职能尚不明确，不仅仅是政府的职责存在大量的越权与缺位，政府内部及学界对政府职责定位的认识也不是很清楚。与此同时，地方政府在经济发展，尤其是促进就业方面承担着巨大的责任。一旦影响地方政府的积极性，将会影响经济发展，而这在高度集中的计划经济体制下是有教训的。于是一直保留着"上下一般粗"的政府间事权划分，即所谓的"中央出政策，地方对口执行"。政策出台后，目标向下由各级政府逐级分解；由基层政府落实执行，形成事权下移的局面。

政府事权界定的模糊使得政府尤其是地方政府全面参与经济发展，树立了政府在经济活动中的主体性作用，客观上改善了中国经济增长的绩效，也牺牲了长期经济发展的空间，在今天甚至已经成为城市化深化（或者说"人的城市化"）的障碍。

政府间事权与支出责任界定不清，使得中央政府对地方政府的所作所为只能"孩子与脏水"一起留着，地方政府修路建桥欠下的债务，中央政府很难独善其身，自然也就很难要求地方政府践行"谁的孩子谁抱走"的市场化处理政府性债务的思路。

上述研究发现使结论十分明确：在过去 35 年中，通过工业化来加速经济增长、克服普遍贫困，既是经济发展规律使然，也是中华民族伟大复兴的历史追求。在这一过程中，中国政府尤其是地方政府发挥了不可替代的积极作用，主要体现在政府主导的城市化为工业化提供了有力的支撑，中国经济快速成长，并使中国经济社会发展进入新阶段，鲜明的标志就是城市化率超过 50%。

中国经济社会发展的新阶段意味着过去"土地的城市化"需要迈向"人的城市化"：与人的发展相关的教育、医疗、文化等事业成为发展的重心；与之相适应的包括社会保障在内的基本公共服务均等化成为城市化新的诉求。这要求政府的职能从经济建设型转向公共服务型，相应地，需要重塑政府与市场的关系，重新划分政府间事权与支出责任。除政府应退出经济活动、市场发挥决定性作用外，在政府间财政关系上，应以公共服务型政府为指向，划分事权，厘定支出责任。

从操作角度来看，要处置当前的债务风险，中央政府必须考虑不同的地方政府债务处置方案将对未来地方政府的融资模式产生何种影响。毕竟地方政府目前还有很强的融资需求，尤其是当前地方政府的支出压力不仅体现在大规模的城市化建设上，更体现在养老、医保、住房等多个领域上，这些都会对未来地方政府财政的可持续性形成很大的冲击。

从全局来看，化解存量的地方政府债务、设计未来地方政府融资的新渠道，是在政策技术层面需要面对的问题。要解决这些问题，就必须回应近 20 年来一直模糊的界限，即中央与地方的财权与事权的匹配、政府与纳税人之间的权利和义务的匹配，亦即明确在城市化进程中哪些是需要政府来完成的，哪些是市场可以自行完成的。前者是政府事权，后者可以通过 PPP 等模式来为城市化项目融资。在此基础上，明确中央与地方的关系，在政府事权中除去中央政府承担的，留下的才是地方政府的事权。在这个背景下，清理地方政府债务才有意义，才不会像韭菜割了一茬又长一茬。

近几年，地方政府债务的可持续性十分重要，对此，我们的建议如下：第一是短期内财政体制在省市县不要发生重大变动，政策核心在于如何缓解债务的到期偿付；第二是解决目前地方政府债务的期限错配，将债务证券化，把银行对地方政府的贷款打包成债券然后卖掉，拉长融资期限以匹配项目期限；第三是为了保证前述目标的实现，需要全面梳理地方政府的自主发债，推进金融市场化，比如成立权威高效的信用评级公司、推进利率市场化、消除基建项目的国家信用隐性担保等。

五、基建投资与低碳经济发展[①]

与全球其他国家相比，政府主导的基建投资是一个非常具有中国特色的经济现象。因此，围绕它的争论经久不衰，从改革开放初期一直争论到现代化建设新征程的当下。

争论既涉及短期宏观经济的稳定，又涉及长期经济增长的路径，更涉及包括政府与市场关系的体制机制安排，并且随时代的变化，争论的重点也有所不同，从当年讨论的投资饥渴症一直到现在讨论的资本无序扩张，常争常新。

在俄乌冲突和疫情冲击的影响下，中国经济下行压力加大，基建投资作为宏观调控的重要手段再次受到重视。当然，这又引发了新的争论。除积极主张扩大政府主导的基建投资外，还有一种日益流行的看法，认为中国城市化已发展到中后期，基建投资的高峰已过。

如果坚持扩大基建投资，不仅难以持续，而且会进一步扭曲经济，并使金融高杠杆化，尤其是使地方政府债务问题严重化。由此，针对提高总需求的宏观调控应从扩大投资转向扩大消费。当前较佳的办法是用发消费券、发钱等方式来直接补贴弱势群体，从而扩大消费。

面对新形势下的新争论，"历史的经验值得注意"。回顾过去40多年中国基建投资的发展历程可以看到，当前的争论涉及三个相互重叠的问题，需要分别厘清：一是怎么看待作为宏观调控手段的基建投资；二是怎么看待作为经济发展重要驱动力的基建投资持续性；三是怎么深化基建投资的体制机制改革。

中国地处东亚，与东亚经济体有着相似的经济发展经历。随着改革开放的深入，在20世纪90年代，如其他东亚经济体，中国也走上了出口导向型经济发展道路，相应地也就出现了东亚经济体通常的所谓"经济外倾性"问题。

反映在宏观经济表现上，就是出口引领投资涨落，从而引领经济波动。当出口旺盛时，与出口相关的厂房设备投资就会快速增长，相应地，经济就容易出现过热现象。反之，外需减少，不仅出口萎缩，招致投资下降，而且前期投资所形成的产能也会过剩，导致经济更易偏冷。

---

① 曹远征.厘清中国基建投资的三个关键问题.企业观察家，2022（2）：58-63.

这种围绕着出口形成的"蛛网波动",始终困扰着东亚经济体的宏观经济。对于那些小的东亚经济体,因难以独立地进行调控而不得不将宏观经济政策锚定世界主要大经济体,其中最为典型的是中国香港。中国香港本身没有独立的货币政策,而是实行联系汇率的货币局制度。在这一制度下,因汇率固定,利率自然锚定美元,随美联储货币政策的变动而变动。对于那些相对较大的东亚经济体,虽有宏观经济政策,但宏观经济政策因"经济外倾性"在实施中变形甚大,例如人们经常提及的 20 世纪 80 年代《广场协议》后的宏观经济政策。

当时为了对冲日元大幅升值所带来的外需下降,日本必须扩大内需,宽松的财政货币政策由此被提出。而日本狭小的国内市场限制了有效需求的生成,结果是,旨在扩大内需的货币政策反而变成金融泡沫的刺激措施,南辕而北辙。

相形之下,中国却在宏观经济管理实践中走出了自己的路子。突出表现为以政府的基建投资为手段,对冲出口引领的投资涨落,熨平经济波动,稳定宏观经济。中国的这一做法始于 1997 年的亚洲金融危机。亚洲金融危机使中国出口受阻、进口扩大,致使国有企业困难加大,经济低迷不振。为提振经济,政府采取了扩大财政开支的方式,发行国债进行基建投资,主要用于高速公路、电网等建设,推动中国经济走出了困境。

随着中国加入 WTO,出口快速增长,不仅外汇储备很快超过 1 万亿美元,而且出口引领投资高涨,带动经济明显过热。相应地,基建投资作为宏观调控手段的另一重大责任也就开始显现,即通过"压基建来压投资"。除政府的基建项目下马外,民间的基建项目也不例外,当时的"铁本事件"就是因此而生。

2008 年后,为应对国际金融危机导致的世界总需求减少,中国又用号称"四万亿"的大规模经济刺激计划予以对冲,其中基建投资是骨干,中国的高铁由此成网就是标志之一。

2015 年后,因世界经济长期停滞的新常态,中国出口增速持续变缓,致使产能持续过剩,供给侧结构性改革因此开始。所谓去产能、去库存、去杠杆,关键是控制投资。基建投资成为宏观调控的手段再次发挥作用,措施是通过控制地方政府隐性债务即地方融资平台杠杆来控制基建投资规模,其中之一就是严格审批城市地铁项目,控制其融资安排。

上述情况表明,以基建投资作为宏观调控手段,是中国在实践中摸索出来的经验。它不仅有助于熨平出口导向型经济中固有的围绕出口的"蛛网波动",而且可以充分发挥资源禀赋的潜力，在实物形态上累积资产、形成财富，为国民经济的长期发展奠定物质基础。

这种有别于其他东亚经济体的基建投资及其机制，构成了中国的独特经验，一直为国际经济学界所关注。特别是"一带一路"倡议所提出的"共商、共建、共享"成为国际经济金融治理理念后，国际社会期待其他发展中国家效法这一经验，用中国智慧加速自身经济社会发展。

也正是在这个背景下，2020 年，当新冠疫情突如其来，经济开始大幅下行时，人们期待中国凭借这一特色发挥基建投资优势，对冲经济下行，提升经济增长。特别是 2021 年第二季度以来，疫情再度肆虐，经济下行速度加快，加快基建投资进行宏观调控的重要性更加凸显，备受国内外关注。

区别于以往，基建投资之所以成为当前讨论的热点，不仅在于加大基建投资可以增加总需求，更重要的是，基建投资在实物意义上对改善当下的中国宏观经济表现有所帮助。

这轮固定资产投资下行的一个重要特点是 20 多年来一直增长的房地产投资出现了增速的下滑。这一下降不仅体现在金额指标上，而且明显体现在包括新开工面积和销售面积的实物量指标上。2021 年 1—4 月房地产新开工面积下降 26%，销售面积下降 20.9%。就住宅业而言，下降速度更快，分别下降 28.4% 和 25.4%。

房地产行业前后关联四五十个行业，前项关联涉及钢材、水泥、玻璃等重工建材行业，新开工面积的大幅下降意味着这些产品的销售会出现严重困难，并因此形成这些行业产能过剩，导致经济更大速度的下滑。后项关联涉及家电、家具乃至床上用品等电子轻工消费品行业，2021 年 1—4 月这些产品的销售都下降了 10% 以上。这不仅会拖累经济增长，更重要的是，这些行业是劳动密集型产业，给就业带来了严重压力。

从这个角度看，由于基建投资在实物量上实际消耗水泥、钢材等物质产品，无论是在发达的上海还是在处于边疆地区的县城，修建一平方米所用的水泥、钢材是一样多的，由此，及时大规模启动基建项目就具有特别的意义。

尤其是保障房建设、农田水利基础设施建设、城市更新改造建设等土木工程项目，不仅带动的相关行业多，而且可以在很多地方同时开工，对扩大总需求来稳定经济具有显著的作用，其效果不亚于发放消费券。特别是保障房建设，前项可形成对钢材、水泥的消化，后项可形成对家电、家具销售的拉动，并且有稳定房市、促进消费、保障民生的作用，一箭多雕，应优先安排，尽早进行。

综上所述，无论是从当前稳定经济的实际需要出发，还是从国土整治的长远安排考虑，发挥中国独有的政府主导的基建投资优势都具有十分重要的意义。对经济学界而言，则需要重新认识作为宏观调控手段的基建投资的地位与作用。

过去几年中国的固定资产投资增速开始明显放缓，占 GDP 的比重由 50％左右的历史高点回落到目前的 43％。从趋势来看还会进一步回落。这是因为国际比较表明，发达国家投资占 GDP 的比重在 20％左右。按照 2035 年远景目标，届时中国要进入发达国家行列，即意味着到 2035 年中国的固定资产投资会从 43％向 20％收敛。

于是，一个悖论由此产生：一方面，投资是增长的源泉。按照 2035 年远景目标，在从 2021 年开始到 2035 年的 15 年间，年均 GDP 增速维持在 4.73％以上才能实现 GDP 翻一番，人均 GDP 才能达到 2 万美元以上。显然，对于想要成为高收入国家的中国来说，可持续、高强度的投资是必要的。另一方面，随着中国迈向高收入社会，包括基建投资在内的各类投资的自然趋势又是持续减速的。虽然政府主导的基建投资仍可以逆势而上，然而一味如此会造成资源浪费，也使经济更加扭曲。事实上，目前不仅有商业前景的基建项目日趋减少，而且事关国土整治的传统基建项目为数不多。

由此，作为宏观调控手段的传统基建投资的扩大，充其量可以带来一时的短期需求的上升，但难以成为经济持续增长的动力。简言之，基建投资只有转型发展才能像过往一样，既作为宏观调控手段，又能驱动经济增长。

从全球的情况看，基建投资的转型方向是绿色发展。这是经济社会发展的世界潮流，绿色正在成为新的生产方式和生活方式。对中国而言，绿色发展既具有现代化的指向意义，又是技术进步的方向。也正因如此，碳达峰和碳中和成为中国中长期发展的重要支撑框架，不仅是社会各界的共识，而且具有实施的真实基础。

当前，随着中国重化工业化进程发展到中后期，能源尤其是电力消耗弹性系数显著下降，由 2008 年金融危机前的 1.6 左右下降到 1 左右，奠定了 2015 年中国加入《巴黎协定》，并承诺在 2030 年前实现碳达峰的前提条件。从目前的态势看，预计中国将在 2028 年实现碳达峰，届时碳排放将由现在的 93 亿～95 亿吨上升到 110 亿～115 亿吨，进而进入碳中和过程。

正是在这一前景的鼓舞下，碳达峰、碳中和的路线图和时间表正在推动形成具有商业意义的持续有效的投资。相对于其他不确定性大的高新技术，低碳尤其是清洁能源技术是较为成熟的主流工业技术，投资风险相对较低，投资规模却十分巨大，成为扩大内需的重要且可靠的组成部分。

据初步测算，如果 2050 年全球升温幅度控制在 2℃ 以内，中国将需要投资 100 万亿元以上，如果控制在 1.5℃ 以内，中国的投资将超过 138 万亿元，平均每年 2.50 万亿～3 万亿元。相对于传统的固定资产投资，这既是高质量的技术投资，又是可持续的增量投资，有利于在质的大幅提升中实现量的持续增长。

特别需要指出的是，相对于芯片等其他高新技术，中国的低碳尤其是清洁能源技术总体上与世界没有代差，加之中国是世界上工业门类最齐全的国家，所有的行业都有减碳的必要，预示着任何有利于减碳的技术，从传统的到高新的都有用武之地。

应用范围广、应用成本低、应用效果好的低碳技术前景，构成了政府主导的基建投资应该加以杠杆撬动的理由：通过对低碳经济基础设施的投资，引导商业投资持续跟进和扩大，在有利于形成自强自主的技术体系的同时，拥抱甚至引领世界低碳经济发展，克服人为"脱钩"的企图。

对中国经济发展而言，芯片超车固然重要，但低碳发展更为现实。以低碳为中心，加大对减碳尤其是清洁能源基础设施的投资，不仅可以发挥对冲经济下行的宏观调控作用，更为重要的是可以借此实现政府主导的基建投资的转型，为中国经济塑造新的增长路径。它构成经济学界需要加强研究的新课题。

中国的基建投资虽然是建立在市场经济基础上的，但却基本是由政府主导的，其中地方政府扮演了极其关键的角色。这集中体现为以土地作为融资中介的投融资模式，并由此生成了所谓的"土地财政"机制。

相较于其他亚洲经济体，"土地财政"是土生土长的中国国情。在国际经济比较中，中国被定义为发展中的社会主义大国。对投资而言，这一定义具有三重含义：

一是转轨经济体。中国曾实施高度集中的计划经济体制，政府曾是唯一的投资者。向市场经济体制转轨促使投资体制由高度集中转向分散决策。除民间投资范围扩大外，政府的投资决策权也下放到基层政府，从而极大地调动了包括地方政府在内的社会各界的投资积极性。

二是发展中经济体。中国正处于工业化、城市化进程，这既意味着资本的短缺，也预示着丰厚的回报，而有利可图的产业投资项目有助于促进国内外各类资本的涌入，使基础设施需求持续旺盛。

面对经济发展的任务，尤其是就业的压力，地方政府有责任也有动力通过基础设施建设来招商引资，创造就业机会。由此，以土地作为融资中介的安排自然产生，工业化带动城市化，并使城市化首先表现为"地的城市化"，土地因此资本化。

三是大经济体。中国有庞大的人口和广阔的幅员，对规模大小各异的各类基础设施都有需求，特别是无论市场规模还是地理空间都会自然生成有别于小经济体的大型基础设施建设项目，并突出体现在"铁公基"上。

其中不少具有世界意义，例如高铁、电网、水利设施等。凡此种种，使中国极易形成各级政府均与社会资本合作的 PPP 格局。在各级政府的积极参与下，中国是世界上 PPP 项目最多、形式最广泛、运用最娴熟的国家。政府主导基建投资由此与市场机制相结合，形成以土地作为融资中介的"土地财政"机制。

中国的"土地财政"机制可以这样描述：由于土地公有，中国的地方政府掌握着土地的使用权，因此在向市场经济转型的过程中，形成了类似新加坡等亚洲经济体常见的土地批租制度。专业开发商通过将生地变成熟地，使土地增值进而将土地变现来筹措资金，再用于购买土地及相应的基础设施建设。依此，以地养地，滚动开发。然而，与这些经济体不同的是，中国的地方政府通过设立开发区，不仅自己充当专业开发商，进行土地开发和基础设施建设，而且发展出了一整套基于土地批租制度的融资安排，既体现为地方融资平台的成长与壮大，也体现为地方政府隐性债务的生成与发展。

以地方融资平台为代表的政府主导的基建投资，是立足于中国实际的制度创新，不应以传统教科书眼光全然否定。理由是它改善了资源配置功能，提升了经济增长质量。

改革开放伊始，中国的要素禀赋极度失衡，主要生产要素占全球的比重畸高畸低。其中劳动力极为充裕，1980 年占世界劳动力总量的 22.4%，资本和技术极为短缺，资本形成总额占全球的比重仅为 2%，研发投入仅占全球的 0.5%；工业化所需的淡水和石油资源分别占全球的 6% 和 1.5%。

土地要素禀赋则更为极端，一方面耕地极为匮乏，仅占全球的 7%，但以山地、荒漠为代表的非耕地却相对丰裕。随着改革开放的深入，中国在世界范围内改善了资源配置。在中国将充沛的劳动力纳入经济全球化进程之后，资本、技术、资源等生产要素开始向中国集聚，表现为通过招商引资，发达国家工业产业向中国转移。

从一定意义上讲，这种国际产业转移是由地方政府所推动的。地方政府通过创办开发区，对土地尤其是非耕地进行资本化运作，筹措资金，主动为产业集群建设基础设施。这一前瞻性的融资举动，有效地减少了在基建领域极易发生的投资时间错配，从而凭借着超前建设且质量不俗的基础设施，中国在承接国际转移产业的竞争中胜出。

尤其值得指出的是，地方政府以土地为中介的融资活动，在加速工业化、城市化进程的同时，也为社会创造了较为安全的金融资产，成为中国金融市场发展的重要基石。换言之，土地融资的边际引领作用既促进了不发达金融市场的发展，又在整体上提升了金融市场的资源配置能力。

因此，从总体上看，土地财政的正面意义是通过土地资本化，使原本低效甚至无效的土地资本变成有效投资的资金来源，进而通过基础设施建设带动更多产业资本投入，实现了资本滚雪球式的发展，一方面在实物形态上表现为物质资本的积累，另一方面在价值形态上表现为金融财富的积累。从这个角度讲，无论地方政府出于什么动机，是增加地方财政收入，还是提高本地 GDP 增速，都从宏观层面上改善了中国经济的资源配置能力。

与此同时，需要指出的是，以地方融资平台为代表的地方政府隐性债务的快速发展，引发了社会各界的担心，不仅构成了 2015 年后供给侧结构性改革"去杠杆"的重要内容，而且日益成为近年来金融"防风险"的主要对象。尤其是随着人口老龄化及少子化的发展，这种担心呈加重之势。面对不断到期的地方融资平台应付债务，尽管地方政府屡屡承诺履行偿还义务，但国内外金融市场依然保持警惕。

2007—2016 年，基建投资一直保持两位数增速，2018 年开始大幅放缓，2021 年全国基建投资增速仅为 0.4%。由此，涉及包括地方融资平台在内的"土地财政"的改革与发展问题，从来没有像今天这样成为一个绕不过去的坎，需要重新认识。

地方融资平台是中国国情的产物。虽然有利有弊，但总的来看，利大于弊。在支持中国经济发展的同时，其机制也是符合市场经济方向的，机制是有效的，问题主要产生于资产配置的选择。

地方融资平台的资产主要是土地，土地资产除因推动房地产价格上涨而妨碍民生外，更为重要的是其收入日渐明显的不可持续性。这种不可持续性构成债务风险的根源，成为去杠杆的原因。换言之，只要有收入可持续的资产置换目前收入日显不可持续的土地资产，地方融资平台就是可维持的。

显然，这一置换安排就是逐渐用绿色资产取代土地资产，逐步实现由以土地融资为主的旧基建转型为以低碳融资为主的新基建。依此，不仅可以用新收入来弥补土地资产收入可能出现的萎缩，还能继续发挥地方融资平台在资源配置上的边际引领作用，在新的历史时期带动高质量发展。

如果上述分析判断成立，就应以促进低碳经济发展为方向，开始规划地方融资平台包括置换在内的资产配置的路线图和时间表。为此，笔者有以下几点建议：

首先，金融政策应考虑用稳杠杆的办法来为地方融资平台资产腾挪转换争取时间。

国内外的经验表明，在债务累积的情况下，不能轻易启动去杠杆，而应更关注流动性的安排，否则会引发踩踏式的快速去杠杆，导致更大的金融风险。稳妥的做法是在保持宏观经济环境及金融市场稳定的前提下，更注重创造内部现金流，形成稳定的付息来源。在稳杠杆的基础上，及时展开债务重组工作，即地方融资平台在项目层次上逐个安排，力争做到该项目的收入至少现金流能覆盖该项目的债务。依此，为整个融资平台资产重新配置创造条件。

其次，经济政策应考虑为低碳经济创造市场需求，促进形成有稳定收入的绿色资产。

在低碳经济领域，目前尽管投资旺盛，但因市场需求不足，形成持续稳定收入的资产不多，从而市场需求的创造成为首要问题。在这方面，有大量的基础性工作需要开展。例如，在需求侧可采用阶梯价格的形式促进低碳产品的消费，其中首推清洁能源，绿电绿价，优先上网，鼓励消费。再如，在供给侧可采用多种措施鼓励城市基础设施和公共事业的 PPP 发展，其中首推城市管廊，通过 PPP，既为民间投资创造参与机会，也为盘活政府资产创造条件。总之，通过供需两侧的政策安排，同时促使低碳资产尽快产生收入并稳定化，使地方融资平台的资产接替可持续进行。

最后，切实推进财政体制改革。

地方政府隐性债务问题表面上是金融问题，但本质上是财政问题，既涉及央地财政关系，更涉及地方省市县财政关系。财政是国家治理的基础，一半是财，一半是政，只有理顺事权关系，才能理顺财权关系，形成可问责的支出责任。

经过几年的梳理，目前央地的支出责任已相对清晰，当务之急是重新厘定地方各级财政的支出责任关系。通过建立新的问责制，约束债务的无限扩张。与此同时，尽快推广生态资产负债表的编制与完善，并纳入考核。

低碳经济既是生产方式也是生活方式，需要社会各界共同推动转型，尤其是对地方政府而言，编制生态资产负债表既能鞭策自身，更能督促社会各界积极减碳，从而真正建立起"绿水青山就是金山银山"的机制。

六、警惕资产负债表的慢性衰退危机

金融危机是资产负债表快速衰退的危机。不同于其他商业机构，金融机构是以杠杆经营的，其资本充足率低于工商企业，而负债率又高于工商企业，一旦出现流动性困难，极易发生快速去杠杆，在金融机构倒闭的同时，引发金融危机。相较于这种急性危机，日本的"平成危机"却是资产负债表慢性衰退的危机。20世纪90年代初期，随着日本经济泡沫的破裂，资产负债表开始衰退，起初是急性的，集中表现为金融机构的坏账快速上升，随后或因药不对症，资产负债表衰退变成慢性的，至今仍处于危机的泥沼中，日本经济由此"失去了十年"，进而"失去了二十年"，现在是"失去了三十年"。1995年日本是世界第二大经济体，GDP约占美国的71%，2022年日本的GDP只占美国的17.2%。30年美日经济差距扩大到5倍之遥，令人扼腕相叹。

过去中国经济学界很少从资产负债表能力可持续性的角度讨论东亚，尤其是日本经济问题。然而，一旦从这个角度再次审视日本经济，一些先前被认为无关联甚至不以为意的事件突然变得重要起来，具有了新的意义，其中最为典型的就是日本人口结构及趋势的变化。日本曾是人口高增长国家，自明治维新以来，在"殖产兴业，文明开化，富国强兵"的国策指导下，日本进入"人口爆炸时代"，呈现出高出生率、低死亡率、高增长率的人口特征。在 1872—1945 年间，总人口增长 1.2 倍，年均复合增长率达到 10‰，其中在 1872—1925 年间，人口增长率由 4.7‰增至 14.7‰，随之出现了"人口过剩"。日本国土面积狭小，为解决"人口过剩"问题，必须向海外扩张，这成为日本走上军国主义道路的主要理由。此后 20 年，日本策划并发动了侵华战争，提出"结婚报国，为国生育，早婚多育"的人口政策。随着战争扩展到整个太平洋地区，战争规模的扩大需要更多的兵源，于是，即使在战争期间总人口仍由 3 481 万增至 5 974 万，人口平均增长率仍然保持在 13.4‰的高位上。日本人口政策的转折出现在二战后，随着日本战败，士兵归国，出现了结婚生育高峰。1947—1949 年迎来了人口出生率为 34.3‰的"团块世代"婴儿潮。此后日本政府出台节制生育控制人口的政策，五年后人口出生率降到 20‰以下。虽然在 20 世纪 70 年代曾因"团块世代"而出现回升潮，但人口出生率很快就出现了下降。1974 年总和生育率就降到低于 2.1 的世代更替水平。此时，日本的人口政策仍不改初衷，坚持"把静止人口作为日本发展目标"，致使总和生育率持续下降。当 1989 年该指标下降到 1.57 的低生育水平时，日本才放松人口政策，推出支持生育的措施。然而，日本已经错失应对人口问题的最佳时机。人口生育率进而人口增长率的下降已经积重难返，1974—2020 年人口出生率由 18.6‰降至 6.7‰，人口自然增长率于 2005 年开始由正转负。这时即使启动了移民政策，也难以抵挡人口出生率的下降。从 2005 年开始，日本人口就持续减少，至今已经 19 年。展望未来，因育龄妇女的减少，人口出生率还会持续下降，总人口将加速减少。据预测，按人口出生率最乐观的情况估计，到 2065 年日本总人口将为现在的 3/4，即减少 1/4。

20 世纪八九十年代，笔者在国家经济体制改革委员会国外经济体制司工作。工作任务就是比较借鉴国际经验，其中东亚经济崛起经验是我们关注的重点之一，日本的经济情况自然需要熟悉。二战后，在和平的环境下，一方面，日本受儒家文化影响形成的高储蓄更多地用于经济建设，而不再作为军费开支；另一方面，朝鲜战争及越南战争所带来的美国在日本的军事采购及美国对日本的援助，不仅推动了日本经济战后的快速恢复，而且奠定了日本经济高速增长的基础，其中 1961—1975 年是经济增长最快的时期，年均达到 7.7%。从日元的角度看，这一时期也恰恰是人口红利释放的时期。在这一时期，日本劳动年龄人口虽然年均增长 1.6%，但就业依然充分，劳动生产率也达到历史峰值，增速为 8.4%。人口红利和广泛充沛的就业机会，不仅使终身雇佣和年功序列成为企业基本制度，也使女性劳动参与率快速上升。与此同时，"国民收入倍增"计划使工资水平有了普遍持续的提高，形成了"一亿总中流"的中产阶层，并因此推动了日本家电、汽车、住房的消费热潮。日本经济的高速增长使日本迅速成为仅次于美国、苏联的"世界经济强国"，位居世界第三。日本人均 GDP 于 1981 年超过德国，1983 年超过英国，于 1987 年超过美国。那时，"日本第一"的呼声响彻世界，日本房价和股价五年中翻了 3 倍。日本经济在出现泡沫的同时，也把泡沫带到国外，日本企业到处收购，日本游客出手豪爽。1989 年，日本三菱以"天价"买下美国纽约洛克菲勒中心，成为"日本买下美国"的标志性世界新闻。然而，泡沫总是要破的。1989 年 5 月至 1990 年 8 月，日本银行五次上调再贴现率，使利率由 2.5% 上升至 6%。同时，日本大藏省要求所有金融机构控制不动产权。日本股价随之开始大幅下跌，跌幅达 40% 以上。紧接其后，日本房价也开始大幅下跌，跌幅超过 46%，工商企业尤其是金融机构出现巨额亏损，日本经济陷入衰退。

起初，人们以为日本经济的衰退是暂时的。理由是很多国家都出现过房地产泡沫破裂所引发的经济衰退，经过一段时间后衰退就会平复，经济就会重上正常轨道。基于这种思维，20 世纪 80 年代末 90 年代初日本的宏观经济政策还集中在传统的凯恩斯主义反危机、反周期宏观调控上，以期提高有效需求。但随着时间的推移，人们意识到日本的衰退不是周期性的波动，从而短期的旨在扩大总需求的宏观经济调控是不奏效的。相反，日本的经济衰退是结构性的，从而具有了长期性，需要建立应对的长效机制和政策。

进入 21 世纪时日本经济已经衰退了十年。从 1992 年到 2001 年，日本经济增长率由上一个十年的年均 4.4% 下降到年均不过 1%，通胀率也由年均 1.9% 下降到年均 0.4%。此时，人们在惊愕于日本经济居然"失去了十年"的同时，开始清醒起来，去寻找结构性的原因。当人们开始把目光投向人口结构变化时，发现日本经济泡沫破裂与人口结构变化高度相关。1990 年前后是日本劳动年龄人口占比达到峰值的时候，为 69.8%。此后，随着人口老龄化，劳动年龄人口占比持续下降，不但经济泡沫破裂，而且经济持续低迷。究其原因，除劳动参与率下降外，更重要的是人口快速老龄化使整个社会的人口抚养比再次且大幅升高，致使储蓄率下降，进而致使全社会投资率下降。在日本的统计中有反映人口结构和储蓄率之间关系的指标，根据这一统计指标，日本高储蓄人口（35～54 岁）和低储蓄人口（25～34 岁和 55 岁及以上人口）之比，在 1986 年达到历史峰值，为 86.2％。此后一路下滑，2019 年仅为 54.5％。于是，投资驱动型经济增长便难以为继。

在日本经济"失去了十年"后，在 2002—2011 年的新十年，日本经济增长率虽然仍维持在 1％以上，但通胀率却变成负数，为−0.2％。随着日本经济又失去了十年，人们把目光放得更长远，开始关注人口增长趋势的变化与经济增长的关系。记得当时经常参加中日经济学家的讨论会，当讲到日本经济停滞时，日本经济学家总是习惯性地将原因归结为老龄化和少子化。这使处于人口仍持续增长背景下的中国经济学家有些纳闷，虽然对老龄化所带来的经济后果十分理解，但理解少子化却颇费思量，并常常不以为然。然而，事实却令人震惊，在老龄化和少子化的背景下，日本迈向"低欲望社会"。在青年人中出现了"穷充"一族，即所谓的"穷而充实"的社会群体。他们虽然生活拮据，但却不想工作，不想努力，甘愿宅在家里，过穷又自由的小确幸日子。在中老年人中，他们因少子化而担心老无所依的问题，只好省吃俭用，攒钱养老。由于这种努力储蓄以应对未来的节俭生活方式，消费不足。家庭消费占 GDP 的比重仅较 1991 年泡沫破裂时的 51.6％上升到 2020 年的 53.3％。家庭消费增速却由 1973 年日本经济高速增长时的 2.1％下降到 2020 年的−5.9％。日本整个社会日益变得无欲无求，经济增长的激励机制也因此失效，曾经的"神武景气""岩户景气"变成了"平成衰退"，在"失去的三十年"中，日本经济平均增速仅为 1％左右。

在 2008 年以资产负债表衰退为标志的国际金融危机的冲击下，中国经济学家终于开始明白老龄化和少子化对日本经济从而对经济增长的影响的含义。正如日本野村综合研究所首席经济学家辜朝明所指出的，区别于传统意义上由需求波动引发的周期性经济衰退，日本的衰退是由人口结构和趋势变化引起的资产负债表衰退。所谓的老龄化，更多的是指当下抚养比升高引起储蓄率的变化，导致短期国家资产负债表可持续能力出现困难。少子化则更多地强调未来，意味着国家资产负债表的衰退不是短期的，而是长期持久的。这种衰退不同于 2007 年美国那种急性金融危机，它是一种绵绵不绝的慢性资产负债表衰退，是"钝刀子割肉""温水煮青蛙"，短期几乎无感，但长期却会窒息活力。

正是基于对日本经济的这一理解，我们开始体会到日本在过去的 30 年中不同时期政策安排的区别及用心：在第一个失去的十年，日本政府采取的是应对经济波动的反危机、反周期的传统扩张性财政、货币政策。1993 年，日本政府启动了"财政大规模松绑"政策，增加了公共支出并降低了利率，使政策利率由此前的平均 4.4% 下降为平均 3.2%，并在此基础上推出了旨在加强日本产业竞争力的"竞争力强化计划"。但效果不佳，其中一个重要原因是没有认识到衰退的实质是资产负债表衰退，相反，人们普遍认为价格下跌后还会回升，银行不可能倒闭。尽管时任首相宫泽喜一曾提出需尽早注入政府资金，尽快处理银行不良资产，但政府和市场主流却担心不良资产处置过急会给金融机构和工商企业带来巨大的负担从而被束之高阁。在第二个失去的十年，日本政府开始意识到问题的严重性：日本经济陷入的是不同于传统经济危机的新型危机，其中金融是问题的关键，只有金融恢复原有功能，日本经济才能复苏。换言之，只有金融机构的资产负债表得以修复，才能帮助其他部门的资产负债表恢复正常。因此，新上台的小泉纯一郎政府将不良资产处置作为施政纲领的重中之重，推出了"金融再生计划"。其要点是，在金融系统陷入危机时，政府要求央行向面临困境的金融机构提供特别贷款。如有必要，政府还将动用公共资金来充实银行资本金。与此同时，取消对企业税收减免的禁令，企业可以用亏损抵扣上一年的税额。相应地，日本在宏观经济政策方面推行"反通缩综合政策"，开启了全球量化宽松货币政策的先例，不仅年均利率降到 2% 以下，并且不断加大货币供应量。然而，即使在这般大胆的经济政策刺激下，日本经济仍无较大起色。即使在不良资产处置过程中，因"磁带效应"，日本企业也普遍缩小规模，甚至退出市场，其中既包括"僵尸企业"，也包括一些平时能获得正常利润的企业。换言之，虽然日本金融体系在 21 世纪初恢复了正常，其资产负债表也常态化了，但过去的经历引发了路径依赖，银行关注的重心不再是企业的发展，而是贷款本息的收回，不断要求企业尽量降低成本以应对下行风险，甚至不支持带有风险的投资计划，从而使企业无法恢复到过去的正常经营状态，只能苟延残喘般地维持生存。久而久之，企业的经营目标不再是利润最大化，而是负债最小化，日本经济从此又"失去了十年"。在第三个失去的十年，安倍晋三第二次出任首相，推出了"安倍经济学"，用持续量化宽松的货币政策、不断扩张的积极财政政策和旨在促进经济增长的结构性改革的"三支箭"，在实施强刺激的同时，重整日本经济。所谓"三支箭"是汲取了前任政府的经验教训。特别是日本人口转为负增长后，日本的少子化问题日益突出，需要有特别的政策来应对。一方面，少子化加重了老龄化。目前每三个日本人当中就有一个 65 岁以上的高龄者；另一方面，老龄化推动了少子化。老龄化增加了下一代的生活压力，使其不婚不育。于是整个社会的悲观预期持续存在，不但固化而且蔓延，使家庭资产负债表也陷入持续性的衰退之中。在这一背景下，改变社会成员对未来的预期就成为"安倍经济学"的鲜明特色，并特别突出地表现在持续量化宽松货币政策的制定和使用上。虽然当年小泉纯一郎政府在推动"金融再生计划"的基础上也采用如"反通缩综合政策"这样的宏观经济政策，但就实质而言，其框架依然是凯恩斯的总需求管理传统，其调控依然维持着货币政策操作的传统，其政策目标依然是充分就业，尽管开创了量化宽松货币政策使用的先例，但却是短暂的、不可持续的。而安倍经济学一改宏观经济总需求管理的传统政策框架，政策目标不再是充分就业，而是通货膨胀，盯住通货膨胀率，只要通货膨胀率不超过一定限度，例如 2％，就必须维持刺激强度，用通俗的语言表达就是"开动印钞机不放松，不达到 2％的通货膨胀率不罢休"。希望以货币膨胀改变社会的预期，减轻资产负债表负担，促使企业多投资、居民多消费。这种做法显然不同于凯恩斯的总需求管理，而是接近正在兴起的"现代货币理论"。然而，又一个十年过去了，日本政府虽然屡屡出招，但仍不能打破社会的预期，仍无法遏制资产负债表的恶化，仍难以阻止经济活动螺旋式下降。与此同时，同样受儒家文化影响的韩国也开始步日本后尘，总和生育率快速下降，目前已在 1％以下，不仅陷入"低生育率陷阱"，而且成为全球总和生育率最低的国家。

"他山之石，可以攻玉"，反思国际经验的目的在于借鉴。日本经济"失去的三十年"使人印象深刻，其国家资产负债表长期衰退令人扼腕，其人口结构和趋势的变化使人警惕。就中国而言，在"一对夫妇只生一个孩子"的计划生育基本国策下，人们对中国总和生育率低于 2.1 的代际更替水平是有思想准备的，通常认为这一指标应维持在 1.8 左右。然而，2010 年第六次全国人口普查结果表明，该指标有可能低于 1.5，中国总和生育率如此之低震动了整个经济学界。它预示着中国已进入低生育状态，人口红利正在结束。

众所周知，人口红利是中国经济在全球化中取得成功的基础性原因。一旦这一基础性原因发生变化，对中国、对世界的影响都是深刻的。鉴此，在经济全球化的格局中考察人口变化的含义十分重要。打造一项既具有显微镜功能又具有望远镜功能的分析工具则十分有必要，满足这一需要的国家资产负债表建构顺理成章地成为理顺思路的基础性工作。

通过对中国国家资产负债表可持续能力的详尽分析，我们形成了对国家资产负债表管理的看法和建议：

第一，在金融方面。中国企业的杠杆率较高，虽然具有前所述及的中国特色问题，但也反映出发展中国家尤其是亚洲新兴经济体普遍存在的问题。亚洲新兴经济体因资本短缺，负债经营成为企业的基本选择。为了加快发展，政府通常采用鼓励投资的金融体制及政策安排，既强化了间接融资的金融结构，又导致企业的负债率普遍升高。这种情形在东亚地区更为突出。以二战后日本为例，为赶超发达国家，日本推行产业政策，实行了主办银行制度，特定的企业与特定的银行形成长期的经营及财务关系，共同进退，一荣俱荣，一损俱损。与此同时，出于金融稳定的考虑，日本在金融监管中实行"护送船队方式"，照顾那些竞争力较弱的金融机构。这既造成了金融风险的集中，又造成了金融市场的僵化。在经济高涨时期，表现为金融机构一味地鼓励主办企业负债，助长了经济泡沫的形成。在泡沫破灭后，一方面表现为惜贷、抽贷，停止或减少对健康企业的贷款，甚至提前收回贷款；另一方面表现为避免坏账的出现，对本该退出市场的"僵尸企业"继续展期，甚至提供新的贷款。结果是，金融市场不能及时出清，导致社会各部门资产负债表持续恶化。

由上，日本的经验教训提醒我们，建设富有弹性、具有韧性的金融市场十分重要。首先，金融是有市场纪律的。有了坏账必须及时出清，僵尸企业必须退出市场。那种"温情脉脉"的父爱主义关怀，"护送船队方式"的呵护，实际上是在破坏市场纪律，致使市场不能及时出清并导致预期恶化，引发资产负债表衰退的慢性危机。也是从这个角度看，从 2004 年开始的中国银行业改革清理了历史积疴，建立了健康的资产负债表，具有深远的历史意义。其次，金融市场是一个体系，除以银行信贷为代表的间接融资外，还应大力发展以资本市场代表的直接融资，若包括 PE、VC 在内的股权融资发展壮大，股权资本补充方便，杠杆率就不会持续升高。与此同时，若债券市场发展壮大，因久期延长，可以缓解期限错配风险，使杠杆稳定化。从这个角度看，中国将发展资本市场上升为国家战略是极具前瞻性的重大举措。最后，日本的经验表明除了有以生产过剩为标志的经济衰退周期，还有以杠杆伸缩为标志的资产负债表衰退周期，因此必须有相应的政策和管理体系来应对成因不同的周期。反映在金融上，如果说以生产过剩为标志的经济衰退需要以总需求管理为宗旨的货币政策予以应对，那么以杠杆伸缩为标志的资产负债表衰退就需要独立的、以逆周期调节为宗旨的宏观审慎管理政策予以应对。

正是立足于中国实际，在借鉴国际经验的同时认真分析总结中国自身实践，才使我们对金融的本质有了更深刻的认识。2017 年召开的第五次全国金融工作会议提出了金融工作"服务实体经济、防控金融风险、深化金融改革"的三大任务，明确了"回归本源，优化结构，强化监管，市场导向"的四大原则。另外，开始重塑金融监管体系，在完善综合监管、行为监管和功能监管的方针下，合并了对负债类金融机构的监管职能，成立了中国银保监会。更为重要的是，在国务院层面建立了金融稳定发展委员会，从而为形成"货币政策和宏观审慎管理"双支柱调控体系奠定了基础。党的二十大后，为加强金融的统一领导，一方面将国务院层面的金融稳定发展委员会改组为中央金融委员会，另一方面将事业单位式的中国银保监会改组为政府机构式的国家金融监督管理总局，从而进一步强化和完善了金融监管体系。

第二，在财政方面。中国的宏观杠杆率已经升高到令人警惕的程度。因此，在前所述及的"去杠杆"提上日程的同时，财政体制的改革变得更为迫切。这是因为，中国政府的负债率虽然不高，但地方政府的负债率一直在升高。造成地方政府负债率高企的基本原因是政府主导经济发展的行为。基层政府为招商引资，以土地抵押为基建融资已成为一种定式。尽管中央财政和地方财政属于不同层级政府，形成不同的负债主体，中央政府并没有义务承担地方政府债务，但中国是单一制国家，中央和地方之前的财政关系是紧密的，形成了极具中国特色的中央和地方的事权与财权关系。表面上看是地方政府债务，但实际上它是由中央政府"背书"的，其核心是政府与市场的关系。

1984 年，为适应改革开放的需要，中国进行了名为"分灶吃饭"的财政体制改革。这一改革打破了传统计划经济"一竿子插到底"的财政体制，地方政府需要为本级财政收支负责，相应地也就赋予了地方政府组织收入的权力。这一改革调动了地方政府发展经济的积极性，开启了主流经济学文献所称的"中国地方政府相互竞争的中国市场经济模式"。然而，这一模式在带动经济发展的同时，却因以税收为主的正规财政收入不足，造成中央财力捉襟见肘，连国防都需要

"忍耐"，甚至出现了军队经商的现象。在这种情况下，财政体制不得不于1994年进行新一轮改革，这轮改革的核心是财力在中央和地方之间重新分配，手段是分税制。改革的目标是有限的，体现为"两个比重的提高"，即在国民收入中提高财政收入的比重，在财政收入中提高中央财政的比重。然而，由于目标的有限性，此轮财政体制改革仅涉及中央与地方的财权划分，未涉及事权划分，致使在财政支出责任上中央和地方的责任是一样的，俗称"上下一般粗"。由于就业压力在地方，地方具有发展经济的冲动，而分税制又使财力集中于中央，地方不得不以土地开发招商引资的方式来发展经济，开发区模式由此大行其道。

特别是2008年后，为应对国际金融危机而加大政府投资，土地财政因此变本加厉、愈演愈烈，造成地方政府负债率持续攀高、杠杆率持续加大的局面。由此，若想保证政府资产负债表能力的可持续性，必须控制地方政府的杠杆率，那么新一轮财政体制的改革就是必需的，其指向应该是中央和地方的支出责任，亦即事权的重新划分。由于财政是国家治理的基础，是一半财、一半政，要建立社会主义市场经济，就要从根本上厘清政府与市场的关系，核心是市场在资源配置中发挥基础性进而决定性作用。相应地，为更好发挥政府作用，政府应该转变职能，由建设型政府转变为公共服务型政府。我们建议，依此原则，树立政府事权的基准，形成政府的支出责任。退一步来说，即使政府要承担经济建设责任，也主要体现在全国性的诸如基础设施建设等方面，同时还应该尽可能地采用PPP等政府和社会资本合作的形式。

第三，在社会保障方面。日本经济"失去的三十年"是资产负债表的慢性但持续性衰退，背后的重要原因是人口的老龄化和少子化。鉴于中国已经步入老龄化社会，而且老龄化进程还在加速，日本的经验教训尤其要引以为戒，以养老金体系为代表的社会保障体系的可依赖性则需要特别重视。长期以来，在计划经济体制下，中国没有独立的社会保障体系，包括养老金在内的社会保障，包括住房在内的社会福利，都是和就业捆绑在一起的，内化于企事业单位，并形成了阻碍人员流动的"单位所有制"。中国现行的社会保障体系是在借鉴新加坡经验的基础上，于20世纪90年代开始建立的预筹个人账户与共济账户并行的体系。这一体系的核心是个人账户，每个人年轻时将收入的一定比例缴存，年老退休后领取。其中缴存的大部分进入自己名下的个人账户，缴存的小部分进入共济账户。年老退休后，先从自己的个人账户支用养老金，当个人账户的资金支用殆尽，由共济账户接续支付。这一体制的优点在于个人的养老金水平与自己的缴存水平相挂钩，在具有缴存激励性的同时，又有较强的支付约束。然而，其缺点也十分明显。这种体制在人口结构年轻的情况下能较好地运行，但随着人口老龄化，预筹积累制的前提条件便逐渐丧失，个人账户因入不敷出而不得不变成现收现付制，这不仅意味着下一代人在支付上一代人的养老金，而且使财政不得不承担越来越大的养老金支出责任。对中国而言，这种挑战不仅已在眼前，而且更为严峻。与日本相比，中国在人均 GDP 尚未达到发达国家平均水平时，人口老龄化程度已经达到甚至超过发达国家平均水平，从而出现史无前例的"未富先老""未富已老"的状况，沉重压迫着社会保障体系，产生了对社会保障体系可依赖性的公众焦虑。

我们当时认为，"未富先老""未富已老"虽然是重大的挑战，但中国还有应对能力。除了通过延迟退休等来减缓养老金支付压力外，还可以采用类似发达国家 401K 的方式，建立养老金的第三支柱，补充养老金。更为重要的是，中国拥有庞大的国有资产可供弥补日后的养老金缺口。事实上，自新中国成立以来，中国积累形成了以国有企业为主要形态的庞大国有资产，与此同时，山川河流、土地矿产也为国家所有，也是国有资产。如此庞大的国有资产，应对养老金缺口将绰绰有余。目前仅有的困难是，这些资产还不能变现。因此，创造国有资产的可变现条件，使有资产处于可变现状态，以备不时之需是重大的国家战略。除前所述及的促进资本市场健康发展是相关市场条件外，财政预算制度的改革与建设也十分重要。2012 年我们就曾建议，在三年内划拨 20％～30％的政府持有的上市国企股份到社保体系，让划拨后股份的股息红利成为社保系统的一项可持续的收入来源，以缓解养老金体系长期将面临的巨大缺口，为今后更大规模的划拨和启动国有资本管理改革提供经验。我们认为，财政预算应是全面的全额预算，即政府的所有收入都应纳入预算。目前，从收入来源看，中国政府的预算大致有四类：由税收收入构成的政府一般性预算，由包括卖地收入在内的其他收入构成的基金预算，由国有资本和利润构成的国有资本预算，以及以因社保资金缺口所需补助为主构成的或有预算。这四类预算应在新的统一框架下统筹安排。因此，预算法的修改至为必要。其中，将国有资本预算纳入统一的财政预算又是关键。一方面，国有资本尤其是利润是可以进行调节的预算科目，能应对不时之需，尤其是社保资金缺口，将其纳入统一的财政预算可增加预算的弹性。另一方面，更为重要的是，这也是国家治理体系现代化建设的不可分割的组成部分。当社保系统因国有企业股份划入而充当国有企业股东时，国有企业治理机制将会有明显改善。这是因为社保系统出于养老金支付压力，会提出现金分红甚至加大分红比例的诉求，这既可约束国有企业投资饥渴所形成的负债冲动，也可促使国有企业提高经营效率，从而是改善国有企业治理结构的制度化安排。

第六章

人民币国际化的加速

一、人民币国际化的缘起

区别于生产过剩危机，金融危机是资产负债表衰退危机，其基本症状是金融市场流动性枯竭。2008 年国际金融危机肇始于美国，表现为美元的流动性枯竭。美元既是主权货币，又是国际货币，从而美元的流动性枯竭也是国际流动性枯竭，对中国所处的东亚来讲，对美元的流动性枯竭曾有切肤之痛。早在 1997 年，东亚国家曾因资金外流而耗尽以美元为代表的外汇储备，从而出现了美元的流动性枯竭，引发了本币对外币的大幅贬值，肇始了亚洲金融危机。

亚洲金融危机暴露了过去人们未曾注意到的久存于东亚地区的"货币原罪"问题。所谓"货币原罪"，体现为"三个错配"。首先，货币错配。东亚地区是新兴经济体聚集区，又是以出口为导向，经济正处于高速增长阶段。区域外贸易和区域内贸易都十分活跃，区域内贸易占比一度高达 50% 以上。但无论是区域外贸易还是区域内贸易都使用区域外货币，主要是以美元作为计价、结算、支付工具，形成了本区域经济往来也要用区域外货币结算的典型货币错配。这意味着一旦区域外货币供给不足，出现流动性短缺，区域内外的经贸活动就都会陷入停滞之中。其次，期限错配。东亚地区是全球经济发展最快的地区，急需资本，但流入东亚地区的资本多是短期资本。短期资本具有频繁流动的特点，而短期资本过度频繁流动必然影响经济稳定，严重时还会伤筋动骨。最后，结构错配。货币错配和期限错配导致了更深层次的结构错配。东亚国家受儒家文化影响，储蓄率一般较高，而东亚地区又处于工业化成长阶段，渴求资本。虽然这两者在理论上是匹配的，但实际上由于金融市场和金融基础设施不发达，本地储蓄不能为本地的金融机构所动员，反而为国际市场所吸引。最明显的例子就是东亚国家大多是国际收支顺差国，省吃俭用形成的外汇储备基本都投资于美国金融市场，尤其是美元国债市场。在境外累积后，由境外机构返投境内，形成储蓄与投资的结构错配。这三个错配的共同症结是国内经济金融活动高度依赖国际货币，尤其是美元的流动性。如果说 1997 年亚洲金融危机是亚洲区域内原因造成的对美元流动性极度渴求所致，那么，2008 年国际金融危机则是亚洲区域外、美国自身原因造成的美元流动性极度短缺所致。由上，可以看到，上述三个错配所构成的"货币原罪"实质上是东亚地区经济贸易及金融的发展高度依赖区域货币的稳定供给，金融安全系于美元一身。于是，为了经济发展，也为了金融安全，本地区使用本地区货币的本币化诉求应运而生，成为缓解所有错配问题的关键。

正是出于纠正错配这个原因，在亚洲金融危机前后，东亚地区就开启了本币化进程。这一本币化进程起初寄望于日元，当时的日本是亚洲工业化雁阵的头雁，是亚洲制造业产业链和供应链的中心，围绕着这一中心，在产业链和供应链上下游之间使用日元来支付顺理成章，日元国际化顺势被提出。当时，日本政府制订了"黑字还流计划"，利用日本在经常项目所产生的巨额顺差，以投资或贷款等形式从资本项目返投亚洲其他经济体，形成经常项目的"黑字"（顺差）通过资本项目的"赤字"（逆差）在亚洲地区的还流。期望通过这一还流，使日元快步成为本地区主要的贸易融资和产业发展的投融资工具。然而，由于日本经济泡沫的破灭、亚洲金融危机的爆发以及日本政府的短视等种种原因，"黑字还流计划"中途夭折，日元国际化随之戛然而止。

2008 年国际金融危机及相伴出现的全球性"美元荒"，使亚洲尤其是东亚经济体更加深切地体会到"货币原罪"的危害性，更加深刻地认识到加快本币化进程的紧迫性。"美元荒"不仅造成国际金融危机的肆虐，而且造成国际贸易最基本的条件——支付手段短缺，在全球贸易规模大幅下降的同时，也使亚洲区域内贸易难以进行。而中国作为国际贸易中的主要伙伴，不仅难以独善其身，而且深受其害，进出口规模都出现了急剧下降。2008 年第四季度，笔者作为经济学家应邀参加了国务院召开的经济座谈会。鉴于当时中国对外贸易的严重情况，在会上笔者提出以人民币作为国际贸易计价、结算工具，首先在我国港澳地区以及东盟国家使用，以缓解支付手段短缺所造成的包括中国在内的国际贸易困难。建议在广东、云南及广西等地进行跨境贸易人民币结算的试验，因为这些地区不仅有较为迫切的贸易需要，而且在过去长期的贸易中已养成使用人民币的习惯，从而具有进一步扩大深化的基础，可以作为试点，率先展开。在随后提交的文字稿中，笔者又详述了这样做的理由：国际金融危机给亚洲地区正常的贸易投资往来带来了严重的困难，金融稳定性也遭受了伤害。为避免未来可能发生更大的冲击，现在开始就要推进本币化进程，减轻对美元的系统性依赖，从而分散风险。中国即将成为世界第二大经济体、第一大贸易体，是亚洲国家主要的贸易投资伙伴，人民币因此会成为这些国家用来替代美元的首选货币。中国有责任满足这一需要，履行大国提供国际公共产品的义务。

需要指出的是，人民币国际化是美元难以全面及时履行国际货币职能的产物。它虽然是由国际需求推动的，但却是对中国金融体系的极大挑战。这是因为主权货币作为国际货币必须具备一系列先决条件：

第一，该主权货币应该是全面可兑换货币。尽管可兑换货币不一定成为国际货币，但国际货币一定是可兑换货币。它要求包括资本项目在内的各项目对外开放并可兑换。

第二，该主权货币国际收支应呈现出持续可靠的稳定逆差状态，以满足各国对国际流动性的需要。尽管并不必然要求该国的国际收支全面逆差，但至少在某一项目下，有可靠的逆差形成机制来使逆差呈现出稳定性和可持续性。

第三，该主权货币国内金融市场是具有广度和深度的，从而能经受住各种货币流动的冲击。尽管并不必然要求维持固定汇率，但至少要有可预期的汇率与利率平价机制，并且有能力平滑金融市场波动。这就要求提供该主权货币的中央银行承担起全球中央银行的责任，是最后的国际贷款人。

显然，在 2008 年国际金融危机前后，中国的金融体系是不具备上述条件的。从这个意义上讲，人民币国际化对金融体系尚在发育中的中国来说不啻为高难度动作，并集中体现在国际收支资本项目的开放上。发展中国家的经验表明，金融发育和发展的趋向是市场化，即本币的价格由金融机构的竞争决定，外币的价格由国际资金的自由流动决定。虽然共同的指向是国际收支资本项目的开放，但是一旦国际收支资本项目开放，国际资本的频繁流动会导致本币对外币的价格急剧波动，并有可能引发类似于 1997 年亚洲金融危机的危机。也正是出于这一原因，中国在 1996 年满足国际货币基金组织的要求，实现国际收支经常项目可兑换后，推迟了原定于 2000 年实现的以资本项目可兑换为代表的人民币全面可兑换的目标。

换言之，当时，人民币全面可兑换虽有路线图，但却没有时间表。

面对世界尤其是东亚地区对人民币国际化的迫切需求，同时面对中国金融体系尚不具备条件的现实状况，在两难中找到妥当的解决之道成为人民币国际化安排的独特出发点。它不是高深的理论逻辑，而是夹缝中的操作方案，它不能在办公室里坐而论道，而只能在试验中探索。当时，在对国内外金融市场及机制进行深入调研的基础上，我们认为，在包括资本项目在内的本外币全面可兑换、国际收支逆差形成机制存在以及金融市场深度发展并开放等三个先决条件中，第二个条件是关键。这是因为逆差形成机制是国际流动性的来源，如果能够抓住这一牛鼻子，并对相关的条件进行重构，不仅会促使其他条件的约束有某种放松，而且可能形成新的资本项目开放路径，开创新的局面。这就是在资本项目"先实现本币流动，再实现本外币可兑换"，简称"先流动、后兑换"的开放路线。具体来讲，中国国际收支经常项目已经可兑换，可以鼓励以人民币作为进口结算和支付手段，通过健全人民币持续流出的机制，在经常项目平衡甚至顺差的条件下创造本币经常项目的逆差。与此相对应，在维持资本项目不可兑换的同时，以本外币币种的区别管理取代传统的居民非居民管理，开辟流出的人民币通过资本项目回流境内的特别渠道，形成本币资本项目的顺差，从而实现人民币国际收支的还流，即人民币由经常项目流出，由资本项目流入。

在逻辑上，这一还流机制既满足了当下世界，尤其是东亚区域内贸易计价、结算的需要，在增加国际支付手段的同时，又不涉及人民币全面可兑换问题，在最大程度上符合中国的实际。在实践上，这一不同于当年日元国际化的人民币还流机制既是必要的，也是可行的，因为它具有扎实的实施基础，并具有良好的发展前景。同时更为重要的是，人民币国际化的这种安排还可以降低资本项目开放的难度，规避风险。首先，不同于日本，中国是一个人口大国，并且人均收入仍在快速增长，是一个成长中的市场大国。以最终消费提升为特征的强劲内需将呈现为进口的持续扩大，不仅有利于满足人民生活水平提高的需要，也有利于形成人民币对进口支付的条件，进而形成以人民币表示的经常项目逆差的持续维持和扩大。相较而言，日本国土面积狭小且人口规模相对较小，内需扩大空间不大。这既是造成日本工业产能必须面向海外，只能通过"贸易立国"的理由，也是近三十年尽管在与美国发生贸易摩擦的重压下，日本货物贸易仍始终保持顺差的原因。其次，不同于日本，中国还是一个发展中国家。金融市场尚在发育，包括金融监管在内的金融体制尚处于由计划经济向市场经济转轨的过程中，由此决定中国金融仍具有较大的脆弱性，在一定程度上需要设置防范国际资本流动的"防火墙"，有必要对资本项目进行较严格的管制。而日本已完成工业化进程，并由此推动在 20 世纪 80—90 年代逐步放开了对资本项目的管制，相应地促进日本金融市场的利率市场化，使东京金融市场成为亚洲主要的金融市场之一，不仅品种相对齐全，而且金融机构相对发达，包括监管在内的金融体制相对成熟，从而构成日元国际化的制度基础，形成"黑字还流"安排的基本条件。最后，不同于日本，中国有香港。"一国两制"安排下的香港是同一主权下的离岸金融市场，充分发挥香港金融市场的作用是可以做到经常项目与资本项目的隔离并形成还流的。

显然，按照这一设想，人民币国际化只能起步于经常项目，首先是货物贸易结算和支付，产生的净头寸可由某种在资本项目下特别设计的管道有管理地回流。然后，在此基础上，根据进展再相机考虑下一步的安排。2009 年，全国人大财经委员会副主任委员吴晓灵主持的大型研究"人民币国际化研究"在博源基金会立项，这集中了该领域的众多专家，既包括政策研究者、制定者，也包括市场操作者。其中一项主要研究是"香港金融市场在人民币国际化进程中的地位与作用"，由笔者负责并主笔。研究发现，长期以来，特别是 1997 年香港回归后，香港金融市场已客观形成了支持人民币从经常项目流出而从资本项目回流这一安排的能力：一方面，为支持香港经济社会长期稳定繁荣，内地与香港有了更紧密的经贸合作（CEPA），奠定了内地与香港金融合作的体制基础；另一方面，更为重要的是形成了操作条件。"一国两制"使香港成为内地居民出境旅游购物的首选目的地，"自由行"应运而生。赴港的内地游客持续攀升，数倍于香港当地居民。内地游客的吃住行购日益成为香港经济繁荣的支柱，也构成内地对香港服务贸易逆差日益增长的重要原因。如果香港商户收受人民币，将会使这一内地游客购买潜力更加直接地转化为香港的现实经济表现。鉴此，2003 年，内地与香港两地金融监管当局合作，推出了内地居民香港消费的人民币安排，即指定商户安排。相应的机制是：在内地居民经常活动的香港商业和服务场所，香港金融监管当局指定商户收受内地消费者支付的人民币，由中国银行在港机构（中银香港）负责回收并兑换成港币给这些指定商户。同时，中银香港与中国人民银行深圳分行签订协议，按指定方式和指定额度将人民币现金清算回内地。中国人民银行深圳分行一次性兑换港币给中银香港使港币回流香港。由此，中银香港实质上是接受中国人民银行委托在香港履行中央银行的清算功能，并因这一功能的发挥实现了闭环，完成人民币从经常项目流出而由资本项目回流的全流程。从几年的实践看，这一流程运行平稳，未出现重大纰漏，表明其逻辑可行，操作也可行。

据此，我们认为，面对国际金融危机后全球尤其是亚洲地区对人民币的需求，可在香港已获得的成功经验的基础上，从跨境货物贸易计价、结算、支付入手，将人民币的使用从现金扩展到非现金，从针对个人消费的指定商户扩展到全部工商业，从临时性的安排扩展到正常的机制性安排。这一机制性安排的要点是：在中国资本项目管制的大坝基础上，拓展现有的人民币流出入管道，作为大坝两侧的内地和香港双方金融监管当局在凝聚共识的基础上，协调好专门管理者的分工，调节好流量。由此形成人民币从经常项目多口流出内地，经香港由资本项目一口有管理地回流内地的格局，以此规避资本项目下短期资本无序流动的冲击风险。可以预见，如果管理到位，从经常项目流出内地的人民币规模会大于经香港由资本项目回流内地的规模，由此，香港金融市场将出现人民币资产池。随着资产池变深变大，香港作为人民币离岸市场将会随之出现并日益壮大。我们认为，这一机制性安排在理论上是可行的，在实践上是有基础的，是可以付诸实施的。如此，香港国际金融中心就有了特别的意义：由过去非典型的人民币跨境使用场所变成典型的人民币国际化的离岸市场。香港与世界各地有着紧密的金融联系，人民币能在香港全面使用意味着人民币通过国际化可以抵达世界各个角落。由此，在"一国两制"条件下，内地与香港紧密合作所形成的体制为人民币在香港使用奠定了操作基础，使香港在人民币国际化进程中具有了特别的战略地位。认识并巩固这一地位，扬长避短，既可保持香港的稳定繁荣，又因人民币的加入而可为香港国际金融中心增添新优势，并为人民币国际化走出前所述及的两难困境创造新条件。

基于这一认识，围绕着人民币国际化研究的进行，博源基金会加大了调研力度，不仅组织了包括金融机构在内的相关研讨，更为重要的是利用一线经济学家洞悉市场和金融操作的优势，主动与内地和香港两地的政策制定部门和监管当局进行沟通、探讨和交流，为深化思路、细化操作提供咨询意见，直接推动了2010年香港金融管理局二号通函的出台。二号通函明确：人民币进出香港由中国人民银行决定。一旦进入香港市场，人民币将被视为同其他可兑换外币一样，在香港享有同等地位和权利。这为人民币离岸市场的发展提供了合法性,香港由此开辟了今日人民币国际化的特定模式"清算行＋离岸市场"的发展前景。所谓"清算行＋离岸市场"模式可以这样描述:人民币从经常项目流入香港后,如果经资本项目回流内地,因资本管制的需要是要设定额度的。而香港的金融市场是自由市场,是没有办法实施额度管理的。于是中国人民银行就与中银香港签订具有权利和义务的清算协议,即委托具有中资背景的金融机构执行中央银行的清算功能。中银香港的义务是执行中国人民银行的额度管理规定,权利是在香港收兑的人民币既可以调回内地进行转存,也可以在中国人民银行深圳分行以在岸汇率兑换成美元或港币调回香港。由于中银香港具有将人民币调回或兑换的清算行功能,从而可将这个清算协议作为主协议与其他在香港有人民币业务的银行签署从属性的清算协议。如果在港经营的其他银行与中银香港签署了协议,成为人民币业务的参加行,除执行限额规定外,可以将其在港吸收的人民币存款转存中银香港,中银香港再转存内地,内地银行向中银香港付息,中银香港再向各人民币业务参加行付息,进而人民币业务参加行的储户可以获得利息收益。同理,在港人民币业务参加行也可以将其收兑的人民币卖给中银香港,中银香港再卖给中国人民银行深圳分行。与此同时,香港金融监管当局会检查在港人民币业务参加行执行清算协议的情况,如果它们没有执行,可以经营不审慎为由对它们进行处罚。由此,内地和香港两地监管当局各司其职,形成闭环,就把内地资本项目管制的相应要求传导到香港自由金融市场。

人民币国际化后来的发展事实表明,一旦渠道开通,机制形成,其步伐会远远快于我们这些人的设想。2009 年 7 月,人民币正式用于跨境货物贸易结算,当时还限于在上海、深圳、珠海、东莞、厦门五个城市的 365 家企业试点,仅在港澳和东盟地区使用。然而,两年后便扩展到全国所有的省份、所有的企业,使用范围覆盖整个世界,而且不限于包括服务贸易在内的经常项目,还用于资本项目的直接投资科目,紧接着又扩展到金融科目。一时间,人民币在全球的使用遍地开花。记得 2012 年夏,新加坡金融管理局和国际货币基金组织联合在新加坡召开人民币国际化的国际研讨会,笔者应邀参会发言。当时正值欧债危机并连累欧元,国际社会甚至担心欧元会瓦解。于是,笔者发言的开场白"人民币的国际化和欧元的飘摇构成当今世界经济的基本特征"成为当日新闻媒体的头条,并广为流传。

中国银行是人民币国际化的主办行之一，作为这家百年国际化银行的首席经济学家，笔者在 21 世纪初就开始参与人民币跨境使用的研究与操作。因此，不断收到国外同行的邀请，要求交流和推介。20 多年来笔者已与全球上百个国家或地区的中央银行、货币当局有深入的接触和沟通，同时不断参加国际组织及各机构专业论坛进行研讨。这些经历使笔者深深感受到，人民币国际化使中国开始平视世界，从而直面挑战，因此需要从全球化的立场重新审视自己；人民币国际化也使世界直面日益崛起的中国，因此也需要从全新的角度重新理解中国。

一旦转换立场，从新的角度考察人民币的国际化，可以看到它既面对国际需求，又立足于中国实际，创造出国际收支资本项目开放的新鲜经验。这一新鲜经验的创造过程可以这样描述：基于中国的改革经验"摸着石头过河"，人民币国际化也是通过试验在探索中前进。2009 年 7 月跨境货物贸易人民币结算是以"上海方式"和"港澳方式"两种不同的方式同时开启的。区别于港澳方式，上海方式是结算方式，其核心是充分利用现有的人民币经常项目开放的条件，鼓励发挥人民币的优势，提高本币在跨境货物贸易结算中所占的比重。其机制安排是，当在对华贸易的货物进出口上决定使用人民币进行计价、结算和支付时，可通过交通银行总行和中国银行上海分行的海外代理行进行结算安排，进而通过这两家银行进入境内央行跨行清算系统，完成人民币清算。然而，令人吃惊但又不出所料的是，虽然跨境货物贸易人民币结算首单是以"上海方式"完成的，但随后"港澳方式"却一骑绝尘，在速度和规模上远超"上海方式"。究其原因，如前所述，在"上海方式"下人民币仅限于经常项目的使用和结算，容易造成人民币贷款的闲置，而"港澳方式"则将资本项目开放引入跨境货物贸易结算中。境外进出口商可以将人民币闲置资金通过离岸市场进行配置并获得相应的收益，吸引更多的跨境贸易以"港澳方式"进行人民币结算。

"实践出真知"，通过对"上海方式"和"港澳方式"的对比，可以看到两者之间区别的核心在于是否将资本项目开放纳入其中。"港澳方式"表明资本项目开放和资本项目可兑换是可以相对分离并分步实施的。亦即，资本项目开放是可以通过本币进行的，形成本币"先流动、后兑换"的顺序。这种"分步走"的开放方式有别于一步实现可兑换的方式，不仅降低了资本项目开放难度，更是一种创新。传统理论告诉我们，在资本自由流动的条件下，若想保持货币政策的独立性，则汇率无法保持稳定，若想保持汇率稳定，则需要放弃货币政策的独立性，否则就不能使资本自由流动，从而形成"蒙代尔-克鲁格曼不可能三角"关系。在这一不可能三角中，只能两两成立，形成角点解。这一角点解意味着资本自由流动与货币政策独立性具有内在的冲突，并因此使超大经济体的宏观经济难以通过政策实现内部与外部同时均衡。然而，资本项目本币"先流动、后兑换"的人民币国际化特殊路线则是把"蒙代尔-克鲁格曼不可能三角"的角点解转化为非角点解。不在三个顶点寻求突破，而是在三条边的晃动中寻找平衡。换言之，独立的货币政策放松一点，资本项目开放一点，汇率浮动幅度大一点，在这一渐进推动的动态路径上，伺机实现相对的平衡。用数学语言表达就是，三角的角点解是 $1+1+0=2$，而非角点解可能是 $1+1/2+1/2=2$，也可能是 $2/3+2/3+2/3=2$，以及其他众多形式。结论是：只要精准掌握平衡，使每条边的非角点解瞬时集合解不大于 2，渐近过程是可以维持的。这实际上是中国渐进式改革经验在资本项目开放上的重现，并由此使"蒙代尔-克鲁格曼不可能三角"的角点解扩展到非角点解，既贡献了中国智慧，又丰富了金融开放的内涵。

与此同时，必须说明的是，人民币国际化的实践还告诉我们"蒙代尔-克鲁格曼不可能三角"非角点解是有条件的。首先，这一路线只有大型经济体才走得通。这是因为大型经济体在全球 GDP 中比重高，意味着其市场大，在开放条件下是国际贸易中的主要对象，其本币从而具有成为国际货币的潜质。也正因如此，决定了在这一不可能三角中优先考虑的是货币政策独立性，从而奠定了在此基础上本币开放的前提，造就了"蒙代尔-克鲁格曼不可能三角"角点解的不唯一性。其次，非角点解因不唯一而产生了弹性，但也因此不是稳定解，其不稳定性十分突出地表现在汇率及其形成机制上。由于人民币资本项目尚不可兑换，人民币汇率目前呈现"双轨"态势，背后是在岸市场和离岸市场两种汇率形成机制并行。在离岸市场，人民币实际上是可兑换货币，汇率形成机制是市场交易，呈现为多对多的博弈，汇率水平因此受供求规律支配。而在在岸市场，中国人民银行是外汇唯一的最终供应者和购买者，汇率形成机制呈现为一对多的权衡，中国人民银行对汇率水平有最终的影响力。两种不同的汇率形成机制造成同种货币有两种不同的汇率水平，既扭曲了汇率，也激励了市场上的套汇套利冲动，并可能造成货币政策陷入首尾难顾的窘态。

面对这个现实，我们加深了对"蒙代尔-克鲁格曼不可能三角"的理解。"蒙代尔-克鲁格曼不可能三角"的角点解隐含的指向是本币的可兑换性。这一含义的显性表达是汇率和利率形成机制的市场化，从而利率和汇率会形成以市场供求为基础的平价机制。换言之，角点解虽不是唯一解，但却是稳定解，其稳定性就体现在可兑换性上。正是基于这一理解，2015 年中国在中国（上海）自由贸易试验区开启了自由贸易账户（FTA）的安排。亦即在中国（上海）自由贸易试验区注册的中外企业可同时拥有两个账户，即一般账户和自由贸易账户。这两个账户目前功能相同，都可以人民币或外币进行经常项目交易以及以人民币进行资本项目交易，但不能兑换，因为存在资本管制。按照国际货币基金组织（IMF）的标准，资本项目共有 41 个科目。中国只有三个资本项目行为主体科目还存在实质性管制：一是外商对华以外币直接投资，需要逐笔审批、逐笔核销；二是中国居民不得以外币对外负债，负债需要经过审批并纳入外债规模管理，中国居民对外投资也需要特别审批才能获得外汇；三是外资不能以外币投资中国资本市场，特别是二级市场。

在这种情况下，自由贸易账户就是为人民币资本项目可兑换所做的特别安排，其作用是为上述三个资本项目行为主体科目逐一创造可兑换条件。例如，在中国（上海）自由贸易试验区企业所使用的自由贸易账户中，创造外商对华投资使用人民币与使用外币的条件一致化，逐步使这一科目可兑换。在做法稳定化、经验成熟化后，便可以将它移植到全国企业普遍使用的一般账户中，从而实现该科目在全国范围内的可兑换。同理，一旦中国居民对外使用本外币的条件一致化，亦意味着此项目实现了可兑换，依次类推，逐一进行，逐一移植于一般账户。当移植全部完成，自由贸易账户的历史使命就将结束，其功能就将自动消失，而一般账户因实现全面可兑换而成为全国的唯一基本账户系统。目前，自由贸易账户安排已由上海扩展到广东和海南。一旦国际经济金融环境适宜，自由贸易账户的可兑换试验就会开启。其中，海南自由贸易港的建设更使得自由贸易账户人民币可兑换试验在海南有了开启的先机。

从 2009 年 7 月人民币正式用于跨境货物贸易结算的试点算起，迄今已有 14 年。沧海桑田，2022 年人民币已是全球第三大贸易融资货币，全球占比达 3.91%，是全球第五大支付货币，全球占比达 2.3%，是全球第五大外汇交易货币，全球占比达 7%。更为突出的是，在全球各大金融中心都有人民币市场，已有 80 余个国家和地区将人民币纳入外汇储备，人民币已成为全球第五大储备货币，全球占比达 2.7%，较 2016 年人民币刚被纳入国际货币基金组织特别提款权

（SDR）货币篮子时位次提升了两位，全球占比提升了 1.6 个百分点。人民币国际化的成就斐然：一方面，在帮助亚洲地区克服"货币原罪"的同时，使世界有了新的货币选择，不再是只能依赖美元，天下苦美元久矣的景象正在缓解。另一方面，创造了主权货币国际化的新鲜经验。截至目前，人民币尚不可完全自由使用，但在国际上广泛使用的货币开辟了国际货币体系的新气象。抚今追昔，此刻特别感念当年为人民币国际化付出心血的理论研究者、政策制定者和实务操作者，他们敢为人先的探索精神至今仍历历在目。

二、国际货币体系改革与人民币国际化[①]

人民币的国际化是本币的国际化。所谓本币的国际化，是指一国的主权货币普遍用于国际经济贸易及金融活动，并因此广泛进入非居民的资产负债表中，成为价值的一般承担者，从而构成一国外汇储备的主要成分。换言之，该国主权货币成为国际储备货币或世界货币。

从金融的角度来看，世界货币通常具有相互联系但层次递进的三种功能：首先是价值尺度的功能。因用于衡量价值，成为商品和劳务的一般计价工具，进而反映在金融上是可作为贸易结算工具。其次是金融市场的投融资功能。一方面因贸易计价结算会形成包括长短头寸在内的差额并需要相互借贷以满足扩大贸易的需要，即贸易融资，另一方面因具有价值尺度功能可以衡量投资标的，成为投资工具。这两方面结合起来，使世界货币具有了价值承担功能，从而个人和机构将其广泛用于国际金融市场的投融资。最后，上述功能使世界货币具有国际通行的价值贮藏功能，从而个人和机构将其作为一般价值贮藏手段，进而广泛进入他们的资产负债表，成为包括国家在内的储备资产。

严格意义上的世界货币起源于地理大发现之后。随着世界各国经济日益紧密联系在一起，自愿或非自愿的国际贸易使贵金属，主要是金银成为通行的计价和结算工具，进而也成为人们争相渴求的价值承担者，形成了重商主义风潮。但贵金属供给受储量和开采难度的限制，增长速度赶不上经济的增长速度，尤其是国际贸易的增长要求，于是以黄金为本位发行的银行券作为替代物开始流行，反映

---

① 曹远征. 国际货币体系改革与人民币国际化. 中国市场，2013（3）：52-59.

在国际贸易和金融上便是金本位制。

银行券代替黄金成为国际计价、结算和投资的工具，预示着国际货币体系信用化的开始。在金本位制下，由于银行券可以按照一定的比例兑换黄金，各国银行券之间的汇率波动就被限制在黄金输送点以内，汇率相对固定。在这种条件下，以黄金为本位的信用货币成为黄金的代表者而具有价值承担能力，从而成为与黄金等值的储备货币。

1880—1914 年是金本位的鼎盛时期。在这一时期，银行券与黄金等值预示了另外一种可能性，即黄金的货币作用可为信用凭证所替代。19 世纪以来，以电力广泛应用为代表的第二次工业革命进一步加速了世界经济的增长，使黄金供给的瓶颈更加突出，信用凭证开始广泛取代黄金。与此同时，随后爆发第一次世界大战，基于种种原因，各参战国都相继终止银行券与黄金的兑换业务，金本位制因而寿终正寝，国际货币体系陷入混乱。

一战后，为医治战争创伤，恢复经济，需要重建国际货币体系。为此，1922年 4 月，29 国在意大利热那亚召开世界货币金融会议。会议认为重回金本位制困难重重，于是决定采用金汇兑本位制。在金汇兑本位制下，本币不能直接兑换黄金，必须先购得与黄金挂钩的外汇才能兑换黄金。显然，金汇兑本位制的制度基础是不稳固的，因此也被称为"虚金本位制"。值得指出的是，在金汇兑本位制下，金融机构在国际贸易和国际经济活动中的中介地位日显突出。一方面，金融机构依托代理行网络使用备兑信用证减少了信息不对称，促进了交易的达成，另一方面，金融机构在贸易融资中提前贴现单据，保证了资金的供给。这种以信用为基础创造信用的金融活动促进了国际贸易和国际经济活动，使金融和贸易水乳交融而密不可分，而且世界信用体系的建立使世界货币有可能彻底摆脱贵金属，完全以自身信用为基础发挥功能，从而为信用货币充当世界货币构筑了必要条件。

20 世纪 30 年代的大萧条终于使上述条件充分化。在传统的金本位制下，一国的货币发行受制于黄金的供应数量和速度。而在现代市场经济的社会化大生产条件下，生产能力和市场交易规模都远超黄金的生产与供应。于是，根植于市场经济内部的需求增长赶不上供给增长便直接体现为货币供应速度赶不上经济活动需要。换言之，黄金供应不足的通货紧缩与生产交易的扩张之间形成矛盾。其中一个突出的表现就是当有效需求不足导致的生产过剩危机爆发时，受制于黄金供

应量的通货紧缩不仅无助于危机的缓解，反而会加剧危机的危害。凯恩斯意识到
了这一点，认为只有通过增加货币供应，从而降低市场利率，使负债经营企业的
投资成本降低，相应地提高预期利润率，从而使投资提前发生，才能缓解危机。
如果生产过剩是由市场经济有效需求不足所导致的，那么可将调节货币供应作为
一个常态化手段加以运用，货币政策因之而生。从理论上讲，这彻底颠覆了传统
的货币理论，确立了信用货币在经济生活中的地位。换言之，现代宏观经济学是
建立在通过货币供应量影响个人和机构的资产负债表的信用体系基础之上的。货
币因此不再仅仅是实际价值的承担者，也成为一种政策工具。反映在国际经济活
动上，一国的经济实力不再由贵金属的拥有量来衡量，而是由经济活动的规模即
GDP 来衡量。而 GDP 规模巨大的国家因经济活动的深度和广度，其货币有可能
成为国际经济活动中的一般等价物，并广泛用于计价、结算、投资和储备。至
此，一国主权货币有了成为世界货币的现实机会。

二战后，美国经济成为世界第一，加上美国的政治、军事实力，使美元脱颖
而出。1944 年 7 月在美国布雷顿森林召开了"联合国货币金融会议"，45 个国家
通过了《国际货币基金组织协定》和《国际复兴开发银行协定》，创建了以美国
为中心的国际货币体系即布雷顿森林体系，以及相应的国际组织即国际货币基金
组织（IMF）。它与旨在促进自由贸易的关贸总协定（GATT）互为依托，构成
了战后的国际经济秩序，共同捍卫着以《雅尔塔协定》为基础的、以联合国为代
表的国际政治秩序。并且，为了使这一政治经济秩序更好地运转，相应地成立了
以促进发展中国家经济发展为目的的世界银行和旨在恢复因二战而遭受重创的欧
洲经济的欧洲复兴开发银行。至此，美元登堂入室，从一国主权货币变成世界货
币，奠定了今日国际货币体系的基本架构。

一国主权货币一旦成为世界货币，必然面临根植于内部的"特里芬难题"：
一国主权货币充当世界货币必须以持续性的国际收支逆差为代价，否则世界经济
就没有充足的流动性。但一国国际收支持续性的长期逆差必然会使本币价值发生
变化，而汇率变动会使整个国际货币体系出现系统性的不稳定。"特里芬难题"
的演化导致了二战后国际货币体系的变动，从而为包括人民币国际化在内的国际
货币多元化奠定了逻辑基础。

布雷顿森林体系下的国际货币制度的基本特点是"双挂钩一固定"。首先，
美元与黄金挂钩。以每 35 美元等于一盎司黄金这样的规定来保持两者之间的固

定比价。其次，其他国家的货币与美元挂钩。其他国家的货币与美元之间保持可调整的钉住汇率，波动幅度被限制在上下各 1% 以内。亦即其他国家的货币当局有责任干预外汇市场以维持本币与美元的汇率，进而维持美元的黄金官价。若没有发生"根本性国际收支失衡"，则不允许本币的升值或贬值。最后，由此，这是一种国际范围内的"固定汇率制"。

从表面上看，布雷顿森林体系类似于过去的金汇兑本位制，但与金汇兑本位制相比，仍有明显的区别。首先，在金汇兑本位制时期，国际通用货币有英镑、美元、法郎三种，它们各自拥有一定的势力范围，而在布雷顿森林体系下，美元是唯一的国际通用货币。其次，在金汇兑本位制下，居民可用手中的英镑、美元或法郎向货币当局直接兑换黄金，本币在国内与黄金联系密切。在布雷顿森林体系下，美国只允许外国货币当局在特定条件下用美元兑换黄金。事实上这是一种汇兑自由被严重削弱的金汇兑本位制。最后，一般来看，固定汇率制便于国际贸易和经济交往的计价与结算。在金汇兑本位制下，主要货币与黄金之间的汇兑自由，加之可与黄金汇兑的货币又不是唯一的，固定汇率制的实现是有保障的。在布雷顿森林体系下，由于丧失上述两个条件，汇率具有内在的波动性，为了促进国际贸易与经济交往有必要实行可调整的钉住汇率，这种类似于固定汇率制的可调整的钉住汇率是不得不为之的措施，同时也为浮动汇率制的形成埋下了种子。

由上，布雷顿森林体系尽管是以黄金为基准表示各国货币的相对价格，但由于只有美元可以与黄金兑换，实际上将美元视为黄金，美元因此成了其他国家的主要外汇储备货币。美元凌驾于其他货币的事实表明，布雷顿森林体系实质上是美元本位制。

美元本位制的特征突出表现在以下两个方面：首先，美国货币当局是世界的最后贷款人，负责整个国际货币体系的正常运转。其中，向世界提供美元，保持国际货币体系的正常流动性是义务。在这种体系下，美国的货币政策就是世界的货币政策，美联储就是世界的中央银行，其他国家的中央银行仅是美国货币政策的被动执行者。其次，美国金融监管当局是世界金融市场的监管者。由于其他国家的货币与美元挂钩，汇率是固定的，从而国际金融市场也不会有太大的波动。即使有波动，由于其他国家的中央银行有义务维持本币与美元的比例关系而不得不通过吞吐本币进行干预。在这种体系下，相应地，其他国家的长期利率也基本上是稳定的。由于汇率固定，利率稳定，风险可以预期，以金融衍生品为代表的风险管理工具基本无用武之地，因而金融市场不活跃，也无须创新发展，从而监管的必要性大大降低。如果需要监管，也仅是政策方面的微调。由此，美国金融监管当局实际上是监管标准的制定者，其他国家的金融监管当局成为美国金融监管政策的被动执行者。

布雷顿森林体系因提供了利率与汇率的稳定机制，在促进世界经济尤其是国际贸易发展的同时，根植于内部的"特里芬难题"也开始在顽强地表现自己。如前所述，形成稳定持续的美国国际收支逆差是该体系正常运转的必要条件。二战后，重建欧洲经济急需物资和资金。1947年，时任美国国务卿的乔治·马歇尔宣布了一项针对欧洲的巨额援助计划，即"马歇尔计划"，在4个财政年度内，向欧洲提供包括资金、技术、设备在内的价值约130亿美元的援助。在这一计划加速欧洲经济重建的同时，美国通过国际收支主要是资本项目逆差履行了向世界经济补充流动性的义务，维持了国际货币体系的平稳运行，但也因此孕育了变动。

20世纪50年代中后期，美国的国际收支由顺差变为逆差，到60年代，美国的国际收支资本项目和经常项目均出现逆差。随着逆差的积累，1966年美国的对外负债（国际收支逆差）首次超过黄金储备，出现了美元相对过剩的情况，很多持有美元的国家开始向美国政府兑换黄金。随着美国黄金储备的减少和市场对美元的悲观预期，各国货币与美元的比例关系开始波动，呈现出相对于美元升值的趋势。

20世纪60年代，为了维持外汇市场和黄金价格的稳定，保持美元的可兑换性和固定汇率制，美国要求其他国家在国际货币基金组织的框架内与其合作，与欧洲国家和日本等14国签订了"互惠信贷协议"（1962年3月），之前还在国际货币基金组织内建立了"借款总安排"（1961年11月）和"黄金总库"（1961年10月）。"互惠信贷协议"是一种货币互换协议。根据协议，签约国彼此间在规定的期限和金额内利用对方货币来干预外汇市场，以稳定汇率。"借款总安排"是指从美国以外的9国借入资金以支持美元，而美国是最大的借款者。"黄金总库"是指8国中央银行共同用黄金出资建立的基金，其中美国的份额最大，为50%，"黄金总库"由英国中央银行代为管理。"黄金总库"的运作是当金价上涨就在伦敦市场抛出黄金，当金价下跌就买进黄金，以此来调节市场的黄金供求，稳定金价。

　　然而，随着美国卷入越南战争的程度不断加深，其财政状况明显变化，国际收支逆差持续加大，用美元换黄金的"美元危机"频现，而上述各种稳定美元与黄金比价关系的机制安排犹如杯水车薪，严重地力不从心。受形势所迫，1968年3月美国宣布实行"黄金双价制"，即官方市场仍按一盎司黄金兑换35美元，而私人银行则按黄金的供求来决定黄金与美元的比价。

　　黄金双价制的实行预示着"黄金-美元"本位制的崩溃，也彻底粉碎了黄金作为国际货币的幻想。黄金储备不足不仅制约了世界经济的发展，而且无法满足调节各国国际收支顺逆差的需要。作为幻想破灭的产物，并为了克服国际收支困难，1969年国际货币基金组织创设了"特别提款权"（SDR）。这是一种既可替代美元又可替代黄金的虚拟货币，俗称"纸黄金"。它可以执行黄金作为国际储备资产的功能，国际货币基金组织成员也可以此取代美元来清算国际收支差额。特别提款权与黄金的比价如同美元，一盎司黄金等于35单位特别提款权。

　　从理论意义上讲，特别提款权的创设表明：国际社会开始认识到建立在一国主权货币基础上的国际货币体系具有内在的不稳定性，并尝试创建一种国际通用的超主权信用货币来消除这一内在缺陷，解决"特里芬难题"。但是，从现实意义上讲，建立超主权的信用货币需要国际社会达成共识，并以各国至少放弃部分货币主权为代价，而在现实的以民族国家为基础的世界，要做到这一点路途遥遥、困难重重。于是，国际货币多元化变成了现实可行的选择，这也为人民币国际化开辟了可能的前景，并提供了可资借鉴的经验教训。

　　20世纪70年代，在布雷顿森林体系中随着"特里芬难题"的进一步加剧，美国的黄金储备已无法支撑日益沉重的对外负债。1971年美国尼克松政府单方面宣布终止美元与黄金的兑换，从而意味着美国放弃了"双挂钩一固定"的责任，国际货币秩序陷入动荡之中。五年之后的1976年，国际货币基金组织的国际货币制度临时委员会在牙买加首都金斯敦召开会议。经过激烈的争论，各国签订了《牙买加协议》，国际货币体系从此进入一个新时期——牙买加体系时期。

　　牙买加体系在继承布雷顿森林体系遗产的同时，也对布雷顿森林体系进行了改革，主要有：第一，各国货币比价的确定以浮动汇率为基础。承认固定汇率制和浮动汇率制并存，并给予各成员自由选择汇率制度的权力，从而正式确认了浮动汇率制的合法性。第二，推动货币多元化。各国货币的兑换率以及由此决定的国际使用程度以各国国际经济地位和政治经济实力为依托，降低对中心国家的依赖程度，避免中心国家政治经济实力减弱所招致的国际货币体系的系统性风险。第三，推行黄金非货币化。决定废除黄金的国际货币作用，删除国际货币体系章程中的黄金条款，取消黄金官价。各成员可以按照黄金的市场价格自由贸易，黄金不再充当国际贸易中的清算货币，只作为贵金属投资品。第四，大力加强特别提款权的地位和作用，扩大使用范围，提高份额。第五，扩大对发展中国家的资金融通。国际货币基金组织以出售黄金的收入建立信托基金，用于改善发展中国家的贷款条件，并且提高贷款额度，扩大出口波动补偿贷款力度。

由上，牙买加体系没有规定本位货币，没有统一的汇率制度，也没有统一的国际收支协调机制，整个国际货币秩序处于自由放任状态，从而国际货币体系呈现出随国际经济格局变化而变动的动态。因此，牙买加体系是一种"无体系的体系"。

35年来，这种"无体系的体系"自我演进，逐渐呈现出以下特征：

（1）以美元为主导的多元国际货币格局。牙买加体系实现了黄金非货币化，国际货币本位与实物价值彻底脱钩。黄金在国际储备中的地位下降，同时特别提款权作为新型国际储备也有一定程度的应用。担任世界货币角色的则是经济发达的强势国家的信用货币。除美元外，随着西欧和日本经济的重新崛起，英镑、德国马克和日元都进入了各国的外汇储备，尤其是2000年欧元正式流通后，对美元核心地位的冲击更为突出，各国外汇储备结构的多元化更加明显。但是在这一体系中，美元的地位尽管有所下降，但美元仍占据主要地位。在国际金融危机爆发的2008年，各国外汇储备构成中的64%为美元，全球贸易中的50%以上结算工具是美元，世界大多数国家在汇率制度安排中都不同程度地以美元为基准货币。当今国际货币体系仍是一种事实上的"美元本位制"。

（2）中心-外围式的多样化汇率制度。牙买加体系未限制成员的汇率安排，各国可根据自身的情况在完全意义上的固定汇率制到完全意义上的浮动汇率制之间任意选择，从而使国际汇率制度安排呈现出多样化的趋势。根据国际货币基金组织的分类方法，按自由浮动区间大小划分，世界各国的汇率制度可分七个类别：1）无单独法定货币的汇率制度，如欧元；2）货币局制度，如港币；3）汇率波动区间不超过±1%的传统钉住汇率制度；4）汇率波动区间超过±1%的钉住汇率制度；5）可按可预期指标对汇率进行调整的衍生钉住汇率制度；6）事先不公布汇率目标的有管理的浮动制度；7）独立浮动制度。如果再结合对应的货币政策安排，可细分为二十多种汇率制度。根据上述标准，国际货币基金组织研究发现，独立浮动、有管理的浮动、传统钉住和无单独法定货币四类汇率制度被采用得最多，分别占总数的 13％、27％、28％和 22％。从分布上看，本币成为国际货币的都为经济发达国家，并且数量较少，是货币中心国家的更少。它们采取的是浮动汇率制并按照自身利益独立或联合浮动。广大发展中国家由于不是货币中心国家，则处于外围，因种种原因，它们大都采用钉住主要货币（篮子）的汇率制度。由此，全球的汇率制度也呈现出中心-外围的样式。

（3）全球性协调与区域性协调并存的国际协调机制。由于少数经济发达国家的信用货币充当国际货币，并导致汇率制度安排的中心-外围格局，因此国际协调机制也不再是铁板一块式的统一，而是呈现出全球性协调和区域性协调并存的多样化形式。既有从布雷顿森林体系继承而来的全球性协调机制，如国际货币基金组织，又有区域性的多边协调机制，如欧元区、加勒比货币联盟、西非经济货币联盟以及引人注目的以《清迈倡议》为代表的亚洲货币合作。另外还有广泛的双边协调机制，如中国与八个经济体签署的双边本币互换协议。

（4）手段多种但体系仍不健全的国际收支调节体系。在布雷顿森林体系下，国际收支的调节手段主要是国际货币基金组织的贷款，这一般只有在国际收支严重失衡时才可动用，基本属于事后救助手段，而在此时汇兑平价一般都发生了改变，即出现了本币的大幅贬值，外汇危机已经爆发。国际货币基金组织的调节机制僵化，时效性差，往往因属于"马后炮"而一直为人诟病。相对于在布雷顿森林体系下只能采用统一组织的救助贷款以及不得不改变汇兑平价而言，在牙买加体系下，可选用的手段更加丰富。例如可选用汇率机制、利率机制、多边或双边的国际合作与政策协调、国际金融市场融资等等，使对国际收支的调节更加灵活，但在调节手段灵活化的同时却缺乏系统性的整体安排。国际收支调节更多地依赖失衡国自身的意愿和努力，而调节手段主要是汇率的变动。经验证明，单纯依赖失衡国的汇率变动来调节国际收支需要满足马歇尔-勒纳条件，即一国的进出口需求弹性之和大于 1，否则汇率变动不但调节效果有限，而且会进一步招致国际游资冲击，强化国际收支的不确定性。而国际金融市场的融资安排这时至多只能起到缓解作用，不能根本解决问题。亚洲金融危机教训之深，令人胆寒。顺便指出，2010 年 G20 首尔峰会提出的经常项目顺逆差不超过 GDP 的 4％这一原则，正是基于上述经济事实的积极进步。它意味着国际社会开始意识到汇率机制调节国际收支的局限性。

牙买加体系这种"无体系的体系",为其他主权货币的国际化打开了方便之门。除美元外,一些老牌主权货币,如英镑、法郎等重新上阵,并试图构建英镑区、法郎区。更引人注目的是德国马克和日元也加入了主权货币国际化的行列,其崛起速度令人瞠目,国际货币多元化的新局面由此成为今日之现实。

回顾这些主权货币在国际化进程中的曲折和沉浮,有以下几点启示:

(1) 主权货币国际化是以经济实力为基础的。据测算,英镑成为国际货币时英国 GDP 占世界的 5%,美元成为国际货币时美国 GDP 占世界的 27%,德国马克成为国际货币时德国 GDP 占世界的 5%,日元成为国际货币时日本 GDP 占世界的 7%。换言之,只有经济大国的主权货币才有可能成为国际货币。

(2) 主权货币国际化是以经济开放程度为条件的,其中,进出口贸易规模直接决定该主权货币的国际需求。在英镑国际化的初期,英国进出口贸易占世界的近 1/4,二战后美元成为中心货币时,美国进出口贸易占世界的 15%,而德国和日本均是在本国进出口贸易占世界 10% 左右的水平时出现了主权货币国际化。换言之,只有深度介入国际经济活动的经济大国的主权货币才有可能成为国际货币。

(3) 主权货币国际化是以宏观经济状态良好,从而币值稳定为依托的。一般来看,宏观经济状态良好,通货膨胀率较低,币值便稳定,而当币值稳定时,货币持有成本低,货币持有意愿就较为强烈。币值稳定亦意味着汇率稳定,货币可以更方便地用于国际贸易和投资的计价和结算,使其国际使用范围扩大,这些都有利于主权货币的国际化。

由上,主权货币国际化的经验表明:只有经济发展质量好并深度介入国际经济活动的经济大国的主权货币才有可能成为国际货币。

三、三元悖论非角点解与人民币国际化①

人民币国际化是当今世界最重要的经济现象之一,它既是国际经济格局变动

---

① 曹远征,陈世波,林晖. 三元悖论非角点解与人民币国际化路径选择:理论与实证. 国际金融研究,2018 (3):3-13.

的产物，也预示着国际经济秩序的重构。习近平总书记在党的十九大报告中指出，中国经济已从追求高速增长阶段转向高质量发展阶段，中国将积极促进"一带一路"国际合作，健全货币政策和宏观审慎政策双支柱调控框架，深化利率和汇率市场化改革，管控金融风险。人民币国际化获得新的驱动力，迎来新一轮战略机遇期。

2009 年 7 月，中国在跨境贸易中开始试行人民币结算，正式开启人民币国际化进程。根据环球银行金融电信协会（SWIFT）的报告，截至 2017 年 6 月，在国际支付中人民币支付金额占比为 1.98%，排第六位；全球各地超过 1 900 家金融机构在开展人民币支付业务，超过 600 家银行将人民币用于未涉及中国内地或香港的支付。

中国开始在双边贸易中用人民币来结算时，赞美者有之，怀疑者有之。原因无非两点：一是美元在国际货币体系中的垄断地位给世界经济贸易发展及繁荣带来了很大的负面影响；二是人民币国际化的启动是在条件不成熟的特殊背景下"仓促"进行的。中国的资本项目仍存在较为严格的管制，人民币尚无法实现可兑换，金融衍生工具匮乏，资本市场欠缺深度。在这种情况下，如何吸引境外投资者以人民币作为双边甚至多边贸易的交易货币和储备对象，成为一个难题。厘清这个难题，有利于纵向理解和把握人民币国际化演进的动态过程。

（一）传统货币国际化路径遵循"三元悖论角点解"原则

在三元悖论原则的三个支点构成的三角关系中，资本自由流动、固定汇率制和货币政策独立性之间只能做到两两平衡，而不能做到三者同时平衡，从而出现了固定的角点解。如果三者都想实现，就会违背三元悖论原则，导致像 1997 年亚洲金融危机时在泰国酿成的金融风暴，最终整个国家的经济陷入一片混乱。

基于货币国际化的历史视角，我们对传统发达国家主权货币国际化的成功经验进行分析与归纳总结，认为货币国际化的路径选择应满足三元悖论角点解的约束。具体而言，主权货币国际化的本质是以本币实现全面可兑换、资本项目完全开放为基础，以本国发达的金融市场为依托，通过本币流出与回流机制，向全世界提供流动性的过程。

反观人民币，这些条件在人民币国际化起步阶段都不具备。首先，看中国的资本项目开放。如果实现本币的可兑换，意味着包括短期资本在内的国际资本可以名正言顺、毫无障碍地流入和流出本国。目前，人民币资本项目兑换还没有完全开放。虽然可兑换是人民币国际化的必然结果，但 1997 年亚洲金融危机所带来的风险引发中国警觉，打断了原定于 2000 年人民币全面可兑换的进程，改为稳步推进。其次，看中国国际收支逆差的形成情况。一国货币要成为国际货币，就要求本国的经常项目和资本项目至少有一项实现逆差，通过输出流动性来满足国际社会在经济贸易和投资中的交易需要。在人民币国际化启动之时，中国的国际收支在经常项目和资本项目均存在大量顺差，即"双顺差"。最后，看中国货币政策的独立性。国际经验表明，一旦一国货币成为国际社会广泛接受的国际货币，该国的中央银行就不仅要调控本国经济的平衡运行，还要承担维护国际经济稳定平衡的国际责任。要实现货币政策调控的有效性，就需要借助本国充分发育的金融市场，利率是主要的工具之一。但中国的金融体系还不完善，发育仍然落后，固定收益市场尚未形成，金融衍生工具匮乏，利率市场化也没实现。

在"资本项目不完全开放、汇率不完全自由浮动以及货币政策不完全独立"的三元悖论非角点解的情况下，我国开始了人民币的国际化之旅。为什么不具备国际化条件的主权货币却国际化了？这是一个学术上和政策上的挑战。显然，解决这一挑战，不仅具有理论意义，而且具有政策设计意义。

（二） 货币国际化路径存在不遵循"三元悖论角点解"的可能

（1）三元悖论非角点解理论上是存在的。三元悖论原则是国际金融学的一个著名理论，该理论只论述了极端的情况，即资本完全自由流动、汇率完全固定和货币政策完全独立，中间情况并未涉及，因而具有高度的抽象性。正如"不可能三角"创造者之一 Frankel（1999）所指出的，"并没有令人信服的证据说明为什么不可以在货币政策独立性和汇率稳定两个目标的选择中各放弃一半，从而实现一半的汇率稳定和一半的货币政策独立性"。这不能不说是三元悖论原则在具体目标选择问题分析方面的局限性。

基于此，易纲和汤弦 2001 年提出扩展的三角假说。李成 2009 年对三元悖论进行空间化分析和研究，提出由汇率制度 X、货币政策独立性 Y 及资本流动性 Z 构成的三维坐标系。其中，X 轴表示汇率稳定性，原点表示完全的浮动汇率；Y 轴表示货币政策独立性，原点表示完全丧失货币政策的独立性；Z 轴表示资本自由流动程度，原点表示实行完全的资本管制。这三个方向就分别代表政府所期望的三个政策目标。

"不可能三角"虽然展示了三个政策目标的关系，但没有表述中间制度的影响。为此，应建立一个新的指标体系，对其进行扩展。将 X、Y、Z 标准化，标准化后都处于 $[0，1]$ 的区间。

这样，任何一个可能的汇率制度（X）与相关组合（$Y，Z$）都可用（$X，Y，Z$）来描述。于是，我们就能得到一个扩展的三角，每个点（$X，Y，Z$）到三条边的距离分别为（$1-X，1-Y，1-Z$）。又因为等边三角形内的任何一个点（角点或非角点）到三边的距离之和等于 1，所以（$1-X$）+（$1-Y$）+（$1-Z$）=1，即 $X+Y+Z=2$。

因此，"不可能三角"的非角点解可以用"$X+Y+Z=2$"来表示。即一国在"汇率浮动程度、货币政策独立程度以及资本流动程度"三个变量上的取值之和等于 2，三者之间形成均衡。在不同变量 X、Y、Z 在区间 $[0，1]$ 任意取值的情况下，等式 $X+Y+Z=2$ 可以形成以下（但不局限于）几种典型的组合模式：

$$0+1+1=2 \tag{6-1}$$
$$1+1+0=2 \tag{6-2}$$
$$1+0+1=2 \tag{6-3}$$
$$1+1/2+1/2=2 \tag{6-4}$$
$$2/3+2/3+2/3=2 \tag{6-5}$$

毫无疑问，式（6-1）、式（6-2）与式（6-3）表示"不可能三角"的角点解。其中式（6-1）（组合为 $X=0，Y=1，Z=1$）表示汇率完全自由浮动、货币政策完全独立、资本完全自由流动，典型国家是美国；式（6-2）（组合为 $X=1，Y=1，Z=0$）表示汇率完全稳定、货币政策完全独立、资本不能自由流动，典型国家是朝鲜；式（6-3）（组合为 $X=1，Y=0，Z=1$）表示汇率完全稳定、货币政策不独立、资本完全自由流动。就式（6-4）（组合为 $X=1，Y=1/2，Z=1/2$）而言，$Y=1/2$ 表示该国货币政策具有一定的独立性；$Z=1/2$ 表示资本尚不能自由流动，资本项目部分开放但仍存在一定的管制；$X=1$ 表示该主权货币的汇率完全固定。

（2）非角点解对人民币国际化的现实意义。式（6-4）在理论上存在表明，在一般均衡框架下，不管资本流动、货币政策、汇率制度三个方面的政策如何制定，只要整体上能够通过协调使等式成立，就是合适的。如果我们能通过相应的制度安排，由式（6-4）向式（6-5）逐步过渡，就不仅能满足发展中国家兼顾资本项目开放与稳定汇率的内在要求，而且能有效化解在本币国际化进程中资本流动对本国宏观经济和金融体系的冲击。

三角形的"三条边"表示三个宏观经济目标，即右边表示货币政策完全独立，底边表示汇率稳定，左边表示资本完全自由流动。"三个顶点"分别表示为实现与其联系的两个目标的相应制度安排，即 $X=0$ 表示汇率完全自由浮动，$Y=0$ 表示货币联盟，$Z=0$ 表示资本完全管制。X、Y 和 Z 轴的箭头分别表示汇率稳定性、货币政策独立性和资本流动性增强的方向。

对我国而言，非角点解的存在意味着在政策的推动下，人民币国际化在供给层面是可行的。当百年不遇的金融危机来临之时，国际货币需求的新变化也需要人民币国际化。我国实行的是管理浮动下的实际钉住制，大致属于传统固定汇率制的范畴。即当 $X \to 1$，$0<Y<1$，$0<Z<1$ 时，政策组合可表示为"汇率有限浮动的中间汇率制度＋货币政策部分独立＋资本有限流动"，这也是人民币国际化的起点。

（3）货币国际化选择非角点解路径所需的条件。"不可能三角"理论反映了开放经济条件下的内外均衡问题，表明政策在面临多目标选择时的局限性。非角点解的存在预示着可能存在不同的选择适合中国这样的发展中国家，为探求主权货币国际化最优路径的政策组合提供了有益思路。

当然，只是理论上存在这种可能，在实际中，要实现从角点解向非角点解过渡则需要满足一系列的前提条件。第一，该主权货币国具有巨大的经济规模、在国际社会具有举足轻重的影响力；第二，在资本项目尚未开放背景下存在本币的回流机制，这种机制在外界冲击下不至于导致本国金融系统的崩溃；第三，央行具备强有力的宏观调控能力和约束力，保证在向非角点解平滑过渡的过程中不会出现大的风险。

（4）"条件不成熟"促使人民币国际化选择"特殊路径"。在现实中，能满足以上条件的国家并不是很多，中国具有独特的经济结构和特殊的国情，是满足上述条件的国家之一。中国是全球 100 多个国家的最大贸易伙伴和全球第二大经济体，其跨境贸易规模巨大和经济实力强大。在"一国两制"的框架下以及在资本项目不可兑换的前提下，香港国际金融市场，尤其是已初具规模的人民币债券市场及其完备的金融基础设施，成为人民币的"资本水坝"。这不但能使打算回流内地的资本逐渐在香港市场沉淀，形成较大较深的资产池，满足非居民持有人民币头寸的投资或变现需要，而且能拦截国际资本发起的对人民币的流动性冲击，避免境外人民币的大规模回流对内地市场造成巨大的冲击，为内地资本项目开放赢得缓冲时间。

美国次贷危机发生后，人民币开启了国际使用的特殊路径：从贸易项下逐渐向其他项下过渡，从沿海逐渐向内陆过渡，从某些企业逐渐扩展到所有企业，从机构使用逐渐扩展到个人使用。人民币主要回流机制是 CEPA 安排下的人民币跨境使用的"清算行＋离岸市场"模式，这就是具有中国特色的人民币国际化路线。

通常的逻辑是先把本国金融搞好再开放，即先实现利率市场化，然后考虑汇率自由化，最后推进资本项目开放。因为资本项目开放意味着外币流通，这就意味着外资的自由进出会带来宏观经济的不稳定，控制本币的可兑换性尤为重要，1997 年的亚洲金融危机就是例证。目前，人民币国际化的路径选择带来了一个新鲜视角：在本币国际化的进程中，资本项目开放和本币可兑换可以分开实现，换言之，我们可以先以本币让资本项目开放，同时使本币和外币在资本项目下不可兑换。尽管从长期来看这不可持续，但短期内可以使两者相对隔离，这样我们就可以先处理一个问题再处理另一个问题，变成小步快走安排，香港作为离岸市场就提供了这样的机会。正是由于人民币过去几年的国际需求越来越强烈，倒逼人民币国际化所不具备的前提条件实现，倒逼人民币可兑换，倒逼中国形成稳定的逆差形成机制，倒逼中国发展发达的金融市场。从这个意义上讲，人民币的国际使用倒逼了中国的金融改革，中国（上海）自由贸易试验区的安排就是在往这个方向走。

（三）人民币国际化与"三元悖论非角点解"

通过度量指标的科学选择来对此进行验证和分析，所获取的数据始于 2008 年 2 月，截至 2017 年 2 月，时间跨度为 9 年。运用汇率变动对储备变动的比率（FLT）指标构建方法，构建投资与储蓄之间、上海银行间同业拆放利率和美国联邦基金利率之间的关系，用实证方法和理论模型分别对汇率制度弹性、资本流动性和货币政策独立性这三个指标进行度量。

（1）汇率制度弹性的度量指标。所采用的对汇率制度弹性的度量方法，主要是通过构建汇率制度弹性指标，将政府对外汇市场的干预与汇率波动结合起来，得到 2008 年 2 月至 2017 年 2 月共计 9 年时间中我国汇率制度弹性变化情况的连续值。为此，借鉴并采用了 Poirson（2001）设计的 FLT 指标构建方法，对 2008—2017 年人民币的汇率制度弹性进行度量。FLT 的表达式如下：

$$FLT = \frac{ME}{MR} = \frac{\sum\limits_{0}^{11} |E_{t-k} - E_{t-k-1}|/E_{t-k-1}}{\sum\limits_{0}^{11} |R_{t-k} - R_{t-k-1}|/M_{t-k-1}} \tag{6-6}$$

其中，E_t、R_t、M_t 分别表示本国第 t 月的名义汇率、外汇储备以及基础货币；ME、MR 分别表示月度名义汇率变化的平均绝对值、前一期基础货币标准化后的月度外汇储备变化的平均绝对值。FLT 反映了月度汇率波动与月度外汇储备相对于基础货币的变化的比率，比单纯用外汇储备的变化来度量央行对外汇市场的干预力度更能满足度量要求，结果更可靠。

从式（6-6）发现，FLT 使用 12 个月的平均值来测算，度量的是 ME 与 MR 的比率，结果是短期的人民币汇率制度弹性指标。从式（6-6）还可发现，FLT 与 MR 成反比，与 ME 成正比。MR 相对于 ME 越小，FLT 则越大，汇率制度弹性越大，央行冲销市场的压力越小，相应地，对外汇市场的干预也就越少。FLT 的值从 0 到无穷大。在完全固定汇率制下，各国货币对外币的名义汇率稳定，不会出现贬值现象，因此 $E_{t-k} - E_{t-k-1} = 0$，从而 $ME = 0$，$FLT = 0$；如果央行完全不对外汇市场进行干预，则各期外汇储备不发生变化，$R_{t-k} - R_{t-k-1} = 0$，即 $MR = 0$，从而 FLT 趋向无穷大。

（2）资本流动性的实证方法和模型。由于测量资本流动性时会涉及诸多不同因素，经济学界还没有形成一种普遍认可的方法。国外很多学者认为，资本流动性就是一国利率变化对资本流动的影响程度，也有不少人认为资本流动性表现为储蓄和投资的相关性。采用 Feldstein 和 Horioka（1980）通过利用投资（I）和储蓄（S）之间的关系来衡量资本流动性的方法。他们假设，某一小国只生产一种产品，对这个小国而言，本国储蓄的减少能够很快获得来自境外的资本的补充，因而投资和储蓄通常并不相关。如果一国资本项目开放，货币可兑换，资本就会通过在全球范围内自由流动来寻找投资机会，获取最高的收益。

因此，在资本项目开放的背景下，对这个国家而言，即使该国储蓄数额的增减与该国投资数额的增减存在相关性，两者的相关性也比较小。但如果一国对资本项目进行严格管制，资本不能自由进出该国，那么对这个国家而言情况就完全不同，即该国的投资数额与储蓄规模具有完全的正相关性，两者之间的回归系数无限趋近于 1。同时，由于香港离岸市场的存在，中国在三元悖论中的一角"国际资本流动"出现特殊性，因此，加入了"国际资本流动"的香港因素，增加解释变量"离岸与在岸的利差"，数据采用的是香港银行间离岸人民币同业拆借利率（日）和上海银行间同业拆放利率（日）的隔夜利差。

通过投资与储蓄之间的关系，测度本国的资本流动性，我们设计的计量模型为：

$$(I/Y)_t = b_0 + b_1 (S/Y)_t + m \qquad\qquad (6-7)$$

其中，$(I/Y)_t$ 是国内投资占 GDP 的比重；$(S/Y)_t$ 是储蓄占 GDP 的比重。对于小国而言，投资和储蓄之间通常并不相关，因此 b_1 接近于 0；对于资本不完全流动的国家而言，b_1 较大；对于资本完全不流动的国家而言，资本项目受到严格管制，那么投资与储蓄完全正相关，b_1 无限趋近于 1。

（3）货币政策独立性的实证方法和模型。借鉴 Aizenman 等（2010）的方法，以我国货币市场利率和美国联邦基金利率作为自变量和因变量，通过验证两者之间的相关性来测量我国货币政策的独立性，计算公式如下：

$$\text{autonomy} = 1 - [\text{corr}(r_i,\ r_b) + 1]/2$$

其中，autonomy 代表我国货币政策的独立性；r_i 为上海银行间同业拆放利率，代表我国的货币市场利率；r_b 为国际利率，代表美国联邦基金利率；corr 为根据月度利率数据计算得到的相关系数。

利用 2008 年 2 月至 2017 年 2 月长达 9 年的数据，通过因果检验和相关性检验验证两者是否存在相关性。如果两者相关性很小，意味着我国货币政策的独立性高。需要指出的是，由于各国在经济发展水平、经济结构、制度背景以及资本和贸易开放程度、通货膨胀、经济周期等方面存在较大差异，关于货币政策独立性的检验方法，目前学术界存在不同的看法。之所以选择市场利率而非政策利率，除了考虑到数据可得性外，更重要的是大量研究（Blinder，1998；

Goodhart，1989）表明，央行实际上是以短期货币市场利率为目标，听任货币供应量内生调整。而货币市场利率作为存贷款利率的基础，可由货币当局通过公开市场操作来控制（黄飞鸣，2009）。基于此，借鉴 Yang（2009）通过货币市场利率来对本国货币政策独立性进行量化的做法，具有一定的合理性。

做实证分析时所采用的数据指标包括外汇储备、基础货币、人民币对美元的即期汇率、固定资产投资总额、国内生产总值和金融机构中我国居民 3 个月期人民币储蓄存款总额等。

以上数据来自国家外汇管理局、美联储，中经网统计数据库、CEIC 数据库以及 Wind 数据库。

（1）汇率制度弹性的实证结果。计算汇率制度弹性指标 FLT 需要的数据包括我国的外汇储备和基础货币、人民币对美元的即期汇率，数据频率为月度。

2013 年以前年度 FLT 的值都比较小。虽然 2008 年的汇率制度弹性为 0.007 574 896，但是到 2009 年汇率制度弹性仅为 0.003 863 635，这表明我国在美国次贷危机发生后加强了管制，汇率制度弹性比较小。2015 年 FLT 指标有了非常大的提高，为 0.75，2016 年和 2017 年出现了更大的增幅。

总体上看，2008 年 2 月至 2017 年 2 月年度 FLT 的值在 0.01 和 0.35 之间波动，2015 年以后汇率制度弹性开始快速提高。

（2）资本流动性的实证结果。对固定资产投资总额（I）、国内生产总值（Y）和金融机构中我国居民 3 个月期人民币储蓄存款总额（S）（均为季度数据）等数据进行分析，为表示"国际资本流动"的香港因素，增加解释变量"离岸与在岸的利差"，数据采用的是香港银行间离岸人民币同业拆借利率（日）和上海银行间同业拆放利率（日）的隔夜利差。样本时间为 2008 年 2 月至 2017 年 2 月，该数据均整理成流量数据。

由于研究的人民币国际化的三个条件——汇率制度弹性、资本流动性和货币政策独立性之间具有一定的关联性，因此采用联立方程的估计，利用 Stata 12.1 的 reg 3 命令进行三阶段最小二乘回归，同时为了剔除季节性数据的季节性扰动因素从而得到季度时间序列数据的变动趋势，对数据进行了 Holt-Winters 季节调整，调整之后进行整理，分别记为 I、S、Y。根据上述模型，因变量为 $IY=I/Y$，自变量为 $SY=S/Y$。对于时间序列数据，首先要进行 ADF 平稳性检验。中国人民银行于 2010 年 6 月宣布进一步增大人民币汇率的波动区间，重启人民币汇率改革，并从 2012 年 4 月起多次对汇率中间价波动幅度进行调整。因此，将研究期间分为 2008 年 2 月至 2012 年 12 月、2013 年 2 月至 2017 年 2 月两个时间段进行 ADF 平稳性检验。

根据 ADF 平稳性检验结果，在区间 2008 年 2 月至 2012 年 12 月，IY 和 SY 均为一阶平稳；在区间 2013 年 2 至 2017 年 2 月，IY 和 SY 均平稳。进行基本回归分析，从而厘清从 2008 年 2 月至 2017 年 2 月这段时间我国的资本流动性情况。

总体而言，2010 年 6 月中国人民银行重启人民币汇率改革之后一直到 2017 年 2 月，我国的资本流动性虽然有所提高，但提高幅度并不大，这可能是由人民币波动幅度不大、资本项目管制仍然较严格等原因所致。

（3）货币政策独立性的实证结果。首先利用 SPSS 进行相关性分析。设美国联邦基金利率为 Y，隔夜上海银行间同业拆放利率为 X。从结果可以看出，X 与 Y 的相关系数为 0.06，对应的显著性结果为 0.618，显然大于 0.05，也就是说，在显著性水平为 0.05 的情况下，X 与 Y 的相关性不显著，即 X 与 Y 没有明显的相关性。

设美国联邦基金利率为自变量 X，隔夜上海银行间同业拆放利率为因变量 Y，利用 2008 年 2 月至 2017 年 2 月的 2 046 个观测数据，用简单最小二乘回归得出两者相关性的检验并不能通过，说明两者的相关性较弱。

货币政策独立性情况可由两国利率的相关性反映出来。如果两者的相关性较强，就表示本国的货币政策缺乏独立性；如果两者的相关性较弱，就说明本国货币政策存在一定的独立性。同时，从上海银行间同业拆放利率和美国联邦基金利率的方程的残差来看，如果残差是随机的，可以说本国的货币政策存在一定的独立性，检验结果也说明了残差的随机性，因此从 2008—2017 年 2 046 个日均数据来看，我国的货币政策具备一定的独立性。

通过构建实证方法和模型，对 2008 年以来汇率制度弹性、资本流动性以及货币政策独立性这三者之间的关系进行研究和分析，在研究过程中将这三者的关系与三元悖论原则结合起来。

第一，汇率制度弹性。FLT 指标说明，从 2015 年 1 月开始，我国汇率制度弹性提高显著。这说明随着人民币国际化进程的推进，我国有管理的浮动汇率制正在朝市场化方向迈进，人民币对美元的波动幅度也开始明显增大。随着资本项目的开放，资本逐渐实现自由流动。在操作方面，货币政策会更具独立性，独立性的空间会更大。

第二，资本流动性。实证结果表明，在 2010 年 6 月重启人民币汇率改革之后，我国的资本流动性有所提高，但程度不大，这可能是由人民币波动幅度不大、资本项目管制仍然较严格等原因所致。

第三，货币政策独立性。实证结果表明，美国联邦基金利率与上海银行间同业拆放利率两者之间的相关性较弱；同时，从上海银行间同业拆放利率和美国联邦基金利率的方程的残差来看，检验结果也说明了残差的随机性，可以说我国的货币政策具备一定的独立性。

结论表明，人民币国际化的起步和发展路径，根植于我国的特殊国情，采用循序渐进的办法。在人民币国际化的过程中，实现了部分的汇率制度弹性、部分的资本流动性和部分的货币政策独立性的有机结合，恰好体现和解释了三元悖论的扩展理论，即人民币国际化路径选择是三元悖论非角点解的现实版案例，与三元悖论原则相符。

一般认为，主权货币国际化的路径选择会受到著名的"不可能三角"的制约。这个在国际上被经济学者证明过的经济理论科学地反映了一国资本项目开放、汇率制度和货币政策三者之间的关系：在独立的货币政策、固定汇率和资本项目开放这三者之间只能做到两两平衡，也就是 $1+1+0=2$、$1+0+1=2$ 或 $0+1+1=2$ 这三种组合即三元悖论角点解的三种极端情况，这也是发达国家主权货币实现国际化的传统路径。

从数学角度来讲，"三者相加等于 2"除了上述角点解的特殊情况之外，还存在着非角点解。三元悖论非角点解的存在意味着我们不必在独立的货币政策、固定汇率和资本项目开放这三者之间选择极端情况，而是可以选取处于中间状态的任何一个点。这反映在三元悖论的实际运用中，就是让资本项目开放一点，让利率、汇率变动一点，与此同时货币政策具有一定的独立性。这个点随着人民币国际化的演进导致独立的货币政策、固定汇率和资本项目开放不断变化而在"不可能三角"的范围内游走。也就是说，人民币国际化安排的全部理论含义，就在于每个部分都发生变化，整个状态会发生变化，总体上满足"不可能三角"的要求，但是在每条边上都可能有一个变化，这叫非角点解。跟传统的角点解有所不同，这是人民币国际化的新鲜经验。

事实上，人民币的国际化进程是在满足这些必要条件的同时，充分条件扩展的非角点解过程。资本项目以本币开放，满足了资本项目开放的要求，但不可兑换；利率和汇率开始市场化进程，出现了浮动，但仍然是被管理的；货币政策开始关注国际事务，但似乎保持独立。打个比方，它是在三角形的三条边上晃动，而不是在三个点上稳定。它既满足了"不可能三角"的基本要求，又具有灵活性。也就是说，人民币国际化现实发生的全部奥妙就在于在总体上满足"不可能三角"的要求，试图在角、边都发生一点可控的变化，随着变化可控演进，整个状态逐渐呈现出改善性演化，无限逼近角点解，并由此深化了人们对"不可能三角"的理解。

由上，人民币国际化是一个过程。只要精心操作，使过程受控，它就会自发地向角点递进。换言之，资本项目的可兑换性、稳定的逆差形成机制以及金融市场的发育等条件将在这一过程中实现。与此同时，随着这些条件的实现，人民币国际化也将呈加速态势。

党的十九大之后，中国进入新的历史阶段。随着我国金融业进一步对外开放以及"一带一路"倡议的推进，人民币国际化重新步入加速发展的轨道。目前，已有60多个国家和地区尤其是欧元区国家将人民币纳入外汇储备。这一强劲的发展势头，虽在情理之中，却在意料之外，它所展现的国际化路径超出一般教科书的阐释。正因如此，人民币国际化才会引起学界、商界和政界的高度关注，描述、解释与争论此起彼伏。

四、人民币国际化的潜质及路径[①]

国际货币竞争理论认为，大型经济体因国内生产总值（GDP）占世界的比重大，其货币具有较好的稳定性和抗波动性，因而具有成为国际"锚货币"的潜质。若这一大型经济体又是开放的，其进出口贸易占本国 GDP 的比重大，则会诱使其他经济体用该国货币计价和结算，使该国货币的"潜质"显性化并成为国际使用的货币。第二次世界大战后美元取代英镑以及 20 世纪末欧元的诞生都说

---

① 参见作者为袁满编著的《人民币崛起》（中信出版社，2022）一书撰写的序言《人民币国际化的独特路径及未来》，有删节。

明了这一点。近年来，人民币国际化的进程再次证明了这一点。

中国是一个快速成长的经济体，目前不仅是全球第二大经济体，而且是全球第一大贸易体。2007 年中国进出口贸易占 GDP 的比重高达 67％，符合国际货币竞争理论的"大型经济体"概念。事实上，改革开放之初，人民币就被周边国家和地区使用，尤其是在边境贸易较发达的地区。随着中国经济的发展，"边贸"日益"大贸"化，不仅人民币成为计价货币，而且出现了专司结算之职的金融组织——"地摊银行"，它成为人民币国际化的初始状态。

2008 年国际金融危机由美国引发，全球出现了"美元荒"，全球贸易因此出现了结算和支付困难。由于中国是主要贸易对象，人民币就成为替代美元用于计价、结算和支付的首选，对人民币的潜在需求变成现实需求。特别是随着中国加大进口力度，经常项目顺差占 GDP 的比重由 2007 年的近 10％下降到目前的不足1％，人民币经由经常项目流出的规模不断扩大，成为仅次于美元、欧元的第三大贸易融资货币，由此产生了人民币经资本项目回流的动力和压力。久而久之，形成了资本项目的本币开放局面。

人民币国际化 10 余年的发展进程表明，以本币流动为特征的资本项目实现了基本开放，并因此创造了资本管制的新鲜经验，即对币种而不是行为主体进行管制。它降低了资本管制的壁垒，减轻了资本项目开放的难度。由此可以看到人民币国际化就是基于客观现实的资本项目本币"先流动、后兑换"的特殊制度安排，并因此有别于其他经济体资本项目开放就是本外币全面可兑换的传统路线。这一区别可以这样概括：按照"蒙代尔-克鲁格曼不可能三角"模型的理解，在资本自由流动的条件下，若保持货币政策的独立性，则汇率不会稳定；若保持汇率稳定，则需要放弃货币政策独立性。这意味着在该三角关系中，资本的自由流动与货币政策的独立性具有内在的冲突，并深刻体现为宏观经济政策如何使内部与外部同时达到均衡的困难。

亲身参与这一人民币国际化实践过程的经验使笔者了解到，角点解虽是稳定解，但并不是唯一解。人民币国际化"先流动、后兑换"的路径安排就是将"蒙代尔-克鲁格曼不可能三角"的角点解转化为非角点解。不在三个顶点寻求突破，而是在三条边的晃动中寻找平衡。换言之，独立的货币政策放松一点，资本项目开放一点，汇率浮动幅度大一点，并在渐进推动的动态路径上伺机实现平衡。

然而，与此同时，需要指出的是"先流动、后兑换"这种路径选择是在人民币国际化进程中的阶段性选择，最终还是要走向全面的本币可兑换。如果一味停留在用本币流动来处理金融服务业和资本项目的开放上，会导致更多、更复杂的问题产生，形成人民币国际化与现行国际货币体系建设之间的矛盾，体现在内外两个方面：

首先表现在中国经济内部。大型经济体占全球 GDP 比重高、影响大，本币以及与此相关的融资活动具有特殊的地位。由此决定在"蒙代尔-克鲁格曼不可能三角"中，货币政策独立性是第一位，并因此能接受也可鼓励资本项目的本币开放，构成"蒙代尔-克鲁格曼不可能三角"非角点解的可能性及现实性。但非角点解不是稳定解，这一不稳定性十分突出地表现在汇率及其形成机制上。由于人民币资本项目尚不可兑换，人民币汇率目前呈现"双轨"态势，背后是在岸人民币（CNY）汇率和离岸人民币（CNH）汇率两种汇率形成机制并行。

在离岸市场，人民币实际上是可兑换货币，汇率形成机制呈现为多对多，即市场交易，汇率水平因此受供求规律支配。而在在岸市场，中国人民银行是外汇唯一的最终供应者和购买者，汇率形成机制呈现为一对多，中国人民银行对汇率水平有最终的影响力。

两种不同的汇率形成机制造成同种货币出现两种不同的汇率水平。因自由兑换而充分受到供求规律影响的 CNH 汇率对市场更加敏感，通常会引领 CNY 汇率的走势。但是，CNH 汇率的变化又受本币货币政策的影响，受制于人民币利率的变化。通常的情况是，当 CNH 汇率趋贬并影响 CNY 汇率时，中国人民银行便控制人民币流出，促使离岸市场人民币利率升高，抑制借入人民币投机美元的冲动，从而稳定 CNH 汇率并间接地稳定 CNY 汇率。反之亦然。

这种情况表明汇率形成机制的"双轨"扭曲了汇率水平，相应地迫使货币当局用扭曲利率的办法来平衡，结果是利率与汇率平价机制都被扭曲。这种做法尽管一时有效，但毕竟使人民币的流出与流入不稳定，影响人民币国际化的预期。更为重要的是，长此以往，人民币利率事实上也双轨化了，出现了 CNY 利率和 CNH 利率两个利率水平。在有可能引发市场反复套汇套利冲动的同时，也可能使货币政策陷入首尾难顾的窘态。

从这个意义上讲，如果人民币成为国际货币，那么就应该具有可兑换性。"蒙代尔-克鲁格曼不可能三角"的角点解隐含的指向是本币的可兑换性。这一含义的显性表达是汇率和利率形成机制的市场化，从而利率和汇率会形成以市场供求为基础的平价机制。换言之，角点解虽不是唯一解，但却是稳定解，其稳定性就体现在可兑换性上。尽管可兑换货币并不一定是国际货币，但国际货币一定是可兑换货币。实现人民币的全面可兑换性既是人民币国际化使然，也是改革的必然。因此，目前以资本项目本币开放的非角点解动态平衡的指向是逼近角点解，为人民币全面可兑换创造条件。

其次表现在中国经济外部。囿于人民币国际化的特殊路线，人民币在岸市场与人民币离岸市场分立，这不仅使利率与汇率平价机制不能正常传导，还使人民币的国际使用更多地体现在离岸市场的发展上。

人民币国际化因此呈现出平推的态势，尽管使用的国家众多，但使用的科目多是经常项目，并基本用于对华的来往，即目前人民币国际使用状态仍以双边使用为主，尚未形成第三方参与的多边使用体系。从这个意义上讲，人民币还不是立体式的、体系性的、具有包括规则在内的金融基础设施完备的国际货币，充其量是主要国际货币的补充。

形成这种状态的一个重要原因就是人民币虽可以国际使用，但还不能自由使用。国际经验表明，自由使用是国际货币的基本性质。因可自由使用，满足并激发使用需求，进而出现丰富多样的交易形式及品种，使该货币利率覆盖整个世界，该货币成为各国货币的"锚货币"，该货币的发行银行因货币政策成为"世界中央银行"。

相比之下，因人民币尚不可自由使用，出现了在岸市场与离岸市场的分立，形成两个虽有联系但并不一致的人民币利率，致使人民币利率不能覆盖世界，人民币因此还不是真正意义上的"锚货币"，中国人民银行还不是真正意义上的"世界中央银行"。处于主要国际货币补充地位的人民币，虽与现行国际货币体系冲突不大，但因缺乏国际规则性的制度安排，人民币国际化难以行稳致远，一有风吹草动，就会引发人民币国际使用的波动。因此，对世界经济体系而言，即使从稳定性角度考虑，也应促使人民币成为体系性的"锚货币"，推动中国人民银行货币政策国际化。

综上所述，人民币经过 14 年的国际化发展，已在自身成长中逐渐显示出趋向真正的国际货币的性质。因此，必须正视这一性质，从长计议。在人民币逐步实现可兑换的同时，还必须面对以下挑战：

一是建立稳定的国际收支逆差形成机制，以奠定国际流动性补充义务的基础。逆差是成为国际货币的先决条件，否则对方手上没有人民币，也就谈不上国际化。

尽管不要求国际收支各个科目全面逆差，但在经常项目或资本项目上，则需要有稳定的逆差出现。稳定的逆差形成机制不仅使对方有可使用的本币资源，而且有稳定的交易预期，进而使本币成为对方的储备货币。所谓中央银行的国际流动性补充义务是对储备货币的补充。这是建立在一国国际收支稳定的逆差形成机制之上的。

从中国目前的情况看，自 2015 年起，资本项目直接投资科目已出现逆差，但是还不稳定。另外，面对经常项目顺差进一步收窄的趋势，是否还要在国际收支基本平衡情形下形成稳定的逆差形成机制，以及怎样实现平衡，仍不失为重大的难题。

二是有深度的金融市场建设。如前所述，成为国际货币意味着该主权货币的利率是覆盖全世界的。因此，该主权货币的中央银行应承担世界中央银行的责任。这不仅要求本国金融市场对外开放，而且要求产品丰富、体系健全、规则清晰可靠、有深度的金融市场，从而便于各国金融机构在该市场从事本币业务，进行本币交易。也正是在有深度且充分对外开放的金融市场上，中央银行才能充分施加货币政策影响力，使其政策利率传导到全世界。没有深度的金融市场开放，不仅利率不能覆盖世界，还会招致频繁的短期资本流动，这是亚洲金融危机的重要根源之一。

从中国目前的情况看，除离岸市场与在岸市场分割、统一的本币市场尚未形成外，还存在资本市场发育程度低、金融产品期限结构尚不完善、金融衍生工具少以及国际通行交易规则和司法保护缺乏等问题。这些都妨碍了金融市场的进一步深化，是人民币国际化所面临的其他重大挑战。

面对挑战，我们可以从历史经验中寻找答案。40 多年来，中国金融发展的经验表明"何以解忧，唯有改革"。中国的改革是问题导向的改革。基于人民币国际化的现状，从问题导向入手，在逻辑上有两个改革目标，进而有两条路线可供选择。

一是以人民币资本项目可兑换为目标。顺应经济发展阶段变化以及金融市场发展要求，为资本项目中尚存在实质性管制的三个行为主体科目创造条件，伺机推进可兑换进程的逐次展开。一旦人民币资本项目实现可兑换，亦即形成"蒙代尔-克鲁格曼不可能三角"以角点解为代表的稳定解,将奠定人民币在国际上更自由使用的前提条件。

至此,人民币国际化进程便由国际需求决定,成为一个随世界经济发展而自然发展的过程。换言之,在人民币得以在国际上广泛使用的基础上,为非居民提供更多的选择,使人民币国际化在市场驱动的国际货币竞争中行稳致远。

二是以人民币更广泛地进入非居民资产负债表为目标。区别于人民币资本项目可兑换这一有限目标,聚焦于"一带一路"倡议,致力于人民币在国际上更广泛的使用。换言之,在维持现有非角点解的情况下,巩固和发展自 2015 年出现的中国对外直接投资大于外商对华投资的逆差态势。

鉴于"一带一路"沿线是形成这一逆差的主要地区,在推进"一带一路"建设上,力图将人民币可兑换性问题"由人民币对外币可兑换转换为外币对人民币可兑换",尽可能使"蒙代尔-克鲁格曼不可能三角"以角点解为代表的稳定解由外币对人民币可兑换来实现。相应地,在这一努力过程中,将人民币对主要国际货币可兑换作为从属性目标,伺机实现。笔者认为,尽管以人民币更广泛进入非居民资产负债表的路线走起来难度较大,但展现出了更有意义的前景,值得争取,而《清迈倡议》是现成的平台。

五、香港金融市场在人民币国际化进程中的地位与作用[①]

(一) 香港金融市场在人民币国际化进程中的地位

主权货币(本币)的国际化意味着非居民资产负债表广泛出现该货币的头寸。持有该货币的资产为长头寸,持有该货币的债务为短头寸。从本质上看,这是该货币进入了非居民的储备资产,亦即该货币成为储备货币。截止到 2009 年,全球有四种主要储备货币,并形成相应的储备资产,其中美元占 63%,欧元占 20%,英镑占 6%,日元占 4%。人民币国际化的最终目标是使人民币跻身储备货币,成为全球第五种主要储备资产。

主权货币(本币)的国际化具有以下收益:(1)可获得货币发行成本与该货

---

① 源自博源基金会赞助、笔者负责的名为《香港金融市场在人民币国际化进程中的地位与作用》的研究报告。载于 2011 年社会科学文献出版社出版的《人民币国际化:缘起与发展》第 161 页至第 172 页。

币所能够换取的实际资源的价格之差，即"铸币税"收益。关于美元铸币税的研究表明，美国平均每年能获得大约 250 亿美元的"铸币税"收益，二战以来累计收益在 2 万亿美元左右。（2）可以本币向外国政府和投资者举债。由于不存在"货币错配"，降低了发债成本和风险。（3）可以本币进行对外贸易结算和国际投资，同时可利用本币干预外汇市场，弱化了本国积累外汇储备的必要性。（4）有助于减轻汇率变动的不确定性对国际贸易和投资的影响，并可降低货币兑换的交易成本。

但是主权货币（本币）的国际化也有相应的风险：（1）加大宏观经济政策尤其是货币政策的制定和操作难度，有可能削弱本国宏观经济调控能力。（2）增大了本币遭受投机性冲击的风险与强度。（3）促使本币持续升值，甚至过快过度升值，在初期阶段尤为明显。

如同其他国际化的主权货币（本币），人民币国际化同样面临上述收益和风险。

从趋利避害的角度出发，人民币国际化进程应该是在风险可控的前提下逐步推进的长期过程。从步骤上考虑，从目前用于贸易计价、结算起步，进而用于支付以及在金融市场上借贷和投资，最终成为储备货币；从区域上考虑，从港澳台起步，进而是周边国家，尤其是东亚和中亚地区，最终全球化。

推动人民币国际化的上述进程已成为客观需要，并且具备了条件。此次国际金融危机凸显出以美元为中心的国际货币体系的不合理性。在国际货币体系尚得不到根本性改革的情况下，储备货币多元化已成为趋势，人民币成为储备货币的国际需求已经产生。而且，由于主要货币的汇率波动，其他国家对华的双边贸易出现了计价及成本收益难以控制的问题。对华进出口贸易已具有使用人民币计价、结算乃至支付的倾向。与此同时，人民币在港澳台及周边国家使用，已使人民币具有了信用基础；中国对东盟等经济体的贸易逆差，使人民币具有了对外支付的可能；中国与若干经济体的货币互换协议以及《清迈倡议》等双边和多边协议，使人民币在这些经济体的使用具有了制度前提，而香港地区的人才和金融基础设施亦为人民币的国际使用提供了技术保障。

人民币国际化的前提是非居民拥有人民币，因此需要有人民币流出机制安排。与此相适应，流出的人民币需要相应的回流机制安排。目前人民币的流出与流入大致形成三种模式：

1. 国家层面的货币互换模式

与香港地区和韩国、马来西亚、白俄罗斯、印度尼西亚、阿根廷等六个经济体签署了总额为 6 500 亿元、为期 3 年的货币互换协议。一旦双方的贸易商以人民币计价、结算和支付，可通过商业银行向央行拆借人民币资金，双方央行则通过货币互换来解决人民币资金来源问题。对中国人民银行来讲，当对方贸易商进口商品时，表现为人民币流出；反之则表现为人民币流入。这种通过双方央行进行的人民币流出与流入安排是一种正式的渠道。

2. 地摊银行模式

自 20 世纪 90 年代以来，随着中国沿边开放战略的实施，边贸互市不断发展，人民币成为主要的计价、结算货币，而且规模日益扩大，逐渐推动人民币结算方式由现金向非现金化方向发展，进而形成地摊银行模式的人民币流出入渠道。这种地摊银行是民间自发形成的，不拘一格，针对不同的国家有不同的组织形式和业务流程。就云南省来看，具有针对越南的中越结算模式，针对老挝的中老结算模式，针对缅甸的中缅结算模式。但共同的特点是，地摊银行尚未纳入正式的金融体系，是一种公开的灰色渠道，其业务量因国别和区域不同而不同。据了解，目前在广西东兴口岸与越南芒街口岸的边贸中，人民币年业务量已接近100 亿元。

3. CEPA 安排下的港澳模式

亚洲金融危机后，内地和香港开始了更紧密的经贸合作安排（CEPA）。2003 年 11 月人民币开始在香港正式使用，香港指定的金融机构，主要是中银香港等，可经营范围限定的人民币业务，并由中国人民银行提供清算安排。随着人民币业务的发展，人民币不仅用于经常项目，而且开始涉及资本项目。2007 年 6 月后，人民币债券在港发售，目前已有包括中国银行、国家开发银行等在内的中资银行发行人民币债券。另外，在内地经营的汇丰银行、东亚银行亦获批在港发行人民币债券。香港人民币债券市场已初具规模。

由上，从总体上看，目前人民币流出及流入的状况是：在经常项目下，人民币基本实现了可兑换，用于商品和劳务贸易的计价和结算，如同其他可兑换货币，已无太大障碍。然而，在资本项目下，虽然近半数的科目已限制较少或无限制，但人民币仍基本上不可兑换。准确地说，在资本项目下，人民币实际上仍处于不可兑换向可兑换过渡的初期阶段，处于似通非通的模糊状态。这样一种态势决定了人民币国际化的起步只能从经常项目入手,从贸易融资开始。2008 年 12 月,中央政府决定广东和长三角与港澳,广西和云南与东盟的跨境贸易进行人民币结算试点。这是符合实际的正确选择。

2009 年,深圳、上海、广州、珠海、东莞率先启动跨境贸易人民币结算。按照规划,五个城市将分别采取两种方式,即深圳采取与香港银行直接结算方式,上海联合广州、珠海、东莞采取代理银行方式。后者涉及的国家和地区将更为广泛。与此同时,可以预见的是,除可能利用上述方式外,广西和云南会把已发展起来的地摊银行的结算方式纳入正式的金融体系,使灰色渠道透明化、正式化。不同结算方式的采用,不仅有利于扩大人民币贸易融资广度和深度,而且有利于优化人民币贸易融资方式。

随着人民币不同结算方式的广泛采用,人民币流出规模将不断加大,非居民将拥有更多的人民币,从而给中国的国际收支管理模式带来巨大挑战。这突出表现在对资本项目的管制上。

保持对国际收支资本项目的管制,即维持人民币资本项目下不可兑换仍属必要。在 1997 年亚洲金融危机和 2008 年国际金融危机中,中东欧国家所面临的局面说明了这一点。新兴＋转轨国家,因经济结构尚在变动中,市场经济体制尤其是以固定收益市场为代表的金融市场机制尚不成熟,宏观经济政策尤其是货币政策尚不稳定和透明,过早过快地放松或放弃对资本项目的管制,极易招致国际资本的冲击,后果是灾难性的。与此相对应,在 1997 年亚洲金融危机和 2008 年国际金融危机中,中国金融体系尚属健康,一个重要的原因是得益于对资本项目的管制,因管制而未受冲击。特别是在当前国际金融体系还处于动荡之中,不宜全面放开对资本项目的管制。

然而,在人民币资本项目下不可兑换的前提下,人民币经常项目下的可兑换以及由此产生的人民币大量流出,可以预见会导致冲突。人民币从经常项目流出,除通过经常项目正常回流外,仍会有人民币头寸留在境外,并会越积越多。这一非居民持有的人民币头寸必然会以各种形式寻求回流,从而冲击资本项目的管制。在资本项目下没有正式渠道的情况下,将会形成"地下渠道",从而形成人民币"黑市"。

上述冲突是人民币经常项目下可兑换和人民币资本项目下不可兑换的内在矛盾的表面化。一方面,它预示着一旦开启人民币从经常项目流出入的阀门,注定要开启人民币从资本项目流出入的阀门。另一方面，从中国的现实情况看，使人民币从资本项目流出入又不宜过早进行，两个阀门的开启时间需要一定的间隔，这就造成一个两难局面。国际经验表明，随着经济发展，本币全面可兑换是必然趋势，而国际化的货币没有是不可全面兑换的。依此，人民币必须走向全面可兑换。但是实现人民币全面可兑换，除需要经济结构合理、宏观经济稳定、经济政策具有可预见性等条件外，尚需要完善的人民币资本市场，尤其是完善且深厚的人民币固定收益市场。对大国来讲，有可能建立一个具有弹性的固定收益市场，以此可部分缓解或吸收国际资本的瞬时冲击。而这恰恰是内地资本市场的薄弱之处。面对这一两难，利用香港金融市场就具有了特殊的意义。

香港金融市场的特殊意义可从人民币回流机制的安排中得到启示。在现行的国家层面的货币互换、民间自发形成的地摊银行以及 CEPA 安排下的港澳人民币回流三种模式中，前两种模式基本不涉及资本项目的管制问题，而港澳模式却全面涉及。

（二） 香港人民币债券市场的发展

2004 年，中央结算公司就已经与香港金管局签订了债务工具中央结算系统联网的协议，为两地债券市场的连通奠定技术基础。2007 年 6 月，中国人民银行联合国家发改委颁布《境内金融机构赴香港特别行政区发行人民币债券管理暂行办法》，中国人民银行允许内地金融机构经批准后在香港发行人民币金融债券，所筹集的人民币资金可通过香港人民币业务清算行汇入具有人民币业务经营资格的内地金融机构，发债机构可将人民币汇入香港支付债券利息和偿还本金。2007 年 7 月，国家开发银行在香港成功发行第一只规模为 50 亿元、票面年利率为 3％的 2 年期人民币债券。2009 年 9 月，财政部在香港首次发行规模为 60 亿元的人民币国债，期限分别为 2 年、3 年和 5 年。至此，在香港已经累计发行人民币债券 360 亿元，利率由市场确定，最终发行利率接近或者略低于内地人民币同等债券利率。此举有助于提高境外人民币的使用收益，加快培育人民币离岸市场。

香港金管局的债务工具中央结算系统与中央结算公司的政府债券簿记系统直接联网并行，可以为内地金融机构的港币债券投资提供交易结算便利，这可以为以后建立离岸人民币资金通过资本账户下的债券等方式回流境内提供有效的支持并进行有效的监控。

目前香港涉及资本项目下的人民币回流有三个渠道：（1）金融机构渠道。香港指定银行的人民币可根据中国人民银行的清算安排，直接由中国人民银行深圳分行受理，形成境外人民币上存中国人民银行的渠道。（2）个人渠道。香港居民每人每天可汇入内地同名账号 8 万元。同时可开设人民币支票账户在广东省使用，每天限额为 8 万元，并且香港银行发行的人民币卡可在内地使用。（3）资本市场渠道。内地金融机构在港发行人民币债券，由持有人民币的香港投资者认购，金额不限。

一般来看，香港涉及资本项目下人民币回流的三个渠道不仅各自运作流畅，而且相互紧密连接，整体运行良好，表明资本项目下人民币回流的某种特殊安排是可行的。由此，它展现了一个前景：能否利用香港金融市场，尤其是香港已初具规模的人民币债券市场，一方面满足非居民持有人民币头寸投资或变现的需要，另一方面因此可延缓人民币资本项目开放的进程，以便赢得时间，做好准备，尤其是为内地资本市场做好准备争取时间。

如果把香港金融市场的发展纳入人民币国际化的进程考虑，香港金融市场就成为这一进程的重要环节，成为这一进程的有机组成部分。为此，需要内地与香港进一步互相配合的特别政策安排。这一安排的要点可概括为：人民币按现有机制多渠道流出，并通过经常项目多渠道回流；如果需要从资本项目回流，则必须通过香港单独处理。这如同水利工程中的径流和蓄水。在经常项目下，因贸易一手交钱一手交货，如同径流。径流以通畅为要。非居民持有人民币头寸，如同多余的流量，需要蓄积。蓄积以调节为要。径流可以有多条，但蓄积调节只能有一个闸门。依此，国际收支资本项目的管制就如同水库大坝，香港金融市场因大坝而成为人民币头寸的水库，中国人民银行与香港金管局如同水库闸门的管理人，分别从大坝两侧控制闸门，监测并调节人民币从资本项目的回流。这一国际收支监管原则可形象地表述为"不管流出，只管资本项目下的流入；多口流出，资本项目下单口流入"。可以想见，这一国际收支监管原则既降低了监管难度，又提高了监管水平。

人民币从资本项目回流的香港实践表明：（1）"水库"已初步形成，人民币债券市场初具规模，投资者日渐增多；（2）"水库闸门管理人"积累了相关经验，中国人民银行和香港金管局的合作富有成效；（3）"水库"的安排已得到市场的初步认可。国际投资者已把香港人民币市场视为人民币初期的离岸市场。可以想见，随着人民币贸易融资的发展，境外非居民拥有的人民币头寸增多，香港人民币资本市场的"库容"将会增大，交投将更趋活跃。香港将可能发展成为亚洲人民币市场。而香港人民币市场，尤其是人民币债券市场的发展将会为亚洲债券市场人民币化提供契机，进而构成人民币进一步国际化的支撑条件。而一旦亚洲债券市场人民币化，不但有利于内地和香港的经济发展，而且是中国对亚洲经济的贡献。

凡事有利亦有弊。从风险的角度来看，若按上述路线推进，预计会在三个方面出现较为明显的风险。

（1）人民币利率和汇率二元化。由于人民币在资本项目下不可兑换，香港人民币市场的发展会导致香港的人民币汇率和利率迥异于内地，亦即出现人民币利率和汇率二元化现象，这可能对人民币独立的货币政策形成制约和威胁。在香港人民币市场尚未完全形成的情况下，已经出现 NDF 市场。很多金融机构将 NDF 作为工具来预测人民币汇率的变动。因其走势与人民币汇率走势有相当大的背离，形成了对人民币汇率的扰动。

（2）由于中国经济仍处于高速增长过程，人民币将具有长期升值趋势。香港人民币市场的形成不仅会对人民币升值造成加速的压力，而且在人民币升值的预期下，有可能形成"一边倒"的单方向买入局面，使市场丧失交易对手、丧失流动性。而一旦中国人民银行向市场补充流动性，则有可能使对资本项目的管制丧失作用，亦即会加大迫使人民币全面恢复兑换性的压力。

（3）对香港现行货币制度形成威胁。香港采用的是货币局制度，港币与美元挂钩形成固定的联系汇率。随着香港人民币市场的发展，会出现港币与人民币平行的两个市场，利率和汇率的不一致性不仅可能造成香港金融市场的混乱，而且会冲击港币与美元的联系汇率制。一个替代的办法是港币与美元脱钩，改为与人民币挂钩。相应地，香港人民币市场亦成为通过港币进行的市场，以此可能能够避免市场的混乱以及对香港货币制度的冲击。但接下来的问题却是：一种可兑换货币——港币能否与一种不可全面兑换的货币——人民币挂钩？目前在世界上尚无先例可循。

为应对上述风险，有国际经验可资借鉴，更重要的是有内地的经验以及内地与香港金融合作的经验可资总结提升。

（1）从国际经验看，利率二元化的风险不大。当年"欧洲美元"市场的利率与美国本土市场的利率不一致，但并未出现太大问题。从香港的实践看，香港人民币利率与内地有差异，例如存款利率仅 0.5％，但金融市场基本认可。与此同时，无论是"欧洲美元"市场还是香港人民币市场，均未对本币的货币政策及其调控能力产生实质性影响。原因在于，相对于庞大的本币市场，弱小的境外市场难以决定本币利率，甚至难以影响本币的利率走势。鉴此，人民币利率二元化是可以承受的，代价不过是个别金融机构可在香港人民币市场波动中套利。

（2）风险较大的是汇率二元化。在资本项目受管制的情况下，影响汇率变动的因素尽管很多，但基本集中于可贸易产品和劳务方面。相对于整个经济而言，可贸易部分相对较小，从而较易"撬动"，表现为汇率的波动大于利率的波动。这也是目前 NDF 市场可以或多或少地影响人民币汇率的原因所在。为应对这一风险，从国际经验看，需要从长远角度制定人民币实现全面可兑换的时间表，其中每一个步骤及步骤间的衔接需要精心安排。在这一过程中，从内地及香港的实践看，区别机构、区别行业的分类监管和处理办法可缓解部分困难。20 世纪 80 年代后，内地外汇汇率多轨并存的经验可以汲取；而香港所采用的区别对待办法亦有总结的价值。香港通过区别受严格监管的金融机构和较少受监管的金融机构的办法，决定其参与人民币市场的机会和权限；通过区别某些特定商品和产业的"指定商户"和"非指定商户"的办法，决定其参与人民币市场的程度；通过区别集合投资和个人的办法，决定其是否可以参与人民币市场。

（3）"一边倒"与人民币过度升值。由于中国经济仍在持续增长，人民币仍具有持续升值的趋势，因此，出现买入人民币的"一边倒"的概率较大，并加大人民币过度升值的压力。在这种情况下，可采取的措施是利用内地与香港人民币互换机制，使用人民币来进行必要的干预，以稳定汇率。而人民币从经常项目多渠道流出，在资本项目下通过香港单独回流的安排使问题集中于一个区域市场，有助于识别此类风险，并加以专门处理。并且在"一国两制"的条件下，内地与香港的货币当局与金融监管当局的有效合作经验，也有助于及时和适度操作。与此同时，利用在港中资金融机构，如中银香港进行这类操作，有助于指挥和协调。

（4）尽管香港经济与内地经济的联系越来越密切，但香港经济与世界经济的联系在密切性上远高于与内地经济的联系。香港经济周期仍基本受制于世界经济周期，主要受制于美国经济周期。这一点特别明显地表现在香港金融市场上，投资者多为国际投资者，使用的货币主要是美元。香港金融市场美元存款的比重高达 35％以上，仅次于港币。只要香港经济与世界经济的这种联系不发生逆转，港币就没有特别的理由与美元脱钩。一般预计，香港经济与世界经济的联系尚有10年左右的高密切性。这意味着短期内港币没有必要寻求与人民币挂钩。退一步考虑，即使港币与人民币挂钩，人民币的持续升值态势也决定投资者会投机港币升值，并有可能形成一边倒。这如同前所述及的人民币过度升值，可通过香港与内地的货币互换机制，通过加大人民币对港币的支持来稳定港币汇率。

从各方面情况看，随着人民币用于国际贸易结算，人民币国际化进程事实上已经开启。进一步推动这一进程应以风险可控为前提，在此基础上，创造条件，稳步展开。而香港的独特地位，特别是香港较为完善并相对发达的金融市场为人民币国际化的趋利避害提供了新的契机。在人民币国际化的过程中，如果将香港金融市场纳入其中，善加利用，使其成为有机的组成部分，不仅有助于两地经济的繁荣发展，而且能够使香港早日成为真正的国际金融中心。

与此同时，利用香港金融市场还有其他的意义。中国现在有 4 种货币（人民币、港币、澳门币、台币），随着台海关系的日趋改善，4 种货币的协调及整合已显必要，而香港又是处理此问题的最恰当的地区。

鉴此，无论是长远发展还是短期安排，在人民币国际化的进程中，香港金融市场都具有特殊的地位和作用。内地和香港的货币当局与金融监管当局应加以特别关注，推动方案研究和实施。

1. 发展香港人民币离岸市场的政策调整

依照上述路线，内地和香港都需要在人民币市场成功实践的基础上做必要的改进和调整，以满足人民币跨境流动管理的需要。

（1）内地方面所需要的进一步改革和调整。

进一步鼓励境外贸易商在对华贸易中使用人民币计价、结算和支付；逐步放开并鼓励内地机构在港发行人民币债券；进一步规范香港居民兑换人民币和汇入内地的个人渠道；在条件成熟时，实现香港金融市场尤其是人民币债券市场与内地市场的对接；探讨 A 股上市企业以人民币形式在港挂牌交易。

（2）香港方面所需要的进一步改革和调整。

允许在港法人机构开立人民币账户，允许在港银行受理人民币账户的开立，逐步扩大人民币合格存款人范围；从贸易融资开始，逐步放开在港金融机构人民币贷款范围；促进人民币货币市场的形成，逐步放开人民币同业拆借范围；鼓励在港法人机构发行人民币债券，探讨人民币的 FDI 和 QFII；探讨境外居民合法持有人民币来港投资 A 股上市公司。

2. 香港人民币离岸市场的进一步发展趋向

（1）短期：人民币贸易结算及相关的衍生品服务。

（2）中期：资产类人民币产品。

将人民币债券发行主体范围扩大至境外机构；向本地和境外企业发放人民币项目融资贷款，用于内地投资项目；允许以人民币计价的证券投资工具在交易所挂牌买卖；以贸易为基础发展人民币风险管理产品及证券化工具等衍生品；用人民币定价保险产品。

（3）中长期：人民币金融创新。

不直接在现货产品领域与上海（拥有人民币外汇交易市场和同业拆借市场）竞争，充分发挥在资产管理和专业服务领域的优势，重点拓展人民币衍生品的创造和分销能力，成为区域人民币衍生品中心。

长期以来，中国对东盟长期存在贸易逆差，意味着有对外支付的需要。2010年1月1日，中国-东盟自由贸易区正式启动。这一自由贸易区拥有 19 亿人口，近 6 万亿美元的 GDP 和 4.5 万亿美元的贸易总额。根据自由贸易区协议，2010年中国与东盟创始六国 90％以上的产品将实行零关税，2015 年中国与东盟另外四国将实现零关税。贸易额有望进一步扩大。人民币用于贸易结算具有良好的前景。2009 年，中国与东盟进一步强化了金融基础设施的建设，落实亚洲金融合作机制，例如《清迈倡议》、中国和东盟"10＋1"协议、亚洲债券市场发展计划等，以 2010 年 1 月 1 日中国-东盟自由贸易区正式启动为契机，使香港成为以人民币为背景的国际金融中心。

六、全球货币寻锚过程中的人民币汇率[①]

近期人民币相对于美元的显著升值成为国际金融市场的热点问题。相关的分析预测报告纷至沓来。由于背后的分析框架各有不同，也导致各预测结果差异甚大。因此，有必要从分析框架入手，辨析人民币的升值问题，尤其是人民币是否进入升值通道。

---

① 源自《财经》杂志 2020 年第 23 期的《全球货币寻锚，人民币是否进入升值通道？》。

现行国际货币体系以美元为中心。在这个体系下，讨论汇率形成及走势主要有三个不同的理论框架。

一是由国际资本自由流动所决定的一般均衡汇率理论，其作用机制是利率和汇率的平价关系。通常适用于对发达经济体汇率变动的讨论。

该理论认为，一种可全面兑换的货币，意味着没有资本管制。由经常项目顺逆差所决定的外汇供求关系，会因资本在国际上自由流动自动生成均衡的汇率。这一均衡汇率水平将无限趋近于购买力平价，并与通货膨胀率成反比。与此同时，这一均衡汇率水平的升降则受一国金融市场利差水平高低的影响。换言之，当一国实际利率为正时，该国货币具有升值的倾向，并因为没有资本管制，汇率可以浮动，内在的升值倾向会表现为对均衡汇率的显性上浮。

利差水平高于国外，资本会受吸引，经资本项目金融科目流入，反之则流出。货币利率政策由此诱导着边际汇率水平的升降，利率因此与汇率形成平价关系。

但是这个理论框架不适用于对发展中经济体的讨论。发展中经济体通常的情形是，在国际收支中，资本项目或多或少受到管制，在某些情况下甚至经常项目也受到管制，这导致本币的可兑换性相对较差，汇率因此难以完全浮动。这不仅造成利率与汇率平价传导机制扭曲，而且使汇率难以在无限趋近购买力平价的基础上实现长期均衡。换言之，在资本管制条件下形成的汇率不是市场意义上的均衡汇率。汇率更多地受制于管制的强弱，因管制的松紧而变动。即使出现某种上扬，也不是基于均衡汇率的趋势性上扬，而只是临时性的波动。

尽管如此，这个理论框架依然有其价值，突出表现为它指出了发展中经济体努力的方向：只有放松资本管制，使本币成为可兑换货币，使利率与汇率平价机制正常发挥作用，才能出现无限趋近购买力平价的均衡汇率，才能言及真正意义上的升值与贬值。也就是说，汇率市场化、利率自由化是方向。

二是以国际贸易为导向的汇率定价理论。通常适用于对发展中经济体汇率变动的讨论。

首先，经济现代化是发展中经济体的基本诉求，而实现经济现代化的基本途径是工业化。在工业化进程中，以资本品进口替代方式加快产业结构升级来取得经济快速成长是捷径。而获取包括技术、设备在内的资本品需要外汇，从而奖励出口成为惯常的政策选择。为此，需要进行系统性的本币低估和外币高估，通俗表达为"本币贬值有利于出口，本币升值有利于进口"。久而久之，这种政策促进了出口导向型经济增长模式的形成。在这一模式下，因路径依赖，"奖出限入"的外汇政策成为常态。不仅不会出现市场意义上的均衡汇率，也因汇率的扭曲而难以确定本币购买力的真实水平，从而表现为名义汇率与实际汇率的分野，即"巴拉萨-萨缪尔森效应"所观察到的缺口。

由于发展中经济体普遍存在二元结构，工业的全要素生产率尤其是劳动生产率远远高于传统农业，并因此可支付较高的劳动报酬，吸引着边际劳动生产率趋近于零的农村劳动力加入工业，工业化过程会自发地出现。在这个意义上，工业化过程就是全要素生产率尤其是劳动力生产率持续提高的过程，并显性化为可观察的实际工资上涨。工业化越快，整体经济的全要素生产率尤其是劳动生产率提高的速度就越快，经济增长越快，实际工资上涨就越快。在通货膨胀率不显著的情况下，亦即名义工资与实际工资基本相符的情况下，这意味着本币购买力的上升，从而决定了本币内在的升值趋势。在本国全要素生产率尤其是劳动生产率增速显著高于外国的情况下，本币内在的升值趋势就体现为实际汇率上升。因这一实际汇率的上升，要求名义汇率真实化，从而外化为现实的汇率升水。这就是通常所说的"巴拉萨-萨缪尔森效应"的实现。事实上，当年美国正是以这一理论框架为依据，要求日元、台币升值。这也构成现在美国认为人民币汇率有操纵嫌疑的重要论据。

这个理论框架的价值在于：为因资本管制一时难以根本改变而无法把握均衡汇率水平的发展中经济体提供了判别汇率长期走势的依据。以全要素生产率尤其是劳动生产率提高所引致的实际工资上涨为判别标准，既简捷又明了，可直接用于实际经济政策制定。由于全要素生产率尤其是劳动生产率提高是累积性的变化过程，只有累积到一定程度才十分显著，进而迫使包括汇率在内的其他结构性变量发生调整，因此，很多发展中国家的汇率升贬都表现为一次性的而不是连续性的。而均衡汇率的最终形成，也是在这种跳跃式的阶梯形变化中不断寻找来实现的。

三是竞争性货币理论。通常适用于对大型尤其是超大型经济体汇率变动的讨论。

在民族国家依然是国际社会主体的情况下，国际货币体系不太可能出现超主权货币充当国际货币，而只能是一国主权货币充当替代物。扮演这一角色的通常是大经济体的主权货币。这是因为大经济体体量大，占全球 GDP 和国际贸易的比重都高，其货币成为备选的对象。也是因为这个原因，在已然的国际货币体系中，大经济体会主动或被动地加入国际货币竞争行列，成为守成大国的挑战者。与此同时，以本币作为国际货币的守成大国会陷于尴尬境地，因"特里芬难题"，其货币竞争力下降并反制乏力，进而出现被其他主权货币替代的现实可能性。事实上，20 世纪 70 年代后，先马克后欧元以及日元挤入国际货币行列，并成为 SDR 成员就说明了这一点。人民币自 2016 年起也成为 SDR 的五大成员之一，更凸显了美元作为唯一国际货币的衰落。

替代货币的出现，既表明替代货币强劲的竞争力，也表明国际社会的风险偏好在改变。这会促使替代货币在国际上被更广泛地使用，从而促使替代货币趋势性升值。与此同时，守成的国际货币因"特里芬难题"而衰落，并呈现趋势性贬值。两相综合，新兴国际货币在现实中会呈现长期升值的走势。

这一理论关注的核心是大型经济体在全球 GDP 和国际贸易中的比重，因为这是其货币能否成为备选国际货币的关键。由此，它不仅不适用于对小型经济体汇率变动问题的讨论，而且不区分是发达经济体还是发展中经济体。需要着重说明的是，由于这一理论涉及国际货币寻锚以及替代货币备选问题，因而实际上探讨了国际货币体系性变动问题。它要求从全球视野反观一国汇率变动的含义，因此有别于基于国与国双边汇率安排的讨论。就发展中经济体而言，目前唯有人民币适合这一框架的讨论。同时，发展中经济体的代表货币加入国际货币竞争行列也使国际货币体系呈现出前所未见的复杂局面。

以上是讨论汇率变动问题的三种理论框架。如果将它们分别用于讨论人民币升值前景问题，可以各自得出以下结论。

第一，到目前为止，人民币尚不是可兑换货币，资本项目仍存在较严格的管制。因资本不能自由流动，市场意义上的均衡汇率尚未显现。所谓均衡，也仅是在现有管制框架下及管制水平上的均衡。这意味着，一旦管制放松或管制框架变动，即期汇率就会出现大幅波动，甚至具有不收敛性，即超调的风险。而超调不仅难以找到市场意义上的均衡汇率，汇率甚至会反复振荡，从而导致因担心反复振荡而不得不再回到管制。其实，2015 年"8·11"汇改后出现的现象就说明了这一点。

第二，发展中经济体管制资本的一个重要原因是促进出口。这是因为市场均衡汇率一般都是浮动汇率。而在贸易领域，固定汇率不仅有利于稳定交易预期，而且便于对本币进行系统性低估，从而有利于出口。就中国经济而言，自20世纪90年代起，中国逐步走上出口导向型经济增长的道路。如同其他发展中经济体尤其是东亚经济体，在出口拉动经济增长的同时，自觉或不自觉地担心本币升值会影响出口。于是，用汇率调控来促进贸易，即基于贸易的汇率定价成为一种政策主张。在这种情况下，关于本币真实价值的研究几乎成为纯学术探讨，通常的做法是通过不同途径来测算本币的购买力平价，目的是校正名义汇率与实际汇率的扭曲程度，其中全要素生产率尤其是劳动生产率的测算成为主要手段之一。

中国改革开放的实际情况显示，市场导向型经济体制改革极大地改善了要素配置效率，使得全要素生产率有了明显提高。尤其是，开放使中国经济成长纳入经济全球化进程，中国劳动力资源丰富、成本低廉尽显于世界，全球资本与中国劳动力相结合，形成出口导向型经济，并促使中国产业结构升级额外加速。于是，从改革开放后到21世纪第一个十年间，中国全要素生产率尤其是劳动生产率持续提高。它构成2005年人民币一次性升值后持续升值的主要原因。

但也正是基于同一个原因，为维持劳动力成本低廉的竞争优势，农民工市民化进程缓慢，尚未形成真正意义上的城乡之间的劳动力市场，不仅实际工资上升不快，而且在许多年份名义工资增幅也难以与通货膨胀率同步。这种情况致使实际工资上涨这一观察指标不显著，从而难以把握人民币的名义汇率与实际汇率的差距，即难以把握升值的幅度。这也是在国际贸易规则中引入公平贸易原则的一个重要理由。所谓TPP中的劳工保护条款，就是通过劳资谈判来使工资成本真实化。

与此同时，必须强调的是，自2013年中国的服务业增加值首次超过工业，人民币内在价值虽仍有上升的潜力，但大幅升值的可能性变小。原因在于服务业的劳动生产率提高速度慢于工业。中国经济结构已转变成以服务业为主导，服务业增加值已占GDP的53％以上，未来还会增大。在服务业占主导的经济中，科技研发部门的劳动生产率提高主导着服务业以及整个经济的劳动生产率提高。但是，中国在这方面显然存在短板。如果科技研发部门的创新能力不足，劳动生产率将出现上升停滞甚至缓慢下降的态势。换言之，若要使人民币持续并大幅升值，就需要以创新为导向的科技进步。从这个意义上讲，如果全要素生产率持续提高，人民币就会持续升值，意味着以美元现价表示的GDP增长会更快，赶上发达国家的时间会缩短，由此，高质量发展比高速增长更重要。

第三，2008 年金融危机进一步暴露了现行国际货币体系的内在缺陷，美元独大的局面出现动摇，多主权货币竞争的态势进一步明显，人民币也已加入 SDR。

危机后 12 年来，美国为应对危机采取量化宽松政策，致使全球美元泛滥，也因此种下美元价值趋贬的种子，表现为美元指数的疲态。尤其是 2020 年以来，为对冲新冠疫情所带来的经济下行，财政赤字货币化不得已而为之，现代货币理论登堂入室，形成了财政政策货币化、货币政策财政化、财政货币政策一体化的客观事实。结果是货币供应量持续大幅上升。截至 2020 年 9 月，美国 M2 三个季度的增速已超过 20%，几乎与 1940—1941 年持平甚至有所超越。而 1940—1941 年正是战争时期。平时的货币供应量超过战时，必然导致美元快速贴水，构成美元指数第二季度以来的大幅下行，由高点的 103 下降到目前的 93 左右。相形之下，过去十年里人民币在国际上广泛使用以及美元价值趋贬，特别是 2020 年美元指数的大幅下降，使人民币相对于美元的汇率有了快速的升水。换言之，2020 年 4 月以来人民币的大幅升水基本上是由美元大幅贴水所致。

值得注意的是，目前美国经济衰退仍在延续。财政赤字还会进一步扩大，致使"开动印钞机支持国债发行"的做法常态化。这种情形会使传统"特里芬难题"演变为新型"特里芬难题"，即美国 GDP 占全球的比重持续下降和美国债务占全球的比重持续上升。GDP 占比下降使美元作为"锚"开始变弱，债务占比上升则使美元的内在价值持续下降，在二者的作用之下，美元作为各国货币的"锚"产生了漂移。全球货币因此出现了重新寻"锚"的迹象。2020 年以来，包括俄罗斯在内的中国周边国家的货币与人民币同涨同落，在一定意义上预示着它们的货币开始"锚"定人民币。全球货币寻"锚"以及人民币成为"锚"之一意味着人民币具有长期升值的可能性。

将上述不同理论框架分别得出的结论综合起来，可以得到一个总的看法：汇率是本外币的相对价格。在现有的以美元为中心的国际货币体系中，表现为本币对美元的价格。这一价格即汇率既取决于美元内在价值的变化，也取决于本币内在价值的变化。由于"特里芬难题"，特别是世界经济结构在深刻调整中，传统"特里芬难题"演变为新型"特里芬难题"，奠定了美元长期走弱的趋势，从而出现了全球性的各国本币对美元趋升的现象。但能否维持本币对美元的持续性升值则取决于本币内在价值的变化。就人民币而言,从长期看仍具有升值的潜力。从购买力平价的角度来看,人民币仍存在系统性低估。但人民币升值幅度有可能变小,升值步伐有可能减慢,原因在于劳动生产率增长可能放缓。未来升值的幅度和步伐因此在边际上更取决于人民币的国际使用程度,即在既定的人民币供给下,全球对人民币的使用需求。而人民币的国际使用程度又与利率、汇率市场化进程直接相关,并取决于资本项目开放及实现人民币可兑换的步伐。从短期看,资本项目有进一步开放的动力,资本管制趋于放松,人民币在目前管制均衡的水平上开始出现双向波动,而且波幅随着管制进一步放松加大,进而具有向市场均衡汇率靠拢的迹象。

但在充分肯定上述三个分析框架的理论价值的同时,必须指出的是,它们均不能全部覆盖现有的人民币汇率问题,不能充分解释人民币汇率的形成,尤其是难以准确预测人民币汇率的未来走势。过去十年,随着人民币国际化,中国国际收支资本项目呈现出这些理论框架均不能描述的新现象:资本项目基本实现了本币开放,但本币尚不可自由兑换;形成了资本项目下人民币先流动、后兑换的特殊开放路线。这一时间上的特殊路线在空间上相应呈现为人民币在岸和离岸两个市场。在离岸市场上人民币是可兑换货币,但在在岸市场上人民币仍是不可兑换货币,并因此形成独特的汇率形成机制以及相应扭曲的利率与汇率平价机制。

在主要离岸市场尤其是香港市场上,人民币可以自由买卖,因而全面可兑换,人民币的供求关系表现为金融市场上的多对多交易,进而形成离岸人民币(CNH)汇率。而在内地在岸市场上,因外汇管制,人民币尚不可自由兑换,外汇供求只能通过央行结售汇进行,呈现为一对多的供求关系,央行对汇率具有最终的影响力,形成区别于 CNH 汇率的在岸人民币(CNY)汇率。CNH 汇率是自由买卖形成的汇率,对市场更加敏感,从而 CNH 汇率实际上在引领 CNY 汇率的变动。目前的传导机制显示为,由于 CNH 汇率收盘价更反映市场预期,客观上成为次日 CNY 汇率开盘价的基准。随着离岸市场的发展,这种 CNY 汇率随着 CNH 汇率波动的现象越来越明显,结果是央行不得不加入逆周期调节因子来稳定 CNY 汇率。

与此同时,更为复杂的是,随着离岸市场的发展,人民币利率也相应地分化为两个利率。在同一货币供应量的前提下,离岸市场利率因人民币流入量的多寡而有别于在岸市场利率。这也使央行可以通过控制人民币流出量来影响离岸市场利率，进而影响 CNH 汇率。事实上，2015 年以后央行的一个新做法就体现了这一点。如果 CNH 汇率趋贬，就限制人民币流出。通过限制人民币流出，促使离岸市场人民币利率上升。反映在 CNH 汇率上，因金融机构借入人民币投资美元的成本在上升，套汇的冲动随之减弱，美元升水，则人民币贴水的态势就会得到遏制，反之亦然。这种通过控制人民币流出量来影响离岸市场利率的办法，虽然对稳定即期人民币汇率有效，但却使人民币国际使用的预期变得不稳定，妨碍了人民币进一步的国际使用，并因此使人民币升值潜力难以全面展现在国际金融市场上。甚至在 2015 年后的一定时期内，出现了与政策努力相反的升少贬多的现象。从这个意义上讲，对人民币流出量的控制是人民币长期升值通道不贯通或不顺畅的重要背景因素之一。

以上讨论使我们涉及一个全新的问题——人民币国际化条件下的国际收支变化及汇率形成。如前所述，人民币国际化使中国国际收支资本项目客观上形成人民币先流动、后兑换的格局，并因此创新了资本管制方法，即资本管制不再区分居民与非居民而是区分币种，对本币不管制。从理论上讲，这是完全行得通的。中国是一个大经济体和大贸易体，目前虽然是第二大经济体但却是第一大贸易体，世界市场份额约为 13%。国际经验表明，大经济体尤其是大贸易体是国际贸易中的主要对象，本币因此有广泛的国际需求。这使其可将本币资源用于国际经济往来，奠定了资本项目下本币开放的基本条件。从学术的角度描述，这是将"蒙代尔-克鲁格曼不可能三角"的角点解转化为非角点解。不在三个顶点寻求突破，而是在三条边的晃动中寻找平衡。换言之，独立的货币政策放松一点，资本项目开放一点，汇率浮动幅度大一点，并在渐进推动的动态路径上伺机实现平衡。

但从实际情况看，要维持这一渐进过程又是十分艰难的。目前中国的国际收支格局是人民币和美元在资本项目以不兑换的形式各自流出入。由于人民币的国际使用，在正常情况下，经常项目的顺逆差并不必然导致结售汇的增减，进而并不必然导致外汇储备的变动。总结当前现象，作用机制大致如下：经常项目进口项是人民币流出的主渠道，受境内人民币利率上涨的吸引，从经常项目流出的人民币可通过资本项目回流境内，因没有结汇环节而不表现为外汇储备的变动，反而表现为推动境内金融产品价格的上升。反过来，受美元及美元资产上涨的吸引，从经常项目流出的人民币不再回流境内，反而在境外离岸市场兑换为美元并投资美元资产，形成在境外离岸市场人民币趋贬的压力。这实际上是利率与汇率平价机制在两个分离的市场——在岸市场与离岸市场的曲折表达。如前所述，这为央行通过操作在岸市场利率来影响离岸市场汇率，进而影响境内外人民币市场利率和汇率提供了基础条件，但与此同时，这也使利率与汇率平价机制更加扭曲。

于是，人民币汇率问题的逻辑又回到起点，以可兑换性为目标逐渐放松资本管制，使人民币汇率有管理地浮动起来，而人民币实现可兑换性的进程也是扭曲的利率与汇率平价机制纠正的过程，体现为汇率在可容忍的波动中逐渐走向长期均衡。这一长期均衡机制的形成既体现了人民币自身的内在价值，又反映了人民币与外币的相对价格变化。

七、人民币国际化条件下的汇率形成[①]

自人类社会出现商品交换，汇率的基因就开始奠定，尤其是在地理大发现之后，远洋贸易使汇率现实地进入经济生活。但真正意义上的汇率制度形成却是在民族国家出现之后。由于代表国家意志的主权货币使用，各国之间的经济贸易交往需要通过货币兑换才能进行。在比较优势的引导下，各国间的自发贸易自然会导致国际收支不平衡，出现顺差和逆差。为了轧差，需要一种国际认可的通用的支付手段。起初，这一手段是黄金。这是由于黄金受稀缺性制约，开采成本大致固定，从而价值稳定，可作为价值尺度，方便用来计价。同时黄金的物理特性也使其易于切割，便于携带和输送。一旦出现国际收支需要轧差，逆差国就可以方便地向顺差国支付并输送黄金，从而使黄金作为国际最后的支付手段而备受青睐，成为各国竞相争取的储备货币。在这个意义上，汇率尽管表现为各国之间轧差所需的黄金输送成本，但实质上却是各主权货币与黄金的比价关系。当一国主权货币对黄金贬值，亦即含金量减少时，有利于促进出口，扩大顺差，进而积累黄金。而为争取黄金，以扩大顺差为目的奖出限入的"重商主义"贸易政策就成为常态，其中汇率就是武器之一，对黄金的管制也成为必要的辅助手段。由此，在

---

① 节选自王有鑫著、2020年由上海财经大学出版社出版的《人民币国际化条件下的汇率研究》一书中笔者所撰写的序言。

形成以黄金为本位的国际货币体系的同时，也种下了包括汇率、国际收支在内的各国货币金融矛盾的种子，孕育了旨在协调各国货币金融关系的国际货币体系的胚胎。

也正是受稀缺性制约，黄金作为货币的供应速度远远满足不了经济发展的需要，使为积累黄金而争夺国际市场的竞争愈演愈烈，成为导致国与国之间战争的重要根源。而战争后果又是削弱乃至摧毁了"货币的黄金幻觉"。经过两次世界大战，金本位制崩溃，取而代之的是信用本位制，反映在国际货币体系上就是主权货币尤其是在世界经济中占主导地位的大国主权货币成为国际货币，作为最后的支付手段来平衡各国国际收支。

第二次世界大战后，美国成为世界上最大的经济体，并且集中了全球黄金储备的 2/3 以上。1944 年，在布雷顿森林，以美元为中心的国际货币体系顺理成章地建立起来：美元与黄金挂钩，保持稳定的比价关系，各国货币与美元挂钩，保持稳定的比价关系。双挂钩的结果是各主权货币之间的汇率相对稳定，形成了固定汇率制，而美元是固定汇率制的标的物，是锚货币，进而成为国际货币。

布雷顿森林体系是不完全的金汇兑本位制。各国汇率稳定以美元与黄金的比价关系稳定为前提，但又不是可即刻兑现的，美元并不承诺可随时随地兑换为黄金。从本质上看，不完全的金汇兑本位制仍是金本位制，如前所述，必然受到黄金供给能力的制约。更为重要的是，由于美元是国际货币，因此必须对外保持逆差，以满足日益增长的国际支付需要。从金融的角度来看，这意味着美联储因此成为全球的中央银行，承担作为最后贷款人的补充国际流动性的义务。然而，在黄金不能同比例增加并集中于美国的情况下，这一逆差意味着美元对黄金趋贬。从现象上看，不完全的金汇兑本位制使美元对黄金趋贬的事实反映在汇率上，引起美元与黄金比价关系的大幅变动。1973 年，美元与黄金脱钩，不再维持一盎司黄金等于 35 美元的固定比价关系，双挂钩的布雷顿森林体系由此瓦解。多种主权货币并雄的国际货币局面取代了美元独大的国际货币地位，固定汇率制相应地变成了浮动汇率制。

浮动汇率制的出现使汇率开始成为一个专门的国际经济现象，并令人瞩目。在固定汇率制下，价值尺度是稳定的，货物及服务贸易的价格是由生产该货物和服务的成本决定的。但在浮动汇率制下，除生产成本外，还有汇率变动所带来的额外财务支出，价值尺度的不稳定性使"秤"不准了。这为国际贸易带来了新的不确定性，构成了风险。为了防范这一风险，贸易商不得不借助诸如货币互换、掉期安排等金融衍生工具。理论上，这些金融衍生工具是用于管理风险的，当金融衍生工具百分之百地反向复制汇率波动时，两者对冲的结果是零。然而，如果金融衍生工具不是百分之百地反向复制汇率波动，则有杠杆出现，而杠杆是可以作为投资和投机安排的。由于汇率的波动相当显著且存在于每一种货币，汇率成为借助金融衍生工具进行投资与投机最好的标的物之一。于是，以各国汇率为基本标的物，各种金融工具层出不穷。

基本金融工具覆盖大概率事件，小概率事件由金融衍生工具覆盖，更小的概率事件则需衍生再衍生，因此，金融创新不一而足。结果是汇率逐渐脱离国际贸易、实业投资等基本附着物，脱实向虚，并日益为金融活动所追逐。尤其是随着金融工程技术的发展完善，在国际金融领域逐渐出现一种新的精准式的金融操作——宏观对冲基金操作。它以利率和汇率的平价关系为依据，利用各国货币政策的不一致性和不同步性所带来的汇率波动，锚定汇率或利率，用巨额借入资金的方式进行高杠杆来回操作，在放大波动的同时实现套汇套利的目的。以宏观对冲基金为代表的投机机构，在国际金融市场兴风作浪，成为引发金融风险乃至金融危机的导火索。笔者曾经历 1997 年的亚洲金融危机并亲身参与了香港金融保卫战，宏观对冲基金之凶狠、算计之精准令人瞠目结舌，对此至今仍历历在目。而捍卫香港联系汇率制的金融保卫战之残酷、局面之惨烈，令人胆寒，至今仍心悸后怕。也正是出于这个原因，管理浮动汇率的制度安排浮出水面，尤其是在亚洲金融危机后，变成各国对外经济政策的首要任务，各种安排纷纷出笼，有自由浮动的，有肮脏浮动的，有不完全钉住的，有管理浮动的，也有完全钉住浮动的。至此，汇率成为一种专门的学问步入大学课堂，为经济学科和商科所热衷而成为一个尖锐的国际问题，为政策研究者和制定者所关注，成为一个大众传播的热门话题，为媒体所青睐。

汇率问题由来已久，是伴随着民族国家产生而出现的。当主权货币开始使用，贸易由此也被分为国内贸易与国际贸易。从金融的角度来看，这一区分实际上是由于交易的计价和结算一般等价物不同，使用同一主权货币计价和结算就是国内贸易，使用不同主权货币计价和结算就是国际贸易。由于贸易有盈余，产生了货款的头寸，在国际收支上就呈现为经常项目的顺逆差，表现为对不同主权货币的收支情况，并因此产生了国际收支的不平衡问题。为了使国际收支轧差方便，如前所述，需要一种国际认可的通用的支付手段，即国际货币。该支付手段需要通过资本项目予以平衡，在这个意义上，所谓国际收支顺逆差集中体现在对某种充当国际货币的货币的顺逆差上。在黄金充当国际货币时，顺逆差及其平衡体现为黄金的国际收支平衡。在主权货币充当国际货币时，顺逆差及其平衡则体现为该主权货币的国际收支平衡。

一般来看，国际收支调节是沿下述路线进行的：当一国经常项目出现逆差需要对外支付时，通常希望通过包括直接、间接投资在内的外资流入，即通过资本项目的顺差予以对冲。若经常项目与资本项目两者相抵后仍不平衡，则需要动用以往积累的国际货币储备来平衡。若以往累积的国际货币储备仍不足以弥补逆差，该国就会发生国际收支危机，并有可能导致连锁反应，使国际收支危机传染到其他国家。这时，就需要国际行动，通过补充国际流动性来抢救该国的国际收支，以避免形势的恶化。从这个意义上讲，国际货币体系的核心任务就是调节各国国际收支。事前通过制定规则和纪律，防范国际收支危机，事后则是通过救助或贷款来补充国际流动性，缓解国际收支危机。

在以美元为中心的布雷顿森林体系这一国际货币体系下，美元是唯一的国际货币。美元的收支规则和纪律以及美元作为国际流动性的补充就成为中心议题，二战后建立的国际货币基金组织就专司此职。但不得不指出的是，以美元为中心的国际货币体系有着从娘胎里带来的重大缺陷。由于美元是唯一的国际货币，美联储就是全球的中央银行，是国际流动性的唯一补充者。理论上，由于美联储掌握着美元的发行权，美国是不会发生国际收支危机的，发生危机的只能是美元的收受国。换言之，在美联储向全球提供既定流动性的条件下，如果其他国家出现了国际收支危机只能是自身的问题，并因此承担调节国际收支的主要责任。即所谓"我的货币，你的问题"。由此，收受美元的国际收支逆差国是调节主体，必须通过诸如紧缩财政、本币贬值、扩大出口等一系列措施来恢复或扩大美元的获得能力。在此基础上才能获得国际社会主要是国际货币基金组织的救助。因此，国际收支单向调节是这一体系的天生特征。

1973年以前在以固定汇率制为基础的布雷顿森林体系下，这一单向性尚不突出。但在1976年建立起的牙买加体系下，这一单向性的弊端日益暴露。牙买加体系虽然使黄金正式非货币化，但以美元为中心这种国际货币体系框架却保留了下来。内核不存、框架仍在的结果是作为国际货币的美元失去了黄金的约束，其发行基础完全依赖于美国宏观经济政策的制定与操作。美联储是全球的中央银行，但它更是美国的中央银行，首先服从于美国的宏观经济及其调控。两者之间的差异导致了美元作为货币锚的波动。一个明显的证据就是以现价黄金计算，自1973年以来，美元对黄金大幅贬值。这自然放大了其他国家汇率的波动，相应地也使其他国家的汇率管理措施变得五花八门、杂乱无章。这反过来又使国际游资有了可乘之机，利用复杂的金融工具套利套汇，在国际上频繁流动，反复无常，放大了国际收支失衡的可能性，也削弱了汇率调节国际收支的功能，使不少国家不得不求助于外汇管制，首先是国际收支资本项目的管制。必要时，甚至通过停止本币与外币的可兑换等措施，冻结国际收支。而1997年发生的亚洲金融危机以及后来的一系列举措，便是这一现象的真实写照。

然而，故事并未终了。过去人们一直以为，在以美元为中心的国际货币体系内，美元是国际货币而美联储又掌握美元的发行权，即使美元的无序发行会引起汇率的波动，美元的国际流动性补充也不会存在问题。但2008年的国际金融危机却打破了这一幻觉。此次危机肇始于次贷，起源于美国，以快速去杠杆为标志的各类资产负债表衰退造成了美元流动性的严重困难，全球出现了"美元荒"。其他国家的国际收支相继受到严重影响，并传染到国内的本币资产负债表。起源于美国的金融危机由此变成全球性危机。

面对这种全新的局面，以国际金融稳定为宗旨、专司国际收支调节的国际货币基金组织也变得无能为力。这是因为在现行的国际货币体系构架中，不存在国际流动性补充国调节国际收支的义务和机制，致使承担调节之责的国际货币基金组织也因全球美元流动性不足而出现调节手段短缺，陷入瘫痪状态。于是，要求改革国际货币体系的呼声随之高涨，矛头直指这一单向性调节缺陷。

回顾国际货币体系的沿革，可以看到，现行的包括国际货币体系在内的国际治理体系是建立在二战后发达与不发达关系之上的。南北差距是治理的基础。但是，战后70余年来，随着发展中国家的经济发展，就GDP而言，南北差距几乎消失。全球GDP，双方各占一半左右，从而使建构在南北差距之上的国际单向治理基础动摇，而2008年的国际金融危机成为动摇的临界点。国际治理体系尤其是国际货币体系的改革方向是增加发展中国家的代表性，促使国际治理由单向改为双向。而作为最大发展中国家的主权货币——人民币国际化正是全球这一结构调整的产物。它预示着国际货币体系改革的现实开启。

人民币的国际化使用 2009 年在上海、深圳、广州、珠海、东莞 5 城市的 365 家企业试点，2010 年扩展到 20 个省份。2011 年覆盖全国所有省份的所有企业，不仅涉及货物贸易，而且涉及服务贸易，即在经常项目下可以使用人民币。更为重要的是，自 2012 年起，人民币的国际使用扩展到资本项目。截至 2020 年，在国际货币基金组织口径下资本项目的 41 个科目中，人民币都可以使用。截至 2023 年底，人民币已成为全球第二大贸易融资货币、第五大支付货币，几乎覆盖全球所有的国家和地区。正是由于人民币在国际上的广泛使用，2016 年人民币被正式纳入 SDR，成为现行国际货币体系中名副其实的国际货币。短短十年，人民币国际化进展之迅速，人民币使用之广泛，就连我们这些最早的参与者也始料未及。

回顾十年来人民币国际化的进展，可以看到它并不是偶然的，而是与世界经济结构变动，尤其是与亚洲经济发展变化直接相关的，是纠正亚洲地区"货币原罪"的本币化进程的体现。然而，人民币国际化既是中国作为大国适应世界经济发展需要而承担的国际义务，也是对中国金融体制新的挑战。人民币国际化是主权货币国际化。主权货币国际化要求该货币是全面可兑换货币，国际收支资本项目完全开放；要求该国的国际收支具有持续稳定的逆差形成机制，以体现维持该货币的国际流动性义务；要求该国拥有深度的金融市场，以便各国从事交易并有利于该国的中央银行承担全球中央银行的责任。这对于金融体系尚在发育中的中国来说不啻为高难度动作，并集中体现在国际收支资本项目的开放上。

面对上述挑战，中国选择了一条立足于国情的特殊的人民币国际化路线。这条路线可以这样描述：经常项目下的货物贸易首先开启以人民币计价、结算，以满足金融危机后亚洲国家对货物贸易的现实需要。在取得经验的基础上，扩大人民币在经常项目下的使用范围以及使用对象，进而再相机决定开放其他国际收支科目，尤其是资本项目下的金融科目。显然，这实际上是沿用中国以往渐进式改革开放的经验，并且被证明是有效的。于是，出现了快速发展，人民币国际化不限于经常项目，也涉及资本项目。

通过上述特殊路线安排，在满足国际需要的同时，也创造了新鲜经验。这一新鲜经验充分体现为国际收支资本项目首先实现本币开放，进而创造条件，实现对外币的可兑换。亦即资本项目本币"先流动、后兑换"。这对全球的意义在于：人民币目前在全球虽然不能完全自由使用，但却可以广泛使用，不仅广泛用于国际贸易，而且出现了快速成长的人民币离岸市场，用于国际投融资。人民币因此而被纳入 SDR，成为全球主要储备货币之一。

至此，人民币国际化的特殊路线决定了这是一种特别的模式："清算行＋离岸市场"。所谓清算行，是指中国人民银行将人民币境外清算业务委托给中国主权管辖下的金融机构的境外分支。以此，既实现了资本项目开放，又维持了资本项目暂不可兑换，有效地避免了国际资本无序流动所带来的冲击。所谓离岸市场，是指人民币在境外的包括股票、债券以及各种衍生品的金融市场。它是由国际收支人民币逆差，主要是经常项目下人民币结算逆差累积形成的。人民币持续流出不仅维持了人民币的国际流动性，而且使人民币持续在境外蓄积形成了离岸市场。由于这一持续性，离岸市场不断深化，品种在丰富，期限结构在改善，既满足了包括结算、支付在内的贸易融资需求，也为非居民持有人民币资产提供了可变现的机会和场所。

总结人民币国际化的特殊路线，可以看到这是对"蒙代尔-克鲁格曼不可能三角"的创造性应用。"蒙代尔-克鲁格曼不可能三角"认为，在固定汇率、资本自由流动与货币政策独立性之间，只能做到两两平衡。然而，与此同时，"蒙代尔-克鲁格曼不可能三角"也是集合解，既存在 $1+1+0=2$ 的角点解形式，也存在诸如 $1/2+1/2+1=2$ 或 $2/3+2/3+2/3=2$ 的众多非角点解形式。人民币国际化就是非角点解运用的范例。货币政策独立性放松一点，资本自由流动放松一点，汇率波动幅度稍大一点，政策组合在"不可能三角"的三条边上调整，不仅使宏观经济处于一种动态稳定的状态，而且因本币的境内外流动实现了资本项目的本币开放。

人民币国际化的特殊路线创新了国际收支管理实践，不同于传统国际收支管理中居民与非居民的区别，资本项目本币开放的管理重心是区分币种，即对本外币采取不同的管理办法，从而带来金融服务业对外开放的新契机。发展中国家的资本项目开放一直存在一个传统难题，即资本项目开放是本外币可兑换，这也意味着对外资金融机构的开放，而外资金融机构以外币深度介入本国金融市场会极大地冲击本国货币政策的独立性。但人民币国际化的创新实践表明，由于可以在资本项目本币开放的同时仍对外币保持管制，上述难题就可以得到很大的缓解，外资金融机构若想在本地市场进而在国际市场发展，就必须与当地机构一样去竞争本币资源，而本币的发行权与监管权掌握在本国中央银行或货币当局手中，这样，金融服务业开放不仅对本国货币政策独立性的影响有限，反而成为促进金融机构竞争、发展金融市场的有效措施。

与此同时，不得不指出的是，人民币国际化所形成的国际收支管理创新实践也带来了新的考验。本币开放意味着跨境的短期资本流动会以本币形式出现。特别是现阶段人民币国际化特殊路线所造成的离岸市场与在岸市场的相对分离，离岸市场和在岸市场对本外币不同的管制措施会造成利率和汇率相对于外币的多重性，形成套汇套利的新空间，加剧资本的跨境流动。从目前观察到的情况看，现行跨境套汇套利机制可大致描述为：离岸市场与在岸市场的相对分离造成两种不同的利率和汇率形成机制，并导致了同一货币两个利率和汇率的出现，即离岸市场人民币利率、在岸市场人民币利率和离岸市场人民币汇率、在岸市场人民币汇率。

在离岸市场上，人民币实际上是可兑换货币，汇率是由市场供求决定的，利率虽受人民币流出多寡的影响，但基本上也由市场供求决定。在在岸市场上，因人民币资本项目不可兑换，中国人民银行是外汇唯一的最终提供者和购买者，汇率形成机制是中国人民银行对市场即一对多的机制，中国人民银行具有最终的定价权。同理，中国人民银行是最终的货币供应者，也对利率有最终定价权。于是，离岸和在岸不同的利率和汇率形成机制，造成两个市场之间一种扭曲的利率和汇率平价传导关系。在汇率方面，当CNH汇率受市场驱动出现波动时，例如相对于美元贬值，其收盘价会传导到内地，影响第二日的开盘价，CNY汇率也会走低。而CNY汇率的趋贬，反过来又影响CNH汇率，形成了人民币贬值预期。在这种情况下，CNH市场的参与者会借入人民币投资美元，促使美元相对于人民币进一步升值，进而造成人民币贬值预期的自我实现，出现人民币汇率易贬难升的现象，诱导人民币资金外流。同理，在利率方面，当人民币资金外流加大时，会致使CNH利率下行，因成本低更刺激CNH市场参与者借入更多人民币投资美元，汇率进一步趋贬。反过来，由于这种扭曲的利率与汇率平价传导机制存在，如若要控制人民币贬值，中国人民银行则可通过加大对人民币资金外流的摩擦成本和机会成本，例如严格审查真实贸易背景等，促使CNH利率上行，由此加大CNH市场参与者投资美元的成本，迫使其回吐美元平仓，偿还人民币，进而造成人民币相对于美元升值的现象，并诱导美元资金向在岸市场流动。

扭曲的利率平价传导机制放大了人民币汇率的波动并影响短期资本流向。近几年，中国国际收支短期资本流向的变动和人民币汇率的波动，也表明维持这一机制的不可持续性。因此，进一步深化改革至关重要。它使我们认识到，"蒙代尔-克鲁格曼不可能三角"包含多种解，经典的角点解虽不唯一却是稳定解，非角点解虽灵活却需要其他一系列政策作为辅助，变量的复杂性使其难以保持稳定。由此，理论和实践都要求现阶段人民币国际化的非角点解向稳定的角点解方向快速过渡，实现人民币的全面可兑换。

毋庸置疑，对于人民币的国际化，非角点解所带来的积极进展为人民币全面可兑换的角点解开辟了前沿阵地。按照国际货币基金组织的口径，资本账户共有41个科目。中国目前大多数资本项目科目都开放了，仅有三个科目，也是最重要的行为主体科目仍然保持着管制，它们是外商对华直接投资、中国居民对外负债、中国资本市场开放。随着人民币国际化进程的深化，这三个科目虽然对外币还存在管制，但对人民币已经不存在管制。换言之，外商对华投资或中国企业对外投资可自由地以人民币进行；中国居民虽不可以外币对外负债，但可以本币对外负债，即可以进行跨境人民币贷款、跨境人民币发债；中国资本市场虽不对外资外币开放，但外资可以通过沪港通、深港通以及债券通等通道以人民币进行交易。从这个角度来看，中国的国际收支资本项目已实现人民币开放。如果在这三个科目下使用外币的条件与使用人民币的条件对等，就是国际收支资本项目全面可兑换。如果这三个科目逐一进行这种对等安排，将使国际收支资本项目可兑换有序、有节推进，从而实现风险可控。这正是中国（上海）自由贸易试验区以及海南自由贸易港"自由贸易账户"所做的试验。在自由贸易账户中资本项目可兑换的试验一旦成功，并逐一移植到一般账户，就意味着中国国际收支资本项目管制的全面解除，人民币成为可兑换货币。相应地，人民币在岸市场与离岸市场一体化，利率与汇率平价机制因此也正常化。

过去，在国际收支资本项目受管制的情况下，境内金融市场与境外金融市场是割裂的，利率与汇率的联系并不紧密，但人民币开始跨境使用后，这种联系日益紧密，其中利率的作用更加突出，它在边际上引导着汇率的变动。于是利率市场化就成为问题的焦点，构成了深化金融体制改革的突破口。这既是中国经济发展的必然，也是人民币国际化的需要。我们看到，利率作为生产要素价格的重要组成部分，利率市场化改革早在改革开放初期就开始启动，1993年在国务院颁布的《关于金融体制改革的决定》中就得到了明确。而2013年党的十八届三中全会《中共中央关于全面深化改革若干重大问题的决定》进一步将这一改革细化为健全"国债收益率曲线"。2019 年，中国人民银行宣布将利率并轨作为金融体制改革的主要任务。

利率市场化是当前推进金融体制改革的重点领域和重要环节，它的突破和推进将为解决人民币利率与汇率平价关系的扭曲创造制度性基础。事实也正是如此。过去四十余年，随着改革的深化、经济的发展，上海逐步成为中国的金融中心，不仅各金融机构的金融交易云集于此，而且形成了中国金融市场的基准利率上海银行间同业拆放利率。自 2008 年国际金融危机以来，上海银行间同业拆放利率不仅决定资金的成本，而且引导资金的走向，成为中国金融市场的风向标和货币政策制定的重要依据。与此同时，上海还是中国资本交易的集中地，除股票、债券等基础品种外，还是衍生品的交易中心。尤其是近年来，以债券为代表的固定收益产品的丰富化、多样化，使金融市场交易日益活跃。上述种种，使上海开始出现完整的市场收益率曲线，它连接了货币市场、信贷市场和资本市场。随着人民币国际化进程的推进，2013 年又成立了中国（上海）自由贸易试验区，从而架起了人民币在岸市场与人民币离岸市场之间的桥梁，奠定了上海金融市场进一步对外开放的新条件。2016 年中国向世界各类金融机构开放境内银行间债券市场，鼓励境外机构在境内发行熊猫债，并于 2017 年宣布在香港及内地实行人民币债券通，吸引了大批外资，尤其是外国中央银行投资人民币固定收益产品。仅 2018 年外资投资境内人民币固定收益市场的资金就近 1 000 亿美元。由此，人民币的利率趋势开始引导人民币的汇率走势。这表明利率市场化正在促进汇率市场化，反过来汇率市场化也在促进利率市场化。两者之间的良性互动不仅纠正了利率与汇率平价机制的制度性扭曲，而且推动了人民币收益率曲线的完整化和体系化，并走向世界。而一旦人民币收益率曲线亦即人民币利率能覆盖全球人民币市场，人民币汇率问题也就变成人民币利率问题。人民币将成为国际首先是亚洲地区的"锚货币"。也正是这个原因，人民币开始广泛进入其他国家和地区的资产负债表，已有越来越多的国家和地区的中央银行及货币当局将人民币纳入官方外汇储备。

伴随着人民币日益成为国际"锚货币"，其对国际货币体系改革的贡献也日益增长，这首先表现在中国对"清迈机制"的深度参与上。在亚洲金融危机爆发后，为纠正亚洲国家的"货币原罪"问题，2000 年亚洲国家就建立了"清迈机制"。通过成立东盟＋中日韩（10＋3）的亚洲区域外汇储备库，应对美元流动性短缺时的国际收支危机；通过成立亚洲债券基金并鼓励亚洲国家发行长期债券，纠正期限错配。在2008年国际金融危机爆发后，2009年，东盟＋中日韩（10＋3）特别财长会议通过了《亚洲经济金融稳定行动计划》，2012年，各国一致同意扩大"清迈机制"功能，使其进一步多边化，不仅外汇储备库规模扩大了一倍至2 400亿美元，而且与国际货币基金组织贷款规划的脱钩比例由20％提高到30％，并延长救助资金使用期限。与此同时，创设新机制，将现有危机解决机制命名为"清迈倡议多边化稳定基金"，新建地区危机预防功能，并命名为"清迈倡议多边化预防性贷款工具"。随着人民币国际化不断取得进展，人民币逐渐成为"清迈机制"中重要的货币工具。

2019年，在第22届东盟＋中日韩（10＋3）财长与央行行长会议上，批准了《清迈倡议多边化本币出资指南》，确认了"亚洲债券市场倡议"（ABMI），旨在推动本币债券市场发展，缓解货币和期限错配以及促进域内储蓄投资于本地区发展；批准通过了ABMI新中期路线图，以进一步深化对基础设施融资等领域的支持。由此，可以预计未来人民币将在"清迈机制"以及亚洲金融安全网建设中扮演更加重要的角色。

以"清迈机制"功能扩展为标志，人民币国际化进入了新阶段：由过去的双边使用发展成为多边使用，变成了区域多边合作的工具。从趋势上看，随着上海合作组织机制与金砖国家机制的进一步完善，人民币多边使用区域将呈扩大之势，尤其是随着"一带一路"倡议的发展，人民币国际化将以多边使用的特征呈现于世界。凡此种种，意味着人民币不再完全是一国主权货币，而是成为国际公共产品。人民币作为另一种国际货币为其他国家提供了新的货币选择空间，分散了美元独大的国际货币体系的系统性风险，提高了国际货币体系弹性，改善了国际货币体系单向性的缺陷。人民币逐渐成为重塑国际货币体系的重要工具。这既是中国作为崛起中大国对世界的贡献，也意味着中国对构建人类命运共同体的责任担当。此时，人民币汇率和利率也不再仅仅是中国的问题，而是成为全球性问题。同理，中国国际收支的顺逆差变动不再仅仅是国别问题，而是承担着全球流动性的补充义务。中国的货币政策因此不再仅仅为中国宏观经济稳定负责，也要为全球宏观经济表现负责。

八、亚太地区经济合作与人民币国际化①

2019 年是 APEC 成立 30 周年。30 年前，冷战结束后，全球绝大多数经济体都采取了市场经济体制。经济体制的一致性极大地降低了因阵营对立而产生的制度性交易成本，使全球的可贸易程度大大提高，世界经济出现了以投资贸易自由化为基本内容的经济全球化。这不仅体现在传统国际贸易上，使货物贸易尤其是服务贸易增速快于经济增速，更为重要的是反映在生产要素的可贸易程度大幅提高上，体现为以投资自由化为代表的全球金融一体化。在这种形势下，APEC 应运而生，它使亚太地区过去由民间或部分国家政府参与的经济合作进入了官方协调的组织化、制度化、程序化的新阶段，成为引领经济全球化的重要力量。30年后，全球经济政治格局又在发生深刻的调整，保护主义抬头，民粹主义回潮并逐渐走向建制化的政策安排，使以投资贸易自由化为基本内容的经济全球化遇到了前所未有的挑战。其中，同处亚太地区的全球最大的发达经济体与全球最大的发展中经济体，即中美之间的贸易摩擦，挑战着亚太地区经济合作。APEC 不仅面对茂物目标的实现及后茂物目标的选择问题，甚至面临退化的风险，这预示着经济全球化正处于前所未有的十字路口。

面对新形势，不进则退，不是现有的经济全球化倒退，就是逆水行舟，在对等基础上建立新的经济全球化。"自由贸易还是公平贸易"成为议题的核心，亚太地区则成为试金石。可喜的是，面对新挑战，亚太国家积极应对，除CPTPP 外，RCEP 也获得积极的进展。2022 年 1 月 1 日，RCEP 已开始生效。这是在新理念、新机制的基础上开辟亚太经济合作新前景。而本币化尤其是以本地区主要国家的主权货币——人民币安排的区域货币金融合作成为热点问题，令人关注。

（一）　金融合作对亚太经济一体化的意义

亚太经济合作与世界经济格局的变化密切相连，其中发达国家与发展中国

---

① 源自苏格主编、2020 年由世界知识出版社出版的《APEC 30 周年纪念文集》中笔者撰写的《亚太地区经济合作与人民币国际化》一文。

家经济地位的变化又是关键。在二战后的 70 多年里，随着发展中国家经济的快速发展，就 GDP 而言，发达国家与发展中国家目前几乎各占一半。在这个意义上，南北差距消失了。发展中国家之所以还在发展中，与发达国家的差距主要体现在金融上，对此快速成长的亚洲新兴经济体感受颇为深刻，突出反映在 1997 年亚洲金融危机的成因与后果上。

当世界还处于冷战时代，两个阵营的对峙是美国在亚洲存在的根据，也是日本经济崛起的背景。日本以美国为市场，最早走上出口导向型经济的发展道路，通过进口替代和出口导向不断地接替转换，日本产业结构升级进程不断加速。伴随着这一升级过程，日本持续地将低端上游产业向亚洲尤其是东南亚国家转移，形成了亚洲产业发展的"雁行模式"。日本是头雁，是面向美国出口的高端产成品制造，而其他亚洲国家是后雁，是面向日本出口的零部件配套制造，由此构成了亚洲尤其是东南亚国家上下游的产业链。

亚洲地区巨大的产成品制造能力，除出口外，客观上需要本地区消费能力的上升来予以消化，但由于亚洲地区多是发展中国家，不仅人均收入低，而且储蓄率高，消费能力不足是亚洲发展中国家的自然现象，客观要求作为龙头的已进入人均收入高的发达状态的日本扩大内需，以此来维持亚洲产业链的正常运转。然而，日本以国土面积狭小等为理由，拒绝开放包括农产品在内的消费市场，使亚洲地区内需更显不足。结果是以日本为龙头的亚洲产业链只能一味地面向西方市场，首先是美国市场。日益增长的亚洲产能和相对有限的美国市场之间的矛盾，构成 20 世纪 80 年代日美贸易战的背景。

以日本制造业为龙头，亚洲地区产业上下游相贯的"雁行结构"反映在金融上，就出现了一种特定的现象：日本对美贸易顺差，其他亚洲国家对日贸易顺差，这种现象不仅表明亚洲地区因内需不足出现投资和消费的失衡，而且意味着没有货币金融的一体化，这种失衡的局面是难以维持的。

这是因为在布雷顿森林体系这一国际货币体系下，美元是唯一的国际货币，其他亚洲国家面对的是对日出口却需要用美元计价和结算的尴尬局面。即便其他亚洲国家对日出口可以用日元计价和结算并获得日元现金流，其对外支付也需要美元。日元兑美元的汇率变动便成为日本国际收支的巨大风险。

上述局面客观要求作为龙头的日本负起维护本地区经济金融稳定的责任，其中以日元来进行本地区金融安排就成为必然。当时日本面临两个选择：在其他亚

洲国家向日本出口的既定格局下，日本或通过扩大内需来提高制成品的国内消费
份额，以维持从其他亚洲国家的进口，或扩大对外投资，即通过扩大亚洲地区的
中间需求来缓解日本最终需求不足的问题。从金融的角度来看，无论是哪个选择
都意味着日本金融体系的开放和金融市场的深化。由于种种原因，日本选择了后
者，将经常项目的顺差通过资本项目以投资或贷款的形式返投其他亚洲国家，以
此扩大亚洲地区的中间需求来吸收消化产能，即"黑字还流计划"。在 1987—
1991 年财政年度，日本共实施总额约 650 亿美元的黑字还流计划。

毋庸讳言，"黑字还流计划"实施的逻辑指向是日元国际化。日元国际化客
观要求日本货币当局有长远的眼光、稳定的货币政策以及强大的国际协调能力。
遗憾的是，当时的日本并不具备这些条件。在日美贸易战的背景下，日元被迫大
幅升值，而为缓和升值带来的痛苦，日本央行大幅放松银根，经济开始泡沫化，
经济泡沫破裂，为应对国内经济困难，日本中断了"黑字还流计划"，致使日元
国际化戛然而止。据统计，在实施"黑字还流计划"的 1987—1991 年财政年度，
由于日元大幅升值，许多国际借贷者蒙受巨大的汇率损失，致使日元在国际外汇
储备中的份额在 1991 年达到 8.5％的历史最高点后一路下滑。日元国际化的失败
导致其他亚洲国家不得不开放资本项目以寻求美元流入。其他亚洲国家的产业是
与日本配套的，但是投融资货币却是美元。

在这种背景下，日美贸易战的不确定性不仅导致其他亚洲国家出口引领投资
的预期不稳定，而且如果日元兑美元的汇率急剧波动，将会使其他亚洲国家与日
本配套的产业陷入巨大风险之中。随着冷战趋于缓和乃至结束，日美的战略联盟
日渐松散，这种风险日益显现。而日美贸易冲突以及日本经济泡沫的破裂所导致
的日元不稳定性又是导火索，最终酿成了 1997 年亚洲金融危机。

亚洲金融危机不仅沉重地打击了亚洲新兴经济体，而且由于相互传染、迁延
不愈，使人们深刻认识到本地区存在金融治理的缺陷，并集中体现在货币错配、
期限错配和结构错配的"货币原罪"上。

在上述三个错配下，各种矛盾的焦点集中于能否持续地获得美元。美元不仅
是投资的源泉，是国际贸易的结算和支付手段，还是经济金融得以正常运转的流
动性来源，因而扩大出口、鼓励外资流入就成为亚洲国家金融稳定的基本措施。
一旦美元的获得受阻，经济金融的困难便随之显现，1997 年的亚洲金融危机就
是本地区美元流动性枯竭所致。反过来看，它表明亚洲地区缺少以本币计价、结

算和支付的区域金融市场，并由此导致该地区货币具有内在的脆弱性，通过区域货币金融合作开启本币化进程并形成统一的金融市场，才是唯一的解决途径。

亚洲地区"货币原罪"既构成亚太经济合作的障碍，也是亚太深化合作的动力。为了避免亚洲金融危机的悲剧重演，亚太经济合作不应限于经贸往来，而应向货币金融合作深化方向迈进，以本币化为核心来纠正这一"货币原罪"。除其他长远改进措施外，当务之急是建立在外汇尤其是美元获取受阻情况下的流动性补充机制。为此，2000 年 5 月在泰国清迈召开的亚洲开发银行年会上，东盟＋中日韩（10＋3）特别财长会议就加强亚洲地区的货币金融合作达成共识，并提出倡议，即《清迈倡议》。该倡议确定了监测资本流动、监测区域经济、建立双边货币互换网络和人员培训等四个方面的合作，其中双边货币互换网络成为最重要的组成部分。期望通过外汇互换的安排，援助遭遇短期外汇流动性短缺的成员，以避免危机的发生或阻断危机的传递。它是东盟原五国在 1977 年建立的货币互换安排（ASA）的升级版，不仅扩展到东盟所有成员国，而且扩展到东盟以外的中国、日本、韩国。

在货币互换的基础上，亚洲地区又提出了创建债券市场以缓解期限错配的建议，并成立了亚洲债券基金（ABF）。2003 年 8 月在马尼拉召开的东盟＋中日韩（10＋3）财长会议提出了"亚洲债券市场发展倡议"（ABM），并分设 6 个工作组进行相关的工作。其中信用担保和投资机制小组由中国和韩国牵头。在 2003 年 6 月东亚和太平洋地区央行行长会议组织（EMEAP）牵头成立的总额为 10 亿美元的亚洲债券基金一期的基础上，2005 年 6 月又推出了总额约为 20 亿美元的亚洲债券基金二期，并向私人部门开放，用于投资本地区八大经济体（中国、中国香港和印度尼西亚、韩国、马来西亚、菲律宾、新加坡和泰国发行的主权和准主权债券，包括美元和本币债券）。与此同时，2007 年 5 月，在东盟＋中日韩（10＋3）财长会议上，各方一致同意建立亚洲区域外汇储备库的提议，即各国分别拿出一定数量的外汇储备，形成区域性的外汇储备基金，以协助发生国际收支危机的国家应对短期外汇流动性困难。

值得指出的是，《清迈倡议》的框架首次将中国纳入本地区货币金融合作进程。这既是区域经济发展的需要，也是中国作为负责任的大国对本地区承担的义务。在这一框架下，中国人民银行先后与东盟各国央行签署了货币互换协议，承诺一旦发生外汇流动性短缺或出现国际收支问题，中国将提供应急外汇资金，以稳定金融市场。

"屋漏偏逢连夜雨"，2008 年国际金融危机的爆发更凸显了区域经济合作本币化进程的紧迫性。在以美元为中心的布雷顿森林体系下，美元是唯一的国际货币，是国际清偿力的代表，各国的国际收支顺逆差最终无不表现为对美元的顺逆差。在美国向全球提供美元流动性稳定的情况下，如果一国出现国际收支逆差，则意味着该国获取美元的能力有问题。该国必须通过诸如紧缩经济、削减开支、提高经济效率等一系列结构性改革措施来改善其获取美元的能力。也是在这个条件下，旨在调节国际收支的国际货币基金组织才能施以援手，提供以美元为代表的短期流动性贷款及援助。而 2008 年的国际金融危机肇始于美国，美元的国际流动性补充机制出现了严重问题，"美元荒"弥漫整个世界，在美国表现为金融危机，在亚洲则首先表现为国际贸易计价、结算和支付的困难。这一局面使双边货币互换机制的局限性明显暴露。

双边货币互换是建立在双方意愿基础上的，一事一议，规则性不强，无力应对全面性的国际金融危机。尤其是在危机中国际货币基金组织等传统多边机制失效的情况下，亚洲地区建立多边机制的紧迫性不言而喻。

2009 年 2 月，在中国的倡议下，东盟＋中日韩（10＋3）特别财长会议在泰国普吉岛召开，面对全球性的国际金融危机，会议审议并发布《亚洲经济金融稳定行动计划》，决定当年建成拟议中的亚洲区域外汇储备库，规模为 1 200 亿美元，由东盟和中日韩共同出资，其中中日韩出资份额为 80％。与原先的双边货币互换机制不同，亚洲外汇储备库的资金援助是建立在共同商定的规则基础上的，效率高、争议少、速度快。与此同时，为保证亚洲外汇储备库能依规有效地使用和管理，建立独立的区域经济监控实体很有必要。2010 年，在中国的积极参与和推动下，各国决定将《清迈倡议》升级为《清迈倡议多边化协议》，并在 2011 年成立了东盟和中日韩宏观经济研究办公室（AMRO）作为协调机构，其功能类似于国际货币基金组织。至此，《清迈倡议》正式成为亚洲地区的多边金融协调机制。

以 2008 年国际金融危机为契机，以《清迈倡议》多边化为代表，亚洲地区的经济金融治理体系开始成形，治理手段开始增多，治理功能也有所提高。这表现在：

第一，亚洲外汇储备库再次扩大，并强化分类安排。2012 年，各国决定将亚洲外汇储备库的规模扩大到 2 400 亿美元。出资份额基本不变，中日韩占 80%。贷款比例则根据不同国家（地区）的情况设置不同的标准，其中东盟新四国因金融的脆弱性更大，贷款比例也较高，为出资份额的 5 倍，东盟原六国和中国香港为 2.5 倍，韩国为 1 倍，中国和日本为 50%。贷款条件比照 IMF，但在 IMF 贷款尚未申请下来之前，亚洲外汇储备库可率先贷款 30%，以解燃眉之急，从而极大地降低了短期外汇流动性枯竭可能导致金融危机的风险。

第二，亚洲债券市场进一步深化并向周边地区扩容。2008 年在马德里召开的东盟＋中日韩（10＋3）财长会议通过了亚洲债券市场新路线图，即中期路线图，提出促进本币债券发行，扩大本币债券需求，完善债券市场监管架构以及改善债券市场相关基础设施等。面对国际金融危机及其后续影响，2012 年东盟＋中日韩（10＋3）财长会议进一步完善了这一路线图，即后续路线图。考虑到一些成员债券市场的迅速发展，决定启动信用担保与投资基金（CGIF）之下的担保程序；发展基础设施融资计划；通过引入共同债券发行计划来增强亚洲债券市场论坛的各项活动，以促进监管措施的协调性和标准化；促进区域结算中心的建立，以减少跨境债券交易和结算，巩固地区信用评级体系的基础。在上述一系列安排的推动下，尤其是在 2008 年国际金融危机后，亚洲债券市场的发展有力地缓解了期限错配问题，而中国发挥了积极作用。中国早在 2005 年就开创了熊猫债。2009 年后在境外相继开创了以人民币计价的点心债、宝岛债和狮城债。2016 年向外资全面开放境内银行间人民币债券市场，2017 年又开通了"债券通"，以方便境内外居民和投资者投资对方债券市场。

第三，构建多层次金融安全网。2008 年国际金融危机爆发，面对资本非正常大幅流动所造成的混乱，金融安全网的概念被提了出来。按 IMF 的定义，全球金融安全网包括自我保险（储备资产）、双边机制（如央行货币互换）、区域机制（区域融资安排）、IMF 多边融资机制在内的一系列危机防范和应对措施。在亚洲，中国积极提倡金融安全网的构建并承担义务。2010 年，中国成立针对东盟的规模达 100 亿美元的中国-东盟投资合作基金，以稳定东盟的投资。随后，2014 年在东亚合作领导人系列会议上，中国又宣布在 2015 年实现中国-东盟自贸区的升级版，由"黄金十年"走向"钻石十年"。除全面加强经济合作外，中国将设立针对东盟的专项贷款，并构建亚洲金融安全网，其中最重要的组织机构——亚洲金融合作协会于 2017 年 5 月在中国成立，总部设在北京。

（二） 人民币国际化在亚太经济合作中的地位与作用

以《清迈倡议》为代表的亚洲经济金融合作的多边化、深度化安排，有力地弥补了传统国际经济金融治理在本地区的缺陷。尤其是在 2008 年国际金融危机中，以 IMF 为代表的传统国际治理机制的失能、失效使危机不断蔓延，亚洲地区虽也受危机的影响，但未出现类似于 1997 年亚洲金融危机的悲惨景象。这反映了这种多边机制的有效性，但从长远看，要杜绝亚洲金融危机的重演，就必须根除亚洲"货币原罪"，那么本币化就是必然的。只有以本币为操作工具，才能使本地区的经济金融治理机制充分有效，才能成为国际经济金融治理机制的重要补充。由于亚洲地区不具备建立类似于欧元的亚元的基本条件，该地区的本币化进程只能由本地区的主要货币来承担，人民币国际化因此被提上亚洲经济金融合作的日程。

具体来讲，人民币国际化既是必然的，也是偶然的。从必然性看，中国 2010 年的经济总量超过日本，成为亚洲第一大和全球第二大经济体，并且在日益增长。与此同时，中国虽然是全球第二大经济体，但却是全球第一大贸易体。国际经验表明，位于全球前列且持续增长的经济体，其主权货币会表现出稳定并持续升值的可能性，由此可以作为其他货币的"锚"。而位于全球前列且持续扩大的贸易体，在全球贸易中占比高且贸易量持续上升，将其主权货币作为计价、结算乃至支付工具的必要性日显迫切。从偶然性看，2008 年的国际金融危机肇始于美国，是作为国际货币的美元流动性枯竭造成在国际贸易领域支付手段的短缺，使国际贸易难以为继。这在东亚地区表现得更为明显和严重，东亚地区大多是出口导向型经济体，支付困难所造成的贸易困难严重地威胁本地区经济增长的前景，损害本地区经济社会的稳定。为抵御和缓解金融危机的冲击，使用本地区最大经济体和出口对象国的货币——人民币来作为贸易计价、结算和支付货币就成为不得不为之的选择。

但是，一旦人民币被选为本地区经贸往来的计价、结算和支付工具，以及由此开启人民币国际化，就会发现这是对中国金融体制的重大挑战。人民币国际化是主权货币国际化。主权货币国际化要求该货币是全面可兑换货币，国际收支资本项目应该是完全开放的；要求该国的国际收支具有持续稳定的逆差形成机制，以体现维持该货币的国际流动性义务；要求该国拥有深度的金融市场，以便各国从事交易并有利于该国的中央银行承担全球中央银行的责任。显然，这对金融体系尚在发育中的中国来说不啻为高难度动作。它集中体现在国际收支资本项目的开放上。

面对世界尤其是亚洲地区对人民币的需求以及中国国际收支资本项目开放的两难局面，中国选择了一条立足于国情的特殊的人民币国际化路线。这条路线可以这样描述：经常项目下的货物贸易首先开启以人民币计价、结算，以满足金融危机后亚洲国家对货物贸易的现实需要。在取得经验的基础上，扩大人民币在经常项目中的使用范围以及使用对象，进而再相机决定开放其他国际收支科目，尤其是资本项目下的金融科目。

人民币国际化的这一特殊路线决定了其在国际金融市场上表现为一种特别的模式："清算行＋离岸市场"。其中，离岸市场是由国际收支人民币逆差，主要是经常项目下跨境贸易人民币结算逆差累积形成的。离岸市场的形成意味着人民币在境外可自由交易因而可自由兑换。但清算行的安排又意味着人民币在境外可兑换而在境内不可兑换，资本的跨境流动只能以人民币实现。这样，既实现了资本项目的开放，又维持了资本项目暂不可兑换，有效地避免了国际资本无序流动所带来的冲击。人民币的持续流出不仅维持了人民币的国际流动性，并由于这一持续性使离岸市场不断深化，品种在丰富，期限结构在改善，既满足了包括结算、支付在内的贸易融资需求，也为非居民持有人民币资产提供了可变现的机会和场所。

需要指出的是，人民币国际化的特殊路线实际上是对中国以往渐进式改革开放经验的沿用，并且被证明是有效的。

第一，人民币作为国际支付货币的功能不断增强。2009 年以来，经常项目下人民币跨境收付快速增长，从初期年度结算金额不到 4 000 亿元，很快增长到 2015 年的 7 万亿元，随后进入平稳增长通道。

第二，作为投融资和交易货币的功能持续深化。对外直接投资和外商直接投资人民币跨境结算从无到有，在直接投资跨境收付中的份额不断扩大，由 2010 年的不到 5％逐年上升到 2018 年的超过 50％。证券投资项下人民币收付业务从无到有，从 2011 年的 100 亿元增长至 2018 年的超过 6 万亿元，2018 年增速超过 83.6％。

第三，人民币作为大宗商品交易计价货币的功能日益显现。2013 年 10 月，铁矿石期货上市，参与者为境内交易者，以人民币计价；2018 年 5 月，正式引入境外交易者。2006 年 12 月，PTA 期货上市，参与者为境内交易者；2018 年 11 月，正式引入境外交易者。2018 年 3 月，以人民币计价的原油期货在上海期货交易所子公司——上海国际能源交易中心（INE）挂牌交易，同时引入境外交易者。

第四，作为储备货币的功能逐渐显现。2016 年 10 月，人民币正式加入 IMF 特别提款权货币篮子，权重为 10.92%，在篮子货币中排名第三。2016 年第四季度，IMF 官方外汇储备构成中人民币储备规模为 907.8 亿美元，这是 IMF 首次公布人民币储备信息。截至 2018 年第四季度末，IMF 官方外汇储备构成中人民币储备规模为 2 027.9 亿美元，占比为 1.89%。

通过上述特殊路线安排，不完全具备主权货币国际化条件的人民币，在满足国际尤其是亚太地区需要的同时，创造了新鲜经验。这一新鲜经验充分体现为国际收支资本项目首先实现本币的开放，进而创造条件，实现对外币的可兑换。亦即资本项目本币"先流动、后兑换"。这对全球的意义在于：人民币目前在全球虽然不能完全自由使用，但却可以广泛使用，不仅广泛用于国际贸易，而且出现了快速成长的人民币离岸市场，用于国际投融资。在人民币的国际使用中，亚太地区占据着主要的地位。人民币因此被纳入 SDR，成为全球主要储备货币之一。

人民币国际化的特殊路线创新了国际收支管理实践。不同于传统国际收支管理中居民与非居民的区别，资本项目本币开放的管理中心是区分币种，即对本外币采取不同的管理办法，从而带来金融服务业对外开放的新契机。发展中国家的资本项目开放一直存在一个传统难题，即资本项目开放是本外币可兑换，这意味着对外资金融机构的开放，而外资金融机构以外币深度介入本国金融市场会极大地冲击本国货币政策的独立性。但人民币国际化的创新实践表明，由于可以在资本项目本币开放的同时仍对外币保持管制，上述难题就可以得到极大缓解。外资金融机构若想在本地市场进而在国际市场发展，就必须与当地机构一样去竞争本币资源，而本币的发行权与监管权掌握在本国中央银行或货币当局手中，这样，金融服务业开放不仅对本国货币政策独立性的影响有限，而且成为促进金融机构竞争、发展金融市场的有效措施。也正是基于这一新经验，面对经济去全球化的逆风，2018 年，在博鳌亚洲论坛上，习近平主席宣布中国将进一步扩大金融开放。经过近两年的准备，自 2020 年 1 月 1 日起，外资金融机构进入中国金融服务业将不再受股比限制，同时经营范围也进一步放开，使其与内资金融机构一样公平竞争，享受准入前国民待遇并接受负面清单管理。鉴此，可以预见，随着中国金融服务业开放步伐的加快，各国尤其是亚洲国家的金融机构在华进而在国际上经营人民币业务，这将明显地加速本地区金融一体化的进程。

当前，包容性发展正在成为亚太地区经济合作的新理念。这可以从 2008 年国际金融危机后所提出的 TPP 和东盟"10＋"的演变对比中看出端倪。APEC《茂物宣言》的指向是建成亚太自贸区。自 2008 年美国宣布加入并主导 TPP 以来，不仅日本积极参与，而且近半数的东盟成员国跟进。TPP 扩容显著加速，美国的主导作用凸显。这既令东盟担心 TPP 会损坏东盟在亚太地区经济合作中的主导权，也令东盟担心部分成员国加入 TPP 会使东盟离心倾向性加大。在这种背景下，在东盟与 6 个国家构建 5 个"10＋1"自贸区的基础上，将其整合为更高层次的 RCEP 十分有必要。这既可解决亚太开放市场中区域生产网络存在的结构性障碍，即所谓的"面条碗效应"，也有利于巩固东盟在亚太地区经济合作中的主导地位，东盟"10＋"于是变成区域全面经济伙伴关系的进程。RCEP 通过制定更高程度的自由化规则，来解决"10＋1"自贸区规则不一致所产生的相互交叉的"面条碗效应"。由此，它突破了传统东盟"10＋"的局限，特别是在技术贸易壁垒、知识产权、竞争政策、争端解决机制等方面的内容，都有着明显向 TPP 靠拢的趋向，但政府采购、劳工保护、环境保护等领域没有包括进来。另外，在经济技术合作方面也顾及东盟成员国间的经济发展差距，尤其是将东盟新四国的特殊和差别待遇纳入其中。这些都有别于 TPP。这里，特别值得注意的是随着美国退出 TPP，CPTPP 也降低了标准，呈现出更大的弹性，开始出现向 RCEP 靠拢的迹象。2019 年 12 月，中日韩三国领导人在成都召开会议，作为 CPTPP 的主要发起国和参与国，即日本、韩国与中国，共同承诺致力于推进 RCEP 的建设。

中日韩三国承诺共同推进 RCEP 的建设，为 APEC 后茂物路线开辟了包容性发展的新前景。这一新前景体现在亚太地区货币金融合作上，也就是更高层次的本币化进程。事实上，2019 年 5 月，第 22 届东盟与中日韩（10＋3）财长与央行行长会议在斐济楠迪举行。会议肯定了过去多年"10＋3"财金合作机制在促进区域经济金融稳定方面取得的重要进展，通过了《10＋3 财金合作战略方向》

愿景文件，同意将战略合作方向从维护经济金融稳定拓展为促进区域经济增长和一体化，不断探索新的合作领域，提高合作效率，完善区域经济治理架构。会议欢迎清迈倡议多边化定期审查顺利结束，并批准了《清迈倡议多边化本币出资指南》。会议还肯定了"亚洲债券市场倡议"（ABMI）在促进本币债券市场发展、缓解货币和期限错配、推动域内储蓄投资于本地区方面取得的积极进展。会议批准通过了 ABMI 新中期路线图（2019—2022 年），以进一步深化对基础设施融资等领域的支持。这次会议标志着亚太地区货币金融合作迈向以本币化为中心的新阶段。就本地区的主要货币——人民币而言，这一新的路线图意味着人民币国际化由双边使用阶段进入多边使用阶段。人民币因此将成为本地区的锚货币并承担更大的国际义务和责任。

2019 年，中国的人均 GDP 已超过 1 万美元。它使中国在消费总额上超过美国成为全球最大的消费市场，中国消费总额随着中国居民收入的不断提高在日益扩大。中国正通过将要素流动性转向制度等规则性开放的改革，使中国市场稳定地、制度化地为全球所共享。这一进程既可促进本地区的经济繁荣，也是实现本地区包容性发展的进程。由此，我们有理由相信，中国经济的成长是亚太地区经济一体化和经济全球化的支撑力量。

第七章

去全球化逆风中的世界经济 （2018—2023 年）

◆

一、去全球化逆风的形成

在发达国家与发展中国家的通力合作下，随着国际经济金融治理体系改革的推进，不但国际金融危机得到了平复，全球经济结构性失衡问题也有明显缓解。以当今世界最大的两个贸易体——中美两国为例，2007 年中国经常项目顺差占 GDP 的比重高达 9.8% 左右，被认为是极度不平衡。为此，2010 年，G20 首尔峰会提出了一国经常项目顺差占 GDP 的比重不超过 4% 的失衡判断标准。中国通过实施"十二五"规划扩大内需的战略，身体力行地践行这一标准，2018 年中国经常项目顺差占 GDP 的比重下降到 2% 以内。与此同时，美国经常项目逆差占 GDP 的比重持续上升的势头也得到了一定的遏制。但是尽管全球经济再平衡有了重大的进步，世界经济表现并未因此而有显著的改善，反而进入前所未见的新常态，经济增长率持续低于潜在增长率，长期停滞的阴影始终挥之不去，G20 首次峰会就提出的推动世界经济"强劲、可持续、平衡增长"，似乎仍可望而不可即。

世界经济新常态促使人们深思，对经济全球化的认识也因此得到深化，包括反对经济全球化在内，人们发现国际经济金融治理体系的改革不是细枝末节的技术问题，而是涉及经济全球化的理念问题，只有在观念层面建立起新的认知，才能统领整个治理体系的改革。在这一背景下，中国提出了"一带一路"倡议，形成了人类命运共同体的理念，受到了国际社会的普遍关注。

"一带一路"首先是一个地理概念，是世界上跨度最大的两条经济走廊，贯通中亚、东南亚、南亚、西亚及欧洲大部分区域。"一带一路"共建国家占世界人口的 60%，占全球 GDP 的三分之一以上，是全球经济发展最快的地区，是全球外资流入最多的地区，也是全球贸易尤其是相互间贸易增长最快的地区，"一带一路"共建国家经济的可持续发展对全球意义重大。更为重要的是，"一带一路"不仅仅是一个地理概念，还是一个理念。在历史上，与其他国际著名的经济走廊一样，"一带一路"共建国家民族众多，文化各异，风俗不同，政治与经济制度差别很大，也有利益冲突或战端发生，但不同的是"一带一路"经贸交往并未因此而泯灭。究其原因，在于秉承的理念是"中庸之道""和为贵"。有事好商量，在尊重彼此利益的基础上总能找到解决分歧的办法，结果是通过"共商、共建、共享"达到共赢。所谓"共商"，是传统上中国对自身与世界关系的处理方式，经济关系是包括国际关系在内的一切关系的底色，做生意，互通有无，既然"天下熙熙，皆为利来；天下攘攘，皆为利往"，那么处理关系的最佳态度就是"和为贵"，因为成本最低。通过谈判协商，寻找利益共同点并使之扩大，管理分歧点并使之缩小，在此基础上达成妥协将有可能实现共赢。谈比打好，体现了经济学博弈分析中"竞争合作"是最佳博弈策略的原则，它是"共商"的实质。显然，这与现行国际治理理念非黑即白、一味竞争的原则有着明显的差异。所谓"共建"，也是中国经验的总结。长期以来，尤其是改革开放 40 多年来的实践告诉我们，"贫穷是落后的根源"，而且"落后是要挨打的"，而"发展是硬道理"。做大蛋糕尽管不能解决所有问题，但却是解决问题的基础。"调动一切可以调动的积极因素"发展经济是"共建"的核心。这既是中国改革开放 40 多年的经验结晶，也是中国对世界经济问题处理的行动方式。所谓"共享"，不单是中国人的追求，也是人类的理想。经济发展不是目的，而是提高人类福祉的手段，"合和共生，和平发展，世界大同"才是世界各国共同向往的目标。在上述"一带一路"倡议的"共商、共建、共享"理念中，核心是包容。只有"各美其美"，才能"美美与共"，双向包容是实现共赢的方式，而"共商、共建、共享"是双向包容的具体体现。这与现行的国际经济金融治理的单向性和不包容性形成了鲜明的对照。

2016 年，在中国杭州召开的 G20 峰会上，基于对包容性的认同，G20 领导人决心构建创新、活力、联动、包容的世界经济，并结合联合国 2030 年可持续发展议程、亚的斯亚贝巴行动议程和《巴黎协定》来开创全球经济增长和可持续发展的新时代。为此，G20形成"杭州共识"："放眼长远。我们将完善二十国集团增长议程，发掘增长新动力，开辟新增长点，以创新和可持续的方式推动经济转型，更好地维护当代和子孙后代共同利益。综合施策。我们将创新经济增长理念和政策，财政、货币和结构性改革政策相互配合，经济、劳动、就业和社会政策保持一致，需求管理和供给侧改革并重，短期政策和中长期政策结合，经济社会发展与环境保护共进。扩大开放。我们将继续努力建设开放型世界经济，反对保护主义，促进全球贸易和投资，加强多边贸易体制，确保全球化背景下的经济增长提供惠及更多人的机遇、得到公众普遍支持。包容发展。我们将确保经济增长的成果普惠共享，满足各国和全体人民尤其是妇女、青年和弱势群体的需要，创造更多高质量就业，消除贫困，解决经济发展中的不平等现象，不让任何国家、任何人掉队。"

会议通过了《二十国集团创新增长蓝图》，决心从根本上寻找世界经济持续健康增长之道，全面提升世界经济中长期增长潜力。为此，会议确定了结构性改革的优先领域、指导性原则和指标体系，全面提升了结构性改革在G20政策框架中的地位，使其具有与二十国财政、货币政策协调同样重要的作用。期望通过持续凝聚改革共识，制定改革路线图，从根本上解决全球组织所面对的中长期结构性问题。建设更高效的国际经济金融治理架构，实现抗风险的增长。会议通过了《二十国集团迈向更稳定、更有韧性的国际金融架构的议程》，提出"我们支持进一步加强以强劲的、以份额为基础的、资源充足的国际货币基金组织为核心的全球金融安全网，提高国际货币基金组织贷款工具的有效性，并在尊重各自职责的基础上进一步加强国际货币基金组织与区域金融安全网之间的有效合作。为此，我们欢迎国际货币基金组织与清迈倡议多边化将要进行的联合演练。本着保持国际货币基金组织现有贷款能力的目标，我们支持延续成员国与国际货币基金组织的双边和多边借款协议，并呼吁国际货币基金组织成员国广泛参与，包括通过签订新的协议。我们欢迎国际货币基金组织2010年份额和治理改革的落实并致力于在2017年年会前完成第15次份额总检查，包括形成新的份额公式。我们重申，份额调整应提高有活力经济体的份额占比，以反映其在世界经济中的相对地位，因此可能的结果是新兴市场和发展中国家的份额占比整体提高。我们承诺保护最贫困国家的发言权及代表性。我们支持世界银行按照达成一致的路线图、时间表及原则实施股份审议，目标是逐渐实现平等投票权。我们强调促进有效且可持续的融资实践的重要性，并将继续改善债务重组进程"。与此同时，我们继续承诺完成监管框架中剩余的核心工作，以及及时、全面和一致地落实已议定的金融部门改革议程，包括《巴塞尔协议Ⅲ》和总损失吸收能力标准，以及有效的跨境处置机制。我们鼓励成员消除在实施《金融市场基础设施原则》方面的差距，欢迎支付与市场基础设施委员会、国际证监会组织和金融稳定理事会关于加强中央对于抗风险能力、恢复计划和可处置性的报告。鉴于有效的宏观审慎政策在限制系统性风险方面发挥着重要作用，我们欢迎国际货币基金组织、金融稳定理事会和国际清算银行联合进行的总结宏观审慎框架和工具国际经验的工作，以帮助促进实施有效的宏观审慎政策。

以 G20 杭州峰会为标志，全球经济发展再次回到国际经济金融治理的中心位置，从而明显有别于以世界经济平衡为中心的传统国际经济金融治理。更为重要的是，经济发展也不能只重复一种发展模式，而是要尊重各自的国情，实现包容性发展。正是以 G20 杭州峰会为契机，2017 年 9 月第 71 届联合国大会通过了"联合国与全球经济治理"决议，要求成员各方本着"共商、共建、共享"的原则改善全球经济治理，同时重申了要加强联合国的作用："联合国应本着合作共赢精神，继续发挥核心作用，寻求应对全球性挑战的共同之策，构建人类命运共同体。"由此，来自中国的"一带一路"倡议理念及双向全过程包容性治理建设，得到国际社会尤其是发展中国家的广泛认同，从而登堂入室，成为国际经济金融治理的新理念。

2016 年 G20 杭州峰会召开，会议提出了将发展问题置于国际经济金融治理的中心位置。正值人们争取经济全球化更好前景之际，去全球化的民粹主义思潮也走到了国际政治舞台的聚光灯下。当年英国举行了全民公投决定是否退出欧盟，随后特朗普当选新一任美国总统。以此为开端，去全球化由街头的非法集会变成了政府的合法政策，并不断上升为法律法规，成为建制化的安排。新冠疫情全球流行后，特别是俄乌冲突的发生，美西方价值观至上的倾向开始占据世界经济的上风，"同谁做生意比做生意本身更重要"。日益形成的"小院高墙"构成了与美西方曾倡导的经济全球化的对立和对峙，既使人尴尬，又令人感叹。于是，到底是全球化还是去全球化，当代世界对自身提出了疑问。

十年前，全球金融危机刚平复，这一疑问就浮出了水面。面对金融危机后的世界经济前景，2012 年召开了大型博源经济学家圆桌会议，讨论经济全球化的走向和前景。会议指出，经济全球化是一个整体，从而有别于传统国别经济简单加总之和。由此它成为一个时代，具有全新的性质与特征，其中全球经济再平衡成为一个不可回避又必须解决的关键问题。所谓不可回避，是指不仅是经济学意义上的发展不平衡问题，而且是人口学意义上的人口现代化规律问题，国际经验表明，随着经济社会的现代化，人口的发展也相应发生变化，在社会核心家庭化的同时人均预期寿命持续提高，整个社会在长寿化，老龄化、少子化成为现代人口的发展趋势。反映在经济活动中就是"干活的人少了，吃饭的人多了"，抚养比不断升高，使储蓄率不断下降，不仅经济增长持续放缓，而且全社会成员的资产负债能力持续递减。于是，问题归结为一点，从极端意义上看，在实现现代化的发达国家，人口也老龄化了，发展的希望只能寄托于尚未实现现代化的发展中国家的人口红利。这不仅仅是价值意义上的经济增长问题，更重要的是物质意义上发达国家生存资源的生产、提供和保障问题。在这个意义上，表现在经济全球化中，"发达国家人口老龄化需要发展中国家人口红利来对冲，亦即发达国家家庭资产负债能力在减弱的同时需要发展中国家家庭资产负债能力的持续加强。发达国家与发展中国家的国家资产负债表在这个意义上相互连接在一起并相互对冲风险"。发达国家进口储蓄而发展中国家尤其是亚洲新兴经济体出口储蓄因此是不可避免的，并因此成为经济全球化的驱动力，构成了经济全球化的真谛。所谓必须解决，是指发达国家与发展中国家两者之间经常项目顺逆差的镜像关系，本质上是全球投资与消费分布的不平衡，核心是实体经济与金融发展之间的结构失衡，如果不能及时得到纠正，危害极大，以资产负债表衰退为代表的国际金融危机仍有重演的可能。

问题的产生和解决问题的希望是一并出现的。经济全球化的发展，也使人们看到可以用"超级全球化"来解决问题的可能前景，亦即通过进一步超越主权的全球化安排来实现全球意义上的资产负债表平衡。设想是在当代建立的以投资贸易自由化为宗旨的 WTO 体制下，发达国家的消费支持着发展中国家的出口，形成发展中国家的经常项目顺差。而发展中国家的经常项目顺差又通过资本项目回流发达国家支持着发达国家的金融市场。可以想见，如果采用某种国际治理安排，可使这种互补环流关系机制常态化，即发达国家的金融市场进一步提供融资，机器、设备和技术持续投向发展中国家，在支持发展中国家工业化的同时，也促进发展中国家经济社会的发展。而发展中国家的经济社会发展又会相应扩大

对诸如金融、科技、教育等高端服务的国际需求。如此循环往复，使实体经济与
金融发展在世界范围内相得益彰，在全球更高层次上实现再平衡。

这种超级全球化的解决方案是 21 世纪初全球畅销书《世界是平的：21 世纪
简史》所竭力主张的。在这本书里，托马斯·弗里德曼详尽描述了对世界正被抹
平的见闻与感受，认为互联网及移动通信技术的普及让世界变得互联互通，使每
个人都有了平等的机会，参与全球经济与文化的交流，缔造了超级全球化的政治
经济秩序基础。托马斯·弗里德曼在书中阐释的"这些快速改变的必然性"客观
上为北京大学林毅夫教授"新结构经济学"的建设提供了学术支持和分析依据。
金融危机后，林毅夫担任世界银行的首席经济学家，直面全球经济不平衡的现
实，进而开始探索全球经济再平衡的路径。林毅夫总结了二战后发展中国家经济
发展的经验和教训，认为目前在发展中国家流行的"华盛顿共识"，虽然是对第
一代结构主义发展经济学国家保护下工业化弊端的反思，但并没有解决发展中国
家的经济持续发展问题。相反，包括中国在内的东亚经济，采取了一些"华盛顿
共识"看来错误或者糟糕的做法，反而获得了成功。这成为"北京共识"产生的
背景，也成为建立新结构经济学的理由。新结构经济学认为发展中国家着眼于自
己有什么（要素禀赋）和能做好什么（比较优势），再通过政府的帮助逐步改善
产业结构和制度安排，是可以实现以收入持续增长为目标的经济发展的。根据东
亚尤其是中国的经验，新结构经济学创立了"增长甄别和因势利导"的框架来帮
助制定经济发展战略，并在波兰和埃塞俄比亚取得了初步的成功。然而，与此同
时，应当指出的是，抛开增长甄别和因势利导的内在逻辑不谈，仅就其理论框架
而言，是以经济全球化为既定前提。在经济全球化的条件下，框架外的发达国家
既是发展中国家要素禀赋增长甄别的基准，也是发展中国家因势利导的技术和资
本的主要来源。也正是这个原因，框架内的发展中国家经济发展所带来的全球经
济不平衡的挑战，只能在经济全球化的基础上，用更高层次的超级全球化予以应
对。其中，只要发达国家仍在进行前沿创新，保持着技术领先的地位，就不会出
现"萨缪尔森陷阱"，从而构成超级全球化的先决条件，在这一先决条件下，发
达国家持续向发展中国家进行投资转移技术是可行的，全球经济再平衡是可以在
全球经济增长动态中实现的。换言之，只要全球经济不存在结构性障碍，全球经
济增长就是一个收入连续增长的过程，那么再平衡就是在这个收入连续增长的过
程中，高收入和更高收入之间的一维追赶问题。为防止这种收入一味追赶过程

可能出现的间断，适时推动超级全球化体制的建立十分重要。其要义就是沿着WTO投资贸易自由化的逻辑向公平贸易方向进行拓展，使体制机制更有利于贸易、投资、技术转让的平滑化进行。其中，改革不适应超级全球化的国际货币体系，建立新型世界经济金融治理体系就成为下一步努力的方向。

然而，历史的演进却不以人的意志为转移。超级全球化的设想尽管有完善的逻辑、精妙的设计，但它掩盖不了一个事实：虽然经济全球化在蓬勃发展，但仍是建立在民族国家基础之上的，世界经济是有结构的。它虽然被置于以规则为基础的多边治理之下，但国别经济仍然是其主体，维护民族国家利益仍然是各国政府的基本遵循。至少在看得见的未来，以民族国家为基础的国际格局不会发生本质的改变，作为国家关系基本准则的威斯特伐利亚体系仍将长期存在。由此，即使所有国家都拥护经济全球化，都有意愿遵照WTO规则，使生产要素可以在全球自由流动，但因民族国家横亘其间，也会使各生产要素流动的便利程度不一致、快慢进度不一，从而效果也不一样。正如乔治·索罗斯在2002年《索罗斯论全球化》一书中所提出的："全球化的突出特点之一就是它允许金融资本自由流动，相形之下人员流动仍受到很大限制，由于资本是生产至关重要的组成部分，各国必须相互竞争来吸引它，这妨碍了各国对资本进行征税和管制的能力。"事实上，即使在经济一体化程度最高的欧盟，甚至在货币已经统一的欧元区，也因民族国家原因，税制和财政政策不能完全统一，使其难以一致行动。最突出的例子是英国脱欧，欧盟各国移民政策的差异又成为促使英国举行公投决定是否退出欧盟的理由。于是，我们看到，在民族国家的条件下，经济全球化逐渐形成了这样的分野：一方面，发达国家的产业尤其是制造业受利润最大化规律支配，在发展中国家廉价劳动力的吸引下，沿着成本最小化的路线不断向海外尤其是亚洲地区转移，加速了发展中国家的工业化发展。另一方面，发达国家的产业尤其是制造业向海外转移，使发达国家出现了产业空心化现象。在失业率不断攀升的同时，蓝领工人的收入相对且绝对地下降了，出现了所谓的"红脖子"一族，其中美国中西部尤为突出，造成所谓的"锈带"问题。还是这个原因，使得全球经济增长并不是一个简单的高收入和更高收入之间的一维追赶问题，而是真实存在着收入的结构性失衡，并且这种结构性失衡造成收入追赶过程的间断。更令人担心的是，这种间断持续时间过长会使一国体制和机制发生变化，形成对全球化的制度性阻碍。我们看到，在经济全球化中，随着产业在国际上重新布局，在促进南北差距缩小从而世界和平发展的同时，却给发达国家带来了新的困扰：就业困难，收入减少，贫困增加以及社会紊乱。凡此种种推动着即使是发达国家也会出于保护本国的利益，从而采取去全球化的政策。对于这一点，美国特朗普政府的经济政策表现得最为突出。特朗普政府旗帜鲜明地提出"让美国再次伟大"的口号，其经济政策的含义可以归结为三条：一是反移民。通过包括建立边境隔离墙等多种措施，阻止海外移民分享美国的就业机会。二是贸易保护。通过包括加征高额惩罚性关税在内的多种措施，防止美国就业机会继续流失海外。三是美国再工业化。通过减税等多种措施，吸引外资首先是美国资本回流本土建立产业，以扩大和创造新的就业机会。

更使"超级全球化"畅想始料未及的是，虽然经济全球化是生产要素在全球的自由流动，但如前所述，相对于其他生产要素，在民族国家的条件下，土地和劳动力等生产要素是不能或难以流动的。相形之下，资本尤其是短期资本成为国际流动最敏感和最迅速的生产要素。经济全球化因此首先呈现为全球金融的一体化。以华尔街为首的发达国家金融资本全球配置，在服务世界尤其是满足发展中国家实体经济发展的资本需求的同时，也因信息不对称、未来不确定而加大了金融风险。然而，为对冲风险创造了各种新型金融工具，反过来又作茧自缚，助推了金融的自我服务、自我循环，在促使虚拟经济繁荣的同时，也孕育着更大的金融风险。我们看到，在布雷顿森林体系下，美元受黄金的约束不能随意发行，加之在 Q 条例下境外美元因资本项目受管制而不能随意回流美国兑换黄金，汇率因此是固定的，不需要创设金融工具来对冲风险，结果是实体经济与金融市场的发展是同向甚至同步的。但是，在布雷顿森林体系崩溃后，在浮动汇率制下，对冲汇率风险成为实体经济的重要考虑，尤其是失去黄金约束的美元无底线发行，促使这一考虑加快转化为企业的风险管理行动，促使公司治理、盈余分配结构和资本积累的金融化，结果是衍生出诸如信息不对称、有限责任代理成本、多重均衡下隐含担保及道德风险等各种系统性外部问题，反过来又进一步催生对金融创新的需求，各种衍生再衍生的金融工具由此层出不穷，推动金融领域的"去管制化"，造就了极具流动性的多层次的国际金融市场，进而以金融为代表的虚拟经济大发展带来了世界经济又一种新的不平衡：实体经济与金融市场的发展出现了脱节甚至背道而驰，特别突出地表现在美国经济和美元国际地位的背离上。自布雷顿森林体系解体以来，随着发展中国家经济发展，美国经济占全球 GDP 的比重持续下降，但是美元占全球外汇储备的比重却基本维持布雷顿森林体系崩溃前的水平，并没有发生重大的变化。结果是，在经济全球化过程中，美元的国际储备货币地位与美国的经济基本面状况形成了极大的反差，极其不相称。

毋庸置疑，这种不相称暴露了一个被掩盖的事实：美国储蓄缺口特殊产生方式和弥补方式，使华尔街具有了其他国家无法比拟的金融优势，获取了无法比拟的好处。如前所述，美元是国际货币，美联储实际上是全球最后的贷款人，必须履行国际流动性补充义务，美国国际收支逆差是维持国际金融体系稳定的必要条件。与此同时，美国是全球最大的经济体，也是全球最大的消费市场，开放市场是美国实现全球领导的经济基础，为此美国必须率先降低关税及其他壁垒，创造进口条件，形成经常项目稳定的逆差，为维持国际流动性从而维持美元清偿力创造充分条件。上述必要条件和充分条件相结合，必然使美国的储蓄缺口持续扩大。按照经济学的理解，一旦一国出现储蓄缺口，弥补这一缺口就需要国外储蓄的流入。与此同时，美国对国外储蓄的流入有着更为急迫的甚至强制性的需要。这是因为当代以规则为基础的国际多边治理体系是美国主导的，为保障这一体系的运转，美国充当世界警察，必须维持包括军费在内的巨大财政开支。按2020年美元不变价计算，2001—2021年间，美国军费占GDP的比重年均为3.9%，占财政支出的比重年均为10.69%。2021年美国军费为8 010亿美元，占全球军费的38%。由此财政赤字融资就成为必须进行的经常性金融活动，否则美国作为世界警察的活动便难以维持，也是在这个意义上可以理解为什么特朗普政府提出北约其他成员和韩国更多分担美国当地驻军军费的要求。

美国这一全球性的财政赤字融资机制可以这样描述：由于美元作为国际货币具有最终清偿力，美国通过发行国债来弥补财政赤字，实际上是通过金融市场将国债推销到全世界，以透支全世界的方式支持了本国财政开支，同时又实现了当期的资本项目顺差，以此抵消了经常项目的逆差，这种利用本币作为国际货币的特殊地位来弥补国内储蓄不足的方式是全球独一无二的。结果是：一方面，美国可以毫无顾忌地以债务累积的方式应对持续扩大的储蓄缺口；另一方面，美国可以美元购买力平价不断贬值的方式将债务负担摊薄。从全球的角度来看，美国实际上是通过美元贬值的方式动员全球储蓄，全球不但为美国财政赤字融资，而且承担着美元贬值的损失。

正是倚仗美元的国际货币地位，处理美元业务的美国金融机构横行于世，相较于其他产业，不仅颐指气使而且利润丰厚，在与实体经济的收入和利润差距持续扩大的同时，又诱导实体经济脱实向虚，日趋金融化。按经济学常识，利润丰厚意味着税基的扩大，财政收入有可能因此而上升。但令人十分遗憾的是，正如乔治·索罗斯当年一针见血所指出的那样，"金融市场的全球化使二战后出现的福利国家变得不合时宜，因为需要社会保障的人离不开国家，而作为福利国家过去征税的对象资本却是能离开的"。对金融资本跨境活动征税的技术困难，以及担心征税会加大资本流出并可能带来金融恐慌，使金融资本虽回报丰厚，但却不能成为稳定可靠的税源。这更助长了华尔街的贪婪，无以复加的"创新"使金融工具五花八门，使金融市场的交易衍生再衍生。金融日益沦为自我服务的行业，金融的自我循环、自我增值终于导致了蛇头吃蛇尾的自我反噬，不仅引发了前所未有的全球金融危机，而且加重了金融发达国家的社会撕裂，酝酿出以华尔街为代表的金融资本与整个社会的尖锐对立，产生了震惊世界的占领华尔街运动。以此为标志，原先隐藏在经济全球化背后的深层次矛盾浮出水面：二战后，尤其是冷战结束以来，全球的物质生产能力已足以使人类免于贫困，但世界仍没有建立起使人类免于贫困的体制。这既是构建人类命运共同体倡议提出的背景，也是当代世界经济体系深刻调整的原因。

二、　中美贸易冲突（2018）[①]

随着中国加入WTO，中美贸易额不断攀升。从2001年的804.85亿美元上升到2017年的5 836.97亿美元，年均增长13.2%。其中中方呈现为顺差，但这一顺差大部分又以金融投资的形式返流美国。这一新格局表明，中美国际收支呈镜像关系，中国经济内外非均衡既是美国经济内外非均衡的结果，也是原因。两国经济的非均衡构成了国际资金循环的均衡。两国经济互为前提，中美经济从未形成这样的高度依赖性。这一新格局同时也表明，均衡是脆弱的，必须共同努力，加以维护和调整。

1. 中美贸易是当今世界上最重要的双边贸易

按美方统计，2017年全年，美国与中国的双边货物进出口总额为6 360亿美

---

① 源自笔者所编写的中银国际研究有限公司2018年度研究报告。

元。中国是美国第一大进口来源、第三大出口市场。其中，美国对中国的出口达1 304亿美元，占美国出口总额的8.4%；美国自中国的进口达5 056亿美元，占美国进口总额的21.6%。

按中方统计，2017年全年，美国与中国的双边货物进出口总额为5 837亿美元。其中，中国自美国的进口达1 539亿美元，占中国进口总额的8.4%；中国对美国的出口达4 298亿美元，占中国出口总额的19%。

中美贸易是互利共赢的。在全球价值链中，贸易顺差在中国，但资本顺差在美国，总体上双方互利共赢。据中方统计，中国货物贸易顺差的59%来自外资企业，61%来自加工贸易。中国只从加工贸易中赚取少量加工费，而美国在设计、零部件供应、营销等环节获益巨大。以苹果手机为例，2009年美国有19亿美元的苹果手机贸易逆差，但按增加值算，其中只有7 300万美元来自中国。与此同时，虽然美国本土对华出口不多，但在华美企销售巨大。据中国商务部统计，2015年在华美企实现销售收入约5 170亿美元，远超过同期美国本土对华出口额1 487亿美元。此外，美国虽然对华货物贸易是逆差，但对华服务贸易是顺差，2017年美国对华服务贸易顺差达541亿美元。

2. 中美国际收支顺逆差的传统经济学理解

中美国际收支的顺逆差在客观上形成了互补局面，但缺乏制度层面上的正式安排。在传统的经济学框架内，宏观经济政策是以国别为基础的。国家间的经济事务寄望于国际收支的自动调节机制，主要是汇率的调节机制。基于此，在过去，美国认为中国国际收支的巨大顺差是由于人民币汇率低估，人民币汇率升值应成为主要调节手段。这成为以往中美经贸摩擦的焦点。

从历史来看，当第二大经济体的GDP达到第一大经济体GDP的2/3左右时，贸易摩擦就有可能升级为冲突，出现贸易战。重要原因就在于这时双方将互为贸易顺逆差发生国。例如20世纪80年代中期，日本的GDP达到美国的71%。日美两国互为最大的贸易顺逆差发生国，在日美同盟的框架下仍然爆发了贸易战。目前中国的GDP约占美国的64%。2017年中国对美贸易顺差约占中国贸易顺差的68%，而美国对华贸易逆差约占美国贸易逆差的66%。

中国对美国的贸易顺差是经济全球化的结果，贸易顺差主要是货物贸易顺差，服务贸易则呈逆差并有持续扩大的趋势。从货物贸易来看，顺差的59%是由加工贸易构成，而在加工贸易中相当大的部分是外资企业贡献的。这表明中国是各国投资参与的"世界工厂"。

1973 年全球石油危机后，全球产业开始出现向东亚转移的态势。中国通过改革开放承接了转移的产业，并在沿海地区形成"两头在外"的发展格局。外资、民资、国资共同参与其中。"两头在外"即原材料和市场在外，加工环节在内，意味着中国的产业是全球供应链的一个环节，表现为中国对原材料出口国尤其是东亚国家的贸易逆差。换言之，是这些国家原来的对美顺差转移到中国，呈现出中国对美顺差的扩大。

在布雷顿森林体系下，一国主权货币要成为国际货币，该国必须对外保持国际收支逆差，以维持主权货币的国际流动性。美元是国际货币，在资本项目不出现逆差的情况下，保持经常项目逆差是美元作为国际货币要履行的保持国际流动性义务。贸易逆差因此是必然的。

如果一国国际收支长期逆差，则该国货币具有长期贬值趋势，并使汇率具有不确定性。为了规避此风险，包括衍生工具在内的各种金融工具层出不穷。作为该货币的提供国——美国具有天然的优势，不仅金融服务业发达，而且呈现为资本项目顺差。这要求美国持续扩大经常项目逆差，否则将会出现"美元荒"。

1997 年的亚洲金融危机是"美元荒"的体现。此后，为了获取最后的国际清偿力——美元，各国都具有了出口导向性的重商主义倾向——积累美元，迫使美国的贸易逆差越来越大。

在贸易逆差背景下，美国底层工人面对国内就业等多项矛盾，美国采取贸易保护；同时随着中国科技等行业的飞速发展，美国精英阶层面对国际上愈发激烈的竞争，美国采取技术保护。中美贸易摩擦将长期存在。

3. 中美贸易摩擦的背景

美国贸易逆差创新高。2017 年美国贸易逆差创历史新高。根据美国商务部的统计，2017 年美国货物和服务贸易进出口额为 5.22 万亿美元，贸易逆差为 5 660 亿美元，创 2008 年以来新高。其中，货物贸易逆差持续扩大，2017 年货物贸易逆差为 7 962 亿美元，同比增长 8.1%，保持全球第一大进口国和第二大出口国地位；服务贸易依然维持顺差。

2017 年美国对华货物贸易逆差增长 8.1%，至 3 752 美元。美国对华贸易逆差基本上占了美国全部贸易逆差的一半，2017 年则是近 50 年美国对华贸易逆差最高的一年。

中美贸易摩擦的重点在高科技产业。在美国"301 调查"的内容与方向中，高科技产业成为美国发动贸易战的重点。2018 年 4 月，美国特朗普政府公布了对中国的关税加征清单，涉及价值约 500 亿美元的中国产品，集中在高科技领域，包括航空航天、信息和通信技术、机器人和机械等行业，涉及约 1 300 个独立关税项目。此外，美国还同时在 WTO 框架下进行申诉并限制中国对美国的投资。

中美贸易摩擦发生于 20 世纪 90 年代。以"301 调查"为例，这已是第五次。在 20 多年的贸易摩擦中，中国按美国的要求多有让步，但中国对美贸易顺差不减反增的事实表明这是基于全球供应链的全球性问题，需要在全球框架下讨论解决。对此，美国也有深刻认识。

然而，在全球治理理念失范、治理机制失效、治理能力失序的情况下，一旦把全球供应链的全球性问题置于民族国家框架下进行讨论，美国认为是中国的产业竞争力过强，而中国政府实行全产业链保护，如果允许中国的产业技术进步升级，将会使包括美国在内的发达国家的所有产业不再具有竞争优势。因此，要遏制中国产业竞争优势的成长速度。

中国在世界贸易格局中逐渐取代美国的地位。全球逐渐呈现出若干个区域贸易中心，世界经济呈现出多元化态势。我国出口市场全球份额从 2013 年的 11.7% 升至 2017 年的 12.9%。2006 年，美国是全球 127 个国家的最大贸易伙伴，中国的这一数字为 70 个。到了 2011 年该现象完全逆转，中国已是 124 个国家的最大贸易伙伴，美国的这一数字则是 76 个。仅仅五年时间，中国便超过美国成为众多国家的最大贸易伙伴，其中包括韩国、澳大利亚等美国盟国；2015 年中国甚至超过加拿大首次成为美国的第一大贸易伙伴。

自 2018 年中美贸易摩擦正式开始，至今经历了四个回合。

第一个回合：美国宣布使用"232 措施"对钢铝产品加征关税，宣布中美贸易战正式打响。中国实施对等反制，对美国价值约 30 亿美元的产品加征关税。

第二个回合：美国公布"301 措施"产品清单，该清单涉及航空航天、信息和通信技术、机器人和机械等行业，包含大约 1 300 个独立关税项目，总规模大约为 500 亿美元。中国随后进行强力反击，对原产于美国的大豆、玉米、小麦、牛肉、汽车、飞机和部分化工品等 106 项商品加征 25% 的关税，中国加征关税的商品金额约为 500 亿美元。

第三个回合：美方称将额外对中国 1 000 亿美元产品加征关税，但尚未公布具体清单，中国回应一旦美方公布将予以对等反制。

第四个回合：美国商务部宣布激活对中兴通讯的出口禁令，禁止美国企业向中兴通讯销售一切产品，时间长达 7 年。中国回应将维护企业合法权益。

与此相对应，自 2018 年中美贸易摩擦正式开始，至今双方进行了三轮谈判。

第一轮：5 月 3—4 日，中美两国在北京就双边经贸问题进行磋商。

中方表示：中美双方进行了"坦诚、高效、富有建设性"的磋商，就扩大对美出口、双边服务贸易、双向投资、保护知识产权、解决关税和非关税措施等问题充分交换了意见，在有些领域达成了一些共识，但在一些问题上"还存在较大分歧"。包括美国停止根据"301 条款"进行的知识产权侵权调查、取消对中国产品加征 25%的关税计划、公平对待来自中国的投资等。

美方表示：中美双方开诚布公地展开会谈，讨论了重新平衡中美双边经济关系、改善中国对知识产权的保护、确认不公平强制技术转让的政策等问题。

与此同时，美方提出了多项中方不能接受的要求，包括 2020 年前增加 2 000 亿美元美国商品进口、降低中国关税至美国水平等。

第二轮：5 月 19 日，中美两国在华盛顿就双边经贸磋商发表联合声明。

中方表示：双方同意采取有效措施实质性地减少美对华货物贸易逆差，中方将大量增加自美购买商品和服务；双方同意增加美国农产品和能源出口；双方就扩大制造业产品和服务贸易进行了讨论；双方高度重视知识产权保护，同意加强合作。

美方表示：姆努钦表示美中就框架问题达成协议，暂缓对中国产品加征关税，暂不与中国开打贸易战。但莱特希泽表示除非中国对其经济做出"真正的结构性改变"，否则华盛顿可能仍会诉诸关税以及其他工具，包括投资限制和出口规定。

第三轮：6 月 2—3 日，中美两国在北京就经贸问题进行磋商。

中方表示：双方就落实两国在华盛顿的共识，在农业、能源等多个领域取得了积极的、具体的进展，相关细节有待双方最终确认。如果美方出台包括加征关税在内的贸易制裁措施，双方谈判达成的所有经贸成果将不会生效。

美方表示：将向特朗普汇报进展，相关谈判细节最终仍有待确认。白宫则表示会议着重于通过促进农产品和能源产品的供应来减少美国的贸易逆差，以满足中国日益增长的消费需求，将有助于支持美国的增长和就业。美国不仅关注缩减贸易逆差，更关注结构性问题。

由上，中美贸易谈判双方诉求不同，对贸易摩擦的理解不同，导致贸易战的不可避免。中方的诉求主要体现在互惠上，包括：美对华出口管制，例如集成电路等高新技术产品；中国企业赴美投资的公平待遇；履行《中国加入世界贸易组织议定书》第 15 条义务；承认中国的市场经济地位，终止采用"替代国"价格计算中国企业出口倾销幅度的做法；美方停止滥用贸易救济措施；终止"301 调查"，停止加征关税；中兴通讯公司案处理。美方的诉求主要体现在公平上，包括：解决贸易不平衡，期望短期内减少中国对美国贸易顺差 2 000 亿美元；对等与公平，期望市场开放（高关税，强制技术转让，歧视性许可限制，外资股比限制）、产业政策（采购国产化规定）、国有企业（显性、隐性补贴）；知识产权保护；中国对美国政府敏感性行业投资——技术获取，国家行为；促进产业资本回流，改变全球制造供应链，巩固美国技术战略性优势；政治诉求，可能包括捆绑解决朝鲜问题、为中期选举获取政治优势。

中美贸易战序幕拉开。2018 年 6 月 15 日，美国白宫就中美贸易发表声明，决定对从中国进口的 1 102 项、约 500 亿美元的产品加征 25％的关税。分为两个序列：第一序列涵盖约 340 亿美元进口，将于 7 月 6 日开征；第二序列涵盖约 160 亿美元进口，由美国贸易代表办公室进行进一步评估。

6 月 16 日中国国务院关税税则委员会对原产于美国的 659 项、约 500 亿美元进口商品加征 25％的关税。也分为两个序列：第一序列涵盖农产品、水产品、汽车等 545 项商品约 340 亿美元进口，将于 7 月 6 日开征；第二序列涵盖化工品、医疗设备、能源产品等 114 项商品，加征关税实施时间另行通知。中国外交部同日声明："如果美方出台包括加征关税在内的贸易制裁措施，双方谈判达成的所有经贸成果将不会生效。"

针对美国总统扬言要对自中国进口的约 2 000 亿美元商品加征 10％的关税，6 月 22 日中国商务部表示"将综合使用包括数量型和质量型工具在内的各种举措来对美方做出强有力回应"。

4. 中美贸易战展开的可能顺序与状态

由于中国对美贸易顺差是基于全球供应链的经济全球化结果，美国发动贸易战是在挑战全球供应链，不仅难度大，而且会带来不可预知的后果，因此，贸易战展开的顺序大致是：一般贸易（内资，尤其是国有企业居多）→加工贸易（非国有，尤其是外资企业偏多）→技术贸易（外资，尤其是以美资为代表的发达国家企业偏多）→投资（主要是中国对美尤其是对美高科技企业的投资）。

由于美国发动贸易战是在挑战全球供应链，因此，在这个条件下贸易战是难分输赢的。一旦展开，将是双输的局面，并因此限制了规模，但会呈现逐步升级态势，打打停停，停停打打，以打促谈。打成为常态，具有持久性。

5. 在贸易战中中方所承受的压力

改革开放 40 多年来，随着中国工业化的进展以及居民收入水平的提高，中国对美的进出口结构都发生了重大变化。

中国对美的进出口结构更类似于发达国家的进出口结构。因此，美国对从中国进口的约 500 亿美元产品加征 25％关税尽管对中国出口额的影响为 270 亿～500 亿美元，但对 GDP 的影响仅为 0.2％～0.5％。然而，对就业的影响会较为突出，有 50 万～80 万人会受影响。而中国对美的反制尤其是对农产品的反制，不仅会影响物价，而且可能会影响大豆等产品的供应。

6. 中美贸易战的本质

（1）中美贸易战的根源。中美贸易谈判双方诉求的差异较大：美国认为中国现行经济体制是国家资本主义经济体制。中国政府用诸如产业政策等多种方式对全产业链进行保护，其实质是重商主义贸易政策安排，从而改变了贸易条件。中方认为中国现行经济体制是中国特色社会主义市场经济体制。这一体制是 40 多年来中国改革开放的实践结果，并被证明有利于中国经济发展、社会稳定和人民生活水平提高，从而是有效的。

差异的焦点是：全产业链保护的重商主义体制和政策安排尽管有利于中国的发展，但对世界是不公平的，从而具有经济的侵略性，并构成对美的战略竞争。

（2）中美关系进入质变期。中美关系目前已经进入质变期，2017 年，特朗普当选一年后，在发布的《国家安全战略报告》中提到中国 33 次，将中国定位为"战略竞争对手"，宣告既往对华战略彻底失败。特朗普政府发布的《国情咨文》和《2018 年贸易政策议程和 2017 年年度报告》，都将中国视为主要战略竞争对手。

美国 2018 年版《国防战略报告》也提出美国安全的首要关切不再是恐怖主义，而是大国间的战略竞争，明确将俄罗斯和中国视为美国的"战略竞争对手"。

美国政府 2018 年 2 月发布《核态势评估》，提到在美国继续减少核武器数量的同时，中国和俄罗斯却在增添新类型的核能力，在其战略和计划中加强了核力量的突出地位，并且在包括外层空间和网络空间的领域不断加大布置。

（3）中美贸易战的本质。中美贸易战是一个守成的大国和一个崛起的大国之间的角逐，分歧在于全球治理理念不同，从而应对方式不同。

美国是既成国际秩序及治理机制的守成者。但冷战结束尤其是 2008 年国际金融危机暴露出这一秩序和机制的系统性缺陷，美国无力维持，但又无心改革。遂出现满足民粹主义的"美国优先"的去全球化倾向。

中国是一个崛起的大国。预计在 2030 年前，中国 GDP 将超美国，成为全球第一大经济体。与此同时，2017 年中国人均 GDP 在 9 000 美元左右。再经过几年的努力，中国将会跨入高收入国家（人均 GDP 在 10 500 美元以上）行列。在国际治理系统性缺陷面前，中国的主张是改革国际治理体系，以改革来捍卫经济全球化。

由此决定，中美关系已经度过蜜月期，冲突将是长期的、全面的、深刻的。贸易战仅仅是开始。

7. 中美贸易战的后果与前景

从长久的角度来看，贸易战的最后赢家不取决于一时一地之得失，而是取决于经济的韧性。中国经济的韧性在于庞大的国内市场。2014 年，中国的消费第一次超过投资，成为 GDP 的第一大贡献者。2017 年，中国的消费已占 GDP 的 58.8%，大约是投资（32%）的两倍。如果中国居民收入持续增长，中国的消费将是支撑贸易持久战的基础，也是希望所在。

守成大国与崛起大国的政策安排将重塑世界格局，并影响世界经济的走势。其中，崛起大国的长期政策安排至为关键，以人民利益为中心，坚持改革开放，把国内的事做好，保持中国经济可持续发展是应对中美贸易战的根本举措。

从未来看，中国将成为世界最大的消费市场。从这个意义上讲，中美之争的后果是世界主要消费市场的转移，从而不具有零和博弈的必然性。如果妥善处理，全球治理将向 G2 的方向转变。

（1）经济去全球化对美国的影响。

通胀预期抬头。2016 年初美国 10 年期通胀保值国债（TIPS）显示的未来 10 年预期通胀率仅为 1.55%，而到 2018 年 6 月 25 日已升至 2.11%，说明市场对未来通胀预期明显提升。

美联储货币紧缩速度加快。月度缩表规模逐渐增大，预计年内缩减 4 200 亿美元；年内加息次数提高至 4 次左右，预计 2019 年还将加息 3 次，加息节奏逐渐加快。

2018 年 4 月 16 日至 6 月 23 日，美元指数从 89.437 2 反弹至 94.676 5，升值幅度达 5.9%。原因包括：一是油价上行，加剧市场对美联储加快货币政策正常化的担忧；二是长端收益率快速上涨；三是欧美经济相对形势发生了变化。

截至 2018 年第二季度末，美元反弹是阶段性的。欧美经济相对形势的差异可能被市场高估，2008 年第一季度欧洲经济下滑更多的是罢工、天气等暂时性因素导致。中期走势取决于美国经济复苏步伐、地缘政治风险等因素如何演变。若通胀预期持续升温，不排除美元超预期上行的可能。

2018 年第二季度，美国金融危机风险指标 ROFCI 月均值从上个季度的 27.33 上升到 33.33，维持在安全区域内。该指标在第二季度相对平稳，但呈小幅上升趋势。从分项指标看，银行资产负债表现稳定，系统性违约风险较低；股市波动性上升，投资者避险情绪和风险溢价上升，但仍维持在安全区域内且低于历史均值；公司信用风险改善，没有显著恶化迹象；非金融类货币市场和美元外汇市场稳定。

2018 年下半年，美国金融市场整体风险状态的不确定性较大，ROFCI 有可能在安全区域内小幅上升。

（2）经济去全球化对全球股市的影响。

全球股市面临调整风险。2008 年全球金融危机至今，全球 GDP 增速低于潜在水平，贸易与投资回暖，但尚未完全摆脱危机的阴霾，各国发展仍面临诸多挑战与结构性改革任务。与之形成鲜明反差的是，股市不再是"晴雨表"，开始背离实体经济，呈现繁荣景象，形成历史少见的超级牛市。股价在一定程度上偏离了价值，席勒市盈率等指标达历史高位。

过去八年，全球股市表现过热，原因包括：

第一，在经济回暖、政策预期催化下，企业利润及其预期提升。

第二，移动互联网产业浪潮、信息技术板块拉动指数上涨。近年来，全球迎来新一波科技浪潮，智能手机、电子商务、社交网络、云计算、流媒体等纷纷崛起。

第三，低利率致使定价扭曲，股市"供不应求"并不断自我强化。金融危机以来，发达经济体推行量化宽松的货币政策，向市场注入大量流动性，极低利率的环境致使定价扭曲，股市不断膨胀。

全球增长预期转向。全球经济好转并非"新常态"，中期下行风险依然存在。

全球货币政策转向。2018 年，全球货币政策由分化迈向基本同步，由极度宽松转向正常化，改变长期的低利率环境。

全球资金流动转向。随着货币政策与市场利率变化，资金由股市流向债市。

投资与交易策略转向。在长期低利率、低波动的市场自满情绪中，做空 VIX 指数的交易所交易基金成为单向操作，当股市下跌时，强制抛售给市场带来额外的下行压力，引发多米诺骨牌式的连锁效应。

（3）经济去全球化对新兴市场的影响。

2008 年金融危机后，主要发达经济体实施了超低利率和量化宽松的货币政策，新兴市场不断加大举债力度，整体债务水平不断攀升。截至 2017 年第三季度，全球债务水平约为 233 万亿美元，较 2016 年底增加了 16.5 万亿美元，占全球 GDP 的比重达到 318%。其中，发达经济体债务水平达到 171.8 万亿美元，占 GDP 的比重为 381.8%；新兴市场债务水平为 61.1 万亿美元，占 GDP 的比重为 211.1%。

在扩张速度上，新兴市场债务增长远快于发达经济体。2007 年底新兴市场债务规模为 21.3 万亿美元，2017 年第三季度达到 61.1 万亿美元，增长了 1.9 倍；同期，发达经济体债务水平从 147 万亿美元增至 171.8 万亿美元，增长了 0.2 倍。

在债务结构上，非金融企业部门债务是驱动新兴市场债务增长的主要力量。2007 年底至 2017 年第三季度，新兴市场家庭部门债务规模从 3.3 万亿美元增至 10.2 万亿美元，在整体债务中的占比从 15.6% 小幅增至 16.7%；非金融企业部门债务规模从 8.5 万亿美元增至 28.1 万亿美元，占比从 39.7% 增至 46.0%；政府部门债务规模从 5.5 万亿美元增至 13.7 万亿美元，占比从 25.9% 降至 22.4%；金融部门债务规模从 4.0 万亿美元增至 9.1 万亿美元，占比从 18.8% 降至 15.0%。

在币种结构上，新兴市场债务以本币债务为主，外币债务以美元为主。截至 2017 年第三季度，新兴市场绝大多数经济体的本币债务占比在 60% 和 80% 之间，仅部分经济体（中国香港和阿根廷、新加坡、土耳其）的这一占比在 40% 和

50％之间。在外币债务中，除欧洲新兴经济体以欧元为主（如捷克、匈牙利、波兰、土耳其，占比在 16％和 19％之间）外，主要新兴经济体均以美元为主。

在期限结构上，新兴市场债务即将面临偿还高峰期。根据国际金融协会（IIF）的统计，阿根廷、巴西、智利等 26 个新兴经济体在三年内将面临债务偿还的高峰期。其中，2018 年、2019 年和 2020 年到期的债务（债券和贷款）将分别达到 30 579 亿美元、32 289 亿美元和 30 050 亿美元，其中以美元计价的债务分别达到 8 003 亿美元、8 318 亿美元和 8 637 亿美元，占比分别达到 26.2％、25.8％和 28.7％。在 26 个新兴经济体中，2018 年面临债务偿还额较高的包括中国、韩国、印度等。

新兴市场进入去杠杆周期。随着美联储货币政策正常化进程稳步推进，欧洲经济的复苏促使欧洲央行考虑逐步退出宽松的货币政策，全球流动性的紧缩和基准利率的抬升可能会加重新兴市场债务负担。新兴市场将告别过去低利率环境下的杠杆化进程，进入一个漫长而痛苦的去杠杆周期，由此带来的信贷紧缩可能对本国经济增长、国际收支、资产价格等形成一系列压力。

新兴市场债务风险主要体现在两个方面：一是全球融资条件收紧加重了新兴市场债务负担。从全年走势来看，美债收益率将大概率走高，预示着全球实际利率中枢的上移和新兴市场融资条件的日益收紧，这将进一步加剧新兴市场偿债压力。二是特朗普政府的贸易保护政策影响全球经济复苏进程。美元升值和利率上升会增加新兴市场再融资和还债难度，特朗普政府实施贸易保护措施，新兴市场对美国的出口减少，加上美国促使海外企业将利润汇回美国、阻碍资本流入新兴市场，情况将进一步恶化。2017 年以来部分新兴经济体（如俄罗斯、巴西、南非等）的公司或主权信用评级下降，正是债务风险上升的信号。

在最脆弱的五个国家中，土耳其的处境最严峻，外部金融脆弱性和国内金融脆弱性在排名中都处于最劣势状态。乌克兰和阿根廷的实际有效汇率指数以及经常账户余额等脆弱性指标都非常高。

2018 年初至笔者撰文时刻，阿根廷比索对美元累计贬值超过 31％，从美联储最新一次加息（3 月 21 日）至笔者撰文时刻，阿根廷比索对美元贬值超过 25％；土耳其里拉、巴西雷亚尔年内贬值幅度分别为 19.3％、13.3％。阿根廷中央银行向市场抛售 50 亿美元外汇储备，连续 3 次加息，都无法阻止比索继续贬值。

阿根廷比索贬值暴露了以"双赤字"为特征的部分新兴经济体的经济脆弱性。除阿根廷外，巴西、南非、乌克兰、土耳其等新兴经济体也长期存在"双赤字"问题。IMF 的统计数据显示，这些国家的"双赤字"问题在过去 5 年不仅未有好转，反而出现了不同程度的恶化。

在当前国际经济环境出现深刻复杂变化的形势下，"双赤字"新兴经济体长期存在的内在经济脆弱性容易演化为新的风险，对此必须引起高度警惕。这些风险可能包括但不限于：经济滞胀的风险，国际资本大规模外流的风险，发生货币危机、债务危机甚至金融危机的风险。

展望未来，"双赤字"新兴经济体面临的政策困境将进一步加重，主要表现为"四个两难选择"：抑制高通胀所需的紧缩性货币政策与刺激经济增长所需的宽松货币政策的两难选择；控制国际资本大规模外流所需的资本管制政策与发展经济所需的资本自由流动政策的两难选择；缓解贸易逆差所需的货币贬值政策与避免美元债务违约所需的货币升值政策的两难选择；防止经济滞胀所需的积极财政政策与减少财政赤字所需的紧缩性财政政策的两难选择。

从这个角度看，新兴经济体对美联储加息可能带来的"紧缩恐慌"尚未做好充分的应对准备。2018 年，在美联储加息预期有可能加快的背景下，新兴经济体对美联储货币政策的外溢影响和自身可能出现的金融风险，应该做到充分重视。

（4）经济去全球化对我国经济的影响。

从价格指标上看，目前我国货币市场呈现"信贷利率上行和同业拆借利率下行"的奇特现象，背后反映的是市场风险偏好和流动性供需不匹配之间的矛盾。一方面是企业存在较大融资缺口，融资成本提高。金融机构人民币贷款加权平均利率从 2016 年底的 5.27％升至 2017 年底的 5.74％，增加了 47 个基点。另一方面是在金融去杠杆和防风险背景下，金融机构存在惜贷行为，资金在金融体系空转虚转，对实体部门的信贷投放增速放缓（2017 年以来月度增速为 1％），而购买国债增加（2017 年以来月度增速为 1.1％）。

从数量指标上看，随着美联储加息和缩表政策的推进，全球流动性已感受到阵阵凉意，"美元荒"现象正愈演愈烈，代表国际银行间市场美元融资压力的美国 3 个月期 Libor-OIS 利差屡创 2008 年金融危机以来新高。

2017 年在人民币强势升值和中国经济企稳回升的背景下，中国跨境资本流动形势明显好转。2017 年非储备性质的金融账户实现顺差 1 486 亿美元，而之前两年逆差都超过 4 000 亿美元；银行代客结售汇和涉外收付款逆差也明显收窄，在部分月份甚至实现顺差。

然而，随着国际金融市场波动性增强，地缘政治风险加剧，全球避险情绪明显升温，可能将触发跨境资本流动方向再次逆转，国际收支账户存在恶化风险。

三、中国经济从高速增长转向高质量发展 （2019）[①]

2018 年 6 月，习近平总书记在中央外事工作会议上讲话时指出："当前，我国处于近代以来最好的发展时期，世界处于百年未有之大变局，两者同步交织、相互激荡。"

（一） 从高速增长到高质量发展

中国短期经济下滑超预期，主要表现在下滑时间如此之长，已不是周期性变化，而是结构性变化，说明中国经济已由高速增长阶段转向高质量发展阶段。支撑中国经济高速增长的因素在减弱，世界经济进入低速增长通道，预示着出口导向必须转向内需扩大，要素成本也不断上升，预示着低成本制造不再具有持续竞争优势，人口红利趋于消失，投资驱动型经济增长能力减弱，节能减排成为世界性趋势，意味着资源消耗型经济难以维持。由于经济结构的变化，潜在生产率下降，中国经济告别两位数增长。

出口导向难以持续。2017 年中国出口与 2016 年同期相比有明显增长，除了受全球经济边际复苏的影响，主要是基于商品价格回暖和过去的低基数效应，美国和欧盟为中国出口的第一大和第二大目的地，占 35％左右，如果去全球化的政策得以实施，中国出口将面临更大压力。

人口红利趋于消失。随着经济的快速发展，我国农民工人数日趋增多，但增长速度在减缓，且 40 岁以上的农民工人数在不断增多，这说明农村剩余劳动力不再充裕，加之近年来最低工资标准逐年提高，导致我国的人口红利趋于消失，人力资源的成本不断上升，低成本的持续竞争优势逐步丧失，也使得投资对经济的拉动能力减弱。

[①] 源自笔者所编写的中银国际研究有限公司 2019 年度研究报告。

节能减排成为世界性趋势。在能源供应方面，中国石油进口依存度已超过60%，并且随着居民消费升级，汽车消费增加，工业化、城镇化进程推进，石油消费将快速增加。在土地资源方面，2013年，中国人均耕地面积仅为1.2亩，不及世界平均水平的一半。环境问题局部有所改善，但总体上未得到遏制，形势依然严峻，压力持续增大。

由高速增长转向高质量发展就是要坚持质量第一、效益优先，以供给侧结构性改革为主线，推动经济发展质量变革、效率变革、动力变革，提高全要素生产率，着力加快建设实体经济、科技创新、现代金融、人力资源协同发展的产业体系，着力构建市场机制有效、微观主体有活力、宏观调控有度的经济体制，不断增强我国经济创新力和竞争力。高质量发展的推进方式主要包括深化供给侧结构性改革、加快建设创新型国家、实施乡村振兴战略、实施区域协调发展战略、加快完善社会主义市场经济体制、推动形成全面开放新格局。

深化供给侧结构性改革是重心。建设现代化经济体系，必须把发展经济的着力点放在实体经济上，把提高供给体系质量作为主攻方向，显著增强我国经济质量优势。加快建设制造强国，加快发展先进制造业，推动互联网、大数据、人工智能和实体经济深度融合。培养增长新动能，在中高端消费、创新引领、绿色低碳、共享经济、现代供应链、人力资本服务等领域培育新增长点、形成新动能。支持传统产业优化升级，加快发展现代服务业，瞄准国际标准提高水平，促进我国产业迈向全球价值链中高端，培育若干世界级先进制造业集群。加强水利、铁路、公路、水运、航空、管道、电网、信息、物流等基础设施网络建设。坚持去产能、去库存、去杠杆、降成本、补短板，优化存量资源配置，扩大优质增量供给，实现供需动态平衡。激发和保护企业家精神，鼓励更多社会主体投身创新创业。建设知识型、技能型、创新型劳动者大军，弘扬劳模精神和工匠精神，营造劳动光荣的社会风尚和精益求精的敬业风气。

加快完善社会主义市场经济体制是关键。经济体制改革必须以完善产权制度和要素市场化配置为重点，实现产权有效激励、要素自由流动、价格反应灵活、竞争公平有序、企业优胜劣汰。国企政策。要完善各类国有资产管理体制，改革国有资本授权经营体制，加快国有经济布局优化、结构调整、战略性重组，促进国有资产保值增值，推动国有资本做强做优做大，有效防止国有资产流失。深化国有企业改革，发展混合所有制经济，培育具有全球竞争力的世界一流企业。竞争政策。全面实施市场准入负面清单制度，清理废除妨碍统一市场和公平竞争的各种规定和做法，支持民营企业发展，激发各类市场主体活力。深化商事制度改革，打破行政性垄断，防止市场垄断，加快要素价格市场化改革，放宽服务业准入限制，完善市场监管体制。宏观政策。创新和完善宏观调控，发挥国家发展规划的战略导向作用，健全财政、货币、产业、区域等经济政策协调机制。完善促进消费的体制机制，增强消费对经济发展的基础性作用。深化投融资体制改革，发挥投资对优化供给结构的关键性作用。财政政策。加快建立现代财政制度，建立权责清晰、财力协调、区域均衡的中央和地方财政关系。建立全面规范透明、标准科学、约束有力的预算制度，全面实施绩效管理。深化税收制度改革，健全地方税体系。金融政策。深化金融体制改革，增强金融服务实体经济能力，提高直接融资比重，促进多层次资本市场健康发展。健全货币政策和宏观审慎政策双支柱调控框架，深化利率和汇率市场化改革。健全金融监管体系，守住不发生系统性金融风险的底线。

新发展理念是引领。在创新方面，党的十九大报告提出：加快建设创新型国家。创新是引领发展的第一动力，是建设现代化经济体系的战略支撑。要强化原始创新、推动产业技术体系创新、创新体系和创新环境。在协调方面，党的十九大报告提出：加大力度支持革命老区、民族地区、边疆地区、贫困地区加快发展，强化举措推进西部大开发形成新格局，深化改革加快东北等老工业基地振兴，发挥优势推动中部地区崛起，创新引领率先实现东部地区优化发展，建立更加有效的区域协调发展新机制。在绿色方面，党的十九大报告提出：构建市场导向的绿色技术创新体系，发展绿色金融，壮大节能环保产业、清洁生产产业、清洁能源产业；着力解决突出环境问题……提高污染排放标准，强化排污者责任，健全环保信用评价、信息强制性披露、严惩重罚等制度；加强对生态文明建设的总体设计和组织领导，设立国有自然资源资产管理和自然生态监管机构。在开放方面，党的十九大报告提出：开放带来进步，封闭必然落后。中国开放的大门不会关闭，只会越开越大。在共享方面，党的十九大报告阐述了"优先发展教育事业""提高就业质量和人民收入水平""加强社会保障体系建设""坚决打赢脱贫攻坚战""实施健康中国战略"等方面，并强调了"坚持房子是用来住的、不是用来炒的定位，加快建立多主体供给、多渠道保障、租购并举的住房制度，让全体人民住有所居"。此外，在"实施乡村振兴战略"部分，党的十九大报告提到

"保持土地承包关系稳定并长久不变，第二轮土地承包到期后再延长三十年。深化农村集体产权制度改革，保障农民财产权益，壮大集体经济"。

中国经济调整的结果初显。城镇和农村居民的人均可支配收入增长速度逐步平稳，研发经费规模占比逐年增加，服务业增加值占比逐步增大，成为拉动经济增长的主要驱动力。新产业的"嫩芽"也正在逐步成长，通信器材、家具和装潢材料等消费扩大，智能制造成为新亮点，中西部成为产业发展的新兴地区，向服务性消费转变，健康、教育、金融、养老、旅游等产业发展加速。宏观调控是为这些"嫩芽"产业提供适宜的环境，供给侧结构性改革的目的是培育这些产业长成参天大树。

历史交汇期的"十三五"规划提出：保持经济中高速增长，守住 6.5% 的经济增长底线，提高服务业比重，实现产业升级。发展协调性明显增强，包括消费对经济增长贡献继续加大，户籍人口城镇化率加快提高。普遍提高人民生活水平和质量，就业比较充分，就业、教育、文化体育、社保、医疗、住房等公共服务体系更加健全。国民素质和社会文明程度显著提高，包括公共文化服务体系基本建成，文化产业成为国民经济支柱性产业。生态环境质量总体改善，包括提高能源资源开发利用效率，生产方式和生活方式绿色、低碳水平上升，主体功能区布局和生态安全屏障基本形成。各方面制度更加成熟更加定型，涉及国企改革、金融和财税改革、政府行为、对外开放等各个社会方面。

按照"十三五"规划中 2020 年 GDP 较 2010 年翻一番的目标，2019—2020 年 GDP 增速为 6.2% 就能达成目标；除了保持经济中高速增长目标外，城镇化率和服务业占 GDP 的比重也需进一步提高，预计到 2020 年，常住人口城镇化率会超过 60%，服务业比重将接近 60%。

从目前中国经济的发展态势看，在需求结构上，2020 年消费占 GDP 的比重会超过 50%。在供给结构上，服务业占 GDP 的比重会接近 60%。这意味着，中国经济届时会成为以消费为主的服务性经济，并使经济社会发展长期可持续。"十三五"期间是实现这一转型的关键时期，供给侧结构性改革是建立和完善支持这一转型的新体制，以培养经济可持续增长的新动能。

反映在实际经济中，中国从商品输出转向资本输出的态势进一步巩固，"一带一路"倡议是体现。中国的进口尤其是服务进口会加大，中国将从制造业开放走向服务业开放，其中构建双边或多边的自由贸易区体制是基础，而中国（上海）自由贸易试验区建设是重点，金融市场开放将加速。

"一带一路"倡议的核心是包容性发展。这体现了中国传统的"和为贵"理念，以此理念构建自由贸易区体制是中国方案的灵魂。

（二） 宏观经济改革从稳中求进到稳中有变

2018 年以前中国总体的经济表现呈现出在既定经济全球化格局下稳中向好的趋势。在既定的经济全球化环境中，结构性改革和宏观需求管理（调控）是相辅相成、互为条件的。由于供给侧结构性改革，通过去产能，2016 年下半年 PPI 结束了连续 54 个月的负增长，企业利润结束了连续十几个月的负增长，企业的销售环境转好，现金流和利润全面回升，意味着杠杆率不需要提高，而是可以开始去杠杆。

2016 年 12 月 14—16 日，中央经济工作会议在北京举行，部署 2017 年经济工作，提出稳中求进。所谓稳，主要体现在通过加强金融监管等措施来防范金融风险。2017 年 7 月 14—15 日召开第五次全国金融工作会议，提出改革金融监管体制。所谓进，主要体现在通过加快结构转换、功能转换、体制转换，推进经济由高速增长转向高质量发展并通过去影子银行来实现金融去杠杆。以上要求构成当时中国经济政策的主基调，并体现在党的十九大报告中。

稳中求进工作总基调是治国理政的重要原则，也是做好经济工作的方法论，贯彻好这个总基调具有特别重要的意义。稳是主基调，稳是大局，在稳的前提下要在关键领域有所进取，在把握好度的前提下奋发有为。但是，2018 年中美贸易冲突改变了经济态势，推升贸易成本并抑制出口，打击商业信心并抑制资本支出。

中美贸易冲突虽未通过贸易途径在短期内对中国宏观经济产生重大影响，但引发了对贸易战前景的战略性恐慌，并充分体现在资本市场上。从基本面和政策面上看，中国资本市场上股价不至于持续下跌，针对新的经济形势，原有的经济政策安排有可能形成合成谬误。宏观经济政策由"稳中求进"转向应对"稳中有变"。2018 年 7 月 31 日，中共中央政治局会议提出了"稳就业、稳金融、稳外贸、稳外资、稳投资、稳预期"六个稳定，以应对复杂局面。由此形成短期宏观经济政策的分水岭。

"稳中有变"集中体现为经济下行压力加大。经济增速持续回缓，逐季下行。

2018 年第四季度为 6.4％，第三季度为 6.5％，2019 年第一季度和第二季度分别为 6.4％和 6.2％。2018 年 GDP 增长 6.6％，2019 年上半年 GDP 增长 6.3％。剔除能源和食品的核心 CPI 增速下行，PPI 也逐渐回落。由于 PPI 回落速度快于 GDP，意味着产出缺口开始由正转负，预示着 2019 年经济还有进一步下行的压力，并有可能出现通缩局面。

"稳中有变"凸显于去杠杆出现失速迹象。受中美贸易冲突影响，消费者信心减弱，同时出口收入减少，影响了企业的销售，表现在宏观经济上是 PPI 开始下行，表现在微观经济上是企业现金流变差，影响付息能力，杠杆出现不稳定迹象。过去高杠杆的一个突出表现是，企业股权普遍用于质押融资。受中美贸易冲突的影响，A 股大幅回落，出现质押物不足。一旦银行止损平仓，就会出现快速被动去杠杆，即所谓"踩踏事件"。这意味着金融风险加大。稳金融由此变得十分紧迫，而稳金融首先要稳杠杆。若企业内部流动性不足，则需要补充外部流动性。所谓"货币放水"成为必要的政策选择。去杠杆紧缩效应和中美贸易摩擦是导致 2018 年中国经济金融压力的主要原因。从 2018 年第四季度开始，去杠杆政策调整，宏观政策放松，以应对经济下行压力。宽货币、松财政、扩信贷成为短期宏观经济政策的必然安排。在货币政策方面，2018 年 3 次下调存款准备金率（不含 2018 年开始实施的普惠金融定向降准），2019 年 1 月又再次降准 1 个百分点，法定存款准备金率（大型存款类机构）已从 2017 年底的 17％下降到 13.5％；2018 年 12 月央行创设定向中期借贷便利（TMLF），操作利率比中期借贷便利（MLF）优惠 15 个基点。在信贷政策方面，加大对民营、小微企业的融资支持力度，包括将银行对小微企业的信贷支持纳入 MPA 考核，2018 年增加再贷款、再贴现额度 3 000 亿元，支持金融机构扩大对民营和小微企业的信贷投放；推动实施民营企业债权融资支持工具，通过信用风险缓释，为部分债券发行遇到困难的民营企业提供增信支持；调整了普惠金融的降准标准，扩大了能够享受普惠金融降准的机构范围等，鼓励银行发行永续债来补充资本金，并且为了在发行初期提高其市场接受度，改善市场预期，创设央行票据互换工具。在财政政策方面，2018 年积极的财政政策预计减税降费 1.3 万亿元，较年初政府工作报告的减税降费计划 1.1 万亿元扩大了 2 000 亿元；2019 年 1 月的国务院常务会议决定再推出一批针对小微企业的普惠性减税措施，调整后优惠政策将覆盖 95％以上的纳税企业，其中 98％为民营企业，预计在未来三年的实施期内将每年再为小微企业减负约 2 000 亿元；2018 年 11 月，国务院常务会议宣布对符合条件的努力稳定就业的参保企业，可通过减费方式，返还企业及职工缴纳的 50％失业保险费。

稳就业——经济增速需维持在合理区间。从中国人口变化趋势看，未来几年每年需要提供新增就业机会 1 000 万个以上。与 21 世纪初相比，中国产业结构发生变化，服务业已是第一大产业，并且较制造业有更大的就业吸纳能力。目前 GDP 每增长 1 个百分点，可创造就业岗位 200 万个左右。因此，稳就业需要 GDP 增速维持在 6％以上。2019 年是全面建成小康社会的关键之年。按照规划，通俗理解应该在 6.3％左右。经济下行压力需要用投资来应对。当民间不投资时，政府就需要投资；当地方政府不投资时，中央政府就需要投资。

稳金融——去杠杆转向稳杠杆乃至加杠杆。经验表明，去杠杆的前提是稳杠杆，在现金流可以覆盖利息的情况下，杠杆就会稳定，从宏观经济角度看，要高度关注 CPI、PPI 以及房价的走势。2018 年下半年，企业反映的融资难、融资贵问题不再是投资问题，而是流动性陷阱问题。2018 年下半年以来，去杠杆政策调整，货币政策边际宽松，流动性充裕，风险偏好改善，广义信贷企稳。但 2019 年第一季度中国宏观杠杆率再度上升，从 2018 年底的 243.7％上升到 248.8％，其中同期家庭部门杠杆率从 53.2％上升到 54.3％，政府部门杠杆率从 37％上升到 37.7％，而非金融企业部门杠杆率从 153.6％上升到 156.9％。同时，供给侧扰动增加了物价的不确定性，受非洲猪瘟、极端天气等供给侧因素影响，猪肉、鲜果等价格大幅上升推高食品 CPI。2019 年上半年，食品价格累计上涨 4.7％，较 2018 年全年上升 2.9 个百分点。其中，猪肉和鲜果价格分别同比上涨 7.7％和 16.1％，2018 年全年分别下跌 8.1％和上涨 5.6％。预计 CPI 增速将从 2018 年的 2.1％上升到 2019 年的 2.7％。

稳外贸、稳投资——稳定经济的前提。自 20 世纪 90 年代起，中国逐渐走上出口导向型经济发展道路，出口引领经济增长的作用凸显。这特别突出地表现在出口和投资的相互关系上：不是出口增长带动民间投资就是出口下降迫使政府扩大投资，例如 2009—2010 年，以及更早的 1999 年。与过去相比，在中美贸易冲突背景下，中国宏观经济波动重现当年出口引领投资的窘态。出口稳定决定了包括外资在内的民间投资意愿。制造业投资回落较大，2019 年以来制造业投资回落趋势明显。一方面，出口大幅下滑，国内需求不足，整体工业产出和投资较为疲弱；另一方面，中美贸易摩擦弱化商业信心，加大了全球产业链调整的不确定性，也抑制了企业资本开支意愿。制造业投资约占固定资产投资的 1/4，主要为民间投资。2018 年受 PPI 上涨、利润上升、出口增长和产业升级影响，制造业投资增长 9.5%，但面对 2019 年的不确定性，尤其是出口形势恶化，制造业投资增长预计放缓到 4%。房地产投资约占固定资产投资的 1/4，也主要是民间投资。根据过去十年 3 轮下行的经验，当房地产销售和价格下降 10~15 个百分点，影响 GDP 增速 0.2~0.4 个百分点，当下房地产销售和价格下降超过 20 个百分点，影响 GDP 增速 0.5 个百分点。预计 2019 年房地产投资将延续下行态势，投资增速由 2018 年的 9.5% 回落到 7.5%。基础设施（含公共事业投资）是政府投资的主要领域，约占固定资产投资的 1/4。2018 年对地方隐性债务进行控制导致基础设施投资大幅下滑，预计 2019 年在稳投资的推动下投资增速将回升到 6.5%。回升幅度温和的原因在于：一是尽管对地方政府现行债务的控制有所放松，但对隐性债务的控制仍较严；二是铁路、公路、机场等"铁公基"可投资项目大幅减少，投资开始转向诸如环境治理等领域，所费资金少。

稳中有变隐藏着变中有忧——出口及经常项目顺差变动。2019 年，全球经济增长势头放缓，中国出口增速进一步下滑。中国经常项目顺差可能进一步收窄，从而可能改变过去"双顺差"的国际收支局面。

稳中有变隐藏着变中有忧——消费增长堪忧。消费需求相对疲弱：前期刺激透支部分耐用消费需求；家庭对未来的信心下滑；2018 年去杠杆引发家庭部门融资条件有所收紧；部分家庭偿债压力上升。过去一段时间，由于居民收入增长快于 GDP 增长，从 2014 年到 2018 年，全国居民可支配收入平均实际增长 7.2%，GDP 平均实际增长 6.9%，而居民消费始终保持 10% 左右的稳定增长。但是，目前居民收入增速已连续 3 个季度低于 GDP 增速，加之居民的杠杆率快速提高，透支未来收入，消费增长堪忧。

稳中有变隐藏着变中有忧——国际收支发生重大变化。从 2014 年下半年开始，中国国际收支格局发生较大改变，从原来的双顺差变成了经常项目顺差，资本项目双向波动，且经常项目顺差占 GDP 的比重在不断下降，经常项目顺差占 GDP 的比重由 2007 年的 9.8% 左右大幅下降至 2018 年的 0.4%。2019 年第一季度，中国经常项目顺差占 GDP 的比重回升至 1.6%，其中货物贸易顺差占 GDP 的比重为 3%，服务贸易逆差占 GDP 的比重为 2%，初次收入和二次收入顺差合计占 GDP 的比重为 0.56％。

2019 年不排除宏观经济政策进一步放松，按照目前的态势，预计 2019 年第二、第三季度宏观经济表现会基本企稳，但不排除国际环境变化等因素的扰动。为此，宏观经济政策仍有进一步放松的可能。

在货币政策方面，在降准的基础上降低实际融资利率，进一步降准，保持相对充裕的流动性；畅通货币政策传导机制，推动实际融资利率下行。

在财政政策方面，进一步加大政府尤其是中央政府开支，落实减税，并有可能进一步降费。在完善增值税税制方面，推动增值税税率三档变两档，适当考虑下调各级基准税率，在 2018 年统一小规模纳税人标准的基础上可以考虑进一步提高标准上限，或者考虑将现有增值税留抵退税政策从部分行业放开到更多甚至全部行业。在企业所得税方面，可以考虑进一步加大对企业研发、资本开支、教育培训的抵扣力度，如果经济下行压力较大，可以适当考虑降低企业所得税税率（特别是小微企业和科创企业）。在满足企业进口需求方面，继续扩大关税税率的下调范围。在降低企业负担方面，针对部分中小企业反映社保缴费负担较大的问题，一方面需要继续完善社保体制改革，加快完善养老保险中央调剂金制度，逐步实现全国养老保险统筹制度，继续执行国有企业资产划拨至社保系统；另一方面需要根据实际情况，降低社保缴费名义费率，稳定缴费方式，按照民营企业座谈会的精神，确保企业社保缴费实际负担有实质性下降。2019 年政府工作报告宣布大规模减税降费，上述部分政策已经宣布实施。

对于 2019 年的中国经济形势，2019 年 GDP 增长政策目标为 6％～6.5％，预计 GDP 实际增长 6.3％。

（三） 从商品和要素流动型开放转向制度型开放

经济全球化形成中美经济的新格局。随着中国加入 WTO，中美贸易额不断攀升，从 2001 年的 805 亿美元上升到 2017 年的 5 837 亿美元，年均增长 13.2％。其中中方呈现出顺差，但这一顺差大部分又以金融投资的形式返流美国。这一新格局表明，中美国际收支呈镜像关系，中国经济内外非均衡既是美国经济内外非均衡的结果，也是原因。两国经济的非均衡构成了国际资金循环的均衡。两国经济互为前提，中美经济从未形成这样的高度依赖性。这一新格局同时也表明，均衡是脆弱的，必须共同努力，加以维护和调整。

常规的国家间投资贸易政策不能解决中国对美国的贸易顺差。由于中国对美国的贸易顺差是经济全球化的结果，从而两国之间的常规投资贸易政策安排，无论是关税壁垒还是非关税壁垒都无法克服。

（1）汇率。传统国际贸易理论认为，一国货币升值将抑制出口，美国也以此要求中国。中国也满足了这一要求，自 2005 年以来，人民币已持续升值超过 20％，由 8.7 元兑 1 美元升值为 2018 年的 6.8 元兑 1 美元左右。但中国对美国的贸易顺差仍在扩大。

（2）控制出超规模。传统国际贸易理论认为，当国与国贸易失衡且其他机制无效时，补充措施是自愿控制出超规模，或扩大进口，或限制出口。纺织品出口配额就是例证。在当代条件下，这一控制出超规模的标准开始广泛化，体现为一国经常项目顺差不超过本国 GDP 的 4％。目前中国该指标已由 2007 年的 9.8％ 左右下降到 2018 年的 0.4％，但中国对美国的贸易顺差不减反增。

（3）公平贸易。传统国际贸易理论认为，国与国贸易最根本的原因在于劳动生产率的不同，贸易失衡也因此可以解释。而劳动生产率的提高取决于技术进步，从而需要对创新以及由此形成的知识产权进行保护。当一国对知识产权保护不力，使企业和个人可以冒用或模仿他国知识产权时，贸易是不公平的。尽管这种现象在中国还在发生，但程度已大大缓解，美国也认为中国知识产权保护力度大幅提高。然而，中国对美国的贸易顺差仍不断增加。

上述情况表明，中国对美国的贸易顺差问题只能在全球化的视野内统筹加以考虑。现阶段的最佳途径是通过 WTO 贸易争端解决机制。这也构成中国强烈反对美国用国内贸易法来解决中国对美国的贸易顺差问题的原因。

2018 年 4 月，美国特朗普政府公布了对中国的关税加征清单，涉及价值约 500 亿美元的中国产品，集中在高科技领域，包括航空航天、信息和通信技术、机器人和机械等行业，涉及约 1 300 个独立关税项目。此外，美国还同时在 WTO 框架下进行申诉并限制中国对美国的投资。中美贸易摩擦发生于 20 世纪 90 年代。以"301 调查"为例，这已是第五次。在 20 多年的贸易摩擦中，中国按美国的要求多有让步，但中国对美贸易顺差不减反增的事实表明这是基于全球供应链的全球性问题，需要在全球框架下讨论解决。对此，美国也有深刻认识。然而，在全球治理理念失范、治理机制失效、治理能力失序的情况下，一旦把全球供应链的全球性问题置于民族国家框架下进行讨论，美国就认为是中国的产业

竞争力过强，而如果允许中国的产业技术进步升级，将会使包括美国在内的发达
国家的所有产业不再具有竞争优势。因此，要遏制中国产业竞争优势的成长
速度。

自 2018 年中美贸易冲突爆发以来，中美进行了数轮谈判。谈判围绕中国对
美国的贸易顺差展开，既包括贸易议题，也包括诸如知识产权、市场准入、国有
企业、服务业开放及人民币汇率等相关的结构性改革议题，同时包括执行机制的
相关安排。2019 年 5 月 5 日，美国总统特朗普发推特表示将自 5 月 10 日起对
2 000 亿美元的中国进口商品关税税率从 10% 上调至 25%，并威胁很快对剩余
3 250 亿美元的中国进口商品加征 25% 关税。此举大幅超出市场预期，中美贸易
谈判的不确定性再度上升。6 月 18 日，中美元首再次通话。在 6 月 29 日举行的
中美元首会晤中，习近平主席和特朗普决定，中美双方在平等和相互尊重的基础
上重启经贸磋商。美方不再对中国产品加征新的关税。两国经贸团队将就具体问
题进行讨论。特朗普在随后举行的新闻发布会上表示，他将取消政府禁止美国公
司向华为出售产品的决定。

从中方情况看，和平稳定的世界经济秩序是中国发展的重要条件。从贸易冲
突开始，中方就表示不愿打、不怕打，希望积极谈判。美方已深刻了解中方这一
立场。从美方情况看，除对钢铁及铝制品（232 措施）、高科技产品（301 措施）
加征关税有法律程序外，对其余 2 000 亿美元产品加征关税是报复性的行政措
施，由于短期很难寻找到替代进口国，已经开始影响美国消费者。如果再对剩余
的 3 250 亿美元产品加征关税，由于完全找不到替代进口国，关税将完全由美国
消费者承担，这对美国非常不利。从全球情况看，目前世界经济在分化之中。人
们担心，中美贸易冲突会加剧这种分化，并迫使其他国家选边站。而美国经济本
身已达到高点，美国货币政策也在犹豫之中，世界经济衰退和金融动荡风险在加
大，迫切需要稳定。

即使中美达成协议，也仅是休战。自 2010 年中国的 GDP 超过日本，并成为
世界第二大经济体，世界第一大经济体和世界第二大经济体的竞争开始显著。按
目前中国经济的增长速度，预计在 2030 年左右中国会成为世界第一大经济体。
这决定了在中国崛起的过程中中美竞争的长期性。事实上，2017 年，美国就宣
布中国是其战略竞争对手，除经济外，政治、军事等各方面的竞争将同时展开，
并交互影响。地缘问题将凸显。值得关注的是，2019 年 5 月，美国国务院政策

规划事务主任基伦·斯金纳将中美竞争上升为"文明冲突"。中美关系的蜜月期已过，取而代之的是竞争和合作。预计中美关系是斗而不破，并向 G2 的方向演进。

中美竞争的实质。中美竞争是全方位的，涉及的是制度安排，核心是政府与市场的关系。美国认为，中国采用的是国家资本主义制度，这是对自由竞争资本主义制度的"修正主义"。由于政府介入经济生活，对全产业链进行保护，极易造成产能过剩，从而将过剩产能"倾销世界"，形成重商主义贸易政策。中国认为，中国特色社会主义市场经济体制是改革开放以来逐步形成的，它符合中国国情，政府帮助经济发展，而且是行之有效的。中国之所以是联合国产业分类目录中唯一一个工业门类齐全的国家，是因为它是一个大国，而且存在着收入和区域差距。如果居民收入持续提高，中国可以消化产能，提高居民收入是政府的责任。

中美竞争是世界性的，涉及如何看待世界核心是全球治理的理念。现行的国际治理体系是建立在民族国家相互竞争的基础之上的，实力对比是其逻辑，非黑即白，非此即彼，不包容是其特点。这是西方理念的体现，当今美国是其代表。传统中国哲学没有民族国家的概念，而是以"天下"看待世界。和合共生、和谐共处是其逻辑，通过谈判妥协来扩大共同点，管控分歧点，包容是其特点。"一带一路"倡议体现了这一理念，即"共商、共建、共享"，期望打造"人类命运共同体"。经济全球化并未使"历史终结"，而是在新的层次上构建世界，西方理念还是东方理念是焦点。

中国为什么要捍卫经济全球化？"历史地看，经济全球化是社会生产力发展的客观要求和科技进步的必然结果，不是哪些人、哪些国家人为造出来的。经济全球化为世界经济增长提供了强劲动力，促进了商品和资本流动、科技和文明进步、各国人民交往。"经济全球化也是中国的国家利益所在。改革开放以来，中国加入经济全球化，不仅推动了经济高速成长，而且使经济深深融入世界。目前牵涉国计民生的许多大宗商品，如石油、大豆、饲料等中国都依赖进口，以投资贸易自由化为基础的经济全球化因此成为中国的国家利益所在。

中国如何捍卫经济全球化？中国对美国的贸易顺差是经济全球化的结果，也是问题。人类历史告诉我们，有问题不可怕，可怕的是不敢直面问题，找不到解决问题的思路。面对经济全球化带来的机遇和挑战，正确的选择是，充分利用一切机遇，合作应对一切挑战，引导好经济全球化走向。

第一，坚持创新驱动，打造富有活力的增长模式。

第二，坚持协同联动，打造开放共赢的合作模式。

第三，坚持与时俱进，打造公正合理的治理模式。

第四，坚持公平包容，打造平衡普惠的发展模式。

国际治理新理念"共商、共建、共享"形成。2008 年全球金融危机凸显了改革现行国际治理体系的必要性和紧迫性。"一带一路"倡议下的"共商、共建、共享"国际治理新理念应运而生。它既坚持了经济全球化的方向，又是改革现行国际治理体系的行动方案，并被 2017 年第 71 届联合国大会纳入决议。

（1）共商。以中国为代表的东方智慧成为化解矛盾、解决问题之道。在尊重彼此利益关切的基础上，通过沟通、协商、谈判扩大利益共同点，缩小并管控分歧点，形成合作的基础。

（2）共建。发展是硬道理。做大蛋糕虽然不能解决所有问题，但只有做大蛋糕才能为解决问题奠定基础。这也是中国改革开放以来的成功经验。

（3）共享。通过合作来做大蛋糕并不是最终目的。蛋糕应为所有人共享，提升人们的福祉，建设人类命运共同体才是最终目的。

以共赢的理念应对中美贸易战。在经济全球化的条件下，贸易战的结果是双输。因此，中国认为应通过谈判对话，达成共识，不打贸易战，争取实现共赢。这符合合作博弈演化理论。从宽容善意出发，避免经贸问题演变为政治军事问题。中美经济的差异和全球产业链的分工，决定了包括中美在内的全球经济高度融合互补，中美各自拥有一些战略性筹码，对双方构成制约平衡，从而也决定了双方行为只能沿着合作博弈演化的轨道进行。从前几轮中美谈判看，中国已善意出价，愿意以扩大进口的方式缩小对美国的贸易顺差。在现有的框架下，首先是扩大对美国农产品和能源的进口。市场预计，在未来的两年（到 2020 年），美国对华农产品出口会增长 35%～45%（取决于美国的供给），而对华能源（原油、天然气）出口会增长到 500 亿美元左右（取决于美国的油气基础设施建设）。

如果中美贸易战不再升级，按照合作博弈演化理论，中银国际初步模拟了演化过程。在初步合作阶段，中国自美进口的大豆、牛肉、原油和天然气显著增长，短期内将倾向于略微提高美国通胀而降低中国通胀；美国上述产品在中国的市场份额或有所上升，其他国家的市场份额或有所下降（取决于中国需求增长情况）。但是，单纯依靠农产品和能源贸易不能解决中美贸易不平衡问题。中国对两类产品的需求和美国的供应均存在天花板效应，美国产品的相对竞争力也是重要制约因素。在飞机和汽车的对华出口方面，也同样受制于中国的需求和美国相对于欧洲和日本的竞争力，增长空间有限。这意味着初步合作并不能解决问题，贸易摩擦的风险仍然存在，推动合作博弈向高阶段演化。

此次贸易战的重点是高科技产业，其中知识产权保护又是核心。目前，中国已开始推进包括《中华人民共和国专利法》在内的相关法律法规的修订工作，并同意中美加强知识产权保护领域的合作。加强知识产权保护也有利于激励中国国内技术创新。2017年中国知识产权进口额已达286亿美元，预计将迎来快速增长期。目前，美国以集成电路为代表的高新技术产品对华出口存在管制。但是，由于美国并非全产业链布局，相当大一部分供应链分布在日韩等地，从而也存在谈判的余地。关于公平竞争的营商环境，中国已开始落实负面清单＋准入前国民待遇的政府管理体制，并加快对国有企业的改革，扩大对外开放，尤其是服务业开放。这将减少政府对经济的控制和干预，为进一步谈判奠定了基础。

建立开放包容的世界经济贸易体系。由中美竞争实质的深刻性决定，即使中美达成双边协议，也不意味着竞争的结束，而是向多边演进，主要体现在对WTO的改革上。中美贸易冲突使中国深刻地认识到改革WTO的重要性。一个可能的方向就是将建立在国家基础上的WTO改革为建立在企业尤其是跨国产业链基础之上，其中"零关税、零壁垒、零补贴"是核心。在零关税方面，经济全球化首先表现为跨国的产业链，不同国家和地区仅是这一产业链的某个环节。如果每个国家和地区都征税的话，将会使税负极其高昂。在零壁垒方面，全球产业链是以跨国生产为基础的，表现为投资自由化。如果产业不开放，市场不准入，将会极大地影响全球生产力布局。零壁垒的核心是营商环境的改善。在零补贴方面，在全球进行资源配置的情况下，补贴将会扭曲市场。与此同时，在技术创新领域，补贴并不总是有效。以此为理念，中国将会提出以开放包容为原则的WTO改革建议。

由商品和要素流动型开放向规则等制度型开放转变。中美贸易冲突也使中国深刻认识到规则等制度型开放的重要性。中国以往的对外开放属于商品和要素流动型，主要是政策推动的，以豁免为主，表现为"优惠政策"。这种歧视性的开放政策有悖于"竞争中性"原则，导致营商环境不稳定，企业难有长期预期。

2018 年中央经济工作会议指出"推动全方位对外开放"，提出"适应新形势、把握新特点，推动由商品和要素流动型开放向规则等制度型开放转变"。2019 年，在两会的政府工作报告中，这一要求被正式明确，并予以推进。

中国采取了以下行动：

（1）2018 年 4 月，宣布在海南省建设自由贸易区，这是中国第 12 个自由贸易区，更为重要的是，在此基础上，海南将朝"零关税、零壁垒、零补贴"的自由贸易港方向努力，对标迪拜。

（2）2018 年 4 月，中国银保监会发布实施 15 条金融和对外开放措施。

（3）2018 年 7 月，宣布大幅度降低关税，并将负面清单缩减至 48 项，将服务业纳入开放范围。同年 11 月，举办首届中国国际进口商品博览会，并承诺每年举办一次，以扩大进口减少贸易顺差，支持世界经济和贸易自由化。

（4）进入 2019 年，公布粤港澳大湾区发展规划，期望发挥"一国两制"优势，带动经济发展。

（5）2019 年 3 月，全国人大通过的《中华人民共和国外商投资法》，将自 2020 年 1 月 1 日起施行，相应地废除与此法不适应的政府规定，实现外资与内资同等的准入前国民待遇。

（6）2019 年 3 月，全国人大决定修订包括《中华人民共和国专利法》在内的知识产权法，使其成为体系，便于实施保护，其中引人注目的是罚款，将一倍或数倍于交易额。

（7）预计 2019 年下半年，将再次修订负面清单，服务业将全面开放。其中除金融服务业外，教育与医疗产业将进一步放松限制。

对于中国的金融服务业开放，2019 年 5 月，中国人民银行党委书记、中国银保监会主席郭树清表示，近期拟推出 12 条银行保险业对外开放新措施。具体内容包括：

（1）按照内外资一致原则，同时取消单家中资银行和单家外资银行对中资商业银行的持股比例上限。

（2）取消外国银行来华设立外资法人银行的 100 亿美元总资产要求和外国银行来华设立分行的 200 亿美元总资产要求。

（3）取消境外金融机构投资入股信托公司的 10 亿美元总资产要求。

（4）允许境外金融机构入股在华外资保险公司。

（5）取消外国保险经纪公司在华经营保险经纪业务需满足 30 年经营年限、总资产不少于 2 亿美元的要求。

（6）放宽中外合资银行中方股东限制，取消中方唯一或主要股东必须是金融机构的要求。

（7）鼓励和支持境外金融机构与民营资本控股的银行业保险业机构开展股权、业务和技术等各类合作。

（8）允许外国保险集团公司投资设立保险类机构。

（9）允许境内外资保险集团公司参照中资保险集团公司资质要求发起设立保险类机构。

（10）按照内外资一致原则，同时放宽中资和外资金融机构投资设立消费金融公司方面的准入政策。

（11）取消外资银行开办人民币业务审批，允许外资银行开业时即可经营人民币业务。

（12）允许外资银行经营"代理收付款项"业务。

中国金融服务业开放的进展。2018 年 4 月，中国银保监会发布 15 条对外开放措施，目前正在有序推进实施。截至 2019 年末，德国安联筹建安联（中国）保险控股有限公司、美国安达增持华泰保险集团股份、约旦阿拉伯银行和摩洛哥外贸银行设立上海分行等多项市场准入申请均已正式获批。中国银保监会数据显示，两年来，共批准设立 9 家外资银行、保险机构以及 54 家分支机构，批准外资银行、保险机构增加注册资本或营运资金共计 257 亿元。

四、 全面建成小康社会后的中国经济（2020）[①]

中国是一个发展中国家，基本国情是存在着城乡分离的二元结构。从国际经验尤其是亚洲国家发展经验看，工业化是经济发展的基本路径，表现为大量农村剩余劳动力转向工业部门就业。改革开放后的中国经济发展也证明了这一点，它是国际经验尤其是亚洲国家经济增长奇迹在中国的再现。

国际经验同样表明，伴随着工业化的是城市化的发展，呈现为经济社会现代

---

① 源自笔者所编写的中银国际研究有限公司 2020 年度研究报告。

化的过程，反映在经济上，经济发展过程不仅是 GDP 的增长，也是人均收入的提高。中国改革开放的经验符合开放的经验，也符合这一逻辑。城市化率由 1978 年的 17.9％上升到 2018 年的 59.58％，随之居民收入也大幅提高。1977 年，7 亿多农村居民人均年收入为 117 元，按官方汇率合 68 美元，其中 2.5 亿人口生活在 100 元线以下，实际处于赤贫状态。按 2010 年人均收入 2 300 元的国家贫困线计算（与世界银行 2015 年人均每日 1.9 美元的贫困线接近），1978 年 97.5％的中国人达不到这一水平。

改革开放四十年来，中国对世界的最大贡献是减贫。按照规划，2020 年，中国将彻底消灭绝对贫困，占世界人口 1/5 的中国脱离贫困。这是人类文明的巨大成就。

中国经济现状——“两个中国”。改革开放四十年来，中国经济发展既是 GDP 高速增长的过程，也是人均收入持续提高的过程，到 2018 年，中国 GDP 总量按现价美元计算超过 90 万亿元，人均 GDP 超过 9 000 美元，已经属于中上等收入国家。但相关研究表明，在近 14 亿人口当中，只有约 3.3 亿人口的人均收入超过 2 万美元，他们主要居住在城市，而约 10.5 亿人口的人均收入只有 4 500 美元，处于联合国所划分的中低收入线内，他们主要居住在农村。于是，出现了“两个中国”：3.3 亿人口的高收入中国和 10.5 亿人口的中低收入中国。

就高收入中国而言，人口规模已超过美国，生活水平也直追美国。这些人是市场经济的主体。由此决定中国的产业结构已处于工业化中后期阶段，并由需求推动，中国产业升级方向为服务业。从这个意义上讲，中美竞争是 3.3 亿人的中国与美国的竞争。

就中低收入中国而言，刚刚实现“温饱”，人们尚没有能力买车买房，使中国的人均钢铁蓄积量仅为发达国家平均水平的 1/3 左右，即在人均有 7 吨时出现了严重的产能过剩。他们是人口的主体。沉默的大多数表明中国仍然是发展中国家，仍处于刚越过轻工业并向重化工业迈进的阶段。

特殊的结构，特殊的问题，特殊的道路。“两个中国”的特殊结构根源在于城乡分离的二元结构。从发展经济学的角度来看，二元结构决定劳动力无限供给，是经济增长的源泉。改革开放就是让农村剩余劳动力参与工业化进程，同时将工业化纳入全球化进程。

与此同时，二元结构也是强制储蓄机制。由于劳动力无限供给，工资可以压到最低水平，使企业获得较高的利润并可以持续投资，经济增长由投资驱动。在经济增长的同时，这也造成了收入差距的扩大。目前中国的基尼系数在 0.46 和 0.47 之间，位于世界前列。这不仅使以消费为重心的内需扩大，而且使社会陷入紧张局面。

在世界经济陷入长期低迷的情况下，依赖外需的投资驱动型增长模式已难以为继，以扩大消费为重心的内需拉动日显迫切。为此，必须解决全体中国人民的共同富裕问题。其中，政府的作用凸显，"惠民生"成为新时期中国政府的主要目标，并由此呈现出中国特色道路。

增加居民收入、扩大内需成为过去十年政策的着力点。鉴于世界经济低迷的形势，中国 2010 年在"十二五"规划中就确定了扩大内需的方针，重点是扩大消费，核心是增加居民收入。中国为此提出"两个提高，两个同步"的要求。

（1）在初次分配中提高劳动报酬的比重，劳动报酬增长与劳动生产率提高同步。

（2）在国民收入分配中提高居民收入的比重，居民收入增长与经济发展同步。

由此，形成全面建成小康社会的战略目标：2010—2020 年 GDP 翻一番，城乡居民人均收入翻一番，即"两个翻一番"，其中以农民为主的中低收入阶层收入增长是重心。作为结果，2011 年，农民来自城市的收入，包括务工收入和财政转移支付，首次超过 50%。2017 年已经上升到 61.3%。随着农民收入的提高，2018 年约有 18% 的农民工在城镇购买了住房，农民开始成为汽车消费的主体，过去几年旺销的汽车是售价在 10 万元左右的 SUV，十大旺销品牌中有 8 个是中国自主品牌。与此同时，农民消费也改变了商业形态，网购成为流行方式。

以人为本的城市化的关键是农民工的市民化。农民是当前中国二元结构的典型代表。农民工具有农民身份，但不居住在农村，在非农业部门就业，其收入发生在城市，成为家庭收入的主要来源。但因为农民身份，家庭成员又多在农村居住。据国家统计局 2015 年的调查，农民工家庭消费占其全部收入的比重不超过 50%，其中个人消费仅为 30%，远低于全国居民平均消费水平（70%）。农民工来自城市的收入中的很大一部分用于农村住房建设，形成财产。但由于长年在外务工，住房闲置，有财产却无财产性收入，既抑制了消费，又减少了收入来源。正是农民尤其是农民工收入和消费的增长所展现的市场前景与现实体制约束的矛盾，使人们深刻地认识到若要改变农民的消费倾向，农民工的市民化是关键。2019 年中国宣布城区常住人口在 100 万～300 万的城市不再设立落户门槛，城区常住人口在 300 万～500 万的城市对重点群体全面取消落户限制，特大城市完善户口积分制度。希望到 2020 年实现 1 亿农民工的市民化。

加快城市化发展有赖于深化改革。回顾改革开放四十年来中国城市化的进程，城乡分离二元体制下的户籍和土地制度曾发挥积极作用。但这一体制目前已开始束缚城市化的进一步发展。户籍和土地制度改革成下一步改革的重点领域：

（1）户籍制度。现行的中国户籍分城市和农村两类。它们的差异主要体现在就业准入和公共服务提供上，集中表现在教育、医疗、养老等方面。

（2）土地制度。现行的中国土地分国有和集体两类。城市土地基本为国有，农村包括农地在内的土地为集体所有，其中按建设目的又可分为集体建设用地和农户可以长期使用并继承的家庭建设用地（宅基地）。集体土地不得直接进入城市土地市场，通过政府征用，使集体土地变成国有土地后方可进入城市土地市场，其中的级差地租成为政府的财政收入来源。

中国的户籍制度不仅事关人口登记和社会治安管理，更重要的是背后相关的公共产品提供。由此，教育、医疗、养老、社会保障及市政设施体制改革是必需的。从目前的情况看，教育、医疗、养老服务以放开准入为主，鼓励民营和外资进入；社会保障以全国统筹为方向，实现全民覆盖，不足部分由国有资产划入来弥补；市政设施以 PPP 为主，鼓励政府与社会资本合作。

对于中国的土地制度，除基本农田严格保护以外，建设用地的改革重心是从集体建设用地直接入手，一方面可增加土地供给，控制房价，另一方面可增加农民的财产性收入，方向是"以租代售"。与此同时，随着农民工市民化的加快，农村家庭将显著减少，农民宅基地城乡流转也可以预期。

城市化带动了三大城市群的出现。自 2000 年以来，京津冀、长三角、珠三角三个区域吸纳了大量的人口，城市群的格局逐渐形成。京津冀、长三角、珠三角三大城市群 2016 年常住人口的增长率分别为 0.58%、0.44%、2.11%。三大城市群格局形成，并出现一定的分化迹象。

（1）京津冀：在城市群形成过程中，主要是京津在吸纳人口。2010 年后随着京津人口流入逐渐放缓停止，整个城市群不再有人口净流入。

（2）长三角：城市群形成过程以上海为中心，相对均衡；上海人口流入放缓后出现了新的增长点杭州。

（3）珠三角：城市群的形成过程表现为广深双核，比较均衡；2014 年后广深再度吸纳巨量人口，且集聚程度显著提高。

城市空间格局：从东西梯度分布到多中心发展。人口迁移是城市空间格局演化的主要驱动力，人口迁移形态的变化使得城市空间格局出现了新的变化，主要体现为由过去的东西梯度分布转向多中心发展。

从小城集聚到大城集聚：空间格局多点极化。就我国城市规模分布格局的演变而言，正由过去的小镇集聚、小城集聚转向大城集聚，逐渐在空间格局上呈现出多点极化的格局。以成渝、长江中游、中原等为代表的内陆中心城市群，正各自以单点的形式急剧增长。

出口导向型转向内需导向型，空间结构内向化。消费率持续上升将延续下去。随着 2010 年我国消费率触底回升，我国消费率已从底部的 48.5％提升至 2017 年的 53.6％，而这与世界平均水平 81％仍有很大的距离。

出口增速长期保持低水平。出口增速从 2011 年及以前平均近 20％的水平，降到了 2012 年至 2017 年平均 3.2％的水平，伴随着美国贸易保护主义抬头，贸易争端再起，出口增速长期保持低水平是必然的，人口结构的转变、城镇化的稳步推进也将促使消费率持续提升，我国经济必然由出口导向型转向内需导向型。

经济由出口导向型向内需导向型转化，其影响城市空间格局的核心机制在于拉近了内陆地区与市场的距离，内陆地区相对于沿海地区的劣势得到一定程度的缓解。随着内需对拉动经济发挥越来越大的作用，一部分生产活动将自发地向内陆地区转移，外向程度较低、对产业配套依赖度较低、对劳动力成本较为敏感的产业，如印染业、纺织业和食品制造业等，将最有转移的动力，而一旦内陆地区特定产业集群形成，那么与该产业相关、对产业配套依赖度较高的产业将随之转移。

内需的增长和劳动力远距离迁移意愿的降低分别从需求和供给两个方面驱动内陆地区生产活动的增长，城市空间格局必然内向化。从增量的角度看，内陆城市、内陆城市群是未来城镇化的新增长点。

"八横八纵"助力人口多点集聚。目前高铁线路由"四横四纵"的骨架基础向"八横八纵"发展，新增加的"四横四纵"仍然以省会城市为枢纽，省会城市作为各省中心城市在所在区域的交通联通度进一步提高，周边更多的中小城市通过高铁同中心城市紧密联系。交通基础设施的进一步建设缩短了城市之间的经济距离，人口及其他要素集聚的趋势将更加明显，进一步加强多中心极化的趋势。如果能够推动高铁与城市轨道交通的无缝连接，高铁的通勤化是可期的，未来由"一小时通勤圈"所定义的都市圈将进一步扩大。信息时代的新科技主要以通信技术、智能技术为代表，它们均会导致城市空间格局集聚程度的进一步提高。城市是由各种要素的集聚和流动所塑造，在信息时代塑造城市的除了人流、物流和资金流外还有信息流。四流相互作用，一方面加大先发优势，三流吸引信息流的集聚，另一方面信息流的优势可能驱动三流集聚，后发优势有助于城市实现赶超式发展。

中国消费的增长是应对中美贸易冲突的基础。从长久的角度来看，贸易战的最后赢家不取决于一时一地之得失，而取决于经济的韧性。中国经济的韧性在于庞大的国内市场。2014 年，中国的消费第一次超过投资，成为 GDP 的第一大贡献者。2017 年，中国的消费已占 GDP 的 58.8%，大约是投资（32%）的两倍，如果中国居民收入持续增长，中国的消费将是支撑贸易持久战的基础，也是希望所在。

中美贸易冲突对世界的意义。守成大国与崛起大国的政策安排将重塑世界格局，并影响世界经济的走势。其中，崛起大国的长期政策安排至为关键，以人民利益为中心，坚持改革开放，把国内的事做好，保持经济可持续发展是应对中美贸易战的根本举措。从未来看，中国将成为世界最大的消费市场。从这个意义上讲，中美之争的后果是世界主要消费市场的转移，从而不具有零和博弈的必然性。如果妥善处理，全球治理将向 G2 的方向转变。

中国走向现代化的路线图与时间表。2017 年，党的十九大确定了中国现代化的路线图和时间表，即"两个一百年"目标分两步走来实现：第一步是从 2020 年到 2035 年，在全面建成小康社会的基础上，再奋斗 15 年，基本实现社会主义现代化。第二步是从 2035 年到本世纪中叶，在基本实现现代化的基础上，再奋斗 15 年，把我国建成富强民主文明和谐美丽的社会主义现代化强国。

按一般理解，2035 年基本实现社会主义现代化是城市化基本完成，城市率达到 75% 以上，城乡一体化也是收入均等化，它将使 10.5 亿以农村居民为主体的中低收入人口收入水平达到以城市居民为主体的中等收入人口水平。目前中国中等收入的标准是三口之家，年均收入在 20 万～50 万元，人均 2 万美元。

中国居民收入的可持续增长是世界问题。2010—2018 年，8 年间中国居民人均收入从 1 900 美元增长到 4 200 美元，再造了一个中国市场。如果到 2035 年，17 年间，10.5 亿中低收入人口人均收入达到目前 3.3 亿高收入人口的水平，市场将会数倍于今日之中国，将与今日之美国持平。

五、疫情冲击下的全球经济与金融 （2021）[①]

全球疫情仍在肆虐，似乎还有反弹之势，讨论疫情冲击下的全球经济与金融这个问题对判断全球经济形势以及中国经济发展有重要意义。

开始讨论这个问题时我们发现推进十分困难，因为在疫情冲击下全球经济与金融已经偏离正常的轨道，依照惯常的趋势外推方式预测经济形势似乎失去了基础。人们做预测变成了逐季、逐月甚至逐周滚动，并且由情景分析加以辅助，即将情景分为三种：最坏是什么样、最好是什么样、基准应该是什么样。即使如此，预测偏差仍然非常大。2020 年，预计中国第一季度的 GDP 增速是－6.8%，而 2019 年第四季度的 GDP 增速在 6.1% 以上，两者相差近 13 个百分点。笔者研究中国宏观经济四十多年，从来没见过这么大的季度波动幅度。但是作为职业经济学家，必须做出解释，尤其是处于市场一线，分析和预测是基本工作，必须分析产生这种现象的原因以及下一步的发展趋势。久而久之，形成了一些新的逻辑、新的分析框架。笔者试图用新的分析方法来讨论疫情下的全球经济与金融。其中有三个问题非常重要：

第一，疫情对经济的影响机制是什么，怎样应对。

第二，在疫情冲击下，全球金融市场会发生什么，表现如何。

第三，中国经济重启的政策展望。

疫情对经济的冲击究竟是外生的还是内生的？这个问题很重要，因为过去如地震等自然灾害带来的是外生冲击，外生冲击会导致危机。但外生冲击通常都是一次性的，冲击过后经济会平复，呈现为"V 形"的反弹，进而重回正常轨道。

与此相对应，有一种危机是内生的，是经济社会矛盾所造成的。比如经济危

[①] 源自白重恩等主编、2021 年由中国出版集团和中译出版社出版的《疫情后中国经济新发展格局》一书中笔者所撰写的《疫情冲击下的全球经济与金融》。

机，它的特征是生产过剩，原因是市场的扩增小于生产的扩增，因而出现总需求不足，导致产品卖不出去。再比如金融危机，它的特征是某一资产负债表衰退引起全面的资产负债表衰退，导致整个社会快速去杠杆。由于金融杠杆是最长的，所以它去杠杆的速度最快，这种危机就被称为金融危机。

内部社会矛盾引发的经济金融危机曾经频发，但是在过去一百年中人们逐渐找出了应对办法。学习宏观经济学就是学习应对危机的办法。应对生产过剩危机，可以用积极的财政政策或宽松的货币政策来提高有效需求，进而发展成反周期的宏观调控政策。过去十年人们关注如何应对金融危机、杠杆的伸缩周期。通过逆周期操作、缓释资本、监管手段等种种宏观审慎管理办法，避免在艰难时期杠杆收缩过快，进而避免在经济扩张时期出现杠杆问题，形成全周期的宏观审慎管理政策。

但这次疫情是全球性的公共卫生危机，这类危机是我们从来没有遇见过的。病毒起源早于人类，人类出现以后病毒就一直伴随着人类，疫情始终与人类的成长过程形影不离。然而，过去的疫情是在自然经济条件下发生的，因生产的社会化程度不高，疫情通常是区域性的，并且扩散较慢。这次疫情却是在经济全球化背景下发生的。疫情几乎在全球同时暴发，并相互传递，使各国同时共同面对公共危机，这是一种全新的危机形式。

此次公共卫生危机对经济产生了深刻的影响，因为它直接影响劳动力生产和再生产的条件。在经济活动中，人是最基本、最活跃的要素，劳动力的生产和再生产是经济持续发展的源泉。过去这个条件是自然的、给定的、客观的，生儿育女、生老病死、家庭和谐、个人健康都是这样一个自然过程，跟经济活动的关系十分疏离或是间接的。如果说和经济活动有关系，那就是用薪酬来维持劳动力生产和再生产的物质条件。如果薪酬够高，劳动力的生产和再生产就会自动涌现。换言之，每天你都来上班，等你老了你的儿子、女儿会接班，这是一个自然的过程。

但这次出现的新冠病毒伤及生命，使人们突然发现，劳动力的生产和再生产并不能自然自动完成，需要人为干预即抗疫才能维持。这意味着病毒成为一个新的生产要素，内生于经济活动，尽管这个要素的贡献是负的。由此，抗疫政策自然变成经济政策。因为只有控制疫情才能维持劳动力生产和再生产的条件，经济才能正常发展，抗疫政策就因此成为最好的经济政策，这就是全球无一例外都选择抗疫的原因。其他生态问题，比如气候变暖、碳排放等，也会对经济社会产生影响，但是毕竟这些并不直接内生于经济，所以始终有争论，没有全球协调一致的立场，但抗疫的立场却是全球基本统一的。

一旦抗疫内生于经济活动，制定抗疫政策时我们就会发现它与经济活动形成悖论。在疫苗和特效药出现之前，全世界最古老也最好的抗疫办法就是隔离。但隔离与现代经济是矛盾的。因为现代经济需要互联互通，尤其是在经济全球化时代，一旦要隔离，互联互通就无法保持，意味着经济必然会衰退。从这个意义上说，衰退是抗疫政策的代价，抗疫越坚决，短期衰退程度就会越高。经济衰退就会对整个经济社会产生重大影响，进而必须要应对。

应对经济衰退的传统办法是采取宽松的货币政策、积极的财政政策。但是在疫情的背景下，传统的宏观经济政策对冲不了衰退，因为疫情同时冲击供需两端。从长期来看，停工停产对供给的影响大于对需求的影响，而传统的宏观经济政策是用提升总需求来应对经济衰退，不能应对供给受到冲击引起的经济衰退。于是又出现了一个悖论：疫情持续时间越长，供给下降的速度越快，越需要宏观经济政策予以对冲，进而促使货币政策更加宽松、财政政策更加积极，形成宏观经济政策极度宽松但经济衰退持续加重的棘轮现象。目前疫情还在持续中，全球宏观经济政策还在扩张中，但经济仍存在衰退压力，并未出现趋势性好转的迹象。现在全球除了中国还是正利率外，西方国家利率已经为零，欧洲甚至出现了负利率。

这种政策极度宽松但衰退依然加重的局面，证明了传统宏观经济政策在应对疫情影响方面的无能为力，并引致宏观经济政策的变形。变形的核心是不再试图提高总需求，不再试图刺激经济增长，而是试图给经济社会铺一张安全垫，保留未来增长的种子，留下未来增长的基础。这是一种以纾困为主的宏观经济政策。纾困的主要对象有：一是社会中最困难的弱势群体；二是小微企业，这是未来经济增长的种子并且是最脆弱的种子；三是整个社会持续稳定发展的前提条件——民生。纾困政策就是要做出大量援助性的安排，让大家先活下去，待疫情过了种子可以重新发芽、苗壮成长。

这是扭曲的宏观经济政策，疫情持续时间越长，扭曲程度越大。由此可以看到抗疫经济政策的全貌。它以纾困为中心，分为三个部分：第一，抗疫。通过大量的公共卫生开支，筹措抗疫物资，这在疫情初期阶段表现得特别明显。第二，纾困。第三，重建。随着疫情的结束，经济要重启。除了经济重启，还有规章制度的重建。

这种抗疫经济政策假定疫情发展呈正态分布，政策呈现为抗疫、纾困、重建的阶段性变化。有正常状态就有非正常状态，假如疫情持续时间超过人们的预期，政策安排不足以覆盖这么长的时间，政策系统性就会丧失、协调性就会紊乱，出现头痛医头、脚痛医脚的局面。比如美国现在的政策就是这样，没有规划，政策已不具有连贯性。

疫情引领着经济表现，进而引领着经济政策的变化，但不同的政策会形成不同的抗疫模式，到目前为止全球大概有三种抗疫模式。

第一种，我们把它定义为区域阻断或者空间遏制模式，主要是东亚国家在使用，以中国为代表。当疫情还只是在单点暴发时就果断采取阻断措施，比如说武汉封城，避免疫情向全国蔓延，同时调动全国医疗资源支持武汉。东亚文化的特点是人命关天，再加上有集体主义精神，老百姓接受这种安排，疫情控制得相对较好。但区域阻断也是有代价的，代价就是由于阻断彻底，经济突然不能联通，经济下行速度非常之快。中国 2020 年第一季度经济下行幅度是 6.8%，是 40 年来季度下行幅度最大的。从某种意义上讲，幸亏中国控制住了疫情，一旦控制不住，代价会很大。

第二种，理论上的群体免疫模式，实践上的瑞典模式。这种模式已被事实证明是行不通的。群体免疫模式认为感染病毒无外乎两种结果，痊愈或死亡。痊愈就具有了抗体，病毒就不可能再传播；而人死了，病毒也不能再传播。当人群中具有抗体的人数达到一定比例时，由于病毒难以再传播，剩余的人就不会受到感染威胁，群体免疫就会形成。瑞典强调抗疫自愿，自愿居家隔离、自愿戴口罩，不进行强制，但几个月后发现无法控制疫情。对比瑞典和北欧其他国家比如丹麦、芬兰、挪威，可以说是冰火两重天。瑞典既没有控制住疫情，病死率又很高，同时经济开始下行，所以瑞典在五六月份宣布破产。现在欧洲和美国的疫情几乎处于失控状态，群体免疫的思潮又在抬头。这在某种意义上意味着放弃抗疫，选择形成群体免疫。有研究证明，群体免疫需要达到某种比例才有实现可能性，从瑞典的情况看，达到 10% 的群体感染率就已经很困难，要实现群体免疫需要很多年，更何况有证据表明，免疫抗体只存在几个月，因为二次感染的病例已经出现。群体免疫究竟能不能成功本身就存在疑问。但采取这种模式时在疫情初期阶段由于没有彻底隔断互联互通，经济依然维持着正常状态，下行幅度不是很大，经济短期代价相对于第一种模式较小，体现为山雨欲来之前的宁静，尽管是片刻的。

第三种，基本是全球主流的抗疫模式，可以把它总结为阶段性隔断或时间缓和模式。它的主要考虑是，不期望能消灭疫情，只期望能把疫情高峰削平；不希望经济完全隔断，完全不互联互通，期望经济活动可以适度维持，由此降低衰退的严重程度。这种缓和政策的安排是在时间轴上将抗疫过程拉长，并在拉长中求得病死率和经济代价之间的平衡。具体的做法是，哪个地方疫情严重就管控几天，缓解了再放开，欧洲现在也是这种模式。它的操作难点是，不好判断疫情轻重程度，发现疫情严重时可能已经无法控制。对政府的管控能力要求非常高，抗疫政策通常表现出较大摇摆度。反映在经济上，因经济短期波动不大，经济增长会呈"L形"，会有很平的底，似乎在一个时间点上衰退并不是很剧烈，但有可能持续缓慢下行。

在全球疫情持续蔓延的情况下，大多数国家都开始采取第三种抗疫模式。如果不采取隔离的办法，那么疫情会处于高峰。这个高峰不仅对经济社会短期冲击大，而且会因冲击大而使经济脱轨，增加今后修复的难度。如果采取适当的公共卫生措施而不是隔离措施，可以把高峰压下来，使疫情发展呈现为正态分布。在这种情况下，经济活动还是可以适度维持的，尽管避免不了衰退。与此同时，对于疫情条件下的经济衰退，如果不使用宏观经济政策来对冲，经济会类似于洪峰出现瞬间衰退高峰。宏观经济政策的目标就是把洪峰削平，把经济衰退控制在人们可以承受的范围内。

把控制疫情的公共卫生政策和应对衰退的经济政策结合起来，就形成了抗疫经济政策，成为一门新学问——疫情经济学。它是使用经济学关于均衡的逻辑，企图在病死率与经济衰退之间找到平衡点，这个点就是公共卫生系统负载量，具体体现为千人床位数。

2018 年 G20 中千人床位数最高的是日本 13.5 张，其次是韩国 11.5 张，其余都在 10 张以下，中国 4.6 张。"十三五"规划要求 2020 年中国的千人床位数达到 6 张，这是公共卫生投资和公共卫生水平提高的一个标志。千人床位数是公共卫生资源的系数，多一张病床就意味着要有更多医护人员、医药以及医疗器械的投入。

我们曾经计算过，全球千人床位数平均水平是 2.7 张，在目前疫情大流行的情况下，只要千人床位数低于 7 张，病死率就会提高。我们为什么担心美国的疫情？因为美国的千人床位数只有 2.9 张。我们为什么更担心印度的疫情？因为印度的千人床位数只有 0.7 张。媒体提到的公共卫生系统崩溃，指的就是超出这个承受能力，崩溃指标就是病死率大幅度提升。而统计数据显示，当超过公共卫生系统负载量，病死率提升最快的是 45 岁以下的青年人。为什么？这是关于收入的经济学问题。一般年纪较大的人，一辈子工作下来有储蓄、有钱看病，他刚染病就把床位占了。而青年人一是没钱，二是身体强壮，刚染病没什么症状，等严重了，已经没有床位。没有医疗资源支持，所以病死率上升最快。这引发更深层次的思考，对于美国现在的族群分裂，病死率最高的是有色人种，如黑人、印第安人，因为收入低。这是美国的疫情变得如此复杂的一个很重要原因，疫情暴露出收入分配和社会公平性问题。

在疫情中轻症转重症的概率非常高，于是人们把公共卫生系统负载量进一步细化成两个指标：一个是重症监护水平。我们统计过法国和德国的情况，两国在患者数上相差并不是很大，但是在病死率上相差很大。为什么？因为德国重症监护室数量是远远高于法国的。二是通气水平。这个指标反映在对外贸易上。2020年中国出口增长最快的医疗卫生产品一开始是口罩，后来是防护药品，再后来是呼吸机。售价在 20 万元以下的中低端呼吸机中国的产量最大，而且价格最便宜。高端呼吸机德国的最好，体外膜肺氧合（ECMO）就是德国生产的。所以，公共卫生系统负载量不仅体现为千人床位数，对于新冠疫情来说更是体现为重症监护室数量，而重症监护室的必备设备是呼吸机。

前面已经提到，所谓时间缓和，是把疫情控制在一国的公共卫生系统负载量之内。在这种情况下如何安排经济活动以避免过分衰退，成为经济政策的重心，反过来说，公共卫生政策要考虑经济增长并在这个前提下进行抗疫安排，其中病死率又是重心。抗疫与经济发展的均衡点就是公共卫生系统负载量。

人类正在面临严峻的挑战。尽管全球都在制定抗疫经济政策，但能否把疫情控制住仍然是一个未知数，人类很可能会进入与病毒共存的新时代。

疫情持续时间越长，抗疫就越艰难。最好的抗疫办法就是有疫苗、有特效药。但目前疫苗和特效药的研发进展似乎不像想象的那么顺利。如果新冠病毒疫苗、抗病毒的药物的研发进展不顺利，加之病毒在变异之中，而且变异速度比较快，人类很可能会进入一个与病毒长期共存并在共存中长期相互博弈的新时代。这个新时代意味着什么？意味着过去认知世界的逻辑正在改变，世界的范式正在发生深刻的变化。

抗疫会引起一定的经济衰退，有衰退就需要对冲，即进行宏观政策安排。疫情持续时间越长，需要的宏观政策对冲力度就越大，这就带来了新的问题，表现最为突出的就是美国，"弹药"不够。我们知道，为缓解疫情带来的伤害，财政开支规模扩大是必需的，大幅度的赤字就成为必然现象。从而，发行国债为赤字融资就成为关键，在经济衰退的环境中，市场主体没有钱也没有意愿购买国债。唯一可能的购买者就是中央银行。事实也是如此，中央银行成为国债最大的购买者。形象表述就是中央银行开动印钞机印钞票，买国债来支持财政开支。由此形成一个新的金融理论，那就是现代货币理论（MMT）。

在利率已经为零的情况下，怎么继续筹措"弹药"？需要有新的金融工具出现，其中一个就是永续债。什么是永续债？就是不用还本的债，比如 100 年期的债，意味着在每年通货膨胀 1% 的情况下，到第 100 年本钱就变成了零。另一个是负利率债，不仅没有利息，而且还要向发行者贴息。这些在财政上都是无法持续的，但却又是当前的现实。当然也有新的设计，比如共同承担债券，这就是欧洲发行的 7 500 亿欧元债。所谓共同承担债券，就是疫情轻的国家承担疫情重的国家的财政负担。从积极的角度来说，欧元区终于向财政一体化方向过渡。从消极的角度来说，如果这个过渡不能完成，就会埋下一个新的隐患。

永续债、负利率债、共同承担债，甚至财政在央行户头上直接透支，这些政策不断涌现，令人眼花缭乱。这给全球带来了两种风险：一是传统理解的以金融危机为代表的快速去杠杆导致资产负债表衰退的危机；二是以 MMT 为代表的新型问题所带来的危机。

第一种危机（以去杠杆为代表的金融风险）正在形成。先回顾一下 2008 年的金融危机，它是资产负债表衰退危机。一个社会有 4 张资产负债表，如果是开放的社会则有 5 张资产负债表。其中 3 张分别是政府的、企业的、金融机构的。笔者想指出的是，金融机构资产负债表正好和企业资产负债表相反，即你的负债就是我的资产。第四张是家庭资产负债表。如果在开放条件下，就还有第五张资产负债表，那就是国际收支资产负债表。这几张资产负债表只要有一张衰退，衰退就会传递到其他资产负债表，形成整体资产负债表衰退。由于金融的杠杆最长，一旦金融机构资产负债表衰退，它的速度最快，所以这种衰退被定义为金融危机。并不是金融机构出了问题才导致这种衰退，也很可能是其他资产负债表衰退，最后波及金融机构。

美国 2008 年的金融危机是什么？是次贷危机，是家庭资产负债表衰退，是住房抵押贷款无法偿还，进而导致金融机构的系统性坏账。金融机构是经济社会的系统重要性机构，它们一旦崩溃会带来严重的社会灾难。于是，政府不得不用加杠杆的办法来应对市场去杠杆。这就是量化宽松的货币政策，在大幅降息的同时，央行在一级市场购买国债，支持政府加杠杆来扩大开支。

再看欧债危机。希腊经济无发展，但福利高，政府借钱发福利。终于有一天政府借不到钱，政府的资产负债表开始衰退，而持有政府债权的都是金融机构，于是金融机构资产负债表跟着衰退。金融机构资产负债表发生衰退，企业就筹不到资金，企业资产负债表也跟着衰退。企业资产负债表发生衰退，就无法维持生产，只能解雇工人，家庭资产负债表跟着衰退。

2008 年危机后，全球开始进行宏观审慎管理（宏观审慎的核心概念是管理杠杆率，杠杆率不能过高，扩张的时候不能过快，收缩的时候也不能过快），美国的家庭资产负债表和金融机构资产负债表修复得比较快。但与此同时，美国的政府资产负债表和企业资产负债表却在快速扩增。

继续讨论新冠疫情，当下人们担心因疫情影响，政府和企业资产负债表会不会快速衰退，出现资产负债表衰退危机，这种可能性并不是没有。

2020 年以来大宗商品的价格变动非常剧烈，总的来看，贵金属涨得最快，这是货币现象。除此之外是其他金属，但有一项下跌得非常厉害，即能源。

美国在过去 10 年中出现了一个既传统又新兴的行业，即页岩油开采。页岩油的开采使美国从石油进口国变成石油出口国。中国银行的原油宝交易失败，使得得克萨斯原油出口价格一下子变成负值。美国页岩油生产成本平均在 40 美元左右，价格跌破 40 美元意味着成本难以维持。而这个行业在过去 10 年是高负债行业，用大量借贷来推动发展。在美国企业中，页岩油行业大概只有 16 家成本在 35 美元以下，略具有竞争力，而大多数都在 35 美元以上。如果油价长期维持在 40 美元以下，意味着美国大量页岩油企业会破产，造成债务难以维持，就会出现去杠杆。

在这次疫情中受伤害最大的是服务业。因为服务业提供对人的服务，人不出门就没有生意，同时服务业也是就业人数最多的。服务业受影响，就业就受影响，家庭资产负债表就有衰退的风险。

为什么美国一开始实施救助的时候是对失业人员进行补助？除了满足人道主义要求，让老百姓能够活下去以外，很重要的一个原因就是防止出现家庭资产负债表衰退。家庭资产负债表的核心资产就是房产，政府在给家庭发放补助的同时，要求即使住户付不起月供和房租，也不得随意驱赶。如果疫情持续化、严重化，而发放救济款这一方法难以为继，不仅住户会受到驱赶，而且会出现家庭资产负债表衰退风险。

目前，这些资产负债表衰退风险正在累积。全球的宏观杠杆率都在上升。杠杆率上升越快意味着未来衰退风险越大。

要警惕传统国际收支危机。一是欧洲会不会再出现主权债务危机。上次欧债危机主要发生在南欧国家，南欧国家现在又是疫情最严重的国家，需要借钱来抗疫，能不能借到钱是一个问题。欧元区是货币政策统一而财政政策不统一，这个矛盾能否化解依然是一个考验。二是新兴市场国家会不会出现金融危机。我们称之为货币危机或者债务危机。在过去 10 年中，由于美元利率很低，几乎是零利率，很多新兴市场国家借了大量美元，债务持续升高。从 2019 年底开始，这些国家会迎来偿债高峰期。由于 2020 年新冠疫情冲击，不仅出口变得很困难，而且大量资金外流，货币也在急剧贬值，这使偿还债务变得更加困难。那么会不会出现债务危机？2020 年 3 月，世界银行和国际货币基金组织共同向 G20 发出了关于减免最贫困国家债务的联合声明，就是一个信号。

然而，我们更担心的是现代货币理论（MMT）兴起所引发的新型金融风险。MMT 是 20 年前发展起来的，但主流经济学家基本不太认可。把主权货币放在央行资产负债表上还是放在政府资产负债表上是个会计问题，可以做一些新的安排，由此可以通过央行资产负债表的变化来支持财政开支。坦率地说，这在技术上是可以做到的。

事实也是如此，由于新冠疫情的冲击，不少国家开始通过印钞来支持财政开支，支持国债发行，出现了赤字货币化，这种政策当下非常流行，甚至被称为第三种货币政策。第一种是央行通过利率政策来影响经济活动。但现在很多国家的利率已经降到零，利率政策便无法施加影响，过去 10 年出现过这种情况。第二种是央行通过扩大资产负债表或者收缩资产负债表来影响经济表现，这是过去

10 年常用的手段。第三种是财政政策和货币政策相互融合的政策，也就是 MMT。即财政政策货币化，货币政策财政化，人们希望通过这种方法来加大财政开支，控制疫情并促进经济回到正轨。

这一系列做法尽管在技术上可行，但和我们的传统理解却相差很远，在改写财政学和货币银行学。过去我们讲财政政策是"量入为出"，有多少钱就办多少事，这是基本的财政底线。现在是"量出为入"，先办事，再想钱从哪里来。如果在税收上做不到，就向央行借。事办完了以后，按照伯南克说的，"把钱烧掉"（money burned），然后资产负债表就会平衡。这使货币政策变成财政的一个源泉，这是财政直通金库。实践经验证明，这将导致恶性通货膨胀。

所以，二战后形成了财政货币的两个原则：第一是财政要有规则；第二是央行要有独立性。从全球看，目前德国央行的独立性最强。德国央行行长的任期是 8 年，超过德国总统的任期。这样的任期安排是为了使央行货币政策不受政府制约，保持独立性。但是随着新 MMT 的出现，这些原则似乎都被抛弃了，财政没了规则纪律，央行不再保持独立性。这会导致什么？会出现什么样的金融风险？

这种 MMT 和实践的后果，其实已经显现。比如美国 M2 增速在 2020 年上半年再次超过 20％。上次美国 M2 增速超过 20％是在太平洋战争时期。为了支持战争，财政部发行战争国债，美联储给予支持。现在美国的 M2 增速再次超过 20％，与二战时期基本持平，并有超越的趋势。M2 增速的提高主要是源于财政赤字的增加，换言之就是央行印钞票买国债。无论从哪个角度看，都意味着美元会出现贬值倾向，美元指数走低。

也正是美元指数的波动，引起了人民币兑美元的汇价波动。现在人民币兑美元已升到 1：6.6，2020 年的波幅非常之大，原来是 1：7.2。才短短几个月，先贬值后升值，金融风险在加大。为什么中国银行提醒市场参与者现在要谨慎？因为外汇市场会出现急剧波动。这个波动不是人民币价值的波动，而是美元价值的波动。人民币固然有升值倾向，但升值幅度如此之大是美元贬值所致。美元指数由 103 降到 92，人们认为会持续往下走。从某种意义来说，人民币升值到 1：6.2 并不遥远。美元似乎有长期贬值的趋势。

这种情况预示着整个国际货币体系正处在一个新的阶段，我们称之为全球货币正在"寻锚"的阶段。二战结束后美元为什么成为国际货币？一是美国 GDP 在全球 GDP 中占比大；二是美国的黄金储备占了全球的大部分。但是经过战后的发展，这两个占比都缩小了。1973 年美元与黄金脱钩，现在美国 GDP 在全球的份额也在萎缩，与此同时，美国的债务占全球的比重不断提高。这导致新的"特里芬难题"：美国 GDP 在全球比重的下降与美国债务在全球比重的上升。这意味着美元这个锚开始不稳定，需要寻找新的锚，而人民币作为"货币锚"的作用似乎开始显现。我们注意到，在疫情冲击下，人民币在国际交易中的份额逆势上涨，而且在 2020 年前 10 个月各国汇率波动中，至少中国周边国家的货币（包括俄罗斯卢布）都和人民币同涨同落，显现出它们在锚定人民币。

现在国际货币体系出现了两种趋势：一种是继续巩固美元的地位；另一种是寻找新锚，人民币是备选的锚之一。如果未来金融动荡持续，小锚是稳不住大船的。金融动荡因而也就变成了全球货币寻锚的过程。

在这种情况下，从金融市场的角度来看，美元现在还是主要的国际货币，占全球储备 61% 左右。所以在没有意外事件出现的情况下，它还是最安全的资产，资金会流向美国，于是美元出现升值倾向。但是随着疫情常态化，人类要跟疫情长期共存，预期开始稳定，人民币就变成一种回报率较高又较安全的资产，资金开始涌向中国，人民币就开始加速升值。

如何理解经济全球化？第一，冷战结束后全球绝大多数国家（极个别国家除外）都采取了市场经济体制，体制的一致性使得制度性交易成本大幅降低，可贸易程度大幅提高。全球进入一个新的自由贸易时代，它是投资贸易自由化的时代，标志就是 1995 年关贸总协定升级为 WTO。

第二，可贸易程度提高不仅体现在商品上，更重要的是体现在生产要素上。除了人和物在全球流动有困难以外，其他要素的流动几乎没有障碍，于是生产要素循着最低成本的方向进行重组。中国以劳动力成本低的优势加入了经济全球化过程，全球资本和中国低成本劳动力相结合，形成了中国出口导向型工业。中国沿海城市的经济发展就是"两头在外"，只有加工环节在中国境内。中国成为加工贸易出口最大的国家。这种情形同时表明，在经济全球化的背景下，生产力也是全球布局。一个产业不再服从过去的水平分工或垂直分工，而是横卧在世界各国之间，不同的环节分布于不同的国家，形成了全球产业链、供应链。

第三，管理出现新的变化。所有的企业都扁平化了，因为所有的环节都可以外包，典型的如苹果公司。苹果公司其实就是一个设计公司，它所有的生产环节都是外包的，其中加工环节最大的承包商是富士康。由于管理扁平化，全球供应链管理变得最为重要。在这次疫情冲击下，最受关注的问题是供应链管理、供应链安全、供应链金融、供应链能否维持等。

由于全球化使生产效益大大提升，经济增长速度远远快于以往，贸易增长速度又快于经济增长速度。经济和贸易是皮，金融是毛，毛的增长又快于皮的增长。从这个意义来说，全球化在某种意义上表现为全球金融一体化，资金成本大幅降低。十几年前，人们会说"我有项目，你有钱吗？咱们合作吧"。现在倒过来了，人们会说"我有钱，你有项目吗？咱们合作吧"。这就是全球化的好处，全球经济增长速度很快，贸易增长速度快于经济增长速度，金融发展速度又快于经济和贸易增长速度。

但是，2008 年国际金融危机后问题出现了。2008 年国际金融危机后，如果按照原有的趋势做一个外推的话，潜在增长是一条虚线，但实际情况是，过去 10 年实际增长的实线永远不及潜在增长的虚线。这两者之间的差额意味着全球产能过剩。而中国的产能是为全世界准备的，中国有 200 多项产品的产能位居世界第一，这个缺口加大意味着中国产能绝对过剩，这也是供给侧结构性改革以"三去一降一补"开局的重要原因。其中"去"就是指去产能，最为明显的就是钢铁产能。中国没有钢铁原料，也没有那么大的钢铁市场，但中国钢铁产能占全球钢铁产能近 60%，其中中国每年出口钢铁 1 亿吨。全球第二大产钢国日本全年的钢铁产量只有 1 亿吨。产能过剩，产品又卖不出去，就需要进行产能的国际合作，这构成了"一带一路"倡议最早的初衷。

经济增长速度不及 2008 年国际金融危机前，贸易增长速度在过去 10 年中连续 7 年低于经济增长速度。这个形势使我们理解为什么中国开始把扩大内需作为战略基点，因为外需扩大还遥遥无期。基于目前的疫情对经济趋势做一个外推，很可能实际增长的时间要大幅短于外推结果所揭示的。特别是目前因疫情，许多人居家，情况会变得更加令人担忧。我们真心希望西方国家能够消灭疫情，维持经济的趋势性增长，而不是一路下跌。

在全球经济下行的情况下，新的问题又出现了。全球经济出现分化，中国控制住了疫情，经济率先反弹；发达国家没有控制住疫情，经济还在下行。这种分化导致经济政策的分化。因为中国经济全面复苏，政策不需要做更大的刺激，利率维持在正的区间。相反，其他国家的利率为零甚至是负的，这诱导国际资金在全球频繁流动，冲击国际经济和国际货币体系。此时，逻辑上更需要宏观政策协调，但是现在协调起来更加困难。以中美战略竞争为代表，几乎没有协调的余地，甚至形成对立。从更长远的角度看，这是"一带一路"倡议"共商、共建、共享"的人类命运共同体理念与基于美国价值观的全球经济繁荣网络之间的冲突。

即使从短期经济政策来看，情况也是如此。

首先，从国内看，过去10年中国的居民收入增速基本等同甚至略高于GDP增速，工资成本在持续上升。中国的工资成本已经高出南亚和东南亚国家3~4倍，意味着中国的劳动密集型产业在国际上的竞争力正在逐渐消失。因此中国的很多劳动密集型产业开始转移到东南亚地区。

其次，从国际看，全球经济低迷会持续相当长的时间，这意味着全球总需求会萎靡不振，国际贸易增速因此下降。中国现在不但是全球第二大经济体，而且是全球第一大出口国，出口规模占全球的13%。由于全球贸易增速在下降，如果未来还想维持这个份额，意味着出口总额增速下降甚至绝对下降。这也表明不能再指望出口导向型增长。

由上，把扩大内需作为战略基点，国内国际相互促进的双循环发展新格局就应该成为长期政策定位。笔者当时认为这就是"十四五"的基本思路，也是面向2035年的远景规划。与此同时，这也是因为中国有改革开放的经验可资借鉴。所谓改革，就是把由计划主导的国家工业化转变为由市场主导的全民工业化；所谓开放，就是将这一工业化进程纳入经济全球化进程，实现产业结构的快速升级，使中国经济实现快速增长，并形成全体系的产业结构。

中国不仅有传统手工业，也有先进制造业。联合国工业目录下的工业大类、中类和小类中国全都拥有，其中不少产能位居世界前列，这是我们40多年来所取得的成就。

但还想强调一点，这些只是故事的一个方面。中国成为全球第二大经济体，除了工业产业结构高度化、全面化以外，在过去40多年中还表现为人均收入的持续提高。现在中国的贫困线标准是人年均收入3 000多元，而在40多年前98%的中国人达不到这个标准。如果中国2020年能够完成脱贫攻坚任务，那么中国就可以告别绝对贫困。这既是中国几千年来的奇迹，也是对人类减贫事业的巨大贡献。而人均收入提高就是通过工业化、城市化实现的。过去40多年里，中国城市化率由17.9%提高到60.6%，有6亿农村人口转为城市人口，并脱离贫困，进入中等收入群体行列。

经过 40 多年的改革开放，2019 年中国的人均收入第一次超过 1 万美元，进入中等偏上收入社会，正向高收入社会迈进。在国际上高收入标准是人均 12 350 美元，中国在"十四五"期间的全部任务可以用一句话概括，那就是跨越中等收入陷阱，迈向高收入社会。

我们为什么对以扩大内需为战略基点，实现以内循环为主体有信心？过去 10 年的经验证明了这一点，并奠定了可靠的基础。全面建成小康社会的目标是 2012 年提出来的，其中核心指标被通俗理解为 2010—2020 年 GDP 实现翻一番，城乡居民人均收入翻一番。我们仔细看"十二五"规划提出的建立扩大内需的机制核心是"两个提高，两个同步"。第一个是提高劳动报酬在初次分配中的比重，要求劳动报酬增长与劳动生产率提高同步；第二个是提高居民收入在国民收入分配中的比重，要求居民收入增长与经济发展同步。回望过去 10 年，这两点基本做到了。我们预计 2020 年中国的 GDP 增速会在 2.5% 左右，是全球唯一正增长的国家。更为重要的是，如果 2020 年能够实现 2.5% 的增长，意味着 2020 年 GDP 是 2010 年的 1.97 倍，基本能实现翻一番。与此同时，在过去 10 年中，居民人均收入增长是与 GDP 增长同步的，其中有一个群体，也是占人口大多数的群体即农村居民的收入增长是快于 GDP 增长的。这意味着，农村居民收入增长不仅实现了翻一番，甚至略高。

随着农民收入的快速增长，很多产业的生命周期都延长了，从而可以从容不迫地进行技术改造，进而创新。目前增长最快的行业是什么？是最古老的家具和家装行业。农民有钱了，需要像样的家具和家装。这也引导着家具和家装行业与时俱进，时尚化。这就是技术进步，这就是创新。同理，再看看汽车行业。乘用车销售最好的是 SUV，SUV 销售最好的前十大品牌中有 8 个是中国自主品牌，而且曾经都名不见经传，售价都在 10 万元左右，恰好满足了低收入阶层刚刚达到小康水平的需要，既方便出行，还买得起。日产车的流行也促进了汽车行业的竞争与创新，开始满足中等收入阶层的需求。合资企业都发现这种车卖得好，也竞相改进。这种创新并不是什么"高大上"的尖端问题，它是点点滴滴的技术革新和进步，是粗制滥造转向高质量品牌制造的过程。一双普通的鞋质量好，形成口碑，也是技术进步，而不在于售价是否显得高档。从这个意义上讲，面向市场才叫真正的市场经济，它为大众创业、万众创新开辟了现实的空间。

　　这些现象都印证了只要中国居民收入持续增长，中国市场持续扩大，中国经济就会持续发展，内循环就可以维持并壮大。如果中国将这样一个持续扩大的市场通过规则等制度型开放让全世界共享，中国就是在拥抱并引领全球化，就能打通内外循环。从这个意义上讲，中国经济可持续发展成为全球性问题，构成以国内大循环为主体的基本逻辑。只有国内循环，才能促进国际循环，只有在相互促进的基础上，才能实现中华民族伟大复兴的中国梦。如何提高居民收入，尤其是中低收入群体的收入？改革开放 40 年的经验就是城市化。城市的劳动生产率高于农村，从而劳动报酬更高。通过城市化，让更多人口进入城市，这是增加中低收入群体收入最好的办法。现在中国的城市化率是 60.6%，发达国家大概达到 75%~80%。假如到 2035 年基本实现社会主义现代化，达到中等发达国家水平，城市化率应该达到 75%~80%，现在还差 15 个百分点左右，依然有增长的空间。如果未来 15 年还能像过去 10 年一样，居民人均收入增长与 GDP 增长同步，意味着在未来 15 年，居民人均收入会再翻一番。中国现在有高收入群体约 4 亿人，家庭年均收入超过 10 万元，随着居民收入的增长，进入高收入群体行列的家庭也会增长。根据过去的经验，预计 15 年后这个数字会翻倍。我们当时认为，8 亿人口进入中高收入阶层才叫实现现代化。这不仅因为发展经济学告诉我们经济发展的目标就是人均收入的提高，更重要的是，现代化社会是一元化的社会，中国不可能在实现现代化的同时还有 8 亿农民，现代化社会不允许二元经济社会结构的存在。

　　目前，中国经济依然有结构性增长潜力。2019 年中国 60.6% 的城市化人口中，只有约 40% 的人口为常住人口，还有将近 20% 的人口是半城市化人口，也就是农民工。他们虽然在城市获得收入，但消费却不在城市，这是二元化在城市中的一个突出表现。现在农民工家庭收入的 70% 来自城市，其中 50% 是务工收入，还有 20% 跟转移支付相关，比如化肥补贴、休耕补贴、种子补贴、农药补贴等。但农民工个人消费通常只达到其收入的 30% 左右，收入的很大一部分用于在农村宅基地上盖一个漂亮的房子。但盖完漂亮的房子住在里面没有收入，于是还得出去打工。由此，农民工有固定财产，却没有财产性收入，该财产又是无效资产，因为不能变现。

　　所以"十四五"期间有一项很重要的改革任务，那就是实现农民工的市民化以及与此相关的土地制度改革。农民工市民化意味着他们可以在城市定居。这表面上是一个户籍制度问题，背后却是一系列与户籍相关的深层次体制改革问题，有一系列相关制度，比如社会保障、子女教育、医疗卫生、城市住房等。显而易见，这不仅仅是一个经济体制改革可以解决的问题，还是一个社会问题，同时也是文化问题和生态问题，必须五位一体地全面深化改革。如果涉及农民工市民化的这些深层次体制改革得以推进，农民工可以并愿意市民化，那么他们对土地的期望自然就不再那么高。在这种情况下，农村集体土地包括宅基地能进行相应的改革，使农民的财产有变现的机会和可能，他们就可以获得财产性收入。农民在城市务工获得的收入连同他的财产性收入就能支持他在城市里持续发展。他也就可以和市民一样申请按揭贷款，从而买房买车，实现中等收入阶层的标准配置。他的消费行为与市民一样，社会的二元性就消解了。这才叫真正进入现代化社会。从这个意义上理解，实现现代化就是要消除社会的二元性。在这个过程中，农业最后变成以机械化、土地规模化经营为代表的社会化大生产，农业变成一个产业，而不再是传统的小农经济。

2020 年 3 月，中共中央、国务院颁布了《关于构建更加完善的要素市场化配置体制机制的意见》，明确提出土地、劳动力、资本、技术、数据要素市场化要求，其中加快并深化土地和户籍制度改革值得我们高度关注。目前，这一改革正在提速，2020 年 6 月，中央全面深化改革委员会审议通过了《深化农村宅基地制度改革试点方案》。

过去 40 多年的经验表明，改革开放是同一个过程的两个侧面，改革推动了开放，开放促进了改革。随着改革的深化，开放需要向更高层次跃升，这个更高层次就是制度型开放，是预期稳定的规则性安排。制度型开放不仅涉及经济体制，也包含其他诸多方面。在"十四五"期间，如果中国建立新的更高层次、更高标准的开放体系，将会以新的面貌面对世界，以规则等制度型开放实现国内外循环的相互促进。

党的十九届五中全会审议通过了"十四五"规划。如果在"十四五"期间能形成新发展格局，能跨越中等收入陷阱，中国就能进入高收入社会。再经过持续的发展，我们预计到 2035 年中国会成为世界第一大经济体。到那时中国人均 GDP 会超过 2 万美元，中国的科技、教育、卫生等也会有更大的发展。如果到 2035 年中国基本实现现代化，那么无疑能为实现第二个百年奋斗目标开辟通途。

六、疫情下的全球资本市场[①]

2020 年，美国和全球出现了股灾式的金融市场动荡。动荡的范围和烈度已经超过我们通常的理解并有可能失控，就其性质而言，与 2008 年以快速去杠杆为代表的国际金融危机有所区别。

2008 年出现的国际金融危机是资产负债表衰退危机。首先表现为家庭资产负债表衰退。20 世纪 90 年代后，随着经济全球化，以美国为代表的发达国家工资增长几乎停滞不前，而消费却在持续扩大。消费扩大的支柱是负债。久而久之，形成负债消费模式，相应地，为维持这一模式，金融机构尤其是负债类金融机构的杠杆持续加长。在房价持续上涨的财富效应下，这种模式尚可运转。但在房价下跌使财产性收入下降时，住房抵押贷款的偿还发生困难，致使住房抵押贷款支持证券大面积违约，进而金融市场出现了去杠杆的连锁反应。不仅是中小银行倒闭，一些系统重要性金融机构也因此倒闭。

由上，2008 年国际金融危机的特点是家庭资产负债表衰退引起的金融机构资产负债表衰退危机。它基本发生在包括债券在内的债务市场上，体现为金融机构尤其是负债类金融机构的快速去杠杆，反映在金融市场上是卖方的危机。

2020 年的金融动荡则发生在股票市场上，呈现为买方的困难，表现是股价的大幅下落。从交易的角度来看，2008 年危机表现为所谓的"市场死掉"，即交易对手丧失。2020 年金融动荡表现为市场巨幅震荡，尽管美国股市有四次熔断，但仍有反弹。反弹表明交易对手尚未完全丧失，市场仍在艰难运作。这在一定意义上意味着投资者是用自有资金投资的，即使使用杠杆操作，或因杠杆率不高或因有其他还款来源，金融市场尚未出现严重的快速去杠杆特征，使负债类金融机构尚未出现大面积倒闭现象。由此决定，目前的金融动荡还是局部性的，还是股市系统内的涨落。用美国前财政部长、哈佛大学教授萨默斯的话讲，是"内生于市场的"。

2020 年的金融动荡区别于 2008 年的国际金融危机，构成了市场认为美国现在救市的办法不灵的原因。目前市场上的主流看法是，美联储通过一竿子将利率

---

① 曹远征. 三大异常迹象齐发，世界经济的最坏结果是什么? 文化纵横，2020－03－30.

降为零，辅之以 7 000 亿美元购买国债和两房债的办法来紧急向市场补充流动性。这是用应对 2008 年国际金融危机的传统办法来救市，是用治感冒的药来治拉肚子。

市场认为，蕴含于股市内在规律的涨落机制在疫情冲击下瞬间发作，加之疫情发展的不确定性，美国股市可能出现崩溃式下跌。而美联储似乎药不对症的传统救市办法，进一步加重了市场的恐慌。这些因素相互激荡，构成了对当前金融动荡的认知困惑以及预期的不稳，集中反映在股价下跌是否具有传染性上。也就是说，在疫情冲击下，目前的金融动荡是否会持续发酵？是否会从股票市场蔓延到债券市场、信贷市场、货币市场，再蔓延到整个世界，形成跨市场跨区域的以包括家庭、金融机构、非金融企业、政府和国际收支在内的全面资产负债表衰退型国际金融危机？

市场的担心也是我们的担心。我们担心，在疫情冲击下，股市、大宗商品、贵金属以及外汇的同向震荡会穿透 2008 年国际金融危机后所形成的杠杆墙。

如果与 2008 年的情况做一个比较，就会发现 2008 年在美国杠杆率比较高的主要是金融部门和家庭部门。而在过去十年中，这两个杠杆率有了显著的下降。

首先，在严酷市场事实的教育下，美国家庭不再一味地寅吃卯粮，再加上近几年就业的好转，收入有所提高，美国家庭资产负债表得到某种程度的修复，变得相对稳健。

其次，美国吸取了金融危机的教训，加强了对金融机构的监管。2010 年美国参众两院通过了《多德-弗兰克法案》，该法案的核心是卖方市场和买方市场相隔离，任何金融机构不得穿透。十年来，"沃尔克法则"深入金融市场，从而使得金融机构在资产负债表修复的同时，经营也变得更加谨慎。

然而，必须指出的是，在家庭和金融机构资产负债表修复的过程中，美国政府的资产负债表却在扩张，非金融企业的资产负债表也在扩张。形成这种现象的原因很简单。2008 年国际金融危机是以快速去杠杆为代表的资产负债表衰退危机。为了顶住快速去杠杆，政府就得加杠杆，以防止资产负债表崩塌所导致的经济社会全面危机。美联储除了大幅降息以外，还通过大量购买国债来支持政府开支，构成量化宽松货币政策的基本内容。近十年来，美国政府债务水平不断升高，屡屡推高债务上限，目前国债余额已超过 GDP。与此同时，由于货币供应量快速增长，市场利率水平不断下行。利率甚低，诱使非金融企业扩大负债，不仅经营良好的企业加长了杠杆，而且"僵尸企业"获得了融资。终于形成与家庭和金融机构杠杆率相反的走势。

政府、非金融企业与家庭、金融机构杠杆率相反的走势，客观上形成了一道杠杆墙。这是金融震荡局限于股市的原因，但同时也是市场恐慌的根源。市场担心当前的金融动荡会导致政府资产负债表和非金融企业资产负债表的快速衰退，进而穿透杠杆墙，引发包括家庭和金融机构在内的全面的资产负债表衰退，并向国际传递。

现在看来，这样的担心不是多余的，因为已有迹象。

第一，这次股灾导致很多对冲基金出现巨幅亏损。如果投资者大量赎回，特别是在对冲基金使用杠杆操作的情况下，不仅股价还会大幅下跌，而且会使还本付息变得更加困难，致使各类股权基金的资产负债表衰退。这种衰退会使市场收缩，使各类金融市场的有关金融产品更加密切接触。如同在新冠疫情中，密切接触会使敏感资产更易受到传染，加大了资产负债表全面衰退的可能性。这也是美联储超常规向市场补充流动性的重要原因。

但是，目前美联储补充流动性的机制还没有把买方市场的基金机构纳入。2008年的时候，卖方市场的投资银行也出现过类似的问题。美联储迫不得已将高盛和摩根士丹利等所有投资银行纳入负债类金融机构，不仅通过创设新的流动性补充工具向它们补充流动性，而且直接再贷款给它们，同时要求它们接受负债类金融机构的监管。随着股市动荡的加剧，我们认为这次也不排除美联储以旧瓶装新酒，或采用直接购买股票的方式，或采用将买方市场的基金机构纳入负债类金融机构的方式来救市。

第二，或许更为重要的是非金融企业，尤其是页岩油企业的高债务风险已经显露。在过去的十年中，美国发展最快的一个既传统又新兴的行业就是页岩油开采。页岩油行业是用高杠杆推动起来的，其负债率非常高。据不完全统计，目前的负债本息高达9 300亿美元。同时，这个行业的生产成本又很高，平均在每桶40美元左右，只有16家企业的生产成本在每桶35美元以下。

由于种种原因，俄罗斯和沙特未能就油价达成一致。它们无视疫情冲击使全球石油需求下降的事实，不仅不限产保价，反而全面增产，甚至还要长期对抗。俄罗斯认为，根据其外汇储备情况，可维持油价处于每桶25～30美元的水平达十年之久。这种反常的情况使全球油价立即暴跌到每桶25美元左右，并预计还将维持相当长的时间。结果是扰乱了长期形成的全球石油市场秩序。对美国来讲，这不仅意味着会把页岩油挤出世界市场，更重要的是，随着页岩油行业的衰退，其资产负债表也会快速衰退，逾 1/3 的页岩油高收益债会立即变成垃圾债。

特别需要指出的是，石油不仅是能源产品，也是金融产品。许多金融衍生工具是建立在油价之上的。油价意外下跌会使衍生工具对冲失效，造成更大的金融风险。也正是出于这个原因，美国这次应对金融动荡的一个重要举措是购买页岩油，加大石油储备，以此来稳定油价，进而提升页岩油企业还本付息、兑付债券的能力。目前，美国政府初步承诺向页岩油企业采购 3 000 万桶页岩油，预计今后还会加大采购量。

第三，欧美的产业结构是以服务业为主，而服务业受疫情冲击最严重。服务业的财务特点是以现金收入为主，同时又以包括人工成本在内的固定成本支出为主要开支。如果现金收入不够的话，服务业的债权债务就会快速收缩。举一个例子，在超市经营中，货物采购所需的流动资金，或是从银行贷款，或是通过分期付款方式由供货商提供融资。如果超市出现销售困难，就会牵扯到它的供货商，并涉及各个制造行业的财务安排。2008 年美国三大汽车公司所发生的资产负债表衰退就是由其汽车销售信贷公司的坏账所肇始的。为防止服务业债权债务快速崩断的危险，美联储就需要面向服务业大幅度地全面补充流动性。更为严重的是，服务业又是就业比重较高的产业，一旦服务业资产负债表衰退，就会出现大规模失业，并极易导致家庭资产负债表衰退。这也构成了美国免除学生贷款利息，补助网课费用，并动议向中低收入家庭提供财务资助的原因。

目前来看，这三个脆弱点日渐突出，并有可能连成一片。这增加了美国救市的紧迫性。然而，美国现在的救市办法似乎还不能全然解决问题。美国虽然向市场补充了大量的流动性，但大多流到了负债类金融机构。在过去十年间，这类金融机构的资本充足率有了较大的提升，杠杆率有了明显的改善，流动性并不短缺。特别是在"沃尔克法则"下，即使有充沛的流动性，这类金融机构也使其难以流入最需要的地方和行业。

于是，美联储迫不得已跨过商业银行等负债类金融机构直接进入市场。一是直接进入商业票据市场，直接向企业提供流动性。2020 年 3 月美联储宣布重新启动这一安排。商业票据不再通过商业银行贴现而是由央行直接贴现，以缓解生产链条和销售链条中资产负债表衰退的燃眉之急。二是无限量按需买入美国国债以及其他债券。也是在 2020 年 3 月，美联储开启了无限宽松的货币政策，宣布美联储不仅购买国债，也购买公司债。目前，美联储购买公司债的范围和条件是：机构住房抵押贷款支持证券，公司评级至少为 BBB－/Baa3，剩余期限不足五年的美国公司投资级债券。初步安排是自 3 月 23 日起，每天购买 750 亿美元国债和 500 亿美元住房抵押贷款支持证券。

美联储这种无限量的量化宽松并直接进入市场的非常之策，远远超过了应对 2008 年金融危机的安排，使人瞠目结舌。这种非常之策是否奏效，市场正在观察。随着疫情的发展，经济的下行，金融市场是否会进一步恶化也尚未可知。唯一可以知道的是美联储的弹药用完了，政策利率已为零，甚至形成了负利率趋势，传统的货币政策用到了极限。这反而使未来的不确定性在加大，市场依然弥漫着恐慌情绪，甚至更甚。

我们当时认为，最坏的后果是出现堪比 1929—1933 年大萧条的糟糕情形。这既是底线思维的需要，也是疫情所引导的现实经济金融运动趋向。我们注意到，疫情的发展对全球经济金融的表现具有边际引领作用。目前，疫情尚未得到有效控制，还在全球蔓延。一般认为，在疫苗有效大规模使用之前，疫情无法被扑灭。疫情对经济的冲击是巨大的。这不仅因为它是对供给和需求两端同时产生冲击，更重要的是，抗疫的逻辑与经济活动的逻辑是相悖的：抗疫需要隔断，而经济活动需要互联互通。这意味着疫情持续时间越长，对经济的冲击越大，经济偏离正常轨道的可能性就越高。在这个意义上，金融危机仅是疫情发展的后果之一。由于目前的经济下行和金融动荡不是经济金融体系内生的，而是外在冲击引发的，这就使货币政策处于被动防守的地位，只能视疫情的发展亦步亦趋，逐步加码。

然而，现实是残酷的。亦步亦趋的货币政策已使政策利率下降为零，但效果不彰。在这种情况下，美联储唯一的指望就是无限量购买国债。这既意味着美联储开动印钞机来支持国债的发行，也意味着美国政府财政开支可以无限扩大。两相综合，就是美国政府债务无以复加地增长。这实际上开启了财政政策的货币化进程，是现代货币理论（MMT）的现实运用。

2020 年 3 月美国通过了总额为 2 万亿美元的财政刺激计划。直接资助美国航空企业 250 亿美元，并有可能使其国有化。市场预计未来直接资助的企业名单还会加长。除此之外，更有甚者，刺激计划还包括"直升机撒钱"。由于担心失业问题严重化，致使家庭资产负债表衰退，刺激计划将向年收入不足 7.5 万美元的每个单身成人一次性最多发放 1 200 美元，为年收入低于 15 万美元的每对夫妇一次性最多支付 2 400 美元，将失业救济金每周增加 600 美元，最多持续 4 个月。

美国目前已是全球疫情的"震中"。出台历史上非战时最大的财政刺激计划，既反映了疫情的严重性，也表明货币、财政政策目标的转变，即不再把防范金融危机作为唯一目标，更要缓冲疫情对经济的影响，减少疫情对社会的伤害，为疫情引发的次生灾害铺上"安全垫"。这无疑是有道理的，但问题是完全靠美联储印钞票来支持财政开支这条路能走多远。这颠覆了现有的财政金融学认知框架，使人感到茫然。而历史经验告诉我们，财政无限透支央行会造成恶性通货膨胀。而美元又是国际货币，美国的通货膨胀就会是全球性的。饮鸩止渴，后果难料。

抛开这些长期重大问题不谈，眼下的紧急情况是：美国货币、财政当局的这些措施并未有效缓解美元的国际流动性紧张局面。伦敦市场隔夜拆借利率仍在上涨，美元指数一直趋于上升态势，目前仍维持在高位。对美元流动性的苛求，也使资金开始从发展中国家流出。对中国而言，尽管人民币资产的利差高，中国的基本面比较好，但最近几周资金还是外流。人民币兑美元仍处于贬值状态，汇率仍维持在 7.05 以上。

在这种情况下，不排除会出现类似于 1997 年亚洲金融危机的货币危机。亚洲金融危机就是由于资金的大幅外流，导致本币对外币的大幅贬值，进而引起宏观经济的严重紊乱，并迟迟难以恢复。我们注意到一些发展中国家和"一带一路"共建国家存在这种风险。例如，在金砖国家中，南非、巴西几乎都是具有财政赤字和国际收支赤字的双赤字国家，它们的风险值得高度警惕。而 2019 年阿根廷再次爆发货币危机就是前车之鉴。

在这种情况下，也不排除再次出现类似于 2010 年欧债危机的主权债务危机。现在最主要的关注对象仍是南欧国家。十年前，"欧猪五国"即葡萄牙、意大利、爱尔兰、希腊、西班牙财政状况恶化所导致的欧债危机令人记忆犹新。现在意大利、西班牙的情况又开始令市场担心：疫情十分严重并且还在严重化，政府花了很多的钱，看来还要花更多的钱。它们的财政状况以及未来的主权债务状况如何形成一个大问号。这些国家都处于欧元区，本身没有独立的货币政策，政府债务融资依赖于欧洲央行，而欧元区又没有统一的财政政策，会不会对其主权债务进行新安排就变成问题的焦点。如果不能得到有效安排和救助，欧元区存在的价值就会大打折扣，甚至有崩溃的风险。

由上，可以看到，如果出现金融危机的话，这次危机跟过去看到的所有危机都不一样。既是股灾，也类似于 2008 年以快速去杠杆为代表的资产负债表衰退危机，同时还类似于 1997 年的亚洲金融危机，而且可能类似于 2010 年欧债危机的主权债务危机。在疫情冲击下，这些危机叠加在一起，会形成一个前所未见的复杂局面。众多经济学家当时预测，这个复杂局面会导致类似于 1929—1933 年大萧条的大危机出现。

需要着重说明的是，如果说 1929—1933 年大萧条是经济社会内在矛盾所引起的，那么这次可能发生的大危机则是疫情外在冲击所导致的。20 世纪 20 年代，国际货币体系还是金本位制。受制于金本位，一旦经济周期或其他原因引发金融动荡，流动性就会瞬间枯竭，债权债务关系链瞬间断裂，金融体系瞬间崩溃。这构成了凯恩斯宏观经济学出现的历史背景。

二战后，随着宏观经济学的成熟与广泛运用，中央银行可通过调控货币供应量来影响市场利率的高低以及流动性的多寡，不仅可以通过管理总需求来熨平经济周期，而且可以通过随时补充流动性来维持债权债务关系的稳定。因此，二战后大多数时间避免了经济周期性波动及"擦枪走火"所引发的金融危机。即使是 2008 年的金融危机，也可以迅速行动，至少可以防止金融危机的进一步恶化。出于同样的逻辑，此次金融动荡也是这样应对的。

但此次金融动荡却是由疫情触发的。疫情是导火索，不扑灭疫情，仅靠货币、财政政策的被动防御是远远不够的，甚至会防不胜防，更何况疫情本身就是一枚大炸弹。我们已经看到，疫情对经济的影响不仅仅在于短期冲击，更在于后遗症非常之多，使经济的自愈能力变得十分差。中国的情况就反映了这一点：停工停产容易，复工复产困难。目前看来，疫情至少要持续到今年年末，而且不排除来年还会发作。如果是这种情况，可能在未来几年中全球实体经济都会处于非常低迷的状态，金融动荡也会因之此起彼伏。

对照 1929—1933 年大萧条的情形，当时大萧条的严重后果不仅仅在于四年的危机，更在于危机后 1933—1939 年长达六年的萧条。如果疫情不能得到有效控制，迁延反复，很可能导致全球经济进入一个漫长的大萧条时期。历史经验告诉我们，第二次世界大战爆发的经济根源就是大萧条。

在这个意义上，保障包括经济金融在内的全球安全的最好办法是国际社会联手抗疫，尽快切断疫情对经济的冲击。这既是唯一可选择的宏观经济政策，也是最好的包括防范金融危机在内的全球安全政策。值得欣慰的是，2020 年 3 月 26 日召开的以全球抗疫为主题的 G20 特别峰会为此开了一个好头。

七、面对"类滞胀"：差序世界中的中国经济 （2022）[①]

2021 年，新冠疫情仍在全球蔓延。但与 2020 年大多数经济体负增长不同，2021 年世界经济重上增长轨道，并依稀看到疫情尽头的亮光。然而，那亮光是否预示全球经济还可以重复疫情前的故事？

（一） 全球经济重上增长轨道的新特点

根据国际货币基金组织（IMF）的研究，2021 年在全球 194 个经济体中，已有近百个经济体的 GDP 达到疫情前水平，其中 G20 中约半数经济体的 GDP 有望超过疫情前水平。

在疫情肆虐的两年中，全球经济艰难曲折地重上增长轨道，展现出令人印象深刻的特点。

首先，尽管疫情影响了世界经济的年度表现，但并未打散经济全球化的结构，反而使其展现出惊人的韧性。冷战结束以来，世界经济逐渐形成了发达经济体作为消费市场、发展中经济体作为生产供给方的格局。这一结构性特征使两者在全球范围内互补，共同成就了经济全球化。在疫情冲击下，发达经济体（尤其是美国）为对冲或防止经济衰退，采取了超常规的极度扩张的财政和货币政策。在刺激下，消费需求一反常态地旺盛，进口不断扩大，消费引领经济增长更为明显。与此同时，发展经济体和新兴经济体（尤其是中国）作为"世界工厂"的意义在全球疫情威胁下更加凸显，为全球提供产品，出口带动经济增长更加突出。以中美两国为例，2021 年，根据美国商务部统计，美国的贸易逆差扩大到 8 591 亿美元；根据中国海关统计，中国的贸易顺差扩大到 6 764 亿美元。不仅两者均创历史新高，而且中美两国还互为贸易顺逆差的最大持有国。2021 年中国对美

贸易顺差高达 3 966 亿美元，占美国贸易逆差的 46％，占中国贸易顺差的 58.6％。

以中美贸易为代表，发达经济体的持续逆差和发展中经济体的持续顺差，被认为是世界经济失衡的表现。在美国看来，这是中美产生贸易冲突的原因之一，中美贸易必须再平衡。但疫情冲击反而强化了中美贸易相互依存的关系，使中美贸易更加不平衡，发达经济体和发展中经济体供需互补的结构性特征也更加凸显。这表明经济全球化具有历史必然性，其韧性相应地抵消了人为脱钩的企图。

其次，疫情虽然是外生于经济的公共卫生危机，却对经济活动产生了内生性影响。人是经济活动的主体，既是生产要素中最活跃的要素——劳动力，增进人类福祉也是经济活动的目的。疫情伤害的是人，使劳动力生产和再生产不能正常进行，也使经济活动丧失了正当性。在这个意义上，抗疫政策就是最好的经济政策，它稳定了劳动力生产和再生产的基本条件，并使经济活动具有了意义。

然而，悖论也由此产生。经济活动是互联互通的，但抗疫尤其是在疫苗大规模使用之前，其措施以隔离为主。一旦互联互通的经济活动被人为隔断，经济下行乃至衰退必然发生。相应地，要求宏观经济政策的扩张甚至极度扩张，以舒缓经济衰退对社会的伤害。在疫情期间世界各国不约而同地采用扩张性宏观经济政策，成为全球经济迅速脱离负增长的重要原因。

由于疫情在各国的蔓延程度不同，全球疫苗配置不均所产生的疫苗鸿沟深浅不同，致使各国采取的隔离性抗疫措施强度不一，因此出现了即使是扩张性宏观经济政策也难以对冲的经济表现差异。根据牛津大学的统计，截至 2021 年底，尽管全球近 54％的人口完成了新冠疫苗接种，近 62％的人口至少接种了一剂，但在低收入国家不到 11％的人接种了一剂以上，在中低收入国家该指标为 55％，而在中高收入国家及高收入国家该指标都接近 80％。疫情及疫苗鸿沟造成各国经济活动尤其是生产活动不同的"开放差"，导致世界经济复苏不均衡。不同于过去新兴经济体领先并增长较快的局面，此次是发达经济体尤其是美国领先。根据 IMF 的预测，未来两年新兴经济体和发展中经济体增速与发达经济体增速之差，将从 2015—2019 年的平均 2.3 个百分点下降到 2021 年的 1.2 个百分点和 2022 年的 0.6 个百分点。这种反向变化的"增速差"使人不安。

最后，发展中经济体和新兴经济体不再引领全球经济增长，但发达经济体似乎也难堪重任。自 2021 年第三季度以来，发达经济体尤其是美国的增长势头也出现放缓，虽然失业率仍在改善，但劳动参与率恢复缓慢，目前仍明显低于疫情前水平。发达经济体经济增长领先势头减弱，将使 2022 年全球经济增长率有可能低于潜在增长率，回归疫情前低增长的常态。

更加令人气馁的是，在全球经济增长放缓的同时，发达经济体和发展中经济体的物价都在大幅上扬。2021 年发达经济体 CPI 上涨的幅度，在许多个月超过央行制定的 2% 的目标。2021 年 12 月美国 CPI 同比增长 7%，2022 年 1 月则同比增长 7.5%，是 1982 年以来的最高水平。2021 年 12 月，欧元区和英国 CPI 分别同比增长 5% 和 5.4%，是 1992 年以来的最高水平。虽然中国的 CPI 增速较低，2021 年 10 月仅同比增长 1.5%，但 PPI 快速增长，2021 年 10 月同比增长 13.5%，尽管随后同比涨幅有所回落，但环比涨幅仍呈正增长之势。

物价的快速上扬，改变了长期以来全球经济的低通胀局面，使 2008 年金融危机以来全球经济的新常态出现了新变化，"低增长，低通胀，低利率，高杠杆"出现了新组合，在经济增长仍趋于下行的同时，物价却在上行。人们担心 20 世纪 70 年代的滞胀重现，高通胀、高失业率和经济低迷在 40 年后再次并存。

与 40 年前世界经济经历的滞胀相比，当前世界经济有相同之处，也有不同之处。从目前的态势看，充其量还处在一种"类滞胀"状态。相同之处是两次物价上涨的成因基本一致，既有需求拉动，也有成本推进。一方面，为舒缓疫情冲击，各经济体尤其是发达经济体采取超常规的宽松财政与货币政策，甚至直接向自然人提供财务补贴，致使需求持续旺盛，形成典型意义上的需求拉动型通货膨胀。另一方面，疫情极大扰乱了全球生产和流通秩序，原材料、航运、仓储价格大幅上涨，在原材料供应和产成品销售两端共同推动成本上升，形成非典型的外部冲击型通货膨胀。市场担心两者会形成相互推动的螺旋，致使物价更快速上涨。

不同之处在于发生的历史背景。20 世纪 70 年代仍处于冷战格局下，计划经济体制和市场经济体制两种平行的体制造成世界经济的分裂。冷战结束后，全球绝大多数经济体都采用了市场经济体制。制度性交易成本的降低使国际可贸易程度大大提高，推动传统的以货物为主的国际贸易走向要素贸易，WTO 取代了GATT，出现了以投资贸易自由化为特征的经济全球化，缔造了生产力跨国配置的产业链。全球形成了相互独立又相互依存的三个板块：亚洲新兴经济体板块、资源出口国板块和传统发达国家板块。发达经济体作为需求市场、发展中经济体作为生产市场的格局，使包括滞胀在内的经济现象的发生和传递机理有了重大改变。

表现在供给侧，这三个板块由产业链串联在一起，资源出口国生产能源和原材料，亚洲新兴经济体生产工业制成品，传统发达国家提供技术和金融服务。在疫情冲击下，生产能源和原材料的资源出口国因正常生产秩序被扰乱，出现了供给瓶颈，引起能源和原材料的价格上涨，这一上涨沿着产业链传递到亚洲新兴经济体，造成工业制成品成本上涨，这也是中国 PPI 上升的基本原因。

表现在需求侧，传统发达国家是全球产品的主要消费者，其市场规模及消费倾向决定了资源出口国和亚洲新兴经济体的出口表现。为舒缓疫情对经济社会的伤害，传统发达国家普遍出现对弱势企业和群体的直接财务补助，在刺激消费的同时，也维持了与此相关的产业尤其是服务业的就业稳定，在客观上支持了包括自身在内的全球经济增长，也造成了需求拉动型价格上涨，并开始向世界传递。

目前的态势表明，在经济全球化的现实格局中，各经济体在全球产业链上所处的位置不同，受疫情冲击的程度不同，面对"类滞胀"的风险大小也不同，因此出现了政策选择的多样性。在低收入和中低收入国家，疫苗供应不足使其生产、生活秩序难以正常化，造成供给端的瓶颈，不仅妨碍了大宗商品生产，也引起了消费品价格上涨。新兴经济体和发展中经济体尽管经济增长也在放缓，但是稳定物价更为重要。于是，以央行加息为代表的反通胀操作不得不开始。

在物价上涨尚不严重但经济增速下行压力加大的经济体，例如中国，稳定经济增长则成为政策选择的方向。从 2021 年第三季度开始，受外部疫情反复、消费持续疲软和房地产加速下滑影响，中国 GDP 季度同比增速由第二季度的 7.9% 下滑到第三季度的 4.9%，第四季度会进一步下降到 4%，致使 2021 年经济增速仅达到 8.1%，尽管完成了全年预定目标，却弱于年初预期。在这种情况下，虽然 PPI 仍在高位并使 CPI 有高企的可能，但保增长的任务更重要。积极的财政政策以及以降准、降息为代表的货币政策宽松化已在进行中。

在"类滞胀"走势尚不十分清晰的发达经济体，主要是美国，宽松的财政、货币政策何时退出及怎样退出仍有争议。市场担心决策犹豫不决会导致错过最佳窗口期，而对持续的通胀压力估计不足，将来可能形成通胀-工资螺旋上涨的局面，从而不得不放"马后炮"，被迫大幅调整宏观经济政策，导致经济大幅波动。

目前，美联储尚未采用以加息为代表的大幅紧缩性货币政策，但为防止成本推动与需求拉动相互循环，避免形成通胀-工资螺旋上涨的局面，美联储已开始实施相机抉择的 TAPER 安排，于 2021 年 11 月开始下调购债规模。这一做法试图将流动性和利率分开管理的货币政策策略，强调购债缩减与加息完全不同，目的有二：一是提醒市场货币政策不再加速扩张，开始缓慢退出；二是流动性充裕是金融市场稳定的关键，在几乎零利率的情况下，只要央行不加息，利率就不会大幅上升，金融市场尽管会有波动，但出现连续大幅调整的概率较小。美联储 2021 年下半年以来的操作似乎印证了这种策略安排的平稳性。自 2021 年 8 月 11 日起，美联储纽约分行的隔夜逆回购就稳定在 1 万亿美元以上，但逆回购利率仅从 6 月 17 日之前的 0 上升到 6 月 17 日的 0.5％，并维持至今。其间甚至经历过如 9 月 30 日达到 1.6 万亿美元的逆回购，利率并未发生变化。这使美联储有信心用 TAPER 的办法，既稳定通胀预期，又避免市场大起大落。美联储之所以采用这种小心翼翼的慢转弯做法，除担心经济复苏的脆弱性外，在相当大程度上是因为美国货币政策机制发生了变化。从宏观经济政策安排的角度看，发达国家应对疫情冲击的货币政策是现代货币理论（MMT）由理念变为现实的过程，这被称为第三种货币政策。它既区别于 2008 年金融危机前经济正常运行情况下央行调控利率的第一种货币政策，也区别于 2008 年金融危机后零利率情况下央行调控自身资产负债表的第二种货币政策。这种所谓的第三种货币政策可概括为"发货币，买国债"，即靠发行国债弥补财政赤字，而国债的销售依靠央行的购买，结果是财政赤字与央行资产负债表同步持续扩大。从 2020 年 3 月 15 日到 2021 年底，美联储的资产负债表规模从 4.16 万亿美元扩张到 8.77 万亿美元，扩大了 1.1 倍，预计在 2022 年 3 月将达到 9 万亿美元。

这种财政开支绑定货币供应的政策，形成了一种国库直通印钞机的机制，造成财政开支与货币政策只能同进同退的局面。印钞机开，财政开支进；印钞机停，财政开支退。事实上，在美联储宣布 TAPER 操作的同时，美国财政部也在缩减发债。市场预计 2022 年美联储美债净购买将减少 7 800 亿美元，美债供给量将减少 1.13 万亿美元，其中财政国债净供给将下降 3 200 亿美元。可见，第三种货币政策是"一荣俱荣，一损俱损"的宏观经济政策。"屋漏偏逢连夜雨"，自 2021 年第四季度以来，美国的物价上涨态势似乎一步步验证了市场的预期。到 2022 年 1 月，CPI 涨幅达到 7.5％，连续 9 个月达到 5％以上。这迫使美联储加快债券减购步伐，在 2021 年 11 月每月 150 亿美元的基础上翻倍减购，预计在 2022 年第二季度完成 1 200 亿美元的减购计划。这意味着从 2022 年第二季度开始，紧缩性的工具箱里就只剩加息选项，美联储被逼到了墙角。市场预测从 2022 年第二季度开始到 2023 年底将是加息周期。美联储极度宽松货币政策的大幅转向，给全球金融带来了重大风险。反映在固定收益市场上，主要金融市场国债收益率曲线将会上行，而价格调整风险和期限溢价风险将使债券融资成本上升，并有可能使违约率上升。反映在股票市场上，市场高位回调的风险加大，出现了反复振荡。考虑到成本上升造成的企业盈利能力减弱，市场调整幅度可能会继续加大。使人警惕的是，美元是国际货币，美联储紧缩性货币政策将使美元的流动性趋紧，并带动其他国家央行调整货币政策，进而使全球货币市场利率上升。目前来看，利率平价反映在汇率上，将使美元指数总体保持强势，欧元和日元相对偏弱，新兴经济体货币表现将出现分化，不排除一些经济体会出现货币危机，土耳其里拉大幅贬值就是一例。在亚太地区，曾经经济表现亮眼的越南、印度尼西亚和印度也成为货币危机风险较高的国家，其国际收支状态值得高度关注。与此同时，在强势美元的吸引下，资金会回流美国。这将给国际收支失衡、外债偿还压力大的经济体带来严峻挑战，并有可能爆发债务危机，其中拉丁美洲和非洲部分地区值得高度关注。为阻止资金外流，这些经济体不得不进一步进行预防性加息。

2022 年面对"类滞胀"，全球各经济体开始调整在疫情期间使用的宏观经济政策，致使分化中的世界经济表现更加分化。从短期看，由于各经济体经济复苏不同步，面临的物价上涨压力不同时，出现了周期的错位，形成了政策的分野：美国趋紧，中国趋松，其他经济体虽在分化，但多数会趋紧。从长期看，疫情所致的各经济体经济周期错位在造成经济表现分化的同时，也带来了发达经济体与发展中经济体不同于以往的经济增速差。鉴于在发展中经济体疫情仍有蔓延的可能，以及全球性疫苗鸿沟，人们有理由担心这种经济增速差会固化。特别是考虑到未来两年是发展中经济体偿债高峰期，如果它们的经济增速下滑，不仅会导致偿债困难，更严重的是一旦债务危机发生，会使经济发展脱离轨道，严重影响联合国 2030 年可持续发展议程确定的时间表和路线图，在加剧全球不平等性的同时，给国际政治经济带来新的不稳定性。

（二）　差序世界中的中国经济

疫情改变了世界经济的运行状态，出现了疫情冲击下的经济周期，使 2020 年的世界经济与 2021 年的世界经济呈现出镜像对称关系。中国也不例外，并且表现得更为突出。到 2020 年第三季度在中国疫情已得到控制，经济恢复增长且增速较高；与此相对应，2021 年第三季度的经济增速低于 2020 年第三季度，表明中国经济已经走出疫情周期。

中国经济走出疫情周期，开始重新面对疫情前的常态现象——经济增速下行。从这个意义上讲，当前中国经济下行压力大，实际上是跨周期出现的现象，即由疫情周期进入由经济结构决定的常态周期。它有两方面的含义：一是由抗疫刺激政策退出带来的回落；二是常态情况下的趋势性下行。两者叠加，出现了以往不常见的需求收缩（如消费）、供给冲击（如煤炭）和预期转弱（如房地产）的三重压力，加速了经济增速下行。

第一，出口引领作用正在减弱。在全球抗疫的背景下，中国较早控制住了疫情，并依靠全产业链优势，支持全球抗疫和重建。自 2020 年第二季度以来，出口逆势上扬表现强劲。2021 年出口同比增长 29.9％，相较于 2019 年、2020 年两年平均增长 16％，对 GDP 的贡献均在 1/4 左右，成为疫情周期经济增长的引领力量。但是，随着世界经济重上轨道，中国出口也开始回归常态，PMI 新出口订单指数过去连续 6 个月处于收缩区间，出口数量也开始大幅回落，当前出口表现更多的是由出口价格支撑。未来随着海外消费需求从商品向服务转移，海外供应链持续恢复，出口替代效应逐步下降，在 2021 年的高基数下，2022 年出口增速和出口对经济的贡献都会相应回落。

第二，消费不及预期。受局部疫情反复影响，家庭消费信心低迷，消费支出疲弱，社会消费品零售总额两年平均增速由第一季度的 4.7％ 和第二季度的 4.6％ 下滑至第三季度的 3％ 和第四季度的 2.2％；两年平均增速仅为 4.6％，明显低于疫情前 8％～10％ 的增速。2022 年消费和服务业虽有望在防疫常态化的新平衡上出现改善，但当前居民的收入信心和消费意愿与疫情前相比都有明显差距。

第三，固定资产投资下滑。制造业投资、基础设施投资和房地产投资是固定资产投资最主要的三大构成。2021 年第三季度以来仅制造业投资保持了较强的增长韧性，房地产投资则大幅下滑，基础设施投资延续疲弱态势。固定资产投资同比增速由第二季度的 6% 下滑至第三季度的 1.5% 和第四季度的 2.5%。随着积极的财政政策发挥作用，预计 2022 年基础设施投资会有所回升，但幅度相对有限。

第四，特别值得注意的是，房地产成为当前中国经济表现的最大拖累。2021年上半年商品房销售面积同比增长 27.7%，但下半年出现大幅回落，第三季度同比下跌 13%，第四季度跌幅扩大到 17%。由此，房地产投资从第二季度开始下滑，9 月末房地产贷款增速降至 8.6%，低于第一季度的 12%，是八年来最慢的增速。10—11 月房地产信贷紧张局面有所缓解，但改善主要来自按揭贷款，房地产企业资金链依然较为紧张，出现了以恒大为代表的房地产债务违约事件。从投资态势看，过去房地产投资每年平均增长 10% 以上，现在负增长 5%，下滑了 15 个百分点，仅此一项将拖累全年 GDP 下滑 1 个百分点。目前，房地产投资下行态势仍在延续。

按经济学一般理解，实现充分就业的增长速度是合意增长速度。从统计数据看，2022 年若维持调查失业率在 5% 左右，需创造 1 200 万个就业机会。目前，GDP 每增长 1 个百分点可创造略高于 200 万个就业机会，因此经济增长速度需维持在 5.5% 左右。在其他因素不变的情况下，投资增长成为经济增长边际引领因素。鉴于房地产投资占整个固定资产投资 1/4 强的事实，对冲房地产投资下行就成为今年投资问题的关键，为此必须借助政府的宏观经济政策。既要避免抗疫刺激政策退出过快（逆周期），又要加强过去行之有效的惯用措施，例如政府扩大基础设施投资（跨周期），继续实施积极的财政政策和稳健的货币政策就是必然的。

面对疫情带来的不确定性，2022 年除公共卫生政策需要与时俱进、弹性化外，在经济政策方面，当出口、消费两匹拉套的马左顾右盼时，投资作为驾辕的马必须保持定力，努力前行。市场期望在保持"六稳""六保"连续性的基础上，一方面改善营商环境，全方位支持民间资本（尤其是小微企业）的维持及扩大经营，另一方面政府基础设施投资要尽早扩大发力，以弥补全社会固定资产投资的不足。

（三） 必须实现高质量发展

在差序化的世界经济中，走出疫情周期的中国经济再现稳增长问题，深刻反映了由高速增长向高质量发展转变的艰难。

早在国际金融危机爆发的 2008 年，中国经济增速就开始了下行，至今已超过 50 个季度。其间，中国宏观经济政策的中心议题就是如何"稳中求进"，并数次启动以积极的财政政策和稳健的货币政策为代表的"稳增长"政策。随着这些旨在提升总需求、刺激经济的政策发力，经济增速也一度停止下行。起初人们以为经济稳住了，并憧憬随后可能开启的新周期。然而，新周期并未如期而至，经济增速反而又开始下行。

这种情形在过去十余年中反复出现，使人们认识到中国经济增速下行不是周期性波动，而是经济结构内在变动所带来的趋势性变化，是不能为反周期的短期宏观经济政策所熨平的，从而也不存在所谓的新周期。这一认识促使人们从更长期的角度看待中国经济表现，希望通过比较分析中国经济潜在增速的变化趋势来理解中国经济增速下行的原因，刻画其状况，并前瞻其未来。

国际经验表明，存在着二元结构的经济体，其发展过程是一个从传统农业转向现代工业的经济结构转变过程，即工业化进程。一方面，现代工业的劳动生产率远高于传统农业，经济结构的改变会带动经济高速增长；另一方面，二元结构本身蕴藏着工业化的动力。现代工业部门因劳动生产率高，可以提供高劳动报酬，传统农业部门的剩余劳动力受此吸引会踊跃地加入工业化进程，从而使这一进程呈现为人均收入提高过程。由此，以工业化为标志的经济结构转变过程，就是经济高速增长和人均收入不断提高这两个过程的统一。

随着工业化的进行，居民收入也在增长，恩格尔系数将下降。与此同时，居民的边际消费倾向也在递减，相应地，享受性消费和发展性消费日益成为新的偏好，带动经济结构向消费弹性更高的服务业方向转变，工业化开始转向城市化。在城市化中代表性产业——服务业的劳动生产率低于工业。从经济增长过程看，这意味着经济结构向服务业方向转变的过程，也是工业化过程中"干中学"的技术进步效应递减的过程，经济潜在增速开始下降。久而久之，工业化进程中的低成本要素累积过程会发生断裂，经济增速随之出现拐点。换言之，在经济增长过程中，当以人均 GDP 为代表的人均收入增长达到某一特定水平时，"结构性加速"将转向"结构性减速"。

国际经验表明,这一"结构性减速"现象通常发生在发展中经济体迈向高收入社会的过程,形成了所谓的"中等收入陷阱"。如果处理不好,不仅经济增长和居民收入会止步不前,而且会断送现代化前程。只有那些具有创新能力的经济体,在维持资本、劳动等要素积累的同时,将制度、创意、科技、人力资本等新要素共同纳入生产函数,使其内生为技术进步,从而孕育出包容性发展,这样才能跨越中等收入陷阱。换言之,在向高收入社会迈进的过程中,向服务业转型绝不是表现为诸如澡堂、饭馆等低端服务业的比重提高,而是表现为科技、教育、医疗等劳动生产率较高的新型服务业(尤其是生产性服务业)的发展。完成这一转型的国家虽然可以维持经济发展并进入高收入社会,但经济增长仍可能会下一个台阶,由高速转为中速。

文化背景与中国类似的日本、韩国成功跨越了中等收入陷阱,因此常作为讨论中国经济增长路径的参照物。从人均 GDP 看,疫情前的 2019 年,中国的人均 GDP 首次突破 1 万美元,达到 10 276 美元。如果不考虑购买力平价的变化,仅从美元绝对额来看,2019 年中国的这一水平与日本 1983 年和韩国 1994 年的水平相若。此前,日本经济经历了 20 世纪 60—70 年代 9% 的高速增长,在 1973 年石油危机冲击下经济增速开始下行,1983 年已经下行到 4% 左右的中速平台。以 1985 年《广场协议》为标志,日美经贸摩擦加剧,预示着日本工业产能扩张已到极限,并因此开启了向服务业转变的结构调整过程。然而,这一结构调整过程伴随着经济泡沫的生成与破灭,经济增长再下一个台阶。韩国也有类似的经历,在 20 世纪 70 年代至 90 年代初,韩国经济增长一直维持 8% 左右的高速度,被称为"汉江奇迹"。而 1997 年亚洲金融危机的爆发宣告韩国工业产能扩张已到极限,产业结构随之开始向服务业急剧调整。随着劳动力生产率较高的生产性服务业逐渐成为结构转变的重心,韩国经济增速也下移到 5% 左右的中速平台。

在迈向高收入社会的过程中,日韩经验发人深省。它们虽然跨过了中等收入陷阱,但经济增长的跌宕仍令人唏嘘,深刻诠释了实现高质量发展的艰难性。反观中国,在疫情冲击下,经济增速已下行到两年平均为 5.1% 的中速状态。人们有理由担心,这一中速增长状态能否维持,中国经济是否会跌入中等收入陷阱。

然而,中国有自己的国情,日韩经验并不适用于中国。这突出表现在以下几个方面:其一,1983 年的日本和 1994 年的韩国,其城市化率已达到发达国家

75％左右的平均水平，而在人均 GDP 与日韩相当的 2019 年中国的该指标仅为 60.6％，其中只有约 40％为常住人口，还有约 20％是半城市化的农民工。在逻辑上，只要城市化率未达到发达国家的平均水平，就表明该进程仍在继续，经济增长的潜力仍在。其二，不同于日韩这样的中等经济体，中国是一个超大经济体，人口占世界的 1/5，随着居民收入的不断增长，内需潜力日益增大，可以拉动经济增长。其三，中国拥有全世界最大的工程师队伍和最大规模的在校大学生，技术创新潜力可观，可使服务业成为具有较高劳动生产率的产业，互联网技术在中国的广泛应用就是先例。上述增长潜力意味着中国仍有可能保持较好的经济表现。但在现实中，中国经济却需要用政策来稳增长，两者之间反差极大。这一严酷的事实表明中国经济尚未建立起支持高质量发展的可靠体制依托，潜藏的经济增长能力尚无法有力动员和释放，成为现实的经济表现。换言之，告别绝对贫困、全面建成小康社会并不意味着改革开放已大功告成，可以一劳永逸。事实上，"在全面建设小康社会阶段，我们主要解决的是量的问题；在全面建设社会主义现代化国家阶段，必须解决好质的问题，在质的大幅提升中实现量的持续增长"。

中国改革开放的经验表明，正确的认识是推动改革深化及制度创新的前提。面对时代的呼唤，2021 年中央经济工作会议提出了五个方面的正确认识和把握：要正确认识和把握实现共同富裕的战略目标和实践途径，要正确认识和把握资本的特性和行为规律，要正确认识和把握初级产品供给保障，要正确认识和把握防范化解重大风险，要正确认识和把握碳达峰碳中和。这些具有鲜明时代特征的认识和把握的提出，将引领中国的体制机制改革和建设与时俱进，使其成为现代化导向和可持续支持高质量发展的现代体制。

第八章

构建面向现代化的开放型经济新体制

一、以高质量的制度建设应对去全球化的逆风

如前所述，当前世界正面对一个质问：全球化还是去全球化？它是一个悖论，在当代世界，经济全球化没有国别政府更不行，但国别政府又有可能阻碍经济全球化。我们看到，经济全球化的核心是生产要素的跨国流动，其实质是市场交易，而市场交易是有成本的。经济史表明，交易的扩大和繁荣，降低交易成本是关键，建立和完善包括交易规则在内的支持市场运作的经济社会体制是基础。制度经济学认为，这一体制有三个基本条件：基于互利互惠的长期信任，基于共识的行为规范和有权威的第三方执行体系，三者共同形成了正式或非正式的市场治理。其中，第三方执行体系就是政府的正式治理，既包括诸如产权制度、税收制度等市场游戏规则，更包括对这些制度的强制执行，即法治。这种政府与市场的关系，正如哈佛大学肯尼迪政府学院经济学教授丹尼·罗德里克在《全球化的悖论》一书中所指出的："有稳固的政府机构做后盾，市场才能发展完善，以最高的效率创造财富。市场和政府是互补的，它们不能相互替代。"市场结构越复杂，对政府的治理要求就越高，而国际贸易显然比国内市场交易复杂，从而丹尼·罗德里克发现，一个国家的政府规模和它的对外贸易规模成强烈的正比。究其原因，"社会保险似乎是最合理的解释。当国际经济变化对本国经济影响很大时，人们要求政府对由此带来的风险进行补偿。应此要求，政府就要建立更大的社会安全网，安全网可以是社会保障或者是政府部门提供的就业机会"。

如果丹尼·罗德里克这一结论成立，可以看到，倘若实施"超级全球化"方

案，则意味着要建立与之相适应的无与伦比的超级政府，其指向是超主权全球性政府。显然，这至少在目前条件下是不具备的，是难以做到的。反过来，如果不能设想"超级全球化"，仍拘泥于民族国家的格局，国别利益及政府态度就影响经济全球化政策的制定，决定全球化的走向。其中，根据北京大学国际关系学院钱雪梅教授的研究，虽然在经济全球化中企业、居民及非政府组织的作用在加大，但关键仍在于政府对本国利益及其实现方式的认知和选择。

以往的经验表明，由于经济全球化与民族国家利益并不总是一致。各国对经济全球化的立场不仅不同，而且会因时间和空间的变化而变化。那些处于经济全球化风口浪尖上的国家本能地出现保护主义倾向并民粹主义化。就美国而言，经济全球化直接或间接引致了美国中西部"锈带"问题的产生，诱发了美国社会撕裂问题的恶化。由此奠定了美国社会对经济全球化的保守立场，决定了美国政府采取美国优先的政策，加大了对美国经济发展的支持，这是可以理解的。但是以加征关税、脱钩断链甚至退出国际组织并另立"小院高墙"的方式进行报复性应对，不仅不恰当，而且有极大的损害性。这种做法既无助于解决中美贸易顺逆差所涉及的全球结构性问题，也不能必然克服美国失业及收入差距扩大问题，反而恶化了经济发展的氛围，加大了全球经济的发展成本，在加深自身社会撕裂的同时，又使世界"团团伙伙"化。

从这个角度看，美国的正确做法似乎应是控制虚拟经济的无序发展，在去过度金融化的同时，巩固实体经济，即立足于比较优势产业，保持并扩大在高技术领域的领先优势，据此向世界转让专利技术，在经济全球化中获得更多更好的比较利益。在这个意义上，超级全球化的立意和新结构经济学的建议是值得重视的。与此同时，政府发挥市场失灵纠正作用，通过转移支付，加大就业培训，使劳动力适应更高技术要求的工作需要，并且建设更具保障性的社会安全网，兜住社会底线。在这个意义上，丹尼·罗德里克关于政府作用的分析是值得深思的。

然而，令人遗憾的是，自全球金融危机以来，美国政府在这方面的作为几乎乏善可陈，尤其是在社会保障体制方面，美国是发达国家中唯一没有实行全民医疗保险和国家卫生制度的国家。奥巴马政府曾经倡导社会保障体制及相应的税制改革，其中医保改革方案，即美国《平价医疗法案》又是改革的重点，为此，美国联邦政府曾不遗余力，动员社会并形成声势，甚至获得美国最高法院的支持。

然而，随着奥巴马政府的下台，特朗普政府上台的第一时间就废止了这一法案。美国国内社会的撕裂使民主党和共和党两党在内政问题上的竞争白热化，互不相让的结果只会导致两党在对外事务上的更加强硬，以体现政治正确性，由此使"小院高墙"式的壁垒不断加码。这一加码趋势突出表现在亚太及印度洋地区，就是正在形成的诉求不同、机制不同的三个圈子，即 CPTPP、RCEP 和 IPEF。其成员虽多有重合，但规则却各自相异。从成立先后顺序看，2010 年，为克服国际金融危机的影响，按照 WTO 的自由贸易原则，中国-东盟自由贸易区成立，并随后扩展为东盟＋中日韩（10＋3），成为今日拥有亚太 15 个成员的 RCEP 的基础。与此相对应，2015 年以美国为首达成了日本、加拿大等 12 国参与的TPP。TPP 是按照所谓对等的"公平贸易"原则设立的，并因此与东盟＋中日韩（10＋3）的自由贸易原则相区别。2017 年，美国特朗普政府宣布退出 TPP，随后剩余的 11 国只好勉为其难，在没有美国参与的情况下达成协议，于 2018 年签署了 CPTPP。2022 年，美国拜登政府宣布启动"印太经济框架"（IPEF），声明在四个关键性支柱上树立新的标准，即就互联互通的经济（贸易）、有韧性的经济（供应链）、清洁的经济（清洁能源）和公平的经济（反腐败）建立新规则和新规制。

随着"小院高墙"战略安排的推行，美国价值观至上的地缘政治考虑正在颠覆经济全球化的现有底层逻辑。近年来，美国出台了《基础设施投资与就业法案》、《芯片与科学法案》以及《通胀削减法案》等一系列法案，在加大力度制裁中国企业的同时，采用惩罚或补贴的方式力促产业特别是高新科技产业回流美国。与此同时，又提出了"近岸生产"和"友岸生产"概念，取代在经济全球化条件下普遍使用的"在岸"和"离岸"概念，以缩短产业链条并使其集中于价值观相同的国家或地区。这种把世界经济曲解为无底线的国别之间的恶性竞争，把经济全球化曲解为对全球经济领导权的争夺，把全球经济再平衡视为减少对中国经济的"系统性依赖"，从而以"脱钩断链"作为武器，实现针对中国产业链的"去风险化"的理念的结果是，在导致世界经济体系碎片化、阵营化的同时，为国际社会动荡埋下了种子。

相较于美国，中国对待经济全球化的态度和政策截然不同。全球金融危机后，中国正视经济全球化所带来的不平衡问题，并以自身的发展为实现全球经济再平衡而积极努力。在"十二五"规划中，中国政府提出了"两个翻一番"的全面建成小康社会的目标,即 2010—2020 年,GDP 翻一番,城乡居民人均收入翻一番。为实现这一目标,提出了扩大内需的战略,并执行至今。在这一战略中,扩大内需的核心是扩大消费,而扩大消费的途径是增加居民收入。统计数据显示,自 2009 年以来的十余年,中国居民收入基本与 GDP 保持同步增长,其中农民收入增长又快于 GDP 增长。2022 年,中国人均 GDP 按照当年的汇率计算已达 1.27 万美元,超过世界人均 GDP 水平。按世界银行的现行标准,中国已处于高收入社会门槛前。居民收入持续增加的结果就是消费的持续扩大。按支出法计算,中国最终消费占 GDP 的比重,已由 2010 年的 49.3% 上升到 2022 年的 54.5%,成为经济增长的第一拉动力。消费扩大不仅带动了汽车、家电、家具及家装等耐用消费品的旺销,而且带动了进口,使进口增速持续超过出口增速,经常项目顺差占 GDP 的比重因此由 2007 年的 9.8% 下降到 2018 年的 0.4% 左右。随后,在全球新冠疫情大流行的三年中,中国经济因率先复苏可以为其他国家抗疫做出贡献,从而以卫生产品为代表,出口有较大幅度的增长,经常项目顺差占 GDP 的比重由此再次有所上升,但也未超过 2%。这表明,自全球金融危机以来的 15 年,就经常项目顺差占 GDP 的比重而言,中国在实现全球经济再平衡中表现优异。

正是中国的这一优异表现,使我们对中国在经济全球化中的地位和作用有了新的理解。一般而言,在世界讨论中国经济时,首先映入眼帘的是中国经济的快速增长,从而经济增长速度是讨论的焦点。在过去 40 多年中,中国 GDP 快速增长,使中国在 2010 年就成为世界第二大经济体。2022 年中国的 GDP 总量按当年平均汇率 6.726 计算,可折合 18 万亿美元,相当于当年美国 GDP 25.47 万亿美元的 70.7%。如果按现在年均 5% 的增长速度预计,预计 2030 年中国经济总量将超过美国,成为全球最大的经济体。但这只是故事的一个侧面,故事更重要的另一个侧面是中国居民收入 40 多年来的快速增长,尤其令世界瞩目的是,中国在 2020 年消灭了绝对贫困现象,而 40 多年前,按现行贫困线计算,中国当时(1978 年)97.5% 的人口的人均收入是达不到这一标准的。

需要强调的是,中国全面建成小康社会,告别了绵延千年的绝对贫困,是历史的奇迹。占世界人口 1/5 的国家告别绝对贫困,走向共同富裕,不仅史无前例,而且为世界经济的繁荣提供了可以想象的广阔市场。也正是在这个意义上,中国"一带一路"倡议所倡导的"共享",首先就是将中国日益扩大的市场对外开放和与世界共享。以此，不仅可以遏制保护主义，还可以为包括发达国家在内的其他国家创造就业和收入机会，使其登上中国内需扩大的快车。由此，所谓"共建"，既是与"一带一路"共建国家共同建设包括基础设施在内的经济发展条件，也是在中国最落后和最贫困的西部地区架起对外开放的桥梁，使其一道融入经济全球化，加快发展，共同提高收入水平。而"共享""共建"自然会促进"共商"，政策沟通、民心相通将会在尊重民主并惠及民生的前提下携手塑造经济全球化的新局面。

正是面对世界经济的新局面，立足于自身的实际情况，中国决定构建以国内大循环为主体、国内国际双循环相互促进的新发展格局，由此出发，第一要务就是必须坚定地实施已经实施多年的扩大内需战略，要一以贯之地使建设超大规模的国内市场成为一个可持续的历史过程。这一历史过程将从消费和投资两个方面展开：一方面，促进形成统一强大的国内市场，全方位促进消费，加快消费提质升级；另一方面，以科技高水平自强自立为核心，优化投资结构，拓展投资空间。2022 年 12 月，《扩大内需战略规划纲要（2022—2035 年）》正式颁布。纲要详细规划了这一历史过程的时间表、路线图，其推进方式是通过深化改革，建立开放型经济新体制，将对外开放由过去的要素流动型开放升级为规则、规制、管理、标准等制度型开放，形成与国际经贸规则最新发展相衔接的、规范透明的制度体系和监管模式，其中，准入前国民待遇和负面清单管理是核心。目前，中国建立了 22 个自由贸易试验区，其中深圳是建设中国特色社会主义先行示范区，雄安是建设高质量发展制度体系的新区，具有创造"可复制、可推广"的改革开放经验的引领作用。在此基础上，更引人注目的是对标世界最高开放标准的海南自由贸易港建设，具有划时代的意义。

2018 年 4 月 13 日，习近平总书记在庆祝海南建省办经济特区 30 周年大会上，正式宣告海南"建设自由贸易试验区和中国特色自由贸易港"。其指向意义十分明确：在中美贸易冲突刚刚露头之际，针对去全球化的逆风，将海南自由贸易港打造成为"引领我国新时代对外开放的鲜明旗帜和重要开放的门户"，成为我国深度融入全球经济体系的前沿地带。2020 年 6 月 1 日，《海南自由贸易港建设总体方案》公布，海南由此开始从以贸易投资便利化为代表的自由贸易试验区建设转向对标世界最高开放标准的自由贸易港建设。特别是 2021 年 6 月 10 日《中华人民共和国海南自由贸易港法》的正式施行，使自由贸易港制度型开放有法可依，各项建设全面提速，零关税安排将在 2025 年海南全岛封关后正式实施。这一制度型开放可以概括为"以边境后制度型开放为导向，以准入前国民待遇和负面清单为基础，实行全方位开放"，体现为"6＋1＋4"的制度安排。所谓"6"，就是贸易自由便利、投资自由便利、跨境资金流动自由便利、人员进出自由便利、运输来往自由便利、数据安全有序流动。在贸易方面，对货物贸易实行以"零关税"为基本特征的制度安排，对服务贸易实行以"既准入又准营"的基本特征政策安排；在投资方面，实行"非禁即入"制，大幅放宽市场准入，进一步激发各类市场主体的活力；在跨境资金流动方面，强调金融服务实体经济，分阶段开放资本项目，有序推进海南与境外资金自由便利流动；在人员进出方面，实行更加开放的人才和停居留政策；在运输往来方面，实行高度自由便利开放的运输政策，推动西部陆海新通道国际航运和航空枢纽建设；在数据流动方面，在确保数据流动安全可控的前提下，扩大数据领域开放，培育发展数字经济。所谓"1"，就是构建现代产业体系。突出海南的优势和特色，大力发展旅游业、现代服务业和高新技术产业，增强经济的创新力和竞争力。所谓"4"，就是在四个方面加强制度建设。在税收方面，按照零关税、低税率、简税制、强法治、分阶段的原则，逐步建立与高水平自由贸易港相适应的税收制度；在社会治理方面，推进政府机构改革和职能转变，构建系统完备、科学规范、运行有效的自由贸易港治理体系；在法治方面，建立以《中华人民共和国海南自由贸易港法》为基础，以地方性法规和商事纠纷解决机制为重要组成的自由贸易港法治体系；在风险防控方面，制定实施有效措施，有针对性地防范化解贸易、投资、金融、公共卫生、生态等领域的重大风险。

我们注意到，以海南自由贸易港建设为标志，在制度型开放的引领下，中国不仅积极参与 WTO 改革、G20 运作、"全球南方"协调等国际治理体系的建设，而且在区域上进一步深化与周边国家的经贸合作。在推动 RCEP 创立和建设的同时，于 2021 年 9 月正式申请加入 CPTPP。中国正通过更高水平、更大规模的全方位开放彰显自己捍卫经济全球化的决心，昭示与各国一道改善全球治理的信心，这一切都与美国奉行的去全球化的态度和行动形成鲜明的对照。

二、大国崛起："一带一路" ①

(一) "一带一路"发展背景

过去 35 年，中国 13 亿人口从不足温饱开始进入全面小康，是人类经济史的"奇迹"。国际经济学家认为，这一中国"经济奇迹"可归纳为以下几个特征：一是高速增长，即在过去 35 年间的多数年份，中国经济增速都超过两位数；二是持续时间长，中国经济高速增长已持续 30 余年，为全球各国所罕见；三是增长质量高，除个别年份外，过去 35 年中通货膨胀率一直维持在 5% 以下的低水平；四是稳定性较好，中国经济波动的波峰与波谷差距小，尤其是 20 世纪 90 年代后，表现更为明显，从而体现了中国宏观经济调控的成效；五是经济和社会共同发展，文盲几乎绝迹，受教育年限逐年提高，且医疗卫生条件也得到明显的改善，随之婴儿死亡率大幅下降，人均寿命持续延长。

中国经济增长奇迹是由改革开放开启并推动的。作为发展中国家，工业化是经济现代化的必由之路。改革是将国家主导（计划体制）的工业化模式转变为市场主导（市场体制）的工业化模式，开放则是将工业化进程纳入经济全球化的进程。基本路径有两条：其一是通过引进外资，改善资本外汇双缺口的约束，有效地加速资本的形成，加之改革提升了资本使用效率，经济因而高速增长，并形成了投资驱动型增长特点；二是通过进口替代进而出口导向，工业结构升级速度快，加之改革推动体制机制的完善化，企业治理结构和管理水平大幅提升，不仅经济高速增长，增长质量（全要素生产率）也有所提升，并形成了工业化进程被"压缩"（赶超）的特点。

从本质上看，改革开放就是将中国经济纳入经济全球化的进程。就经济全球化而言，冷战的结束表明市场经济体制成为绝大多数国家一致的选择。而随着冷战的结束，全球产业分工更加细化、紧密化，不再拘泥于传统的垂直分工、水平分工，而是出现跨国、跨区域的产业链、供应链、价值链。其中，中国经济纳入经济全球化过程的核心，就是将中国最具竞争优势的低成本劳动力纳入其中。中

---

① 源自笔者 2015 年编写的中银国际研究有限公司研究报告。

国因此成为世界工厂，并享受了红利，积累了巨额外汇储备。经过 35 年的发展，中国已成为全球第二大经济体和全球第一大贸易体。

据统计，相比于 1991 年，美国、日本、德国、法国、英国、意大利（发达经济体）GDP 占全球的比重分别下降了 5.1、4、2、1.7、1.2、0.9 个百分点。新兴经济体 GDP 占全球的比重则整体呈现上升趋势，与发达经济体已较为接近。其中，中国的表现尤为突出，上升了 10.6 个百分点，标志着中国逐步成为世界性经济大国，因此也应当承担起相应的重任。

此外，自 1980 年以来，中国 GDP 占全球的比重和对全球增长的贡献率稳步上升。1980 年，中国 GDP 占全球的比重仅为 1.7%，对全球增长的贡献率为 3.8%，远远落后于美国和日本。而到 2012 年，中国 GDP 占全球的比重为 11.4%，对全球增长的贡献率为 13.4%，赶超日本、紧随美国。由此可见，中国发展经济对全球的影响举足轻重。

随着经济全球化的发展，各国经济紧密相连，一荣俱荣、一损俱损的局面开始形成。全球金融一体化作为一个突出的例证，代表了经济全球化水平的提高，随之也带来了一些问题。国际金融危机成为人类共同面对的挑战，因此经济全球化需要新的全球治理以及改革相应的治理机制。就目前的情况来看，改革原有的治理机制并建设新机制似乎路途漫漫，于是作为替代性安排的区域性协调机制开始涌现。它首先体现为急待解决的区域性经济贸易金融协调机制的安排。

中国已成为全球性的经济大国。一方面表明中国有义务、有能力向全球提供包括制度安排在内的公共产品，另一方面中国经济增长对世界贡献率的提高意味着中国经济的可持续增长对世界的意义重大，两者结合起来，中国有责任参与全球治理，首先是区域性治理机制安排，而"一带一路"成为首选地区，这是历史担当。

2013 年 9 月和 10 月习近平主席分别提出共建"丝绸之路经济带"和"21 世纪海上丝绸之路"的合作倡议，即"一带一路"倡议。它将充分依靠中国与有关国家既有的双多边机制，借助既有的、行之有效的区域合作平台，"一带一路"旨在借用古代丝绸之路的历史符号，高举和平发展的旗帜，积极发展与沿线国家的经济合作伙伴关系，共同打造政治互信、经济融合、文化包容的利益共同体、命运共同体和责任共同体。其中，丝绸之路经济带重点畅通中国经中亚、俄罗斯至欧洲（波罗的海）；中国经中亚、西亚至波斯湾、地中海；中国至东南亚、南亚、印度洋。21世纪海上丝绸之路的重点方向是从中国沿海港口过南海到印度洋，延伸至欧洲；从中国沿海港口过南海到南太平洋。

丝绸之路实则分为三条路。其一为西北路上丝路。汉高祖刘邦首创和亲政策。"汉与匈奴约为兄弟"，双方"通关市"。汉武帝发动了对匈奴的三大战役，结果是把中原和天山以南的老农业区以及中亚、西亚的农业区连接起来，广设驿站等配套设施，拓宽了丝绸之路。公元前138年和公元前119年，汉武帝派张骞出使西域。汉朝在敦煌到盐泽（今罗布泊）之间设立了交通亭，以保护汉朝与西域诸民族之间的交通要道。商品从楼兰经天山南道传入中亚乃至欧洲，其中输出的有丝织品、漆器、铜器、玉器和装饰品等，其中丝绸是主要商品。其二为西南陆上丝路。公元前4世纪"蜀身毒道"开辟，从四川出发，经过云南、缅甸至印度。川滇段有两条：一条是从成都出发，经雅安、西昌到达会理后，折向西南渡金沙江至云南大理；另一条是从成都出发，到宜宾后沿秦代开凿的"五尺道"南行，折入横江河谷至云南昆明、大理。之后经腾冲到达缅甸境内的八莫，从八莫出发分水陆两路到达印度。其中，丝绸、蜀布、筇竹杖、工艺品、铁器等不断输出。其三为海上丝路，丝绸要经亚洲西部古国安息（今天伊朗高原和两河流域）商人转销至大秦（即罗马帝国）。罗马人希望能找到海上通道至中国。汉朝在东北、东南沿海地区开辟了新的航线。汉朝海船自广东徐闻、广西合浦往南，经南海、通过马六甲海峡向印度洋航行，通向印度和斯里兰卡。斯里兰卡是这条海上贸易之路的重要中转站。宋朝北方频发战乱，海上丝路取代陆路成为中国与外国经济贸易交往的主要渠道。贸易路线多达数十条，通往50多个国家。

丝绸之路对全球经济的影响深远。据数据统计，丝路区域在人口、农业、外资流入方面表现突出，分别占全球的61%、51.2%、40.8%。工业、农业、贸易在世界上都有举足轻重的地位，由此体现出丝路区域在全球经济中的重要性。

丝路区域经济对全球经济的贡献也在持续上升。截至2013年，丝路区域的年均经济增长速度已从1990—2000年的3.7%上升至5.1%，高于世界水平2.4%。相比于中国经济对全球经济的贡献率，自1990年以来，丝路区域长期领先，并整体呈增长趋势。截至2013年，其贡献率达到33.7%，高于中国水平16.7%。尤其是在经济危机后，丝路区域经济对全球经济的贡献率大大提高，其中中国成为显著因素。

与此同时，丝路区域也是全球贸易和跨境投资增长最快的地区之一。丝路区域对外贸易年均增长速度领先于世界水平。据数据统计，自 1990 年以来，丝路区域对外贸易年均增长速度从 11.3％（高于同期世界水平 4.9％）上升到 2012 年的 13.1％（高于同期世界水平 5.3％）。就外资净流入年均增长速度而言，1990—2000 年，世界水平为 21％，高于丝路区域年均增长速度 17.4％。而在 2000—2010 年，丝路区域年均增长速度达到 18.9％，远超仅为 1.5％的世界水平。整体而言，截至 2013 年，丝路区域的外资净流入年均增长速度高于世界水平 6.8％，成为全球贸易和跨境投资增长最快的地区之一。可见丝路区域贸易增长十分迅猛且相互间贸易规模非常之大，对外资高度依赖，成为外资流入最快的地区。

前 20 大经济体是丝路区域的核心。"一带一路"沿线涵盖 65 个经济体，其中前 20 大经济体为丝路区域的核心区。2000—2013 年，前 20 大经济体 GDP 在整个区域的占比一直接近 90％，其中中国、俄罗斯、印度等一直保持在前 20 名，若这三大经济体携手，其发展便能解决许多问题；东盟十国的经济总量占比从 2000 年的 13.63％下滑至 2013 年的 10.54％；孟加拉国、匈牙利等虽然没有持续保持在前 20 名，但整体经济发展速度并不迟缓，以哈萨克斯坦为例，其排名从 2000 年的第 30 名跨越至第 18 名。中国的表现尤为突出，经济总量占比从 2000 年的 27.07％持续攀升至 2013 年的 41.38％，超过"一带一路"区域经济总量的 2/5。

丝路区域外汇储备丰富并高度集中。2000—2013 年，该区域外汇储备从 7 608 亿美元猛增至 7.55 万亿美元。"一带一路"共建国家外汇储备集中程度一直较高。2000 年，前 10 大经济体外汇储备占比为 75％，2013 年进一步增至 87％。2013 年，中国、中国香港和沙特阿拉伯、俄罗斯、印度的外汇储备累计达 5.7 万亿美元，占比高达 76％。尤其是亚洲地区因深受儒家文化的影响，储蓄率都相对较高，反映在国际上即为外汇储备丰富，具备投资能力。

丝路区域是全球经济增长潜力最大的地区。2000—2013 年，人均 GDP 复合增长率超过 10％的经济体有 30 个。2000—2005 年，人均 GDP 复合增长率超过 20％的国家仅有俄罗斯、哈萨克斯坦和塞尔维亚 3 个国家；2006—2013 年则增至 17 个，其中，尼泊尔和柬埔寨人均 GDP 复合增长率超过 50％。达到中高等收入国家及以上水平的经济体，从 2000 年的 21 个增至 2013 年的 41 个，在 65 个经济体中占比为 63％，高于全球的 61％；低收入国家仅 5 个，在 65 个经济体中占比为8％，远低于全球的16％。2000年，中国人均GDP为949美元，在65个经济体中排名第39；2013年，中国人均GDP跃升至6 807美元，跨入中高等收入国家行列，排名也上升至第32。从整体来看，丝路区域人口占全球的将近三分之二，而GDP仅占全球的三分之一，这一差距意味着丝路区域依然有十分充裕的增长空间。

丝路区域对国际贸易和跨境投资的依赖性较强。1990年以来，丝路区域的对外贸易依存度和外资净流入依存度几乎均显著高于世界平均水平。2012年丝路区域对外贸易依存度达34.5％，高于世界25.3％的水平；2013年丝路区域对外资净流入依存度为6.3％，高于世界4.41％的水平。由此可见，丝路区域依然为快速发展的地区，而且此快速发展并非内生，而是需要外力的帮助，因此丝路区域对跨境投资的依赖程度极高，必须高度依赖外资的流入。换言之，丝路区域投资机会非常多。

丝路区域是各大国高度关注的地区。早在20世纪80年代，联合国就有丝绸之路复兴计划，且开始不断推行计划，与丝绸之路的期望相同，即改善欧亚大通道的软硬条件。1988年联合国教科文组织启动为期10年的"对话之路：丝绸之路综合研究"项目，旨在促进东西方的文化交流。一直以来，联合国有序而全面地推动国家之间的合作：2003年，联合国发起"丝绸之路倡议"；2005年，联合国开发计划署启动"丝绸之路区域合作项目"，并设立"联合国丝绸之路城市奖"和"丝绸之路投资论坛"；2008年，联合国开发计划署发起"丝绸之路复兴计划"，由230个项目组成，执行期限为2008—2014年，投资总额达到430亿美元，用于改善欧亚大通道的软硬件条件。1997年，日本首相桥本龙太郎把中亚及高加索8国称为"丝绸之路地区"。日本则开启"丝绸之路外交"，提出在三个方面促进经济和能源合作：一是通过高层访问和对话增强与中亚国家的政治互信；二是突出经济和能源领域的合作，通过经济渗透方式争取地区能源开发与贸易主导权；三是通过以帮助该地区国家实现民主化改革为名义，扩大日本的地区事务影响力。俄罗斯则成立了欧亚联盟，打造贸易与军事同盟。2010年，俄罗斯、白俄罗斯、哈萨克斯坦正式成立关税同盟；2012年，三国成立欧亚经济委员会；2014年三国签署了《欧亚经济联盟条约》。美国国务卿希拉里提出了"新丝绸之路计划"，即通过基础设施建设、制度方面的改善，打造亲美政治区。

（二）"一带一路"对中国经济可持续发展的意义

中国经济增长正迈入新阶段。过去中国经济增长靠低成本的制造，主要靠廉价劳动力。亚洲经济增长方式即传统的二元经济转换方式：工业部门较为弱小，但其劳动生产率比较高；农村部门非常庞大，但其劳动生产率比较低，尤其是边际劳动生产率等于零。之所以有经济增长过程，是因为具有较高劳动生产率的工业部门能够提供较高的工资，因此农村部门的劳动力愿意到城里的工业部门就业，促进了劳动力的转移。

工业化不仅表现为工业品产值占整个 GDP 的比重提高，而且表现为工业部门就业的劳动力在整个劳动力中的比重持续提高，后者具有更为重要的工业化意义。中国采取的是二元经济增长模式，即劳动力无限供给条件下的经济增长模式。1993 年，中国的增长模式开始大规模展开，在邓小平同志发表南方谈话后，人们背井离乡，前往深圳等沿海地区，成就了沿海的经济发展。因外出至沿海打工的农民基数过大，劳动力竞争异常激烈，工资常年维持在较低水平，缔造了中国的廉价制造业，使中国产品从此有了竞争力，中国成为世界工厂。

（1）低成本制造。

1996—2008 年，随着外出农民占乡村青壮年人口的比例持续逐年增长，农村逐渐成为儿童和老人的留守之处，意味着农村的劳动力不再充沛。城市工资水平普遍呈上涨趋势，其中，新疆、甘肃、广西是工资增长最快的地区，我国的低成本制造面临挑战。

（2）技术进步。

假设有三种情景：一是工资上涨 10%；二是社会保障上涨 5%，工资不变；三是工资上涨 10%，社会保障上涨 5%。其中第三种情景正是中国的现实情况。研究表明，劳动成本上升必然对中国的产业发展产生影响，主要影响的是劳动密集型行业。其中，农副产品加工，包括食品制造、纺织、鞋帽、皮革皮毛等，均为劳动密集型行业，所受影响不言而喻。而诸如电器设备及器材、交通运输设备等高技术行业，利润率和利用率均呈现出下降。这说明中国应将技术进步放在首要位置，创新是国家的命脉。

从技术创新角度来看，需进一步对外开放来获取技术。一方面，中国的研究人员劳动力成本存在竞争力。研发基地不设在本国，而转向吸引国外研发中心落户的中国。另一方面，通过海外兼并来收购别人的技术，过去两年中国企业在海外大量实施兼并，其核心均与技术进步、品牌制造相关。因此，必然促成了进一步对外开放，"一带一路"倡议的提出成为必然。

（3）资源环境约束。

一方面，中国经济发展步入新阶段，过去经济增长是能源消耗型、环境污染型、资源耗费型的，根据现状已不符合可持续性要求。中国的石油进口依存度超过60％，并且随着居民消费升级、汽车消费增加、工业化城镇化推进，石油消费还将快速增加；2011年，中国人均耕地面积仅为1.35亩，不及世界平均水平的一半，且目前中国还处于重化工业阶段，能源需求在加大，全球能源供应日趋紧张。环境问题局部有所改善，总体尚未得到遏制，形势依然严峻，压力持续增大。而所谓产能过剩，即超出自然资源环境所能承载的极限。欲突破这一瓶颈，就需要有产能上的国际合作。

另一方面，中国经济还在持续发展，中国人均收入正持续提高。若在未来五年里，中国经济能保持6.5％的增速，且人均收入与此同步，便意味着在从2010年到2020年的十年间，中国人均收入实现翻一番，中国人均GDP将超过1万美元，从而不断向高收入社会迈进。之后对资源、能源的消耗还会日益增高，"一带一路"可为中国的产能转移和资源保障提供机会。

世界经济低迷，中国出口难以维持，我们能否找到新的市场？中国面临的资源环境约束能否找到新的突破口？中国低劳动力成本的优势不再，我们能否找到更廉价的劳动力？中国需要技术进步，我们能否找到更好的技术？解决这些问题对中国经济可持续增长是有益的。在这样的背景下，中国企业"走出去"成为历史的必然。

中国企业对外投资规模增长迅速。2013年中国对外直接投资流量规模突破1 000亿美元，存量规模突破6 000亿美元，占世界的比重分别为7％和2.3％，但仍大幅低于中国在全球经济总量和贸易总额中的份额。

丝路国家是中国的重要贸易与投资伙伴。自2010年以来，中国对丝路区域的贸易年均增长率为19％，投资年均增长率为46％；在2013年中国企业"走向"丝路区域的方式中，贸易占25％，投资占16％，工程承包占50％。除了传统贸易与投资，该地区同时也是中国劳务出口最重要的目的地。

"一带一路"将为中国经济增长增添新动力。通过加快企业"走出去"，积极在"一带一路"共建国家布局，可促使企业寻求技术进步，提高生产效率；通过扩大对"一带一路"共建国家的出口，可消解国内过剩产能；通过促进与周边国家互联互通，可增加中国的发展潜力。

中国已在共建国家承接大量基础设施建设项目。在跨境高铁领域，欧亚高铁、中亚高铁、泛亚高铁已在进行中。在基建领域，有中国—中亚天然气管道 D 线建设、改造升级印度铁路、推进斯里兰卡港口建设运营、临港工业园开发建设。在陆路跨境油气管道建设方面，已开展的有西气东输三线、四线、五线工程，中国—中亚天然气管道 D 线工程，中俄东线、西线天然气管道工程。在通信及电力领域，中缅、中塔、中巴等未完成的跨境通信干线正在进行中，并规划东南亚方向未开通的海底光缆项目，以及对西南电力信道、中俄电力信道进行规划建设或升级改造。

与"一带一路"共建国家的经济合作对中国有诸多好处，首先是推动区域经济结构调整。过去中国发展中的关键因素是对外开放，沿海地区将工业化战略纳入全球化进程，加快了沿海地区的成长。如果经验可取，便可以通过向西开放，使西部经济通过开放发展起来。从这个意义上讲，"一带一路"不仅仅是海外市场，国内西部地区也会被带动起来，向西开放带动生产要素的横向移动，必将改善中国经济区域性结构，同时保障中国的能源安全，进而提升综合效益。

（1）推动区域经济结构调整。

中国中西部地区是"一带一路"的主区域，将吸引更多的产业和资金流入，推动其经济发展。"一带一路"倡议将产生区域协同效应，推动沿线省区的全面开放，打破原有点状、块状的对外开放模式，改变区域发展版图，形成人流、物流、资金流的互联互通和产业的转移。

（2）保障能源安全。

除了原有传统的海上通道外，新陆路通道陆续出现。俄罗斯西伯利亚至中国大庆的石油管线和哈萨克斯坦至中国霍尔果斯入境的油气管道已建成，在俄罗斯西部和中国霍尔果斯之间将有新的油气管道，昆明至缅甸的石油管道已经修通。这意味着海上石油通道大幅缩短，通过印度洋便可直达上海，规避马六甲海峡的风险。现正规划中国喀什至巴基斯坦的油气管线，该管线成为波斯湾油气进入中国的最短通道。这些通道的如期完成将大大提升中国的能源安全。

（3）提升综合效益。

目前中国有多条国际铁路正在规划当中。首先，中吉乌铁路为连通中亚的第二条通道，若将其向西南方向延伸，即为喀什到巴基斯坦的经济走廊；西藏铁路正向此推进，若推进到边界跟尼泊尔接上轨，便能开通进入印度的通道。其次，泰国著名的工程项目番鸭铁路动工。若泰国铁路与老挝铁路实现对接，老挝铁路再与国内铁路实现对接，这条铁路便能从昆明直达新疆。若这条铁路从缅甸入境，横穿缅甸，即为呈十字形的铁路。从缅甸通过孟加拉国进入印度，形成印缅通道，中国的出海口就能得到大幅改善。从瓜达尔和孟加拉湾出海，意味着在印度两侧都有出海口，中国的对外交往和国际贸易、国际投资机会都将大大改善。这将构成中国经济发展的新机遇。丝路区域是全球增长最快的地区，需要庞大的资金支持，而这个地区又是储蓄率最高的地区。

（4）中国与"一带一路"共建国家合作前景远大。

在中亚地区，经济环境为发展中国家，其经济呈现低速稳定增长，重工业发达而轻工业落后，铁路等基础设施增长缓慢，而该地区的石油、天然气、煤矿、铁矿、铜矿均储量丰富，"一带一路"建设抓住这一机遇，投资铁路、电力等基建，并建设中国—中亚天然气管道D线以输送能源。在东南亚地区，经济增长缓慢，但在区域经济一体化中居主导地位，以"10＋1"机制应对周边大国，该地区劳动力成本低廉，劳动密集型产业适合向此转移，因此适合转移纺织等国内已经失去比较优势的劳动密集型产业，同时中国的高端装备具有很强的竞争力。在俄罗斯，卢布受2013年油价下跌冲击较大，俄罗斯经济也因受到西方国家制裁而蒙上阴影，产业结构特点为"重重工业而轻轻工业"，而其油气等自然资源丰富，中俄原油管道等建设将有助于保障国内供给，在基建方面与俄罗斯展开合作。在南亚地区，以印度为代表，新兴经济体正在快速崛起，而人力成本低廉，且第二产业占比低，工业基础较为薄弱，因此可进行制造业、基建领域的投资。在中东地区，经济条件差距悬殊，伊朗由于受西方制裁等因素对中国的高端装备有较高的要求，其以石油为支柱产业，但基础设施建设较为落后，因此可进行石油采掘下游行业的投资，并投资制造业、推进基础设施建设。

中国经济发展的新机遇包括：

（1）"一带一路"是未来全球经济格局的重要板块。

"一带一路"共建国家都处于工业化、城市化发展的重要阶段，在"一带一路"倡议实施后的未来 10 年左右，该地区占全球 GDP 的比重有望达到 35%，并且有望成为与北美、西欧板块并列的新的经济增长板块，进而改变未来世界经济版图。与此同时，世界经济增长中心和财富重心将向"一带一路"转移，因此中国需要打造与经济发展水平相适应的金融支撑体系。

（2）"一带一路"大量基础设施建设需要庞大的资金支持。

从地理指向看，"一带一路"基本上是中国向西开放的通道，经略方向主要是中亚、南亚和东南亚，并一直延伸到西亚、北非、俄罗斯及部分中东欧国家，未来还可能进一步拓展至其他欧洲大陆国家，由此将构建起世界上跨度最大与最具发展潜力的经济走廊；从辐射范围看，大多为新兴经济体或发展中经济体，正处于经济发展的上升期，后发优势强劲，但迫切需要解决交通、电力、信息等基础设施严重不足的难题。据亚洲开发银行估计，"丝绸之路经济带"区域未来 10 年的基础设施投资需求将达 8 万亿美元。

（3）区域合作将形成贸易投资双轮快速驱动。

2014 年，中国在进出口增速仅为 2.3% 的情况下，对"一带一路"共建国家的出口增长超过 10%，未来可望保持较高速增长。中国正在"一带一路"沿线打造孟中印缅经济走廊、中巴经济走廊等，设立了 77 个经贸合作区，改变了中国的贸易格局和模式。经贸合作平台的打造将催生大量跨境投资、贸易结算、货币流通等需求。

对中国来说，区域合作将促成贸易投资双轮快速发展，缓解国内经济增速下行的压力。如果中国能发挥好亚投行或者其他银行的作用，将资源动员起来，就能带动中国金融业的国际化发展。作为国际化发展的结果，该地区将成为人民币国际使用最重要的地区，大大增加人民币国际化的深度和广度，在逻辑上将会形成"人民币区"。因此，"一带一路"对中国经济意义深远，它将引领中国经济登上一个新的台阶。

（4）全球资金配置将带动中国金融业的国际化发展。

"一带一路"区域内的资金不足以支持庞大的战略计划，需要大量从区域外尤其是欧美国际金融中心筹资，中国金融业可以发挥在全球主要金融中心机构的网点和经验优势，通过区内、区外的联动，牵头为大项目筹资。此外，"一带一路"区域内有大量企业来自中国，因此中国金融业可利用在境内服务客户的优势，与"一带一路"区域内客户形成良性互动。

（5）构建"人民币区"，助推人民币国际化。

人民币在"一带一路"区域的认可度大大提升，将有助于在这条世界上跨度最大的经济走廊形成"人民币区"。"一带一路"倡议将为人民币国际化提供新的发展动力。中国人民银行与哈萨克斯坦、乌兹别克斯坦等"一带一路"共建国家的中央银行签署了双边本币互换协议，中国大力拓展跨境金融交易管道，在多个国家和地区建立了人民币清算安排，支持人民币成为区域计价、结算及投融资货币。庞大的贸易和基建投资规模将推动人民币计价及支付走进当地市场，为人民币国际化的发展创造有利条件。

日本在20世纪70年代告别了两位数的经济增长，而中国与日本当时的情况不尽相同：产能过剩、污染严重、资源消耗大等。从那时起，日本积极提倡对外投资，积极提倡国际化，成功实现过剩产能转移，并赢得了新的10年增长，在20世纪80年代迈上新台阶。然而在20世纪90年代，由于经济泡沫破裂，日本经济发展失去了20年。中国目前正处于这一关键时期，借助"一带一路"使经济迈上新台阶对中国经济可持续增长具有重要意义。

（三）"一带一路"倡议下的新形势、新思维、新举措

人们常说，中国提出的"一带一路"倡议与当年的欧洲复兴计划即"马歇尔计划"十分相似。"马歇尔计划"的主要内容是通过资本向下的贷款和援助，形成美元的资本下行逆差，让对方持有美元，再购买美国的过剩物资，从而帮助欧洲实现复兴。从这个意义来看，尤其是从人民币国际化的角度来看，人民币国际化有异曲同工之妙。观察中国的国际收支，最重要的变化发生在2014年：过去中国是双顺差，从2014年开始中国有一顺一逆，资本项目出现逆差。也就是说，中国对外投资超过外商对华投资。

20世纪40年代末期，美国和欧洲的关系基本上是一致的，于是认为"一带一路"倡议是"马歇尔计划"的翻版，人民币国际化即为美元国际化的翻版。实则不然，当年"马歇尔计划"除了经济上的含义，还导致了冷战的开始，其主要政治目的是加强欧美战略联盟，遏制苏联的扩张。反观"一带一路"倡议，以"和为贵"为理念，目标是通商友好，在有利他人的同时获得自身的发展，推崇的是双赢，以谈判妥协、合作为上为手段，以包容为特点，尊重对方的意愿和选择。因此，"一带一路"倡议愈加受欢迎。

在世界经济处于新常态、中国经济处于新阶段的新形势下，借鉴国际经验，吸取历史教训，去其糟粕、留其精华，以合作为手段、以双赢为目标，打造"一带一路"，为经济全球化所需的全球治理机制改革和建设做出新贡献。在上述新思维的引领下，以包容性为基础，探索新途径、新方式，形成新举措，缔造共同和谐发展的基础。其中，中国与巴基斯坦的经济合作可作为典范。从某种意义上讲，上述安排的结果类似于中国农村传统意义的"集市"，不具有任何排他性，钱钱交换、钱物交换、物物交换、现在未来交换均可。总之，以促进交易为上，这是市场经济的真谛。

2013 年 9 月，习近平在访问哈萨克斯坦时提出要用创新的合作模式，共同建设"丝绸之路经济带"，以点带面，从线到片，逐步形成区域大合作；2013 年 12 月，习近平在中央经济工作会议上提出推进"丝绸之路经济带"建设，抓紧制定战略规划，加强基础设施互联互通建设，建设"21 世纪海上丝绸之路"，加强海上通道互联互通建设；2014 年 2 月，习近平主席与普京会晤，就建设"丝绸之路经济带"和"21 世纪海上丝绸之路"，以及俄罗斯跨欧亚铁路与"一带一路"的对接达成共识；2014 年 12 月，中央经济工作会议再次强调重点实施"一带一路"建设、京津冀协调发展、长江经济带发展三大战略，争取 2015 年有一个良好的开局；2015 年 3 月，博鳌亚洲论坛召开之时，国家发展改革委、外交部、商务部经国务院授权发布《推动共建丝绸之路经济带和 21 世纪海上丝绸之路的愿景与行动》。

（1）建设"一带一路"的愿景与行动。

2015 年 3 月，中国政府发布《推动共建丝绸之路经济带和 21 世纪海上丝绸之路的愿景与行动》。该文件明确了"一带一路"共建各国合作重点，其中基础设施互联互通是"一带一路"建设的优先领域，投资贸易合作是重点内容，具体表现为"五个通"：政策沟通、设施联通、贸易畅通、资金融通、民心相通。"五个通"构成整个地区全方位的合作。中国建设"一带一路"的愿景和行动，就是在这些方向实现相互衔接、相互安排，形成"一带一路"持续滚动发展的态势。目标也由此变得清晰起来，首先打通关键通道和关键节点，进一步完善区域基础设施，基本形成安全高效的海陆通道网络，互联互通达到新水平，投资贸易便利化水平进一步提升。

在民心相通方面，要传承和弘扬丝绸之路友好合作精神，广泛开展文化交流、学术往来、人才交流合作、媒体合作、青年和妇女交往、志愿者服务等，为深化双多边合作奠定坚实的民意基础。例如，中国政府承诺针对该地区提供1万个政府奖学金名额，鼓励该地区学子前往中国学习，同时积极派遣留学生。"一带一路"沿线多为阿拉伯国家，中国对阿拉伯国家的习俗、语言、文化、经济制度、政治制度的了解尚不完善，因此急需这方面的人才。

因此，"一带一路"秉持着努力实现区域基础设施更加完善，安全高效的海陆空通道网络基本形成，互联互通达到新水平，投资贸易便利化水平进一步提升，高标准自由贸易区网络基本形成，经济联系更加紧密，政治互信及人文交流更加深入等目标继续前行。

（2）"一带一路"建设的原则和框架。

"一带一路"以坚持开放合作、坚持和谐包容、坚持市场运作、坚持互利共赢为共建原则，是促进共同发展、实现共同繁荣的合作共赢之路，是增进理解信任、加强全方位交流的和平友谊之路。"一带一路"贯穿欧非大陆，一头是活跃的东亚经济圈，一头是发达的欧洲经济圈，中间广大腹地国家经济发展潜力巨大。陆上依托国际大道，以沿线中心城市为支撑，以重点经贸产业园区为合作平台，共同打造新亚欧大陆桥、中蒙俄、中国—中亚—西亚、中国—中南半岛等国际经济合作走廊。海上以重点港口为节点，共同建设通畅安全高效的运输大通道。中巴、孟中印缅两个经济走廊与推进"一带一路"建设关联紧密，要进一步推动合作，取得更大进展。

"一带一路"的合作重点是政策沟通、设施联通、贸易畅通、资金融通和民心相通等"五通"建设。加强政策沟通是"一带一路"建设的重要保障，因为要构建多层次政府间宏观政策沟通交流机制，深化利益融合，促进政治互信，所以沿线各国可以就经济发展战略和对策进行充分交流对接，共同制定推进区域合作的规划和措施。基础设施联通是"一带一路"建设的优先领域，加强基础设施建设规划、技术标准体系的对接，共同推进国际骨干通道建设，逐步形成连接亚洲各次区域以及亚欧非之间的基础设施网络，强化基础设施绿色低碳化建设和运营管理。投资贸易合作是"一带一路"建设的重点内容，着力研究解决投资贸易便利化问题，消除投资和贸易壁垒，积极同共建国家和地区共同商建自由贸易区，优化产业链分工布局，推动上下游产业链和关联产业协同发展，鼓励建立研发、生产和营销体系，提升区域产业配套能力和综合竞争力。资金融通是"一带一路"建设的重要支撑，深化金融合作，推进亚洲货币稳定体系、投融资体系和信用体系建设，扩大共建国家双边本币互换、结算的范围和规模，推动亚洲债券市场的开放和发展，支持共建国家政府和信用等级较高的企业以及金融机构在中国境内发行人民币债券，符合条件的中国境内金融机构和企业可以在境外发行人民币债券和外币债券，共同推进亚洲基础设施投资银行、金砖国家开发银行筹建，加快丝路基金组建运营，深化中国-东盟银行联合体、上合组织银行联合体务实合作，以银团贷款、银行授信等方式开展多边金融合作。民心相通是"一带一路"建设的社会根基，传承和弘扬丝绸之路友好合作精神，广泛开展文化交流、学术往来、人才交流合作、媒体合作、青年和妇女交往、志愿者服务等，为深化双多边合作奠定坚实的民意基础。

（3）"一带一路"实践的最新案例。

中巴经济走廊在中国总理李克强于 2013 年 5 月访问巴基斯坦时提出，以加强中巴之间交通、能源、海洋等领域的交流与合作，加强两国互联互通为初衷，促进两国共同发展。该项目于 2015 年 4 月启动，以中国新疆喀什为起点，以巴基斯坦瓜达尔港为终点，全长 3 000 公里，北接"丝绸之路经济带"、南连"21世纪海上丝绸之路"，是贯通南北丝路的关键枢纽，是一条包括公路、铁路、油气和光缆通道在内的贸易走廊，也是"一带一路"建设的重要组成部分。其重点推进的项目有：喀喇昆仑公路、加达尼和塔尔能源项目、瓜达尔港口运营、卡拉奇—拉合尔高速公路。通过中巴两国的密切合作，巴基斯坦的高速公路、高铁、港口、机场和水利等领域正在快速发展，同时也为两国人民提供了许多就业岗位，为两国经济腾飞做出了巨大的贡献，被称为"一带一路"建设的样板工程。

现在全球唯一的未开发之地是伊朗。作为一个拥有 8 000 万人口的大国，伊朗曾经是西亚地区经济最发达的国家，也是发展最快的国家。现在国际社会已经解除对伊朗的制裁，由此它可能成为爆发力最强的国家。

伊朗总统在访问巴基斯坦时，问到"一带一路"能不能连到伊朗去。由于巴基斯坦和中国是全天候的朋友，民间交流往来根基较深，因此在项目推进方面显得相对容易。因此答案是肯定的，即"一带一路"是可行的。当然"一带一路"也是有风险的，如何化解风险就变成首要关注的问题。

（四）　"一带一路"建设进程的风险防范及制度配套

一般来说，中国企业赴海外投融资面临的风险包括政治风险、宏观经济不稳定、腐败、员工水平无法保证、基础设施落后、市场机会有限、政府不断增加干预等。鉴于"一带一路"共建国家众多，在推进过程中会面临诸多特殊制约因素，包括区域经济一体化进展缓慢、区域内贸易与投资比重偏低、贸易和投资往来存在较多障碍、基础设施建设滞后、非经济因素产生干扰及不利影响。

（1）对国际治理的理解差异大。

现行的国际治理机制是二战后形成的，是建立在发达与不发达即"南北差距"的基础上的。治理表现出单向性，即发达治理不发达。例如，在国际货币体系中，调节国际收支通常要求由逆差国进行。如果说战后初期这种治理机制尚有效，那么经过 70 年的发展，目前发达国家与发展中国家在 GDP 意义上的南北差距趋于消失，使传统的治理机制失灵。一个明显的例证就是 IMF 对此次金融危机无力无能。改善国际治理机制，建立全球新秩序已成为一致的呼声。然而种种迹象表明，发达国家尤其是美国对此充耳不闻，IMF 的改革方案被美国否决。

"一带一路"带来的国际治理概念和传统的国际治理概念不一样。如果说传统的国际治理概念是指进行强制性的原则性的安排，那么"一带一路"则是友好协商型的，更具有包容性。不容否定的是，不具有包容性的安排在目前情况下是行不通的，这是急需改革的原因之一。但具有包容性的"一带一路"就行得通吗？这还有待在实践中检验，并没有得到证实。比如在阿拉伯地缘政治风险的处理上，中国更强调"和为贵"，推动了对伊朗制裁的解除。但它在叙利亚等其他国家是否有效呢？这还需要时间来证明。这是"一带一路"可能遇到的很特殊的风险。

（2）宗教文化差异大。

"一带一路"区域是人类最早繁衍的地区，也是文明的发源地。长久以来，形成了不同的文化、习俗、价值观、社会结构以及政治制度，相互之间时有冲突，历史上曾发生多次宗教战争就是例证。因社会的不稳定性高，这一地区逐渐成为滋生恐怖主义的温床。由于文化差异，在经济合作方面会遇到意想不到的困难。例如，一些阿拉伯国家的金融模式具有特殊性，借贷双方可以参与投资、合作共赢，但不能收取利息（伊斯兰银行原则）。再如，经济纠纷的解决多数不通过法律，而是依赖宗教、习俗或政治手段。

（3）"货币原罪"深重。

1997 年，该地区爆发了历史上最严重的金融危机——亚洲金融危机。通过深入研究，人们发现，该地区存在着"货币原罪"。这表现为三个错配：一是货币错配，尤其是东亚地区多为出口导向型经济体，对国际贸易的依赖性强。其中相互间的贸易总额占 50％左右，但都以区域外货币计价、结算。二是期限错配，该地区尤其是东亚地区是经济增长最快的地区，需要大规模的长期投资，但流入该地区的资本多为短期资本，不仅难以满足需要，更重要的是短期资本频繁流动将伤害宏观经济稳定。三是结构错配，该地区尤其是东亚地区是全球储蓄率最高的地区，但由于金融基础设施匮乏，金融市场不发达，因而储蓄为区外所动员，并返投该地区。

当前推进贸易投资合作的主要内容包括五个方面：一是支持相关国家签署双边或次区域的自由贸易协定；二是发挥现有区域合作机制的推动作用；三是加快基础设施的互联互通；四是共建区域开放性金融机制；五是加强政策沟通与协调。

其中为各国所接受的解决方案是建立双多边多层次的自由贸易区协定。通过双边、多边自由贸易区的建设，互相咬合，由此使得风险可控。打造中国-东盟自由贸易区升级版，促进中国-中亚合作在上海合作组织框架下从政治型向经济型过渡，这些都是自由贸易安排，但不能只理解为相互贸易，而是体现在各个方面。在现代条件下，自由贸易的概念已经不再是传统的 WTO 概念，而是 TPP 概念。从经济学的角度讲，WTO 和 TPP 的区别在于，WTO 的基本原则是投资贸易自由化，开放贸易，降低关税，降低贸易壁垒，实现货物自由进出。而 TPP 的原则更高，即负面清单标准，只要行业不受限制，未被列入负面清单，任何人都能够无障碍进出，且不允许对外资内资有区别对待。

将 WTO 与 TPP 比较发现，其中很多问题对中国来说都是挑战。例如竞争中立原则，即一国政府不应该袒护任何一方。在中美谈判中，美国人常常质疑中国国有企业不分红。若中国国有企业不分红，便属于廉价使用资本，存在不公平性，政府竞争不中立。而党的十八届三中全会提出了一个数字，到 2020 年中国国有企业分红比例提高到 30％，这就体现了竞争中立原则。再者，TPP 原则下的清洁贸易机制要求各国实现环保和绿色，存在污染就会被征碳税以促进环保。

这对中国这么大一个出口国来说是个很大的挑战。所以 TPP 原则是更高的开放标准。自由贸易区便要向这个方向过渡，即要达到更高标准的投资贸易自由化。尽管暂时无法达到这一标准，但可以朝这一方向不断努力，这就是中国（上海）自由贸易试验区的目的。

区域大国的引领作用至关重要。通过双多边的自由贸易体制多层次地形成一个共同体，共担风险、实现共赢，其中几个大国的引领作用至关重要。在"一带一路"沿线 65 个经济体中，中国、俄罗斯和印度的 GDP 占全球的比重超过 5%。这些大国的合作，包括与欧洲国家的合作，极为关键。在此基础上，行为策略也是值得关注的核心，"一带一路"倡议是中华民族伟大复兴的长期战略考虑。需要形成前后衔接的阶段性策略安排，并一以贯之，渐进式推进。在未来阶段，行动的基本策略方针应是在不对既有国际治理领导权形成根本性挑战的基础上，寻求国际治理机制的改善，可称其为"胸怀天下，内外统筹，陆海共济，东方两翼，经营周边"。

三、再创深圳新优势[①]

40 年前，与深圳一起被辟为经济特区的有 4 个，然而，同为经济特区，唯有深圳时时处处受人关注，其一举一动都有所争论，任何一条经验都成为引领中国经济的风向标。按理说，深圳是中国众多经济特区中的一个，如同其他经济特区，区域独特性经验并不能放之四海而皆准，但争论与关注却表明深圳经验具有某种普遍意义。换言之，中国经济发展的普遍需要，形成了深圳经验的领先性，因这一领先性蕴含着普适性，使深圳经验超越独特性而能放之四海而皆准。由此，如何理解深圳经验的独特性与普适性之间的关系？作为经济特区的深圳和作为中国城市的深圳，二者是什么关系？

（一）昨天：深圳经验的核心是"特区不特"

以上问题的答案只有放在大的历史维度中才能显现。

---

① 曹远征. 论深圳经验的特殊性和普适性：经济特区建立 40 周年回顾与展望. 开放导报，2020（4）：19-26.

近两百年的全球发展表明，当代现代化是基于工业化的人类生产方式和生活方式的历史性过程。它既是劳动生产率的快速提升，表现为 GDP 与人均收入的大幅提高，更是与工业化进程相适应的经济、教育、社会、文化以及人与自然环境（生态）制度安排形式的持续变迁。由于工业是以他人为目标的标准化大规模的社会化生产，其内生逻辑及外在趋势是市场经济。以市场为导向的经济体制安排因此成为尽管不唯一但较佳的组织经济的体制形式。

以工业化为基础的市场经济是一种自生长的秩序并可以持续地自我扩展。在纵向上，它持续生长，是将与之相适应的秩序扩展到社会生活的各个领域。在横向上，它持续扩展至全世界。到 20 世纪 90 年代，以冷战结束为标志，绝大多数国家采取了市场经济体制。体制的一致性极大地降低了制度性交易成本，使全球可贸易程度大大提高，不仅商品贸易快速增长，而且生产要素贸易飞速发展。这体现为国际贸易增速快于 GDP 增速，而国际金融的发展速度又快于国际贸易增速。全球性投资贸易自由化的结果是出现了全球供应链。一个产业不再拘泥于一国之中，而是横卧在各国之间，由此改变了产业的组织形式。产业链环节外包的大规模出现，使企业管理更加扁平化，全球供应链管理成为企业管理的重要内容，甚至是最重要的内容。由此，经济全球化实质上是市场经济体制机制的全球化。

新中国成立 70 年来，尤其是改革开放 40 年来，在追求经济现代化即工业化的努力中，计划经济体制的失败和市场取向性经济体制改革的成功，从正反两个方面体现了上述经济现代化规律不以人的意志为转移的客观性。总结改革开放 40 年经济成功的基本经验，无外乎两条：通过改革，将由计划主导的国家工业化转变为由市场主导的全民工业化，推进市场竞争，提升企业活力，实现经济繁荣；通过开放，将这一全民工业化进程纳入经济全球化进程，在国际循环中，加快产业结构升级，实现经济快速增长。由于与国际通行的市场经济体制机制接轨，短短 40 年，中国成为全球第二大经济体，而且有望在 2035 年之前成为全球第一大经济体。从这个意义上讲，中国改革开放以来的经济成长，实际上是在特殊的历史条件下通过改革开放，在更大规模上重现了当年亚洲国家经济成长的轨迹及经验。

将深圳植入这样一个历史维度，我们可以看到深圳经验独特性的普遍意义。所谓"在更大规模上重现了当年亚洲国家经济成长的轨迹及经验"，是基于这样一个客观经济事实：一如其他亚洲国家，中国同样存在二元经济结构。一个弱小的工业部门，因劳动生产率较高而能提供较高的劳动报酬，吸引边际劳动生产率趋近于零，从而劳动报酬递减的传统农业部门劳动力向工业部门转移。这不仅增加了劳动力的报酬，而且增加了资本产出，成为工业再投资、扩大再生产的来源。由此，形成劳动力无限供给条件下的经济增长过程，即工业化过程。这一工业化过程，也是国民经济结构转变的过程，不仅呈现为国民经济结构由农业向工业的转变，而且在工业内部呈现为由初级工业化（轻工业）向高级工业化（重工业）的转变。若将这一过程纳入全球经济体系，通过进口替代与出口导向的有机衔接、层层递进，会加快上述结构转变。

当结束"文化大革命"，中国再次睁开眼看世界时，首先面对的是我们曾经认为落后的周边国家以上述经济发展方式迅速实现工业化。其中，日本和韩国已经成功或接近成功，陆续晋升为 OECD 发达国家。中国建立深圳经济特区的初衷之一是"一点两面"，既通过经济特区这个点，对外面向太平洋，对内面向中国腹地。位于这两个扇面交接处的深圳，通过实施领先于内地的对外开放的经济特区制度安排，在实现自身发展的同时，引领全国的发展。

今天看来，这一经济特区制度安排的实质就是将这种经济发展模式传导到内地，路径是通过引进技术实现初级进口替代，进而转向初级出口导向，再由初级出口导向转向次级进口替代，在此基础上实现次级出口导向，层层递进，螺旋上升。这一路径反映在空间格局上，就是沿海发展战略，通过不断地"腾笼换鸟"，在沿海产业升级的同时，将技术和产业转移到内地。从这个意义来讲，有别于内地的经济特区制度安排，为改革开放前封闭的中国提供了一扇对外开放的窗口。在这一窗口中产生的经验尽管是独特的，但在模式意义上却是普遍的。

但是，问题的深刻性不仅仅在于此，更在于深圳在中国改革开放中独特的历史作用。

所谓"在特殊的历史条件下通过改革开放"，是指基于这样一个客观事实：区别于其他亚洲国家，中国是在计划主导的国家工业化基础上，引入市场经济体制并向世界开放的。在 20 世纪 80 年代，人们曾用形象化的语言"倒爬梯子"来描述这一过程。有别于不加管制的自然状态，即市场经济发育中的其他亚洲国家工业化进程，改革前 30 年是计划主导的国家工业化。在这一国家工业化过程中，形成了一大批国有国营工厂。它们既是国家工业化的产物，也是进一步推动国家工业化的基础。但是，它们的运行方式及行为方式却与市场经济条件下的企业迥然不同。它们是指令性计划的附属于政府的生产单位，没有自身利益，不存在实现利润最大化的冲动，而是唯计划指标是从，按指令行事。也正是这种情况，构成了改革开放初期关于社会主义生产目的讨论的历史背景。讨论的主题虽然是国有国营工业为谁生产、怎样生产，但背后的焦虑却是国有国营工业的效率低下、投资饥渴，反映在宏观层面就是国民经济比例失调，浪费严重。

中国建立深圳经济特区的另一初衷是通过引进三资企业来引进管理经验，为内地经济提供示范。大量三资企业落地深圳，带动了民营企业的发展。从全国的格局看，形成了深圳与内地"双轨并存"的局面。反映在微观层面是深圳非国有企业与内地国有国营工厂的"双轨并存"，二者的行为与管理方式存在根本性差异。反映在宏观层面是资源配置方式的"双轨并存"，表现为计划价格体系与市场价格体系的双轨制，两种价格形成机制存在根本性差异。

由于市场经济是一种自生长的秩序，因此，在逻辑上，市场"一轨"对整个经济体制的变迁具有边际引导作用，并且随着这一引导作用日渐加大，市场经济体制终会取得主导地位，形成"一轨（计划轨）变两轨（计划轨与市场轨并存），两轨并一轨（市场轨）"的路径依赖性渐进式体制演变。历史上，深圳是这一路径依赖性渐进式体制演变的现实呈现。当深圳的非国有企业及相应的资源配置方式展现出效率时，不少内地企业到深圳设立分支机构，不少地方政府到深圳招商引资，使深圳经验不胫而走，在细节上日益渗透，诱导并促使内地国有国营工业的行为及机制日益产生从量到质的变化，使其逐渐具有了利润最大化的目标，其治理机制也逐渐向现代化方向转变。这一微观层面的变化反映到宏观层面，价格不再是计划经济体制下的核算工具，而是逐渐具有引导资源配置的功能。起初表现在生活资料上，随后表现在生产资料上，进而表现在各种生产要素上。从这个意义上讲，有别于内地的经济特区制度安排，为当时计划经济体制占主导地位的中国打开了一个缺口。在这一缺口上新体制的萌芽尽管是幼稚的、另类的，但在模式意义上却是普遍的。深圳在自身体制建设的摸索中，带动了全国体制改革的深化，由此，深圳经验在中国改革的历史进程中逐步展现出普适性。

由上，深圳经验之所以对中国具有普适性，是因为它将符合工业化规律的市场经济体制引入中国。深圳经验之所以对中国具有独特性，是因为它将具有普遍意义的市场经济体制，以样板的方式示范于中国，以细雨无声的方式渗透到内地。

从全球经济史的角度来看，这种蕴含着普适性和独特性的深圳经验在内地的传播，渐进式地改造了传统计划经济的运行方式，改变了由此产生的系统性特征。

二战以来的国际经验表明，与市场经济体制相对照，凡采取计划经济体制来实现工业化的经济体均出现了两个系统性特征：经济的封闭性和产业的比例失调。其产生的原因在于计划经济体制的内在要求，因为只有封闭才能使经济运行形成闭环，它构成计划制订和实施的前提。因为只有第一部类（重化工业）优先增长才能给闭环运行中的经济提供拉动力，它使农、轻、重比例失调成为常态。改革开放前的中国经济同样呈现上述特征，并因此构成改革的重要历史背景之一。随着深圳经验在全国的普适化，亦即随着市场导向性体制改革和对外开放渐进式展开，中国经济运行方式逐渐改变，进而使经济性系统特征朝着合乎逻辑的方向变化。与计划经济时期相对照，不仅经济运行方式变成开放性的，而且扭曲的经济结构得到纠正，重现了亚洲发展中国家产业升级的自然轨迹：一方面，这一升级的顺序呈现为劳动密集（轻工业）向资本密集（重化工业）进而向技术密集的转变；另一方面，这一升级是在开放中进行的，通过融入世界经济体系，呈现出进口替代与出口导向的梯次交替。这种不同于计划经济体制下经济运行中人为的产业结构升级，是以工业化为基础的市场经济自生长秩序的本质体现。它适应经济全球化并推进经济全球化，成为中国经济崛起的奥秘所在。

由上，可以得出结论，深圳对中国的意义，就是将具有全球普适意义的市场经济体制以独特的经济特区制度的方式引入中国。换句话说，深圳经验就是相对于计划经济体制的独特性走向市场经济体制普适性的客观总结。这一总结既是一个逻辑的进程，也是一个历史的进程，而且逻辑的进程与历史的进程高度一致。这一进程在实践中呈现为"特区不特"，在理论上呈现为市场经济并不特殊，它是不以人的意志为转移的客观规律。深圳经验的可贵之处，不在于独特，不在于深圳本地的经济崛起，而在于它的普适性，带动了全国体制转型与经济发展，并正在展现其世界影响力。从这个意义上讲，"特区不特"是深圳经验的真谛所在。

（二）今天：深圳经验需要再创新优势

既然从独特性走向普适性是深圳经验的核心，那么今天的中国经济又到了需要深圳经验的关口。

经过 40 年的改革开放，中国经济结构快速升级，不仅使经济总量快速增长，而且使中国进入工业化的中后期，标志就是重化工业产能位居世界前列并开始出现过剩。这种情况表明，在供给侧，技术密集成为产业升级的方向；在需求侧，随着居民收入水平的提高，更好的生活质量也成为社会的需求。两者都指向了服务业，产生了服务业的发展日益快于制造业的历史趋势。目前，服务业占 GDP 的比重已达 56%，开始成为国民经济活动的主体部门。这预示着中国经济现代化进程步入服务型后工业化时代。

从体制角度来看，过往中国经济体制安排的导向是支持工业化，尤其是支持劳动密集型制造业。这也是当时开辟经济特区、进行体制改革探索的试验目的之一。而"特区不特"的深圳经验表明，这一支持工业化的体制改革是成功的。但是，在中国经济现代化进程步入服务型后工业化时代之后，过往支持工业化的体制安排开始显得应对局促，缺乏弹性。

首先，服务性产品的需求价格弹性显著高于实物产品，亦即它更多地服从于偏好，更少地依赖基本需求。由此决定，不仅服务性产品行业分布广，并日益分化细化，而且同种服务性产品有层次之分，品牌、时尚都成为影响因素。个性化需求是服务业面对的基本事实，由此决定的服务性产品的标准是约定俗成的，并会持续衍生。这有别于实物产品所具有的客观物理标准，从而不能进行以客观物理标准为依托的大规模制造。相应地，这也使借助这些客观物理标准的产业政策，尤其是政府行政直接干预产业的手段失据。服务业的这一特点，决定了创造适应服务业发展的氛围即营商环境的重要性。政府的管理更多的是通过专业监管来发挥作用。简化行政审批尤其是准入审批，规范准入后监管和加强政府全程服务是题中应有之义。深化"放管服"改革，使体制具备弹性化是必然趋势。而立法立规来建立社会和产业的长期预期，依法依规来界定政府与市场边界，形成行业自律和外部专业监管相互支撑的体制机制是体制安排的基本内容。

其次，由于一般性服务业劳动生产率通常低于制造业，使经济潜在增长力下降，因此造成经济增速的放缓。为避免经济增长的过分减速，就需要推动服务业高端化。国际经验表明，医疗、教育、科研、金融服务等是高端化的主要领域。在这些领域建立并完善与其相适应的体制机制尤为重要。这一迫切性特别突出地表现在适应创新国家历史要求的产学研一体化上。现在支持基础研究的体制机制尚未形成，科研成果转化的市场化流程不畅，知识产权资本才刚开始起步，全社会尊重科研成果的氛围仍然淡薄。从国际经验看，对科研人员进行激励的最有效办法是保护知识产权。它是推动创新与成果转化的关键，不仅需要立法立规，还需要建立持续性的司法执法机制。

　　再次，服务性产品的提供需要社会基础设施予以保障。除硬的基础设施外，更多的是需要诸如公共卫生、环境保护、基础教育、养老体系等软硬兼顾，甚至以软为主的基础设施。从目前的情况看，社会基础设施不仅投入不足而且运营不佳，都未形成长效机制，就医难、就业难、养老难就是体现。由于社会基础设施具有外部性，政府加大投入是有必要的。但与此同时，创新制度安排、吸引民间资本参与也是可行的。各国经验表明，这一领域也是政府与社会资本合作（PPP）的重要领域。目前中国在这一领域的实践却十分欠缺，即使在有大量实践的硬基础设施领域，政府通常也愿意与国有企业合作。而彼此雷同的治理结构，极易使这些项目一味扩张并失去约束，掉入"债务陷阱"。这里需要着重说明的是，PPP的核心是利用政府与民间机构迥然不同的治理结构以及由此产生的彼此相异的激励机制，在平等的基础上形成政府与社会资本的伙伴关系，以实现激励相容。政府的职责是出制度、出监管，并以立法的形式巩固下来。此次新冠疫情的冲击提醒我们，建立和完善包括PPP在内的社会基础设施投入与运营的体制安排并形成长效机制已刻不容缓。

　　最后，金融服务业的发展是服务型社会的重要标志，是构成GDP的重要组成部分。在中国这个发展中国家，2019年金融服务业占GDP的比重约为8%。但是，金融服务不仅仅是服务，它与金融产品的创新和金融市场的发展紧密相连。各国经验表明，随着经济的发展和服务型社会的出现，金融结构也会发生相应的变化，由间接融资走向直接融资。这是因为面对服务型社会的个性化需求，小微企业更有优势，但小微企业因资本少更难获得间接的债务融资（如贷款）而转向直接融资。与此同时，随着居民收入的提高，个人财富管理业务会得到发展。由于它是针对家庭的个性化的理财安排，更多地投向资本市场，从而也推动了直接融资的发展。需要说明的是，面对服务型社会的个性化直接融资安排主要体现为草根金融服务，是金融的普惠化。这种惠及所有人的普惠金融产品和服务创新，不仅有赖于营商环境的改善，更有赖于监管的深化与细化。举例来说，近年来，P2P线上融资活动违约严重，甚至造成了社会问题，凸显了金融监管的重要性。为此，除金融监管体制改革外，更重要的是从产品层次加强合规性的行为监管。这需要监管下沉，在细节上堵住漏洞。地方政府的依法合规的金融监管能力提高成为第一要务。

综上，面对服务业发展，以及由此预示的后工业化时代服务型社会的来临，产生了对体制安排的新需求。它不仅反映在经济体制上，还反映在涉及国家治理体系建设的其他配套体制上。换言之，新时期国家治理能力的建设要求已迥然不同于工业化时期。它需要深化经济、政治、文化、社会、生态文明"五位一体"的改革。

这一深化改革的历史性要求使深圳再一次勇立时代的潮头。2019 年 8 月 9 日，中共中央、国务院《关于支持深圳建设中国特色社会主义先行示范区的意见》颁布，要求深圳成为高质量发展的高地。面对这一历史性要求，深圳经验的精髓再次展现出可贵性。在普遍意义上聚焦特殊性，在独特性中寻找普适性。我们注意到，服务型社会也是技术创新的社会，而技术创新来源于深厚的基础科学研究，本质上是人的活动，只有以人为本的产学研体制才能满足技术创新要求。同样，包括金融服务、流通服务、商务服务等生产性服务业在内的服务业本质上也是对人的服务，核心是服务标准，而维持标准的手段是公正透明的法治环境，它既可信赖，也可预期。"用法治来规范政府与市场的边界"是体制创新的基本逻辑。其实，《关于支持深圳建设中国特色社会主义先行示范区的意见》已按此逻辑指出了深圳体制创新的方向。"用足用好经济特区的立法权。在遵循宪法和法律、行政法规基本原则前提下，允许深圳立足改革创新实践需要，根据授权对法律、行政法规、地方性法规作变通规定"。要"加强法治政府建设，完善重大行政决策程序制定，提升政府依法行政能力"，要"加快构建亲清政商关系，进一步激发和弘扬优秀企业家精神，完善企业破产制度，打造法治化营商环境"。就政府行政体制改革而言，要"深化'放管服'改革，全面推行权力清单、责任清单、负面清单制度"，要"改革完善公平竞争审查和公正监管制度"。

在方向明确的情况下，深圳下一步应以当年"开荒牛"那种抖擞精神，聚精会神抓改革，一心一意谋发展。围绕着"用法治来规范政府与市场的边界"，在探索服务型社会基本规律的基础上，创新体制。在新时代，以体制的新优势，在自我发展的同时，引领全国体制改革的全面深化，并在这一深化中使深圳经验鲜活常青。在这个意义上，"特区还要再特"。

（三） 明天：使深圳经验具有世界意义

当深圳经验浸润式地普适于中国，对深圳而言是"特区不特"，对中国而言是中国经济逐渐与世界经济融为一体，对世界而言则是因中国因素的注入，世界经济格局出现新变化。

现代国际关系理论认为，当代世界体系是资本主义占主导地位的"中心-外围"体系。发达国家是中心，发展中国家是外围。中心支配着外围，外围服务于中心。反映在经济关系上就是发达国家向发展中国家出口工业制成品，发展中国家向发达国家出口初级产品，二者形成垂直分工关系。若从这个角度来观察中国，可以看到中国对其他发展中国家的进出口类似于发达国家，即中国向其他发展中国家出口工业制成品并进口初级产品。但换一个角度来观察又会发现中国向发达国家出口的尽管是工业制成品，但多是劳动力密集型产品，从发达国家进口的多是资本密集型尤其是技术密集型产品，从而又呈现出发展中国家的特征。

上述情况表明，在现有的"中心-外围"世界格局中，中国已处于半中心半外围的地位。从发展中国家的角度来看，中国是中心，从发达国家的角度来看，中国是外围。中国这种半中心半外围的地位，带来了国际社会认知的困难。这集中体现为"中国究竟是发达国家还是发展中国家"，它构成当前中美经贸摩擦的背景，更成为世界经济格局变动的新因素。

中国在世界经济格局中角色的这一历史性变化，客观上表明中国按亚洲经济传统发展模式，沿出口导向型经济发展道路前行难以为继。它促使中国重新审视自身在经济全球化中的地位和作用，并因此提出"一带一路"倡议。从广泛意义上讲，"一带一路"倡议是中国对过去 40 年经济发展历程的反思，并在反思中获得新的理解，从而使中国经济在世界经济中获得新的定位。

一般认为，过往 40 年来通过持续深化改革，建设了满足工业化需求的市场经济体制，使中国经济出现了合乎逻辑的产业结构升级，进而实现了经济总量的一维高速增长。这成为中国故事的基本内容。但这仅是故事的一个侧面，中国故事的另一个侧面，或许从社会发展角度看更为重要的一个侧面，是中国居民人均收入的快速提高。1978 年中国的人均 GDP 仅为 381 元，城镇居民人均可支配收入仅为 343 元，农村居民人均纯收入更是低至 134 元。按当年的汇率折算成美元，城镇居民和农村居民人均收入分别为 120 美元和 50 美元。如果按 2011 年不变价人均2 300元现价为 3 000 元的贫困线标准计算，不考虑通货膨胀因素，1978 年 97.5％的中国人口是达不到这一贫困线标准的。2019 年中国的 GDP 达 99 万亿元，人均 GDP 首次超过 1 万美元，按人均收入通常为人均 GDP 的 90％计算，2019 年中国的人均收入超过 9 000 美元，中国属于中上等收入国家。特别值得指出的是，如果 2020 年脱贫攻坚得以顺利完成，中国将告别绝对贫困。

占世界人口 1/5 的国家告别绝对贫困，不仅史无前例，而且为世界提供了可以想象的广阔市场。而这可以从中国经济过去十年的表现中得到佐证。2010 年，中国在"十二五"规划中提出"两个翻一番"的全面建成小康社会的战略目标，统计数据显示，自 2009 年以来，中国居民收入增长基本与 GDP 增长保持同步，而以农民为代表的低收入阶层收入增长又快于 GDP 增长，即使是在新冠疫情的冲击下，这一态势也未曾改变。2020 年第一季度，在 GDP 下滑的同时，居民收入仍维持较高的增长速度。随着中国居民收入的增长，中国的进口也在增长。中国的国际收支经常项目顺差占 GDP 的比重由 2007 年的 9.8％下降到目前 1％以下。中国虽是全球第二大经济体，但却是全球第一大贸易体，是众多国家出口的目的地。

在过去十年中，以居民收入增长为依据的市场扩大，使中国成为在纠正全球经济失衡过程中表现最出色的国家。这也预示了一种前景，如果将日益扩大的中国市场对外开放，中国将以世界最大市场的全新面貌登上世界舞台，为经济全球化注入新动能。由此，也揭示了"一带一路"倡议对世界经济的更深层次意义。"一带一路"倡议的核心理念是"共商、共建、共享"。在这里，中国居民收入可持续增长是前提，位居世界前列的中国市场可持续扩大是结果。只有国内国际双循环相互促进，中国市场才能为世界共享。

"一带一路"倡议的提出和实践，对于要成为新时代先行示范者的深圳而言，既是一个新的历史起点，也是一个新的逻辑起点。它使深圳曾引以为傲的传统对外开放发生了重大变化，被赋予新的内容。外贸不仅仅在于出口，还有扩大进口；引资的不仅仅是制造业，重心在于服务业；开放的不仅仅是工商业，也包括金融业；国际循环不仅仅在于外国企业"走进来"，更是中国企业"走出去"。简言之，在新时代，深圳需要在一个以国内大循环为主体、国内国际双循环相互促进的新发展格局中重新定位自己。

一旦从国内国际双循环相互促进出发，我们可以看到其中的瓶颈或短板：

在国内循环方面，收入差距是短板。中国市场的可持续扩大依赖于中国居民收入的可持续增长。但是，如果更深层次地细致考察中国居民收入，可以发现，尽管中国居民收入仍在增长，阶层却出现分野，出现了"两个中国"的现象，即一个高收入中国和一个中低收入中国。根据中国宏观经济学会2019年的相关研究，2018年有3.3亿人口的年人均收入在2万美元左右，而另外10.5亿人口的年人均收入仅为4 500美元，不是通常的连续正态分布，而呈现为不连续的"工"字型分布。对3.3亿人口的高收入中国而言，其人口总量与美国人口相当，其消费能力与消费习惯直追美国，是中国经济社会发展中最活跃的群体，主导着消费升级，引导着产业变动的方向。从这个意义上讲，中美竞争实际上是3.3亿人口的高收入中国与美国之间的竞争。对10.5亿人口的中低收入中国而言，其年人均收入仅达到小康水平，有的人甚至刚刚告别绝对贫困。在这个群体中，恩格尔系数仍处于较高水平。他们对美好生活具有强烈的向往，但消费能力有限。他们是经济社会发展中沉默的主体，主动性不强，只是被动接受市场经济而尚未或难以积极参与。显然，这种局面不利于内需的扩大，不利于中国市场的持续增长。

在国际循环方面，以技术创新为代表的高端服务业是短板。随着亚洲经济发展模式在中国更大规模地重现，中国的国际循环呈现出"两头在外"的特点，即产业链上的市场和原材料在境外，仅加工环节在境内的状况。虽然自中国加入WTO以来，加工贸易占中国进出口的比重逐年下降，但到2019年仍占1/4以上。事实上，对于沿海地区出口导向型中小企业，来料加工、来样加工、订单生产一直是它们的生存之道，品牌和销售渠道一直是它们的软肋。即使是中兴、华为等这些不属于加工贸易的企业，它们的部分甚至主要技术来源仍依赖于国际技术转让市场，它们的产品则依赖于全球供应链和产业链。与此同时，在文化、体育、教育等领域，服务性产品也依赖国际提供。凡此种种，在中国国际收支经常项目中，在货物贸易持续顺差的同时，服务贸易却常年逆差并有持续扩大的趋势。其中，在机构项下，专利费支付增长明显，在个人项下，教育费用支付增长明显。这种趋势已预示现行的国际循环的不可持续性，而以中美经贸摩擦为代表的世界经济形势变化，特别是新冠疫情冲击带来的世界经济格局的变化，使这一国际循环更加步履维艰。由上，打通国内循环与国际循环的瓶颈并实现双促，就是深圳建设中国特色社会主义先行示范区的着力点。

在国内循环方面，低收入人群的收入增长是扩大内需的短板。以往的经验告诉我们，城市化是有效的解决途径。改革开放 40 年来，在工业化进程中，大批农民受较高工资吸引，背井离乡到沿海务工，使中国的城市化率大幅度提高，2019 年约为 60.6%。但是这一城市化率存在着严重的结构问题：只有约 40% 是常住人口，还有约 20% 是半城市化的农民工。农民工们在城市就业，但不拥有城市户籍。他们因流动性强，务工收入难以正常增长，而且不能享受城市户籍人口的各种福利。收入长期盘桓，使他们对未来的预期不稳，造成了其消费行为的扭曲。根据中国宏观经济学会 2019 年的研究，8 亿农民家庭收入的 50% 以上是城市务工收入，而再加上诸如良种、化肥、农药、农机和休耕等补贴以及农产品支持价格，农户来自城市的收入已近 70%。与此同时，研究也发现，农民工在城市的消费行为是维持基本生存，而不是发展。农民工的消费仅占自身收入的30%，农民工家庭在城市拥有住房的比例仅为 18%，在培训、住房、娱乐等发展性人力资本方面的支出更是微乎其微。农民工将自身收入的 70% 汇往农村，基本用途是在宅基地上改建扩建住宅。然而，由于农村缺少就业机会，又使这些住宅常年闲置。由此形成了农民有财产但却没有财产性收入的局面，加重了农民工收入的徘徊。这种情形造成了农民工极低的边际消费倾向。尽管过去十年最低工资每年平均上升 10% 以上，但农民工的消费并未同比例上升。由于农民工数量庞大，这种态势开始在全局上影响有效需求的提升，久而久之会使产能过剩更加严重。因此，无论从何种角度来看，解决农民工的市民化问题都是当务之急。这既是解决城市化滞后于工业化的遗留问题，也是为后工业化时代服务型社会的城市化铺平道路，因为中国不可能带着 8 亿农民进入现代化。

2020 年 3 月，中共中央、国务院颁布了《关于构建更加完善的要素市场化配置体制机制的意见》，提出深化户籍制度改革，这是对农民工市民化的积极回应。需要强调指出的是，农民工市民化不仅仅是户籍登记问题，背后是更深层次的住房、教育、医疗、社会保障等问题，需要进行综合性的社会体制改革。对深圳这个外来人口居多的城市而言，深化社会体制改革不仅是自身发展的需要，而且是建设中国特色社会主义先行示范区的基本要求。深圳应首先利用在粤港澳大湾区中的区位优势，做出表率，并以此垂范全国。

在国际循环方面，既然要实现国内国际双循环相互促进，就需要重塑深圳"一点两面"的功能。以往的经验告诉我们，对外开放的体制创新是解决问题的基本途径。它首先体现在粤港澳大湾区的体制创新上。粤港澳大湾区包括香港特别行政区、澳门特别行政区和珠三角九市，虽然文化同源、人缘相亲、民俗相近，但存在优势互补的基础，并因此造就了粤港澳大湾区是中国开放程度最高的地区，但由于社会制度不同，法律制度不同，分属不同的关税区域，市场互联互通水平有待进一步提升，生产要素高效便捷流动的良好局面尚未形成。粤港澳大湾区内部发展差距依然较大，协同性、包容性有待加强，部分领域还存在同质化竞争和资源错配现象。这特别突出地表现在粤港澳大湾区现有的国际循环上。长期以来，珠三角九市竞相出口，使出口价格长期维持在低水平上，从而使出口产业长期锁定在劳动密集型产品上，不仅使从业人口工资增长缓慢，而且使相关产业因利润微薄而无力投资于技术进步，致使技术进步、产业升级基本依赖于一轮又一轮的招商引资，并由此形成外资主导的加工贸易比重始终较高的局面。从某种角度来看，珠三角九市仅在利用港澳现有的国际贸易销售渠道及金融资源有交集，而未有效形成与港澳纵向一体化的协同效应。这也使香港经济增长缺乏持续稳定的支撑，澳门经济结构相对单一，发展资源有限。显然，这种单兵作战式的对外开放不利于形成国内国际双循环相互促进的态势，唯有创新驱动，改革引领，才能开拓对外开放的新局面。

2019年2月，中共中央、国务院印发了《粤港澳大湾区发展规划纲要》，明确提出要"实施创新驱动发展战略，完善区域协同创新体系，集聚国际创新资源，建设具有国际竞争力的创新发展区域。全面深化改革，推动重点领域和关键环节改革取得新突破，释放改革红利，促进各类要素在大湾区便捷流动和优化配置"，其指向是粤港澳三地一策。通过构建极点带动、轴带支撑网络化空间格局，建立世界级城市群。在此基础上，瞄准世界科技和产业发展前沿，加强创新平台建设，大力发展新技术、新产业、新业态、新模式，加快形成以创新为主要动力和支撑的经济体系。在这一目标下，做法是通过粤港澳投资便利化、贸易自由化以及人员往来便利化打造具有全球竞争力的营商环境，提升市场一体化水平，从而全面参与国际经济合作，携手开拓国际市场，使粤港澳大湾区成为"一带一路"建设主要支撑区。

我们认为，深圳作为中国特色社会主义先行示范区，在粤港澳大湾区中只有通过高标准高质量建设自由贸易区，加快构建与国际接轨的开放型经济新体制才能发挥作为经济特区、全国性经济中心城市和国家创新型城市的引领作用。以加快建成现代化国际化的城市、努力成为具有世界影响力的创新创意之都的举措，推动深圳向产业链的高端攀升。通过这一攀升，以经济一体化重塑粤港澳大湾区。一方面，发挥这一产业链中服务业发展的功能，扩大就业，提高居民收入；另一方面，梳理粤港澳大湾区的进出口产业链，实现进出口和内外资流动的高端化，开创国内国际双循环相互促进的新格局。"中国究竟是发达国家还是发展中国家"这一问题的提出，是面对中国过往在国际上对发达国家和发展中国家双循环的客观事实，而深圳是这一双循环的枢纽。这既是当年设计的初衷，也是后来发展的历史。深圳的崛起是这一双循环枢纽的崛起。该问题的指向，是中国正在超越传统发达与发展中之分的逻辑桎梏，正以"一带一路"倡议的新理念诠释自己在世界的角色，通过以国内大循环为主体、国内国际双循环相互促进承担大国责任。这一新的双循环有别于以往的双循环，深圳将以中国特色社会主义先行示范区的身份再次成为新枢纽。这既是全国人民的厚望，也是深圳的责任。时代需要深圳新经验。该问题的答案，似乎隐约可见，中国就是中国。它将以占世界1/5 的 14 亿人口持续增长的收入，为世界贡献市场资源，以此获得世界普遍意义，并因此有别于传统的发达国家与发展中国家。这意味着作为新双循环枢纽的深圳，它的成功便使深圳经验具有了世界意义。

四、海南自由贸易港：以高水平开放带动改革全面深化[①]

《海南自由贸易港建设总体方案》（以下简称《方案》）的公布，标志着海南自由贸易港建设进入了快速发展阶段。《方案》极具中国特色，突出表现为一定意义上的"境内关外"的制度安排，由此构建了海南与国际惯例接轨，按国际规则办事的外部环境。海南自由贸易港建设的突破口是服务业的对外开放，其中，金融开放是难点和重点。在总结过去十年中国金融服务开放经验的基础上，《方案》提出了在海南实现跨境资金流动自由便利的路线图与时间表。反映在资本项目开放上，首先是本币开放，之后在人民币跨境自由流动的基础上，分产品、分类型，逐项、逐科目探索资本项目的可兑换。这构成了海南自由贸易港进行金融创新的指南，并充分体现在 2025 年前的早期收获安排上。海南自由贸易港建设

---

① 曹远征. 海南自由贸易港：以高水平开放带动改革全面深化. 国际金融，2020（9）：7-13.

对经济全球化具有重要意义，将有助于深化区域合作，捍卫经济全球化。

2020 年 6 月，《方案》公布，标志着海南迅速跨过自由贸易试验区，进入了更高开放标准的自由贸易港建设的新阶段。在海南建设自由贸易港是在中国进入新时代、全球处于百年未有之大变局的新形势下，中国着眼于国内、国际两个大局，审时度势做出的重大战略性安排，是"推进高水平开放，建立开放型经济新体制的根本要求；是深化市场化改革，打造法治化、国际化、便利化营商环境的迫切需要；是贯彻新发展理念，推动高质量发展，建设现代化经济体系的战略选择；是支持经济全球化，构建人类命运共同体的实际行动"。

经过 40 多年的改革开放，中国成为世界第二大经济体、世界第一大贸易体。2019 年，中国的人均 GDP 首次超过 1 万美元，接近高收入社会的水平。如果 2020 年脱贫攻坚全面完成的话，中国将告别绝对贫困，从整体上迈入中上等收入社会。这一历史性的转变，使中国社会的主要矛盾不再是"人民日益增长的物质文化需要同落后的社会生产之间的矛盾"，而是转化为"人民日益增长的美好生活需要和不平衡不充分的发展之间的矛盾"。党的十九大报告指出，"人民美好生活需要日益广泛，不仅对物质文化生活提出了更高要求，而且在民主、法治、公平、正义、安全、环境等方面的要求日益增长。同时，我国社会生产力水平总体上显著提高，社会生产能力在很多方面进入世界前列，更加突出的问题是发展不平衡不充分，这已经成为满足人民日益增长的美好生活需要的主要制约因素"，为此，必须全面深化改革，完善新时代社会主义市场经济体制。

这一历史性的要求反映在对外开放上，就是继续在深入推进商品和要素流动型开放的同时，实现加快推进向规则等制度型开放的转变。这构成以投资贸易便利化为特征的自由贸易区建设加速的逻辑。自 2013 年首个自由贸易试验区在上海成立以来，中国先后在不同区域成立了 18 个自由贸易试验区，海南就是其中之一。海南自由贸易试验区于 2018 年海南建省办经济特区 30 周年时宣告成立，设立海南自由贸易试验区的重要意义，在于通过海南自由贸易试验区的高质量建设，探索建设中国特色自由贸易港。

然而，在中国经济进入新时代的同时，世界经济也在发生急剧的变化。2018 年，以中美贸易摩擦为标志，去全球化不再仅仅是一种思潮，而是成为建制化的制度安排。尤其是在新冠疫情的冲击下，保护主义、单边主义进一步抬头，民粹主义进一步上升，使全球化面临着全面撕裂的风险。

历史经验表明，经济全球化是社会生产力发展的客观要求和科技进步的必然结果，不是哪些人、哪些国家人为造出来的。改革开放 40 多年来，中国经济社会的发展就是经济全球化的写照。改革就是将人类经实践检验过的最具效率和活力的市场经济体制引入中国，使经济现代化的实现由计划主导转变为市场主导；开放就是按已为人类实践所锤炼的国际规则和惯例办事，将中国的工业化进程纳入经济全球化进程。中国改革开放的成果表明，无论是从人类命运共同体的角度看，还是从中国国家利益出发，捍卫和推动经济全球化均成为中国义不容辞的历史责任。它也是海南自由贸易试验区加快转变为自由贸易港并加速建设的时代背景。

2018 年，《关于支持海南全面深化改革开放的指导意见》提出建设海南自由贸易港时，基本设想是分步走，即先建设海南自由贸易试验区，在试验的基础上"根据国家发展需要，逐步探索、稳步推进海南自由贸易港建设，分步骤、分阶段建立自由贸易港政策体系"，并要求到 2025 年自由贸易港制度初步建立。这次《方案》的公布，意味着仅用两年时间就跨过了自由贸易试验区，而直接进入了自由贸易港建设阶段。尽管在阶段划分的总体要求上《方案》仍与《关于支持海南全面深化改革开放的指导意见》基本一致，但目标则更加鲜明具体，即到 2025 年初步建立以贸易自由便利和投资自由便利为重点的自由贸易港政策制度体系。同时强调在 2025 年前要形成早期收获，适时启动全岛封关运作。这一提前的时间表，体现了中国捍卫并推动经济全球化的决心与信心：要在海南建立与高水平自由贸易港相适应的政策制度体系，将海南打造成为引领中国新时代对外开放的鲜明旗帜，使海南成为深度融入全球经济体系的前沿地带。海南自由贸易港的建设，因此具有了特别的时代意义。

国际经验表明，自由贸易港是最高的开放标准，集中体现在"自由"两个字上。除负面清单外，货物贸易和服务贸易均不受限制；直接投资和金融交易能自由进行；人才和科技与信息均可跨国（地区）自由流动。对任何一个国家（地区）而言，这不啻为高难度动作。在全球，目前达到这一标准的仅有中国香港和新加坡、迪拜。这次在海南全岛建设自由贸易港，不仅总面积远远扩大，而且极具中国特色，突出表现为一定意义上的"境内关外"的制度安排。

第一，表现在海关监管上，在充分利用海南离岛地理优势的基础上，实行类似于特别关税区的安排，即"一线放开，二线管住"。所谓"一线放开"，是指在海南自由贸易港与中国关境外其他国家和地区之间设立一线，在确保履行中国缔结或参加的国际条约所规定义务的前提下，根据负面清单，海关依法进行监管。所谓"二线管住"，是在海南自由贸易港与中国关境内的其他地区（简称内地）之间设立"二线"，并在"二线"维持现有的进出口和海关监管政策。也就是说，货物从海南自由贸易港进入内地，原则上按进口规定办理相关手续，照章征收关税和进口环节税。

第二，一定意义上的"境内关外"的制度安排，构建了海南与国际惯例接轨、按国际规则办事的外部环境，使海南可以比照其他自由贸易港，不仅关税零壁垒，而且非关税壁垒也大幅降低。货物和服务贸易的自由便利，有利于促进投资设厂、跨境资金流动、人员进出和运输来往，以及数据的安全有序流动。将这些自由便利集成，就可形成各方共同自觉遵守的系统性的制度体系，也就从根本上优化了营商环境。这一制度体系的形成与良好运转，将使海南成为技术创新、商业创新、标准创新的国际试验田。

第三，上述旨在实现自由便利的自由贸易港制度体系，将使海南有望成为中国深度融入全球经济的前沿地带。为使前沿更加前沿，有必要厘清政府与市场的边界，使政府的公共政策清晰、透明、可预期。其中，一个基础性制度——财税制度的改革与建设十分重要。在符合 WTO 投资贸易自由化的前提下，海南按照零关税、低税率、简税制、强法治、分阶段的原则，形成具有国际竞争力的税收制度。具体可通过降低间接税的比例，使税负水平明显降低。而在财政支出制度上，则可通过深化政府机构改革、转变政府职能来廓清事权及相应的支出责任，使收入归属清晰，财政收支大体均衡。由此形成低税率，使企业和个人的税负水平不会显著高于国际上其他自由贸易港。在目前财税新体制尚未形成的过渡期间，《方案》也提出了早期的税收优惠政策安排：对注册在海南自由贸易港并实质性运营的鼓励类企业，减按 15％征收企业所得税；对在海南自由贸易港工作的高端人才和紧缺人才，其个人所得税实际税负超过 15％的部分，予以免征。

第四，自由贸易港制度体系的核心是法治制度。建立以《中华人民共和国海南自由贸易港法》为基础，以地方性法规和商事纠纷解决机制为重要组成的自由贸易港法治体系，营造国际一流的自由贸易港法治环境。为此，在遵循宪法规定和法律、行政法规基本原则的前提下，支持海南充分行使经济特区立法权，并鼓励建立多元化商事纠纷解决机制。值得注意的是，这意味着普通法的司法实践将引入海南自由贸易港，成为支撑国际惯例与规则的底层逻辑。海南自由贸易港有望因此成为与中国香港比肩的另一个普通法商事纠纷解决区域。

无疑，上述以一定意义上的"境内关外"为核心特征的制度安排，使其经验与做法具有了不可复制、不可推广性，而更多的是以榜样的意义引领内地改革开放的方向。但是，这种不可复制性和不可推广性也造就了海南的特殊优势，可以在战略上与内地形成互补，支持内地改革开放的深化及经济社会的可持续发展。经过 40 多年的改革开放，中国的工业化已经进入中后期，社会生产能力在很多方面进入了世界前列，甚至出现产能过剩，正面临着制造业的转型。与此同时，随着居民收入的持续增长（尤其是在过去十年中，居民收入翻了一番），使恩格尔系数大幅下降，而服务性消费快速增长。由此，无论是生产性服务业还是生活性服务业，均成为经济发展的趋势所在，但也是瓶颈所在。这集中体现为设计、研发、品牌建设能力不足，涉及全球物流配送服务、金融服务等的集成性世界营销网络薄弱。突出表现是，在中国的对外贸易中，虽然货物贸易常年顺差，但服务贸易却常年逆差，并持续扩大。哪里有短板，哪里就需要改革和开放。这是过去 40 多年中国经济成功的经验所在。深圳如此，上海浦东如此，海南也应如此。遵循改革开放的经验，既然服务业是产业升级的方向，又是瓶颈所在，就是改革开放的重点领域和重要环节。正是基于对此的深刻洞察，2018 年的《关于支持海南全面深化改革开放的指导意见》就提出了海南自由贸易试验区包括自由贸易港建设，不以制造业尤其是加工贸易制造业为重心，而是将重点放在发展现代服务业上，突破口是服务业的对外开放。此次《方案》则更加明确了指向，减少跨境服务贸易限制，在重点领域率先规范影响服务贸易自由便利的国内规制，措施是全面推行"极简审批"制度，既包括诸如航空航运等机构物流服务，也包括旅游等为个人消费提供的服务。

通过开放促改革，加快海南服务业的发展，以此形成新高地。在引领服务业质量标准的同时，与内地制造业发展形成互补。尤其值得重视的是，《方案》明确指出："支持海南大力引进国外优质医疗资源。总结区域医疗中心建设试点经验，研究支持海南建设区域医疗中心。允许境外理工农医类高水平大学、职业院校在海南自由贸易港独立办学，设立国际学校。推动国内重点高校引进国外知名院校在海南自由贸易港举办具有独立法人资格的中外合作办学机构。建设海南国家区块链技术和产业创新发展基地。"由此，医疗和教育将成为有别于内地的特殊领域，成为海南自由贸易港不可复制、不可推广的产业优势。有人称，这是中国独创的"境内关外"就医和就学制度，是海南自由贸易港对老百姓最大的政策红利。尽管语言简朴，但却揭示了实质。中国服务贸易逆差增长最快的项目就是境外就学、就医。海南自由贸易港在医疗和教育领域实行最大程度的高标准开放，引进境外优势资源办医、办学，不仅有利于缩小中国在服务贸易上的逆差，而且有利于吸引包括东盟成员国在内的周边国家来海南就医、就学，增加服务贸易收入。更为重要的是，医疗和教育产业的高质量发展，有利于提升周边国家尤其是东盟国家的人力资本，为本地区产业升级、延伸价值链提供人才支持，从而使中国-东盟自由贸易区的纽带更加深化、细化，以此巩固该地区作为全球经济增长引擎的地位。

毋庸置疑，在服务业领域，金融是重要的组成部分。从一定意义上讲，服务业开放主要就是金融开放。国际经验表明，金融开放涉及两个相辅相成、互相依存的层面：一是对外资金融机构开放，意味着外资金融机构会被视为本地金融机构，可以经营本币业务并公平地在本地金融市场上竞争；二是国际收支资本项目开放，实现本币与外币不受特别管制的自由兑换。之所以这两者相辅相成、互相依存，是因为如果资本项目不开放，本币与外币就不可以自由兑换，外资金融机构将难以获得本币资源，无力在本地开展业务，也就没有进入本地金融市场的意愿，金融开放因此会落空。但国际经验也表明，对于发展中国家而言，金融开放是一个艰巨的两难选择：不开放金融，发展中国家难以高效地融入世界经济，产业不能升级，且被困在产业链和价值链的低端；开放金融则要求资本项目开放，从而难以防范资本频繁大幅跨境流动引致宏观经济不稳定。1997 年的亚洲金融危机至今令人胆寒。

作为最大的发展中国家，中国的金融开放也面临艰难的选择。早在 1996 年，中国在实现国际收支经常项目可兑换后就提出了在 2000 年实现人民币全面可兑换。但因亚洲金融危机，这一进程大大延迟了。在海南自由贸易港建设中，这一困境再现：不开放金融，资金不能自由便利流动，建设自由贸易港的意义将大打折扣；开放金融，风险又该如何防控？这构成了海南自由贸易港建设的难点和重点。

好在过去十年中随着人民币国际化实践的深入，中国在金融开放上摸索出了一系列经验。反映在资本项目开放上，首先是资本项目本币开放；其次是在人民币跨境自由流动的基础上，分产品、分类型，逐项、逐科目地探索资本项目的可兑换，即本币先流动、后开放。反映在对外资金融机构开放上，与资本项目本币开放进程相一致，也是先对外资金融机构开放人民币业务，并视所提供的产品及服务的类型，先易后难，不断扩大准入、准营。经过上述循序渐进的开放步伐，从 2020 年 4 月 1 日起，对外资金融机构准入不再设限，可独资设立，且产品和服务的准营范围与内资金融机构相同，可以持牌经营。

正是在总结过去十年中国金融开放经验的基础上，这次公布的《方案》，提出了在海南自由贸易港实现跨境资金流动自由便利的路线图与时间表。

原则是：坚持金融服务实体经济，重点围绕贸易投资自由化便利化，分阶段开放资本项目，有序推进海南自由贸易港与境外资金自由便利流动。

顺序是：进一步推动跨境货物贸易、服务贸易和新兴国际贸易结算便利化，实现银行真实性审核从事前审查转为事后核查。在跨境直接投资交易环节，按照准入前国民待遇加负面清单模式简化管理，提高兑换环节登记和兑换的便利性，探索适应市场需求新形态的跨境投资管理。在跨境融资领域，探索建立新的外债管理体制，试点合并交易环节外债管理框架，完善企业发行外债备案登记制管理，全面实施全口径跨境融资宏观审慎管理，稳步扩大跨境资产转让范围，提升外债资金汇兑便利化水平。在跨境证券投融资领域，重点服务实体经济投融资需求，扶持海南具有特色和比较优势的产业发展，并在境外上市、发债等方面给予优先支持，简化汇兑管理。

基础设施建设是：以国内现有本外币账户和自由贸易账户为基础，构建海南金融对外开放基础平台。通过金融账户隔离，建立资金"电子围网"。

创新与拓展是：支持住房租赁金融业务创新和规范发展，支持发展房地产投资信托基金（REITs）。稳步拓宽多种形式的产业融资渠道，放宽外资企业资本金使用范围。创新科技金融政策、产品和工具。率先在海南自由贸易港落实金融业扩大开放政策。支持建设国际能源、航运、产权、股权等交易场所。加快发展结算中心。

综上所述，可以看到，海南自由贸易港金融开放是建立在过去十年中国金融开放基础之上的，并沿着这一路径进一步深化。这一渐进式开放实际上也是中国改革开放基本经验的再现——摸着石头过河。然而，这一再现又不是简单的重复，因为有了过去十年循序渐进的金融开放实践，目标更加清晰，"石头"更加踏实。

笔者认为，清晰的目标和踏实的"石头"会使海南自由贸易港金融开放呈现出"小步快跑"的状态。在防范金融风险的同时，步步逼近资本项目可兑换，进而实现人民币全面可兑换的目标。这一"小步快跑"为海南自由贸易港金融的创新发展不断开拓空间，从而也构成了海南自由贸易港金融围绕着人民币可兑换及国际化创新发展的进程。

事实上，过去十年以人民币国际化为代表的金融开放所取得的成果，也展现了海南的前景。人民币国际化始于 2009 年 7 月跨境贸易人民币结算试点。当时，仅涉及五个城市的 365 家企业，结算范围面向东盟及我国港澳台地区。到 2012 年，已扩展到中国所有的省份、所有的企业，不仅适用于货物贸易，而且适用于服务贸易结算。更为重要的是，自 2012 年起，人民币跨境使用不仅覆盖整个世界，而且开始涉及外商对华直接投资。人民币跨境使用范围和领域的不断扩大，催生了境外离岸人民币市场并呈现出蓬勃发展的局面。多种多样的跨境人民币金融产品竞相涌现，最为突出的是跨境人民币债券产品，相继出现了中国香港市场的"点心债"，新加坡市场的"狮城债"，以及中国台湾市场的"宝岛债"。目前，人民币债券已遍布全球各大金融市场，发行人不仅有国内外企业，还有国内外政府机构和中央银行。由于在国际金融市场上人民币债券品种的增多、规模的扩大，交投日益活跃，反过来又推动了人民币债券跨境流动的自由化和便利化，债券通应运而生。随着中国经济持续向好，境外资金投资人民币债券市场的热情高涨，其自由化和便利化因此也成为海南自由贸易港金融深化的重点方向与领域。《方案》明确了时间表：2035 年前，"允许符合一定条件的非金融企业，根据实际融资需要自主借用外债，最终海南自由贸易港非金融企业外债项下完全可兑换"。这意味着，海南将成为连接离岸人民币市场和在岸人民币市场的桥梁和枢纽。

综上，过去十年中国金融开放的进程表明，按照从经常项目货物贸易入手，进而是服务贸易，再拓展到资本项目；同时，资本项目则先实现本币的流动，然后再考虑逐项、逐科目的可兑换。这样一个路线图应该是稳妥有效的。它也将构成海南自由贸易港进行金融创新的指南，并将充分体现在 2025 年前的早期收获安排上。

第一，试点改革跨境证券投融资政策。支持在海南自由贸易港港内注册的境内企业在境外发行股票，优先支持企业通过境外发行债券融资，将备案登记制管理下放到海南省发展改革部门。探索开展跨境资产管理业务试点，提高跨境证券投融资汇兑便利。

第二，加快金融业对内对外开放。支持符合条件的境外证券、基金、期货经营机构在海南自由贸易港设立独资或合资金融机构，推动发展相关的场外衍生品业务，推进产权交易场所建设，研究允许非居民按照规定参与交易和进行资金结算。支持在海南自由贸易港设立财产险、人身险、再保险公司以及相互保险组织和自保公司。

第三，增强金融服务实体经济的能力。支持发行公司信用类债券、项目收益票据、住房租赁专项债券等。对有稳定现金流的优质旅游资产，推动开展证券化试点。在服务贸易领域开展保单融资、仓单质押贷款、应收账款质押贷款、知识产权质押融资等业务。

第四，在上述早期收获安排中，我们特别注意到个人金融及相关的资产管理业务。如前所述，海南自由贸易港建设的重点是服务业开放。生产性服务业，例如航运航空物流等，虽在海南自由贸易港率先开放，但因其标准性，迟早会引入内地，海南自由贸易港起的是示范引领作用。但是，某些服务业，例如医疗、教育等，预计在看得见的未来是内地不可复制、不可推广的。与此类产业相关的金融服务也就具有了独特的开放优势。例如，《方案》提出，探索建立与国际商业保险付费体系相衔接的商业性医疗保险服务，支持保险业金融机构与境外机构合作开发跨境医疗保险产品。再如，在资产管理业务方面，《方案》提出探索开展跨境资产管理业务试点，提高跨境证券投融资汇兑便利。同时，在产权交易方面，研究允许非居民按照规定参与交易和进行资金结算。这些都意味着资本项目个人项下的开放，是内地在短期内难以做到的。这使得海南自由贸易港与个人金融相关的跨境业务不仅有了先行优势，而且前景广阔。

海南自由贸易港的制度安排虽然在一定意义上属"境内关外"，但海南毕竟是中国的一个省，无论主权还是治权都是统一的，从而有别于坚持"一国两制""港人治港""澳人治澳"的中国港澳地区。主权和治权的高度统一，使海南拥有了更为可靠的巨大经济腹地。从世界来看，海南自由贸易港是深入中国巨大经济腹地的通道，是分享日益壮大的中国市场的更直接的桥头堡。从内地来看，海南自由贸易港是中国企业走向"一带一路"的支点，是中国经济融入世界经济更直接的窗口。海南自由贸易港由此具有了独特的地位。而当前的世界经济发展，尤其是疫情冲击下的国际格局变动，使中国经济发展必须建立在以国内大循环为主体的基础上，这为海南自由贸易港充分发挥作为国内国际双循环相互促进的节点地位的桥梁作用，提供了契机。

从中国经济发展前景看，虽然工业化已进入中后期，但城市化进程尚未结束。2019 年，中国的城市化率仅为 60.6%，远低于发达国家平均 75% 以上的水平。国际经验表明，只要城市化进程未结束，经济就仍有持续增长的潜力。这一潜力不仅表现为 GDP 的持续增长，更重要的是表现为居民收入的持续增长。它预示着中国以最终消费为代表的内需仍会持续扩大。更何况，中国的城市化率还具有结构性增长空间。2019 年，在中国的城市化率中，常住人口仅占 40% 左右，20% 左右为半城市化人口——农民工，其规模几乎和美国人口相当。据测算，农民工家庭收入的 70% 来自城市，其中，城市务工收入占 50% 以上；但农民工在城市的消费仅占其收入的 30% 左右，其余大部分收入被用于农村宅基地上的自有住宅建设。然而，农村没有就业机会，农民工还得返城就业，结果就是虽然农民工家庭有房产，但却没有财产性收入。一旦农民工市民化，在城市拥有户籍并定居，农民工的消费行为就会发生重大改变，消费因此而扩大。也正是中国城市化，尤其是农民工市民化蕴含的巨大经济潜力，释放潜力的改革十分有必要。2020 年 3 月，中国颁布了《关于构建更加完善的要素市场化配置体制机制的意见》，明确提出户籍制度和农村集体土地尤其是宅基地的改革。这将使农民工市民化进程大大加速，使消费扩大，而且农民工会用务工收入以及包括宅基地房产在内的财产性收入共同支持其在城市购车、购房。2020 年 4 月以来，乘用车销量转为正增长，似乎预示了这一点。

随着要素市场化改革的深化，中国城市化进程也在加速。城市化的加速不仅意味着结构性潜力的释放——农民工消费行为的改变，更为重要的是意味着居民收入尤其是中低收入阶层收入的持续增长。两者相加，以最终消费为代表的内需将成为中国经济可持续增长的最大引擎。中国将成为全球最大的单一市场。而将这一持续扩大的市场对外开放让世界共享，则将惠及全球。这是中国对推动经济全球化的最大贡献。海南自由贸易港恰恰在这个意义上发挥着独特的连接作用。

从世界经济格局变动看，世界经济的范式正在发生变化。尤其是在疫情的冲击下，这一变化正在加速，并深刻体现为全球产业链、供应链以及价值链的结构性调整。一方面，涉及国家安全的产业，例如卫生防疫物资生产等，即使成本再高，也会转回本土生产；另一方面，为了分散风险，全球产业链有缩短的趋势，并向更容易防范风险的重点区域集中。事实上，亚洲地区的产业链已有向东北亚（中日韩）和东南亚（东盟十国）集中的趋势。其中，对中日韩自由贸易区和 RCEP 的呼声高涨就是迹象。在 2020 年两会期间，李克强总理在答记者问中特别强调了这一点。他表示，如期签署 RCEP 的承诺不会落空，并愿意在经济大循环中建立中日韩经济小循环，而且对于参加 CPTPP，中方持积极开放态度。

2020 年，亚太 15 国共同签署 RCEP。市场普遍认为，这是继 CPTPP 后对 APEC《茂物宣言》的继承。而海南恰恰是中国在地理上最接近该区域中心的省份。海南自由贸易港的建设将有助于深化区域合作并有望形成纽带，即以服务业开放来消解该地区长期存在的"意大利面条碗"效应，在实现中国"一带一路"倡议与 RCEP、CPTPP 的对接上发挥桥梁作用，使亚太地区以经济繁荣的表现捍卫经济全球化。

五、雄安新区：以高质量发展的制度体系建设平衡南北差距[①]

2021 年是中国共产党建党 100 周年。100 年前，中国积弱积贫，一步步沦落为半殖民地半封建社会。在中国共产党的领导下，各族人民前仆后继努力奋斗，相继完成了"站起来"和"富起来"，使中华民族伟大复兴的中国梦日益接近实现。

雄安新区原来隶属河北保定。保定与北京相伴而生，"保卫大都，安定天下"是其含义，在清朝成为直隶省会。保定的地理位置十分重要，历来是中国政治经济的转换枢纽，并一度处于风暴的中心，见证了中国百年兴衰史。也就是在这个意义上，雄安新区的建设是"千年大计、国家大事"。它是在中国社会主要矛盾转变为"人民日益增长的美好生活需要和不平衡不充分的发展之间的矛盾"的新发展阶段提出的，代表实现中国式现代化的新发展理念，通过枢纽作用，构建以国内大循环为主体、国内国际双循环相互促进的新发展格局，在建设社会主义现代化国家的新征程中，向世界展现中国理念、中国智慧和中国方案，拥抱并引领

---

① 源自笔者 2021 年在"雄安发展论坛"上所做的报告。

全球化。

在世界百年未有之大变局的当代，与海南自由贸易港建设同时提出的雄安新区建设具有中国崛起的世界意义。"南海南，北雄安"既是新时代中国联结"一带一路"枢纽在地理上的形象描述，也彰显着"共商、共建、共享"全新的国际治理理念。

（一） 设立雄安新区是重大的历史战略选择

2019年1月，中共中央、国务院发布的《关于支持河北雄安新区全面深化改革和扩大开放的指导意见》指出，设立河北雄安新区，是以习近平同志为核心的党中央深入推进京津冀协同发展做出的一项重大决策部署，是继深圳经济特区和上海浦东新区之后又一具有全国意义的新区，是重大的历史性战略选择，是千年大计、国家大事。

英国经济学家安格斯·麦迪森曾长期主持OECD的经济分析工作，并担任多个国家的经济顾问。他1987年在荷兰格罗宁根大学创立了增长与发展研究中心，致力于世界经济历史变迁的研究，通过详尽的数据分析形成了著作《世界经济千年史》。作为四大文明古国之一，早在两千多年前中国就开创了农耕文明，可谓源远流长。据麦迪森的《世界经济千年统计》，在明清年代，中国的GDP就雄踞世界第一。1820年，中国占世界GDP的份额为32.9%，而西欧各国总和仅为23.6%。

鸦片战争前，尽管中国的GDP长期位居世界第一，但却是以自给自足的农耕经济为基础。而1840年西欧已经进入工业化阶段，在西方主导的工业化的冲击下，1840年鸦片战争后，中国的农耕经济社会迅速衰落。到新中国成立初的1950年，中国占世界GDP的份额降到了4.5%。而西欧依然保持着原有地位，占世界GDP的份额为26.3%，美国则成为世界第一大经济体，占世界GDP的份额为27.3%。与此同时，采取计划经济体制的苏联也在崛起，占世界GDP的份额为9.6%。1840年鸦片战争后的历史使中国认识到"落后就要挨打"。因此，通过工业化实现现代化成为民族的诉求，新中国成立为实现这一民族诉求奠定了政治和社会基础，使中国占世界GDP的份额不再下降，还在改革开放前略有上升。中国占世界GDP份额的快速上升始于改革开放。按现价计算，2010年中国成为世界第二大经济体；按购买力平价计算，中国的GDP已于2015年前后超过美国，成为世界第一大经济体。到 2020 年中国占世界 GDP 的份额已达到 17.2%，中国经济对全球的影响日益凸显。

发生如此翻天覆地的历史性变化的原因。中国地处欧亚大陆，是四大文明古国之一。早在两千多年前，中国就开创了农耕文明，并且农耕文明与游牧文明交相辉映。纵观中国史，会发现其实是农耕文明与游牧文明相互碰撞、交融的历史。地处 400 毫米等降水线的燕山山脉是两者的分界线，北京从而包括雄安在内的京畿因塞防而兴，是农耕文明与游牧文明转换的枢纽。然而，随着 16 世纪地理大发现后海洋文明的崛起，海防还是塞防成为一个问题。尤其是随着西欧工业革命的兴起，以鸦片战争为代表的海洋文明与大陆文明的碰撞使中国一步步走向衰落，并以北方地区为烈。从经济学意义上看，海洋文明的实质是工业化＋市场经济。在工业化的冲击下，清朝政府以"中学为体，西学为用"为指导思想，开展"洋务运动"，出现以轮船招商局、汉冶萍煤铁厂矿股份有限公司为代表的国有工业企业。"师夷之长"，终不长久。随着 1894 年中日甲午战争后《马关条约》以及 1900 年八国联军入侵后《辛丑条约》的签订，在"三千年未有之大变局"下，人们终于认识到要实现"富国强兵"，就需要与之相匹配的体制机制。随着辛亥革命的爆发，清朝政府的垮台，"德先生，赛先生"成为时代的潮流。五四运动催生了中国共产党。从此，中华民族伟大复兴有了核心领导力量。经过 28 年的浴血奋斗，建立了新中国，奠定了民族工业化的前提条件。

新中国成立后，囿于当时的历史条件，中国只能依靠自力更生，独立实现工业化。苏联经验表明，通过国家行政动员，借助计划经济体制，集中力量实行国家工业化，既可以加快工业化，又不必依赖外国。这自然为中国所借鉴。但是，随着计划经济体制的实行，在以国有国营为代表的国家工业化加快的同时，其弊端日益暴露。农轻重比例失调，投资失误，浪费严重成为不争的事实。1978 年国民经济已经走到崩溃的边缘，3 亿人口处于饥饿半饥饿状态。这促使中国重新反思工业化的体制机制，并果断地拨乱反正，义无反顾地踏上以市场经济为导向的改革开放之路。

所谓改革，就是以市场经济体制取代计划经济体制，将由计划主导的国家工业化转变为由市场主导的全民工业化；所谓开放，就是按国际惯例办事，将工业化进程纳入经济全球化进程，在世界经济的竞争与合作中，实现技术进步和产业升级。由此，中国出现了前所未有的工业化加速局面，推动经济社会全面发展。

改革开放 40 多年来，中国经济社会的发展经验表明，市场经济是支持工业化发展最有效的体制机制。发挥市场在资源配置中的决定性作用、更好发挥政府作用是社会主义市场经济的本质特征。这是中国通过工业化实现现代化百年努力的经验结晶。

中国崛起是当代世界最为重要的变化。1978 年中国国内生产总值为 1 492.65 亿美元，而人均国内生产总值仅有 155 美元，居世界第 134 位，经过 40 多年的改革开放，到 2019 年中国实现 14.34 万亿美元的国内生产总值，稳居世界第 2 位，人均国内生产总值达到了 10 121.3 美元，居世界第 72 位，变化明显。

中国的崛起是经济社会的全面发展。1949 年新中国成立时，中国还是一个农业国。当时的钢铁产量只有 15.8 万吨，居世界第 26 位。1996 年，中国钢铁产量超过 1 亿吨，成为第一大产钢国，随后钢铁产量一路攀升，2019 年钢铁产量已达到 9.963 亿吨，其中仅河北一省的产量就超过第二大产钢国——日本。与此同时，中国是世界上唯一拥有完整工业体系的国家。联合国所规定的 41 个工业大类、191 个中类、525 个小类，从手工制造业到高科技产业，中国全部拥有。其中不少产能产量位居世界前列，并具有竞争优势。完整产业集群所形成的产业链、供应链构成了中国经济的韧性。中国目前拥有全球最大的工程师红利。2020 年中国高校毕业生达到 874 万，其中工业相关毕业生 140 万。2010—2020 年十年间，中国高校累计毕业人数近 7 500 万。另外，向更高学历提升已成为趋势。2020 年硕士研究生报考人数达 341 万，录取人数约为 111.4 万。这为中国的技术进步和高科技产业发展开辟了人才持续支撑的前景。

相对于发达经济体，发展中经济体的基本症状就是贫困。按世界银行 1990 年每人每天 1 美元的国际贫困线标准，1978 年中国约 84% 的人口低于这一标准，人数为 7.7 亿，日均收入仅 0.23 美元。目前中国的贫困线标准是按 2011 年不变价人均年收入 2 300 元确定的。这一标准的现价为 4 000 元，按现行汇率可折合 600 美元，接近世界银行 2010 年每人每天 1.9 美元的国际贫困线标准。2020 年中国的人均年收入超过这一标准。中国在告别绝对贫困的同时，为世界减贫事业做出了巨大贡献，减贫人口占世界的 80%。与此同时，贫困体现为"普雷斯顿曲线"，即经济收入和人均预期寿命的强相关关系。1949 年新中国成立时，中国人口为 5.4 亿，人均 GDP 只有 23 美元，人均预期寿命只有 35 岁。1978 年中国人口为 9.63 亿，人均 GDP 为 155 美元，人均预期寿命为 68.2 岁。2019 年，中国人口约为 14 亿，人均 GDP 超过 1 万美元，人均预期寿命为 78 岁。国家统计局 2018 年按世界银行标准预测，中国已有 4 亿人口进入中高收入阶层。预计到 2035 年这一群体将达到 8 亿～9 亿，超过欧盟、美国和日本 8 亿多的人口总和。

中国开始踏上实现第二个百年奋斗目标的新征程。随着中国经济社会的全面发展，中国共产党提出"两个一百年"奋斗目标：到建党一百年时建成经济更加发展、民主更加健全、科教更加进步、文化更加繁荣、社会更加和谐、人民生活更加殷实的小康社会，到新中国成立一百年时基本实现现代化，把我国建成社会主义现代化国家。第二个百年奋斗目标分两个阶段实现：2020—2035 年基本实现社会主义现代化，2035—2050 年把我国建成社会主义现代化强国。在 2020 年全面建成小康社会的基础上，2021 年 3 月，十三届全国人大第四次会议审议通过《中华人民共和国国民经济和社会发展第十四个五年规划和 2035 年远景目标纲要》，提出 2035 年人均 GDP 达到中等发达国家水平。这意味着在未来 15 年间，GDP 和居民人均收入至少需要再翻一番，年均增长速度至少要保持在 4.73％以上。"十四五"规划是实现第一个百年奋斗目标后、踏上实现第二个百年奋斗目标新征程的第一个五年规划。在 2035 年远景目标引领下，既要衔接过去，更要面向未来。"十四五"时期既是中国走向高质量发展的时期，也是跨越中等收入陷阱进入高收入社会的关键时期。实现第二个百年奋斗目标的新征程既是中华民族伟大复兴实现的过程，也是中国为人类做出贡献的过程，具有世界历史意义。

雄安新区设立是重大的历史"战略选择"。中国目前是世界第二大经济体。2020 年中国的 GDP 预计超过欧盟 27 国总和。若以现价美元计算，预计 2035 年前后中国会成为世界第一大经济体。若考虑到汇率因素，许多欧美机构预测，中国会在 2028 年左右成为世界第一大经济体。仅从 GDP 角度看，中国"比历史上任何时期都更接近、更有信心和能力实现中华民族伟大复兴的目标"。但是，世界经济陷入低迷，国际格局也在深刻变动，逆经济全球化潮流涌动，这与经济全球化时代中国经济发展的外部环境形成巨大区别。与此同时，随着人均 GDP 超过 1 万美元，中国在"十四五"时期需要跨越中等收入陷阱，进入高收入社会。这与在低收入水平上中国经济社会发展所面临的任务有重大区别。因此，面对挑战，面向未来，中国该如何做出选择？

在新的历史时期，要使中国经济高质量可持续发展，实现现代化，就需要树立"创新、协调、绿色、开放、共享"的新发展理念，推动形成以国内大循环为主体、国内国际双循环相互促进的新发展格局，这构成雄安新区设立和发展的历史方位。

千年大计——雄安以高质量发展的制度体系建设引领"南北差距"的平衡。改革开放 40 多年来，在经济社会全面发展的同时，区域发展的不平衡性日益显现，并突出表现在南北差距的扩大上。南北差距的形成本质是市场经济体制机制的落差。南方地区长期受海洋文明影响，尤其是改革开放使其在引进资金的同时引进管理经验，逐渐形成了市场导向的经济发展氛围，进而体制机制化。相形之下，北方地区长期受大陆农耕文明习惯势力的影响，尤其是在计划经济体制的束缚下，"官本位制"观念根深，"唯上不唯实"蒂固，体制机制僵化依然严重。长此以往，南北差距固化并扩大，将会影响国家的长治久安。雄安新区通过建立"符合高质量发展要求和未来发展方向的制度体系"，在全国尤其是北方地区率先示范，平衡南北的体制机制落差，缩小南北差距，这是"千年大计"。

国家大事——雄安新区是面向社会主义现代化强国的"未来之城"。雄安新区的历史方位决定了其在全国乃至世界的地位，是"为全国改革开放大局作出贡献""形成较强国际影响力"的"贯彻落实新发展理念的创新发展示范区"，是引领时代潮流的"未来之城"。由此决定了雄安新区引领示范路线图和时间表。雄安新区对全国的引领示范任务分三个阶段的可持续性表现在：

第一阶段，到 2022 年的目标是重点领域和关键环节改革取得显著成效，改革开放作为雄安新区发展根本动力的作用得到显现。

第二阶段，到 2035 年的目标是"雄安质量"标准体系基本成熟并逐步推广，对推动高质量发展的引领带动作用进一步凸显。

第三阶段，到本世纪中叶的目标是改革开放经验和成果在全国范围内得到广泛推广，形成较强国际影响力。

以建成社会主义现代化强国为目标，引领未来是雄安新区的历史使命，既是全国人民的期望，也为世界所瞩目，这是国家大事。

（二） 构建全国的符合高质量发展要求和未来发展方向的制度体系

2019 年《关于支持河北雄安新区全面深化改革和扩大开放的指导意见》（以下简称《指导意见》）指出，坚持大胆探索，先行先试。坚持敢为天下先，坚决破除不合时宜的思想观念，条条框框和利益藩篱，根据雄安新区实际情况和特点，推动各领域改革开放前沿政策措施和具有前瞻性的创新试点示范项目在雄安落地，先行先试，为全国提供可复制可推广的经验。

中国已转向高质量发展的新阶段，社会的主要矛盾已经转变。党的十九大指出，这一矛盾已由人民日益增长的物质文化需要同落后的社会生产之间的矛盾转变为人民日益增长的美好生活需要和不平衡不充分的发展之间的矛盾。"十四五"规划更加明确指出，发展不平衡不充分的问题突出表现在：重点领域关键环节改革任务依然艰巨，创新能力不适应高质量发展需求，农业基础还不稳固，城乡区域发展和收入分配差距较大，生态环保任重道远，民生保障存在短板，社会治理还有弱项。

过去 40 年中国经济社会的发展经验表明，改革开放是关键一招。在新发展阶段，改革已进入经济、政治、文化、社会和生态文明"五位一体"的全面深化的新时期。坚持围绕创造"雄安质量"，建设"廉洁雄安"和打造高质量发展的全国样板，努力打造贯彻落实新发展理念的创新发展示范区，为全国改革开放大局做出贡献，这是雄安新区建设的宗旨。当前，雄安新区对引领全国改革的基本任务是"坚持问题导向"，在重点领域和关键环节改革创新上集中发力。目标是到 2022 年使市场在资源配置中起决定性作用和更好发挥政府作用的制度体系基本建立。

要素市场化配置体制机制是当前改革的重点领域和关键环节。经济体制改革是"五位一体"全面深化改革的重心所在。过去 40 多年改革开放的历程表明，经济体制改革虽然取得了巨大成就，但也进入了深水区。具体表现为产品市场的市场化程度已达到 97％，其市场化改革基本完成，但要素市场的市场化改革还在半途，亟待深化。为此，2020 年 3 月，中共中央、国务院颁布《关于构建更加完善的要素市场化配置体制机制的意见》，共 32 条，明确指出土地、劳动力、资本、技术、数据均为生产要素，需要加快建立和完善市场化配置体制机制。

该意见还要求，加快要素价格市场化改革。完善主要由市场决定要素价格机制，加强要素价格管理与监督，健全生产要素由市场评价贡献、按贡献决定报酬的机制。与此同时，健全要素市场运行机制。健全要素市场化交易平台，完善要素交易规则和服务，提升要素交易监管水平，增强要素应急配置能力。

在改革开放大局中创造雄安经验。从改革开放的大局来看，建立和完善要素市场化配置体制机制已成为当前全国改革的重要领域和关键环节。这也构成作为改革引领的雄安新区集中发力的重心。为此,《指导意见》也相应明确了改革任务。

五种要素可分为传统要素和新要素两类,其中土地、劳动力和资本是传统要素,技术和数据则是新要素。传统要素需要深化市场化改革,而新要素则需要建立市场化配置体制机制,雄安新区可以按这一原则进行分类指导,瞄准重点领域和关键环节,安排改革推进顺序,并要求突破。

在传统要素市场化改革方面,《指导意见》也相应明确了改革任务:

土地。《指导意见》在重点任务的第 19、21 条虽有全面的安排,但我们当时认为与乡村振兴相结合的农村集体建设用地和农民宅基地是改革的关键环节。在雄安新区建设中,通过建立这些土地平等入市的制度,可以形成新的供地主体,特别是同用地主体直接签约,在增加当地农民收入、振兴乡村的同时,有利于平抑地价,减少建设成本。

劳动力。《指导意见》在重点任务的第 20 条虽有全面的安排,但我们当时认为建立以居住证为载体的公共服务供给机制是改革的关键环节。一方面,公共服务发展可为雄安当地人口创造就业机会;另一方面,包括教育、医疗、文化和社保在内的现代公共服务体系是吸引企业和人才的基础条件。简言之,人口户籍管理的背后是高质量公共服务均等化的提供机制,应按《指导意见》重点任务的第三部分着力加以建设。

资本。《指导意见》在重点任务的第 26、27、29、31、32 条都有涉及,虽安排全面,但我们当时认为股权融资,尤其是知识产权资本化是改革的关键环节。这是因为仅有债务融资只会使杠杆率不断升高。同时,鉴于科技型企业的一般规模,不适合采用债务融资而应采用股权融资,这既有利于融资,也有利于资产负债表健康化,其中知识产权融资尤其是属于股权性质的知识产权资本化、证券化更为重要。

在新要素方面,创新排在新发展理念的首位。全国各地对科技创新制度安排都十分重视,力争使其成为高质量发展的推动力,这也使号称"未来之城"的雄安新区备受瞩目。

技术。它不是独立存在的物理形态,一般附着于人力资本,并在产业链条上发挥作用。从全国的情况看,在产业集群发展较好、产业链较完备的城市,科技进步基础较好、速度较快。比较突出的代表性城市有：

●广东佛山。正在由传统的白色家电制造转向智能制造，进而是制造智能。美的收购全球第四大机器人公司——库卡就是例证，也是出于这个原因，智能制造学科较强的东北大学正拟议在此建立分校。

●浙江义乌。依托于浙江小商品生产的优势，努力为小微企业提供信息增值服务，从出口订单回溯到式样设计。突出的例子就是纺织品，虽然生产环节分散甚至转移到国外，但式样设计等关键环节和染料、拉锁等关键产品或工艺在浙江。

●山东寿光。全国著名的蔬菜交易场所，依托蔬菜交易发展上游种业。目前大部分蔬菜种子中国不仅能够实现自给，而且还能出口，是全球种业市场少有的反映中国竞争力的产品。

●江苏苏州。中国制药聚集地。依托于制药业尤其是生物制药研发速度加快，中国国产新药多出于此地，也引来了国际试验公司及研发机构。

类似的例子还有广东顺德的家具、湖北武汉的光电等。

《指导意见》在重点任务的第2、3条是关于科技创新的，都强调吸引几家高新技术企业或科研机构向雄安新区转移，期望以此形成产业集群，吸引相应的科技创新平台，形成包括知识产权在内的产权保护制度。

数据。数据是个新兴的市场，目前处于探索和规范中。目前来看两个城市处于领先地位：一个是杭州，成为全国领先的数据挖掘与处理中心；另一个是贵阳，利用气候优势，成为全国领先的数据存储中心。

《指导意见》在重点任务的第8条提出，探索建设新型互联网交换中心。开展大数据应用综合性试验，实现数据信息共享和深度应用。其中深入推进"城市大脑"建设，探索建立基于全面感知的数据研判决策治理一体化智能城市管理模式是重点，围绕着智慧城市探索发展数据市场化的管理是重点领域和关键环节。

在区域协同发展中定位制度创新。现代化的聚集体是城市。工业化必然带动城市化。2019年中国的城市化率已由1978年的17.9%快速增长到60.6%。这使中国的经济结构和社会形态都发生了质的变化。城市化已成为高质量发展的动力源。目前发达国家的城市化率平均在75%以上，相对而言，中国仍有约15个百分点的差距。"十四五"规划提出要提高到65%。与传统农业经济依靠自然、地理的区域发展不同，在中国这样的人口大国城市化的发展要求以全新的角度审视区域发展问题。

区别于以往的五年规划，"十四五"规划的鲜明特点就是区域协调发展。"深入实施区域重大战略、区域协调发展战略、主体功能区战略，健全区域协调发展体制机制，构建高质量发展的区域经济布局和国土空间支撑体系"。"十四五"规划指出，包括长江经济带、黄河流域在内的深入实施区域重大战略的五个区域，以中心城市和城市群等经济发展优势区域为重点，增强经济和人口的承载能力，带动全国经济效率的提升。以京津冀、长三角、粤港澳大湾区为重点，依托创新策源能力和全球资源配置能力，加快打造引领高质量发展的第一梯队。在粤港澳大湾区和长三角已有深圳经济特区和上海浦东新区，相应地，京津冀需要一个功能相似的特区。雄安新区是继深圳经济特区和上海浦东新区之后又一具有全国意义的特区，是重大的历史性战略选择。

六、中国现代化进程进入新阶段[①]

所谓中国在更大规模上重现当年亚洲国家经济增长的轨迹及经验，是基于这样一个客观经济事实：一如其他亚洲国家，中国同样存在二元经济结构。一个弱小的工业部门，因劳动生产率较高而能提供较高的劳动报酬，吸引边际劳动生产率趋近于零，从而劳动报酬递减的传统农业部门劳动力向工业部门转移。这不仅增加了劳动力的报酬，而且增加了资本产出，成为工业再投资、扩大再生产的来源。由此，形成劳动力无限供给条件下的经济增长过程，即工业化过程。这一工业化过程，也是国民经济结构的转变过程，不仅呈现为国民经济结构由农业向工业的转变，而且在工业内部呈现为由初级工业化（轻工业）向高级工业化（重工业）的转变。若将这一过程纳入全球经济体系，通过进口替代与出口导向的有机衔接，层层递进，会加快上述结构转变。日本和韩国就是以这种经济发展方式实现经济跃升的，并晋升为经济合作与发展组织国家。

中国的改革开放基于这样一个客观事实：区别于其他亚洲国家，中国是在计划主导的国家工业化基础上，引入市场经济体制并向世界开放的。在 20 世纪 80

---

① 节选自《实现社会主义现代化目标的改革重点》，载于刘世锦主编的《读懂"十四五"：新发展格局下的改革议程》（中信出版社 2021 年出版）。

年代，人们曾用形象化的语言"倒爬梯子"来描述这一过程。它有别于在不加管制的自然状态即市场经济发育中的其他亚洲国家的工业化进程。换言之，40多年来，中国经济的发展过程同样也是体制改革的过程，两者相互缠绕，"横看成岭侧成峰"，构成了中国的特殊国情。

从体制改革的角度来看，中国过去40多年的历程，是制度变迁的过程。它发端于农村，进而出现了路径依赖。中国的改革是1978年从计划经济体制最薄弱的农村环节开始的。随着家庭联产承包责任制的出现，"三级所有，队为基础"的"一大二公，政社合一"的人民公社体制被打破，农民的种地积极性得到了发挥，粮食产量迅速上升，加之农产品统购统销制度的取消和流通环境的改善，农民的货币收入大幅增加。受工业化规律的支配，农民将货币收入转化为资本，投资工业，尤其是所需投资少、见效快的轻工业，出现了大量的乡镇企业。这些工业企业无论是在所有制形式还是在运行方式上，都有别于传统的国有国营工厂，其追求的目标是利润最大化。由此，在经济的微观基础层面形成了市场主导的"一轨"，其目标和行为都有别于计划主导的国有国营工厂，形成相互对照的"双轨并存"局面。反映在宏观层面，最明显的表现就是价格双轨。由于市场经济是一种自生长的秩序，在逻辑上，市场"一轨"对整个经济体制变迁具有边际引导作用，并随着这一引导作用日渐加大，市场经济体制终会取得主导地位，形成"一轨（计划轨）变两轨（计划轨与市场轨并存），两轨并一轨（市场轨）"的渐进式体制演变。

中国改革开放40年的经验事实表明，逻辑的进程与历史的进程是一致的。表现在微观基础层面，时至今日，市场导向的非国有经济已成为中国经济的主要成分，不仅占GDP的一半以上，而且成为提供就业机会的绝对主体。更为重要的是，非国有经济所展现的竞争优势，诱导并促使以指令为目标的国有国营工厂的行为及机制产生了质的变化，使其逐渐确立了利润最大化的目标，治理机制也逐渐向现代化方向转变。如今，国有企业已基本完成公司化改造。表现在宏观层面，价格不再是计划经济体制下的核算工具，而是逐渐具有引导资源配置的功能。起初表现在生活资料上，随后是生产资料，进而是各种生产要素。如今，汇率、利率市场化尚在完善之中，其余价格配置资源的功能已开始发挥作用。与此同时，宏观经济管理体制为了适应市场经济发展的需要也发生了相应的变化。政府指令直接调控经济在减弱，而间接调控在加强，呈现出由直接调控向间接调控加快过渡的态势。目前，中国市场经济体制的框架已基本形成，并难以逆转。

　　从经济发展的角度来看，新中国成立后就明确提出了"以农业为基础，以工业为主导"的工业化国家战略。但是，在计划经济主导的情形下，工业化都是以扭曲的形式展开的。计划经济强调第一部类优先增长，并利用行政力量以动员的方式进行国家工业化，使工业领域形成大量清一色的国有国营工厂。这种方式虽然使工业在国民经济中的比重快速上升，然而，由于国有国营工厂是政府的附属机构，是以计划指令而不是以市场需求为导向，结果造成轻重工业的比例失调，"轻的过轻，重的过重"。更为重要的是，这种人为的国家工业化为降低工业领域的工资成本，采取了对农产品的统购统销政策，并通过"政社合一"的人民公社体制限制了人口流动，从而割断了农业与工业之间的产品与劳动力流动的自然联系。结果是：一方面，从国民经济产值看，在工农业生产总值（计划经济口径）中工业占大头；另一方面，从劳动力分布看，农业劳动力占全部劳动力的大头。这表明二元经济结构并未成为工业化的支持条件，反而以割裂的方式加剧了城乡的对立。需要指出的是，这构成了改革开放的历史背景和动力。

　　1978年后，随着改革逐步深化，市场经济逐步发育，以轻工业为主的乡镇企业及非国有经济快速发展，在轻工业占GDP的比重持续提高的同时，重工业的比重却在下降，轻重工业的比例关系由此得到改善。直到20世纪90年代中后期，重工业的比重才再一次超过轻工业并持续上升。这表明，在市场经济条件下，扭曲的经济结构得到了调整，并重现了亚洲国家工业产业升级的自然轨迹。截至目前，中国已进入重化工业化的中后期，经济结构面临着向服务业转型。

　　中国经济体制及中国工业化的上述新变化也深刻地反映在中国与世界的关系上，并形成了国际社会对中国的认知困难。这特别突出地表现在"中国还是一个发展中国家吗？"这一问题上。

　　现代国际关系理论认为，当代世界体系是资本主义占主导地位的"中心-外围"体系：发达国家是中心，发展中国家是外围；中心支配着外围，外围服务于中心。反映在经济关系上就是发达国家向发展中国家出口工业制成品，而发展中国家向发达国家出口初级产品，两者形成垂直分工关系。若从这个角度来观察中国，可以看到中国对发展中国家的进出口类似于发达国家，即中国向发展中国家出口工业制成品并进口初级产品。但换一个角度来观察又会发现中国向发达国家出口的尽管是工业制成品，但多是劳动力密集型产品，从发达国家进口的多是资本密集型尤其是技术密集型产品，从而又呈现出发展中国家的特征。

上述情况表明，在现有的"中心-外围"世界格局中，中国已处于半中心半外围的地位。从发展中国家的角度来看，中国是中心；从发达国家的角度来看，中国仍是外围。中国这种半中心半外围的地位，不仅带来认知的尴尬，更成为世界格局变动的新因素。中国以此走近世界舞台的中央，未来的世界秩序期待中国方案、中国行动以及中国发展。

通过对以往40多年中国现代化努力的回顾可以看到，中国现代化进程已经进入一个新阶段：表现在经济体制上，市场经济理念已深入人心，并渗透到经济生活的各个环节和领域。市场经济在细枝末节上的娴熟运行，奠定了市场经济体制的基本框架，并使其日趋完善且具有不可逆转的趋势。表现在经济发展上，经济结构出现了符合规律的升级，不仅重化工业在工业中的比重逐步升高并日益高技术化，而且服务业的比重开始超过工业，显现出国民经济支柱产业的势头。这些都表明中国已进入工业化的中后期，并步入以服务业为主的后工业化阶段。综合上述两个方面，中国在已有的"中心-外围"世界格局中脱颖而出，不仅成为世界第二大经济体、第一大贸易体，而且成为半中心半外围的经济体，影响着全球的未来。凡此种种都表明，过去40多年的体制安排是有效的；通过持续性的因势利导式改革，体制已成为支撑中国现代化进程的重要力量。这既是改革开放初心的体现，也是中国成功经验之所在。

第九章

以双循环重塑中国与世界经济新关系

◆◆◆

一、现行国际治理的缺陷及发展趋势

2008 年金融危机对世界经济造成的冲击是史无前例的。痛定思痛，除了英国女王历史性的学理发问外，为了防止金融危机重演，一个迫切需要解决的现实问题摆在世界面前：为什么发生在美国房地产市场的次贷危机会演变成世界性的灾难？更准确地说，金融危机为什么不再是一国孤立事件，而是成为全球性现象？金融危机在国际上的传导机制是什么？于是，人们自然把目光从国内转向世界，重新审视经济全球化的历史及意义。

一旦从全球角度进行观察，会发现世界经济是一个整体。不同于国别经济可以出现宏观经济内外不均衡，世界经济只能在内部实现均衡，否则将会以危机的形式予以出清。也正因为是一个整体，它成为一个体系，由相辅相成的两个层面组成。首先，它是由市场经济规律支配的运行体系。在当代该体系的运行结果使世界经济日益趋向于更加紧密的一体化。表现在微观层面是企业主导的生产力全球布局，生产、分配、流通、消费的经济循环过程横卧在世界各国之间，某一环节在这国，另一环节在他国，形成跨国产业链、供应链、价值链；表现在宏观层面是以投资贸易自由化为代表的生产要素全球配置，货物、服务、资金、技术、思想及劳动力跨国动态流动，造成包括政策在内的各国经济相互依存。其次，它还是一个与运行体系相适应的治理体系。在当代的经济全球化潮流中，表现为以规则为基础的国际多边治理体系的细腻化、过程化。按照 1992 年发起的全球治理委员会的最初定义，治理过程是"各种相互冲突的不同利益协调，并采取合作行动。它既包括有权迫使人们服从的正式制度和规则，又包括各种经人们同意或符合其利益的非正式制度安排"。反映在国际经济金融活动上，它是包括规则、规制、标准、管理在内的一整套体制安排，既有制度规范，又有监督机制，既有协调互动，又有执行过程，由此形成了国际经济金融秩序。

国际治理体系是秩序性的国际公共产品。历史表明，在民族国家的条件下，这一秩序性的国际公共产品，通常是由当时在世界上占主导地位的国家担任世界警察的职能造就的。换言之，国际秩序作为公共产品是由有能力的国家提供的，从而使提供国至少拥有对治理体系的边际性支配能力，体现为霸权。由于提供秩序这种公共产品是实现本国利益最大化的成本最小化途径，从而世界性大国角逐此起彼伏，竞争十分激烈，并因此推动国际治理体系的演进。历史也表明，运行体系是治理体系的基础，决定治理体系的演进方向，而治理体系是运行体系赖以有序运转的制度框架，在规范运行体系秩序化的同时，又制约着经济运行。这样一种互动关系推动具有双重结构的世界经济体系进而全球秩序的演变。量变引起质变，一旦运行体系与治理体系之间的矛盾无法克服，秩序的变革就会发生。与此相适应，这一变革也表现为国际霸权的更替，由新兴崛起大国取代传统守成大国来提供新的秩序性公共产品。

"历史的进程与逻辑的进程是一致的"。美国主导下的以规则为基础的当代国际多边治理体系就是上述变革逻辑的历史产物。它形成于二战后，此前的世界不存在统一完善的国际多边治理，存在的是建立在民族国家相互竞争基础之上的单边或双边妥协性国际关系安排，即国际法意义上的威斯特伐利亚体系。在这一体系中，民族国家是竞争的主体，利益最大化是竞争的诉求，国家实力是竞争的手段，而国家实力此消彼长的竞争后果就是战争。换言之，战争是改变此前单边或双边妥协性国际关系安排，形成新的地缘政治经济格局的最终手段。在威斯特伐利亚体系背景下，20世纪初，后起的德国凭借着重工业化崛起所带来的实力，在世界市场及原料基地瓜分完毕后，要求重新进行瓜分，成为第一次世界大战的策源地，此后，基于同样的原因，德国再次成为第二次世界大战的策源地，在两次世界大战中德国的行为由此成为列宁关于帝国主义就是战争论断的最好注解。两次世界大战虽然是由西方列强瓜分世界的实力消涨所引发的，但它们瓜分世界的战火却蔓延到全球各个角落，无论是宗主国还是殖民地都不能独善其身。两次世界大战成为全人类的灾难，深刻且明确地表明：以民族国家为基础，为实现国家利益最大化、依托国家实力进行的恶性竞争，不仅不可持续，也不能持续。无论拥有何种利益主张，主张何种意识形态，各国都普遍意识到世界长久和平的意义和价值。为此，必须改弦更张，建立可以普遍接受的国际规则，进行世界性的多边治理，从而避免以前以国家实力为基础的单边恶性竞争。其中，以"民族自决"为前提，实现发展中国家独立并以平等身份加入国际多边治理，应是题中应有之义。

在世界反法西斯战争取得胜利之际，在战后国际多边治理共识上，1945 年 2 月美英苏缔结了《雅尔塔协定》。相应地，在这一协定的基础上，凭借着最大战胜国的实力地位，美国顺应时代潮流构建起新的国际秩序，形成了美国治下的当代以规则为基础的国际多边治理新体系。这一体系主要有三大支柱：首先，在政治治理方面，吸取了一战后"国联"失败的教训，建立了具有普遍意义的联合国。这是基于"民族自决"原则，形成平等民族国家关系的多边政治秩序安排。无论国家大小，一律一国一票，用民主方式协调解决国际政治、军事冲突。其中，美国成为维持世界和平的边际力量。其次，在经济治理方面，建立了关贸总协定。国与国之间的利益恶性竞争，主要体现在对世界市场和原料基地的垄断上，因此用相互开放市场取代以邻为壑、壁垒重重的国家保护主义尤为关键，以公平对等的自由贸易取代恃强凌弱的不平等交换十分重要，其中降低关税与非关税壁垒是第一要务。作为世界第一大经济体的美国市场的开放，就成为维持自由贸易的前提条件。1995 年，这一自由化安排进一步充实并扩展到投资方面，形成今日旨在促进投资贸易自由化的 WTO。最后，在货币金融方面，建立了以美元为中心的布雷顿森林体系。在这一国际货币体系中，美元与黄金挂钩，各国货币与美元挂钩，美元成为唯一具有完全国际清偿力的国际货币。不仅各国的国际收支顺逆差最终表现为对美元收支的顺逆差，而且美联储因此成为提供国际流动性、国际清偿力的最后贷款人。

需要指出的是，在上述三大支柱中，前两个在一战后的巴黎和会上就曾被提出，虽胎死腹中或中途夭折，但并不新鲜。而第三个支柱，即以美元为中心的布雷顿森林体系却是创新性安排，由此奠定了当代世界经济体系区别于以往的新特点——以金融为主导。此前，世界经济体系都是在金本位制下，黄金供给的自然约束使其不能满足经济发展的需要，导致了以争取黄金国际收支顺差为目的的重商主义的发展，肇始了国际经贸的恶性竞争，导致了保护主义的泛滥。以美元为中心的布雷顿森林体系是以信用本位取代黄金本位，既克服了金本位制下黄金供给不能满足需求的困境，又消除了为争夺黄金而以邻为壑的痼疾，更为重要的是以美元为中心的国际货币体系用信用本位统一了国际货币，美元不仅可用于国际支付，而且是"硬通货"，可以广泛地进入其他国家各社会成员的资产负债表，从而以"储备货币"的身份将其他国家各社会成员的资产负债表与美国的国际收支紧密地联系在一起，奠定了全球金融一体化的基础，并埋下了世界经济一荣俱荣、一损俱损的种子。

公正地说，二战后美国主导建立的以规则为基础的国际多边治理体系，首先是人类文明的进步。表现在政治治理上，自二战结束迄今，近80年来，尽管局部小规模战争不断，但未再发生全球性的大战，反映出这一治理体系在政治上的正当性和有效性。表现在经济治理上，立足于战后"中心-外围"格局的现实，"南北差距"既是治理的基础，也是治理的对象。在发达国家开放市场的背书下，资本沿着成本最小的方向有序地向发展中国家流动，在加快发展中国家工业化进程的同时，也使发展中国家人均收入有了显著的提高，经济社会发展都获得了长足的进步。婴儿死亡率大幅下降，成人识字率大幅提高，预期寿命持续增长。发展中国家的经济社会发展反过来又形成对发达国家更高层次的需求，促使发达国家的服务业，尤其是金融服务业向发展中国家延伸，并因此可以覆盖全球。在这个意义上，发展中国家的经济社会发展不仅日益瓦解冷战的经济基础，而且推动贸易、投资、金融深度开放，在形成包括规则、规制、标准及管理的全球经济金融治理体系的同时，使世界经济成为各国相互依存的整体。水乳交融般的经济全球化局面由此形成。

然而，必须指出的是，二战后美国主导建立的以规则为基础的国际多边治理体系，是立足于战后"中心-外围"的现实格局，是建立在"南北差距"基础之上的。处于中心的发达国家是治理的主体，而处于外围的发展中国家是治理的对象。由此产生了国际治理的单向性和不包容性，并表现在世界经济金融治理上。所谓单向性，是指发达国家先于发展中国家完成工业化，其发展经验由此不容置疑地成为发展中国家通过工业化来实现现代化的圭臬，并被规范化和制度化为国际治理规则和行动指南，使名义上的国际多边治理呈现为实质上"言必称希腊"式的发达国家对发展中国家的治理单向性。同时，由于这一国际多边治理体系是美国主导的，因此美国拥有了制定规则和解释规则的主导地位。所谓不包容性是由上述单向性决定的。如果一个发展中国家偏离了发达国家曾经走过的工业化道路，例如用国家的力量来干预工业化进程，就会被视为"另类现代化"。不仅发展中国家自己内心不安，而且会被国际多边治理体系认为是"离经叛道"，从而用规劝或惩戒的手段，促使发展中国家"改邪归正"。换言之，由治理单向性所决定的治理规则是非黑即白、非此即彼的，不包容其他可能性。同样，由于这一国际多边治理体系是美国主导的，从而美国拥有了事实上的最终裁判权和制裁权。

世界经济金融治理的单向性和不包容性，特别突出地反映在以美元为中心的国际货币体系上。回溯历史，这一国际货币体系一开始就是由美国倡议并主导的。1944 年 7 月，在第二次世界大战即将结束之时，为安排战后的国际货币秩序，在美国新罕布什尔州布雷顿森林召开了国际会议。会议一致同意战后的国际货币体系将以信用本位取代此前的黄金本位，但却对以什么货币作为国际货币产生了争执。一种是以"超主权货币"作为本位的"凯恩斯方案"，另一种则是以主权货币——美元作为本位的"怀特方案"。虽然两种方案各有利弊，但在美国实力面前，各国最终选择了"怀特方案"。其基本要点是：第一，美元充当国际货币并与黄金挂钩，一盎司黄金等于 35 美元；第二，各国货币与美元挂钩，从而间接与黄金挂钩，由此承担维持美元与黄金的固定比价关系的责任；第三，由于这一双挂钩，形成世界固定汇率制；第四，在这种国际货币制度安排下，各国国际收支的顺逆差最终表现为对美元的顺逆差，美国有义务维持美元的国际清偿力，美联储充当世界的最后贷款人，成为世界的中央银行；第五，相应地，各国有责任进行国际收支管理，亦即管理社会各成员资产负债表对美元的债权债务及收支流量，并形成标准统一的国际制度和措施，由国际货币基金组织监督执行，以便事前防范风险、事后及时救助。

综上所述，可以明显看到，以美元为中心的国际货币体系内含一个重要的预设前提，即美国是不会出问题的。美国不仅经济繁荣，主权货币美元坚挺，金融市场稳定，而且货币政策永远得当，从而有能力持续维持美元的国际清偿力。在这一预设前提下，调节国际收支的责任就主要集中在美元收支存在逆差的国家身上。换言之，在美国提供稳定的国际清偿力亦即国际流动性充沛的情况下，若一国还有对美元的逆差，那就是自身的问题，需要紧缩国内需求以减少进口，需要调整经济结构以扩大出口。只有在这个条件下，诸如国际货币基金组织等国际机构才有可能施以援手，用贷款、救助等方式帮助该国实现国际收支平衡。简言之，逆差国只有自救才能获得援助，因为"我的货币，你的问题"是打从娘胎里就注定了，从而天经地义。这种只有逆差国单方面进行国际收支调节的规则及安排，是现行国际经济金融治理单向性和不包容性的典型体现。但是，美元的国际清偿力不会出问题，从而国际流动性充沛仅仅是个理论假设，在现实世界中并不必然成立。原因就在于一国主权货币充当国际货币的制度安排存在着不可克服的内在矛盾，即"特里芬难题"。一方面，一国的主权货币充当国际货币，其国际收支必须处于逆差状态。只有处于逆差状态，其他国家的各社会成员才有可能将这一主权货币用于国际支付。换言之，一旦一国的主权货币成为国际货币，该国就有义务为世界经济增长及金融发展提供必要的流动性，逆差形成是先决条件。另一方面，如果该国国际收支长期处于逆差状态，则该国主权货币的内在价值一定趋贬，从而动摇其作为国际价值尺度的地位，不仅使国际经济活动的计价和结算产生困难，而且损害其作为储备货币的地位。

二战以来，以美元为中心的国际货币体系的历史就是"特里芬难题"的演进史。战后初期，美国的国际收支逆差还仅发生在资本项目上。但 20 世纪 60 年代后，资本项目和经常项目变成了"双逆差"，并且在持续扩大。于是，在美国黄金储备一定的情况下，海外拥有的美元不断增长，使美元的内在价值趋贬，既导致美元兑换黄金的压力加大，又造成美元与黄金挂钩关系松动的可能，引发了"美元危机"。为了维持美元与黄金的固定比价关系，美国不得不要求其他国家，尤其是西欧发达国家履行布雷顿森林体系所要求的捍卫美元的义务，抛出本币，买入美元。尽管各国殚精竭虑反复履行捍卫美元的义务，但美元对黄金的比价关系仍然无法维持。在经历了 10 次美元危机后，不得已，美元只能与黄金脱钩。1973 年，美国尼克松政府正式宣布美国不再履行美元兑换黄金的义务，这不仅标志着浮动汇率制时代的到来，而且宣告了布雷顿森林体系的崩溃，以及黄金非货币化时代的开启。

布雷顿森林体系的崩溃虽然结束了美元与黄金的挂钩，但却没有改变美元是国际货币的性质。1976 年随着《牙买加协议》的签署，国际货币体系成为所谓的"无体系的体系"。美元依然是"锚货币"，是体系的中心，只不过因不受黄金约束，固定汇率制变成了浮动汇率制。这一浮动汇率制具有两方面的含义：一方面，因黄金非货币化，美元可以不受黄金的约束自由发行；另一方面，各国货币也不再受捍卫美元与黄金比价关系的约束，可以对美元自由浮动。自由发行和自由浮动虽然宽松，但问题也相应地产生了。美元不受黄金约束，意味着其发行仅依赖于美国的货币政策。虽然美元是国际货币，但美国的货币政策却主要是依据国内的宏观经济情况而制定的。需要指出的是，国际货币的义务与国内货币政策的需要是两个范畴，两者之间是有差异的，甚至有时这种差异巨大。这一差异导致国际流动性，进而国际清偿力出现大幅的波动，甚至急剧的变化，孕育了国际金融动荡和危机。

第一次是 20 世纪 80 年代的拉丁美洲债务危机。1973 年布雷顿森林体系瓦解后，美国出现了"滞胀"。随着里根政府的上台，美联储开始了收紧货币的过程。在浮动汇率制下，持续加息导致美元指数持续上升，1985 年创下了 163.85 点的新纪录。全球资金因美元指数上升而回流美国，使国际流动性陡然紧张，触发了墨西哥债务违约，进而产生了多米诺骨牌效应，使拉丁美洲国家的债务危机接踵而来，至今阴影不散。

第二次是 20 世纪 90 年代的亚洲金融危机。1994—1995 年，美联储为应对经济过热又持续加息，美元指数再次持续升高，全球资金又开始回流美国。当时的亚洲已成为新兴经济体的聚集区，正处于高速增长阶段，但是却出现了资金大幅流出。这种现象从泰国开始，从一国传染到另一国，资金汹涌外流，造成本币对美元的大幅贬值，引发了亚洲金融危机。

在布雷顿森林体系中，美元因与黄金挂钩，在黄金的背书下信用和流动性都相对可靠，但是随着布雷顿森林体系的瓦解，在黄金非货币化的背景下，这一预设前提的可靠性就大打折扣了。不过，侥幸的是，在 2008 年以前，这一预设前提尽管不可靠，但也未出现问题。无论是拉丁美洲债务危机还是亚洲金融危机，均发生在对美元存在逆差的国家，而对美元存在顺差的国家，在不受美元流动性枯竭困扰的同时，还可以用浮动汇率机制对冲国际金融动荡和危机的外溢影响。然而，"躲过初一，躲不过十五"，不幸还是发生了。2008 年国际金融危机是美国肇始的，发生在美元流动性提供方上。美国金融市场因自身的问题出现了快速去杠杆，使美元流动性突然干枯，造成了"美元荒"。而全球性的美元流动性短缺，极大地损害了美元的清偿力，金融危机迅速蔓延至整个世界。于是，当国际流动性唯一补充国的经济金融出现问题时，面对国际清偿力不足，即使是国际货币基金组织也无计可施，陷入瘫痪状态。

2008 年国际金融危机的残酷事实，不仅淋漓尽致地暴露了现行以美元为中心的国际货币体系的弊端，而且使这些弊端变得孰不可忍，从而推动世界经济金融治理的新一轮变革。一方面，以新兴经济体和发展中国家为主体，先后建立了新的国际金融机制或机构。在亚洲地区建成了东盟＋中日韩（10＋3）的清迈倡议多边化机制，在金砖五国成立了新开发银行，在亚洲创设了亚洲基础设施投资银行等，在凸显"全球南方"意识觉醒的同时，建设本地区或自身需要的金融基础设施正在加快进行。另一方面，发达国家也意识到世界是南北相互依存的，没有发展中国家参与全球治理是很难应对类似金融危机这样的全球性问题的。因此，在法国的倡议下，金融危机后成立了G20这一新的国际治理平台，其中非传统北方国家成员超过一半。在G20这一新的国际治理平台上，南北国家不仅第一次开始协调宏观经济政策，而且共同提出了结构性改革要求，首先就是，将此前G7为稳定金融体系而成立的合作组织——金融稳定论坛（FSF）扩展成G20共同参与的金融稳定理事会（FSB），并责成FSB和IMF一道对金融危机进行调查，制定宏观审慎管理准则。与此同时，对IMF机制也进行了相应的改革，除增加以中国为代表的发展中国家的发言权及表决权外，扩充了SDR的构成并将人民币纳入SDR货币篮子，使其份额达到10.92％。这一措施增强并发挥了SDR作为国际流动性补充新工具的功能，减少了对美元的系统性依赖，使国际货币体系更具弹性，由"美元独霸"向"多元制衡"方向发展。

正是在世界经济发展不平衡，尤其是发达国家社会阶层分化的背景下，一本极具专业性的政治经济学著作《21世纪资本论》轰动世界，可谓洛阳纸贵。2012年，法国经济学家托马斯·皮凯蒂将一个传统的政治经济学命题——资本和劳动的关系重新置于讨论的中心。通过收集分析自有统计以来的各国数据，验证了一个事实：300年来，无论世界如何变化，无论世界经济如何发展，收入分配格局一直是有利于资本而不利于劳动的。这是资本积累规律使然，只不过300年前尚处于资本原始积累时期，资本与劳动的对立所产生的贫富差距还只是发生在一国之内，例如英国的"圈地运动"所出现的"羊吃人"现象。300年后的今天，随着资本积累的国际化，形成了全球性的资本主义世界经济体系。在这一体系中，受资本积累规律国际化的支配，就业不足、收入不均，贫富差距拉大也国际化了。不平等不再局限于一国之内，而是蔓延于国际，并且"回波效应"又使发达国家受反噬，形成了日本野村综合研究所首席经济学家辜朝明所指出的"被超赶的经济体问题"。特别是资本自由且频繁的国际流动以及由此形成的全球金融一体化，加重了全球尤其是发达国家经济与金融的背离，进一步导致了社会阶层之间的对立和撕裂。结论是：无视资本和劳动关系的恶化，不解决实体经济与金融发展不平衡以及由此带来的就业与收入差距不断扩大问题，任凭资本在国际上无序流动，只会加深贫富鸿沟和加剧社会动荡，进而动摇全球化的基础，伤害全球化的初衷。

综上所述，经济全球化虽然促进了发展中国家经济的发展，并在缩小南北差距的意义上实现了全球的平衡增长，但也带来了发达国家内部产业和社会的分化，出现了金融与实体经济的背离以及资本与劳动之间更加尖锐的对立，产生并加重了新的不平衡。这种情形使我们认识到在民族国家的基础上，经济全球化始终处于否定之否定的矛盾运动中：一方面，生产力是无国界的，市场经济是普适的，两者本质上是全球性的，由此决定各国的经济发展一定会走向全球化；另一方面，政府却是民族国家的，其行为基础是国家利益。如前所述，由于全球化和民族国家的利益并不总是一致，处于全球化风口浪尖上的国家本能地出现保护主义，并随着风浪颠簸而愈演愈烈。事实上，中美贸易冲突就是上述逻辑的现实展现。在经济全球化中，中国的生产成本最低，从而产业向中国转移，中国因此成为世界工厂。它是全世界投资的世界工厂，是实体经济全球化的典型国家，并因此迅速成长为全球第二大经济体。与此同时，经济全球化又首先表现为全球金融的一体化。美国既是全球第一大经济体，又凭借着美元是国际货币以及由此带来的金融服务业优势，自然而然地成为全球金融一体化的典型国家。实体经济与金融的客观互补性使这两个经济体成为生产要素贸易及经济合作的主要伙伴，双方因此互为经常项目顺逆差的最大拥有者。2017 年，美国对华贸易逆差达 3 752 亿美元，更为重要的是，这一年中国对美贸易顺差占中国全部贸易顺差的 68%，而美国对华贸易逆差占美国全部贸易顺差的 66%。由此不难理解，中美贸易战为什么会在 2018 年即中美顺逆差比重最高的次年爆发。

仔细分析美国对华贸易逆差最高的 2017 年中美两国的国际收支结构，可以看到中国通过经常项目多年顺差所积累的外汇储备的 1/3 强通过资本项目返投美国资本市场，中国成为美国国债最大的海外持有者。截至 2017 年 12 月，这一国债持有额高达 1.18 万亿美元。进一步深入看，虽然在经常项目上中国对美的顺差有快速扩大的趋势，但实际上仅发生在货物贸易上，中国对美国的服务贸易却是持续逆差的态势，并且有快速扩大的趋向。再进一步深入看，在货物贸易收支结构中，顺差的 61％ 来自加工贸易。一方面，这一顺差虽是出口所致，但原材料和零部件却来自全球，尤其是从亚洲地区的进口。出口顺差越大，意味着进口规模越大，即"大进大出"。另一方面，更为突出的是，在加工贸易出口中有 54％ 以上是外商企业实现的。它们几乎是高附加值机电产品的出口主体，是最丰厚利润的获得者。根据中国商务部的数据，2017 年在华美企实际销售收入约为 7 000 亿美元。

正是这种"中国是世界工厂，但它更是全世界投资的世界工厂"的特点，使所形成的中美贸易顺逆差具有全球化的性质，从而是全球结构性顺逆差的主要组成部分。这一结构性顺逆差的含义是美元作为国际货币必然会对世界发生逆差，而美国作为全世界最大的消费市场，又具备了使逆差发生的充分条件。即使美国的贸易逆差不发生在中国，也会发生在世界其他国家。从这个角度看，发生在中美之间的全球结构性顺逆差是全球化升级背景下世界上两个最大的经济体最自然不过的经济现象。顺逆差虽然发生在两国之间，却是全球结构性的，从而预示着这种经济现象是无法通过双边政策协调全部处理的。而事实也正如此，我们看到，按照惯常的双边政策协调逻辑，过去十几年形成了以下处理手段：第一，汇率协调。一般而论，在双边框架下，一国本币升值有利于进口，减少出口，缩小顺差，一国本币贬值则有利于出口，减少进口，缩小逆差。中美之间也曾就此进行多次协调，而人民币升值一直是美方的诉求。自 2005 年至今，人民币对美元的汇率虽在波动，但趋向却是不断升值，升幅曾高达 30％，至今仍维持在较 1994 年汇率高出 20％ 左右的水平上。然而，中国对美贸易顺差不减反增。第二，自愿扩大进口，限制出口。人们通常会援引日美贸易战的案例来说明这一措施的有效性。在美国的压力下，当年日本制定了出口配额尤其是汽车出口配额。这形成了所谓的自愿限制出口，并进一步扩大进口的态势，促使日本对美贸易顺差缩小。其实，在中美之间也有过类似的安排，例如纺织品配额就是中方自愿限制对美出口。与此同时，中国也在积极扩大进口，进口增长速度常年快于出口增长速度，从而使中国对其他国家的贸易顺差持续减少。但是，中国对美国的贸易顺差却在持续增长，除了全球结构性原因外，就在于美国对华的出口管制。中国对美国的高新技术及其产品有巨大的进口需求，却因美国的管制而难以进口，致使中国从美国进口增长最快的也只能是最普通的大宗商品，集中体现为波音飞机和大豆，被人戏称为中美贸易只能"坐着飞机吃大豆"。从这个角度看，美国不利用日益增长的中国市场来扩大出口，从而相应地平衡逆差是国际贸易政策的重大失误。第三，技术贸易上的知识产权保护。在双边框架下，如果上述措施都不能解决顺逆差问题，只有一个逻辑结论：中国的产业因技术进步而具有强劲的国际竞争力。如果这一技术进步不是原创的，又不是合法得到的，那么一定是偷窃得来的。知识产权保护因此成为贸易政策安排的重要内容。从 20 世纪 90 年代起，中国就屡遭美国 1974 年贸易法的第 301 款所授权的调查。公正地说，这些调查的确促进了中国知识产权保护体系的建立和完善，过去 20 年，中国的知识产权保护体系有了长足的进步。虽然这一体系仍有改善的空间，但毕竟是在改善中，美方对此也有目共睹，承认这一改进。但是，这一改进也未能遏制住中国对美贸易顺差不减反增的趋势。

由上，多年来中美两国就贸易顺逆差问题不断协调，反复调整政策，却并没有打断中国对美贸易顺逆差日趋上升的势头。这从另一个角度凸显出无法回避的经济全球化事实：中国在实体经济领域强劲的竞争优势，自然使其产能面向整个世界，服务于整个世界，贸易顺差是发挥这一竞争优势的自然结果。换言之，中国出口导向型经济模式所产生的贸易顺差是经济全球化的选择结果。与此同时，美国在金融领域得天独厚的竞争优势是美元的特殊地位所赋予的。美元是国际货币，必须为全球提供流动性，从而逆差是必须产生的。而美国是消费大国，为逆差的形成创造了充分条件。换言之，为维持美元作为国际货币的地位所形成的贸易逆差也是经济全球化的选择结果。在这个意义上，中美国际收支顺逆差的镜像关系意味着两国当时各自承担经济全球化的责任。由此，处理中美贸易顺逆差这种含有国际义务的全球结构性问题，也只能在经济全球化框架下进行。在这个意义上，"超级全球化"是未来发展的指向，从而成为可供参考的逻辑框架。

中美两国对待经济全球化迥然不同的态度和行动，增加了世界经济前景的不确定性。如果说此前超级全球化是一个诱人的畅想，那么现在它已成为一个不切实际的幻想。尤其是俄乌和巴以冲突发生后，世界政治阵营化趋势使世界经济更加碎片化。这使我们再次想起了当年丹尼·罗德里克的提醒。2011 年，金融危机刚刚平复，人们又在憧憬超级全球化。在这种条件下丹尼·罗德里克提出了全球化的三元悖论："我们不能在拥有超级全球化的同时拥有（全球）民主制度和国家自主权。我们最多能在三者中取其二。"他认为，如果通过全球民主实现全球治理，走这条道路的最终模式将是一种全球性的联邦制度。抛开这种制度对民族国家主权的限制不谈，即使能走通，也会使通过协商一致来达成治理的成本无限升高。事实上，在当前 WTO 的机制下，治理成本升高的现象不断出现。2001年就启动的多哈回合谈判至今仍无明显进展就是明显的一例。由此可以预判，随着世界经济结构日益复杂化，未来的不确定性和信息的不对称将成倍增长，谈判和协商将陷入无休止的状态，不断以新约覆盖旧约的过程会造成"剪不断理还乱"的"意大利面条碗"效应，致使治理成本上升，但治理效果不佳。更令人担心的是，如果一个主权国家对经济全球化所带来的多种不平衡置之不理，而是一味追求降低国际经贸交易成本，久而久之，不平衡所累积的就业与收入差距就会撕裂社会，并直接威胁政治的稳定性。在导致国内民粹主义抬头的同时，极有可能造成主权国家政策极端化，甚至出现反全球化的建制性安排。其实，从奥巴马政府到特朗普政府，政策的戏剧性转变就说明了这一点。于是，在上述两难面前，唯一现实的选择就是放弃超级全球化的乌托邦，在对经济全球化的畅想中引入现实的约束，使其有限化，在获得国际经贸交易成本降低好处的同时，又相对抑制过度不平衡的发展。正是在这个意义上，发展水平相近、发展理念相同的区域性安排具有吸引力，而欧盟尤其是欧元区的制度安排被认为是一个现实的榜样。

欧元区的经验表明，当成员国统一了货币，各国因此不存在汇率，也就不存在套汇套利和对冲风险的问题。资本的流动服从于维克塞尔利率，即实体经济中的储蓄和投资相等时的自然利率，也就是资本预期收益率，而这一资本预期收益率的提高，基本取决于实体经济劳动生产率的提高，从而资本跨国流动更多地表现为相互间以产业投资为代表的直接投资。即使是未加入欧元区的欧盟成员国，也因欧元作为锚货币产生了类似于布雷顿森林体系下固定汇率制的效果，从而基本消除了国际短期流动资本大进大出的诱因。与此同时，欧盟成员国保留了相当大的自主权，并特别突出地表现在各成员国财政税收的独立性上，亦即各成员国可以根据自身的需要独立决定财政支出责任。经验表明，在形成欧元这一统一货币的情况下，货币政策是一致的，金融市场是一体的，资源配置是跨国的，经济表现是成员国难以干预的。此时，各成员国的财政政策更多地关注社会发展，财政支出责任也就更多的是关于社会保障，从而欧盟尤其是欧元区成员国的社会保障完善程度显著高于美国，收入差距因此显著小于美国。这在很大程度上对冲了全球化带来的不平衡，成为欧盟相较于美国在经济全球化中持中立化立场的重要原因。诚然，欧盟尤其是欧元区货币统一但财政不统一的格局带来了一些新的问题，并造成成员国之间的矛盾和争议。例如，在经济增长方面出现了各国经济增长速度不一致的"多速欧洲"现象，由此引发了财政支出上的"超规模赤字融资"问题等。再如，在劳动力自由流动方面，争议更加突出，不但造成各国移民政策的分歧，甚至成为英国"脱欧"的导火索。但总体来说，欧盟尤其是欧元区顶住了全球金融危机、新冠疫情、英国"脱欧"及俄乌冲突等一系列国际重大事件的冲击，在展现韧性的同时，也促使自身机制的改善和一体化的加强。其中，最为突出的表现就是在疫情冲击下，2020年3月，欧盟发行了7 500亿欧元的抗疫债券。这一举动被认为是欧元区正在改变货币统一而财政不统一的局面，使欧元区在市场统一和货币统一两条腿外，开始生出统一财政的第三条腿，从而使欧元区以及欧盟的区域一体化更加稳定。从这个角度来看，欧盟尤其是欧元区因抵御了外部冲击、实现了发展，从而预示着区域性的有限全球化安排的合理性，成为经济全球化的新潮流。

展望未来，当前俄乌冲突和巴以冲突仍在深化，加重了"脱钩断链"和"小院高墙"的倾向，这在伤害世界经济增长的同时也快速推高了全球的物价水平，使各国饱受经济滞胀之苦，重塑世界经济格局，发达国家和发展中国家都分别加快了区域经济一体化安排。一方面，在发达国家，核心CPI始终顽固地维持在高位，致使各国40年未见的连续大幅加息也奈何不得，不得不加紧梳理全球产业链和供应链。除欧盟外，美国采用补贴措施来力促产业尤其是高新科技企业回流，同时提出了"近岸生产"和"友岸生产"的概念，对那些不能回流美国的产业，要求缩短产业链条或集中于价值观相同的国家和地区生产，表现在亚太及印度洋地区就是"印太经济框架"（IPEF）。另一方面，与之相对应，滞胀使发展中国家看清了"脱钩断链"对自身经济的伤害，从而在俄乌冲突和巴以冲突中保持清醒的头脑，不受发达国家的蛊惑，在呼吁双方停火、对话谈判、和平解决争端的同时，开始建立自己对国际局势的共识，形成自身利益诉求的"全球南方"。其中，独立自主是"全球南方"的政治底色，发展振兴是"全球南方"的共同使命，公道正义是"全球南方"的共同主张。在此基础上，南方国家加强了合作。以中国为例，在中亚，上海合作组织在扩员的基础上增添了新机制——中国-中亚峰会，并设立了秘书处；在西亚，海湾阿拉伯国家合作委员会与中国建立了新的战略合作机制，并达成了务实的2023—2027年行动计划；在东南亚，中国作为成员国的 RCEP 建设不断提速，以 2023 年 6 月 RCEP 对菲律宾正式生效为标志，RCEP 开始正式运作。

这里特别需要指出"全球南方"形成的意义。不同于在俄乌冲突和巴以冲突中不断"选边站"，在世界经济深刻调整的过程中"全球南方"加强合作成为当代世界一道新的风景线。这尤其突出地表现在全球产业链重塑上，以上海合作组织为代表的中亚地区，具有丰富的自然资源和能源优势，以 RCEP 为代表的东南亚地区，具有低成本的劳动力优势，而处于这两个组织地理中心区的中国不仅是主要成员，更重要的是中国拥有从手工制造到高新技术的完整工业体系，尤其是在钢铁、有色金属、石油化工、装备制造和基础设施建设等方面拥有世界一流的基础工业能力，可以将中亚地区的资源优势和东南亚地区的劳动力成本优势联结在一起，形成"一带一路"全产业链竞争优势。换言之，中国已成为全球的重化工业基地，集中了全球的主要产能，因具有全球的规模优势，从而具有成本和技术优势。这一以资本密集为主要特征的重化工业优势，在产业链的上游可以与中亚地区的资源密集型优势对接，在产业链的下游可以与东南亚地区的劳动密集型优势对接，进而形成纵贯欧亚大陆的"一带一路"有竞争力的全产业链，西亚、中亚、东南亚地区的发展中国家可以凭借资源禀赋优势嵌入这一产业链，从而各得其所，相得益彰，共同发展。

正是"一带一路"具有的潜在全产业链竞争优势，吸引着世界的目光。我们注意到，在亚洲，俄乌冲突爆发后，虽然有不少企业迁出中国，但并未大规模回流美国，更多的是迁到东南亚地区。在欧洲，俄罗斯经济不得不向东看，并特别明显地表现在廉价油气资源供应方向的改变上。相应地，由俄罗斯廉价能源支撑的工业，尤其是德国的重化工业，因受到成本大幅上涨的严重冲击，甚至难以维持生产，出现了东迁亚洲的现象。全球生产力布局的这一新变动，既是经济去全球化的表现，又是经济全球化的新安排，它意味着全球产业链并未朝美国所期望的"近岸""友岸"方向变动，而是向欧亚大陆中心方向集中，从而使"一带一路"的意义更加凸显。2022 年，中国对"一带一路"共建国家的贸易规模创历史新高，货物贸易达 13.8 万亿元，同比增长 19.4%，高于整体增速 11.7 个百分点。双向投资也迈上新台阶，其中中国对"一带一路"共建国家非金融类直接投资约为 1 410.5 亿元，同比增长 7.7%，高于整体增速 0.5 个百分点。

2023 年 10 月，第三届"一带一路"国际合作高峰论坛在北京召开。会议回顾了"一带一路"倡议提出十年来的进展，认为"一带一路"的合作从"大写意"进入"工笔画"阶段，把规划图深化为实景图，一大批标志性项目和惠民生的"小而美"项目落地生根。会议提出了中国支持高质量共建"一带一路"的八项行动：构建"一带一路"立体互联互通网络，支持建设开放型世界经济，开展务实合作，促进绿色发展，推动科技创新，支持民间交往，建设廉洁之路，完善"一带一路"国际合作机制。在陆路交通方面，我们看到中老铁路建成通车并延长接入泰国，形成事实上的泛亚铁路，而中缅、中越、中尼铁路相继开始规划，尤其是经过近二十几年的周折，2023年中吉乌铁路终于动工共建，这是一条不再经过俄罗斯而是通往西亚、中东乃至西欧的铁路，意义重大。可以认为，一旦中吉乌铁路和由云南出境的泛亚铁路建成并相互贯通，欧亚大陆的贸易将不再完全依赖海运。天堑变通途的结果是过去"陆锁国"变成"陆联国"，发展的洼地变成繁荣的高地。在海路交通方面，除传统的通过马六甲海峡，经苏伊士运河到欧洲的航线外，随着俄罗斯经济向东看，通过符拉迪沃斯托克港和白令海峡的北冰洋航路将可能开放并实现商业化运营，使RCEP成员国与欧盟的经贸往来有了开通"冰上丝绸之路"的希望，形成亚洲经北冰洋、大西洋的西北航线。由此，不仅航程较经印度洋的航线缩短十天左右，而且因为有新航路作为补充或备胎，马六甲海峡及苏伊士运河带来的传统困扰将大大减弱。凡此种种，预示着在世界地理中枢地带将有新的经济崛起。按照地缘政治经济学的理解，这意味着世界地缘政治经济版图的历史性改变，不仅意味着世界经济"东升西降"的态势会持续维持，更重要的是，世界格局将由传统的海权中心转向当年斯皮克曼提出的"边缘地带"。

综上所述，当前世界经济正处于大动荡的分化之中，过去那种"世界是平的"超级全球化畅想已难以维持，现行的世界经济体系开始碎片化。然而，世界经济终究无法回到闭关锁国的国别经济那种状态，毕竟生产力超越国际是历史发展的必然，各国相互依存决定了经济全球化仍是大势所趋。只不过相对于超级全球化，世界转向了有限的全球化，其主流形式更多地呈现为区域性的国际多边安排，并在此基础上寻求全球协调，欧盟就是现实的样板。在这个意义上，当前世界经济体系的碎片化并不全然是坏事，它虽然是全球供应链、产业链的重组，但也是国际治理理念和机制的重塑，孕育着区域性经贸合作的新规则，展现出新的国际政治经济秩序的曙光，为经济全球化开辟了新的前景。作为一个崛起的大国，世界尤其是"全球南方"因此对中国寄予厚望。

二、"南北国家"实力趋近与世界经济治理体系的重构①

（一） 战后世界经济体系的缘起与发展

现行的世界经济体系，是资本积累过程超越国界所形成的体系。工业革命使得以欧洲为代表的西方国家率先走上了工业化道路，而西方国家通过工业化成长为发达国家的事实，又为其他后进国家树立了楷模，遵循这一工业化模式实现现代化成为各国的普遍选择。更为重要的是，资本积累的内在规定性使得资本在深度和广度上必然持续扩张，也使世界其余部分不断卷入西方发达国家的现代化进程。普雷维什、伊曼纽尔、阿明、沃勒斯坦等西方马克思主义学者，以"依附性的工业化发展"描述这样的历史进程。从这个意义上讲，现行的世界经济体系是以资本积累为轴心、以西方为中心建构的体系，它不仅体现在以西方成功经验为基础建立的成套的规则制度上，而且体现在其他后进国家的客观行动逻辑与行为规范上。由此形成全球资本积累框架下的"中心-外围"格局，呈现出国际社会以"发达与不发达"为区分的时代特征。与此同时，这个体系也一直在演进。

从演进的角度来看，当今的世界经济体系起源于民族国家的形成。地理大发现后，欧洲地区因经济利益出现了民族意识，并在 17 世纪后逐渐建立起"民族、领土、主权"三位一体的民族国家，不仅成为后来国际社会的基本政治经济单元，也相应地形成了协调国与国之间关系的国际秩序威斯特伐利亚体系。随着欧洲工业化的发展，其在世界上的扩张也在不断深化，这种诞生于欧洲的国际秩序也就成为世界性秩序。

从经济学意义上看，工业化是大规模标准化的社会化生产，市场容量始终是其基本约束条件。当国内市场被占领完毕，就需要占领海外市场，当世界市场被分割完毕，就需要重新分割。重商主义的保护主义由此应运而生，而作为其衍生物的"炮舰政策"就是必要的——"谁的拳头硬，谁就能占领市场"。强国是市场占领者的代名词。换言之，由于威斯特伐利亚体系的基础是民族国家，民族之间的经济利益冲突所导致的国家竞争就成为这一秩序的底色，"实力原则"就成

---

① 曹远征．"南北国家"实力趋近与世界经济治理体系的重构．文化纵横，2019（4）：18-27＋142．

为这一秩序的基本规则。"国家崛起"和"霸权转移"的世界秩序观由此形成。

在这一秩序观下，宗主国与殖民地的隶属关系就成为天经地义的秩序安排。从这一秩序观出发，100年前的"中国问题"被视为威斯特伐利亚体系中殖民体系的一个组成部分；中国的民族革命以及亚非拉国家的民族解放运动都被视为冲破这一体系的努力。冷战结束前，无论是西方的传统意识形态还是苏联的世界革命论，都是以此来看待发展中国家问题。两者的区别仅在于西方的传统意识形态从捍卫这一体系的角度反对这一努力，而苏联的世界革命论则是从最薄弱环节打败帝国主义的角度来赞赏民族解放运动，与此同时，这一运动被认为是世界无产阶级革命的同路人。从这个意义上讲，它们都是以西方为中心的世界秩序观的现实折射。

民族国家竞争的极端化就是战争，战争是这一秩序内在逻辑的自然外化，反过来又强化了对这一逻辑的认可。于是，在世界市场瓜分完毕的情况下，第一次世界大战爆发了，紧接着就是第二次世界大战。两次世界大战是发达国家之间的矛盾冲突，却蔓延到了不发达国家，成为人类的灾难。它表明这种以"民族国家＋实力原则"为特征的竞争路径不仅不可持续，也不能持续。无论持何种主张、何种意识形态，各国都普遍意识到世界秩序必须发生改变，需要建立被普遍接受的国际规则来取代无序的实力竞争。以平等的身份将发展中国家纳入秩序成为必然的选择。代表这一共识的就是《雅尔塔协定》。

二战结束后，作为"雅尔塔共识"内在逻辑的外化，形成了当代国际多边治理的新框架。它有两个区别于以往国际治理的新特点：一是尊重民族自决权，从而使发展中国家至少在名义上被平等地纳入全球治理体系，而不再依附于宗主国，传统殖民体系因此崩溃。发展中国家的独立使其有了选择经济社会发展道路的权利。二是不同于威斯特伐利亚体系中单边强权式或双边默契式的治理方式，建立了多边协商的国际规则治理，体现为各领域的规则制度日益细化，相应地产生了各种国际组织，以解释、监督、仲裁规则的执行。概括来看，二战后全球建立的以规则为基础的多边治理框架主要有三大支柱：

第一，联合国，主要负责国际政治秩序协调。其基本原则是大国小国一律平等，各国享有同等投票权；重大国际政治、军事问题需要在联合国表决，联合国安理会依据大国一致原则协调冲突。

第二，关贸总协定以及随后的WTO，主要负责国际经济秩序协调。如前所述，在威斯特伐利亚体系下，瓜分或重新瓜分世界市场会导致战争。为克服这一旧有逻辑，开放市场进行自由贸易就是必需的。起初，这一诉求主要体现在商品贸易上，降低关税和非关税壁垒就成为自由贸易秩序安排的重点。后来，随着经济全球化的深化，不仅需要贸易自由化，而且需要投资自由化，即生产要素国际流动的自由化，关贸总协定因此演变为 WTO。

第三，布雷顿森林体系，主要负责国际货币和金融秩序协调。在这一体系中，美元是国际货币，是一种假美国主权货币为手段的国际公共产品。由此也就产生了以美元为中心的国际金融秩序安排。

二战后建立的新的以"中心"和"外围"为特点的国际秩序，虽然是美国主导的，但与欧洲中心时代的殖民主义、帝国主义秩序相比无疑是历史的进步。最明显的反差就是一战到二战只有十几年短暂、不稳定的和平，但是二战后迄今，持续 70 多年，没有再出现全球性的战争。更重要的是，旧殖民体系的瓦解、稳定的国际环境使全球资本的流动有了长期预期，更多的资本开始流向发展中国家，发展中国家普遍走上了工业化道路，尤其是亚洲国家。伴随着这一进程，世界经济体系中的"外围区"不仅经济在成长，人均收入水平大幅提高，而且社会在发展，婴儿死亡率、成人识字率和预期寿命都有了极大的改善。由此，世界未再出现持续的全球性饥荒和烈性传染病，世界经济体系中的"中心区"也享受到了和平和发展的红利。从这个意义上说，按规则进行的多边治理是人类文明的进步。它构成了今日在去全球化逆风面前捍卫全球化的理由。

（二）经济全球化与世界经济治理体系的改革

借助战后建立的按规则进行多边治理的国际新秩序，世界经济开启了全球化进程，并且这一进程在冷战结束后出现了格外的加速。当下的世界经济已不再是从前"一个口袋里的马铃薯"，彼此并无紧密联系而仅靠口袋束缚，而是一个各国经济深度融合、相互依赖的整体。

从经济学的角度来理解这一全球化，它有三个含义：

第一，冷战结束后，两个阵营的对立不复存在，体现在经济体制上是绝大多数国家都选择了市场经济体制。体制的一致性极大地降低了制度性交易成本，大幅提高了可贸易程度，并促进了全球性的投资贸易自由化，带来了经济全球化的红利。据统计，在金融危机前的 2002—2007 年，全球经济增长速度比前十年提高了 1 个百分点。随着中国加入 WTO，东亚地区在过去快速增长的基础上，又比前十年的增长速度提高了 1 个百分点。不仅如此，经济全球化更体现在全球经济一体化上，国际贸易增长速度快于经济增长速度，而国际金融增长速度又远快于国际贸易增长速度。国际贸易尤其是国际金融的快速发展使世界经济成为一个一荣俱荣、一损俱损的共同体。这也是金融危机能在各国传染，并在全球肆虐的原因。

第二，投资贸易自由化，不仅是商品贸易的自由化，而且是生产要素国际流动的自由化。在生产要素中，土地因自然属性不能跨国流动，劳动力因制度原因也难以跨国流动，只有资本相对容易地在全球范围内流动。于是，资本就成为最活跃的要素，沿着利润最大化的方向在全球寻找与其他生产要素的最佳组合，由此出现了全球生产力的配置和产业布局。一个产业不再遵循传统的国际分工并拘泥于一国之内，而是横向存在于世界各国，每个国家都只构成产业链中的一个环节。最为典型的就是中国沿海地区"两头在外"的发展模式：原材料在外，市场在外，仅加工环节在境内。所谓全球经济一体化，其微观基础就是全球产业链以及由此形成的全球供应链。

第三，全球经济一体化不仅出现在实业和金融形态上，而且出现在管理与制度形态上。全球产业链的形成使附着其上的服务外包开始兴起，全球标准统一就显得十分重要，因为这是包括知识产权在内的生产性服务业全球发展的基础。全球统一的标准改变了企业的管理方式及形态，专注于全球供应链管理的扁平化管理应运而生。中间品贸易在全球的延伸几乎使所有企业被锁定在全球产业链上，成为跨国企业，并因此对全球政治社会动向、金融风险乃至气候变化等因素高度敏感。

然而，随着经济全球化不断推进，现行国际治理体系的内在缺陷开始暴露，并日益成为损害治理有效性的障碍。这集中体现在单向性和不包容性两个方面。

所谓单向性，是指现行的世界经济治理体系预设了现代化道路的唯一性。截至目前，国际经验表明，工业化是实现现代化的必经途径。由于发达国家先于发展中国家完成工业化，其成功经验便成了发展中国家发展的指南，并被国际社会规范化和制度化，形成了国际治理准则，进而上升为国际文化共识，呈现为"言必称希腊"式的发达国家对发展中国家的治理单向性。

不包容性是由上述单向性所决定的。如果一个国家偏离了发达国家曾经走过的现代化道路，例如使用国家力量来干预工业化进程，不仅自己会内心不安、犹豫不决，整个国际社会也会认为这是离经叛道，并试图借助劝导、制裁等手段施加压力，促使其"改邪归正"。换言之，现行的国际治理规则是非黑即白、非此即彼的，不包容其他可能性。

在战后初期南北差距显著的情况下，单向性和不包容性的缺陷尚不引人注意。但随着南北差距的缩小，这两个问题日益明显。2008 年国际金融危机的爆发更使其变得不可忍受。

区别于传统的生产过剩危机，2008 年的国际金融危机是资产负债表衰退危机。危机肇始于美国，全球资金循环链条的断裂是其表现，究其根源却在于以美元为中心的国际货币体系。由于美元是唯一的国际货币，国际货币体系成员国的国际收支顺逆差因此表现为对美元的顺逆差，美元收支的规则和纪律以及美元作为国际流动性的补充就成为该体系的中心问题。理论上，由于美联储掌握着美元的发行权，美国是不会发生国际收支危机的，发生危机的只可能是美元收受国。换言之，在美联储向全球提供既定流动性的条件下，如果其他国家（主要是发展中国家）出现国际收支困难或危机，只能怪自己，并因此承担调节国际收支的主要责任。因此，美元收受国作为调节主体，必须通过紧缩财政、汇率贬值、扩大出口等一系列措施，恢复或扩大美元的获得能力。在此基础上，才能获得国际社会——主要是国际货币基金组织——提供的必要救助。国际收支调节的单向性是这一货币体系天然的预设前提。美国所说的"我的货币，你的问题"，是对这一单向性最恰当的描述。

但是，2008 年国际金融危机打破了美元流动性不存在问题这一幻觉。起源于美国的以快速去杠杆为标志的各类资产负债表的衰退，造成了美元流动性的严重困难，全球出现了"美元荒"。各国的国际收支相继受到严重影响，并传染到国内的本币资产负债表上，美国的金融危机由此变成全球性的灾难。由于在现行的国际货币体系架构中不存在国际流动性补充国调节国际收支的义务和机制，面对这种全新的局面，以国际金融稳定为宗旨、专司国际收支调节的国际货币基金组织，也因全球美元流动性不足而出现调节手段的短缺，陷入瘫痪状态。

于是，我们看到了以下演进逻辑。现行的世界经济治理体系是建立在二战后客观存在的发达国家与不发达国家二分的基础之上的。"南北差距"既是治理的基础，也是治理的对象。世界经济治理体系是由"中心"和"外围"构成的既定格局，也应该是一成不变的格局。然而，随着经济全球化的发展，发展中国家经济增长快于发达国家。就 GDP 而言，目前两者平分秋色，各约占一半。南北差距的缩小，使原有的"中心-外围"格局及其含义发生了变化，并突出表现为全球经济失衡，结果是金融危机的爆发。理论上，这一演进逻辑是世界经济治理体系内在矛盾的否定之否定运动。现行的世界经济治理体系是经济全球化的必要条件，而随着经济全球化的发展，南北差距的缩小又扬弃了这一体系，使其向更高层次演进。全球性金融危机的爆发，标志着现行世界经济治理体系走到了一个新的临界点。

因此，改革现行世界经济治理体系的呼声不绝于耳，成为当下国际社会的焦点问题。改革的方向只能是增加发展中国家在体系中的代表性，以克服单向性；只能是允许实现现代化的不同道路的存在，尊重其他国家的选择权，以提高包容性。"外围区"正以全新的姿态成为重塑世界经济治理体系的中坚力量，世界经济治理体系的演进因此进入新阶段。

（三）"共商、共建、共享"作为世界经济治理理念的意义及实现方式

当国际治理体系演进走到新的十字路口，世界各国出现了两种态度：一种是任凭风吹雨打，不思改进，抱残守缺，甚至倒退；另一种是正视缺陷，迎接挑战，砥砺前行，锐意改革。这两种态度分别由"中心区"和"外围区"持有，而目前中美贸易冲突是这两种态度的典型代表。认知决定态度，态度的背后是一个崛起大国与一个守成大国对经济全球化以及世界经济治理体系改革理解的差异。

曾经主导建立现行世界经济治理体系的美国，已成为守成的一方，认为世界经济治理体系的任何改进，虽有益于世界，却可能不利于美国。因此，特朗普政府上台后，在"美国优先"的口号下，美国退出了 TPP，甚至扬言连当年美国领导创建的 WTO 与联合国也可以考虑退出。相比之下，后来加入世界经济治理体系的中国，改革开放 40 年来，随着改革的深化，开放的扩大，经济持续增长，已成为崛起的一方，认为经济全球化是历史趋势，现行的世界经济治理体系尽管是历史的进步，但仍应与时俱进，纠正缺陷，改革弊端，使之适应经济全球化的发展需要。中国因此提出了"一带一路"倡议，这一倡议的核心理念是"共商、共建、共享"。这既是一种国际治理原则，也代表了东方哲学对当代世界的理解。

正是由于"共商、共建、共享"的理念反映了人类的普遍追求，体现了发展中国家的基本诉求，提供了基于中国经验的可行建议，"一带一路"倡议在国际社会尤其是发展中国家引起了广泛的响应。鉴于这一倡议更具包容性，从而能改善现行世界经济治理体系的单向性和不包容性这样的缺陷，2017 年第 71 届联合国大会将"一带一路"倡议的"共商、共建、共享"理念纳入"联合国与全球经济治理"决议，成为世界经济治理的新理念。这预示着东方对世界的理解进入全球视野，正在修正西方中心论的世界秩序观。

值得注意的是，"共商""共建"理念尤其是"共享"理念的提出，就当下的逆经济全球化的逆风而言极具针对性。

此轮"逆经济全球化"思潮的出现，主要是由于在经济全球化背景下，发达国家居民收入差距的扩大。这是"逆经济全球化"思潮的土壤，构成"逆经济全球化"的社会动力机制。

如前所述，经济全球化体现为世界各国生产要素趋于越来越自由地跨境流动。发展经济学告诉我们，处于前工业化阶段的发展中国家要实现现代化，只有通过工业化这一途径，提高劳动生产率，提高劳动报酬，吸引传统农业部门的过剩劳动力到工业部门就业。而在经济全球化、资本可以在国际上自由流动的情况下，资本流向发展中国家与当地廉价劳动力相结合，促进了低成本制造业的发展繁荣，也提高了当地劳动力的报酬。

其中，由于中国的劳动力不仅价格便宜，而且素质较高，进入 20 世纪 90 年代，西方发达国家包括高端制造业在内的产业纷纷向中国转移。中国不仅成为"世界工厂"，更重要的是成为全世界投资的"世界工厂"。但是，在中国的工资水平缓慢上涨的同时，制造业的竞争确实使美国蓝领工人的工资常年停滞。更为严重的是，随着制造业不断转移到海外，美国先前制造业发达的中西部地区的失业率也在上升，蓝领工人的收入不仅相对而且绝对下降，形成了所谓的"锈带"现象。与此同时，借助美元的国际地位，美国将其金融业及相关服务业的竞争优势纳入经济全球化，不仅使这些行业利润大幅提高，而且从业人员收入水平在持续上涨。

正如乔治·索罗斯早在 2002 年就指出的，"全球化的突出特点之一就是它允许金融资本自由流动，相形之下人员流动仍受到很大限制，由于资本是生产至关重要的组成部分，各国必须相互竞争来吸引它，这妨碍了各国对资本进行征税和管制的能力"；而"金融市场的全球化使二战后出现的福利国家变得不合时宜，因为需要社会保障的人离不开国家，而作为福利国家过去征税的对象资本却是能离开的"。美国的制造业与金融业在产业比重和收入比重上的一降一升，再加上社会福利制度的不完善，导致了华尔街金融业与其他产业的对立，以及美国社会的撕裂。"占领华尔街"的运动随之出现，并演变为全球性的风潮。

　　英国"脱欧"以及美国特朗普政府的保护主义政策，正是这一动力机制的产物，也表明"逆经济全球化"正从一种思潮变成建制化的安排。这一安排的焦点问题，正是就业以及与此相关的收入分配。事实上，美国特朗普政府所提出的"让美国再次伟大"命题的主要政策可归结为三项：一是反移民，通过设立隔离墙等措施阻止移民分食美国的就业机会；二是贸易保护，通过加征关税等措施防止美国就业机会继续流向海外；三是再工业化，通过减税等措施吸引外资，首先是使美国资本回流，建立产业以创造就业机会。这些政策的出台，从另一个角度凸显了就业与收入分配在经济全球化中的重要性。目前，经济全球化进程中的就业与收入分配问题已成为经济全球化进一步发展的障碍，不严肃对待这一问题就不能遏制"逆经济全球化"的风潮。

　　中国作为崛起中的大国必须面对这一问题，这是中国的国际责任。国际社会在讨论中国崛起问题时，一般聚焦于过去40年中国以接近两位数的年均增速，迅速成为世界第二大经济体。但这个故事的另一个侧面，则是中国居民收入的快速增长。中国现行的贫困线标准以2011年2 300元人民币不变价为基准。按这一不变价计算，2016年后贫困线标准是3 000元（相当于联合国先前公布的人均一天1.25美元的国际贫困线标准，但仍低于联合国目前规定的人均一天1.9美元的标准）。按中国现行的贫困线标准计算，40年前中国97.5%的人口是达不到标准的。改革开放后中国居民的收入状况大幅改善。2018年，低于现行贫困线标准的人口只有3 000余万。如果到2020年中国的脱贫攻坚得以顺利完成，中国将告别绝对贫困。2018年中国的人均GDP超过9 700美元，按人均GDP的90%是人均收入的统计规律计算，中国的人均收入接近9 000美元，中国属于中上等收入国家。占世界人口1/5的国家告别绝对贫困，走向共同富裕，不仅史无前例，而且为世界提供了可以想象的广阔市场。

　　事实上，这可以从过去十年中国经济的表现得到佐证。在"十二五"规划中，中国政府提出"两个翻一番"全面建成小康社会的目标——2010—2020年，

GDP 翻一番，城乡居民人均收入翻一番。统计数据显示，自 2009 年以来，中国居民收入增长基本上与 GDP 增长保持同步，而以农民为代表的低收入阶层的收入增长又快于 GDP 增长。若未来两年中国的 GDP 增长保持在 6.3% 左右，并且居民收入增长仍与之保持同步的话，"两个翻一番"的目标是可以完成的。随着居民收入的增长，中国的进口也在增长，中国国际收支经常项目顺差占 GDP 的比重由 2007 年的 9.8% 下降到 2018 年的 0.4%。中国是全球第二大经济体，但却是全球第一大贸易体，是众多国家的出口目的地。可见，在纠正全球经济失衡的过程中，中国是表现最为出色的国家。

中国改革开放 40 年来居民收入的增长，揭示了"一带一路"倡议对经济全球化的更深层次的含义。所谓"共享"，首先就是将中国日益扩大的市场开放为世界共享。这样不仅可以遏制保护主义，而且可以让包括发达国家在内的国家登上中国内需扩大的快车，实现扩大就业和提高居民收入的目标。所谓"共建"，既是与其他"一带一路"沿线国家共同建设包括软基础设施在内的经济发展条件，也是在中国最落后和最贫困的西部地区架起对外开放的桥梁，使其融入全球化，加快发展，共同提高收入水平。而"共享""共建"自然会促进"共商"，政策沟通，民心相通，在尊重民主并惠及民生的前提下，塑造经济全球化的新局面。正是由于居民收入的快速增长、内需市场的扩大，2018 年中国社会消费品零售总额超过美国，一跃成为世界最大的消费市场。从这个意义上讲，中美贸易之争实质上由一般理解的市场之争开始转变为世界消费中心的转移。这预示着随着中国居民收入的持续提高，中国市场的持续扩大并与世界共享，中美贸易之争不再是零和博弈，世界经济治理会出现更光明的前景。

展望未来，中国正以世界最大市场的面貌走近世界舞台的中央，为经济全球化注入新动能，并凭借"共商、共建、共享"的东方理念，在上海合作组织和中国-东盟自由贸易区中进行实践，改善国际治理状态。这标志着发展中国家开始以全新的姿态参与塑造世界秩序，二战后形成的"中心-外围"格局正在发生历史性的变化。而中国经济以及中国居民收入的可持续增长，是上述变化过程的关键变量。因此，我们坚持改革开放，把国内的事情办好，使中国经济尤其是中国居民收入可持续增长，是应对"逆经济全球化"的正确道路，是"一带一路"建设的应有之义，也是崛起大国应当承担的国际责任。

三、跨越俄乌冲突陷阱：重新思考以规则为核心的国际秩序①

当前仍在发展的俄乌冲突是改变整个世界格局的历史性事件，正在深刻且全面地动摇二战后建立在雅尔塔共识上的以规则为核心的国际多边治理体系。世界各国在震撼之余，程度各异地卷入其中，却立场不同，不仅构成二战后至少是冷战结束以来性质最为复杂的全球性分歧，而且很可能成为国际秩序变动的转折点。二战前民族国家以传统地缘政治经济为基础的"合纵连横"格局正隐约重现。

（一）俄乌冲突对国际秩序的挑战的意涵

区别于二战前依靠实力相互竞争的以单双边为主的国际秩序，现行国际秩序的基础是以规则为核心的多边治理体系。这一体系的建立汲取了二战的惨痛教训，既是各国尤其是大国利益博弈的结果，具有实力均衡的背景，也是人类历史进步的产物，基本反映了全球工业化进程中经济社会发展的客观要求，在很大程度上代表了大小国家平等发展的共同意愿，具有世界普遍意义的正当性。

这一国际治理体系由三个相互依存的支柱组成，并形成了相关机制。一是世界各国无论大小一律平等，协商处理国际政治事务的机制。它以联合国为代表，一国一票，少数服从多数。二是以自由贸易为宗旨的开放市场经济机制。它起初以关贸总协定（GATT）为代表。冷战结束后，为适应经济全球化的新形势，GATT 转变为世界贸易组织（WTO），形成了贸易自由化和投资自由化的新机制。三是以美元为中心的国际货币金融机制，即布雷顿森林体系。这一体系在使美元充当国际货币的同时，衍生出一系列相关的国际金融制度，不仅体现为国际货币基金组织、世界银行、金融稳定理事会等国际组织有关国际金融秩序的安排和协调，更体现为诸如《巴塞尔协议》等国际金融标准的制定和完善。这一国际货币金融机制规范各国金融机构的行为，维持全球金融的有序运转。经过二战后70 多年的发展，这三个支柱在各自建立整套严密规则的同时又相互支撑，形成了涵盖整个国际社会政治经济治理的规则体系，构成今日经济全球化的体制

---

① 曹远征．跨越俄乌冲突陷阱：重新思考以规则为核心的国际秩序．文化纵横，2022（3）：18–29．

依托。

毋庸讳言，现行的国际多边治理体系存在很多缺陷，仍需要改革和完善。但总的来看，它基本实现了雅尔塔会议建立和平共识的初衷，自 1945 年这一体系建立至今，再也没有出现世界性的战争。与此同时，一大批亚非拉国家实现了独立，并走上了工业化道路。特别是 20 世纪 90 年代后，随着冷战的结束，和平的世界环境更使发达国家的资本放心地大举流入发展中国家，加快了后者的工业化进程。结果，发展中国家在人均收入不断提高、贫困不断缓解的同时，社会也得到发育和发展。多边治理对经济社会发展的积极作用，更突出地体现在西欧。德法矛盾曾是欧洲大陆冲突的根源，两次世界大战也因此爆发。二战后，随着欧洲煤钢共同体的成立，德法矛盾开始化解，欧洲共同体发展成为欧洲联盟。特别是以 2002 年欧元正式流通为标志，欧洲一体化上升到新的高度，欧元区 19 国实现了产品、资本和劳动力的全面自由流动，既带动了成员国的经济增长，也使它们之间的经济差距显著缩小，提高了落后国家的居民收入。然而，俄乌冲突及随之出现的制裁却在绑架这一体系，西方正在把规则当作"武器"，以自残为代价，非理性地动摇着全球化的制度根基。例如，在经济制裁方面，取消俄罗斯的最惠国待遇。最惠国待遇最初属于双边范畴，是指甲乙双方签订协议后，丙方自动享受同等待遇的安排。这在 WTO 之前常见于 GATT 成员与非成员之间的贸易关系。随着 WTO 的成立，最惠国待遇成为 WTO 的普遍优惠，成为多边制度安排的应有之义。以取消最惠国待遇作为一种制裁方式，实际上是从多边关系退化到双边状态。又如，在金融制裁方面，冻结俄罗斯的外汇储备。美元虽是美国的主权货币，但同时是国际货币，因此是国际公共产品，应具有中立性。美国利用自身主权货币是国际货币的特殊地位，冻结甚至没收其他国家外汇储备的举动，既是对美元信誉的损害，更是对规则的违背，将多边关系中的公共产品退化为双边关系中的一国货币秩序。再如，在金融基础设施方面，SWIFT 系统也成为制裁的手段。SWIFT 系统是 20 世纪 70 年代建立的金融机构之间的报文规范和传送处理系统，旨在通过确定金融机构之间的信息传输路由及编码，适应与日俱增的国际支付清算要求。SWIFT 本身是非营利组织，以中立、专业、高效、安全为宗旨，无歧视地为各国金融机构服务，即使在冷战时期也是如此，如今却在以美国为首的西方各国政府的威逼下取消了俄罗斯部分银行的使用资格。这破坏了金融机构之间的国际业务的多边关系，损害了国际资金清算的系统性安全运行。令人吃惊的是，以规则为"武器"的制裁，正在蔓延至油气管网、铁路交通、电信网络等互联互通的基础设施领域。据初步统计，西方各国出台了五轮对俄制裁措施，累计达到近 4 000 项。凡此种种，均挑战着长期以来形成的国际规则及其基础，瓦解着国际共识，扰乱着国际秩序。这一影响在金融体系中表现得尤为明显。如今，许多既有规则沦为制裁工具，在增大金融风险的同时，也违背了市场经济的基本原则——契约精神和标准的严肃性。更严重的是，这开了恶劣的先例，意味着这些标准也可能被用来制裁其他国家。这些制裁引发了全球金融市场的担忧，成为当前国际金融市场急剧动荡的重要原因。

现行以规则为核心的国际多边治理体系的建立及完善，经历了一个曲折的过程。地理大发现后，民族国家开始形成，相应地建立了以主权、平等为基础的民族国家国际关系准则，即威斯特伐利亚体系。随后，经过 19 世纪初《维也纳和约》对正统主义、均势原则和补偿原则的补充，确立了战争后果应指向和平的指导思想，完善了威斯特伐利亚体系。然而，战争的后果应指向和平并不必然阻止战争的重演。这不仅反映在一战的爆发上，而且更深刻地体现在《凡尔赛和约》的后果上。《维也纳和约》签署后，欧洲进入大革命时期，既有以蒸汽机为代表的工业革命，又有以法国大革命为代表的社会革命。工业革命使生产力成倍提高，生产的扩张远快于市场的扩张，生产过剩式经济危机开始频繁发作，需求不足的市场约束成为最大的制约。社会革命提高了人们的觉悟，尤其是工业革命带来了工厂制度，欧洲由此出现了规模化的工人阶级队伍，劳资对立更加深刻，社会矛盾趋于激化。

进入 20 世纪，在以重化工业为代表的第二次工业革命的背景下，产能的增长使市场问题更突出，而领重化工业化风气之先的德国面临的市场问题更为尖锐，并使劳资矛盾日益形同水火。德国提出"要为自己要求在阳光下的地盘"，德国的工业化和海外征服"就像自然法则那样不可抗拒"。于是，"当世界市场瓜分完毕，重新瓜分就十分重要"。德国以民族战争的形式策源了一战。

一战凸显了市场在工业化时代国际秩序中的意义，经济问题由此成为国际政治的头等大事。有识之士开始意识到建立平等贸易条件并开放市场的重要性，理解在金本位制下为积累国际收支顺差的重商主义的危害，并试图建立相应的国际经济金融治理规则和体系。在巴黎和会前夕，美国总统威尔逊率先提出了"十四点计划"，倡议成立国际联盟，实现"公正而持久的和平"。

然而，由于美国国会未批准美国加入，国际联盟形同虚设，国际政治治理软弱无力。这不仅使国际经济金融治理无从谈起，也使《巴黎和约》更注重战败国的道德责任及赔偿义务。过分苛刻的割地赔款要求，在导致德国经济崩溃的同时，也造就了纳粹崛起的土壤。希特勒将麦金德的地缘政治理论纳粹化，把人类社会按种族和生物类别划分，视雅利安人为优等种族，理应获得生存空间。最终，希特勒将民族国家竞争推向极端，策源了二战。反思这段历史，我们深切地体会到二战后建立在雅尔塔共识上的以规则为核心的国际多边治理体系的可贵。当前，俄乌冲突逐步升级；西方发达国家则集体挖国际多边治理体系的墙脚，以规则为制裁"武器"，甚至连数百年中立的瑞士也加入。欧洲一体化的努力正在被俄乌冲突及其制裁所侵蚀，欧盟内部关于制裁俄罗斯的分歧日益显现，这种局面似曾相识，气氛堪比两次世界大战前的欧洲。尤其是沉寂 70 多年的中东欧国家边界及主权问题又沉渣泛起，使人们担心，不仅统一欧洲的梦想变得遥遥无期，欧盟和欧元区也将面临分崩离析的风险。包括乌克兰在内的中东欧国家会更加极端化，成为和平溃疡地和火药桶；德国以增加 1 000 亿欧元军事预算为标志，正在再军事化；法国大选马克龙虽险胜，但勒庞退出北约的选战口号仍在回荡；芬兰则拟放弃二战以来的中立立场，申请加入北约。与此同时，英国在退出欧盟后重返欧洲大陆政治舞台，美国则假手英国再次操纵"大陆均势政策"。一个曾经雄心勃勃谋求一体化的欧洲，正在退回二战前传统地缘政治经济的博弈之中。俄乌冲突正在拖累世界，而日益形成的欧洲地缘政治经济博弈则会加重这一拖累。事实上，作为国际社会弱势群体的发展中国家正在被动承受俄乌冲突及其引发的全面制裁的政治经济后果，被迫"选边站"。如果欧洲地缘政治经济博弈加剧，将加剧世界的"阵营化"倾向，时代主题由此可能从"和平与发展"转向"冲突与发展"。"世界不再是平的"是俄乌冲突带给世界的意涵。

（二） 俄乌冲突的世界经济后果

俄乌冲突及其引发的全面制裁的世界经济后果正在显现。从短期看，它推高了基础原材料价格，尤其是能源和粮食价格，使目前已初露端倪的世界经济滞胀局面更加严重。欧洲统计局估计，2022 年 3 月，欧元区通货膨胀率已高达 7.5%，创下欧元区成立以来的最高纪录。从长期看，它正在动摇以规则为核心的全球经济金融治理体系，经济全球化可能因此发生逆转。

过去两年，在新冠疫情的冲击下，一方面，世界经济增长停滞；另一方面，因疫情冲击产生的供给瓶颈，加之各国为缓解疫情对经济的负面影响采取了极度宽松的财政货币政策，全球物价持续上涨。20世纪70—80年代经济停滞、物价上涨并存的滞胀局面，如今重现。虽然俄乌两国GDP占全球的比重不高，2021年仅为1.95%，但两国有四种基础产品在世界经济中发挥着举足轻重的作用。一是石油。俄罗斯的石油出口占全球石油出口的10%，是俄乌两国GDP全球占比的5倍左右。二是天然气。俄罗斯的天然气出口占全球天然气出口的19.1%，是俄乌两国GDP全球占比的10倍左右。三是玉米。俄乌两国的玉米出口占全球玉米出口的18.6%（其中乌克兰占16.4%），是俄乌两国GDP全球占比的9.5倍左右。四是小麦。俄乌两国的小麦出口分别占全球小麦出口的16.9%和11.6%，合计达28.5%，是俄乌两国GDP全球占比的15倍左右。因此，俄乌冲突引发了全球大宗商品市场的恐慌。

在油气领域，一方面，OECD国家原油库存处于2008年金融危机以来的历史低位；另一方面，随着2015年《巴黎协定》达成了应对气候变化的共识，加之油气价格的长期低迷，石油行业的资本支出连年下降，未来几年新增产能十分困难。上述两方面将使油气价格持续徘徊在高位。依仗欧盟国家在能源转型过程中对油气进口的高度依赖，俄罗斯因西方国家对本国银行使用SWIFT系统的制裁，要求欧盟国家以卢布支付，更增添了大宗商品市场的恐慌气氛。农产品领域同样如此。一方面，全球主要粮食出口国的小麦、玉米、大豆库存相对于全球市场需求，处于20世纪60年代以来的历史低位；另一方面，俄乌两国是小麦、玉米的主要出口国，起着市场价格的边际引领作用。目前正值北半球春耕时节，战争正在严重影响两国尤其是乌克兰的粮食播种面积。为稳定本国经济，乌克兰已宣布禁止本国小麦、玉米出口，引起世界粮价上扬。油气本身还是农产品的核心生产要素，是化肥和众多农用物资的原材料，是农机和运输车辆的动力来源。油气价格上涨会增加全球农产品的生产成本，系统性地抬高全球主要农产品的价格。这种油气和农产品螺旋式的成本推动，不仅使全球滞胀形势更加棘手，而且可能给发展中国家带来政治经济危机，甚至是人道主义危机。埃及、叙利亚、黎巴嫩等许多中东国家是俄乌两国小麦的进口大国。2011年埃及曾因小麦价格上涨带动的通货膨胀引爆了"颜色革命"，由此陷入危机和动荡，令埃及民众尝尽切肤的"失序之痛"。如果国际小麦市场再度发生那样的困难，包括中东各国在内的粮食进口国是否会重蹈覆辙？

所谓经济全球化是相对于冷战而言的。在冷战期间，全球在经济金融领域存在计划经济体制和市场经济体制两种对立的体制，由此形成了两个平行的市场之间的经济冷战。而冷战的结束表现在经济金融领域，就是世界绝大多数国家选择了市场经济体制，两种对立体制和两个平行市场因此消亡，经济冷战因此结束。全球经济体制的一致性极大地降低了制度性交易成本，使全球商品和生产要素的可贸易程度极大提高。在土地和劳动力难以跨境流动的情况下，生产要素贸易首先表现为资金的自由流动（即投资的自由化），随后是全球金融的一体化发展。从这个意义上讲，经济全球化实质上就是全球贸易投资自由化。20世纪90年代以来，以市场经济为基础、以贸易投资自由化为标志的经济全球化迅猛发展，给世界经济带来了三方面的变化：一是因投资自由化，资本可以遵循最小成本原则寻求与其他廉价生产要素相结合。大批资本进入发展中国家，与其廉价劳动力相结合，形成了全球生产力配置。区别于传统的垂直型或水平型国际分工，这种新型全球生产力配置根据不同国家各自的自然禀赋，将不同产业环节配置在不同国家，整个产业链条横卧在世界各国之间。这一产业链条因其物理及产业性质形成了一致的制造标准，推动各国市场标准的统一，使国际经济金融治理更加深化、细化、机制化。二是产业链条上所有环节几乎都可以外包，代工厂又可以将所承包的环节再细分外包出去，这突出地反映在电子产业上。例如苹果公司，无论是电脑还是手机，苹果公司仅负责研发和设计，其他环节均分包给不同厂商或服务商。这种几乎可以使产业环节无限细分的生产与服务外包，不仅需要精准的生产管理，还需要精确的供应链管理，由此推动管理标准化、流程化，而契约精神又是其基础。三是全球经济被结构化地整合成一个整体。在全球生产配置的布局和产业链供应链的整合下，世界经济形成三个相互独立但又相互依存的板块：包括俄罗斯、澳大利亚等在内的资源出口国板块，以中国、印度为代表的亚洲新兴制造业板块，以美欧为代表的服务经济板块。资源出口板块将其丰富的自然资源纳入全球化，为全球尤其是亚洲制造业提供能源和原材料保障。亚洲新兴制造业板块将其低廉且素质高的劳动力资源纳入全球化，为全球尤其是美欧提供物美价廉的制成品。服务经济板块则将其服务业优势，尤其是研发和金融服务业优势纳入全球化，不仅引领着全球产业的技术进步，而且为其提供融资安排。从产业链的角度来看，这三个板块各自将其禀赋优势纳入经济全球化，用供应链串联了彼此，使世界经济成为一荣俱荣、一损俱损的整体。这意味着，各国的政治经济政策制定，特别是制度规则安排需要相互协调，不能一意孤行。

由上，经济全球化所带来的世界经济变化既是格局的变化，更是机制的变化。体制的一致化、规则的系统化及操作的细腻化，使世界各国经济日益融为一体，在推动经济增长的同时改善了增长质量。相较于此前，冷战后全球经济增速提高了 1 个百分点左右，这正是经济全球化的红利。与此同时，国际贸易增速快于经济增速，而以国际投资为代表的国际金融增速又快于国际贸易增速。全球贸易投资自由化的发展，尤其是投资状况的改善，使产业链持续向发展中国家延伸，并使更多低收入人口参与工业化进程，实现收入增长。世界性的贫困现象大大缓解，即使是在人均收入最低的撒哈拉以南非洲地区，贫困发生率也在大幅下降，中国则在 2020 年消灭了绝对贫困。这一切为联合国 2030 年可持续发展议程目标的实现奠定了坚实的基础。然而，俄乌冲突及其引发的全面制裁，正在颠覆经济全球化的底层逻辑，扰乱长期形成的全球产业链布局，威胁与之相适应的供应链安全。出于保障安全的需要，产业链会重组，供应链会缩短，国际政治甚至意识形态会成为全球生产力配置的第一考虑。久而久之，经济全球化会逆转，一体化的世界经济将碎片化，重返由地缘政治倾向决定的"团团伙伙"的区域性经济安排，甚至倒退到闭门造车的孤立状态。目前这一调整已初见端倪，未来还会进一步加速，这给世界经济带来了新的不确定性，增加了新的风险。特别是在滞胀局面日益恶化的当下，供应链断裂、产业链重组将导致全球经济陷入严重衰退，进而加剧贫富分化等国际社会既有的政治经济矛盾，给世界和平蒙上阴影。

（三） 俄乌冲突挑战的中国应对

1. 捍卫经济全球化

俄乌冲突及其引发的国际制裁的经济后果是去全球化。而中国是经济全球化的积极参与者、贡献者和受益者，这决定了中国在国际多边治理体系中的捍卫者立场和改善者行为，构成中国面对俄乌冲突的基本态度。建立在雅尔塔共识基础上的国际多边治理体系，先天性地含有东西、南北问题。东西之间是和平问题，虽然表现为两种对立体制和两个平行市场，但本质上是意识形态的对立，核心是谁战胜谁的问题。南北之间是发展问题，虽然表现为发达国家与发展中国家之间的差异，但本质上是现代化在发展中国家如何实现，核心是工业化的问题。二战后初期，东西问题和南北问题搅在一起，但东西问题占主导。在冷战期间，美苏双方在广大发展中国家这一"中间地带"扩展势力范围，并出现"代理人战争式"热战，时代的主题呈现为"革命与战争"。在这一时代背景下，中国也不得不做出"要准备打仗"的应对。20 世纪 70 年代后，随着争霸对美苏两国自身的消耗，尤其是随着一大批亚非拉国家的独立，冷战出现了趋势性缓和。对中国而言，这既预示着不会再爆发新的世界大战，也使中国可以从"备战备荒"的战时经济准备转向正常的经济建设。

当中国转向经济建设，人们发现长期实行的高度集中的计划经济体制的弊端十分严重。以经济建设为中心，首先要改革经济体制，中国由此义无反顾地踏上了改革开放之路。所谓改革，就是以市场经济体制取代计划经济体制，将由计划主导的国家工业化转变为由市场引导的全民工业化；所谓开放，就是按国际惯例办事，将工业化进程纳入经济全球化进程。中国的改革开放摒弃计划和市场"姓社还是姓资"的对立思维，以"实践是检验真理的唯一标准"为原则，以经济发展论体制短长，在理论意义上消解了东西对峙的经济体制根源。

中国改革开放的成功还为此前同样实行计划经济体制的苏东国家以及亚非拉发展中国家提供了新的榜样，鼓舞着市场取向的经济体制改革在全球的深化，从而在实践意义上瓦解了冷战的经济体制基础。因此，中国改革开放对世界的意义不仅仅是中国经济崛起，更在于推动经济体制东西对立的终结，促进了时代主题由"革命与战争"向"和平与发展"转换。正是中国改革开放对世界的历史性贡献，使中国国情能为世界所理解，为中国经济融入世界经济创造了前提条件，中国因此成为经济全球化的积极参与者。

中国改革开放的巨大成就，使中国日益成为经济全球化的主要贡献者。一方面，中国已成为唯一拥有联合国产业分类中全部工业门类的国家。在全球新冠危机中，中国制造业的世界作用得到特别的彰显。中国出口逆势而上，2021 年出口同比增长 29.9%，出口占全球的比重达到 1/7 左右，支持许多国家渡过了疫情难关。另一方面，中国经济发展也是中国居民收入提高的过程。1978 年中国人均 GDP 仅为 385 元，折合 156 美元；2021 年中国人均 GDP 约为 8.1 万元，折合 12 551 美元。更重要的是，这一增长过程也是社会发展的过程。人均收入的持续提高以及绝对贫困的消灭，使中国的消费市场规模几乎与世界第一大消费国美国相若，中国已连续 12 年成为全球第二大进口市场，为世界经济的稳定增长贡献着最为稀缺的市场资源。

正是由于深化改革开放的巨大努力，中国也成为经济全球化的主要受益者，因此也是利益攸关者。国际上流行用外汇储备的多寡来衡量一国在国际经贸活动中的获益程度。在加入 WTO 前，中国虽通过多种政策鼓励创汇产品的生产与创汇产业的发展，但外汇仍十分紧张。加入 WTO 后，短短几年中国外汇储备就超过了 1 万亿美元，此后不断跃升，高峰时曾达到 4 万亿美元，目前维持在 3 万亿美元以上，是全球最大的外汇储备国。这一巨额外汇储备的形成是中国经济深深嵌入世界经济的结果。中国是全球产业链中主要的生产中心，并因此成为外商直接投资的主要目的地，产业环节之间的零部件（中间品）贸易量巨大，并随着产业的细分和链条的延长而与日俱增。结果，中国成为开放程度最高的世界大国，进出口贸易总额占 GDP 的比重一度高达 67%，目前仍维持在 34% 左右。从这个意义上讲，中国成为世界工厂是全世界投资的，中国外汇储备是由全世界在华企业的出口顺差形成的。因此，中国经济超越了传统民族经济的范畴，与世界经济深度融合。这意味着中国国家利益已与全球化绑在一起。维护并改善以规则为核心的国际多边治理体系，推进经济全球化的包容性发展，既是在维护和改善人类福祉，也是在捍卫和增进中国的国家利益。这构成中国处理国际事务的基本立场，也应是应对俄乌冲突及相关制裁的出发点。从目前的态势看，无论从何种角度出发，俄乌尽快停战都是最佳解决办法。区别于某些国家一味诉诸制裁，中国成为促和者，避免无理性的轮番制裁对规则的破坏，防止对国际多边治理体系及经济全球化造成过度的伤害。

2. 重构国际治理体系

然而，必须清醒地认识到，即使俄乌停战，恢复和平，世界也回不到过去了。全球性的国际多边治理体系，很可能因地缘政治倾向的引入而分化为由大国主导的区域性政治经济安排。这一局面的出现，不仅是因为俄乌冲突给国际多边治理体系留下的伤疤使破镜难圆；更重要的是，俄乌冲突使国际多边治理体系原有的缺陷更加暴露无遗，进一步使破镜难圆。现行的国际多边治理体系是建立在发达对不发达基础之上的，南北差距既是治理的基础，也是治理的对象。由于发达国家先于发展中国家实现工业化，其以工业化为核心的现代化建设经验就成为经典，变成发展中国家必须遵循的圭臬。国际治理规则依此逻辑，形成了治理的单向性。与此同时，由于这些规则如此重要而不可违背，对离经叛道者需要加以制裁，亦即非我同类，其心必异，则需要除之而后快。这种非黑即白的治理方式，构成了治理的不包容性。国际多边治理体系的这种单向性和不包容性，在很大程度上正是冷战的西方根源。由此，以"向前看"的视角，摆脱历史的恩怨纠缠，从全球化的角度超越冷战思维，以和平与发展为原则，巩固现有国际多边治理的阵地，尤其是区域治理平台，从不同类型国家的平等竞争出发，改善在现代化道路上各国的交流合作机制，以实现共赢、巩固经济全球化的成果——这些才是面对俄乌冲突挑战、跨越俄乌冲突陷阱、面向未来的建设性态度。中国应该成为倡导者。在2013年，针对现行国际多边治理体系包容性不强的缺陷，中国就提出了"一带一路"的治理理念：共商、共建、共享。这使"一带一路"超越西方传统地缘政治理论的桎梏，上升为一种具有中国智慧的新型国际治理安排。共商，是本着儒家"中庸之道"的传统，以和为贵。世上虽有矛盾，但谈比打好，通过协商总能找到解决问题的办法。共建，是根据中国经验，"发展就是硬道理"，虽然经济发展并不能解决一切问题，却是解决问题的基础。共享，既是人类的普遍追求，也是当今世界现实困境的解决之道。在经济全球化条件下，贸易和投资都自由化了，产业布局也因此全球化了，但劳动力仍不能自由流动。这正是经济全球化的收益无法在不同国家以及各国内部各阶层之间公平共享的重要原因。这说明，坚持2016年G20杭州峰会的共识，把发展问题置于全球中心位置，各国共同商量、共同建设，才是应对各种困难的正途。简言之，发展成果为各国所共享，是解决不平等问题的题中应有之义。共商、共建、共享的理念顺应了世界潮流，体现了各国尤其是发展中国家的发展意愿，因此被广泛接受，并于2017年第71届联合国大会通过，正式成为全球治理理念。

中国所处的亚洲地区是有条件践行共商、共建、共享的经济金融治理理念，建成新型经济全球化标杆的地区的。俄乌冲突的重要后果之一是地缘政治再次登上国际舞台，美国治下的单极世界秩序"礼崩乐坏"，将为多极世界秩序所取代。至少在经济金融方面，世界会分化为由地区大国主导且相互区别的区域性经济安排。如果这一判断成立，那么无论出于构建人类命运共同体的设想，还是为了维护中国自身的利益，经略周边，加强亚洲经济合作，就成为中国的现实选择。

在世界各区域中，亚洲地区有着独特的经济合作基础。二战以来，亚洲各经济体逐渐形成了产业上下游彼此衔接的雁行结构，造就了从日本海到南海的完整的生产和供应链条，被许多学者称为"亚洲版地中海"经济区域。在这一区域，产业链首尾相贯,主要由中间品贸易构成的区域内国际贸易占比高达50%以上,形成了与其他经济区域的明显区别,并因此使亚洲各经济体有强烈的合作意愿。相应地,亚洲地区很早就形成了形式多样、性质不同的经济合作机制,如联合国亚太经济社会委员会、亚太经济合作组织、太平洋经济合作理事会等,中国都是其成员。

冷战结束后,中国经济的快速发展为这一合作提供了广阔的腹地和深厚的产业基础。1997年亚洲金融危机则凸显了各经济体加强合作的重要性,虽然各国体制不同、发展方式各异,但抱团取暖的共识推动着本区域经济合作向纵深发展。从中国-东盟自由贸易区到东盟+中日韩(10+3)合作机制,再到15国《区域全面经济伙伴关系协定》(RCEP)的正式生效,合作范围不断扩大,合作领域持续拓展,合作层次稳步提升,成为去全球化逆潮中亮眼的风景线。

面对俄乌冲突爆发后的世界,RCEP的建设意义尤其重要。RCEP构成当前全球最大的自由贸易区,覆盖世界人口的30%、全球GDP的29.3%和世界贸易的27.4%。而中国是RCEP 15国中最大的经济体,占其人口的65%和GDP的一半。从市场份额来看,中国的进出口贸易总额占RCEP 15国的一半,是RCEP 15国中最大的市场。从产业链来看,中国拥有全球最大的重化工业体系,整体上处于RCEP 15国产业链的中上游,可与RCEP其他成员国形成上下游互补关系。这决定了中国不会与RCEP其他成员国发生正面的产业竞争,反而将为RCEP其他成员国的产业链和供应链安全及延展提供有利条件。如果RCEP成员国共同发挥好中国这一独特优势,将使RCEP成员国的合作深化到产业链和供应链等微观层面,而不再局限于传统国家层面投资贸易自由化的宏大叙事。反映在实体经济上,因产业链各环节相互衔接,RCEP将不单是国家之间的官方承诺,而且会成为各成员国企业的行为约束,并相应地形成自律性的商业秩序。反映在金融活动上,供应链各环节的相互需要,不仅将使RCEP成员国之间的中间贸易不断扩大,而且将为纠正"货币错配"的本币化供应链金融创造条件,并为保障区域性金融安全的货币制度奠定基础。凡此种种,使作为负责任大国的中国有条件团结其他成员国,建设好RCEP,使其成为具有生命力的可持续发展平台,既是成员国之间长期合作的制度化安排,更是微观层面民间经贸活动秩序的形成与完善。由此,发展将被置于RCEP的中心位置,"涓滴效应"将使合作共赢成为可能,共商、共建、共享将成为内生的治理理念。RCEP将以新的国际合作模式示范于世界。

四、世界又一次站在历史的十字路口①

世界正处于百年未有之大变局当中。俄乌冲突的双方以及背后的美西方制裁及俄罗斯反制裁，都以国际规则为武器，不仅严重破坏了国际经济贸易秩序，而且极大地动摇着经济全球化的制度根基。世界经济体系正陷入前所未有的动荡之中，其后果与影响十分深远，全球因之焦虑。

俄乌冲突爆发以来，价值观至上的地缘政治等非经济因素导致世界经济"团团伙伙"化，并相互竞争、相互冲突，给世界和平蒙上阴影。由此，时代主题由"和平与发展"向"安全与发展"转变。这意味着，世界经济不再像全球化时代那样追求经济利益最大化。世界不再是平的，在价值观至上的主导之下，"同谁做生意比做生意本身更重要"，"小院高墙"及"脱钩断链"成为潮流，世界经济因此开始碎片化。

所谓"小院高墙"，突出表现在亚太及印度洋地区正在形成的诉求不同、机制不同的三个圈子，即 CPTPP、RCEP 和 IPEF，其成员多有重合，但规则却各自相异。从成立先后顺序看，2010 年，为克服国际金融危机的影响，按照 WTO 自由贸易原则，成立了中国-东盟自由贸易区，并随后扩展为东盟＋中日韩（10＋3），成为今日拥有亚太 15 个成员国的 RCEP 的基础。与此相对应，2015 年以美国为首达成了日本、加拿大等 12 国参与的 TPP。TPP 是按照所谓对等的"公平贸易"原则设立的，并因此与东盟＋中日韩（10＋3）自由贸易原则相区别。2017 年，美国特朗普政府宣布退出 TPP，随后剩余的 11 国只好勉为其难，在没有美国参与的情况下达成协议，于 2018 年签署了 CPTPP。2022 年 5 月，美国拜登政府宣布启动"印太经济框架"（IPEF），声明在四个关键性支柱上树立新的标准，即在互联互通的经济（贸易）、有韧性的经济（供应链）、清洁的经济（清洁能源）和公平的经济（反腐败）方面建立新规则和新规制。

随着"小院高墙"的建立与发展，美国价值观至上的地缘政治考虑正在颠覆经济全球化的底层逻辑。五年来，美国出台了包括《基础设施投资与就业法案》、《芯片与科学法案》以及《通胀削减法案》等一系列法案，在加大力度制裁中国

---

① 曹远征. 美国对华经济脱钩能走多远？. 文化纵横，2023（4）：54-63.

企业的同时，采用惩罚或补贴的方式力促产业特别是高新科技产业回流美国。与此同时，又提出了"近岸生产"和"友岸生产"的概念，取代在经济全球化条件下普遍使用的"在岸"和"离岸"概念，以缩短产业链条并集中于价值观相同的国家或地区。这种把世界经济曲解为无底线的国别之间的恶性竞争，把经济全球化曲解为对全球经济领导权的争夺，把全球经济再平衡视为减少对中国经济的"系统性依赖"，从而以"脱钩断链"作为武器，实现针对中国产业链的"去风险化"。结果是，在导致世界经济体系碎片化的同时，为国际社会埋下了动荡的种子。

在亚太及印度洋地区上述三个圈子中，除 RCEP 外，其余两个都将中国排除在外，尤其是 IPEF，意图更为鲜明，企图通过设立新的标准和机制，形成排除中国的"小院高墙"，并加快产业链向 IPEF 集中，实现对中国的"脱钩断链"，其目的是减少在全球产业链中对中国的系统性依赖，实现针对中国的"去风险化"。

面对"小院高墙"和"脱钩断链"的局面，世界其他国家确实遇到了选边站的难题。然而，俄乌冲突及其背后的制裁与反制裁提醒人们：这一冲突导致了全球能源与粮食价格的累涨。在推高全球物价水平的同时，降低了经济增长的能力，使世界经济快步进入滞胀状态。俄乌两国 GDP 仅占全球的 1.95%，外贸仅占全球的 2% 左右，与这两国的"脱钩断链"就造成了如此严重的后果，更遑论与作为世界第二大经济体的中国"脱钩断链"。这也是众多国家，尤其是发展中国家不在中美之间选边站的原因，它们成为遏制"脱钩断链"不可忽视的力量。

俄乌冲突爆发后，全球生产力布局变动加速。俄罗斯经济不得不向东看，特别明显地表现在廉价油气能源供应方向的改变上。与此相对应，欧洲尤其是德国由俄罗斯廉价能源支撑的重化工业受到严重冲击，甚至难以维持，出现了向东外迁迹象；在亚洲，美国鼓励产业与中国脱钩，但它们并未大规模回流美国，而是更多地转移到东南亚地区。全球生产力布局的这一新变动，既是经济去全球化的表现，又是经济全球化的新安排，它意味着全球产业链并未朝美国所期望的"近岸""友岸"方向变动，而是正向欧亚大陆中心方向集中，从而使"一带一路"的意义凸显。

在"一带一路"已有两个国际多边机制：一是具有丰富能源资源的上海合作组织，二是具有低成本劳动竞争优势的 RCEP。中国处于"一带一路"的地理中枢，并且是主要成员，同时具有庞大的制造业，尤其是基础工业能力，可以在"一带一路"产业链中发挥强链补链作用。事实上，中国已成全球重化工业基地，不仅集中了全球主要产能，而且在技术和成本上具有优势。如果中国发挥这一竞争优势，上游与上海合作组织对接，下游与 RCEP 对接，预示着纵贯欧亚大陆的产业链和供应链的发展具有崭新的前景。

在俄乌冲突中，"全球南方"力量的兴起引人注目。80 余个发展中经济体认识到自身利益，保持了中立。更为突出的是，在不"选边站"的同时，南方国家加强了合作，其中特别突出的表现是中亚的上海合作组织与西亚的海湾阿拉伯国家合作委员会。上海合作组织在扩员的基础上增添了新的机制——中国-中亚峰会，并设立了秘书处。海湾阿拉伯国家合作委员会与中国建立了新的战略合作机制，双方达成了 2023—2027 年的行动计划。

与此相适应，2022 年中国对"一带一路"国家的贸易规模创历史新高，货物贸易达 13.8 万亿元，同比增长 19.4%，高于整体增速 11.7 个百分点。双向投资也迈上了新台阶，其中中国对"一带一路"共建国家非金融类直接投资为 1 410.5 亿元，"一带一路"共建国家对华实际投资为 891.5 亿元，同比分别增长 7.7% 和 17.02%，高于整体增速 0.5 个百分点和 10.9 个百分点。

"一带一路"给中国西部地区的经济发展带来了以下新机遇：

在丝绸之路经济带。中国-中亚峰会提出"应巩固中亚作为欧亚大陆交通枢纽的重要地位，加快推进中国-中亚交通走廊建设，发展中国-中亚-南亚、中国-中亚-中东、中国-中亚-欧洲多式联运，包括中-哈-土-伊（朗）过境通道，途经阿克套港、库雷克港、土库曼巴什港等海港的跨里海运输线路，发挥铁尔梅兹市的过境运输潜力"。同时指出"建设中哈塔城—阿亚古兹铁路以及保障中吉乌公路畅通运行，实现中塔乌公路和'中国西部-欧洲西部'公路常态化运营具有重要意义"。中吉乌铁路是一条不再经过俄罗斯而通往西亚、中东乃至西欧的铁路，21 世纪初就已规划，经过近 20 年的周折，将于 2024 年 10 月动工共建。

在 21 世纪海上丝绸之路。2019 年，随着兰渝铁路的开通，"一带一路"在中国境内交通已经闭合。目前中缅铁路、中越铁路改造、中老高铁延长接入、泛亚铁路以及中尼铁路都在规划和相继开工。其中，规划中的中缅铁路是十字形的，不仅可以南向到达新加坡，而且可以西向经孟加拉国到达印度。

中欧班列 2011 年首次开行，截至 2022 年底共开行 6.5 万列，其中 2022 年一年就开行了 1.6 万列，而在 2023 年的 1—4 月开行列数就达 5 611 列，同比增长 17%。在中国境内出发的城市已达 109 个，通过欧洲 25 个国家的 211 个城市。

依赖于不断织密的中欧班列国际物流网，中欧班列从前端运输延伸到了终端消费市场，催生了物流与商业衔接的新业态。其中，跨境电商货物比重逐步上升，邮政班列运行平稳，并开始向电商从业者提供跨境物流服务，既开拓了返程货源，又拓展了服务属性。目前班列实现统一订单手续，交接时间压缩 30% 以上，从而比海运节省时间 3 周左右，有力地带动了中国西部地区经济的发展。以新能源汽车为例，2022 年，西安以 101.55 万辆成为新能源汽车生产第一大市。新疆的光伏产品，从原材料到组件生产几乎占全国的 1/3。青海省正在投资建设全国最大光伏制造全产业链项目，其重要目标就是满足"一带一路"的强劲需求。

一旦中吉乌铁路和泛亚铁路建成并相互贯通，欧亚大陆的经济联系将不再完全依赖海运。由此，数百年来世界体系中海权的霸权优势有可能改变。

"一带一路"也给中国东北地区的经济振兴带来了新契机。此次俄乌冲突迫使俄罗斯向东看，表现在经济领域，俄罗斯对西伯利亚及远东的国际开发开始持开放的态度。这为东北亚地区格局变动增添了新因素。东北亚经济不再拘泥于中日韩三国合作，而扩展为进一步包括俄罗斯、蒙古国、朝鲜在内的六国问题，从而打破地区僵局并为中国东北地区的经济振兴带来新契机。或许这也是东北三省2023 年第一季度经济增速好于往年并高于全国平均增速的原因之一。

2023 年 5 月 23 日，中俄双方在上海举行商务论坛。中俄双方都派出高级别官员参加，合作深度和广度超出以往。俄罗斯远东地区土地肥沃，适宜耕种，且地广人稀，中国是粮食尤其是大豆的进口大国，中俄农业合作前景广阔。与此同时，俄罗斯油气不得不加大对东北亚地区的输出，也为中国东北地区的石化工业带来发展机遇。

更为重要的是，目前，俄罗斯在太平洋地区最大的不冻港——符拉迪沃斯托克港已对中国开放，这是地缘政治经济变动的鲜明信号。据此，可以预计，图们江利用扎鲁比诺港实现出海的问题也将会有新进展。这不仅使中国东北地区有了自日本海的出海口，而且为 RCEP 成员国和欧共体的经贸往来开通了新航路——亚洲经北冰洋到欧洲的西北航线，即"冰上丝绸之路"。

一旦"冰上丝绸之路"开通，中国东北地区将成为东北亚陆海交通枢纽，俄罗斯西伯利亚及蒙古国经中国东北地区南下出海，东南亚经日本海、白令海北上欧洲。不仅中国东北地区成为对外开放的前线，而且可以撬动朝鲜成本低廉的劳动力、俄罗斯的土地和油气资源、蒙古国的矿产资源以及日本与韩国的技术资源，形成新的生产要素组合。

美国对华经济脱钩能走多远？

1. 脱钩断链将是对世界经济的长期挑战

二战后，世界曾陷入"一堵墙（柏林墙），两种对立体制和两个平行市场，三个不同的世界"构成的冷战中。20 世纪 90 年代以苏联、东欧经济互助委员会崩溃为契机，世界绝大多数国家采用市场经济体制。全球市场经济体制的一致性，不仅标志着冷战的结束，而且极大地降低了全球制度性交易成本，世界的可贸易程度因此大大提高。商品和生产要素都可以在全球流动，推动着以商品贸易自由化为宗旨的关贸总协定升级为以投资贸易自由化为核心的 WTO，奠定了经济全球化的局面。

所谓经济全球化，是生产力的全球布局。产业布局不再拘泥于一国，也不再受制于传统的垂直型或水平型国际分工，而是沿着成本最小、利益最大的比较利益方向横卧在各国之间。产业的不同环节分布于不同的国家或地区，形成有别于过往的全球产业链及三大产业聚集中心。

与此同时，因服务和生产外包使这一全球产业链也是全球供应链，不仅企业管理扁平化，而且管理的重心转变为全球供应链管理。相应地，全球金融也一体化了，并特别突出地体现在与金融相关的规则、规制、标准及管理上，使全球经济金融治理更加规范化、细腻化，世界经济由此成为一个整体。

在经济全球化中，中美成为全球两个最大的经济体，并互为经贸往来的主要伙伴，因此也成为两国经常项目顺逆差的主要持有者。早在国际金融危机爆发前，中美双方就都意识到双方利益攸关，需要解决贸易不平衡所带来的挑战。2008 年金融危机的爆发更是使人们认识到这一不平衡是全球性的。它不仅仅是贸易的不平衡，更是投资与消费的不平衡。中美之间的不平衡仅是全球经济不平衡的体现。

从全球经济再平衡的角度来看，就是解决中国消费不足和美国投资不足的矛盾。为此，中国的"十二五"规划提出了扩大内需的战略，其中扩大内需的核心是扩大消费，而扩大消费的途径是增加居民收入。十余年来，中国的居民收入增长与 GDP 增长同步，而低收入居民收入增长则快于 GDP 增长，中国消灭了绝对贫困。中国内需的持续扩大，使中国经常项目顺差占 GDP 的比重由 2007 年的 9.8％下降到 2018 年的 0.4％。相形之下，美国的贸易逆差却无太大变化，但是对华贸易逆差持续上升。

2018 年，美国在全球经济再平衡中长期表现不佳，促使特朗普政府动用行政手段，对华展开了以全面加征关税为代表的贸易战。随后，美国又在"美国优先"的口号下开始对华的制裁。然而，中国制造业增加值在 2010 年首次超过美国后，持续上升。2018 年中美贸易摩擦升级时，中国制造业增加值已是美国的 1.7 倍。此后，虽然制造业占 GDP 的比重有所下降，但制造业增加值却在上升，特别是在疫情期间，中国经济率先复苏，出口增长强劲，制造业增加值超过美国、德国和日本之和。也正是这一变化，促使拜登政府变本加厉，通过立法将"小院高墙"变成建制化的安排，在产业链和供应链上寻求对华的"脱钩断链"。

在经济全球化背景下，"脱钩断链"的企业该何去何从？

以苹果公司为例。在经济全球化背景下，苹果公司总部已经蜕变为一家品牌和设计机构，其产业链及背后的供应链遍布世界，其中中国是主要基地，并且中国供应商呈日益增多之势。中国在具有强大的配套能力的同时，又具有廉价且素质高的熟练技术工人。一旦"脱钩断链"，离开中国，该何去何从？这成为苹果公司的困境，也是富士康彷徨的原因。

2. 脱钩断链的后果是"滞胀"

中美经济结构是互补的，从而是相互依存的，如果强行"脱钩断链"，一定会造成两败俱伤。如果说在过去三年中因疫情这一后果尚不明显，那么俄乌冲突则将这一后果的严重性表现得淋漓尽致。

尽管俄乌两国 GDP 和进出口总额占世界的比重不高，但能源与粮食这些基础产品却对世界经济有着重大影响。2021 年俄罗斯的石油出口占全球出口的 10％，是俄乌两国 GDP 全球占比的 5 倍左右；俄罗斯的天然气出口占全球出口的 19.1％，是俄乌两国 GDP 全球占比的 10 倍左右；俄乌两国的玉米出口占全球出口的 18.6％（其中乌克兰为 16.4％），是俄乌两国 GDP 全球占比的 9.5 倍左右；而俄乌两国的小麦出口分别占全球出口的 16.9％和 11.6％，合计达 28.5％，是俄乌两国 GDP 全球占比的 15 倍左右。俄乌冲突导致全球能源与粮食价格暴涨。一方面推高了全球的物价水平，另一方面因成本提高而降低了经济增速，从而推动菲利普斯曲线扁平化，全球经济由"类滞胀"状态快步进入滞胀状态。在欧洲，工资与物价相互推动的螺旋式上升机制正在形成。

俄乌冲突导致的滞胀提醒世界，仅与俄罗斯"脱钩断链"就造成了如此严重的后果，更遑论与作为世界第二大经济体的中国"脱钩断链"。这也是众多国家，尤其是发展中国家不在中美之间选边站的原因，它们成为遏制脱钩断链不可忽视的力量。

与此同时，俄乌冲突导致的滞胀也使美国的宏观经济政策陷入进退两难的境地。在疫情冲击下，为对冲经济下行，美国祭出了现代货币理论，实施了大规模的赤字融资，致使通胀快速上升，不得不开始大幅加息。自 2022 年 3 月至今，短短一年加息十次，由零利率飙升到目前的 5%，为世界所罕见。

但是在目前的滞胀情况下，如果继续收紧财政货币政策，物价并不一定再显著下行，反而会使经济加快进入衰退；如果不继续收紧财政货币政策，经济增长并不一定显著改善，反而会使物价进一步上涨。处于十字路口的美国经济产生了是否需要进一步强化"脱钩断链"的犹豫。

在过去一年中，美国财政货币政策如"过山车"般不受约束，宽松和急剧紧缩引起了金融资产价格的大幅变动，系统性地冲击着经济和金融，使金融市场的流动性普遍承压，进而引发了硅谷银行、银门银行、签名银行等倒闭事件，涉及的金额超过 2008 年金融危机。作为全美第 16 大银行，硅谷银行因经营高科技金融业务被视为"金融全明星"，从获评"全美最佳银行"到宣布破产不过 3 天。这种创纪录的猝死闻所未闻。与此相似，瑞信银行 2023 年 3 月发布年度报告称，在 2022 财年和 2021 财年的报告中发现"重大缺陷"，仅仅五天后，被瑞士政府要求由瑞银集团收购，而且其额外一级资本（ATI）债券全部减记为零，令市场目瞪口呆。

与此同时，美元出现了历史上第三次大幅波动。美元指数是 1973 年布雷顿森林体系崩溃、美元与黄金脱钩后出现的。迄今共发生过三次大幅上升与下降的过程，每次都对世界经济造成重大冲击。第一次是 20 世纪 80 年代初期，随着美国为克服通胀持续加息，美元指数在 1985 年创下了 163.85 点的纪录，触发墨西哥债务违约，使拉丁美洲债务危机接踵而来，至今阴影不散。第二次是 20 世纪 90 年代中期，1994—1995 年美联储为应对经济过热持续加息，促使美元持续升高，被认为是引爆亚洲金融危机的导火索。此次美联储快步加息，尤其是美国国债上演的拉锯战，极大地动摇了国际金融市场信心。美元指数忽高忽低，发展中国家汇率忽高忽低。2022 年，斯里兰卡宣布国家破产，而现在巴基斯坦、阿根廷似又步其后尘。

2008 年国际金融危机是在中国积极参与应对的条件下平复的。当前，金融市场动荡又起，人们对中国的期望再次升高。这既是以人民币国际使用扩大为代表的"去美元化"潮流兴起的原因，也是美国包括官员在内的财经界希望访华的动机之一。

众多迹象表明，美国开始认识到中国是一个具有五千年历史的大国，具有自身的文化和传统，是不会为美国的政策所改变的。因此，在将中国视为战略竞争对手的同时，采取了"该对抗的对抗，该竞争的竞争，该合作的合作"的态度，展开体系性竞争。

反映在经济领域，对于威胁到美国高新科技领先优势的产业和技术，采取制裁打压的对抗手段；在一般产业和技术中，则以竞争为主，要求以对等原则实施包括竞争中立、劳工保护等在内的准入前国民待遇，并辅以关税和非关税惩罚手段，推行公平贸易。在合作方面相对有限，主要表现为应对气候变化和防止核武器扩散等。2022 年 11 月，在 G20 巴厘岛峰会期间中美两国领导会面并交换了意见。以此为标志，美国对华竞争与合作的战略态度明确，中美竞争进入相持阶段。

2023 年以来，随着美国经济将进入衰退，全球金融风险在加大之中，各国希望中美履行巴厘岛峰会达成的共识，"竞争不应转向冲突""保持开放的沟通渠道"，美方开始频频示好，两国高层之间的经济交流开始启动，特别是 2023 年 6 月美国国务卿布林肯访华。这是美国拜登政府高级别官员的访华，开启了中美双方高层的进一步交往，预示着中美紧张关系尤其是经贸关系相对缓解。

中美竞争与合作的相持是全面的，从而这一相持阶段将是长期的。相对于过去的冷战，这种全面的战略相持极有可能形成一种"冷和平"状态。各自暗暗较劲，进行"体系性竞争"。其中经济金融领域将是赛场，经济的可持续发展将是核心。

在当前情况下，面对全球气候变化，低碳经济既是新赛道，也是中美双方以及全世界都认为需要加强合作的领域。更为重要的是，对中国经济而言，持续有效的投资是扩大内需的重要组成部分。在房地产投资出现转折性下降以及政府主导的基建投资出现疲态时，低碳经济是目前可以把握的重要投资方向。中国是拥有联合国产业分类目录中全部工业门类的唯一国家，这意味着减碳规模巨大，不仅各种技术都有用武之地，而且有利于实现商业化。据初步测算，按照《巴黎协定》的要求，到2050年若要将全球气温升高幅度控制在2℃以内，中国最少需要投资100万亿元。若要控制在1.5℃以内，中国最少需要投资138万亿元。换言之，每年平均需要投资3万亿元以上，持续30年。这将是中国经济持续增长的引擎。

就技术而言，相对于芯片等高科技，在低碳技术方面中国没有代差，甚至处于领先态势。例如供给端的风光水核电技术，需求端的新能源汽车及电池技术，正在改变全球产业的技术路线。芯片等中国仍有代差的技术，美西方较易打压，脱钩压力较大，但在低碳技术的赛道上竞争，美西方的优势就不明显，特别是低碳不仅是生产方式，也是生活方式，需要全球合作。因此，通过赛道的转换，不仅能有效地抵制脱钩，而且能逆势而上，使全球合作进一步加强。例如电动汽车所形成的市场优势及成熟技术路线正在形成新能源汽车的发展方向，这既有利于世界，也有利于中国。

现代化是一个世界历史的范畴，其要旨是从传统农业社会向现代工业社会转变。它是一个进程，是器物的现代化，更是制度的现代化和文化的现代化，全球概莫能外。从二战后各国尤其是发展中国家的现代化实践来看，一个国家若要实现现代化，既要遵循现代化的一般规律，更要符合本国实际。中国式现代化既有各国现代化的共同特征，更有基于自身国情的鲜明特色。

在经济全球化中，中国经济的成功令人耳目一新。中国发挥市场在资源配置中的决定性作用和更好发挥政府作用的机制设计，把握改革、发展、稳定三者之间关系的渐进式改革推进方式，在全民参与工业化的同时，发挥国家的力量消灭绝对贫困的行动能力，以及推行"绿水青山就是金山银山"的绿色发展理念，为世界提供了新的榜样，带来了现代化道路的新选择。中国的成功经验，逐渐为其他国家尤其是全球"南方国家"所重视。

中国在"一带一路"倡议中提倡通过"共商、共建、共享"，构建人类命运共同体。"一带一路"沿线虽然只有65个经济体，但它并不全然是个地理概念，更是个治理理念。"共商、共建、共享"是在中国式现代化成功实践基础上总结出来的国际经济治理新理念。而这一理念，因是中国倡议，也被美国认为是对其普世价值观，进而是对其全球领导力和利益的"体系性挑战"。

在全球变局下，中国式现代化正在进入新阶段。一方面，经过改革开放以来40多年的高速成长，中国已经告别绝对贫困，处于高收入社会门槛处。另一方面，中国人口出现符合人口现代化规律的老龄化、少子化，出现了负增长。

中国式现代化正在进入新阶段，既预示着高质量发展的必要性，又表明高质量发展的艰难性。在这一阶段，因供给结构和需求结构都在变化，错配的风险加大。一方面，传统产品供给强、需求弱，如一般工业制成品；另一方面，新型产品需求强、供给弱，如教育、医疗和养老等服务性产品。畸高畸低，极易使供给冲击和需求收缩同时发生，并造成社会预期偏弱且不稳。2023年1—5月的中国经济表现就是如此，疫情结束后并未出现人们所期望的报复性经济反弹，反而持续低迷，尤其是反映在物价仍保持低位运行上。2023年5月，CPI同比涨幅仅为0.2%，PPI则同比负增长4.6%，并已经连续8个月负增长。

当前，在货币政策持续宽松的背景下，CPI的低位运行和PPI的负增长虽然不符合通货紧缩的定义，但却深刻地说明了有效需求不足。这特别明显地表现在CPI构成中的结构性涨跌上，在构成CPI的八大类商品中，有两大类商品，即居住类、交通和通信类价格下跌幅度最小。这不仅与市场的感受相同，更为重要的是中国正处于高收入社会门槛处，随着小康社会的建成，住房和汽车已成为中等收入阶层的标配。这两大类商品的牵涉面大，需求不足，必须高度重视。

在全球变局下，以自身稳定发展有效应对外部风险挑战成为必然的选择。扩大内需是寓意深远的长期战略。扩大内需战略将从消费和投资两个方面展开：一是促进形成统一强大的国内市场，全面促进消费，加快消费提质升级；二是以科技高水平自立自强为核心，优化投资结构，拓展投资空间。展望未来，在"十二五"和"十三五"期间，我国的消费率平均为53.4%，目前已达到55%左右，今后还会进一步上升。到2035年，预计中国的中等收入人口将翻一番，达到8亿左右，成为全球最大规模的中等收入群体，预示着中国将成为全球前所未有的超大消费市场。如果将这一成长中的消费市场向世界开放，让世界分享中国成长的红利，中国不仅会自身实现内循环进而带动双循环，而且将以双循环践行国际经济治理新理念。

目前，中国的工业化进入中后期，城市化率已达65%，但相较于发达国家通常在75%以上的城市化率，仍有相当大的差距，而且在中国的城市化率中约1/3的人口还是半城市化的农民工。这意味着中国经济仍有巨大的增长潜力。用改革开放的精神发掘潜力，坚持真抓实干，激发全社会的创业活力，让干部敢为、地方敢创、企业敢干、群众敢首创，使建设超大规模的国内市场成为一个可持续的历史过程，并通过制度型开放与世界共享，中国将以此走进世界舞台的中央。

五、如何以双循环重塑中国与世界的经济关系①

（一） 双循环提出的意义

2020 年，面对中国经济发展新阶段和世界百年未有之大变局，中国提出了加快构建"以国内大循环为主体、国内国际双循环相互促进的新发展格局"。这一格局的提出直指中国与世界的关系，旨在形成新时期中国与世界的新型经济关系，对中国、对世界的未来意义重大。

经济活动本身就是供需循环的。但区别于常见的经济学中供给等于需求的总量分析方法，"循环"是政治经济学的分析方法。它把经济活动分为生产、分配、流通、消费四个环节，经济活动依次经过这四个环节，周而复始地进行扩大再生产。区别于总量分析方法，从经济循环的角度分析经济现象会更加注重经济活动的全貌。经济循环既涉及物质产品生产和流通的技术进步，也涉及价值实现的经济制度安排。在技术进步一定的条件下，如果循环出现困难，这种困难会被扩大再生产出来，成为系统性的制度偏差，最终上升为经济体制与机制问题，并关联到政治、文化、社会、生态文明等方面。

如果将这一"循环"的政治经济学方法扩展到世界经济，我们可以看到，世界经济体系呈现出"中心-外围"结构。"中心"国先于"外围"国进行从国内到国际的资本积累，不仅成为技术进步的引领者，而且是经济制度的安排者。相形之下，"外围"国是技术进步的跟随者和与此相适应的经济制度的从属者。世界经济体系"中心-外围"的结构特征，规定了处在不同位置国家的双循环的不同性质，并充分体现在国际经济贸易关系上："外围"国向"中心"国出口包括农矿产品在内的初级产品，进口工业制成品。两者在这个意义上形成了依存关系，

---

① 曹远征.以双循环重塑中国与世界的经济关系.文化纵横，2021（3）：80－92＋159.

实现了某种意义上的相互促进。

在这个世界经济体系中，中国崛起，不仅是当今世界格局的重大变化，而且是影响未来世界格局的重要因素。新中国成立尤其是改革开放以来，中国经济快速成长，中国成为世界第二大经济体、第一大贸易体，更为重要的是，这一成长是经济社会的全面发展，表现为人均收入的快速提高和社会发展指标的大幅改善。2020年，中国在人均 GDP 超过 1 万美元的同时，消灭了现行国际标准下的绝对贫困现象，对世界减贫事业的贡献率超过 80%，整体迈进了中等偏上收入国家行列。

中国这一巨大的经济体的经济社会发展，开始超越传统世界经济体系中的"中心-外围"结构：中国既是一个世界规模的成体系的产能提供者，也是一个世界规模的需求者。一方面，从发达经济体"中心"国角度来看，中国向全球出口工业制成品，进口原材料，似乎已是发达经济体；另一方面，从发展中经济体"外围"国角度来看，中国虽向全球出口工业制成品，但多是附加值较低的劳动密集型产品，从全球进口的虽有原材料，但更多的是资本品，尤其是附加值较高的技术密集型产品，还是发展中经济体。于是，中国是什么类型的经济体成为当前国际社会的认知困惑，也构成了中美经贸冲突的重要背景。自 2008 年国际金融危机以来，世界经济普遍进入"新常态"：尽管各国财政货币政策十几年来持续扩张，但世界经济仍然低迷。在呈现出低增长、低贸易、低通胀和低利率的总体特征的同时，各国经济表现不一致、不同步，出现了分化。突如其来的新冠疫情更是加重了这一分化。而民粹主义上升、保护主义抬头的逆经济全球化思潮，很有可能成为一种建制化的安排，有可能改变世界经济范式。

世界经济的动荡，国际格局的变化，使中国不得不承担起负责任大国的义务，在为世界经济"强劲、可持续、平衡增长"提供动力的同时，还需要捍卫经济全球化，引领新型经济全球化。2019 年，中国社会消费品零售总额已超过美国，中国成为全球最大的消费市场，中国经济成为连接传统发达经济体与发展中经济体的枢纽。从这一发展趋势来看，如果以扩大内需为战略基点，使建设超大规模的国内市场成为一个可持续的历史过程，中国经济将实现以国内大循环为主体；如果将这一持续扩大的国内市场通过制度型开放与世界共享，中国经济的内循环将带动外循环，实现国内国际双循环相互促进。这一双循环相互促进的过程，也是中国与世界新型经济制度的生成过程，是通过推动新型经济全球化来践行人类命运共同体的国际治理理念的动态过程。

（二） 中国经济内外循环的历史问题与现实逻辑

1. 计划经济："内循环"奠定现代化基础

早在夏商周时代，中国就开创了农耕文明，源远流长的农耕文明是四大文明古国中唯一未间断的文明形态。根据麦迪森的《世界经济千年统计》，在明清时期，中国的 GDP 总量就已经雄踞世界第一。1820 年，中国 GDP 占世界的份额为 32.9%，而同时期西欧各国的 GDP 总和仅占世界的 23.6%。不过，虽然中国 GDP 占 1/3 左右，但这是建立在自给自足的农耕文明之上的。当时西欧国家的资本则已经借助市场经济体制将产品制造推进到机器化大工业时代。

区别于农耕文明自给自足的自然经济，市场经济是为他人生产的经济。当需要由他人消费的产品被机器大规模制造出来，市场的约束就成为基本的约束，需求不足成为常态。在微观层面厂商利润最大化的驱使下，对利润的内在渴望转变为相互之间的全面竞争。这一竞争在促使技术进步的同时，也推动资本积累由国内转向国际，并以暴力方式打断了传统农耕文明国家自然经济发展的历史进程。对中国而言，这一历史转折点出现在 1840 年爆发的鸦片战争。自此，中国 GDP 占世界的份额直线下落，到 1950 年，中国 GDP 占世界的份额已跌落到 4.5%。

自 1840 年鸦片战争到 1949 年新中国成立的百余年历史，既是中国遭受西方工业化强国欺侮的历史，也是中国经济社会落后的历史。现实使中国认识到，"落后就要挨打"。为此，发展工业、走工业化道路进而实现现代化成为民族诉求。新中国的成立，奠定了这一民族诉求实现的基本条件。怀着对百余年来深受西方工业化强国欺侮的深刻记忆，独立自主完成工业化、现代化的事业，就成为国人心目中最理想的道路。当时的苏联恰恰提供了榜样：1950 年，苏联经济正在崛起，苏联 GDP 占全球的份额达到了 9.6%，成为全球第二大经济体。

苏联经验表明，通过国家行政动员，采取计划经济体制集中力量实现国家工业化，既可加快工业化，又不必依赖外国，可以迅速扭转经济社会落后面貌。这对渴望实现民族复兴的中国来讲，自然成为最合理的借鉴。"以俄为师"式的"一边倒"成为历史的选择。

一般而言，作为发展中国家，通过工业化实现现代化是历史趋势。对于工业化，尤其是追赶发达国家的工业化，持续扩大工业投资是第一位。因此，采用以产业政策为代表的经济计划，致力于扩大工业投资，成为发展中国家的常见选择。

但是，区别于发展中国家在市场经济基础上的经济计划，新中国成立后中国形成了二元经济体制。它的特点在于：依靠国家行政力量，动员储蓄，持续提高投资率，通过持续压低消费来扩大工业投资。

具体的实现方式是：在占人口绝大多数的农村，通过合作社等集体所有制方式，支持"统购统销"，在压低农产品价格的同时，将经济剩余（储蓄）转移到工业；在工业聚集的城市，通过国家所有制形式将经济剩余（储蓄）投入国民经济最需要的行业和部门。计划经济体制下的经济活动，是强制加速性的扩大再生产。由于利用国家行政力量强制性地压低消费，所动员的储蓄以加速度的形式投向工业。当中国第一个五年计划完成时，以156个大型骨干重工业企业为代表的基本完整的工业体系初步形成，同时，基础设施建设也有了长足的发展，构成今日中国国有企业的基本格局以及工业体系的区域布局，成为中国工业发展的底色。但是，这种强制性的扩大再生产只能在国家行政力量可覆盖的范围内进行。封闭是计划经济体制的内在逻辑，唯有将不确定性完全控制，经济活动才能形成闭环，可控式地顺利运行。为避免对经济闭环运行的干扰，就需要将对外经济活动降到最低限度，不仅不能有外商直接投资（FDI），而且在外贸上只能维持必不可少的物资余缺调剂，所谓的出口仅仅是支持余缺调剂进口的外汇获得。由此，计划经济体制下的经济循环基本在境内进行，不具备外循环的可能。

2. 改革开放："外循环"融入世界分工

改革开放后，中国开始推行市场经济体制。市场经济体制本身就是开放经济体制，融入全球是市场经济体制的自然逻辑。在这个意义上，所谓改革，就是以市场经济体制取代计划经济体制，将过去由计划主导的国家工业化转变为由市场主导的全民工业化，并因此调动各方面的积极性，加速实现工业化。所谓开放，就是按国际惯例办事，将工业化进程纳入经济全球化进程，通过交替进行的进口替代和出口导向，促使产业结构快速升级。改革推动了开放，开放促进了改革，两者相得益彰。由于中国劳动力资源丰富、价格低廉，一旦将低成本劳动力优势纳入经济全球化，便会吸引全球产业向中国转移。中国经济不但能摆脱计划经济体制下只能实现"内循环"的被动局面，而且通过参与国际分工能够形成与世界市场相适应的"外循环"，促进全球性的经济循环。

中国经济加入全球经济循环，既有利于中国，也有利于世界。这一点可以从改善全球资源禀赋的角度来论证。改革开放伊始，中国有几种主要生产要素占全球的比重或畸高或畸低。其中，劳动力极为丰裕，1980 年，中国的劳动力占全球劳动力的比重高达 22.4%；但资本和技术极为短缺，中国的资本形成总额仅占全球的 2%，研发投入仅占全球的 0.5%。同时，中国的耕地、淡水和石油等自然资源占全球的比重很低，分别为 7%、6% 和 1.5%。国际经验表明，工业化进程既表现为工业产值占 GDP 的比重持续提高，也表现为农村剩余劳动力向工业部门的持续转移。在计划经济体制下，高比例的劳动力在农业部门隐性失业，不仅造成劳动力资源浪费，而且因劳动力收入极低无法形成有效需求，致使计划经济体制下的内循环长期来看难以为继。

通过改革开放、招商引资，大量境外资本流入劳动密集型产业，形成出口优势产业。在"外循环"比重最高的 2006 年，中国每百万元工业增加值中的就业密集度（就业人数/百万元增加值）平均值为 6.73%，其中出口导向的纺织业为 12.74%，服装、鞋帽为 18.29%，家具制造为 14.12%，皮革、毛皮和羽毛及其制造为 17.36%，文体用品制造为 21.52%。"外循环"创造了大量的就业机会，使农民进城务工成为现实，提升了低收入者的收入水平，也使工业化逐渐弥合二元经济的断裂。与此同时，对中国经济而言，劳动密集型产业的出口所得用于进口，也改善了中国的生产要素禀赋状况。一方面，能源、原材料和农产品的进口支持了国内相关产业的发展。进口农产品实际上等于进口耕地和淡水资源。例如，2018 年中国进口大豆 8 803 万吨，如果在国内种植需要耕地 4 633 万公顷，相当于黑龙江省大豆种植面积的 13 倍、全国可耕地面积的 1/3。另一方面，多年来，机电产品进口占中国产品进口的比重约为 1/2，主要是成套设备、关键单机和先进仪器仪表。近年来，包括芯片在内的高新技术产品进口比重在持续提高，目前已超过 30%。这些产品的进口在对中国技术装备水平和消费水平的提升做出重要贡献的同时，也引领着技术进步的方向。

更为重要的是，中国经济加入全球经济循环，改变了国际分工模式，推动经济全球化进入新阶段。20 世纪 90 年代，在中国改革开放初步成功的影响下，除个别国家外，绝大多数国家都采用了市场经济体制。体制的一致性使全球制度性交易成本大为降低，使全球可贸易程度大为提高。这不仅体现在商品贸易上，而且体现在生产要素的国际流动上，关贸总协定（GATT）转变为旨在促进投资贸易自由化的世界贸易组织（WTO）。投资贸易自由化在使各国要素禀赋自然展现的同时，也因资本的自由流动，使生产力的全球布局成为可能。产业链不再拘泥于一国，而是横卧在世界各国之间，某个环节在一国，而另一环节在另一国。

伴随着信息和网络技术的发展，通信和交易成本持续下降，运输技术的进步缩短了空间的"时间距离"，使企业可以进行零库存生产。为降低成本，跨国企业可用外包的形式，将产业链中标准化的部分环节分散到其他国家。中国加入WTO后，其劳动力竞争优势更为世界所青睐，并促使国际分工由传统的国与国之间的产业间水平或垂直分工，转变为产业内的全球分工，又逐步转变为跨国企业内的全球分工，形成了全球产业链，又延伸为全球供应链和价值链。需要指出的是，全球产业链的形成是这一轮经济全球化的鲜明标志。

在新的全球分工下，中国的主流工业技术得到大幅改善，高科技创新加快进行。目前中国是世界上拥有联合国产业分类目录中全部工业门类的唯一国家。联合国所划定的41个工业大类、191个中类、525个小类，中国全部拥有。其中不少产业的产能、产量均位居世界前列，具有竞争优势，构成了中国经济的韧性。中国工程院发布的数据显示，在26个主要产业类型中，我国超过60%的产业在当前处于"自主可控"和"安全可控"状态，抗外部风险能力较强。其中，通信设备、先进轨道交通装备、输变电装备、纺织、家电等产业处于世界领先水平；航天装备、新能源汽车、发电装备等产业处于世界先进水平。从2018年PCT专利的申请情况来看，尽管美国仍是绝对数量上的第一，但是两年来专利申请增速仅有0.1%。与之相比，中国的专利申请数量呈两位数高速增长，在绝对数量上则紧随美国，位居世界第二。

3. 再平衡：经济全球化的新挑战

冷战结束后，市场经济体制逐渐成为全球的基本经济制度。制度的一致性使制度性交易成本大幅降低，除土地、劳动力外，生产要素基本可以实现全球自由流动，大大改善了全球尤其是发展中国家资源禀赋畸高畸低的状况。以跨国企业全球配置生产力为代表的资本，从充裕的发达国家流入短缺的发展中国家，与当地包括劳动力在内的生产要素结合在一起，在加速当地工业化、推动全球经济增长的同时，也使世界经济结构出现了前所未有的深刻变化。

第一，在全球经济增速比此前提高一个百分点的同时，全球贸易增速更快，平均是全球经济增速的一倍以上；与此同时，全球资本流动的国际金融增速又远快于全球经济和贸易增速。在这个意义上看，经济全球化首先表现为全球金融一体化。

　　第二，全球出现了三个新的相互依存但又相互区别的板块：一是以中国为代表的亚洲新兴经济体板块。这一板块将低成本的劳动力优势纳入经济全球化，为全球生产物美价廉的制成品，降低了全球通货膨胀率，在为全球经济做出贡献的同时，也分享了经济全球化红利，表现为出口收入以及外汇储备的快速上升。二是以巴西、俄罗斯以及石油输出国组织（OPEC）为代表的资源出口国板块。这一板块将自然资源优势纳入全球化，在能源及原料上支持经济全球化，同样表现为出口收入以及外汇储备的上升。三是以美国为代表的传统发达国家板块，这一板块将服务业尤其是金融服务业优势纳入全球化，在为全球化提供资本的同时也获得了丰厚回报，分享经济全球化红利。

　　第三，全球经济出现了发达经济体与发展中经济体的竞争关系。目前的经济全球化首先表现为全球金融一体化，这意味着在投资贸易自由化的过程中，资本流动是无障碍的。发展中经济体在对发达经济体负债的同时引入资本，与当地包括劳动力在内的资源禀赋相结合，形成了工业产业，成为全球产品的供给方，表现为货物贸易的大幅出口。与之相对，发达经济体具有服务业尤其是金融服务业优势，在以资本流出形式成为发展中经济体债权人的同时，也使国内居民得到更便宜、更方便的融资，形成了负债消费模式，成为全球产品的最大消费市场。货物贸易主要的进出口双方无论是在负债/债权上，还是在生产/消费以及出口/进口上，都呈现为一种竞争关系。

　　第四，发展中经济体和发达经济体的差距在持续缩小。在发展中经济体稀缺的资本可以持续流入，再加上全球经济增速的提升、总需求的扩大，发展中经济体发展出口导向型工业，使其工业化呈现出加速态势。这使其GDP增长快于发达经济体，进而使传统上的南北差距持续缩小。目前就GDP总量而言，发展中经济体已经略超过发达经济体，南北差距更多地体现在生产性服务业尤其是金融服务业的差别上。南北差距是二战后治理的基础，也是治理的对象。南北差距的缩小，甚至动摇着现行的国际治理体系。世界经济结构的深刻变化，酝酿出了全球经济的系统性偏差，出现了全球经济的不平衡。表面上，这一不平衡表现为发展中经济体国际收支经常项目顺差占GDP的比重持续升高和发达经济体国际收支经常项目逆差占GDP的比重持续升高这一镜像关系。究其本质，它反映了全球储蓄（投资）和消费的系统性失衡。发达经济体消费过多，储蓄过少进而投资不足；发展中经济体则相反，消费不足，储蓄过多进而投资过多。镜像是静态的，而失衡是动态的。动态的失衡不能维持静态的镜像关系，结果就是爆发了以美国次贷危机为导火索的 2008 年国际金融危机。

金融危机后，全球普遍认为要再平衡全球经济，其中一个要求就是一国经常项目顺差不能超过 GDP 的 4%。但是，金融危机过去 12 年了，再平衡的进展却不尽如人意。虽然中国经常项目顺差占 GDP 的比重已由 2007 年的 9.8% 下降到 2019 年的不足 1%，但除中国表现优异外，其他经济体尤其是发达经济体的经常项目逆差占 GDP 的比重并未获得根本性改善。

与此同时，全球经济一改金融危机前较快增长的局面，陷入持续低迷。它使全球经济的系统性偏差局面变得更加复杂，全球经济再平衡以更加极端的形式展开，尤其表现在中美经贸关系上。中、美两国是当今世界最大的两个经济体，也是互为举足轻重的经济贸易伙伴。随着中国加入 WTO，中美贸易额不断攀升，从 2001 年的 804.85 亿美元上升到 2019 年的 5 414 亿美元，年均增长率高达 13.2%。在中美贸易中，中方呈现出持续顺差，顺差高点是 2018 年的 3 233.3 亿美元，美方呈现出持续逆差。双方互为对方贸易顺逆差的最大持有者。2018 年中国对美顺差占总顺差的 92.1%，美国对华逆差占总逆差的 47.6%。问题的吊诡性也出现在这里：为什么中方经常项目顺差在持续减少的同时，对美国的顺差却在持续增长？为什么美方经常项目逆差尽管仍维持在高位，但对中国的逆差却增加得更快？问题的深刻性在于：从美国经济自身发展来说，美方应该扩大投资——美国也正是这样做的。金融危机以来，从奥巴马政府到特朗普政府，直至今日的拜登政府，都不断强调"美国再工业化"，并辅以量化宽松的货币政策，但效果始终不彰。投资只表现为金融市场上各种指数的新高，却难以进入实体经济，并且不断外流。难道美国的经济体制机制真出了大麻烦，使其经济循环不畅，造成经济政策的有效性下降，而不得不祭出贸易保护主义以及其他非经济政策大旗吗？

由此推而广之，二战后由美国主导建立的现行国际经济金融治理体系如今受到美国经济循环不畅的严重干扰，运转日益艰难，以至于即使是作为"山巅之国"的美国也不再相信这一体系的有效性，并且无意继续维持。当前，世界经济的结构调整刚刚拉开序幕，尤其是在新冠疫情的冲击下，未来还有很多变数。面对扑朔迷离的世界经济，无论是从全球经济再平衡的逻辑出发，还是从中国现代化进程不受干扰的角度考虑，还是为构建人类命运共同体的长远目标着想，中国都必须以扩大内需为战略基点，以国内大循环为主体，以中国经济可持续增长的确定性来应对世界经济的不确定性。以国内大循环为主体，既是形成国内国际双循环相互促进新发展格局的基本出发点，也是现实的选择。从经济学的角度来看，经济增长的供给和需求是同时完成的。在供给侧，技术进步是经济增长的源泉；在需求侧，市场持续扩大是经济增长的保障。因此，若要形成以国内大循环为主体，必须在供给和需求两侧共同发力，核心是建立和完善畅通循环的体制和机制。从中国自身经济发展的逻辑来看，长期以来，中国走的是出口导向型发展道路，虽是世界第二大经济体，却是世界第一大贸易体。但目前国内外的情况表明，这一过程已难以为继。从国内的情况来看，过去十年中国居民的工资性收入持续以较快的速度增长。随着工资性收入的上升，目前中国平均工资水平高出东盟和南亚3～4倍，高昂的人力成本使大规模劳动密集型出口更加困难。从国际的情况来看，随着全球经济低迷，贸易增长前景暗淡，贸易增速甚至会低于GDP增速。中国即使维持现有14％左右的世界市场份额和世界第一大贸易体的地位，也可能会面临进出口规模的萎缩问题，出口更是难以进一步扩张。中国经济社会的发展需求使得我们必须扩大内循环。

（三）双循环相互促进的新发展格局正在形成中

以2020年彻底消除绝对贫困为标志，中国开始整体进入中等偏上收入社会，即小康社会全面建成。中国正向高收入社会迈进。国际经验表明，跨越高收入社会门槛的时期，也是经济社会急剧转型的时期，表现在经济方面是工业型经济向服务型经济转变。在这一阶段，消费将成为GDP增长的主要拉动力。

事实上，过去十年间，中国经济已经开始沿着这一方向发展，这为扩大内循环提供了基础和保障。

第一，过去十年间，中国经济结构转型充分，就业压力持续缓解，国内消费市场正在形成。

首先，2013年，服务业增加值占GDP的比重开始超过工业，成为中国的主导产业。服务业相比工业可以吸纳更多的劳动力。反映在宏观上，2010年GDP每增长1个百分点可创造120万个就业机会，到了2019年，GDP每增长1个百分点则可创造200万个就业机会；反映在微观上，求人倍率（需求人数与求职人数之比）大于1成为常态，这意味着岗位供给多于求职者数量。这些数据都表明，中国的就业压力正在持续缓解，不需要更高的经济增速来实现更好的就业，这也意味着当时中国经济对出口产业的依赖性正在减弱。

其次，中国人口结构也在发生变化，这预示着"刘易斯拐点"的出现。此外，新进入市场的劳动力数量也开始出现下降，年均下降人数已由 2013 年的 200 万上升到 2019 年的 470 万。新进入市场的劳动力数量下降带动了工资水平的普遍上涨，并特别突出地表现在最低工资水平的上升上。统计数据显示，2012 年以来，最低工资水平平均增速在两位数以上，其中某些省份，如新疆，个别年份的增速达到 30％以上。工资是低收入阶层的主要收入来源，工资的上涨无疑意味着消费的提升，尤其是对服务业消费需求的提升。

最后，中国经济结构的充分转型，还表现为中国经常项目顺差占 GDP 的比重由 2007 年的 9.8％下降到 2019 年的不足 1％，即出口不再是带动 GDP 增长的主要因素。与此同时，消费占 GDP 的比重持续上升，其中服务业更是以较快的速度增长，服务业增加值在 2013 年第一次超过工业，成为引领 GDP 增长的主要因素。中国经济正处在由高速增长向高质量发展的转变之中，"以国内大循环为主体"正在显现。

第二，持续扩大内需的政策初显成效，具体表现在两个方面。

首先，资本形成维持在高位。2008 年金融危机使中国开始意识到仅依靠出口的外循环不可持续，因此，"十二五"规划指出，要坚持扩大内需战略，保持经济平稳较快发展，强调要构建扩大内需长效机制，促进经济增长向依靠消费、投资、出口协调拉动转变。十年来，中国资本形成总量始终维持在高位，对经济增长的贡献率平均超过 30％。其中，基建投资的拉动作用最为突出，经历了从传统"铁公基"投资向"新基建"投资的转变，并引领制造业和房地产投资及其结构调整，产业结构正在发生根本性变化。

其次，持续扩大内需的政策开始机制化，其核心是以人为本。在一系列政策的推动下，居民消费持续扩大，尤其是在精准扶贫、乡村振兴等战略的推动下，"城乡一体化"的持续发展正在为中国经济向服务型经济转型提供强大动力。"十二五"规划提出构建扩大内需长效机制，核心是扩大居民消费，途径是扩大居民收入。中国实现了村村通，基础设施的改善使物流可通达中国每一个角落，绝对贫困的消除使购买力大幅提高。一方面，制成品消费变成普遍行为，延长了传统制造业尤其是轻工业的生命周期；另一方面，农产品销售渠道得以改善，农民收入有所增加。与此同时，自 2006 年中国取消农业税以来，逐渐形成"工业反哺农业，城市支持农村"的政策框架，农村居民收入大幅提高，农村与城市的人均消费差距逐步缩小，这将有助于国内消费市场的持续扩大。两相综合，中国进入了大消费时代，以工业品下乡、农产品进城为特点，由此催生了电商新业态。这其中，以拼多多、美团为代表的消费"下沉"最为突出。党的十八大报告提出"两个提高，两个同步"：在初次分配中提高劳动报酬的比重，并要求劳动报酬增长与劳动生产率提高同步；在国民收入分配中提高居民收入的比重，并要求居民收入增长与经济发展同步。十年来，表现在 GDP 方面，除 2020 年 GDP 增长2.3%外，中国连续九年的 GDP 增速均在 6.1%以上，十年来 GDP 几近翻一番。表现在居民收入方面，过去十年，城镇居民收入增长基本与 GDP 增长持平，而农村居民收入增长则略快于 GDP 增长，在个别年份增速甚至超过 10%，基本实现翻一番。最终消费支出对 GDP 的贡献率始终在 50%以上，多数年份在 60%左右，在高峰时期甚至超过 80%。

与此同时，中国当前中等收入以上人口总数超过美国人口，他们的消费倾向开始转向高品质生活。2020 年，中国人均 GDP 连续两年超过 1 万美元。2013 年世界银行将高收入社会标准定为人均国民收入在 12 616 美元及以上，按此计算，中国将在"十四五"期间进入高收入社会。这种对高品质生活的追求，引发了对服务业的强大需求，并引领社会的消费倾向。在居民支出中，服务性消费增长最快的是教育、医疗等领域，这种消费大多具有本地性强的特点，因而成为以内循环为主体的主要推动力。

2019 年，中国的城市化率已达 60.6%，较 1978 年改革开放初期的 17.9%有了大幅提升，但是较发达国家的城市化率平均在 75%以上，因此仍有 15%左右的差距。继续提高城市化率将显著有利于扩大中等收入群体，也将成为以内循环为主体的新发展格局的重要组成部分。国际经验表明，工业化以及与之相关的城市化，是发展中国家二元经济结构转换的核心。伴随着这一转换，经济将呈现出快速增长。只要这一转换尚未完成，结构性增长潜力仍在，增长过程就不会停止。目前，中国工业化已进入中后期，服务业成为主导产业，但城市化仍十分滞后。统计数据表明，过去十年，中国的城市化率平均每年提高 1 个百分点。按此速度，中国可维持较高增长速度 15 年，并相应地带来居民收入的提高。

在中国经济逐步转型、以内循环为主体初步形成的同时，中国经济的外循环也一直在发展。

过去十年，中国的进出口规模在扩大，目前已占全球贸易额的 13％左右。目前中国对国际市场依赖程度较高的主要包括计算机、服饰、通信设备等产业，电子元器件、能源矿产开发、客运产业对国际供应链的依赖程度较高。

总体来看，进口快速增加，中国经常项目顺差呈持续减少趋势。在这种情况下，国际收支平衡开始倚重资本项目。而自 2015 年起，在资本项目中对外直接投资大于外商直接投资，呈逆差状态，国际收支平衡开始倚重金融科目。近年来，随着沪港通、深港通、债券通的推出，对华证券投资的资本市场开始兴起，并日益成为对华投资的重要组成部分。在这样的背景下，人民币国际化进程也在加快。2008 年国际金融危机后，在全球范围内美元流动性短缺，造成国际贸易结算、支付的严重困难。2009 年 7 月，为顺应国际贸易发展的需要，人民币开始用于跨境货物贸易结算，开启了人民币国际化进程。过去十年，人民币结算试点范围由当初的 5 个城市、365 家企业扩展到全国所有的企业；由货物贸易扩展到服务贸易，再到直接投资，目前已扩展到以金融业务为代表的间接投资，覆盖世界所有的国家和地区。在新冠疫情冲击下，世界经济陷入历史性衰退，美元指数大幅波动，相形之下，人民币国际化却逆势而上，不仅人民币在升值，而且各国加大了对人民币的储备，使人民币占全球外汇储备的份额首次达到 2.1％左右，成为全球第五大储备货币，首次与人民币在 SDR 货币篮子中的地位相配。目前人民币与中国周边国家的货币同涨同落的事实表明，人民币已成为亚洲地区的"锚货币"。而人民币也成为境外投资者投资中国金融市场的首选货币。双循环是以扩大内需为战略基点，以国内大循环为主体，促进国际循环。当前，世界经济低迷，中国经济可持续发展成为全球性问题。中国如果能以创新引领经济持续增长，居民收入就会持续提高，中国市场就会持续扩大。这不仅有利于中国经济社会发展，而且会通过规则等制度型开放将这一持续扩大的市场与世界共享，中国正在拥抱并引领全球化。中国如此庞大的市场需求，通过多边、双边规则等制度型开放为世界所共享，将为推动世界经济"强劲、可持续、平衡增长"做出重大贡献。这是内循环带动双循环的世界性意义，也是中国以实际行动践行人类命运共同体理念的价值所在。

第十章

中国式现代化的世界意义

　　世界经济是一个演进着的运行体系，此外还是一个治理体系。历史表明，世界经济治理所需的国际公共产品通常都是由体系的主导国提供的。这虽然是获得并实施霸权的成本最低且效率最高的方式，但也给国际治理染上了主导国的色彩。根据美国社会学家伊曼纽尔·沃勒斯坦耗费 30 年的潜心研究，这一世界经济体系起始于 16 世纪的欧洲。欧洲资本主义兴起促进了地理大发现，在资本积累规律支配下，世界各个角落的经济开始有机地联系在一起，特别是 18 世纪工业革命开始后，这一联系日趋深化、日益紧密化、日渐体系化。[①] 根据意大利经济学家乔万尼·阿里吉的分类，迄今为止，世界经济体系经历了三个以主导国兴衰为代表的周期，即以西班牙、葡萄牙为代表的"资本主义原始积累周期"，以荷兰为代表的"商业资本主义周期"，以英国为代表的"产业资本主义周期"。目前是正处于演变中的以美国为代表的"金融资本主义周期"。[②] 历史还表明，在这一演进过程中，一旦体系的主导国成为守成大国，囿于传统逻辑，墨守成规，不思进取，甚至成为世界经济发展的桎梏，便会有崛起的新兴国家取而代之，成为新的治理理念及公共产品提供者。正是这一演进，推动了过去 500 年来以"大国崛起"为标志的世界经济体系周期的更替。

　　当前，世界经济格局又在发生深刻的变化。不仅发展中国家的 GDP 已经超过发达国家，而且东亚地区的 GDP 也已经分别超过美国和欧洲，成为世界第一大经济中心。这是继 20 世纪初美国超越欧洲成为世界经济中心之后，又一次世

---

　　① 沃勒斯坦. 现代世界体系（第一卷）：16 世纪的资本主义农业和欧洲世界经济的起源. 北京：社会科学文献出版社，2013.

　　② 阿里吉. 漫长的 20 世纪. 北京：社会科学文献出版社，2022.

界经济地理的大变局。一如前三个周期中的情形，守成大国不甘于霸权的旁落，必然会和崛起的大国产生摩擦，形成冲突。在这个意义上，当前世界经济格局所出现的大动荡、大分化和大调整，预示着新周期的开始。这一正在展开的周期更替是构成美国提出的中美战略竞争的时代背景。

事实上，早在 21 世纪初，美国在意识到中国是战略攸关者的同时，就不相信中国会"和平崛起"。根据西方的历史，美国认为，自伯罗奔尼撒战争以来，大国竞争总是与战争相伴，并因此形成"修昔底德陷阱"。据此，美国哈佛大学肯尼迪政府学院首任院长格雷厄姆·艾利森最早提出了中美"修昔底德陷阱"问题。他认为这是国际关系铁律，中美两国也逃脱不了。言外之意，中国作为一个崛起的新兴大国，必然会挑战既有秩序的守成大国，而美国作为守成大国也必然会进行遏制和反击，两者的冲突甚至战争在所难免。基于这一认知，在世界刚从金融危机的泥淖中爬出来的 2011 年，美国奥巴马政府便正式启动了意图遏制中国的"重返亚太"战略。除在政治、军事上开始采取动作外，在经济上建立《跨太平洋伙伴关系协定》（TPP），以"公平对等的贸易"为名，把中国排除在外。特朗普入驻白宫后，提出了"让美国再次伟大"的战略目标，制定了《国家战略安全报告》《美国对中国战略方针》《应对中国威胁的战略行动计划》，从不同角度将中美竞争尤其是经济领域的竞争作为美国的国家战略重点。美国认为，中国正在使用不正当竞争手段谋取经济优势地位，目的在于实现全球战略部署。美国还认为，中国与俄罗斯一样是修正主义国家，企图塑造一个有违美国价值观并损害美国安全繁荣的世界秩序。因此，美国必须以实力为基础，使用外交、传媒及经济制裁等手段将中国推回去。拜登政府上台后，在延续前任政府对华政策的同时，进一步提出与中国的全面竞争是其内外政策设计的出发点。与特朗普时期美国单打独斗不同，拜登政府提出美国回归世界领导者地位是其战略目标，国内政策就是对外政策是其战略的基本特征，现实性的民主价值观是其战略的基石，修复和联合盟友关系是其战略的重点，在与包括中国在内的战略对手竞争对抗的同时，合作是其战略的补充。美国国务卿布林肯细化了这一战略，列出了美国对外政策的八大优先事项，其中最后一项就是管理 21 世纪最大的地缘政治考验——中美关系，提出"该对抗时对抗，该竞争时竞争，该合作时合作"的新对华政策。

需要指出的是，暂且不论从西方历史演进的角度来解读中国和平崛起问题是否可靠，也不论美国据此制定的对华全面竞争战略是否合理，美国这般针对中国，至少说明一个事实：中国不仅是世界上一个不可忽视的客观存在，而且正成为一支前所未有的新兴力量，影响着世界的未来。事实上，改革开放45年来，世界的现代化理念已内化于中国的现代化发展之中，中国的现代化发展也外化于世界，在影响世界现代化总进程的同时，已成为其中不可分割的组成部分。然而，中国现代化进程所带来的历史深刻变化虽然改变了传统中国的面貌，但却没有使中国变成西方世界心目中的模样。"中国是什么？"成为国际社会的新困惑。一方面，中国成为世界工厂。2018年，中国工业生产总值已超过美国、日本和德国三个制造业中心之和，工业化水平已居世界前列，产业链、供应链已延伸到全球各地。尤其是在2020—2022年三年新冠疫情全球大流行期间，中国生产不曾中断，产业链始终在运行中，从而在全球性停工停产的背景下，中国成为生活资料尤其是卫生用品的主要全球供给者，支持着全球抗疫及经济社会运转，更加凸显出中国经济已与世界经济一荣俱荣、一损俱损的特点。从这个角度看，中国已在器物层面与世界同步，实现现代化，获得了世界普遍意义。另一方面，当中国以摆脱落后并快步进行工业化的新面貌展现在世界面前时，又引发了关于"中国模式"的争论，形成了"华盛顿共识"和"北京共识"的分野，焦点是中国实现现代化的方式及其制度安排，进而对世界的意义。

首先，中国还是发展中国家吗？按照普雷维什、沃勒斯坦等提出的世界"中心-外围"结构，处于中心的是完成工业化的国家，从而是发达国家，处于外围的是尚未完成工业化的国家，从而是发展中国家。与此同时，中心区和外围区因国际经贸关系联结在一起，形成了当今以发达和发展中为基本特征的世界经济体系。在这一体系中，处于中心区的工业化发达国家向处于外围区的发展中国家出口工业制成品，进口农矿原料；而处于外围区的发展中国家则只能向处于中心区的发达国家出口农矿原料，进口工业制成品。两者之间的剪刀差形成了中心与外围之间的不平等交换，成为"南北差距"的实质。按照温铁军教授的解释，世界经济体系是一种圈层关系，它是核心国家向半核心国家、半边缘国家、边缘国家一层层转嫁成本的制度体系。根据这种分类方法，将中国套进这一圈层，自然就出现了中国是发展中国家还是发达国家的认知困惑。当代中国向亚非拉发展中国家出口工业制成品并进口农矿原料，从这个角度看，中国似乎已成为发达国家。但与此同时，中国仍从欧美日等发达国家进口包括高新技术产品在内的资本品，虽然出口的是工业制成品，但多是劳动密集型消费品和工业半成品。从这个角度看，中国仍是发展中国家。

由此出发，可以推论：如果中国是一个发展中国家的话，保护幼稚工业，加快资本积累，避免二元经济断裂就具有合理性，包括"奖出限入"在内的一系列产业政策就是必需的，国有企业的形成也是必然的。在这种情况下，国家干预乃至主导经济发展的特点就会形成，其中国有经济发展成为鲜明的标志。国际经验表明，在经济发展中国家干预乃至发挥引领作用是发展中国家通行的做法，其有效性不仅为成功发展的新兴经济体的经济表现所证实，而且由国际社会所认可。在 WTO 的规则中就有关于发展中国家的特殊安排条款；与此同时，平等竞争是市场经济的基本原则，也是 WTO 准则，更是国际经贸规则进一步完善的方向。如果中国是一个发达国家的话，不仅要遵循这一准则，而且应引领国际经贸规则向平等公正的方向发展，其中重要的一项制度安排就是竞争中性。贯彻内外资企业的一律平等，不设任何准入前置条款的国民待遇并实行负面清单管理，政府不偏不倚，不袒护任何一类企业。相应地，企业应通过践行 ESG 履行社会责任，不仅要建立良好的劳资谈判机制，而且要在诸如环境保护等社会公益事业中发挥积极的带头作用。

需要指出的是，"中国还是发展中国家吗？"这一认知困惑已不再局限于思想，而开始变成行动，给国际治理的现实带来了挑战。2023 年 3 月美国国会众议院全票通过《中华人民共和国不是发展中国家法》，要求美国国务院及国务卿在美国参与的国际组织中致力于剥夺中国的"发展中国家地位"，阻止中国获得发展中国家的优惠待遇。尽管这是美国出于对华全面竞争战略的需要，但不能否认的是，国际认知困惑也为美国这一需要提供了可乘之机。

其次，中国是市场经济国家吗？毋庸置疑，二战后一批发展中国家实现了政治上的独立。在国家独立的新历史条件下，对工业化的渴求促使这些国家更倾向于使用国家动员、政府干预、举国办大事的经济计划来加快经济发展，甚至将当时采用计划经济体制的苏联模式神圣化，将苏联认定为社会主义的样板。一时间，经济计划和计划经济成为发展中国家社会主义的共同标榜。在亚洲，印度有尼赫鲁社会主义，斯里兰卡有班达拉奈克社会主义，缅甸有奈温社会主义；在西亚、北非，埃及有纳赛尔社会主义，利比亚有卡扎菲社会主义；在拉丁美洲，智利有阿连德社会主义。即使是在最贫困的撒哈拉以南非洲地区也有加纳的恩克鲁玛社会主义，不一而足。作为发展中国家的一员，中国也不例外。特别是第一个五年计划的成功，更加强化了人们对计划经济体制的迷信和依赖，中国成为发展中国家中对计划经济体制贯彻得最坚决、最彻底的国家。

国际经验表明，计划经济具有强化资本积累的功能，并因有的产业政策好比"好钢用在刀刃上"，从而能加速工业化。尤其是在发展中国家的工业化初期，在经济结构简单且国内政治热情高涨的情况下，经济计划的实施效果更加明显。然而，随着经济发展，经济结构日趋复杂化，经济信息的爆炸超出了经济计划的处理能力，计划经济体制的僵化、失误及浪费严重等弊端便随之暴露，严重阻碍经济发展，从而孕育出市场取向性的经济体制改革。

在这一市场取向性经济体制改革的世界潮流中，中国对计划经济体制弊端的理解最为深刻。长期以来，计划经济体制虽然促进了以国有国营企业为主的工业化，但却造成农、轻、重的比例失调。更严重的是，计划经济体制自我强化的倾向，直接导致了"文化大革命"的发生，使国民经济走到了崩溃的边缘，全国人口的近半数处于饥饿或半饥饿状态。这些促使中国率先踏上了改革开放的道路。拨乱反正，市场取向性改革的决心最大，以经济建设为中心，对外开放的动力最足。区别于苏联、东欧国家带有意识形态色彩的"政治自由化"和"快速私有化"的激进式改革方式，中国集中于经济体制改革，独创了以"双轨制"为代表的渐进式改革方式。这一改革方式的要点在于政府始终用"摸着石头过河"的办法掌控着改革的过程，既要防止改革失速导致经济社会失序，又要避免因改革停滞而出现实质进展缓慢，自始至终在改革、稳定和发展的三角关系中寻求稳妥推进的平衡，标准就是邓小平同志提出的"三个有利于"，即是否有利于发展社会主义社会的生产力，是否有利于增强社会主义国家的综合国力，是否有利于提高人民的生活水平。

中国经验表明，在这一渐进式改革进程中，发挥政府的主导作用是关键。一方面，要把握政府与市场关系的动态平衡，避免政府行政对市场发育的过度干预；另一方面，审时度势，把握改革的窗口，及时推动重点领域和重要环节的改革，把改革引向深化。也正是这种渐进式改革方式，使中国在改革的某一时期需要以更大力度推动"市场在资源配置中起决定性作用"，而在另一时期则需要"更好发挥政府作用"，并在现实经济中展现出市场功能和政府作用相互交织的局面，而不易辨认。这种通过"试错"的方式寻找政府和市场最优结合的经济体制的过程，是一个摸索的过程。摸索踌躇所带来的模糊性也造成国际社会的认知困惑，构成对中国的市场经济地位进行质疑的背景。正是在这种背景下，2016 年 5 月，欧洲议会就曾通过一项非立法性决议，不支持给予中国市场经济地位，导致中国至今在 WTO 中的市场经济地位尚不明确。

由上，"中国是什么？"是一个国际社会常议常新的问题。这不仅因为改革开放 40 多年来中国的面貌日新月异，需要时时分辨，更重要的是，中国具有无与伦比的超大规模性。数千年来，中国的这一超大规模性不断顽强地展现出其特色，使中国始终成为世界话题。早在农耕时代，中国人口就占世界人口 1/3 左右。更为突出的是，中国不仅幅员辽阔，而且地理复杂，既有世界屋脊，又有大海汪洋，既有北方高原的游牧，又有南方平原的农耕。分属于不同区域的民族既有自身的生产生活方式和文化传统，又相互影响，相互融合，形成著名社会学家费孝通教授所形容的中华民族"滚雪球"式的发展，在人口持续扩大的过程中，成就了多元一体式的未曾间断的中华文明，建构起了自身对世界的理解。中国人将世界视为天下，将"万世太平"作为理想，在崇尚秩序的同时，不太在意民族、国家乃至与此相关的主义及政治秩序和正式制度安排，而是强调"天人合一"的德政。美国哈佛大学教授、著名历史学家费正清指出："在中国，文化比民族主义更具根本性。"[1] 即使是异族胡人，只要懂得儒家经典，并融入其中身体力行，引用子曰诗云，举行典礼，发布大赦令，开科取士，维持郡县，任命官吏，颁布诏敕，用中国方式来进行统治，就会获得合法性。这让忽必烈成为中国帝王，让乾隆受到汉族的拥戴，因为他们都遵从了儒学，履行了德政，从而宋辽金、元明清都是中国王朝，是"帝制中国"的赓续。帝制是"天人合一"德政的秩序表达，其治理所到之处是天下的地理体现，由此中国既是世界地理的中心，也是世界秩序的中心。基辛格博士在《世界秩序》一书中指出："自从中国在公元前 221 年统一为单一的政治实体一直到 20 世纪初，中国居于世界秩序中心的理念对精英思想的影响可谓沦肌浃髓。这一理念被认为理所当然，不言自明，汉语中竟然没有一个描述这一状况的词。"[2]

由上，在中国人的心目中，围绕着"德政"所展开的治理是维持世界秩序的

---

① 费正清．美国与中国．4 版．北京：世界知识出版社，1999：147－156．
② 基辛格．世界秩序．北京：中信出版社，2015：277．

活动，而实现天下大治需要社会各成员共同参与，从而治理成为一个社会参与的过程：在家庭层面，不同于西方的长子继承制，中国人将家产分给每一个子女，这样做虽不利于资本的积累，但却维持了家族的和谐，构成社会稳定的基础。在村社层面，中国人重视血缘宗族关系，以"三纲五常"为准则，以伦理道德为手段，处理邻里事务。以祠堂为中心，形成乡土中国的社区自治。在基层治理层面，以保地方一方平安为己任，朝廷命官与当地乡绅通力合作，共同担当，不但治理有效，而且成本低廉。也正是社会各成员充分参与基层治理，为"天下"分忧，使政权的拥有者——"天子"具有"绝通天地"的基础，才能"奉天承运""替天行道"。这种社会成员充分参与的全过程治理，因注重细节而能防患于未然，成为超大规模性得以维持的重要条件。反过来，超大规模性的存在又形成进一步细化和深化这种全过程治理的必要。两者形成"棘轮效应"相互促进，使超大规模性具有了不可逆转性，统一的市场、统一的经济、统一的国家始终是主流。也正是出于这个原因，在世界现代化总进程中，当代中国在遵循国家治理现代化共同规律、实现共同目标的同时，做法又自然而然地带有中国特色。例如，中国人将民主视为一种社会治理方式，而社会治理又是一个过程。民主政治就是民主做法贯穿于整个治理过程，在治理的每一个环节都进行民主协商，实行民主监督，而不是仅仅把民主作为一种目标或是一种结果。换言之，只有自始至终的全过程治理的民主，才是真正意义上的民主。为此，在整个社会治理安排上，不仅党的领导要贯穿始终，而且群众监督要贯穿始终，政党和群众自始至终从细节入手，共同参与国家治理的全过程。

这一政党和群众共同参与的全社会治理，正如对东西方治理实践有丰富经验的香港证监会原主席、香港大学亚洲全球研究院杰出研究员沈联涛和肖耿教授的新著《变革中的中国治理》所观察到的那样，"当中国尝试增加政府问责程度时，并没有完全倚赖市场制度，更没有采纳民主选举，而是通过改进监管来限制权力滥用，并允许更多的产品、资本、人力和信息流动"①。这是当代中国国家治理的一大特点，既渗透着治理目标是"保一方平安"的传统，又将协商征询等过程民主贯穿始终，从而改善着以监管为核心的治理，构成中国特色社会主义的重要内容。如果不了解中国历史、文化和社会，这种不同于西方的社会治理方式会被曲

---

① 沈联涛，肖耿．变革中的中国治理．上海：上海三联书店，2023：2．

解为非西方民主政治的"另类的现代化"，并受到非难。最明显的例子就是，2019 年 4 月，在智库"新美国安全中心"的一次活动上，时任美国特朗普政府国务院政策规划事务主任的基伦·斯金纳公开表示与中国的较量"是与一种十分不同的文明和不同意识形态间的较量，这是美国此前从未遇到过的"，也是美国第一次有了"非白人的大国竞争对手"，从而把中美关系形容为"文明和意识形态的冲突"。这种将文明对立起来并视同水火的"黄祸论"，是把国际关系种族主义化，不免使人们想起当年纳粹关于"雅利安人高于一切"的危险言论，当然引起世界舆论的哗然。

毋庸置疑，关于"中国是什么？"的国际社会认知困惑说明了沈联涛和肖耿两位教授所指出的一个事实，"外国观察家尚不习惯评估一个历史遗产、价值观、意识形态、制度和治理传统与西方如此大相径庭的经济体"①。但与此同时，更为深刻的是，它提出了一个不可避免的问题：如果占世界人口 1/5 的中国现代化进程，无法在世界普遍意义上获得阐释，那将是理论的失败。遗憾的是，以西方中心论的观点来看待中国的现代化进程，正面临着这样的尴尬。冷战结束后由美国学者福山提出的曾盛极一时的"历史终结论"的苍白结局，就是前车之鉴。在目睹历史终结论"沉舟侧畔"之时，在当代中国航船比历史上任何时期都更接近实现民族复兴的伟大目标之际，更为现实并紧迫的是，中华民族必须承担起阐释其现代化世界普遍意义的责任。按照黑格尔的看法，每个国家都会表现出一种民族精神，并在其集体意识中表达为世界精神，世界历史就是世界精神的外化。如果不能对人口超过发达国家总和的正在进行中的中国式现代化进行世界普遍意义上的阐释，使其升华并展现为世界精神，当代世界的现代化进程将会言之无物，甚至黯然无色，与之相应，中华民族就不能称为推动人类历史进步的世界历史民族，当然也就谈不上真正意义上的中华民族的伟大复兴。鉴此，在百年未有之大变局中，在世界经济十字路口处，全面审视和推进中国式现代化，既具有特别重大的时代意义，也具有深远的世界历史意义。

回溯历史，世界的现代化进程虽萌芽于 16 世纪的地理大发现，但真正展开的却是以英国为代表的产业资本主义在世界的拓展与深化。"18 世纪出现了蒸汽机等重大发明，成就了第一次工业革命，开启了人类社会现代化历程。"一方面，

---

① 沈联涛，肖耿. 变革中的中国治理. 上海：上海三联书店，2023：2.

这一历程是器物层面的现代化，用机器大工业取代手工制造业；另一方面，这一历程更是制度层面和文化层面的现代化。机器大工业建立了工厂制度，使社会化大规模生产成为基本生产方式，使为他人生产和服务的市场经济体制成为基本的经济体制。在此基础上形成了以资本雇用劳动为核心特征的社会分层，成为建立并发展现代文化及意识形态等上层建筑的经济基础。工业革命在成就以英国为主导的产业资本主义时代的同时，把世界各个角落的经济社会更紧密地联系在一起，也把现代化问题带到了整个世界。以此为分水岭，使世界历史出现了"大分流"，形成了工业社会和农耕社会的分野。这两种技术和制度本质不同且生产方式各异的社会形态，不仅在世界层面上产生了当代意义的"南北问题"，而且对曾经的农耕文明古国形成了前所未有的挑战。在使这些国家产生现代意识的同时，推动其现代化导向的社会变革。其中，中国作为文明古国，面对的现代化挑战最为深刻，追寻现代化的经历也最为坎坷。这既是"李约瑟之问"的缘起，更是以彭慕兰教授为首的"加州学派""大分流"所致力探讨的现象。①

按照历史学界的主流看法，中国的现代化始于1840年爆发的鸦片战争。它是西方列强用炮舰带来的"舶来品"。此前，中国是高度发达的农耕社会，不仅农耕技术发达，而且农产品产量领先世界。根据麦迪森《世界经济千年史》的研究，在清朝康乾盛世年间，在人口占世界的1/3左右的同时，GDP也占世界的1/3左右，中国为世界第一大经济体。② 中国发达的农耕首先与地理有关。中国位于欧亚大陆东南部，具有地势平坦的华北平原和长江中下游平原，不仅日照充足，而且昼夜温差大并四季分明，有利于谷物的生长，使定居农耕在此早早出现。然而，美中不足的是，在这一区域水汽供应更多地依赖太平洋季风，不仅靠天吃饭，而且水害旱灾频繁，成为农耕发展的最大制约。水利既是瓶颈，又是小农户无法独自承担的，公共治水制度安排便自然产生。与两河流域、尼罗河流域、印度河流域等古老文明一样，治水是工程，更是治理。水利工程建设了基础设施，也形成了以水利官吏为骨干的行政管理系统，构成国家治理发生发展的框架。在中国，民间传说和考古发现都表明大禹治水是中国第一个王朝——夏的发

---

① 王国斌，罗森塔尔. 大分流之外：中国和欧洲经济变迁的政治. 南京：江苏人民出版社，2019；彭慕兰. 大分流：欧洲、中国及现代世界经济的发展. 南京：江苏人民出版社，2003.

② 麦迪森. 世界经济千年史. 北京：北京大学出版社，2020.

端。大约 4 000 年前，伴随着水利建设的成就，耕作条件日益改善，农业产出增加，不仅使黄河流域的洛阳盆地出现了以二里头为标志的大城池，也使中原地区成为众星拱月的中心，中国由多元化的邦国文明走向一体化的以商汤为代表的王朝文明，开创了中华文明迄今为止的多元一体局面，缔造了中国经济社会大一统的基因，奠定了中国的超大规模性。

商朝之后，西周开创了封邦建国的国家组织形式，将天下分为 71 个诸侯国，分封给王室宗亲，但是到了东周国与国之间相互竞争，争霸天下。合纵连横的结果最终使秦在公元前 221 年统一了六国，废分封为郡县，中国的分封制结束。秦汉之后，郡县制就成为中国的国家基本制度，中国因此成为具有悠久历史的"帝制国家"。从经济学角度来看，初始条件决定了路径依赖的线路。这一演变的动力机制是，当为小农户耕种服务的水利系统兼任国家治理系统时，就奠定了郡县制对分封制的制度优势。小农户耕种对水利系统依赖的加深，便是国家治理系统对包括人身依附在内的控制权的自动强化。由此形成了循环，更多小农户、更大规模的耕种依赖更大规模的水利系统，造成了小农户对国家治理系统更深的依附。反过来，大规模的水利建设又造就了更大规模的连片耕种，而规模效益的提升使国家拥有了更厚的税基和更广的税源，可以负担更大规模的常备军，尤其是在北方游牧民族"觊觎"相对富裕的长城以南农耕化社会时，充足的军费是维持长城及其守备的主要因素。"圣人出，黄河清"，"黄河安澜，天下大穰"。在对水利设施的依附不断加深的情况下，中央集权的郡县安排便不断强化，很难出现地方豪强的长期割据，统一始终是历史的主流，进而造就了"普天之下，莫非王土。率土之滨，莫非王臣"这般具有特定内涵的中华帝国，其社会经济结构是皇权对小农，其社会秩序安排是"君君臣臣""父父子子""三纲五常"的伦理规则，其治理过程是全社会参与。由此，中国农耕社会的这种帝制模式显然不同于西欧农耕社会的帝制模式，尤其是不同于"采邑经济"封建模式。西欧"采邑经济"是典型的分封制，出现于公元 8 世纪，晚于中国的分封制 1 000 年以上。在西欧，论功行赏，在获得公侯伯子男贵族封号并世袭的同时，获得土地、奴隶及其他财产，并对其拥有完全的所有权及支配权，由此形成各自相对独立、以封建庄园为代表的"采邑经济"。不同于大一统中国的郡县制，地方官员由中央任命，形成"君君臣臣"式的上下隶属关系，在西欧封建庄园是相对独立的，庄园几乎全部自收自支，甚至勤王的军费也要自理。庄园主与国王的关系几乎只由利益所维系，庄园主因此也不必然从一而终效忠于国王。于是，"地方割据""团团伙伙""阴谋诡计""相互竞争"就成为西欧中世纪农耕社会的典型现象，也奠定了欧洲至今始终不能统一的基因。

革命导师马克思敏锐地看到东西方经济社会的这种差别并给予特别的重视。马克思早就在《政治经济学批判》的序言中首次将这种有别于西欧的东方生产方式总结为"亚细亚生产方式"，指出："大体说来，亚细亚的、古代的、封建的和现代资产阶级的生产方式可以看作是社会经济形态演进的几个时代。"区别于传统的"西方中心论"，马克思的这一总结明确指出了东方的社会发展过程有别于西欧，具有自身的特色，从而拥有自己的规律。相应地，关于西欧社会发展道路的理论不应该"成为理解一切民族都应经历的普遍过程"，因为真实的世界历史是多线条发展的。遵循马克思关于"亚细亚生产方式"的研究所指示的路线，可以将中国的历史进程进行总结归纳，概括如下：

根据在二里头的考古发现，可以认为亚细亚生产方式在中国由夏萌生，在商周时期发育，并因路径依赖由秦汉继承而成熟化。秦汉将分封制改为郡县制，成就了帝制中国。秦本为受周天子分封、偏居西北一隅的贫瘠小国，在奖励耕战的基本国策下，兴修水利，在关中平原修建了郑国渠灌溉工程，在川西平原建设了都江堰水利枢纽。相对于旱作农业，灌溉农业既实现了规模效益，又提高了单位面积产量，奠定了国力强盛的基础，相应地支持扩军备战。秦在一统天下之时仍不忘水利的作用。在征战岭南的过程中，动员水利技术，修建灵渠，转运粮饷，取得胜利。从这个意义上讲，水利带来的国富兵强是秦战胜六国并开创郡县制的底气。在继承秦制及疆域的基础上，西汉采纳了董仲舒"罢黜百家，独尊儒术""教化民众，唯贤是举"的建议，以儒家思想治理天下，建立了以伦理道德为核心的大一统制度体系。结果是中华文明向南北扩展，这一扩展是疆域的扩大、人口的增加，更是制度的完善、治理能力的提升。超大规模性的定居农耕形成了与北方民族部落性游牧之间的巨大反差，造就了长城内外"塞防"还是"通商"的千年博弈。在这一历史嬗变中，中华民族像"滚雪球"一样，越滚越大，大一统的趋势日益强烈。我们看到，东汉至隋 400 年，五胡乱华而入华，反而成就了隋唐的基业。隋以"南北大运河"的开掘和唐以"贞观之治"的制度创新，从物质和体制两方面巩固了大一统，拓展了超大规模性，进而开创了大唐盛世。安史之乱和黄巢起义，五代十国以战争促融合，最终促成了大宋的开国，把中国的农耕文明推向鼎盛。金元之间 300 年，女真、蒙古相继崛起，虽战争频仍，但融合更盛。人称当代大儒的梁漱溟老先生，祖上就是元世祖忽必烈的五儿子，封为云南王的忽哥赤。到了明末，满人入主中原，开拓新疆，巩固西南，又为这个大雪球增添了新元素。终于使中国成为一个多地域、多民族的复合体，帝制中国在清朝达到了高峰。康乾盛世不仅使中国的人口和 GDP 排在全球首位，国力最强，而且使清朝皇帝成为天下的共主，在中国不同的区域扮演着不一样的角色：对于中原农耕地区，他是皇帝；对于北方游牧地区，他是大汗；对于雪域高原的藏区，他是文殊菩萨转世。天下共主的天人合一就是对秩序内涵的理论表达，而共主的天下则是对这一秩序扩展的地理表现。

如此，以"亚细亚生产方式"为底色的中国加入欧亚大陆秩序，成为一个相对独立的组成部分。亦即同以农耕社会为基础的欧亚大陆秩序，在西欧和东亚的国际社会有着不一样的结构和体系。在东亚，正如北京大学国际关系学院教授王正毅所指出的："在西方殖民者到来之前，东亚一直是一个自成一体的体系，而其中'朝贡'关系将这个体系中的中心国家和这个体系中的外围或边缘地区国家（朝鲜、日本、东南亚国家等）联系在一起。"[①] 清华大学人文与社会科学高等研究所教授宋念申在《发现东亚》一书中更是将这种原发的东亚国际社会称为"等级制结构"，从而与西欧民族国家所构成的国际社会的"非等级制的无政府结构"大为不同。

尽管东亚的国际社会秩序几乎与中华文明一样悠久，维持了数千年，但是结构不同却衍生出不同的结果。在西欧，"非等级制的无政府结构"加剧了国家之间的竞争，进而形成了以威斯特伐利亚体系为代表的"民族国家"关系。其中，当代国家体系的奠基者格劳秀斯所强调的主权至高无上性成为这一平等国际关系的准则。也正是这一平等的国际关系使西欧列国竞相出海，争取殖民地而成为列强。由此开启了大航海时代。以地理大发现为契机的大航海时代的到来，深刻地改变了世界的面貌。大航海所代表的海洋秩序与大陆秩序的碰撞，开创了世界现代史。就传统的大陆秩序而言，由于土地相接，各民族之间的利益冲突首先表现为领土之争。为此，不仅需要强大的军队，而且需要掘地为壕、寸土必争，中国的长城就是典型代表，英国地理学家麦金德的《历史的地理枢纽》是理论总结。

---

① 王正毅. 世界体系与国家兴衰. 北京：北京大学出版社，2006：132.

而就新兴的海洋秩序而言，大海是无国界的。即使有，也不能掘壕固守，舰队与舰队的对抗不仅会导致两败俱伤，而且难以就此决定领海的边界。结果是与市场自由交易相对应的"航行自由"成为共识，公海就是典型代表，美国海军史学家马汉的《海权论：海权对历史的影响》是理论总结。

按照"海权论"的理解，"航行自由"意味着只要有强大的航行能力，不仅能将廉价商品推广到世界各个角落，而且能从海上登陆，实质性地占领大陆，从而主导世界。中国作为相对于西欧最远的东方国家，成为世界最后一个巨大的市场，作为西方未开垦的处女地当然被各列强所觊觎。1840 年，以鸦片战争为开端，海洋秩序闯入中国在冲毁原生的社会秩序的同时，也深深地嵌入此后中国的现代化进程。

面对西方列强咄咄逼人的坚船利炮，中国屡战屡败，以朝贡体系为特征的国际关系随之瓦解，东亚开始走上民族国家化的道路。"一般认为，东亚的现代历程，在国家形态上，是由帝国转为'民族国家'，在国际关系上，是由'朝贡体系'转为'条约体系'。照此看来，所谓现代化，就是东亚以欧洲国家和国际关系为模板，把传统的中国中心主义的等级结构，改造成主权国家的平等结构，中国由一个世界国家（a world country）变成了世界的一国（one country in the world）。"① 就中国本身而言，随着门户的洞开，在廉价商品涌入中国的同时，外资也纷纷到华投资兴办近代工业。相应地，作为这种"舶来工业化"的附带产物——中国工人阶级，其产生早于民族资产阶级。以社会化大生产为代表的工业化的步步紧逼，使中国传统"男耕女织"的小农社会出现了"三千年未有之大变局"。正如基辛格所言："19 世纪中叶，中国士大夫集团只有少数人开始意识到，中国在世界体系中已经不再处于至尊的地位，中国必须去了解一个由相互竞争的列强集团主导的体系。"② 于是，面对如此局面，一批不甘任人宰割的清朝"士大夫"开始睁眼看世界，模仿西洋工业，借助政府的力量进行"实业救国"，出现了近代官办或官督民办的民族工业，其中以张之洞、李鸿章为代表的洋务运动最为典型。洋务运动企图在不改变现有体制的情况下，以"中学为体，西学为用"的办法，期望"以夷制夷"实现器物层面的现代化。然而，这只是一种幻

---

① 宋念申. 发现东亚. 北京：新星出版社，2018：214.
② 基辛格. 论中国. 北京：中信出版社，2012：54.

想，美国著名的中国史学家史景迁在《追寻现代中国：1600—1949》一书中一针见血地指出了这种"体用论"的尴尬，认为"其作用只是为那些对洋务运动价值有所疑虑的士大夫提供思想慰藉"。"这个一般简称'体用论'的观点，在幽暗不明、痛苦不堪的变革时代打消了人们在文化上的疑虑，使人们相信真的存在一个中国道德与思想的基本价值体系，能赋予中华文明以意义并使之延续下来。只要秉承这种基本理念，中国就可以放下心，迅速且大量采撷西方实用技术，甚至聘雇西方人为顾问。"①

历史是不以人的意志为转移的。随着现代化进程在中国展开，虽然器物层面的现代化有所进展，但社会层面的变化却令人意外。西方机器大工业生产下的廉价商品，如重磅炮弹一般持续冲击中国市场，使中国维持了几千年的传统小农自然经济开始分崩离析，与"男耕女织"相适应的一整套"父父子子""君君臣臣""三纲五常"的社会秩序性制度安排开始溃败瓦解。残酷的事实表明，如果没有体制的现代化，即使占据全球最大 GDP 的位置，即使建立了"汉冶萍"的近代工业，即使拥有雄冠亚洲的近代海军"北洋水师"，也于事无补。中日甲午战争后，曾经响应"体用论"、准备参加科举的读书人，幡然醒悟，联合"公车上书"，要求改革。虽然在光绪皇帝的支持下开始了"戊戌变法"，但仅仅百日，便在以慈禧皇太后为首的保守势力的镇压下宣告失败，谭嗣同英勇就义于北京菜市口，中国由此丧失了类似于日本明治维新式的君主立宪的机会，结果在三千年未有之大变局中只能是清朝覆灭，帝制中国退出历史舞台。

从现代化的角度来看，清朝的覆灭具有两层相辅相成的含义：

首先，在以威斯特伐利亚体系为底色的民族国家世界中，建立在亚细亚生产方式之上的清朝天下根本不具有制度竞争优势。日益逼近的沦为殖民地的危险决定了向民族国家转型势在必行。清朝的覆灭既是这一转型使然，也为这一转型开辟了前景。按照民族主义理论家本尼迪克特·安德森对民族主义的起源与散布的分析，第一次世界大战后亚非殖民地民族主义是一种新的历史想象，它的出现与发展是对欧洲出现的第三波官方民族主义的另一面——帝国主义——的反应。民族"是一种想象的政治共同体并且它是被想象为本质上有限的，同时也是有主权

---

① 史景迁. 追寻现代中国：1600—1949. 成都：四川人民出版社，2019：303.

的共同体"①。他认为从一开始，"民族"的想象就和种种个人无法选择的事物如出生地、肤色等密不可分。这一民族的想象能激发出一种强烈的历史宿命感。人们在"民族"的形象之中感受到一种无私的大我与全体生命的存在，从而激发出一种自我牺牲的情感。随着欧洲对全球殖民的深化，亚非殖民地民族主义随之蓬勃兴起，民族要独立成为历史的潮流，并越挫越勇，中国更是如此。19世纪，随着中国殖民地化危险的加重，尤其是中日甲午战争失败的耻辱，极大地激发了"中华民族"意识的形成。进入20世纪，先有梁启超先生1902年首次提出的"中华民族"概念，后有革命先行者孙中山先生从"驱逐鞑虏，恢复中华"到"民族共和"的理念转变。"民族，民权，民生"的三民主义革命，在推翻清朝的同时，也开启了建设民族国家的历程。然而，"弱国无外交"，即使中国是一战中的战胜国，腐败的北洋政府在巴黎和会上也无力改变由日本继承战败国德国在山东的特权的决定。"强权大于公理"激起了中华民族的愤慨，爆发了五四运动，民族意识全面觉醒。特别是抗日战争全面爆发，"中华民族到了最危险的时候"，民族意识的觉醒变成了全民族的集体行动。"地无分南北，人无分老幼，无论何人，皆有守土抗战之责，皆抱定牺牲一切之决心。"不做亡国奴的全民抗战形成了民族国家建立的底层逻辑，奠定了民族国家建立的社会基础，新中国的成立则是在这一基础上民族国家底层逻辑的现实实现。

其次，在清朝时期中国的经济规模虽然巨大，但却是建立在亚细亚生产方式的小农经济基础之上的。这种经济基础是不能自动生成工业化的，进而不能缔造现代化的社会条件。现代化不单纯是器物层面、机器工厂的大兴土木，更为重要的是确立支持机器大工业的工厂制度，用资本雇用工人的方式取代土地的小农租佃的方式。因此，需要对有数千年亚细亚生产方式传统的中国进行适应工业化的改造，从而追寻现代化的社会革命是不可避免的。这一革命的核心是土地改革，通过"平均地权"，打破因土地垄断而形成的小农租佃的人身依附，创造工业化社会大生产所必需的劳动力可以自由交易的社会条件。由此，以平民化来改造"君君臣臣"的等级化社会就成了革命的共同诉求，反映在政权上，就是"共和"取代"帝制"，反映在文化上，就是用"德先生"和"赛先生"取代"孔家店"。清朝的覆灭就是这一革命使然。然而，革命虽然触到皇权，但仅靠小农自发运动

---

① 安德森. 想象的共同体：民族主义的起源与散布：增订版. 上海：上海人民出版社，2016：6.

不可能深化这一社会革命。与此同时，那些具有某种程度深化意识的"开明士大夫"以及那些从传统地主新近转型的民族资本家，因对传统农耕社会的路径依赖的认识具有历史局限性，对以平均地权为核心的土地改革三心二意，也难堪革命领导责任，结果是，早于民族资产阶级产生的工人阶级，自然而然地登上历史舞台，成为革命领导者。尤其是"十月革命一声炮响，为中国送来了马克思主义"。以 1919 年五四运动为转折点，中国走向了新民主主义革命的新阶段，特别是随着 1921 年中国共产党的成立，进行了中国共产党和中国国民党合作领导下的反对帝国主义、打倒北洋军阀的大革命，即第一次国内革命战争。这一次大革命因以中国国民党为代表的地主资产阶级的背叛而归于失败。但"革命理想高于天"，顺应历史趋势，中国共产党开始独立领导革命。区别于西方典型的资产阶级民主革命，中国的新民主主义革命是中国工人阶级在中国共产党领导下进行的民主革命，经过第二次和第三次国内革命战争，新民主主义革命的任务以新中国的成立为标志而得以完成 。

特别需要指出的是，资本主义世界经济体系中的中国革命具有全球性的划时代意义。借助哲学家李泽厚先生对中国现代思想史"启蒙与救亡"双重变奏的分析，发生在 20 世纪上半期的中国革命是民主革命和民族救亡的双重变奏，通过民主革命创造了通过工业化实现现代化的社会条件，通过民族救亡唤醒民族意识，实现了由皇权天下向民族国家的转型。从世界现代化总进程来看，一如本尼迪克特·安德森所描述的亚非殖民地民族主义，19—20 世纪，第三波欧洲民族主义和民族国家形式及其自由、平等、权利等思想观念在全球逐渐普及，同样被中国当作"先进"的文明要素而接受，并以五四运动为典型，作为反帝反殖民斗争的有力武器。在中国共产党的领导下，经过 28 年的奋斗，在占世界人口 1/4 的中国，革命取得了胜利。在 20 世纪中叶，具有如此人口规模的国家摆脱了沦为殖民地的命运，创立了独立工业化的社会条件，极大地鼓舞了亚非拉民族主义运动和民族解放斗争，成为瓦解全球殖民体系的重要因素。我们看到，这些新独立的国家，与中国一样，没有回归传统社会，没有恢复殖民时代之前的政治共同体形式，而是建立了现代民族国家。依此，以建立源于西欧的民族国家这种形式，终结了资本主义全球扩张的殖民体系。换言之，东方反殖民民族主义的胜利是西方殖民体系的失败，同时也是西方现代化发展道路——民族国家的胜利。亚非拉国家以这种特殊的方式融入世界现代化总进程，威斯特伐利亚体系也由此从欧洲的政治格局变成当代世界的基本秩序。

就中国本身而言，新中国的成立标志着中国第一次在民族国家而不是天下意义上实现了领土基本完整、主权独立和制度统一，也标志着中国新民主主义革命的基本结束与社会主义革命的开始。如前所述，亦如当时新独立的发展中国家，中国也对苏联高度集中的计划经济体制充满向往，再加上亚细亚生产方式的历史影响，本是舶来品的计划经济体制却被视为实现民族工业化必备的体制依托。尤其需要强调的是，这种计划经济体制本身具有自我强化的倾向，越计划越需要计划，越集中越需要集中。由于经济计划需要政治动员，政治动员需要强化意识形态，"文化大革命"便是这一路径依赖的结果，也成为义无反顾进行改革开放的逻辑和历史起点。

改革开放是改变中国命运的关键一招。这一关键一招的核心是把工业化所依据的体制从意识形态的束缚中解放出来。邓小平同志在南方谈话中指出："计划多一点还是市场多一点，不是社会主义与资本主义的本质区别。计划经济不等于社会主义，资本主义也有计划；市场经济不等于资本主义，社会主义也有市场。计划和市场都是经济手段。"现代市场经济是社会化大生产的产物。已故著名经济学家高尚全认为，尊重市场经济的历史属性，使其中性化，由此延伸和展开就是"坚持基本经济制度，把握两个中性原则"①，即竞争中性和所有制中性，这是中国经济体制改革的基本经验。40多年来，改革使中国由计划经济体制转向市场经济体制，中国的工业化由此由计划主导的国家工业化变为市场主导的全民工业化；开放使中国打开国门，通过"引进来""走出去"的方式，将中国的工业化进程纳入经济全球化进程。从全球的角度看，中国的改革是寻求建立工业化持续进行的体制依据，从而形成了与世界普遍采用市场经济体制的一致性，中国的开放是尊重投资贸易自由化的国际普遍原则，从而实现了与国际规则和惯例的接轨，从而在本质上，改革开放是中国主动拥抱海洋秩序，融入世界现代化总进程。这一拥抱和融入使中国经济以任何人都想象不到的方式实现了崛起。中国的地还是原来的地，人还是那些人，体制的变化就使中国的工业化大大加快，全要素生产率大大提高。经济的快速成长使中国成为世界第二大经济体，成为工业门类齐全的全球最大的制造业国家。中国的工业品种类、产量和质量与发达国家比

---

① 高尚全．坚持基本经济制度把握"两个中性"原则．宏观经济管理，2019（7）：8-9＋12.

肩，甚至领先。这终于使中国在器物层面上的现代化拥有世界普遍性，中国成为典型的世界工厂。

由上，可以看到自 1940 年以来的中国现代史就是中华民族追求现代化的努力史。辛亥革命前，中国人致力于器物层面的现代化，"师夷长技以制夷"，但终告失败。辛亥革命后，中国人开始寻求制度层面的变革，在学习西方"民族国家"和"社会革命"经验的同时，走出了中国道路。这就是工人阶级在中国共产党领导下进行的新民主主义革命，进而自然过渡到社会主义革命、社会主义建设，并在此基础上，通过改革开放探索中国式现代化的发展方式。按照英国学者马丁·雅克在《大国雄心：一个永不褪色的大国梦》一书中的说法，中国的现代史也是世界"现代性竞争"的历史。他认为不同于美国政治学家弗朗西斯·福山《历史的终结及最后之人》一书的预言，人类社会的发展方向不但没有终结，反而正在沿着多种多样的现代化道路前进，产生了丰富多彩的现代性。中国这种具有本土文化、历史特色的现代性，正在挑战原先西方国家所规定的那种现代性。"我认为世界并非仅有一种现代性模式，我们正在见证一个丰富多样、相互竞争的现代性并存世界的诞生。这正是 21 世纪全新的、独有的特征之一。我们迎来了一个我称之为'现代性竞争'的时代。"①

如果从"现代性竞争"的角度讨论中国成为世界工厂，其意义并不局限于在器物层面获得现代性，更重要的是这一世界工厂所带来的制度安排及创新已开始在制度层面触及世界普遍意义。当代中国成为世界工厂的经济奇迹是国内外多种制度变迁因素的耦合。首先，从中国外部看，这是冷战结束所引致的经济全球化的制度变迁的产物。投资贸易自由化促使国际分工出现了重大变化，越来越多的企业发现原来以托拉斯为代表的垂直一体化仅能满足大规模标准化产品的提供。但随着经济全球化，日益纷繁复杂的个性化需求产生，创意式的创新成为价值链的高端。事实上，全球生产商无不发现一条规律，标准化产品占出货量大头，一般占 80%，构成基本收入与现金流，利润大头则来源于不足出货量 20% 的创新产品。价值链与产业链的这一背离促使企业本体向品牌、技术等价值链高端冲锋，标准制造流程则开始在全球寻找成本更低的外包对象，发达国家的产业出现了向外转移的趋势。其次，从中国内部看，这是中国劳动力无限供给所引致的制

---

① 雅克.大国雄心：一个永不褪色的大国梦：2 版.北京：中信出版社，2016：前言 3.

度创新的结果。中国是一个人口大国，拥有全球最多的劳动力，并且多数居住在农村。他们向往美好的生活，同时素质较高，且吃苦耐劳，形成了庞大的就业压力。在"为官一任，造福一方"的中国治理传统下，对招商引资建立企业以扩大就业、发展经济以增加包括政府财政收入在内的收入，地方政府具有无比的热情和持久的动力。张五常教授曾十分动情地描述中国地方政府的这一经济行为，在深受感动的同时大加赞赏。他认为区别于西方国家"守夜人"式的地方政府，中国地方政府是"父母官"，是以经营自家公司的办法来经营当地经济，像公司利润唯上一样，用 GDP 唯上来考核和激发官员的表现，于是层层承包，彼此攀比，竞相招商，造就了地方经济相互竞争式发展的中国模式，成为中国经济崛起的体制原因。这一模式的典型就是以"开发性金融"为代表的开发区建设。在开发区，地方政府建立融资平台，以土地质押为手段融入外部资金，进行"七通一平"乃至标准厂房的建设，进而以完善基础设施作为招商引资，尤其是吸引外资的条件。结果是，上乘的基础设施使中国以一种令人意外的方式获得了承接发达国家大规模外包的制造环节的能力。亦即经济全球化的制度变迁和中国工业化的制度创新两者耦合，使中国开发区在全球产业转移的大趋势中不仅成为转移的主要目的地，而且成为产业配套齐全的聚集区。据统计，截至 2021 年底，中国国家级开发区就有 232 个，至于省级、市级乃至县级开发区更是为数众多。基础设施优良的开发区，为跨国大型企业进驻创造了条件，跨国大型企业进驻又为一大批为之配套生产的中小企业提供了客户和市场，并创造出为之服务的生产性或生活性服务企业，并由此形成了层级复杂的供应链网络。

特别需要提出的是，这种层级复杂的供应链网络既是微观经济学意义的制度创新的结果，又蕴含着进一步进行制度创新的巨大潜力，构成了制度持续创新的基础。拥有主流技术的大型制造业企业更看重这一供应链网络的稳定高效性，俗称"短平快"。以汽车工业为例，零部件众多，从而配套企业多，在地方政府的支持下，中国的开发区把这个行业的"短平快"做到了极致，一般会以总装厂为中心，以 100～300 公里为半径，形成齐全的配套零部件企业（短），运输时间通常控制在 3～5 个小时（快），零部件直接进入生产线进行总装（平），不仅实现了零库存生产，可以将流动资金成本压到最低，从而降低汽车的售价，而且发现问题的当天就能解决，从而减少了生产差错，提高了质量并避免了召回。由此，以流水线为核心的福特生产方式节省了固定成本，以看板为核心的丰田生产方式节省了流动成本。在此基础上，中国又以差错率低的高质量方式进一步降低了成本，从而以成本最小化的方式提高了竞争力。就创新型中小企业而言，批量小、品种多、变化快是其生产特点，它们从而更看重这一供应链网络的弹性和丰富性。由于这类企业在中国的沿海地区居多，从而在那里这种特点就更为显著。其中深圳的华强北电子市场、华南城物资市场就是这种供应链网络节点的典型代表。在那里只有想不到的，没有做不到的，机器做不到，通过手工也要做到。于是，即便是美国硅谷的创意点子也要远渡重洋来到深圳实现。由此，以满足需求为原则的创新生产实现了利润，从而商业化了。

正是在上述成就的鼓舞下，近几年，地方政府进一步加强了对产业和企业成长进行全方位服务的力度，新的口号是"政府负责阳光雨露，企业负责茁壮成长"。针对战略性新兴产业，地方政府普遍建立了引导基金，对看好的产业，在企业初创期就以股权投资的形式介入，扶持其成长，培育形成产业集群的气候。在产业集群形成的竞争中，高新技术企业发展的"合肥模式"和新能源电池及其配套产业发展的"宜宾模式"成为耀眼的明星。由此，在经济全球化的背景下，通过有为政府和有效市场的结合，形成了产业层面上的组织化，重现了超大规模性的优势，造就了工业化的中国模式。任何产品只要在中国生产便会是规模最大，成本最低，从而竞争力最强。更为重要的是，这种超大规模性具有加速迭代且自我强化的能力。这是因为供应链网络一旦形成，其规模就会成为一个至关重要的变量。供应链网络规模越大，内部节点就越多，相互配套组合的可能性就越大，创新的能力就越强，发展的空间就越广阔。目前在中国发展壮大的这一供应链网络，不仅覆盖全国，而且延伸到世界，使中国成为联合国产业分类中唯一拥有全部工业门类，即41大类、191个中类以及525个小类的国家。与之相适应，供应链涵盖的产业越多，供应链网络的弹性就越好。当每个企业都与其他企业建立互为配套的关系时，会使网络企业的专业化分工更加细化，即使是专门生产，也能达到世界级量产。在珠三角地区这种例子比比皆是，笔者就曾参观东莞一家专门生产塑料耳机套的小企业，其产量约占全球的1/3。

中国形成的全球性供应链网络正在决定性地改变世界经济形态。首先，它使中国的超大规模人口资源潜力得到释放。人穷怕了就会有改变生活、改变命运的强烈愿望。他们是中国庞大熟练工人和工程师队伍的主要构成，既能在流水线上加班加点，又能创新性地使全球供应链网络运转起来，并创造出诸如京东、淘宝、拼多多等新的商业形态。目前，电商触达中国每一个角落，把城市和乡村联成一体，并向全球扩展。即使是最遥远边陲的土特产也可行销全国，直播带货成为一般老百姓可望又可及的热门职业。由此，所有闲置的人力资源第一次被全面有效动员起来，加入了现代化进程，成为经济增长和社会成长的积极因素。其次，中国形成的全球性供应链网络产生了海量数据，使大数据、云计算不仅成为迫切需要，也创造了实现的条件，从而推动了包括 5G 在内的万物互联市场的快速成长。这现实地催生了包括华为在内的高新技术企业匪夷所思的大面积出现，并在传统制造业领域迭代出新的技术和产业，甚至开始引领世界潮流，其中"新三样"的崛起就是例证。最后，中国形成的供应链网络规模对世界尤其是周边国家产生了"虹吸效应"，形成了整个东亚的制造业聚集区。过去是中国从其他东亚国家进口零部件、中间产品，在中国完成组装后再向全世界出口成品。现在则变为亚洲尤其是东亚国家从中国进口基础工业产品及其他中间产品，在本国完成组装后向全世界出口。2022 年，中国钢铁产能占全球的 54%，中国铝产能占全球的 60%，中国石油化工产能占全球的 40%。中国基础工业能力这种具有压倒性优势的超大规模性，不仅造就了无可匹敌的规模优势和成本优势，奠定了中国产业链和供应链的韧性，而且成为东亚地区对外出口的供应链依托，奠定了东亚地区贸易顺差的物质基础。对于这一点，我们可以从中国参与的 RCEP 和美国策划成立的 IPEF 的对比中清楚地看到：中国是 RCEP 和 IPEF 所有成员国的最大进口来源国，它们对中国进口的依赖程度远高于对美国进口的依赖程度。也正是同样的原因使我们相信，在俄乌冲突的新背景下，以中国基础工业为基础的纵贯欧亚大陆的新的产业链和供应链会迅速崛起，因为这是中国超大规模基础工业产业链上下游的自然地理延伸。

综上所述，可以看到，中国成为世界工厂不仅标志着当代中国已经获得器物层面现代化的世界普遍意义，而且是中国制度层面现代化世界普遍意义的展现。事实上，中国之所以能在全球产业链、供应链中日益占据中心位置，除经济全球化外，更在于改革开放以来逐步形成的中国特色社会主义市场经济体制的日渐成熟。这一体制的特色充分体现为在市场经济的基础上，政府尤其是地方政府对产业培育的发展。中国的各级政府深度介入产业链的形成，对供应链进行全链条的梳理，打通堵点、克服难点、纾解痛点。这一极具前瞻性的长期战略考虑，奠定了政府全方位、全流程支持产业发展的基础，形成了政府与企业、政府与市场的新型关系，构成"中国模式"的核心。从这个意义上讲，以"市场在资源配置中起决定性作用，更好发挥政府作用"为代表的中国模式，正在影响现行的世界经济及其秩序安排，在体制和制度层面展现世界普遍意义。

这一世界普遍意义在体制和制度层面上的展现可以这样表述：如果说计划经济体制代表着传统的大陆秩序，市场经济体制代表着当代的海洋秩序，那么中国寻求市场在资源配置中起决定性作用，更好发挥政府作用，是对两者最佳结合的探索。正是这一探索，使中国进入了传统大陆秩序和当代海洋秩序的中间地带，并使中国在世界经济格局中起到了中介作用。按青年学者施展的表述，这一中介作用表现为"国际经贸结构，沃勒斯坦的世界体系理论所说的中心-边缘（外围）结构逐渐向双循环的结构转型，即中国与西方国家之间的经贸关系构成一个循环（第一循环），中国向西方国家出口制成品，从西方国家进口技术、资金以及高端服务；中国与非西方国家之间的经贸关系构成另一个循环（第二循环），中国向亚非拉发展中国家出口制成品，从后者进口原料等。两个循环通过中国而联系起来"①。中国因此成为桥梁，更准确地说，中国成为联结发达国家与发展中国家的枢纽。

首先，从供给端看，中国这一桥梁或枢纽作用体现为不可替代的全球制造业尤其是重化工业中心。中国不仅拥有从手工制造到高新技术的完整工业体系，而且重化工业制造能力位于世界前列。其中，钢铁、有色金属、石油化工等多种产业的产量不仅位居世界第一，而且是压倒性的。虽然重化工业称不上高精尖产业，但却是现代工业的基础，是现代化经济活动的必需品。在这一基础工业领域中国拥有自强自立的成套技术，不怕被"卡脖子"，甚至开始引领世界，例如短流程氢还原炼钢技术、电解铝技术、稀土元素萃取技术等。与此同时，特别需要指出的是，面对全球气候变化，低碳经济已成为人类共同的任务，是全球的发展方向。由于中国是联合国产业分类目录中所有工业门类都具备的经济体，意味着各种减碳技术在中国都有用武之地。每个产业尤其是重化工业规模巨大，意味着各种减碳技术都具有规模效应，从而具有商业化的应用前景。而商业化的使用和安排将使低碳经济可持续发展。据初步测算，按照《巴黎协定》的要求，在2050年前将全球气温升高幅度控制在2℃以内，中国至少需要投资100万亿元，

---

① 施展.枢纽：3000年的中国.南宁：广西师范大学出版社，2018：547-548.

如果控制在 1.5℃以内，中国至少需要投资 138 万亿元。换言之，每年平均需要投资 3 万亿元以上，持续 30 年，显然，这将成为中国经济持续增长的发动机。与此同时，或许更为重要的是，就技术而言，相对于芯片等高新技术，中国的低碳技术与世界相比没有代差，反而因市场优势处于领先状态。例如，供给端的风光水核电技术，需求端的新能源汽车及电池技术，正在改变全球的产业格局，甚至引领产业的发展方向。由此，虽然芯片等中国仍有代差的技术，美西方较易打压，脱钩压力较大，但在低碳技术的赛道上竞争，美西方的优势不明显。特别是低碳是全球性问题，既是生产方式也是生活方式，需要全球合作。发展具有竞争优势的低碳产业不仅能有效抵制脱钩，而且有可能逆势而上，使全球合作进一步加强，既有利于中国，也有利于世界。

其次，从需求端看，中国这一桥梁或枢纽作用体现为日益成长的全球主要市场。据统计，2020 年后，中国社会消费品零售总额就与美国类似指标相当。换言之，中国已是仅次于美国的第二大消费市场，并具有超越之势。我们注意到，目前中国正处于高收入社会的门槛处，其中约 4 亿人口的家庭收入已基本赶上发达国家。他们的消费行为、生活方式以及社会心理也与发达国家相若，青睐高新科技产品，希望获得更好的医疗服务，追求高品质教育，关注时尚潮流，甚至期望引领风气。这一消费群体虽然占人口的比重不高，但总数却与美国相当，他们的需求和行为在推动中国产业升级的同时，当然也与美国等发达国家的高新技术产业产生了正面竞争，其中中国新能源汽车的发展所引起的国际摩擦就是例证。换言之，如果说会出现所谓的"萨缪尔森陷阱"现象的话，也就是在自由贸易条件下，一个国家在另一个国家具有比较优势的领域取得技术进步，可能会导致另一个国家出现净福利遭受损失的情况，大概率只会出现在中国中等以上收入群体的需求与美国高新技术产业的摩擦上。由于摩擦在性质上类似于 20 世纪 90 年代的日美摩擦，从而国际社会也想当然地认为中美贸易摩擦如同日美贸易摩擦成为产业，尤其是高新技术领域产业的净福利损失之争。然而，一旦考虑到中国还有较多的中低收入人口，情形便会大为改变。这部分人口不少刚刚脱离了贫困，实现了小康，对美好生活具有强烈的向往，对自身的能力抱有充分的信心，从而吃苦耐劳，勇于创新，在推动经济发展的同时，也使自己的收入在持续提高。他们强劲的消费倾向和增长着的消费能力，正推动中国迈向全球最大的消费市场，并具有继续扩大的趋势。在这种前景下，中美竞争显然不同于当年的日美竞争。日本国土面积狭小，20 世纪 90 年代的人口仅为 1.2 亿左右，两者共同造成国内市场狭小，转圜余地有限，致使即便努力扩大内需也不能解决根本问题，由此决定了只能依靠外需。日本在与有限增长的外需市场正面相撞时，只能拼死相争，结果是拥有市场资源的一方当然占据竞争优势。以世界市场尤其是美国市场来实现"贸易立国"的日本，最终也只能屈从于美国提出的谈判条件。相反，当中国的消费市场超越美国并继续扩大时，世界市场格局就会发生重大变化：美国不再是全球最大的消费市场，因此也不再是各国竞相争夺的主要出口目的地，相应地，美元作为国际货币的地位会下降，有可能也不再是唯一的硬通货。"从这个意义上而言，美元的命运与全球失衡基本相连，取决于中国及世界其他发展中国家日益增长的储备。"① 事实上，中美竞争实际上是全球消费中心转移竞争，在中美贸易冲突爆发前已见端倪。研究全球失衡问题的彼得·特明和麻省理工学院的戴维·瓦因斯教授 2013 年就曾引用诺贝尔经济学奖获得者哈佛大学教授迈克尔·斯宾塞的看法，将经济发展称为内需。这是中等收入国家的政策过程，而中国是迄今为止中等收入国家中最大的一个。从英国开始，工业化国家都依赖外需来吸收其扩大的商品供应，最终，国内需求上升，吸收了自己的生产能力，而国际贸易的持续使各国能够利用其比较优势，从它们的生产率中获得更大的收益。② 由此，历史经验表明中美竞争并不必然出现当年日美恶性竞争中的"零一"结论，也不必然是"零和"结论，双方反而有可能通过竞争走向合作，出现"双赢"，在建立新型国际关系的同时，改善包括国际货币体系在内的国际经济金融治理。

由上，我们看到，正如青年学者施展所指出的，改革开放 40 多年来，"中国以一种沃勒斯坦完全无法想象，也是任何人事先都无法想象的方式实现了经济崛起，催生了双循环结构。虽然这个正在浮现的新结构还是一个次级结构，仍要服从于美国所主导的全球资本秩序，但它有着越来越大的影响"③。"'第一循环'，近似于过去的中心，第一循环作为一个整体与第二循环的关系近似于过去的中心-边缘（外围）。中心的内在裂解，使得在沃勒斯坦所观察到的'中心-边缘（外围）'结构中，边缘（外围）的永久悲惨地位有了突破的可能。裂解的制造业

---

① 埃森格林. 资本全球化：一部国际货币体系史. 北京：机械工业出版社，2014：233.
② 特明，瓦因斯. 无霸主的世界经济. 北京：中信出版社，2019：243.
③ 施展. 枢纽：3000 年的中国. 南宁：广西师范大学出版社，2018：549.

秩序和资本、法权秩序会形成一种制衡关系。中国与西方国家的积极博弈，使得发展中国家在国际经济秩序中有了一种不同以往的权重，博弈的双方会竞相从边缘地区争取盟友，这在未来应该会逐渐呈现出一系列的国际贸易谈判过程，以新的国际贸易规则安排，使得边缘国家在贸易红利的分配当中获得更大的份额，从而获得新的发展空间。"① 而历史的进程与逻辑的进程是一致的。当代经济全球化正以区域性安排来顽强地表现自己，除发展中国家与发达国家的经济合作外，发展中国家之间也在加强合作。2023 年 8 月在南非约翰内斯堡举行了金砖国家领导人第十五次会晤，见证了"全球南方"的发展。从 2024 年 1 月 1 日起金砖国家成员由 5 个扩大为 11 个，主要"南方国家"都是成员，预示着新兴市场国家和发展中国家更加紧密地团结起来，致力于推动建立公正合理的世界秩序。而中国作为"全球南方"的一员，习近平主席代表中国郑重承诺："我们始终同其他发展中国家同呼吸、共命运，坚定维护发展中国家共同利益，推动增加新兴市场国家和发展中国家在全球事务中的代表性和发言权。"

于是，"从全球格局来看中国是世界秩序当中的海陆枢纽，从国家格局看中国内在地是个体系，中国正因其内在的体系性而成就其外在的海陆枢纽地位"②。换言之，改革开放 40 多年来，轮廓已经形成并在持续完善的中国模式，使中国从世界地理意义上的海陆经济枢纽，开始转变为世界秩序意义上的制度枢纽，而包容是这一制度枢纽日渐鲜明的特点。目前，这一制度枢纽还在深化与拓展。就中国而言，制度体系建设标杆是"南海南，北雄安"。海南自由贸易港建设瞄准的是"世界最高开放标准"，雄安新区建设则是面向未来"千年大计"。"南海南，北雄安"撑开了制度体系建设的地理空间，意味着这两个标杆之间的中国广大地域可以容纳多种多样的制度创新尝试。就中国周边而言，"一带一路"建设进入新阶段，"共商、共建、共享"的理念深入人心，正在转化为制度性安排。例如，中国-中亚机制建设正加快推进，中国-海湾阿拉伯国家合作委员会自由贸易区谈判深入展开，澜沧江-湄公河合作机制顺利进行。与此同时，中国的治国理政和制度建设经验也引起了国际重视，一个明显的例子就是 2023 年 12 月习近平主席访问越南，越南国家领导人特别提到海南和雄安的制度安排，表示出极大的

---

① 施展. 枢纽：3000 年的中国. 南宁：广西师范大学出版社，2018：550 - 551.
② 施展. 枢纽：3000 年的中国. 南宁：广西师范大学出版社，2018：636.

兴趣。

在世界现代化总进程中，以中国方式进行的"现代性竞争"，随着在器物层面获得世界普遍意义的深入，在体制和制度层面触及世界普遍意义开始明显化。中国正以这样的姿态走近世界舞台的中央。换言之，正是向世界秩序意义上的制度枢纽转变，中国成为世界百年未有之大变局的重要组成部分。这既是"北京共识"产生并形成反响的原因，也是美国提出中美战略竞争的背景。从世界现代化总进程中的"现代性竞争"角度来看，中美战略竞争并不是简单的双边关系问题，而是涉及世界经济体系中守成大国和崛起大国对世界经济的理念和行动。长久以来，现代化及相关制度安排被认为是西方的"专利"，形成了涉及现代性"言必称希腊"的范式。不合这一范式的其他现代化努力都被认为是不具有现代性的"另类现代化"，甚至是邪恶的。这也是观察和评论中国现代化努力的西方惯用视角。然而，需要指出的是，现代化是人的现代化，现代性关乎人类理想，其中共同富裕是追求之一。以此反观当代世界，可以看到，自二战以来，世界创造的物质财富及世界创造物质财富的能力足以使世界免于绝对贫困，但是却没有创造出能够使世界免于绝对贫困的制度安排。针对这种情况，美国哥伦比亚大学教授杰弗里·萨克斯曾在《贫穷的终结》一书中呼吁："如果富国在 2005—2025 年间每年拿出 1 950 亿美元的资金来援助穷国，那么贫困的问题到 2025 年末完全可以得到解决。"但是正如 2019 年诺贝尔经济学奖获得者阿比吉特·班纳吉和埃斯特·迪弗洛所指出的，"还有一些侃侃而谈的人认为，萨克斯的回答是错误的。""他们都认为，援助的弊大于利：援助使人们停止寻找自己解决问题的方法，腐蚀地方机构并削弱其作用，导致一些援助机构形同虚设。"[1] 世界之所以关注中国的脱贫攻坚，是因为它不是大学教授的泛泛呼吁以及争辩者的高谈阔论，而是实实在在的行动。"1990 年，中国的极端贫困率估计占中国人口的 66％，到 2020 年基本为零，这种大幅下降，无论以何种标准衡量，都是一个经济奇迹。"[2] 这一经济奇迹背后的制度安排当然具有世界普遍意义。正是基于这一具有世界普遍意义的制度自信，中国承诺到 2035 年使超过现有发达国家人口总和的 14 亿中国人以共同富裕的形式整体迈进现代化社会。如果这一承诺如期

---

① 班纳吉，迪弗洛．贫穷的本质：修订版．北京：中信出版社，2018：前言 4.
② 萨克斯．全球化简史．长沙：湖南科学技术出版社，2021：205.

实现，将极大地震撼世界，改变世界。前所未有的巨大人口以史无前例的方式推进现代化，给世界秩序安排和格局的创新带来了巨大的想象空间，当然激动人心，令人憧憬也令人困惑。于是，以中国崛起为代表的世界"现代性竞争"，是一种对世界现代化主流的领导权的争夺，还是如同哲学家哈贝马斯所指出的仅是世界现代性以多种方式的展开？前者意味着世界历史单线条发展中有你无我的相互替代，后者则意味着世界历史多线条发展中的相互促进，共同汇入正在展开的世界现代化总进程。鉴此，当前所谓世界百年未有之大变局也意味着时代的洪流已把中华民族推到担当世界历史民族的潮头，世界注视着中国在世界现代化总进程中的作用和意义，期望中国对自身现代化的实现方式做出具有世界普遍意义的理论阐释。

面对这一时代需要，党的二十大报告指出："中国式现代化，是中国共产党领导的社会主义现代化，既有各国现代化的共同特征，更有基于自己国情的中国特色。"

第一，中国式现代化是人口规模巨大的现代化。按照第二个百年奋斗目标，到新中国成立 100 年时，基本实现现代化，把我国建成社会主义现代化国家。为此，规划分两步走。第一步，从 2020 年到 2035 年，基本实现社会主义现代化。看到这一规划在鼓舞人心的同时，也可以看到"我国十四亿多人口整体迈进现代化社会，规模超过现有发达国家人口的总和，艰巨性和复杂性前所未有，发展途径和推进方式也必然具有自己的特点"。国际经验表明，现代化要求实现工业化。其中，社会不再是工农分割、城乡对立的二元状态，而是一元化均质的城市社会。目前中国还达不到，还有显著的差距，集中体现为中国居民还有户籍身份区别，即城市户口和农村户口。2022 年，按城市常住人口统计的中国城市化率达 65.22%，距离发达国家城市化率平均在 75% 以上还有 10 个百分点左右的差距。但是，深入来看，按城市户籍人口统计，同指标占总人口的比重却不到 50%，两者之间的差距就在于农民工。亦即城市常住人口中有 15% 强为在城市打工而居住在城市但却没有城市户籍的农民身份。于是，可以看到，中国居民的身份实际分为三类：第一类是城市户籍人口。他们享受着较好的基础设施、教育资源、医疗卫生资源和社会福利以及社会保障。第二类是在城市打工，身份却是农民的农民工。他们虽然享受城市包括文化在内的基础设施，但却不能享受教育资源、医疗卫生资源和社会福利以及社会保障。第三类是农民。他们居住在农村，仍以务农为主，不仅收入低，而且无法享受城市提供的一切福利。由此，农业、农村、农民这一"三农"问题成为当代中国绕不过去的经济社会问题，严肃地摆在我们的面前。其严肃性充分集中体现在一点：中国不可能带着8亿农民进入现代化。这意味着，只有消灭农民身份，才能消除社会的二元性，才能使14亿多人口整体成为一个现代均质社会，才能实现现代化。也正是由于这个原因，中国需要顺应现代化的历史潮流，加快农民工的市民化进程，加强城乡一体化制度建设，尤其是建立并完善覆盖全社会成员的社会及医疗保障制度，并力争实现基本公共服务的均等化。在这方面，各地都在积极推动，并取得了长足的进展，其中"浙江经验"值得关注。不难想见，一旦中国能在2035年如期基本实现社会主义现代化，中国人口占世界人口1/5的巨大规模就会使中国式现代化的发展途径和推进方式具有世界普遍意义。这意味着中国式现代化不仅是世界现代化总进程的重要组成部分，也预示着通向现代化的路径并不是唯一的。这对世界尤其是发展中国家具有特别的启示意义：历史并没有终结，世界的现代性仍在展开，这意味着世界是多元的，条条大路通现代化，其实现路径是多线条的，是可以选择的，关键是立足于自身国情。"始终从国情出发想问题、作决策、办事情，既不好高骛远，也不因循守旧。"

第二，中国式现代化是全体人民共同富裕的现代化。共同富裕是人类的理想，也是社会主义的基本特征。无论是以圣西门、傅立叶、欧文为代表的空想社会主义，还是马克思、恩格斯创立的科学社会主义，共同富裕都是基本主张。即使是二战后发展中国家所涌现的前所述及的五花八门的社会主义，共同富裕也是其鲜明标榜。然而，国际经验表明，实现共同富裕是一个长期的历史过程。某些国家虽然实现了工业化，成为发达国家，但公正和富裕并不会自动覆盖全社会，仍然存在着两极分化的现象，甚至相当严重，并不能称之为理想状态的现代化。正是在这个意义上，共同富裕是社会主义的本质要求，更是中国式现代化的努力目标。目前，中国虽然告别了绝对贫困，但是在居民收入分层上仍呈现为一个"工"字形的结构。在当代中国，提高中低收入阶层的收入水平，加速形成中等收入阶层占主体的橄榄型社会，既是社会进入长治久安状态的关键，也是实现现代化的紧迫任务。国际经验表明，收入均等化是更好发挥政府作用的重要领域。除了利用税收等手段实行控高、扩中、调低的收入分配政策，更重要的是，有为的政府通过支持工业化的政策，加快城市化进程，创造更多提供更高收入的就业机会。在通过扩大就业来增加家庭收入的同时，加快实现社会保障的全覆盖及公共服务的均等化，防止贫困尤其是返贫的发生。因此，"我们坚持把实现人民对美好生活的向往作为现代化建设的出发点和落脚点，着力维护和促进社会公平正义，着力促进全体人民共同富裕，坚决防止两极分化"。这既是对世界已有的现代化实践经验教训的总结，也是中国式现代化的基本诉求，尤其是在中国即将进入高收入社会的当下，顺应并实现这一诉求十分重要。这不仅对中国具有现实意义，也对世界具有历史意义。对发展中国家而言，中国实现这一诉求的过程就是树立榜样的过程，是中国式现代化具有世界普遍意义的过程。

第三，中国式现代化是物质文明和精神文明相协调的现代化。人类的历史既是物质文明的发展史，也是精神文明的发展史。物的全面提高和人的全面发展是人类历史发展的指向。由此，作为人类社会发展的高级阶段——社会主义现代化，物质富足、精神富足应是基本表现。中国改革开放40多年的实践也恰恰体现了这一点，"贫穷不是社会主义"的信念激发了经济社会的活力，创造了中国经济发展的奇迹，不仅奠定了实现现代化的物质基础，而且使中国人的精神面貌焕然一新。向往现代化成为集体意识，投身改革开放成为集体行动，勇于创新成为社会风气，廉洁守法成为个人自觉。中华民族从未像今天这样自信、开朗，对未来充满期待。改革开放40多年所取得的物质成绩和精神成绩使我们确信物质贫困不是社会主义，精神贫乏也不是社会主义。"我们不断厚植现代化的物质基础，不断夯实人民幸福生活的物质条件，同时大力发展社会主义先进文化"，为人的全面发展开辟前景。这是以往推进中国式现代化的基本经验，更是实现中国式现代化的追求。物质文明和精神文明全面发展的中国式现代化无疑比一味追求物质现代化更弘扬着世界普遍意义。

第四，中国式现代化是人与自然和谐共生的现代化。国际经验表明，以往的现代化都是以牺牲自然环境为代价的，其实现路径是"先污染、后治理"。但是，在经济全球化的当代，即使愿意走"先污染、后治理"的道路，也因环境的破坏和治理成本高昂而走不下去，也不能再走下去。对中国这样的大国来讲，情形更是如此。21世纪初，中国普遍发生的大面积雾霾就是最好的例证。人们深刻地认识到"人与自然是生命共同体，无止境地向自然索取甚至破坏自然必然会遭到大自然的报复。我们坚持可持续发展，坚持节约优先、保护优先、自然恢复为主的方针，像保护眼睛一样保护自然和生态环境，坚定不移走生产发展、生活富裕、生态良好的文明发展道路，实现中华民族永续发展"。事实上，近年来"绿水青山就是金山银山"的理念已深入人心，中国提出 2030 年前实现碳达峰、2060 年前实现碳中和的减排路线，正在各行各业得到落实。从目前的情况来看，碳排放的重点行业之一钢铁行业将在 2025 年达峰，而另一个用电大户——电解铝和电解铜行业将在 2026 年前后实现绿电化。由此，在 2028 年左右中国有望实现碳达峰。尤其值得指出的是，在生态环境保护方面，不仅在物质层面，如在风光水氢核等清洁能源利用领域走在世界前列，在动力电池和新能源汽车领域一骑绝尘，而且在制度层面，企业环境责任和可持续发展已深入企业治理实践，全国性的 ESG 治理体系正在形成。与此同时，绿色金融在中国率先发展，在商业银行贷款中"赤道原则"得到普遍采用，绿色债券的发行规模位居世界前列，中国开始引领全球绿色金融的标准制定。从这个角度看，人与自然和谐共生的中国经验受到世界的广泛关注，从而正在获得世界普遍意义。

　　第五，中国式现代化是走和平发展道路的现代化。从世界现代化历史来看，以往西方国家在现代化的过程中不断发动战争，进行殖民掠夺，宗主国与殖民地的不平等交换更是司空见惯。这种损人利己的宗主国现代化方式给广大发展中国家人民带来了深重的苦难，是血腥罪恶的。它促使发展中国家的人民觉醒，掀起了反帝反殖民主义的独立运动，用革命制止残酷掠夺，既宣告了殖民时代一去不复返，也堵死了利用掠夺殖民地来实现少数国家现代化的邪路。"我们坚定站在历史正确的一边、站在人类文明进步的一边，高举和平、发展、合作、共赢旗帜，在坚定维持世界和平与发展中谋求自身发展，又以自身发展更好维护世界和平与发展。"这既是人类文明的要求，也是中华文明的体现。中国人历来推崇"以理服人""和为贵"。即使在战争状态下也要求"先礼后兵"，争取"不战而屈人之兵"。由此，"和平发展"是中国式现代化对世界普遍意义的现代化理解，亦即现代化世界普遍意义的中国式表达。

　　需要指出的是，在世界又一次站在历史十字路口的当下，中国式现代化的提出，既为中国自身发展树立了路标，也为世界明确了中国道路的指向，更为世界"现代性竞争"明晰了含义：

　　首先，从中国自身发展来看，中国式现代化的提出既是中国现实发展经验的总结，更渗透着中华文明对未来的期许。早在 900 多年前的宋代，张载先生的横渠四句就成为中国人的座右铭："为天地立心，为生民立命，为往圣继绝学，为万世开太平。"中国式现代化的提出，使我们又看到了这一传承。除人口规模巨大是个客观事实外，人与自然和谐共生就是"为天地立心"，全体人民共同富裕就是"为生民立命"，物质文明和精神文明相协调就是"为往圣继绝学"，走和平发展道路就是"为万世开太平"。世界文明的发展史告诉我们，民族的就是世界的，占世界人口约 1/5 的中华文明，五千年不曾中断，其存续本身就具有不可忽略的世界意义。更为重要的是，百年来中国革命和建设的历程表明，只有根植于中华文明，才能借鉴和吸收一切人类优秀的文明成果，只有借鉴和吸收一切人类优秀的文明成果，才能进一步厚植于中华文明，使其升华到具有世界普遍意义的层次，实现马克思主义的中国化，体现科学社会主义的先进本质。而中国改革开放 40 多年的实践已经体现并仍在彰显这一点。我们看到，随着改革开放的深入，市场经济发展，中国已成为海洋秩序和大陆秩序的过渡地带，孕育着市场在资源配置中起决定性作用和更好发挥政府作用的结合。正是这一结合，使中国在经济全球化中始终把握改革、发展和稳定三者之间的关系，以渐进的方式把社会主义市场经济建设推向新高度，拓展了中国式现代化，从而在经济全球化中展现为既是又不是发达或发展中的状态，成为介于两者之间并联结两者的枢纽。

其次，从世界经济发展来看，中国式现代化的提出正在影响世界的未来。中国式现代化所取得的成就表明，世界经济体系的传统"中心-外围"格局并不是一成不变的，是可以突破的，后发国家是可以超越发达与发展中的范畴，以自己的方式实现现代化的。中国式现代化的这一启示本身就是具有世界普遍意义的，从而中国道路、中国智慧以及中国方案成为世界的普遍关注，正是在这种形势下，中国基于自身的经验和负责任大国的国际义务，发出了"全球发展倡议""全球安全倡议""全球文明倡议"三大倡议。在"全球发展倡议"中，中国提出"六个坚持"：一是坚持发展优先；二是坚持以人民为中心；三是坚持普惠包容；四是坚持创新驱动；五是坚持人与自然和谐共生；六是坚持行动导向。在"全球安全倡议"中，中国同样提出了"六个坚持"：一是坚持共同、综合、合作、可持续的安全观；二是坚持尊重各国主权、领土完整；三是坚持遵守联合国宪章宗旨和原则；四是坚持重视各国合理安全关切；五是坚持通过对话协商以和平方式解决国家间的分歧和争端；六是坚持统筹维护传统领域和非传统领域安全。在"全球文明倡议"中，中国提出了"四个共同倡导"：一是共同倡导尊重世界文明多样性；二是共同倡导弘扬全人类共同价值；三是共同倡导重视文明传承和创新；四是共同倡导加强国际人文交流合作。这三大倡议的共同理念是和平发展，共同指向是构建人类命运共同体。在世界百年未有之大变局中，正在回归的中国，正以展示中国式现代化的世界普遍意义的方式摒弃"文明隔阂论"、"文明冲突论"和"文明优越论"，在充分发掘包括中国在内的各国历史文化的时代价值的同时，不将自己的价值观和模式强加于人，不搞意识形态对抗，以"携手共行天下大道"的姿态重返世界舞台中央。

最后，从世界现代化总进程的历史深处展望未来，德国哲学家尤尔根·哈贝马斯认为，如果把 18 世纪西方启蒙思想家的主张称为"现代性方案"，那么这一方案就还是一个未完成的方案，"现代性仍在展开之中"。从这个意义上讲，当代世界百年未有之大变局正是这一展开过程的体现，正如马丁·雅克所言，"现代性竞争"还在进行中。历史并未终结，历史还在发展。从历史唯物主义的立场出发，"科技是第一生产力"，"生产力决定生产关系"。当前，世界虽然仍处于新一轮科技革命的前夜，但不远处的天际线已显露出新技术带来的曙光，大数据处理和大模型算法日新月异，人工智能和生命科学进展交相辉映，外层空间技术突飞猛进，低碳经济发展如火如荼，这些进展都是高素质的劳动力面对诸如大数据等新的劳动对象，以高科技手段为工具的生产方式新组合。区别于劳动与土地组合的农耕社会，也区别于劳动与资本组合的工业社会，它是劳动与高科技组合的新质生产力，从而既标志着世界现代性的持续展开，也为世界秩序变动增添新的因子。从一定意义上讲，这一现代性的展开和这些新因子的发展，趋势是将人的劳动，至少是体力劳动从繁重单调的物质产品再生产过程中离析出来。如果在物质产品涌流的同时，人又从这一生产过程中解放出来，不再为机器所束缚、所异化，那将是一种令人遐想的景象：随着闲暇的增多和寿命的延长，精神产品创造能力大大提升，人不再是马尔库塞意义上的"单向度"的，精神产品也会因此涌流。当物质财富和精神财富都有了极大丰富的前景，那么离马克思当年设想的"自由人联合体"还远吗？这些已不再遥远的世界现代性展开过程中的新问题正在挑战着世界，影响着人类的命运。由此，我们看到历史并未终结，世界现代性仍在展开之中，现代化发展没有标准答案，争夺世界现代化主流的领导权是没有意义的。谁战胜谁的战略竞争是无出路的运动，只能给世界平添不安和纠结。面对还在走向未来的浩浩荡荡的世界现代化洪流，虽然没有一个民族和国家能置身事外，但也没有一个民族和国家能改变历史潮流的方向。正确的态度只能是敞开胸怀，顺应潮流，携手共进，中美这两个最大的经济体更应如此。这是历史进程的现实，更是走向未来的责任。事实上。早在 200 年前，尚未受到西方列强侵扰的古老中国和刚刚独立的新生美国都曾认为自己是世界的"例外"。中国是与众不同的"中央之国"，是天下秩序的中心，可以用自身的伦理道德来示范世界；美国是独一无二的"山巅之国"，是人类民主的灯塔，可以用自身的价值观来引领世界。两国因此都独善其身，不屑于卷入国际事务。然而，历史是不以人的意志为转移的，工业化开启的世界现代化总进程将中美两国深深卷入其中。在第一次世界大战中中美两国都是战胜国，第二次世界大战更是将中美两国推到了世界的潮头，在威斯特伐利亚体系的基础上，两国与苏联、英国和法国共同倡议创立了以联合国为代表的新的国际秩序。美国由此走出"光荣孤立"，成为世界治理的主导者；随着冷战的结束，中国走向"改革开放"，在经济全球化中成为全球经济增长的主要贡献者。我们注意到，在新科技革命曙光出现的当下，随着科技的进步，新质生产力所带来的新生产方式正在扬弃传统资本主义。这使资本主义开始成为一个历史概念，进入史学研究领域。[①] 在这一历史趋势中，按照已故国际战略家基辛格的看法，"这两个国家都正经历着根本性的国内变化，这些变化是会导致两国之间的竞争，还是会产生一种新形式的伙伴关系，将对 21 世纪世界秩序的未来产生重大影响"[②]。因此，世界希望中美两国有世界现代化的大局意识，不能仅以自身利益为重，而应承担负责任大国的义务，在谨慎对待当代世界"现代性竞争"的同时，相向而行，共同应对未来挑战。其中，中国"必须把推进中国式现代化作为最大的政治"，因为它具有面向未来的世界普遍意义。

---

① 贝克特. 新资本主义史学//科卡，范德林登. 资本主义：全球化时代的反思. 北京：商务印书馆，2018：305 - 324.

② 基辛格. 世界秩序. 北京：中信出版社，2015：294.

后　记

在本书付梓之际，恰逢党的二十届三中全会在北京召开。屈指算来，本书的形成居然经历了一个漫长的过程，前后历经十六年。

自 2008 年国际金融危机爆发以来的十六年，中国和世界都发生了翻天覆地的变化。中国消除了绵延千年的绝对贫困，全面建成了小康社会，正向建设社会主义现代化强国迈进；世界政治格局也在发生历史性的深刻调整，特别是新冠疫情和俄乌冲突以来，世界百年未有之大变局加速演进，局部冲突和动荡频发，全球性问题加剧，来自外部的打压、遏制不断升级，我国发展进入战略机遇和风险挑战并存，不确定、难预料因素增多的时期，各种"黑天鹅""灰犀牛"事件随时可能发生。如何有效应对这些风险挑战，在日趋激烈的国际竞争中赢得战略主动，从而"在危机中育新机，于变局中开新局"，推进中国式现代化，成为困惑人们的时代之问、世界之问和历史之问，探讨并解决这些问题成为我写作本书的动机。

令人鼓舞的是，党的二十届三中全会通过了《关于进一步全面深化改革 推进中国式现代化的决定》，对上述时代之问、世界之问和历史之问做出了具有里程碑意义的回答。党的二十届三中全会指出：坚持解放思想、实事求是、与时俱进、求真务实，进一步解放和发展社会生产力、激发和增强社会活力，统筹国内国际两个大局，统筹推进"五位一体"总体布局，协调推进"四个全面"战略布局，以经济体制改革为牵引，以促进社会公平正义、增进人民福祉为出发点和落脚点，更加注重系统集成，更加注重突出重点，更加注重改革实效，推动生产关系和生产力、上层建筑和经济基础、国家治理和社会发展更好相适应，为中国式现代化提供强大动力和制度保障。

通过经济上的工业化实现整个社会的现代化是世界的主流，更是后起发展中国家的不懈追求。回首往事，过去一百多年，具有悠久的文明历史的中国一度是世界现代化总进程的落伍者。落后于世界，落后于时代，使中国积贫积弱，不仅历经苦难，而且饱受屈辱；过去一百多年，不甘落后的中国也是世界现代化总进程的追赶者。中华民族愈挫愈勇、不屈不挠、前赴后继，尤其是在中国共产党的领导下，通过浴血奋斗建立了新中国，开辟了中国独立自主通过工业化实现现代化的前景。囿于当时的历史条件，中国选择了计划经济体制。虽然计划经济和市场经济都是与工业化相关的体制安排，但是国际经验表明，工业化高质量快速发展总是与市场经济体制安排紧密相连的，从而选择改革开放是中国赶超世界现代化总进程的历史必然，"改革开放是党和人民事业大踏步赶上时代的重要法宝"。

"党的十一届三中全会是划时代的，开启了改革开放和社会主义现代化建设新时期。"1978 年中国开始了市场取向性的经济体制改革，随着市场经济体制逐步发育与壮大，中国的工业化由计划主导的国有国营的国家工业化转变为由市场引领的包括民营和外资在内的全民工业化，掀起了持续至今的工业化浪潮，不仅加快了经济增长，而且显著提升了全要素生产率。1953—1977 年，中国年均 GDP 增长 5.9%，要素贡献率为 7.1%，全要素生产率为－1.2%。相比之下，在党的十一届三中全会到党的十八大这 35 年的时间里，即 1978—2012 年，中国年均 GDP 增长 9.9%，要素贡献率为 7.3%，全要素生产率则由负转正，为 2.6%。

中国的经济体制改革过程也是对外开放的过程。对外开放使中国工业化进程被纳入经济全球化进程，从而优化了资源配置，加快了产业升级，也缩短了工业化进程。中国是一个大国，但资源分布不平衡，人力资源丰富，其他资源匮乏。对外开放使中国可以在全球配置资源，一方面将低成本的劳动力纳入经济全球化，另一方面从全球寻求资本、原料和市场，这种要素流动型对外开放使中国成为全球产业转移的主要目的地。特别是中国加入世界贸易组织以后，全面对标国际惯例，使对外开放成为一种制度性安排，全球资本踊跃投向中国，中国因此迅速成为全球投资的世界工厂。2010 年中国超过日本成为世界第二大经济体，随后又成为世界第一大贸易体。

"党的十八届三中全会也是划时代的，开启了新时代全面深化改革、系统整体设计推进改革新征程，开创了我国改革开放全新局面。"正是持续深化的改革接力，"冲破思想观念束缚，突破利益固化藩篱，敢于突进深水区，敢于啃硬骨头，敢于涉险滩，坚决破除各方面体制机制弊端，实现改革由局部探索、破冰突围到系统集成、全面深化的转变，各领域基础性制度框架基本建立，许多领域实现历史性变革、系统性重塑、整体性重构"，推动了中国社会经济持续发展。尤其是通过三年脱贫攻坚，中国告别了绝对贫困，全面建成了小康社会。自 2017 年起，中国恩格尔系数已连续 7 年低于 30％，这是历史性变化。2023 年中国人均 GDP 已达 1.26 万美元，超过全球平均人均 GDP 水平，已站在了高收入社会的门槛处。

相应地，持续深化改革要求持续扩大对外开放，对外开放又促进改革，使中国的对外开放由要素流动型开放转变为规则、规制、管理和标准的制度型开放。党的十八大以来，中国"维护以世界贸易组织为核心的多边贸易体制，积极参与全球经济治理体系改革，提供更多全球公共产品。扩大面向全球的高标准自由贸易区网络，建立同国际通行规则衔接的合规机制，优化开放合作环境"，"依托我国超大规模市场优势，在扩大国际合作中提升开放能力"。中国正在作为负责任的大国，倡导平等有序的世界多元化、普惠包容的经济全球化，推动着人类命运共同体建设。由此，中国对外开放，既是当代全球化世界的象征，也是"中国式现代化的鲜明标识"。

在世界现代化总进程中，中国改革开放 40 多年仅是历史的一瞬，但对于中国而言，却是沧海桑田，经济社会发生了重大的变化：从当时的物质产品"短缺"到今天的丰裕，从当时的"农轻重"比例失调到今天的第一、二、三产业均衡发展，从当时的农村人口占绝大比重到今天城市化率为 66.16％，从当时仅有实物经济到今天实体与金融比翼双飞的货币化发展，从当时科学技术与世界前沿有较大差距到今天的跟跑甚至超越，从当时低水平的发展中国家到今天成为已基本实现工业化的经济大国。经济社会的巨大发展使人们的思想理念、精神面貌焕然一新，中国不再自卑自弃，而是开始平视世界。在世界现代化理念内化于中国的发展的同时，中国式现代化也外化于世界，推动着经济全球化并影响着世界现代化总进程。时至今日，中国的工业生产总值已超过美国、日本和德国三个制造业中心之和，不仅工业化水平居世界前列，而且产业链、供应链延伸到世界各地。在这个意义上，中国已追平发达国家，在"器物"层面实现了现代化。更为深刻的是，中国这一世界工厂所带来的制度创新也日益强烈地预示着中国式现代化开始在"制度"层面触及世界的普遍意义。

改革开放 40 多年来，中国国情与国际环境从彼此隔绝到持续互动，进而彼此依存、相互嵌入，不断演变。今天，不受国际环境影响的中国国情已不再存在，同样，国际环境也无法排除中国国情的作用。中国国情与国际环境这种作用与反作用叠加发酵，使世界已不再是传统认知的世界，中国也不再是传统认知的中国。全球出现了新的结构和行为，事件的发生具有了涌现性特征，事件的演变也因之成为非线性的，难以简单地通过各部分的行为来预测，整体大于局部之和，呈现出前所未有的复杂状态。

这一复杂状态表现在世界经济上，是当前全球经济的深刻重塑。一方面，新冠疫情尤其是俄乌冲突，使去全球化思潮加速成为以"小院高墙""脱钩断链"为代表的建制化安排。以规则为基础的国际多边治理体系正受到地缘政治经济阵营化的强烈冲击，"和平与发展"的世界主题由此正面对"安全与冲突"的严峻挑战。另一方面，以人工智能、大数据和新能源为代表的科技革命和产业变革已蔚然成势，以提高全要素生产率为核心的新质生产力成为国际竞争的新制高点，而人力资本及其提升又是竞争的焦点，相应地，科技和教育是关乎未来的竞争主战场。

这一复杂状态表现在中国经济上，是当前中国经济的历史性转变。一方面，随着中国工业化的基本实现，生产性服务业将成为制造业的主流，在工厂"黑灯"无人化的同时，研发和售后成为核心竞争力来源，生产与服务日益融合使生产服务化、服务生产化的趋势日益凸显；另一方面，随着中国迈进高收入社会，居民的消费能力和行为都在发生重大变化。发展性消费和享受性消费增长强劲，服务性消费正在取代物质消费成为消费主力。凡此种种，使服务业成为中国经济第一大产业，强烈预示着中国正在进入以服务业为主的后工业化社会。这是一种新的发展状态，呼唤着经济与社会的全面发展。

包括中国在内的世界所呈现的前所未有的复杂状态，决定了"当前和今后一个时期是以中国式现代化全面推进强国建设、民族复兴伟业的关键时期"，也是百年变局加速演进的时期。在这一历史时期，何以解忧，唯有改革。党的二十届三中全会强调指出，"面对纷繁复杂的国际国内形势，面对新一轮科技革命和产业变革，面对人民群众新期待，必须继续把改革推向前进"。要紧紧围绕着中国式现代化，进一步全面深化改革。党的二十届三中全会将进一步全面深化改革归结为六个"必然要求"：这是坚持和完善中国特色社会主义制度、推进国家治理体系和治理能力现代化的必然要求，是贯彻新发展理念、更好适应我国社会主要矛盾变化的必然要求，是坚持以人民为中心、让现代化建设成果更多更公平惠及全体人民的必然要求，是应对重大风险挑战、推动党和国家事业行稳致远的必然要求，是推动构建人类命运共同体、在百年变局加速演进中赢得战略主动的必然要求，是深入推进新时代党的建设新的伟大工程、建设更加坚强有力的马克思主义政党的必然要求。一言以蔽之，进一步全面深化改革是中国式现代化历史趋势所决定的，是不以人的意志为转移的。过往中国式现代化是在改革开放中不断推进的，未来也必将在改革开放中开辟广阔前景。

放眼全球，前瞻未来，现代化是世界"现代性"的展开过程，从而也是一个持续的历史进程。中国式现代化是世界现代化总进程的有机组成部分，既有各国现代化的共同特征，更有基于自己国情的中国特色，从而"推进中国式现代化是一项全新的事业"。党的二十届三中全会再次重申了到本世纪中叶全面建成社会主义现代化强国两步走的战略安排。其中第一步就是 2035 年基本实现社会主义现代化，进入发达国家行列。目前，全世界发达国家共有 37 个，人口总数为10.28 亿。如果在未来十年中，中国如期基本实现了现代化，那么不仅发达国家数目将增加，而且因中国人口的巨大规模，世界现代化人口规模也将在现有基础上扩大一倍有余。这无疑是历史前所未有的伟大事件，将深刻改变世界面貌，影响人类的未来。中国式现代化因此具有世界普遍意义，正在成为崭新的全球性问题，为世界所瞩目。改革开放推进中国式现代化，由此"改革开放只有进行时，没有完成时"。这不仅是中国式现代化的历史必然，也是世界现代化总进程中现代性展开的自然呈现。

在本书形成的过程中，值得感谢的人和事不胜枚举。首先要感谢的是中国银行集团。这家前身是清朝户部银行的中国金融机构，成立一百多年来从未中断经营，见证了中国为实现经济现代化而努力的曲折和艰辛。在这家具有厚重历史积淀的百年老店担任首席经济学家，时时能使我感到我们的民族对现代化的渴求，自然偏好于以史为经的研究路线，从历史进程中探寻逻辑的形成与展开。中国银行还是国际化和多元化程度最高的综合性金融机构，我曾担任中国银行旗下中银国际的董事兼首席经济学家。中银国际是中国在海外最大的非银行金融机构。在国际金融市场上竞争，必须养成以世界为纬的客观分析角度，从全球的视角聚焦中国问题。我在中国银行集团一共服务了 26 年，其潜移默化的熏陶与磨炼使我终身受益。

与此同时，要感谢中国宏观经济学会、中国太平洋经济合作全国委员会及中国拉丁美洲学会。我曾长期担任这几家学会的副会长，参与了学会组织的多种高水平的国际、国内学术交流活动。专家们敏锐的国际眼光、高超的专业水平、深厚的历史和人文地理素养，尤其是对中国式现代化的期待，对本书思路的形成启发甚大。其中博源基金会这家民间研究机构例行的经济学家圆桌会议更是使人难忘。多年来，该圆桌会议由我主持，而参加者多是来自国际金融市场一线的首席经济学家。他们独到的视角、深度的剖析常常使人们眼前一亮。本书有关全球年度宏观经济形势的分析与探讨和他们的讨论贡献高度相关。

在本书的形成过程中，胡玉杰博士负责章节逻辑的形成与文字的编辑，付出了大量心血；徐亦晗博士在早期进行了文章的选编与删减；张婉和夏宁则参与了数据和文字的处理；中国人民大学出版社曹沁颖女士的修改建议也给本书增辉不少。在此对他们的辛勤劳动一并表示感谢！

最后要感谢我的家人。作为职业经济学家，尤其是市场一线经济学家是辛苦的，常年辗转于世界各地，不分昼夜是常态。家人几十年如一日，默默支持我的工作与研究，尤其是我的妻子李冬萍，她与我相濡以沫五十年，解除了我在家庭和生活中的后顾之忧，由此方得始终。

是为后记。